Reinhard Habeck

Rätselhafte Phänomene

REINHARD HABECK

Rätselhafte Phänomene

Mysterien
Mythen
Menschheitsrätsel

tosa

Über den Autor:
Reinhard Habeck, geboren 1962 in Wien, arbeitet als freier Schriftsteller und Illustrator. Er ist Autor von 13 Sachbüchern, die in mehrere Sprachen übersetzt wurden und das Thema »Rätselhafte Phänomene« zum Inhalt haben. Seine wichtigsten Buchpublikationen: *»Die letzten Geheimnisse«*, Wien 2003, *»UFO – Das Jahrhundertphänomen«*, Wien 1997; sowie gemeinsam mit Peter Krassa *»Die Palmblattbibliothek«*, München 1993 und *»Das Licht der Pharaonen«*, München 1992. Reinhard Habeck ist Mitgestalter, Text- und Katalogautor der Groß-Ausstellung *»Unsolved Mysteries – Die Welt des Unerklärlichen«*, in der erstmals mysteriöse archäologische Originale aus kaum bekannten Sammlungen und Geheimarchiven der Öffentlichkeit präsentiert werden. Die ungewöhnliche Schau, initiiert von dem Kulturmanager Klaus Dona, erzielte mit 100.000 Besuchern bei der Premiere 2001 in Wien einen unerwarteten Rekord und internationale Aufmerksamkeit. Die Ausstellung wandert im Herbst 2004 in die Schweiz zum »Mystery Park« nach Interlaken und wird danach in Asien zu sehen sein.

Internet: www.reinhardhabeck.com

Umschlag von Beate Dorfinger

Satz und Repro: Zehetner Ges. m. b. H., A-2105 Oberrohrbach
Druck: Druckerei Theiss GmbH

Printed in Austria

www.tosa-verlag.com

INHALT

In Gedenken an
den Däniken der Meere:
»Bermuda-Dreieck«-Autor

CHARLES BERLITZ
(1914–2003),

einem Verbündeten,
der mir den Blick durch das
»Fenster zum Kosmos«
ermöglichte.

Bild 1: Reinhard Habeck mit Charles Berlitz anno 1982.

VORWEG GESAGT

»Den lieb ich, der Unmögliches begehrt.«

Goethe, Faust

Einer alten Lebensweisheit zufolge wissen nur wenige Menschen, wie viel man wissen muss, um zu wissen, wie wenig man eigentlich weiß. Freilich, moderne Wissenschaftler haben viele Geheimnisse des Menschen, der Tiere und Planzen aufgespürt, bis hin zu den Wundern des Atoms, dem Schlüssel der Gene und der Sternensysteme. Offenbar ist nichts mehr sicher vor ihnen. Mit Laserskalpellen, hoch empfindlichen Mikroskopen, im Weltraum installierten Teleskopen oder virtuellen Computerrealitäten sind die »Götter« des Cyberspace-Zeitalters forschend bemüht, letzte offene Rätsel der Menschheit zu lösen. So genannte Realisten neigen gerne zur Auffassung, dass alles auf dieser Welt letztlich erklärbar wäre. Lässt sich diese Behauptung widerlegen? Ich meine, ja! Denn trotz aller naturwissenschaftlichen Bemühungen finden sich immer noch neue Nischen, deren Dunkel auch durch schulwissenschaftliche Deutungen nicht aufgehellt werden konnte. Darin entdecken wir staunend Phänomene, die uns auch an der Schwelle ins dritte Jahrtausend begegnen und sich jeder »vernünftigen« Schlussfolgerung zu entziehen scheinen. Verblüffende Tatsachen und merkwürdige Begebenheiten, die trotz fortschrittlicher Hilfsmittel nicht zu erklären sind. Mannigfache Beispiele aus allen Bereichen des Lebens zeigen auf, dass es eine Welt hinter dieser Welt geben muss – eine Dimension jenseits unseres Wissens. Ob zu Lande, im Wasser oder im Himmelsraum: überall ereignen sich Dinge, die es – nach uns geläufigen Maßstäben – gar nicht geben dürfte, »weiße Flecken« auf der Landkarte der Forschung.

Was wissen wir über ungewöhnliche Himmelserscheinungen, die seit Jahrzehnten die Gemüter von Wissenschaftlern und Laien erhitzen? Welche Macht verbirgt sich hinter den Muttergottes-Visionen, UFOs und Außerirdischen? Wenn die unbekannten, diskusförmigen Flugobjekte keine Fantasiegebilde sind, *woher* kommen sie dann? Aus dem Kosmos, aus der Zukunft, aus dem Labor einer Geheimmacht? Steht ein Kontakt mit fremden Intelligenzen unmittelbar bevor? Stürzte 1947 bei Roswell wirklich ein Raumschiff ab? Existieren Tunnels in andere Dimensionen, zu Parallelwelten oder in den Hyperraum? Lässt sich Zeit manipulieren? Welche Belege gibt es für spirituelle Geistwesen, die sich in unsere Welt materialisieren können? Sind Reisen durch *Schwarze Löcher* vorstellbar? Können Menschen, aus der Zukunft kommend, in die Vergangenheit eingreifen? Gibt es außerhalb unserer Welt noch unendlich viele andere?

Lassen sich aus all dem Zusammenhänge mit Menschen, Tieren und Gegenständen erkennen, die sich in Luft auflösen oder plötzlich an ganz anderen Orten wieder materialisieren? Haben UFOs, das berüchtigte *Bermudadreieck* oder noch unbekannte Naturkräfte damit zu tun? Hat das sagenumwobene *Atlantis* existiert? Seltsame Artefakte wurden und werden ausgegraben. Sie passen nicht in das Bild, das wir uns von unseren Vorfahren machen. Weisen die erstaunlichen Entdeckungen auf uralte Hochkulturen hin, die technologisch unserem Wissen ebenbürtig waren? Ignorierte Funde legen den Verdacht nahe, dass es schon im Altertum Kenntnisse über Luftbildkartografie, aerodynamische Gesetze, glühbirnenartige Leuchtkörper und Steinzeitcomputer gab. *Woher* hatten unsere Vorfahren diese präzisen Erfahrungen? Gab es »Entwicklungshilfe« von außerirdischen Sternengöttern, wie uns die Mythen erzählen? Muss unser Geschichtsbild revidiert werden?

An heiligen Kultstätten und Orten der Kraft spüren sensible Menschen übernatürliche Kräfte, ereignen sich Wunderheilungen und rätselhafte Vorgänge. Menschen berichten von unheimlichen Begegnungen mit Schneemenschen, Werwölfen und Vampiren, bezeugen Spukerscheinungen, Poltergeister und paranormale Ereignisse. Sind dies lediglich Ausgeburten der Fantasie oder ist nur unsere Vorstellung von der Wirklichkeit unzulänglich und gehörte längst überholt?

Es gibt meines Wissens kaum einen Kulturkreis, der nicht seinen Anteil an okkultem Glauben, mystischen Praktiken, Magie, Mythen und Sagen hat. Geheimnisvolle Kräfte, die die Menschheit in aller Welt seit Jahrtausenden bewegen. Diese Faszination an Wunderbarem und Geheimnisvollem wird auch weiterhin die Menschen in ihren Bann ziehen. Wohl deshalb, weil schon unsere natürliche und instinktive Neugier dafür bürgt, scheinbar unlösbaren Rätseln auf den Grund zu gehen. Viele dieser Phänomene aus dem Bereich des Unerklärlichen sind es wert, hier näher erläutert zu werden. Dieses Buch beansprucht nicht, eine lückenlose und erschöpfende Abhandlung zu sein, zu umfassend und vielfältig sind die angeführten Themenkreise. Aber es verschafft einen angemessenen Überblick und bietet einen repräsentativen Querschnitt, der, wie ich hoffe, sowohl für Experten als auch für Laien eine nützliche Leselektüre darstellen könnte. Das Buch basiert auf meiner über 20-jährigen Beschäftigung mit Rätselhaftem und Überirdischem, sowohl als Journalist, Hobbyforscher, neugieriger Erdenbürger und Freund des Fantastischen. Viele Quellen und Meldungen habe ich persönlich genauer in Augenschein genommen, authentische, glaubwürdige, aber auch sensationell aufgezogene.

Manche konnte ich vor Ort recherchieren, und davon Betroffene haben mir aufrichtig von ihren merkwürdigen Erfahrungen, Erscheinungen und Entdeckungen berichtet. Mit Experten diskutierte ich danach das Für und Wider der geschilderten Begebenheiten. Nicht alle Fälle konnte ich selbst überprüfen, einiges stammt aus literarischen Quellen, wurde aus historischen Überlieferungen »ausgegraben« oder wurde von Freunden, Kollegen und Fachgelehrten untersucht. Sektierer, religiöse Eiferer und Scharlatane sorgen für berechtigte Skepsis, wenn von Übernatürlichem und Außerirdischem die Rede ist. Dennoch stellt sich umgekehrt genauso die berechtigte Frage, woher wir wirklich wissen wollen, dass nur das der heutigen Wissenschaft Fassbare existiert? Bewiesen hat schließlich noch niemand, dass all jene merkwürdigen Geschehnisse, die sich unserem gesunden Menschenverstand entziehen, tatsächlich nur Spintisiererei oder Täuschung sind. Der Reiz des Mysteriösen, die Fähigkeit des

Verstandes und die Kraft der Fantasie – dies alles scheint mir wichtig bei der Suche nach der alles beweisenden Wahrheit. Ohne Mut zur Fantasie – das mögen auch Zweifler und Kritiker bedenken –, ohne lebhafte Vorstellungskraft, ohne romantische Leidenschaft für die Sache wären viele bedeutende Errungenschaften der Wissenschaft unentdeckt geblieben.

Nun möchte ich Sie, werter Leser, gerne durch das Reich des Rätselhaften und Unerforschten sowie zu den vielleicht letzten Geheimnissen dieser Welt führen, möchte berichten, Augenzeugen zu Wort kommen lassen und beide Seiten der Medaille aufzeigen; kritisch bezweifeln, wo es angebracht erscheint, und Fragezeichen setzen, wo selbst die Wissenschaft nicht weiterweiß. Es geht um Phänomene von unerklärlich scheinender Brisanz, die uns vor Augen führen: Der Mensch schickt sich zwar an, den Weltraum zu erobern, seine Sendboten machen sich auf den Weg zu den Sternen, und viele althergebrachten Erklärungen über unsere Herkunft beginnen zu wanken, doch viel von dem, was unternommenen wurde, um die großen Rätsel dieser Welt zu lösen, wirft in Wirklichkeit neue Fragen auf. Jede Menge Beispiele dafür und mögliche Antworten darauf versuche ich auf den folgenden Seiten in Wort und Bild zu geben . . .

Reinhard Habeck

Kapitel 1

IST DORT DRAUSSEN IRGENDWER?

Ein Universum voller Mysterien

> *»Wir sind nicht an kleinen grünen Männern interessiert, sondern an kleinen grünen Mädchen.«*
> Edwin Eugene Aldrin jr., amerikanischer Astronaut (*1930), auf die Frage, ob er bei dem Mondflug mit Apollo 11 nach »Little Green Men« Ausschau halten werde

Tischhoch, grün, Rüsselnase, spitze Ohren, lustige Fühler am Kopf, Krebszangen als Arme, Watschelschritt – so haben sie *nicht* ausgesehen. Aber: Es gab sie. Sie waren wirklich klein. Ziemlich klein sogar. Und sie sind leider tot – seit mehr als drei Milliarden Jahren. Von wem hier die Rede ist? Natürlich von den berühmt-berüchtigten *Marsmännchen.*

Ausgerechnet auf der Erde – im ewigen Eis der antarktischen *Allan-Hill-Feldes* – haben Wissenschaftler einen ersten Beweis für *außerirdisches* Leben entdeckt. Reste von winzigen Mikroorganismen, erstarrt zu Stein. Der faustgroße Meteorit *AHL84001* war vor rund 16 Millionen Jahren nach einem Aufprall eines gewaltigen Weltraumklumpens auf dem Roten Planeten emporgeschleudert worden, raste durchs All, um dann vor 13 000 Jahren nahe dem Südpol auf der Erde aufzuschlagen. Was Forscher 1984 sicherstellten, entpuppte sich zwölf Jahre später als wissenschaftliche Sensation. Die mikroskopisch kleinen versteinerten Zellen des Marsbrocken belegen: Der irdische Schöpfungsprozess war *kein* einmaliger, ungeheurer Zufall. Ereignisse wie die *Genesis* der Menschheit können sich überall im Weltall jederzeit an jenen Orten wiederholen, die über Wasserstoff, Sauerstoff, Kohlenstoff und genügend Energie verfügen. Auf dem Mars, das bestätigten nunmehr auch jüngste Untersuchungen der Marssonden *Pathfinder* und *Odyssey,* gab es einst riesige Flüsse, Ozeane und Flutwellen ähnlich unserer biblischen *Sintflut.* Unter der Oberfläche des Planeten, so meinen NASA-Forscher optimistisch, könnte es noch immer Wasser geben. Und damit auch *Leben.* Vieles spricht dafür, dass der Mars wie unser Globus einst von Keimen aus dem Kosmos besiedelt worden ist.

Großartige Entdeckungen der Wissenschaft haben stets weit reichende Folgen, oft erst viele Jahre später. Antworten auf einige Fragen mag es geben, doch wesentlich mehr solcher Fragen werden aufgeworfen. Wenn es irgendwo dort draußen noch Leben gibt, wie sieht es aus? Handelt es sich um primitive Einzeller oder existieren sogar hoch entwickelte Kulturen? Welches Erscheinungsbild ist dabei gegeben? Muss Leben

Bild 2: Marsmännchen wurden nicht entdeckt, dennoch war die Mission der Marssonde Pathfinder ein wissenschaftlicher Erfolg.

so aussehen, wie wir es kennen? Könnten auch gasförmige Intelligenzen existieren? Oder gibt es ganz andere, bizarre Geschöpfe, fern aller irdischen Vorstellungen?

Haben andere Zivilisationen, die vielleicht Jahrtausende oder Jahrmillionen älter sind als unsere eigene Kultur, bereits Mittel und Wege gefunden, die gewaltigen kosmischen Entfernungen zu überbrücken? Ist *interstellare* Raumfahrt bis hin zur Zeitreise mit Hilfe kurioser *Schwarzer Löcher* nur Utopie? Wo sind sie, jene Sternenwesen? Finden wir in unserem Sonnensystem Spuren ihrer Präsenz? Haben UFO-Phänomene damit zu tun? Landeten schon vor Jahrtausenden außerirdische Besucher auf der Erde? Sind wir in der Lage, mit nicht menschlichen Existenzen aus dem All, aus Parallelwelten oder aus fremden Dimensionen in Kontakt zu treten? Würden sie uns überhaupt verstehen? Und was dann, wenn es tatsächlich zu einer überraschenden Kontaktaufnahme käme? Wären wir darauf vorbereitet, oder gäbe es einen gewaltigen *Kulturschock?*

Sollte dieses Szenario in naher Zukunft Wirklichkeit werden, es würde die Erde und uns alle schlagartig verändern. Der Fund der »Mars-Bakterie« war ein erster wichtiger Schritt, ein Vorbote einer spürbaren Entwicklung, die letztlich zu der Erkenntnis führt, dass Leben auch außerhalb der Erde möglich ist, und die überhebliche Vorstellung von der menschlichen Einzigartigkeit und »Krone der Schöpfung« endgültig ad acta gelegt werden muss. Sollten die Ergebnisse über extraterrestrische Lebensspuren einer weiteren Überprüfung standhalten (und die bisherigen Studien sprechen eindeutig dafür), dann wäre dies wohl der größte astronomische Meilenstein seit *Nikolaus Kopernikus,* dessen Erkenntnis – die Erde dreht sich um die Sonne – das Weltbild der damaligen Menschheit komplett veränderte.

Und sie bewegt sich doch

Dass es viele ungeklärte Fragen zwischen Himmel und Erde gibt, wusste auch jener siebzigjährige Mann, der traurig und unsicher in die Runde des versammelten Inquisitionstribunals blickte. Der Greis, der am 22. Juni 1633 seiner Überzeugung abschwören musste, war einer der größten Naturforscher seiner Zeit – *Galileo Galilei.*

Über seine Entdeckungen am Himmel – die Jupitermonde, die Krater am Mond und die Phasen der Venus – schrieb Galileo ein Buch. Er erkannte, dass die lang davor geäußerte Meinung des Kopernikus richtig gewesen war. Kopernikus modernes Weltbild wiederum stützte sich auf die Ansicht des altgriechischen Denkers *Aristarchos von Samos*. Die wiederum, dass nämlich die Erde sich um die Sonne dreht, stand im völligen Gegensatz zur kirchlichen Lehrmeinung. Über Jahrzehnte hinweg währte der Kampf des Wissenschaftlers Galilei mit anders denkenden »Kollegen«, ehe er in die Fänge der Inquisition geriet.

Was mag in dem alten Mann vor sich gegangen sein, als er im Büßerhemd sich just an jener Stelle befand, wo 33 Jahre zuvor der Dominikanerpater *Giordano Bruno* auf den Knien gelegen war, ehe man ihn wegen seinem »ketzerischen Glauben von fremden Welten und anderen Lebensformen« zum Scheiterhaufen führte und verbrannte? Und was mag Galilei gefühlt haben, als man ihm die Worte seiner eigenen Abschwörformel vorlas? »Es war mir von diesem Heiligen Offizium von Rechts wegen die Vorschrift auferlegt worden, dass ich die völlige Meinung aufgeben müsse, dass die Sonne der Mittelpunkt der Welt ist und dass sie sich nicht bewegt und dass die Erde nicht der Mittelpunkt der Welt ist und dass sie sich bewegt . . . Ich, Galileo Galilei, habe abgeschworen und eigenhändig unterzeichnet.« Galileis Hände mögen ein wenig gezitterten haben. Er wusste, in welcher Situation er sich befand, als er resignierend hinzufügte: »Im Übrigen bin ich in Ihren Händen, machen Sie mit mir, was Ihnen gut scheint.« Dann erhob sich Galilei langsam, schritt hinaus aus dem Festsaal des römischen Klosters *St. Maria sopra Minerva,* vorbei an Richtern und Kardinälen, um dann vielleicht trotzig in seinen Bart zu murmeln: *»Und sie bewegt sich doch!«*

Noch im Jahr seiner Verurteilung sorgte Galilei dafür, dass sein verbotenes Buch *»Dialog über die beiden hauptsächlichen Weltsysteme«* ins Ausland gelangte. Das »freie« Holland rechnete es sich als Ehre an, dieses Werk zu verbreiten. Im Vorwort hieß es, dass es ohne Wissen des Verfassers und entgegen seinem Willen gedruckt

Bild 3: Galileo Galilei im Hausarrest der Inquisition.

worden sei. Damit war Galilei abgesichert. Er bedankte sich in einem Brief, der beweist, dass Galileo Galilei nur unter Druck seinen Erkenntnissen abgeschworen hatte. Am 8. Januar 1642 starb der erblindete Astronom im Hausarrest der Inquisition in dem Bewusstsein, dass sich eines Tages das »neue«, heliozentrische Bild über das Universum durchsetzen würde.

362 Jahre nach Galilei wird selbst in konservativen Kirchenkreisen nicht mehr daran gezweifelt, dass die Erde von Kugelgestalt ist und um die Sonne kreist. Da jüngste Entdeckungen auf unserem Nachbarplaneten Mars nicht mehr ausschließen, dass fremde Lebensspuren gefunden werden, sah sich der Jesuit *Guy Consolmagno* von der Vatikan-Sternwarte veranlasst festzustellen, dass dies »höchst bewegend wäre und uns die Größe der Macht Gottes zeigen würde, der das riesige Universum geschaffen hat und der jederlei Sachen möglich macht, einschließlich der intelligenter Wesen auf anderen Planeten«.

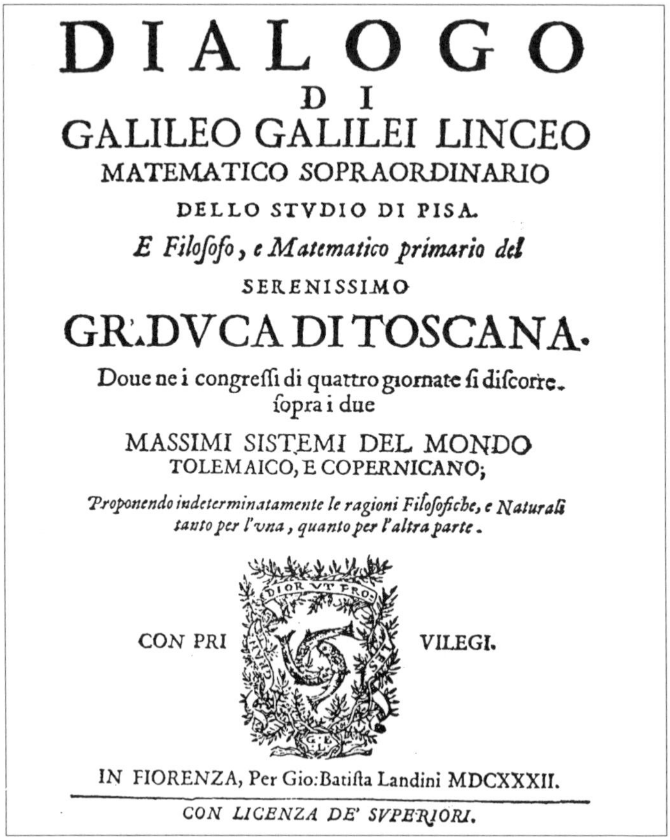
DIALOGO
DI
GALILEO GALILEI LINCEO
MATEMATICO SOPRAORDINARIO
DELLO STVDIO DI PISA.
E Filoſofo, e Matematico primario del
SERENISSIMO
GR.DVCA DI TOSCANA.
Doue ne i congreſſi di quattro giornate ſi diſcorre
ſopra i due
MASSIMI SISTEMI DEL MONDO
TOLEMAICO, E COPERNICANO;
Proponendo indeterminatamente le ragioni Filoſofiche, e Naturali tanto per l'vna, quanto per l'altra parte.

CON PRI VILEGI.

IN FIORENZA, Per Gio:Batiſta Landini MDCXXXII.
CON LICENZA DE' SVPERIORI.

Bild 4: Das Titelblatt von Galileis »Ketzerschrift«.

Erstaunlich ist diese Auffassung auch deshalb, wenn man weiß, dass nur wenige Monate zuvor der St. Pöltner Bischof Dr. *Kurt Krenn* beteuert hatte: »Wir täten uns als Kirche schon sehr schwer, wenn sich eines Tages herausstellen sollte, dass es auf anderen Planeten tatsächlich Leben gibt. Denn wir gehen davon aus, dass wir Menschen die einzige Kreatur auf dieser sichtbaren Welt sind, die Gott um seiner selbst willen schuf.« Der katholische Oberhirte ließ aber »großherzig« wissen, dass »Erdenbürger, die an Außerirdische glauben, deshalb keine Sünder sind, jedenfalls solange sie damit keinen Schaden anrichten«.

Die Kugelgestalt der Erde wird heute nur mehr von den hartnäckigsten Leugnern, wie jenen 3700 Mitgliedern der amerikanischen *Flat Earth Society,* bestritten. Diese Sektierer beharren nach wie vor darauf, dass unsere Erde eine *Scheibe* sei, und bezeichnen jede Raumfahrt als »gigantischen Schwindel«. »Ich habe nie an die Mondlandung geglaubt«, erklärte einer ihrer Mitstreiter. »Die Apollo-Mission wurde einfach in einem Studio gedreht!« Mit einem solch beschränkten Horizont diskutieren zu müssen, schmerzt. Über die richtige Vorstellung der Welt und des Universums streiten sich die Gelehrten. Neue Fragezeichen tauchen auf. Und je mehr Erfolge und Entdeckungen den Astrophysikern gelingen, umso rätselhafter wird das Bild vom Weltall. Neugierig, wie wir Menschen nun mal sind, fragen wir uns auch, *wer* oder *was* unser Universum geschaffen hat und *woher* wir kommen. Wie hat alles begonnen? Gibt es einen gezielten *Schöpfungsplan?* Oder ist alles nur ein glücklicher *Zufall,* wie viele Naturwissenschaftler behaupten?

Lebe wohl, Urknall!

Wenn man von der Entstehung des Lebens spricht, wird in der Kosmologie der Ursprung aller Dinge gerne ignoriert. *Immanuel Kant,* der berühmte deutsche Philosoph, behauptete Ende des 18. Jahrhunderts, dass sich am Beginn aller Zeiten Gas- und Materiewolken verfestigt hätten und daraus die Sonnen und Planetensysteme entstanden sein sollen. Man spricht hier von der *»Kant'schen Nebularhypothese«.* Wie aber entstanden die Gas- und Materiewolken? *Woher* kommt das Universum? Die Antwort ist nach der herkömmlichen Weltsicht, dass das Universum aus einer riesigen kosmischen Explosion entstanden ist. Die Kosmologie spricht vom so genannten *»Urknall«.* Die gesamte Materie des heutigen Universums war zu einem Paket mit unendlich hoher Energiedichte auf engstem Raum zusammengepresst. Durch den »Big Bang« sei diese Urmaterie explosionsartig auseinander getrieben worden, die Temperatur des sich ausdehnenden Weltalls sei blitzartig abgesunken, und aus den durchs Universum wirbelnden Elementarteilchen wie Photonen, Elektronen, Neutrinos, Protonen und Neutronen hätten sich durch Kernverschmelzung leichte Atomkerne gebildet. Eine Milliarde Jahre später wurden schwere Atomkerne in Sternen gebildet, Galaxien entstanden. So weit, so gut. Doch die *Urknalltheorie* wankt. Hat es den Knall vielleicht gar nicht gegeben, wie man uns immer erzählt hat?

Die Astrophysiker Sir *Fred Hoyle* und *Geoffrey Burbidge,* beide erstrangige, für ihre Streitbarkeit bekannte Wissenschaftler, sowie *Halton Arp,* ein nicht minder eigensinniger Astronom, haben einen kühlen Blick auf das herkömmliche Modell von der Entstehung und Entwicklung des Universums geworfen: Es spreche sehr wenig dafür, dass es den viel strapazierten »Urknall«, in dem das Universum mit Raum und Zeit angeblich entstanden sein soll, wirklich gegeben habe.

Die meisten Astrophysiker sind entschieden anderer Ansicht und haben den Urknall, wie der Große Brockhaus festhält, »als Standardmodell akzeptiert«. Die Urknalltheorie besagt unter anderem, dass es als Relikt der Explosion eine kosmische *Hintergrundstrahlung* geben müsse, die das gesamte Weltall erfüllt. Und als diese tatsächlich entdeckt wurde, hielt man die Theorie für glänzend bestätigt. Dabei hatte schon der bekannte österreichische Wissenschaftsphilosoph Sir *Karl Popper* nachdrücklich davor gewarnt, Theorien an ihren »Bestätigungen« zu messen. »Die Situation des Wissenschaftlers«, so erklärte Popper mit feiner Ironie, »ist die eines schwarzen

Mannes, der in einem dunklen Keller nach einem schwarzen Zylinderhut sucht, der vielleicht gar nicht dort ist.«

Hoyle und seine Astrorebellen klopften die angeblichen Beweise für den Urknall auf seine Relevanz ab und kamen dabei zu einer ganz anderen Deutung der experimentellen Belege. Insbesondere wollen sie die festgestellte kosmische »Mikrowellenstrahlung«, die das Universum völlig *gleichförmig* und *richtungssymmetrisch* erfüllt, nicht als letztes »Nachglühen« jener gewaltigen Energie akzeptieren, die beim Urknall frei wurde.

Tatsächlich kennt man inzwischen eine ganze Reihe von Ereignissen, die nach dem Urknall stattgefunden haben und die in diesem »Mikrowellenspektrum« Spuren hinterlassen haben müssten. *Müssten!* Sie haben es aber nicht. Demnach kann das »Mikrowellenspektrum« nach Ansicht von Hoyle und aufmüpfiger Kollegen nicht vom Urknall an da gewesen sein. Hinzu kommt die unregelmäßige Anhäufung von Materie. Das hatte man zwar bisher nicht übersehen, war aber davon ausgegangen, dass die großräumige Verteilung der Materie im All dennoch im Wesentlichen *homogen* ist, wenn man es nur aus genügender Entfernung betrachtet. Die jüngsten Beobachtungen zeigen aber, dass davon keine Rede sein kann: Man hat ungeheure *Leerräume* entdeckt, die ohne die geringste Regelmäßigkeit von Galaxishaufen unterbrochen werden, die sich wie Fäden durch das Universum ziehen. Bisher ist es noch niemand gelungen, plausibel zu erklären, *wie* solche Strukturen aus einem anfangs homogenen und gleichmäßigen Universum entstanden sein sollten. Die Astrorebellen um Hoyle vermuten daher, dass alles umgekehrt abgelaufen sein muss.

Zuerst gab es die Galaxien, und *danach* entstand durch einen sekundären Effekt der viel strapazierte »Mikrowellen-Hintergrund«. Dazu die streitbaren Forscher wörtlich: »Wenn jemand auf einem Berggipfel einschläft und dann im Nebel aufwacht, dann denkt er auch nicht, dass er jetzt auf den Ursprung des Universums blickt – sondern er denkt, dass er im Nebel sitzt.«

Im Moment scheinen wir noch alle im Nebel zu sitzen, selbst dann, wenn vorausblickende Zukunftsdenker eine physikalische Revolution des Weltbildes für möglich und notwendig halten. Egal, ob man der herkömmlichen Lehrmeinung vom Urknall folgt oder von neuen Weltformeln schwärmt, wir stoßen immer wieder auf die gleiche ketzerische Frage: Was war eigenlich *davor?* Wie hat alles angefangen?

Wissenschaft und Glaube

Was ist noch exakte Wissenschaft? Wo beginnt *Glaube? »Am Anfang schuf Gott Himmel und Erde.«* So beginnt der Schöpfungsbericht im *Alten Testament*. Wann war das? Wie alt ist unser Universum wirklich? Wie ist es entstanden? Woher kamen Galaxien, Sonnensysteme, Planeten und wie kam das Leben auf die Erde? Wann war der Uranfang aller Dinge? Und was war *vor* diesem Ereignis?

Nichts, beteuern die meisten Gelehrten. Nichts? Nichts kann aus nichts entstehen. Für alles, so lehrt es der »gesunde Hausverstand«, gibt es schließlich einen Auslöser. Es ist die alte »Gretchenfrage«: Was war zuerst? *Henne* oder *Ei?* Scherzbolde werden den *Hahn* als Lösungsvorschlag anbieten. In der Tat muss *irgendwer* oder *irgendwas* zu Beginn von Raum und Zeit das Universum geschaffen haben.

Die Erklärungen der Wissenschaftler zu diesem Problem sind sehr seltsam. Viele Fachgelehrte neigen auch heute noch zu der Auffassung, dass man die Ursprungsfrage in der wissenschaftlichen Welt nicht stellen dürfe. Ich hingegen glaube als neugieriger Erdenbürger, dass die absolute Herkunft, der Anfang des Universums und die Frage nach *Gott* sehr wichtig ist. Wenngleich ich mir darüber im Klaren bin, dass die Diskussion über Ursprung und was *davor* gewesen sein könnte auch mit philosophischen und theologischen Fragezeichen verbunden ist. Man könnte nun sagen, die Schöpfung selbst ist mit Gott gleichzusetzen, hat damit aber das Problem nicht wirklich gelöst. Denn wir grübeln vor uns hin und fragen: *Woher* kam denn der allmächtige Gott?

Wenn Forscher im Rückblick das Alter des Universums bestimmen, dann wiesen ihre Rechnungen bislang Widersprüchliches aus: Während die einen meinen, das All sei mindestens 20 Milliarden Jahre alt, geben ihm die anderen höchstens die Hälfte oder noch weniger. Ebenso umstritten sind die Theorien über die Geburt des Universums. Da gibt es die Überlegung vom Evolutionsprinzip der *natürlichen* Auslese. Demnach sei das Universum durch Selektion »auserwählt« worden. »Schwache« Welten, so vermuten kühne Evolutionsphysiker, gehen unter, »starke« überleben. Viele Kosmologen neigen hingegen zur Auffassung, dass das Universum aus einem Zustand des »Nichts«, der sich physikalisch genau definieren lässt, geschlüpft sei.

Andere wiederum bringen das *»Anthropische Prinzip«* ins Spiel. Diesem zufolge waren die Bedingungen im Kosmos so gegeben, dass Leben entstehen konnte. In einem anders aufgebauten Weltall würde es demnach keine Menschen geben. Unser Universum ist nach dieser Hypothese praktisch aus reiner »Menschenfreundlichkeit« entstanden. Es gibt uns also nur deshalb, weil eben alles so ist, wie es ist.

Das *»Viele-Welten-Modell«* liefert eine neue Perspektive über das unbekannte All. Demnach ist unser sichtbarer Kosmos eine Art Schaumbad auf »Seifenblasen«, eingebettet in ein überdimensionales »Mega-Universum«, umgeben von vielen anderen Welten, die wir nicht sehen können. Dürfen wir dann aber noch von einem »Uni«versum sprechen? Leben wir dann nicht vielmehr in einem »Multiversum«? Wenn ja, ist damit allerdings immer noch nicht geklärt, warum wir ausgerechnet »hier« leben und nicht woanders.

Hier stellt sich jedoch neuerlich die Frage nach Gott. Obwohl in den modernen Erklärungstheorien über den Ursprung des Universums von einem Schöpfer nicht die Rede ist, gibt es durchaus Argumente, die für ein planendes und schöpferisches Wesen sprechen. Wir finden derartige Vorstellungen in den alten Mythen der Völker. Sie erzählen von einem höheren Wesen, aber auch von fremden Göttern, die einst die Erde

Bild 5: Um den unbekannten Kosmos zu ergründen, steckt ein Wissenschaftler seinen Kopf durch die bekannte Welt.

samt Planzen, Getier und Menschen geschaffen haben: die Schöpfung als Produkt *übernatürlicher* Art.

Mystische Traditionen und Überlieferungen östlicher Religionen wie das göttliche Prinzip *»Brahman«* der alten Inder behaupten: Der Kosmos *lebt* und Gott ist überall, auch in uns selbst. Der Mensch strebt demzufolge einem *göttlichen Bewusstsein* entgegen. Mehr noch: Das Weltall selbst könnte eine rätselhafte Form von Lebewesen sein. Moderne Wissenschaftler wie der Geologe *James Lovelock* und der Physiker *David Bohm* sprechen von einer »eingefalteten Ordnung«, die so aussieht: Das Weltall enfaltet sich zu immer höheren Stufen des Bewusstseins, von der unbelebten Materie über die niederen Lebewesen bis zum Menschen – und weiter zu höheren Lebensformen. Ist das Weltall also lebendig? Tragen wir es selbst in unserem Bewusstsein? Beweise gibt es weder für diese noch für andere aufregende Theorien. Aber einen Vorteil hätte die »Brahman«-Hypothese doch. Wenn wirklich alles einem höheren Ziel zustrebt und jedes Wesen mit Bewusstsein aktiv dazu beitragen kann, um dieses Ziel zu erreichen, dann wäre nichts in der Welt sinnlos oder zufällig.

Ein hoffnungsfroher und beglückender Gedanke. Ist es doch beruhigend zu wissen, dass wir nicht nutzlos leben; dass unser Tun und Handeln eine tiefere Bedeutung zu haben scheint und nicht alles sinnlos ist. Alles andere würde uns auch nicht wirklich erfreuen. Ein Universum vergleichbar als »Uhrwerk« oder »Maschine« ohne Gott befriedigt uns nicht. Dafür mag es einen simplen Grund geben. Vielleicht sollten wir an die ungelösten Fragen der Kosmologie ganz anders herangehen und nicht nur fragen, sondern auch handeln. Vielleicht wurde das Universum, wie der amerikanische Physiker *Hugh Everett III.* spekuliert, zielgerichtet auf die Evolution intelligenter Lebensformen hin geschaffen. Dazu können wir *selbst* manches beitragen. Denn wir können, wenn wir wollen, das Universum lebendig gestalten, den Dialog mit dem Kosmos eröffnen. Und wir können damit bei uns selbst beginnen sowie mit unserer nächsten Umgebung.

Erste bescheidene Schritte zur Erforschung und Nutzung des erdnahen Weltraums wurden gesetzt. Verbrauchte Energien, die Suche nach neuen Ressourcen und die Evolution werden uns hinaus ins All führen, zurück zu unseren Ursprüngen. Vielleicht werden wir Bewohner des Blauen Planeten den Beginn unserer Existenz niemals ganz ergründen können, wir sollten aber bereit sein, einen Übergang von der menschlichen zur *kosmischen* Geschichte zu schaffen.

Auf dem Weg dorthin »ist die Raumfahrt«, so weiß es der bekannte deutsche Weltraumexperte Professor *Harry O. Ruppe,* »eine Chance«. Eine Chance, die ebenso die Möglichkeit einer Kontaktaufnahme mit fremden Intelligenzen begünstigen könnte. »Wir sollten sie nutzen!«

Raumschiff Enterprise: Schon morgen Wirklichkeit!

»Ein winziges Staubkorn auf seiner Reise durch das Meer von Raum und Zeit.« So könnte man unsere Erde aus der Sicht des Universums beschreiben. So viel ist bekannt. Doch darüber hinaus sind wir, auch wenn es einzugestehen manchen orthodoxen Wissenschaftlern schwer fällt, auf Theorien angewiesen. Auf Theorien, die immer häufiger und immer schneller umgestoßen werden müssen zugunsten neuer, fantastischer Überlegungen, die noch vor kurzem ins Reich der Sciencefiction verbannt worden wären.

So sorgten Neuigkeiten in der *Antimaterie*-Forschung im Januar 1996 für große Aufregung. Erstmals konnte Antimaterie (genauer gesagt: ein Antiwasserstoffatom) – also das Gegenstück zu dem, woraus jedes Objekt besteht – künstlich hergestellt werden. Geht man von der nun gar nicht mehr so wirren Theorie eines Antiuniversums aus, dann scheint es mittlerweile sicher, dass es eine Art von »Gegenwelt« gibt. Und wieso sollte nicht auch eine »Antierde« mit »Antimenschen« existieren? Wenn ja, muss auch die Frage erlaubt sein, ob ein Eingriff oder eine Reise in jene Welt und umgekehrt irgendwann möglich werden könnte.

Bedeutender ist die Erzeugung von Antimaterie allerdings auf dem Gebiet der *Energiegewinnung*. Denn, so wissen es Freunde der beliebten *Star Trek*-Saga, in ferner Zukunft sollen Raumschiffe mittels Antimaterie angetrieben werden. Was vorläufig Wunschdenken ist, könnte im nächsten Jahrhundert Wirklichkeit werden. Dissertationsarbeiten zum Thema *»Antimaterie-Annihilationsantriebe für interplanetare Raumfahrtmissionen«* können schon heute auf der Universiät Stuttgart, in der Fakultät Luft- und Raumffahrttechnik, nachgelesen werden. Aus dem komplizierten Zahlenwerk geht für Spezialisten hervor, dass 0,147 Gramm Antiprotonen genügen würden – nicht mehr als die Masse eines Regentropfens –, um genug Energie für einen Flug zum Mars freizusetzen. Antimaterie in konzentrierter Form von Antiprotonen werden bereits heute routinemäßig in Kernforschungszentren in der Schweiz (CERN), den Vereinigten Staaten (Fermilab) und Russland (Serpachow) hergestellt. Allerdings in so minimalen Mengen und unter gewaltigen astronomischen Kosten, dass an die Verwendung eines Antriebsaggregats noch lange nicht zu denken ist. Doch an der Entwicklung verbesserter Techniken, ihrer Erzeugung und Speicherung wird bereits heute gearbeitet. Lässt sich Antimaterie, diese stärkste aller bekannten Energiequellen, tatsächlich zum Antrieb von Raumschiffen verwenden?

Der bekannte NASA-Raketenspezialist *Jesco von Puttkamer,* der an der Entwicklung der Mondrakete *Saturn V* sowie am *Apollo*-Projekt beteiligt war, hält dies für möglich, wenn auch erst in ferner Zukunft und dem Vorangehen einiger Technologiesprünge. »Die heutigen Bemühungen der Quantenphysiker um Erzeugung, Speicherung und Reaktion von Antimaterie«, so Puttkamer, »könnten in der Tat einst diese Energiequelle erschließen, bei der je Masseeinheit Treibstoff 100-mal mehr Energie freigesetzt wird als bei einer Kernverschmelzung.« Der Wissenschaftler und Planer der NASA schließt daher nicht aus, »dass in ferner Zukunft ein Raumschiff als Treibstoff auf nahezu Absolut-Null-Temperatur gekühlte Eiskugeln aus Antiwasserstoff mit sich führt und damit Reisegeschwindigkeiten erreicht, die der Lichtgeschwindigkeit nahe kommen«.

Wer weiß, vielleicht wird sogar eines Tages Realität, wovon begeisterte Sciencefictionfans schon lange träumen. Denn selbst das *Beamen,* die unglaubliche Fortbewegungsart aus *Raumschiff Enterprise,* ist zumindest in der Theorie gar nicht so unrealistisch. Allerdings müsste ein Mensch, der weggebeamt werden will, binnen eines Sekundenbruchteils auf eine Temperatur erhitzt werden, die eine Million Mal höher ist als die im Zentrum der Sonne, schreibt der amerikanische Professor *Lawrence Krauss* in seinem Buch *»Die Physik von Star Trek«.*

Der Wissenschaftler an der Case-Western-Universität in Cleveland, Ohio, hat die Weltraumserie auf ihre physikalischen Details untersucht und kommt zu dem verblüffenden Schluss: Je fantastischer sie sind, desto eher stimmen sie mit den Gesetzen der Naturwissenschaften überein. Und so funktioniert es laut Krauss, wenn es heißt: »Beamen Sie mich an Bord, Scotty!«: Man zeichne einen Bauplan des Menschen auf der Basis der kleinsten Bestandteile auf, zerlege die Person und übertrage beides mit

Bild 6: Für den NASA-Strategen Prof. Jesco von Puttkamer könnten interstellare Reisen eines Tages Wirklichkeit werden.

Lichtgeschwindigkeit an den gewünschten Ort, wo der Gebeamte wieder zusammengesetzt wird. Das geht eben nur bei unvorstellbar hohen Temeraturen und – wenn man vorher die Position und den Zustand eines jeden Atoms aufzeichnet. Dazu müsste man 10 hoch 28 Kilobyte Daten speichern – pro Person mehr als 16-mal so viele Daten wie alle jemals geschriebene Bücher der Welt zusammen.

Das ist zugegeben unvorstellbar. Jedenfalls nach heutiger Sicht. Als *unvorstellbar* haben vor 120 Jahren allerdings »Experten« auch die Existenz der elektrischen Glühlampe von *Thomas Alva Edison* bezeichnet. Ebenso galt die Idee des Motorfliegens als Hirngespinst, bis den Gebrüdern *Wright* am 17. Dezember 1903 das »Unmögliche« gelang. Selbige ablehnende Einschätzung galt der Überwindung der Schallmauer. 75 Jahre nach dem ersten motorbetriebenen Flugvehikel flog der französische Überschalljet *Concorde.* Was die bemannte Raumfahrt anbelangt – vor allem den Flug zum Mond –, gab es ähnliche peinliche Fehlprognosen. Die gesamte Entwicklungsgeschichte der Menschheit zeigt, dass die Zukunft nur denen gehört, die sich – wie die anno dazumal ebenfalls als »Fantasten« und »Spinner« verschrieenen Raumfahrtpioniere *Konstantin E. Ziolkowski, Hermann Oberth* und *Wernher von Braun* – einfach über orthodox-wissenschaftliche Ignoranz und althergebrachten Lehrmeinungen hinwegsetzen. Hunderte von Sciencefictionautoren, von *Jules Verne* über *Perry-Rhodan*-Miterfinder *Clark Darlton* bis hin zu *Isaac Asimov,* haben die verschiedensten und unwahrscheinlichsten Zukunftsvisionen beschrieben. Vieles davon wurde von der

Realität inzwischen längst eingeholt oder sogar weit übertroffen. Heutige wie auch kommende technologische Errungenschaften wären ohne fantasievolle Zukunftsdenker kaum denkbar. Viele Begriffe, die von Sciencefictionautoren geprägt wurden, wie »Hyperraum«, »Gravitationssterne« oder »Wurmlöcher«, hat die moderne Wissenschaft übernommen. In unserem 20. Jahrhundert haben sich viele Dinge ereignet, die frühere Generationen für denkunmöglich hielten. Doch die wissenschaftlichen Theorien ändern sich ständig und werden das auch weiterhin tun. In vielen Belangen werden wir, ob es uns passt oder nicht, umdenken und unsere Existenz auf neue Errungenschaften einstellen müssen.

Unaufhaltsam hineingerissen

Anregungen dafür, wie das Weltbild von morgen aussehen könnte, liefern schon jetzt kühne Denker wie der »Einstein unser Zeit«, der durch ein grausames Nervenleiden an den Rollstuhl gefesselte *Stephen Hawking.* Man versteht kaum, was er sagt, aber jeden Tag verkündet er eine neue Symphonie von Mathematik und kosmologischer Theorie. In Erinnerung ist sein sensationelles Buch sowie der gleichnamige Film über *»Eine kurze Geschichte der Zeit«,* mit dem er Millionen Menschen in aller Welt faszinierte.

Zufällig wurde Hawking am Tag genau 300 Jahre nach Galileis Tod geboren. Ein Jahr nach Galileis Ableben erblickte *Isaac Newton* das Licht der Welt, der spätere Schöpfer der klassischen Physik. Zufällig, genau 310 Jahre nach Newton, besetzt Hawking denselben, höchst exklusiven Lehrstuhl theoretischer Physik an der erlauchten Universität in *Cambridge,* den einst der große Newton einnahm. Und wieder rein zufällig haben beide Wissenschaftler im Leben für Hawking eine ganz wichtige Bedeutung. Denn wie seine berühmten Vorgänger hat auch Hawking unsere Sicht vom Kosmos radikal verändert. Nur ein weiterer Zufall? Gewiss.

Hatte der ehrwürdige Sir Isaac noch unter einem Apfelbaum – so erzählt es die Legende – aufgrund herabfallender Früchte seine Eingebung zur bahnbrechenden Theorie der Schwerkraft gehabt, umfasst Hawkings Inspirationsquelle das gesamte Universum. Beim Physikgenie unserer Zeit ist jedoch nicht von Äpfeln die Rede, die am Ende ihres Falles kleine Dellen in den Rasen schlagen. Hawkings liebstes Studienobjekt sind die bereits erwähnten *Schwarzen Löcher,* neben *Pulsaren, Neutronensternen,* so genannten *Weißen Zwergen* und *Roten Riesen* die wohl aufregendsten Himmelskörper im Kosmos.

Was aber ist ein ominöses Schwarzes Loch überhaupt? Jemand, der wie ich, das Fachwissen über schwierige Zahlenspiele, höhere mathematische Berechnungen, komplizierte Formeln der Physik und Chemie, nicht gerade zu seinen Lieblingsthemen erkoren hat, würde sehr vereinfacht von einer *Staubsaugerdüse* sprechen, die *alles* verschluckt, das ihr in den Weg kommt. Das »Schwarze Loch« als eine Art »Gefäng-

Bild 7: Die Existenz von »Schwarzen Löchern« hatte er vorausgesagt: Albert Einstein.

nis« im Weltraum. Die Wissenschaft sieht das freilich differenzierter. Schon der blitzgescheite *Albert Einstein* hatte auf der Grundlage der *Relativitätstheorie* die Existenz für »kosmische Abflüsse« vorausgesagt. Demzufolge hätte man es mit gewaltigen Objekten zu tun, die ein hohes Gravitationsfeld besitzen, so hoch, dass selbst elektromagnetische Strahlung sie nicht verlassen kann. Das heißt, Lichtstrahlen, die einmal dort hingeraten, können nicht mehr entkommen. Alles, was langsamer wäre als das Licht, erlitte das gleiche Schicksal, egal ob Stein, Mensch, Strahlungsteilchen oder Raumschiff. Die Entstehung der Schwarzen Löcher wird auf den Zusammenbruch von Sternen in der Endphase ihrer Entwicklung zurückgeführt. Ein solcher Stern krümmt sich so lange zusammen, bis er zu einem Punkt mit unendlich dichter Masse geworden ist. Um das Gebilde herum entsteht im Raum ein sich jeder Wahrnehmung entziehender Bereich, eben ein Schwarzes Loch, das eine riesige Ausdehnung erreichen und andere Gestirne anziehen und »verschlingen« kann. Bekannte Formeln, wie etwa die über den Umfang des Kreises, stimmen nicht mehr; im Bereich des Himmelskörpers selbst spielen alle Uhren scheinbar verrückt, sie gehen plötzlich unendlich langsam. In einem Schwarzen Loch steht die Zeit praktisch still!

Bisher war alles nur Annahme, dass es sie auch wirklich gibt. Mit dem amerikanischen Weltraumteleskop *Hubble* gelang jedoch vor einigen Jahren die sichtbare Beweisführung. Ein Foto wurde von den Astronomen *Holland Ford* und *John Hopkins* einer Fehlfarbenanalyse ausgesetzt. Dabei konnten die beiden Wissenschaftler ein spiralförmiges Schwarzes Loch sichtbar machen, das sich in der Galaxie *M87,* etwa 52 Millionen Lichtjahre von unserer Erde entfernt, befindet. Mit unvorstellbaren 1,9 Millionen Stundenkilometern rotiert die kosmische Scheibe um ihren Mittelpunkt. Und sie kommt näher, ist unterwegs geradewegs in Richtung unserer Milchstraße.

Einige Astrophysiker vermuten sogar im Zentrum unserer eigenen Galaxie eines dieser riesigen schwarzen Raum-Zeit-Löcher, das dort sein Unwesen treibt. Wird unsere Milchstraße eines Tages auf Nimmerwiedersehen darin verschwinden? Was wird aus den Sonnen, was aus unserem Planetensystem, der Erde und uns Menschen? Wie viel Zeit haben wir noch? Reicht sie für den nächsten Urlaub oder um dieses Buch fertig zu lesen? Keine Angst, dafür wird noch genügend Zeit vorhanden sein und noch für vieles mehr. Denn bis das saugende Monstrum tatsächlich unsere Erde »auffressen« kann, vergehen noch Millionen Lichtjahre. Bis dahin werden wir uns entweder selbst vernichtet haben (was weit eher zu befürchten ist), oder wir wären inzwischen clever genug gewesen, um mit Hilfe ferner Zukunftstechnologien zu einer freundlicheren Galaxie auszuwandern.

Aber noch ein Szenario bietet sich an: Wir wagen die Reise mit supermodernen Raumschiffen durch jene Schwarzen Löcher. Was könnte dabei passieren? Würden wir dadurch blitzschnell in ein anderes Universum gelangen? Reisen durch Raum und Zeit, der Aufbruch zu anderen Dimensionen, und das Durchbrechen der »Zeitmauern« ist seit *H. G. Wells'* berühmtem Roman *»Die Zeitmaschine«* ein beliebtes und faszinierendes Thema in der Sciencefictionliteratur. Aber ist es wirklich nur Utopie? Oder existieren vielleicht Löcher und Risse zu anderen Welten, die wir uns nutzbar machen könnten? Stimmt die Vorstellung, dass es außerhalb unseres Weltalls noch viele andere Welten geben muss? Welten, völlig unabhängig von unserer und unerreichbar mit herkömmlicher irdischer Raumfahrttechnologie? Auch dann nicht, wenn wir nahezu mit Lichtgeschwindigkeit reisen könnten?

Ist es denkbar, dass die Schwarzen Löcher *Brücken* zu solchen Universen sind, sodass etwas oder jemand, der in ein solches »Loch« stürzt, in völlig unbekannte Bereiche von Raum und Zeit verschlagen wird? Und – käme man von dort wieder zurück?

Die Idee, das Schwarze Loch als Tunnel, Zeitriss oder Brücke zu sehen, ist eine fantastische Möglichkeit, die man heute als *»Einstein-Rosen-Brücke«* bezeichnet – nach *Nathan Rosen,* einem engen Mitarbeiter Albert Einsteins. Lässt sich beweisen, dass Reisen in andere Welten durch Schwarze Löcher hindurch oder andere Phänomene wenigstens im Prinzip möglich sind? »Leider nein«, beteuert der britische Astrophysiker Professor *Paul Davies.* »Die Einstein-Rosen-Brücke überbrückt zwar Raum, aber nicht die *Zeit*«, schränkt Davies ein und betont: »Das hat eine ärgerliche Folge.

Bild 8:
Sind »Schwarze Löcher« Brücken zu anderen Welten?

Um über die Brücke zu gelangen, müsste ein künftiger wagemutiger Astronaut Überlichtgeschwindigkeit erreichen. Andernfalls bricht die Brücke zusammen.«

Nach allem, was wir wissen, gibt es keine Fortbewegung mit Überlichtgeschwindigkeit. Das verbietet die Relativitätstheorie. Wer einen Zeittunnel durchrast, würde an einem Ort landen, der »jenseits unserer Zukunft« liegen würde. Eine Rückkehr wäre unmöglich. Bei einer solchen Zeitreise würde man in einem dritten Weltall landen, beim nächsten Zeitsprung in einem vierten und so weiter, bis hin zu einer unendlichen Folge von Universen, die alle irgendwie miteinander verbunden scheinen. Die Nahtstelle wäre das Innere des Schwarzen Lochs. Soweit die bisherige Annahme im idealisierten Modell.

Für das Physikgenie Hawking scheint alles für den Durchschnittsmenschen Unvorstellbare auf seltsame Art dennoch vorstellbar zu sein: So überraschte der »Einstein unserer Tage« im Oktober 1995 die verblüffte Fachpresse, als er verkündete, dass Zeitreisen – also »Ausflüge« in die Vergangenheit und in die Zukunft – grundsätzlich *möglich* seien, ohne die Kausalität und unsere gewohnte Weltordnung auf den Kopf zu stellen. »Wir *können*«, so versicherte Hawking wörtlich, »bei unserer Geburt zuschauen, uns im Kindergarten spielen sehen. Wir können unsere Urahnen besuchen, vielleicht sogar Kleopatra beim Baden in Eselsmilch überraschen. Der Zeitreisende könnte sogar in die Vergangenheit eingreifen, ein Unglück verhindern.«

Eine Prognose, die gewiss fantastisch anmutet, aber wegen ihrer überzeugenden Logik in wissenschaftlichen Fachkreisen zunehmend Beachtung findet. Eine Frage, die in diesem Zusammenhang besonders interessiert: Könnten andere Intelligenzler bereits Möglichkeiten gefunden haben, die Mauer von Raum und Zeit zu überwinden? Können unerklärliche Erscheinungen wie die UFOs oder parapsychologische Phänomene damit in Verbindung gebracht werden? Handelt es sich bei Erscheinungen des Unfassbaren um spontane oder gezielte Durchbrüche aus anderen Dimensionen?

Ernst Meckelburg, der bekannte deutsche Zeittheoretiker, ist davon überzeugt. Seine Studien besagen, kurz gefasst, dass UFOs nichts anderes als *Zeitmaschinen* wären, genauer gesagt, *Projektionen aus der Zukunft.* Keine Außerirdischen, sondern vielmehr unsere eigenen Nachfahren, die aus einer parallel zur Jetztzeit bereits existierenden Zukunft in ihre Vergangenheit, unsere Gegenwart, eingreifen.

Diesen *Parallelweltlern* oder *Außerzeitlichen,* wie Meckelburg sie nennt, sei es mit Hilfe einer unglaublich weit fortgeschrittenen Hochtechnologie möglich, sich in die Vergangenheit zu projizieren, um diese »vor Ort und Zeit« zu studieren. Wird das Projekt Zeitreisen die nächste große Herausforderung für die Wissenschaft des 21. Jahrhunderts? »Zeitreisen – ganz gleich, welchen Zweck sie auch immer erfüllen mögen –«, so stellt der Bewusstseinsforscher Ernst Meckelburg klar, »werden irgendwann einmal so selbstverständlich sein wie alle anderen technischen Errungenschaften unserer Welt.«

Völlig losgelöst

Bevor wir uns anschicken, mit Zeitmaschinen unsere Ururenkel zu besuchen, wird der Mensch seine neugierigen Fühler jedoch weiter hinaus in die Tiefen des Alls strecken. Die Abenteuerlust wird ihn dazu treiben. Aber ist der Mensch für Reisen zu den Sternen überhaupt geschaffen? Schon die Frage nach geeigneten Technologien ist für die Wissenschaft eine riesengroße Problemkiste, vor allem eine finanzielle. Wie aber steht es mit dem menschlichen Verhalten bei Langzeit-Raumflügen? Kann der Mensch eine mehrjährige Reise, etwa zum Jupitermond *Ganymed* und zurück, in der Schwerelosigkeit überleben? Wie verkraftet er die Flüssigkeitsverteilung im Körper? Wie die Veränderungen im Gleichgewichtssystem und bei den roten Blutzellen?

Bild 9: »D1«-Astronaut Dr. Reinhard Furrer untersuchte die Ursache der Raumkrankheit und entdeckte Erstaunliches.

Heute wissen wir, dass sich in der Schwerelosigkeit von Raumfahrzeugen der Alterungsprozess um bis zu 15 Prozent verzögert. Dieses Jungbleiben muss allerdings mit einer Einbuße an Knochen- und Muskelsubstanz bezahlt werden. Menschen benötigen im All weniger Nahrung als auf der Erde. Organe, wie das Herz, funktionieren langsamer. Inzwischen ist bekannt, dass der Mensch die fremde Umgebung des Alls erstaunlich gut aushalten kann und mit ihr psychologisch zurechtkommt. Über das »Wie?« und daher auch über das »Wie lange?« wusste man im Hinblick auf permanent besetzte Raumstationen oder bezüglich des ersten bemannten Marsfluges allerdings herzlich wenig. Bis zu dem Zeitpunkt, als der aus Tirol stammende Weltraumprofessor Dr. *Reinhard Furrer* 1985 während der deutsch-amerikanischen Raumfahrermission »D1« Verblüffendes feststellte. Er und sein Kollege *Wubbo Ockels* verzichteten als erste Astronauten auf jegliche Medikamente, die bislang zur Bekämpfung der lästigen *Raumkrankheit* eingenommen wurden.

Ein Experiment, das bemerkenswert spät erfolgte, nach so vielen Jahren des

Bild 10: Der Kosmonaut mit dem »Röntgenblick«: Juri Glaskow.

bemannten Raumfluges. Ergebnis der Tests: Innerhalb weniger Tage fühlt man sich besser und schafft es, sich vollständig an die völlig fremden Lebensbedingungen anzupassen. Bis dahin dachte man, der Mensch sei von der Erdanziehung abhängig. Doch die Studien zeigten, dass der Mensch offensichtlich imstande ist, die Schwerelosigkeit zu *adaptieren*. Wie aber ist es möglich, so schnell zu »lernen«? Man bedenke, wie lange der Mensch zum Gehen, Sprechen und Erlernen bestimmter Fähigkeiten üblicherweise benötigt. Für Reinhard Furrer, der 1995 bei einem tragischen Flugzeugabsturz tödlich verunglückte, gab es nur eine Antwort: Das zentrale Nervensystem des Menschen ist so gut ausgebildet, dass es auch in einer außerirdischen Umgebung ohne Erdanziehung existieren kann.

Was heißt das im Klartext? Bedeutet das nicht, dass diese Fähigkeiten *genetisch* bedingt sind? Ist demnach unser Schritt ins All immer schon in unseren Genen *vorprogrammiert* gewesen? Es scheint tatsächlich so. Und noch mehr. Die nicht irdischen Lebensumstände bewirken erstaunliche Fähigkeiten bis hin zum »Röntgenblick«. Der russische Kosmonaut *Juri Glaskow* erinnert sich: »Es passierte, als die Raumstation *Salut* gerade über Brasilien hinwegflog. Plötzlich erblickte ich dort unten ein langgezogenes dünnes Bändchen. Im nächsten Moment wusste ich Bescheid – das war eine Landstraße. Und auf ihr war deutlich ein Omnibus zu sehen. Ich konnte sogar erkennen, dass er hellblau war. Wir befanden uns aber in einer Erdumlaufbahn, die es unmöglich machte, normalerweise solche Details zu erkennen.«

Nach dem Flug erzählte Glaskow dem Direktor des Instituts für Ozeanologie der

Akademie der Wissenschaften in Moskau, *Andrej Axjonow,* von dem ungewöhnlichen Erlebnis. Der Doktor für Geografie nahm an, Glaskow habe sich den Bus nur *vorgestellt* und erst dann hätten seine Augen ihn »gesehen«. Ein psychophysisches Phänomen also? Was mag die Scharfsichtigkeit des Kosmonauten bewirkt haben? Woher kommt die kosmische Sehkraft, die »Adlerauge« Juri Glaskow während des Fluges um die Erde bei sich feststellte?

So viel ist bekannt: Es handelt sich um eine Besonderheit der visuellen Wahrnehmung im Weltraum. Viele Kosmonauten machten während ihrer längeren Flüge ganz ähnliche Erfahrungen. An den ersten Tagen wurden auf der Erde weniger Objekte wahrgenommen als gegen Ende des Fluges. Der Kosmonaut *Vitali Sewastjanow* zum Beispiel stellte verdutzt fest, dass sich anfangs, wenn die Schwerelosigkeit noch nicht lange auf den Kosmonauten einwirkt, die Sehkraft verschlechtern kann. Nach einiger Zeit jedoch ist das verschwommene Bild verschwunden und es werden Details wie Inseln, Meere und Gebirgszüge deutlich. Nach zwei Wochen brauchte er nur aus dem Bullauge zu sehen, um sofort zu wissen, wo das Raumschiff gerade flog. Er bemerkte mehrmals Schiffe auf dem Meer und eines Tages sogar einen Eisenbahnzug, der sich einer Brücke näherte.

Ein starke Schärfung der Sehkraft im All haben auch amerikanische Astronauten an sich festgestellt. *Gordon Cooper* sah beim Flug mit der *Mercury*-Raumkapsel aus einer Höhe von mehreren hundert Kilometern ganz deutlich Schornsteine auf Häusern in Tibet und einen Lastkraftwagen an der Grenze zwischen den USA und Mexiko, und *Edward White* konnte von einer *Gemini*-Raumkapsel aus Straßen und Wege sowie Wellen, die von Motorbooten herrührten, deutlich erkennen. Eigentlich unfassbar. Und doch haben Experimente, die zur Überprüfung dieser Aussagen angestellt wurden, gezeigt, dass das menschliche Auge unter Bedingungen der Schwerelosigkeit viel feiner auf Bildhelligkeitsänderungen reagiert. Unter normalen irdischen Bedingungen, so erklären es Weltraummediziner, vollführt das menschliche Auge 20 bis 150 Bewegungen pro Sekunde. Die Schwerelosigkeit erleichtert diese Bewegungen, weshalb die Sehkraft zunimmt.

Obwohl dies vorläufig bloß eine Hypothese darstellt, zweifeln nur wenige Forscher daran, wonach der Mensch bei seinen kosmischen Ausflügen in die Schwerelosigkeit ungeahnte Fähigkeiten zu entwickeln vermag, gemäß dem Satz des weisen *William Shakespeare,* dass es zwischen Himmel und Erde eben mehr Dinge gibt, als unsere Schulweisheit sich träumen lässt.

Weltraumkuriositäten

»Das Universum ist nicht nur sonderbarer, als wir es uns vorstellen«, erklärte der 1994 verstorbene englische Genetiker und Physiologe *J. B. S. Haldane,* »es ist sogar sonderbarer, als wir es uns jemals vorstellen *können.*« Der Brite wird mit seiner Einschätzung wohl Recht behalten. Neben den Schwarzen Löchern mit ihrer Schwerkraft, die so groß ist, dass selbst das Licht mit der uns bekannten höchsten Geschwindigkeit von 300 000 Kilometern in der Sekunde diese enorme Anziehungskraft nicht zu überwinden vermag, kann das All noch mit einer Reihe weiterer Kuriositäten aufwarten. So bleibt der Ursprung für die erstmals 1982 festgestellte Röntgen- und Gammastrahlung rätselhaft. Die Wissenschaftler der NASA orteten nämlich ausgerechnet eine Stelle am Himmel, wo keine Quelle für diese Strahlung bekannt war. *Neil Gehrels* vom Forschungszentrum Greenbelt gestand offen ein: »Die Strahlen unterscheiden sich von allem, was bisher bekannt war.«

Besonderes Kopfzerbrechen bereitet den Himmelsbeobachtern eine Vielzahl mysteriöser kleinerer Himmelskörper, die sie als »bizarre Neuzugänge im astronomischen Zoo« bezeichnen. Noch in Erinnerung ist die Entdeckung vom Asteroid *DA 1986,* der im Jahre 1986 erstmals gesichtet wurde und eine Bahn um die Sonne zwischen Mars und Jupiter eingeschlagen hat.

Erst kaum beachtet, wurden die Astronomen stutzig, als der Asteroid mit Radar abgestastet wurde, als er fast sechzig Prozent der Strahlungsenergie zurückwarf. Dreimal so viel wie üblich. Des Rätsels Lösung: Der gewaltige Gesteinsbrocken besteht aus rund 10 000 Tonnen *Gold* und 100 000 Tonnen *Platin.* Man nimmt an, dass er der Rest eines Planeten in unserem Sonnensystem sein könnte, der vielleicht vor drei bis vier Milliarden Jahren beim Zusammenstoß mit einem anderen Himmelskörper zerstört wurde. Dass es diesen Planeten gegeben hat, scheinen Darstellungen auf einem akkadischen Rollsiegel aus dem dritten Jahrtausend vor Christus zu belegen. Jedenfalls spekuliert der amerikanische Altertumsforscher *Zecharia Sitchin* darüber und bietet in seinem Buch *»Der zwölfte Planet«* neue, kühne Übersetzungen altbabylonischer Texte an. Auf einer winzigen sumerischen Sternenkarte, zu sehen im Berliner Vorderasiatischen Museum, will Sitchin erkannt haben, dass dieser zwölfte Planet, *Marduk,* eingezeichnet ist, der unser Sonnensystem alle 3600 Jahre auf einer elliptischen Bahn kreuzt. Der die Sonne umkreisende Asteroidengürtel könnte der Rest eines Planeten gewesen sein, den russische Forscher *Phaeton* nennen. Sitchins Behauptung zeigt auffällige Anklänge zu *Immanuel Velikovskys* Theorie von der »Evolution durch Katastrophen«. Daraus folgt, dass sich schon zu biblischen Zeiten, in alten Texten, Kalendarien und astronomischen Inschriften, deutliche Hinweise finden, die von kosmischen Unglücksfällen, Zusammenstößen und Explosionen von Planeten sprechen.

Ob der »fliegende Goldklumpen« wirklich ein Überbleibsel vom zwölften Planeten (oder welchem Himmelskörper auch immer) war, bleibt dahingestellt. Tatsache jedoch ist, dass es DA 1986 gibt und dass man bereits überlegt, wie man seiner am besten habhaft werden könnte. »Im nächsten Jahrhundert«, so hofft ein amerikanischer Astronom. Ob die irdischen Goldvorräte bis dahin noch reichen werden?

Bleiben wir im Nahbereich des Alls, denn im Vergleich zu den Entfernungen wie dem Schwarzen Loch ist der Ausflug zum Asteroidengürtel nur ein kleiner Schritt in den Kosmos. Trotzdem wimmelt es dort von rätselhaften Himmelskörpern. Vor wenigen Jahren wurde ein nur fünf Kilometer großer Asteroid entdeckt, der sich auf einem nierenförmigen Orbit um die Sonne bewegt, eine Umlaufzeit von etwa einem Jahr hat und stark von der Erde beeinflusst wird. »Asteroid« *3753* ist mit freiem Auge nicht sichtbar und kreuzt immer wieder die Erdbahn. Manche dieser Miniplaneten verschwinden und werden erst Jahre später wieder entdeckt. So blieb der Asteroid *Mally,* der seine Umlaufbahn zwischen Mars und Jupiter eingeschlagen hat, 55 Jahre »verschollen«, bis er 1986 wieder sichtbar wurde. Insgesamt hat man mehr als 3500 dieser seltsamen Objekte aufgespürt. Fünf von ihnen gelten nach wie vor als »abgängig«. Der Miniplanet *Nolli* wurde zuletzt 1901 gesehen, *Albert* und *Hapag* zuletzt im Jahre 1911, *Mildred* und *Ingrid* 1916 und 1923.

Manche dieser merkwürdigen Himmelsvagabunden werden recht unverblümt als »echtes UFO« bezeichnet. So auch das mysteriöse Objekt *1991 VG.* Die ungewöhnliche Flugbahn, die nahezu jener der Erde entspricht, sowie das seltsame Licht- und Radarreflexionsverhalten passt zu keiner bekannten Asteroidenvariation. Selbst die irdische Herkunft, etwa eine alte Raumkapsel oder das abgesprengte Raketenteil einer Sonde, können als Erklärung ausgeschlossen werden. »Die Situation ist alles andere als geklärt«, gibt der Astronom *D. Green* freimütig zu.

Ähnliches Rätselraten hat ein weiteres nicht identifiziertes Objekt im Sonnensystem ausgelöst. Es handelt sich um einen etwa zwölf Kilometer großen Himmelskörper, der schlicht *1996 PW* getauft wurde undvor acht Jahr auf Fotos des Bilderfassungssystems NEAT aufgenommen werden konnte. Er sieht aus wie ein Asteroid, bewegt sich aber wie ein *Komet.* Seine ungewöhnliche Bahn führt weit in den Raum hinaus, bis zu einer fünfzehnfachen Entfernung zwischen Pluto und der Sonne. Alle 5000 Jahre kommt er in unsere Nähe, um 3000 vor Christus zu Beginn der Pharaonendynastien war er schon einmal in unserer Nähe. Könnte es sich hier um einen Kometen handeln? Die Astronomen sagen *nein,* denn Staubschweif und übliche Aktivitäten wie Gasausbrüche fehlen. Der Wiener Astrophysiker Dr. *Karl Grün,* auf die Problematik angesprochen, schüttelt den Kopf und wirft zu Recht einige Fragen auf: »Vielleicht ist 1996 PW ein ›ausgebrannter‹ Komet, der nun der flüchtigen Elemente ›beraubt‹, also erloschen ist? Oder er ist in eine Schutzschicht gehüllt, die darunter liegende Elemente vor einem Gasausbruch bewahrt. Oder handelt es sich bei 1996 PW um ganz etwas anderes?«

Was könnte dieses andere sein? Bliebe nur die Möglichkeit einer *außerirdischen* Sonde. Wäre das vorstellbar? Seit *»Erinnerungen an die Zukunft«* appelliert der Schweizer Schriftsteller und Urvater der »Götter-Astronauten-Theorie«, *Erich von Däniken,* dass man verschiedene unbekannte Objekte, die um die Erde kreisen, anfliegen und einsammeln sollte. »Unsere Astronomen stufen diese Relikte als natürlich ein«, beschwört der Götterforscher, »aber einen wirklichen Beweis dafür wird man erst dann haben, wenn wir die Objekte näher untersuchen.« Erich von Däniken hält es für sehr wahrscheinlich, dass außerirdische Intelligenzen vor Jahrtausenden eine Sonde in den erdnahen Weltraum geschossen haben, die »von der richtigen Generation entdeckt werden soll, also von einer Menschheit, die die ersten Schritte ins All gesetzt hat«.

Demnächst nähert sich wieder ein »altes« UFO der Erde, der »Asteroid« 1991 VG. Würde es die Anstrengung nicht wert sein, dem kosmischen Findling eine irdische Sonde entgegenzuschicken?

Außerirdische Pannen?

Russische Wissenschaftler, wie Professor Dr. *Sergeij Petrovich Bozhich* von der Universität in Moskau, behaupten schon lange, dass ein außerirdisches Raumschiffswrack die Erde umkreist. Entdeckt wurden die mutmaßlichen UFO-Überreste Ende der fünfziger Jahre. Doch erst 1979, nachdem sich russische Experten nach ausführlichen Untersuchungen über die Beschaffenheit des mysteriösen Himmelsobjektes informiert hatten, ging man mit der sensationellen These an die Öffentlichkeit. Der russische Astrophysiker Bozhich wörtlich: »Wir sind davon überzeugt, dass Teile eines nicht irdischen Raumschiffes unseren Planeten umrunden.«

Die Wissenschaftler sind der Ansicht, dass die fremde Rakete durch eine *Explosion* im Inneren in mindestens zehn Teile auseinander gebrochen ist. Die beiden größten Teilstücke sollen einen Durchmesser von mehr als 30 Meter haben. In Computersimulationen der Moskauer Universität haben Physiker die Umlaufbahnen der verschiedenen Teilstücke über Jahre hinweg zurückverfolgt. Dabei ergab sich, dass die verdächtigen Wrackstücke ursprünglich aus einem großen Ganzen bestanden haben müssen und am 18. Dezember 1955, vermutlich durch eine Explosion, auseinander geborsten sind.

Zu diesem Zeitpunkt aber hatte die irdische Raumfahrt noch keinen Satelliten in die Erdumlaufbahn gebracht. Der berühmte *Sputnik* wurde erst im Oktober 1957 in den Weltraum geschossen. War es ein *Meteorit,* der in die Anziehungskraft der Erde kam? Russische Geophysiker haben das durch ihre Untersuchungen weithin ausgeschlossen. Wie der amerikanische Astronom Dr. *Lee Rickard* vom Nationalen Radio-Observatorium in Charlottesville bestätigte, ist die Chance, dass ein Meteorit in eine Umlaufbahn gerät, eins zu einer Million. Bislang wurde jedenfalls noch keiner entdeckt. Wie lässt sich also erklären, dass ein »Gesteinsbrocken« in die Erdumlaufbahn geriet, um dort zu explodieren? Nach Berechnungen russischer Astrophysiker muss der außergewöhnliche Himmelskörper etwa 60 bis 80 Meter lang und 30 Meter breit gewesen sein. Was explodierte damals wirklich? Ein Raumschiff? Könnten Wrackteile samt lebloser Besatzung noch geborgen werden? Oder sind die Einzelteile des unbekannten Gastes längst in unserer Atmosphäre verglüht?

Erst jüngste Untersuchungen amerikanischer Forscher ergaben, dass es nach wie vor etliche merkwürdige »Brocken« im erdnahen Orbit gibt. *David Rabinowitz* und andere Astronomen der Universität von Arizona konnten 1993 mehr als 40 kleinere

Bild 11: Leonid Kulik unternahm 1927 die erste Tunguska-Expedition zur Absturzstelle.

Bruchstücke orten. Aber an die Raumschiffswrack-Theorie der Russen wollen die NASA-Wissenschaftler nicht so recht glauben. Sie vermuten eher einen bisher unbekannten Asteroidenring um die Erde. Wie dieser allerdings entstanden sein soll, darüber zerbrechen sich auch die Amerikaner den Kopf.

In diesem Zusammenhang ein Ereignis, das ebenfalls unaufgeklärt geblieben ist und immer wieder zu Spekulationen führt, ein Raumschiff sei damals abgestürzt: In der Nacht vom 30. Juni zum 1. Juli 1908 kam es in Zentralsibirien zu einer gewaltigen Explosion und dem Vorgeschmack eines Weltuntergangs. Seit Jahrzehnten rätseln Wissenschaftler in aller Welt, was wohl die Ursache für diese Katastrophe gewesen sein mag. Im Umkreis von 1000 Kilometern war der unheimliche und laute Knall der Explosion zu hören, 6000 Quadratkilometer Wald wurden vernichtet, das Erdreich aufgewühlt. In weiten Teilen Europas wurde der »gigantische Lichtblitz« wahrgenommen. Taghell war es plötzlich zur mitternächtlichen Stunde, kein Wissenschaftler konnte sich diesen Leuchtzauber erklären. Niemand ahnte zu diesem Zeitpunkt, dass eine riesige Luftdruckwelle über die Weiten der sibirischen *Tunguska* raste, der auch Menschen und Tiere zum Opfer fielen. Dabei hatte der Bolide lediglich einen Durchmesser von geschätzten 50 Metern. Trotz vereinzelter Verluste an Menschenleben ereignete sich die Katastrophe glücklicherweise über einem recht dünn besiedelten Gebiet. Nicht auszudenken wären die katastrophalen Folgen gewesen,

Bild 12: Alexander Kasanzew vermutet in Sibirien die Explosion eines fremden Raumschiffes.

wäre der »Tunguska-Meteor« über einem großen städtischen Ballungszentrum niedergegangen.

War dieses kosmische Geschoss, das hell wie die Sonne über den Himmel Sibiriens raste, tatsächlich ein Meteorit gewesen? Der russische Forscher *Leonid Kulik* hatte 1927 die erste Expedition zur »Meteoriten«-Absturzstelle in der Taiga unternommen, um das »Rätsel des Jahrhunderts« zu lösen. Doch die Enttäuschung war groß, als man dort weder einen Krater noch andere Hinweise fand, die die ursprüngliche Meteoritentheorie hätten stützen können. Erklärungen über Ursachen und Ursprung des Feuerballs wurden seither in Mengen abgegeben: Man denkt an einen verirrten Kometen, eisige Bruchstücke eines Kometen, Teile von Antimaterie, ein Schwarzes Loch in Minigröße bis hin zu der Möglichkeit, dass ein außerirdisches Raumschiff außer Kontrolle geriet und danach explodiert sein könnte.

Ein UFO? Schon 1946 hatte das populäre russische Akademiemitglied, der Ingenieur und Schriftsteller *Alexander N. Kasanzew,* die Idee von der missglückten Landung eines atomar angetriebenen Raumschiffes außerirdischer Herkunft. Und so fantastisch scheint der Gedanke gar nicht zu sein, denn immer mehr Wissenschaftler neigen heute dazu, tatsächlich an eine *Atomexplosion* zu glauben. Sie vergleichen die Katastrophenstätte in der Tunguska mit *Hiroshima* und den Orten anderer nuklearer Vorfälle und stellten erstaunliche Parallelen fest. So erklärte der russische Geophysiker Dr. *Alexej Zolotow,* wonach ihn die jahrelangen Untersuchungen immer deutlicher zur Überzeugung geführt hätten, dass kein einziges Faktum der Wahrscheinlichkeit einer Nuklearexplosion widerspreche.

Ungeklärt ist immer noch, weshalb der Himmelskörper ausgerechnet in einer Höhe von wenigen Kilometern explodierte und warum ihn zuvor kein Astronom entdeckte. Ebenso ungeklärt ist das untypische Flugverhalten des unbekannten Objekts.

Wenn man den einzelnen Berichten der Augenzeugen Glauben schenken will, die später aneinander gefügt worden waren, hätte nämlich der »Feuerball« eine *zweimalige* Kurskorrektur vorgenommen! Dies würde wiederum für ein ferngesteuertes oder durch Piloten gelenktes Weltraumgeschoss sprechen. Mittlerweile existieren an die 100 Hypothesen, die die Herkunft und Beschaffenheit des ungeheuren Zwischenfalls zu erklären versuchen. Der Wiener Schriftsteller *Peter Krassa* reiste eigens nach Moskau, sprach mit anerkannten Tunguska-Experten und stellte das Für und Wider der unterschiedlichsten Theorien in seinem gründlich recherchierten Buch *»Tunguska – Das Jahrhundertereignis«* einander gegenüber. Dennoch bleiben viele Fragezeigen. »Vielleicht wird eine kommende Generation im Verlauf des dritten Jahrtausends in der Lage sein«, schreibt Krassa zwischen Zweifel und Hoffnung, »dieses facettenhafte sibirische Rätsel endlich einer allseits überzeugenden Lösung zuzuführen. Es wäre schön . . .«

Die wahre Identität des kosmischen Besuchers bleibt auch nach fast 90 Jahren unbekannt. Bekannt ist aber, dass die Gefahr aus dem Weltraum offensichtlich doch größer ist, als bisher angenommen wurde. In Erinnerung sind noch die aufregenden Bilder von der Raumsonde *Galileo.* Im Sommer 1994 waren die Trümmer des Kometen *Shoemaker-Levy 9* mit der Sprengkraft von 25 Millionen Atombomben auf dem Planeten Jupiter detoniert, darunter Feuerbälle von mehrfacher Erdgröße. Droht der Erde ein ähnliches Schicksal? Astronomen warnen nun vor einer Reihe von Kometen und Kleinstplaneten, die der Erde bedenklich nahe kommen werden.

Laut Wahrscheinlichkeitsrechnung schlägt alle 5000 Jahre ein Objekt mit rund 200 Metern Durchmesser auf die Erde. Die Folgen sind unabsehbar. Nach den Berechnungen des Astrophysikers *Jack Hill* vom Los Alamos National Laboratory würden nach einem Aufprall im Atlantik rund hundert Meter hohe Wellen entstehen, die die Küsten Amerikas, Afrikas und Westeuropas überrennen. Alle 300 000 Jahre verirrt sich auch mal ein richtiger Killerasteroid, der im Durchmesser 500 bis 1000 Meter beträgt. Eindeutige Spuren von Zusammenstößen gibt es jedenfalls auf der Erdoberfläche genug: So orteten Geologen bisher 139 Krater, die durch gewaltige Einschläge verursacht wurden. Einige sind groß genug, um eine Vielzahl von Lebewesen auf unserem Planeten mit einem Schlag auszuradieren.

Die Frage, warum auf Erden keine Dinosaurier mehr anzutreffen sind, ist aller Wahrscheinlichkeit nach ebenfalls auf ein kosmisches Inferno zurückzuführen. Meteoriteneinschläge und Vulkanausbrüche hätten die Erde vor rund 65 Millionen Jahren

Bild 13: Sind Kometen eine ernste Gefahr für den Planeten Erde und seine Bewohner?

in einen ziemlich ungemütlichen Platz verwandelt. Der anschließende Klimasturz dürfte den Urzeitriesen, die sich bis dahin 150 Millionen Jahre prächtig behauptet hatten, dann doch zu viel gewesen sein. Vor rund 10 000 Jahren sind riesige Kometentrümmer ins Meer gestürzt, die beinahe der gesamten Menschheit das Leben kostete. Das Geologenehepaar Professor *Alexander* und *Edith Tollmann* hat dazu eine faszinierende Kette von mythologischen Überlieferungen und wissenschaftlichen Untersuchungen zusammengetragen. In ihrem Buch *»Und die Sintflut gab es doch«* belegen beide Forscher, dass die biblische Sintflut tatsächlich stattgefunden hat und von einem gewaltigen Kometenaufprall auf der Erde ausgelöst worden war. Selbst der Untergang des sagenumwobenen Kontinents *Atlantis* soll demnach durch eine kosmische Katastrophe ausgelöst worden sein.

Befinden sich gefährliche Himmelskörper auf Kollisionskurs zur Erde? Können wir uns gegen ein Bombardement aus dem All schützen? Für die amerikanische Weltraumbehörde NASA ist die Gefahr groß genug, um ein »Kometenabwehrprogramm« ins Leben zu rufen. So sollen die größten Kometen, die sich auf potentiellen Kollisionskurs zur Erde befinden, ausfindig gemacht und ihre Umlaufbahn berechnet werden. Bis dato kennt man nur 200. Ist einer von ihnen auf Kollisionskurs, plant die NASA, ihn mit auf Satelliten montierten Atomraketen zu zerstören oder zumindest aus seiner Kollisionsbahn zu schleudern. Ein Rest der Star-Wars-Technologie. Dürfen wir der irdischen Raketentechnik vertrauen und darauf, dass beim nuklearen Abschussversuch keine überraschenden Pannen passieren? Die Experten sind sich hierüber keineswegs einig. Wogegen soll man rüsten? Gegen den ganz großen Crash? Oder dagegen, dass die Erde in einen Schwarm kleinerer Bruchstücke à la »Tunguska« geraten könnte, was in Summe nicht minder verheerend wäre? Alles in allem keine sehr himmlische Perspektive.

Lebensspuren im All

Kometen halten die menschliche Urangst vom Weltuntergang wach, gelten als Unglücksbringer und »himmlische Todesboten«. Doch die kosmischen Wanderer aus Eis, Staub und Gasen sind, ebenso wie Sternenstaub in Mikrometeoriten, paradoxerweise das Gegenteil – *Lebensbringer!* Der Sternenstaub ist das wichtigste Vermächtnis der kosmischen Besucher, die von weit außerhalb unseres Sonnensystems stammen. Er beweist, dass alle chemischen Elemente, auch die Moleküle des Lebens, ihren Ursprung im Sterben der Sterne haben. Auch wir Erdlinge bestehen letztendlich aus Sternenasche.

Die himmlischen Erscheinungen mit dem leuchtenden Schweif könnten dafür verantwortlich sein, dass große Mengen organischer Materie zur Erde gebracht wurde, die die Entwicklung des Lebens förderten. Vor Millionen Jahren dürften so auf der Erdoberfläche Kometen eingeschlagen haben, die durch das Schmelzen der gefrorenen Kerne dann die Weltmeere entstehen ließen. Wie weit sich diese Theorie erhärten lässt, wird man vielleicht dann erfahren, wenn in einigen Jahren erstmals eine Sonde auf einem Himmelsvagabunden abgesetzt wird.

So viel ist heute bekannt: In den letzten Jahren haben Astronomen in der Erforschung unserer Galaxie gewaltige Fortschritte gemacht. Vor 70 Jahren glaubte man noch, unser Sonnensystem liege im Mittelpunkt der Milchstraße und das Sternenband wickle sich praktisch um das Planetensystem herum. Nun wissen wir, dass sich unsere Sonne am Rande befindet, gewissermaßen im Hinterhof der Milchstraße. Umgeben von galaktischem Staub, entzieht sie sich einem direkten optischen Einblick.

Das Zentralgestirn mit den um sie kreisenden neun bekannten Planeten ist aber nur eine von 400 Milliarden Sonnen allein in unserer Galaxie. Und unsere Milchstraße ist auch nur ein winziger Teil eines Sternenhaufens. Und davon gibt es wiederum

Milliarden und Abermilliarden. Jüngste Entdeckungen machten deutlich, dass das sichtbare Universum mehr Galaxien enthält als bisher vermutet. So wurden 1995 von einem amerikanischen Astronomenteam gleich 600 bisher unbekannte Galaxien »in einem schmalen Himmelsstreifen« entdeckt. Angesichts dieser Dimensionen ist unsere Erde wahrlich nur ein winziges Staubkörnchen in den unendlichen Weiten des Kosmos.

Mindestens ein Drittel dieser unzähligen Sonnen werden von Planeten umkreist. Etliche davon, das wissen wir inzwischen durch Entdeckungen der Radioastronomie, sind kühl genug für die Existenz von Wasser in flüssiger Form. Selbst in unserem Sonnensystem könnten noch außerirdische Lebensspuren gefunden werden. So hat die Raumsonde Galileo kürzlich sensationelle Fotos und Daten zur Erde gefunkt, die den Verdacht bestärken, dass es auf den Jupitermonden *Ganymed, Europa* und *Kallisto* organische Moleküle gibt. Dabei könnte es sich um Kohlenstoff-Stickstoff-Verbindungen handeln, also Grundbausteine für organisches Leben. »Es existieren große Mengen von Sauerstoff«, erklärte *Charles Barth* von der Universität Colorado. Diese seien entweder im Oberflächeneis gebunden oder würden die Monde als dünne Atmosphäre umgeben. Zudem strömt bei dem Mond Ganymed Wasserstoff ab, der durch ultraviolette Strahlung aus dem Eis gespalten wird. Schon zuvor konnten durch Planetenentdeckungen in viele Lichtjahre von der Erde entfernten Sternensystemen, wo Wasser und lebensfreundliche Temperaturen herrschen, mit einem alten Mythos aufgeräumt werden. Die Erde und unser Sonnensytem sind *kein* göttlicher Einzelakt im Universum.

Im Dezember 1996 starb der amerikanische Astrophysiker und Pulitzerpreisträger Professor *Carl Sagan*. Weltbekannt wurde er durch seine verfilmten Bestseller *»Unser Kosmos«* und *»Contact«* sowie durch die von ihm ausgegangene Initative mit den Raumsonden *Pionier 10* und *11* sowie *Voyager 1* und *2,* Botschaften mitzusenden, die vielleicht irgendwann von fremden Intelligenzen gefunden werden könnten. Wie kaum ein anderer verstand es Sagan, die Faszination des Kosmos in mitreissenden Worten darzustellen. Die Anzahl existierender Planeten bezifferte er rechnerisch auf eine Billion. Das wären eine Eins mit zwölf Nullen. Wohlgemerkt, diese Zahl gilt bloß für unsere Galaxie. Sagan vermutete, dass mindestens 100 Milliarden Planeten im Laufe der Zeit tatsächlich Leben hervorgebracht haben dürften.

Und wie viele der Hunderttausenden Sterne mögen von intelligenten Wesen bevölkert sein? »Ich schätze«, so erklärte Carl Sagen, »dass es auf einer Milliarde Planeten in unserer Milchstraße tatsächlich technische Zivilisationen gibt oder gab. Entscheidend ist die *Lebensdauer*. Zivilisationen sterben aus. Oder sie vernichten sich selbst. Berücksichtigt man alle diese Faktoren, dann kann man davon ausgehen, dass es in unserer Milchstraße derzeit mindestens *zehn* technische Kulturen geben könnte.«

Sagans Schätzungen waren stets sehr vorsichtig und zurückhaltend. In seinem Buch *»Das Abenteuer Universum«* berichtete der amerikanische Philosoph und Weltraumforscher Dr. *Luis Navia* vom New Yorker Institute of Technology, dass es Berechnungen anderer kompetenter Wissenschaftler gäbe, die von 400 000 möglichen technologischen Zivilisationen sprechen. Wiederum nur in unserer Milchstraße. Multipliziert

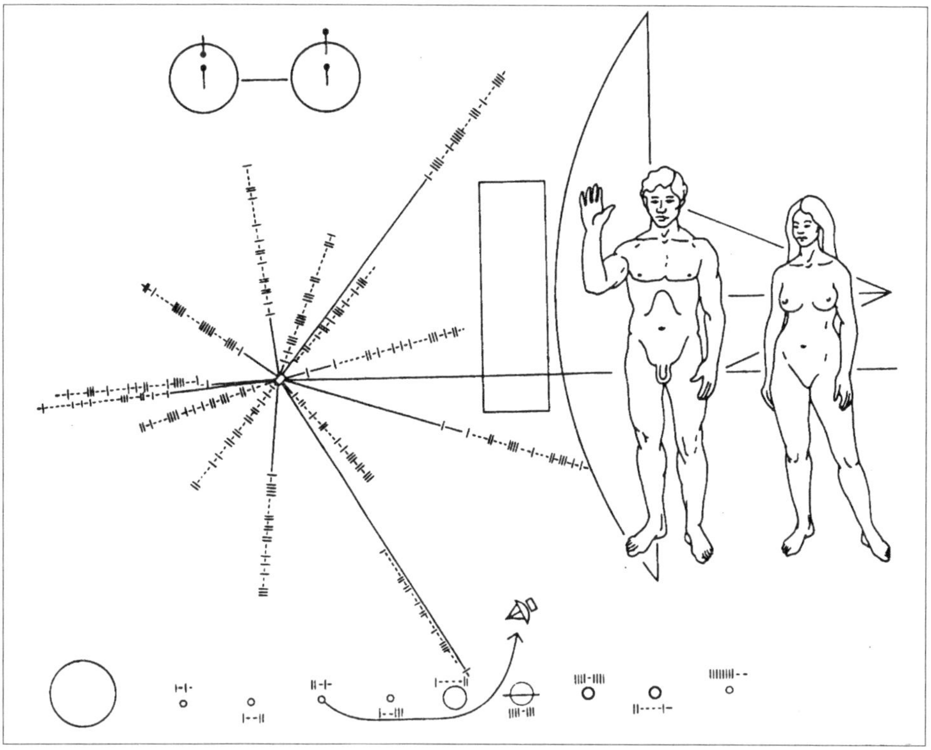

Bild 14: Plakette an Bord von Pionier 10 und 11.

man den Wert mit jenen Abermilliarden Galaxien, dann kommt man auf eine unvorstellbar hohe Anzahl kosmischer Zivilisationen. Ob Sagan oder Navia, ob so oder so: Es *gibt* außerirdische Intelligenzen. Die Wahrscheinlichkeit spricht eindeutig *dafür*.

Nur, wo sind sie? Und durch welche Prozesse sind intergalaktische Lebensformen bis hin zu technologisch hoch entwickelten Intelligenzen, entstanden? Die Geburt und die allmählich fortschreitende Evolution von Leben ist mit komplizierten Zusammenhängen verbunden. *Zeit* ist dabei wohl die wichtigste »Zutat«. Schon die Entstehung eines Planetensystems dauert viele Jahrmillionen. 2000 Millionen Jahre, so schätzt man, gingen dahin, ehe die ersten Einzeller mit Zellkern die Erde »bevölkerten«. 500 weitere Jahrmillionen dauerte es länger bis zu den ersten mehrzelligen Meeralgen und noch länger bis zu den ersten Tieren.

Die Saurier beherrschten die Erde vor 225 bis 65 Millionen Jahren – und die ersten Urmenschen tauchten vor etwa 2,5 bis 3 Millionen Jahren auf. Ob sich daraus dann tatsächlich Intelligenzen entwickelt haben, ist umstritten. Professor Dr. *Hermann Oberth,* der »Vater der bemannten Raumfahrt«, in einem Briefwechsel, den ich 1983 mit ihm führte: »Es ist also beim heutigen Stande unseres Wissens keineswegs auszuschließen, daß es irgendwo im Weltall noch denkende Wesen gibt. Ob man uns selbst dazurechnen soll, ist ja mehr oder weniger Definitionssache.«

Auch wenn wir großzügig davon ausgehen, wonach wir Erdlinge als intelligente Spezies zu werten seien, so stellt sich dennoch die Frage: *Warum* wurden es ausgerechnet wir? Gab es eine *Intelligenzmanipulation* von außen?

Einen interessanten Denkanstoß gab bereits der weltberühmte englische Nobelpreisträger *Francis Crick* vor 22 Jahren. Seiner These nach sei das Leben jeweils von belebten, hoch zivilisierten Planeten in Raumschiffen auf den Weg zu fernen, jungen Sternensystemen geschickt worden. Dazu wäre freilich eine Technologie erforderlich, die die unsere bei weitem übertrifft. Auch die religiösen Motive einer solchen »Mission« lässt sich kaum erahnen. Die kosmische Besamung, *»gelenkte Panspermie«* genannt, kann sinnvollerweise nur in Form der allerprimitivsten zellkernlosen Lebewesen, etwa der *Blaualgen,* erfolgen. Warum? Weil nur Individuen dieser Evolutionsstufe, so erklärt Crick, eine Reise, die sich vielleicht über zehntausend Jahre erstreckt, überstehen könnte. Und weil sie in jedem einigermaßen chemisch geeigneten Lebensraum eine ideale Startchance finden könnten. Wäre es vorstellbar, dass das Leben auf diese Weise zu uns auf die Erde gekommen ist? Werden wir am Ende unserer menschlichen Existenzchancen womöglich ähnlich vorgehen? Werden wir Keime des Lebens weitergeben – in der Hoffnung, dass Milliarden Jahre nach dem Ende der Menschheit und dem Ende unserer lebenspendenden Sonne eine Urenkelgeneration unser Erbe antritt?

Fremde auf dem Mond

Der kleine Sprung, mit dem *Neil Armstrong* am 20. Juni 1969 von der unteren Sprosse der Ausstiegsleiter den Mond als erster Mensch betrat, von ihm selbst als »kleiner«, aber als ein »für die Menschheit großer Schritt« apostrophiert, wird unvergessen bleiben.

Zehn weitere amerikanische Weltraumhelden sind Armstrong und seinem Kopiloten *Edwin Aldrin* nachgefolgt. Sie sammelten Staub und Steine auf dem Erdtrabanten, bohrten Löcher in den Mondboden und installierten Messinstrumente. Mit dem Mondrover kurvten sie durch lunare Landschaften und belichteten Hunderte von Filmmetern – das letzte Mal im Dezember 1972, als das Astronautenduo *Eugene Cernan* und *Harrison Schmitt* über den Mond spazierte. In den 32 Jahren danach hat keines Menschen Fuß mehr den Erdtrabanten betreten. Krater, Steine, Staub und eine trostlose Einsamkeit hätten sie vorgefunden, beteuerten die ersten Mondfahrer. Wussten sie in Wirklichkeit mehr? Gab oder gibt es Leben auf dem Erdtrabanten? Waren fremde Wesen *vor* den Astronauten dort gelandet?

Wenn es stimmt, was aus den Geheimarchiven der NASA 1990 publik wurde, dann scheint dieser Verdacht nicht ganz unbegründet zu sein. Demnach soll der *Apollo-17-*

Bild 15: Waren vor den ersten Astronauten Fremde auf dem Mond?

Crew ein unglaubliches Foto gelungen sein, auf dem höchst Seltsames zu sehen ist: ein nackter, sechszehiger und kinderfußgroßer Abdruck im Mondstaub. Amerikanischer Forscher trauten ihren Augen kaum und holten die Meinung ihres Moskauer Kollegen *Georgi Sakalow* ein. Der Astrophysiker gilt als Experte in Mondfragen und witterte in dem rätselhaften Fund prompt Außerirdische: »Das Bild könnte tatsächlich beweisen, dass menschenähnliche Wesen vor etwa 300 000 Jahren den Mond betraten.«

Wenn der Fuß aber nackt war, würden dann nicht am Mond sofort die Lungen platzen und das Blut zu kochen beginnen? Normalen Menschen wäre das Betreten der Mondoberfäche ohne Raumanzug völlig unmöglich. Professor Sakalow hatte auch dafür eine fantastische »Erklärung«: Vielleicht besaßen die Außerirdischen eine so fortschrittliche Raumfahrttechnik, dass ihre Körper im All lediglich von einer hauchdünnen Schicht eines Supermaterials geschützt wurden.

Unfassbares soll sich angeblich schon während des ersten bemannten Mondflugs beim Anflug zur Landestelle zugetragen haben. Gerüchten zufolge will Armstrong zwei unbekannte Flugobjekte am Rand eines Mondkraters gesehen haben. Danach sandte Kopilot Aldrin, so wird von Funkamateuren behauptet, einen mysteriösen Funkspruch zur Erde: »Was war es? . . . Was zum Teufel war es? Das ist alles, was ich wissen will!« Darauf die Bodenkontrolle: »Was ist dort? Bodenkontrolle ruft Apollo 11.« Aldrin: »Diese Dinger sind gewaltig . . . enorm . . . Oh Gott, ihr würdet es nicht glauben! Ich sage euch, hier draußen, hier sind noch mehr Raumschiffe . . . aufgereiht auf der anderen Seite des Kraterrandes . . . Sie sind auf dem Mond und beobachten uns . . .«

Folgt man den Aussagen des britischen UFO-Forschers *Timothy Good,* dann soll Armstrong später in einem Vieraugengespräch mit einem ungenannten Professor den Vorfall bestätigt haben. *Maurice Chatelain,* ein ehemaliger Kommunikationschef der NASA, habe (so berichtete 1995 das Fachmagazin *Encounters*) die Geschehnisse ebenfalls als wahr bezeichnet: »Alle Welt weiß davon, aber bisher hat es niemand gewagt, darüber zu sprechen.«

Und warum hat die Welt so lange nichts darüber erfahren? Chatelain: »Sämtliche Apollo-Flüge wurden von fremden Flugobjekten verfolgt. Aber jedes Mal, wenn die Apollo-Crew Sichtkontakt mit ihnen hatte, wurde den Astronauten von der NASA-Zentrale striktes Stillschweigen verordnet.« Aus gutem Grund. Denn sollten während den Mondmissionen weitere überraschende Belege für fremde, möglicherweise sogar gefährliche Technologien entdeckt werden, schien es der NASA ratsam, keine Panik zu riskieren.

Kann das alles wirklich stimmen? Man würde dieser Geschichte, ebenso jener vom barfüßigen Mondmenschen, keine größere Bedeutung beimessen, als Scherz in den Papierkorb werfen, wären da nicht noch eine ganze Reihe weiterer ungewöhnlicher Vorfälle passiert. So haben angeblich etliche amerikanische und russische Raumflieger während ihrer Allreisen Bekanntschaft mit UFO-Phänomenen gemacht. *James McDivitt* war im Juni 1965 an Bord der *Gemini 4.* Der Astronaut und sein Kollege *Edward H. White* flogen eben über Hawaii. Plötzlich fiel McDivitt ein seltsames metallisches Objekt auf, das er mit seiner Bordkamera filmte. »Ich habe viele Objekte gesehen, die ich nicht identifizieren konnte«, bestätigte der Astronaut später im Interview. Dennoch werden seine Bilder bis heute von der NASA unter Verschluss gehalten. Andere Aufnahmen wurden hingegen inzwischen freigegeben. Darunter sensationelle Bilder von Leuchtphänomenen zwischen Erde und Mond, die der *Apollo-12*-Crew glückten; »rötliche Zigarrenobjekte« kurz vor jenen Schwierigkeiten, die der *Apollo-13*-Besatzung große Probleme bereiteten; »seltsame Lichtkugeln« über dem Mondkrater *Landsberg,* fotografiert bei der *Apollo-14*-Mission; sowie mehrere Bilder einer »bläulichen Scheibe«, die über der *Apollo-15*-Landefähre zu erkennen ist.

Dem ehemaligen NASA-Ingenieur *Vito Saccheri* war es erst kürzlich mit einer Sondergenehmigung der CIA gestattet worden, Einsicht in geheime Protokolle der Mondmissionen zu nehmen. Seine Studie ergab Erstaunliches: Alle Sichtungen von sogenannten *»Bogeys«* (ein NASA-Codename für UFOs) gingen über eine Geheimfrequenz an das CIA-Hauptquartier in Langley, Virginia. Man muss sich der Meinung des »Apollo 14«-Captain *Edward Mitchell* anschließen, der 1974 auf einer Pressekonferenz bezeugte: »Wir alle wissen, dass es UFOs gibt. Die Frage ist, woher sie kommen.«

Mittlerweile wurde auch eine NASA-Filmsequenz zur Veröffentlichung freigege-

Bild 16: Blick aus der Apollo-Raumkapsel und auf Film gebannt: Ein dunkler, unbekannter Flugkörper nähert sich dieser.

ben, auf der für einen Moment deutlich ein unbekannter dunkler Flugkörper im Fenster einer Apollo-Raumkapsel sichtbar wird. Nur ein Eispartikel oder doch ein UFO? Der Schweizer Schriftsteller *Luc Bürgin* hat mehrere Standbilder aus dem Film in seinem spannenden Buch *»Mondblitze«* veröffentlicht, in dem unterdrückte Entdeckungen der Raumfahrt und Wissenschaft dokumentiert wurden.

Dass die amerikanische Weltraumbehörde längst nicht alle Karten aufgedeckt hat, davon ist auch der amerikanische Mondforscher *George H. Leonard* überzeugt: »Dort oben gehen Dinge vor sich, die uns auf Erden, sollten wir sie eines Tages erfahren, die Haare zu Berge stehen lassen werden.« Auf vielen der Tausenden NASA-Fotos, die Leonard eingehend studierte, sollen Konstruktionen zu sehen sein, die eine exakte Regelmäßigkeit aufweisen und daher *künstlich* sein dürften. Darunter riesige Bauwerke, Plattformen, Mauern und maschinenartige Gebilde.

Die beiden Autoren *Fred* und *Glenn Steckling* kommen zu ähnlich verblüffenden Schlussfolgerungen. In ihrem Buch *»Wir entdeckten außerirdische Basen auf dem Mond«* zeigen sie 150 Original-NASA-Bilddokumente, die der Öffentlichkeit bislang größtenteils verborgen geblieben waren. Gute Kontakte zur Weltraumbehörde und zur CIA brachten die zum Teil sensationellen Informationen an die Öffentlichkeit.

Nun wissen wir aber, dass die Oberfläche des Mondes aus einem Gewirr von Gestein unterschiedlichster Größe besteht. Das Wechselspiel von Schatten und Licht und ihre ständige konzentrierte Beobachtung kann zu optischen Täuschungen führen. Das menschliche Auge hat die Eigenschaft, an der Grenze seiner Sehkraft verworrene Details zu vereinfachen. Kanten können zu rechteckigen Mustern werden und abge-

Bild 17: Ungewöhnliche rechteckige Struktur auf dem Erdtrabanten. Ist sie künstlicher Herkunft?

rundete Konturen zu gleichmäßig ovalen oder kreisförmigen Gebilden. Ein psychologischer Effekt, der 1877 auch bei der Entdeckung von »künstlichen Marskanälen« eine Rolle spielte. Der italienische Astronom *Giovanni Schiaparelli* hatte auf dem Roten Planeten gerade Verbindungslinien aufgespürt. Nachdem die Beobachtung publik wurde, hatten auch andere Astronomen diese anscheinend künstlich angelegten Wasserwege wahrgenommen. Heute steht fest, dass sie nicht existieren, sondern in Wahrheit auf einer Sinnestäuschung beruhten beziehungsweise (wie man inzwischen herauszufinden vermochte) durch gigantische Täler, ähnlich den amerikanischen Cañons, hervorgerufen wurden.

Es wäre allerdings zu billig, wollte man sämtliche merkwürdigen Erscheinungsformen auf dem Mond mit schwacher Sehkraft »erklären«. Bei aller Skepsis und bei Berücksichtigung von zufälligen Gesteinsmustern existieren tatsächlich Seltsamkeiten, die sich jeder vernünftigen Deutung zu entziehen scheinen. So finden wir beispielsweise in der Nähe des Kraters *Fontanelle* eine etwa 100 Kilometer lange, rechteckige Einfriedung. Geologen sind überzeugt davon, dass eine Entstehung unter rein natürlichen Prozessen kaum vorstellbar ist. Wie derartige Symmetrien erzeugt worden sind, bleibt somit unklar.

Ebenso ungeklärt sind rätselhafte Erscheinungen auf der Mondoberfläche, wie jener

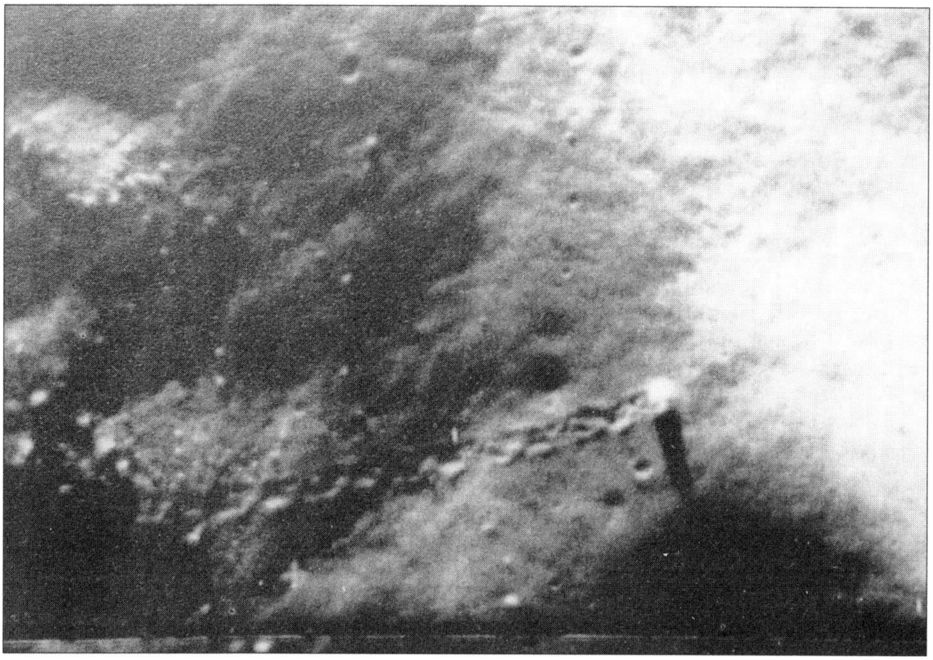

Bild 18: Ein fremdes Kettenfahrzeug auf dem Mond?

Lichtpunkt, der hinter sich eine 275 Meter lange, kettengliedartige Spur zurückließ. Schlichtes »Auswurfmaterial« versichern Fachleute. Doch die NASA-Aufnahme zeigt eine Fährte, die deutliche Charakteristiken eines künstlichen Objektes aufweist.

Der »stille Begleiter« der Erde dürfte also nicht ganz so leblos sein, wie immer behauptet wird. Dies zeigen jedenfalls rund 2000 Berichte über seltsame Lichter und Staubwolken, die seit Jahrhunderten von Astronomen auf der Mondoberfläche beobachtet wurden, bis hinein in unsere Gegenwart. Die Wissenschaft nennt sie *»flüchtige lunare Phänomene«* (FLP) oder *»Moonblinks«.* Die ersten gut dokumentierten Berichte stammen von dem berühmten Forscher Sir *William Herschel,* dem Entdecker des Planeten Uranus.

Er schreibt schon 1787 von rätselhaften Lichtern mit »rotem, funkelndem Glanz«. Neuere Beobachtungen sprechen von »rot strahlenden Lichtern«, »massiven Lichtblitzen«, »hellen blauen Lichtern« und »mehrere Minuten andauernden Lichtfontänen«. Die Erklärungen der Wissenschaft für solche Leuchtphänomene sind dürftig. Meteoritentreffer, Einflüsse von Sonnenaktivität, Gezeitenkräfte der Erde oder Auswirkungen vulkanischer Mondbeben, die allerdings nie von Mondseismographen angezeigt wurden. Dazu kommt eine auffällige Anhäufung dieser Lichter während verschiedener Mondmissionen.

Wie kann außerdem erklärt werden, weshalb sich beobachtete Objekte offenbar

Bild 19: Uranus-Entdecker William Herschel beobachtete schon 1787 seltsame »Mondlichter«.

direkt über der Mondlandschaft zu bewegen scheinen. Schon des Öfteren, zuletzt 1967, wurde über dem *Mare Tranquillitatis* ein dunkler, rechteckiger Punkt wahrgenommen, der seine Bahn von West nach Ost zog und schließlich verschwand. Kurz darauf tauchten nahe dem Krater *Sabine* für wenige Sekunden gelbliche Flecke auf. Angebliche Gasausbrüche können das Rätsel nicht befriedigend erklären. Da der Mond keine Atmosphäre besitzt, keine Luftströmungen, die das Objekt seitlich hätten verfrachten können, müssten die vermeintlichen Gase senkrecht nach oben steigen. Das taten sie aber nicht. Als Fortbewegungshilfe für das geometrischen Gebilde ist selbst der dafür ins Treffen geführte so genannte »Sonnenwind« nicht sehr überzeugend.

Wer oder was ist also für die seltsamen Mondaktivitäten verantwortlich? Würde eine neue Mondmission darauf eine Antwort finden? Für eine Mondkolonie wäre alles klar, nur die Zusammenarbeit mit der amerikanischen Regierung und der Privatindustrie klappt noch nicht so richtig. Doch die dazu notwendige Technologie wäre längst verfügbar. Mit Hilfe der Energieressourcen des Mondes, so wollen es Weltraumexperten wissen, könnte auch die Ökonomie der Erde verbessert werden. Wenn der Mensch zum Mond zurückkehren sollte, dann klären sich vielleicht auch die merkwürdigen Messdaten der *Clementine*-Mondsonde, die im April 1994 Hinweise auf Wasservorkommen entdeckt haben will. Gefrorenes »Mondwasser« soll sich demnach in einigen Regionen rund um die Mondpole nach einem Kometenaufschlag gesammelt haben. Ist somit der Erdsatellit, unsere Türe zum Kosmos, *keine* tote Welt? Können wir den offiziellen Angaben trauen? Oder gibt es »dort oben« vielleicht doch Leben?

Wer schuf das »Marsgesicht«?

Im August 1996 gab die NASA eine sensationelle Pressekonferenz. Die Entdeckung von Mikroorganismen in dem Marsmeteoriten *ALH84001* wurde offiziell bestätigt. Wissenschaftler hatten unter einem Elektronenmikroskop Versteinerungen von winzigen Blaualgen aufgespürt, vergleichbar mit jenen einzelligen Strukturen, mit denen vor 3,5 Millionen Jahren die Besiedelung der Erde begonnen hatte.

Obwohl Skeptiker meinen, die Spuren im Meteoriten müssten nicht unbedingt organischen Ursprungs sein, ist die Mehrzahl der Wissenschaftler euphorisch, da es den ersten wirklich konkreten Hinweis auf Leben außerhalb der Erde bedeutet.

Eine »Aufbruchsstimmung wie zu Zeiten der Mondlandung« registrierten Forscher nicht zuletzt dank der Marsrover *Spirit* und *Oppurtunity,* die zu Jahresbeginn 2004 unbeschadet auf dem »Roten Planeten« landeten. Die Qualität der Aufnahmen und die Messergebnisse übertreffen jene der Pathfinder-Mission aus dem Jahre 1997. Schon damals lösten die eindrucksvollen Farbbilder und die Ergebnisse der Gesteinsproben bei Wissenschaftlern und Laien ein weltweites »Marsfieber« aus. Heute wirkt der Mars wie eine rote Steinwüste. Die Durchschnittstemperatur von minus 60 Grad Celsius ist nicht gerade einladend. Doch das war nicht immer so. Vor mehr als drei Millionen Jahren gab es auf dem Mars gewaltige Wasserfluten, eine wesentlich dichtere Atmosphäre und klimatisch milde Lebensbedingungen, die, trotz der größeren Entfernung zur Sonne, jenen der Erde nicht unähnlich gewesen sei dürften. Wieso sich der Mars dann zu einer unwirtlichen Tiefkühltruhe entwickelte, sollen weitere geologische Daten klären helfen. Die Existenz von Wasser ist für alle Mars-Forscher das wichtigste Indiz für die Möglichkeit von Leben.

»Die Klärung des Rätsels, ob es am Mars Leben gegeben hat oder nicht, ist nicht primäres Ziel unserer Missionen«, versuchen NASA-Wissenschaftler die Jahrzehnte gestellte Frage nach den »kleinen grünen Männchen« herunterzuspielen. Dass gerade dieser Teil der Marsforschung zum interessantesten Vorhaben zählt, kann aber niemand bestreiten.

UFO-Begeisterte wittern in der Entdeckung von fossilen Marsbakterien die Vorbereitung auf eine weitere Nachricht, nämlich die, dass außerirdische Intelligenzen eine Realität seien. Bis jetzt ist eine solche Bekanntmachung ausgeblieben. Es kann aber nicht schaden, so meinen Weltraumbegeisterte, sich schon jetzt darauf vorzubereiten. Einige Beobachter der Geschehnisse schließen nicht aus, dass mit der Frage »Gibt es Leben auf dem Mars?« nur ein »alter Hut« ausgegraben wurde, um dem Weltraumprogramm neuen Schwung zu geben und weitere Reisen zum Mars finanziell sicherzustellen. In unseren Tagen wäre die Erdbevölkerung wohl schon besser vorbereitet auf die Anwesenheit einer nicht irdischen Kultur als noch vor rund dreißig Jahren.

Damals, Mitte der siebziger Jahre, wurde ebenfalls bereits darüber gemunkelt, man hätte längst mehr entdeckt als offiziell von der NASA bekannt gegeben worden sei. Tatsächlich findet sich 1980 ein interessanter Artikel in der englischen Zeitung *Daily*

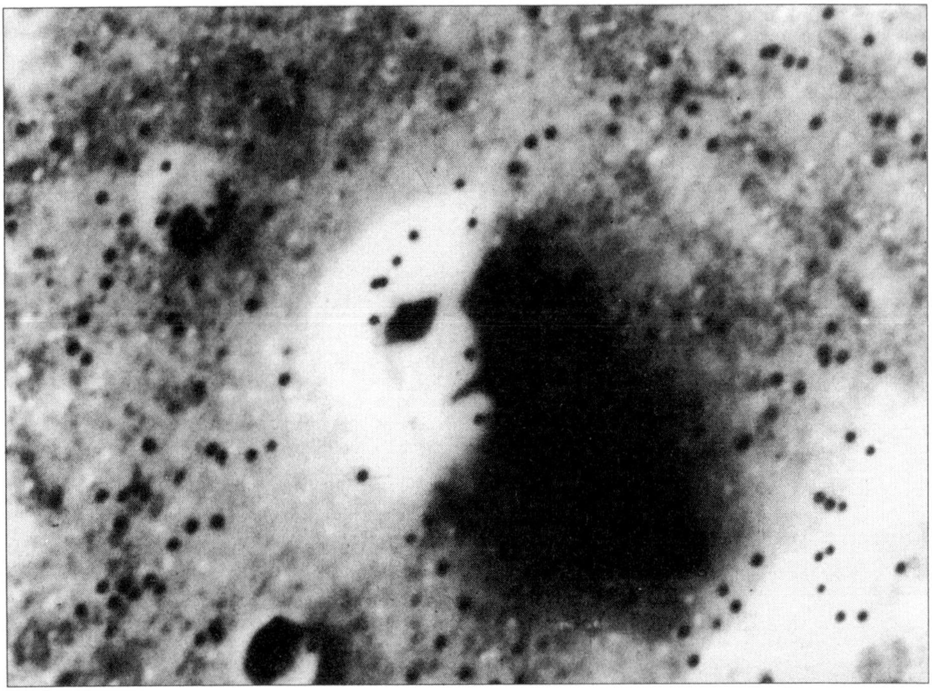

Bild 20: Das maskenhafte Marsgesicht.

Express. Darin versicherte der Astronom und derzeitige Leiter des Mount-Wilson-Observatoriums in Kalifornien, Dr. *Robert Jastrow,* er habe anhand der *Viking*-Sonden-Ergebnisse festgestellt, dass es Leben am Mars gibt. Andere Wissenschaftskollegen Jastrows teilten diese Feststellung. Doch sei die Angst davor, lächerlich gemacht zu werden, bei den Offiziellen so groß gewesen, dass man »von oben« Druck auf die Wissenschaftler ausgeübt hätte, ihre Funde zu verheimlichen.

Gibt es eine Politik der Vertuschung? Die Daten der seinerzeitigen Untersuchungen von Bodenproben, die im Jahr 1976 von der Marssonde Viking gemacht wurden, lieferten zwar Widersprüchliches, hätten aber letztlich gezeigt (so wurde es jedenfalls verlautbart), dass keine Spuren für organisches Leben gefunden werden konnten. Was mag das schon heißen? Ein Gegenbeweis ist es noch lange nicht. Schließlich hat ein Test nach derselben Methode mit einer Probe aus der Antarktis ergeben, dass auch auf der Erde kein Leben möglich sei. Ungeklärt geblieben ist außerdem bis jetzt das mysteriöse Verschwinden mehrerer Marssonden! Gibt es im Einflussbereich des Roten Planeten womöglich ein Bermudadreieck für Raumschiffe? Sind fremde Mächte im Spiel?

Wie auch immer: Die amerikanische Viking-Sonde hat tatsächlich etwas Aufsehenerregendes entdeckt, etwas, das nicht so einfach wegzudiskutieren ist und immer wieder zu neuen Spekulationen Anlass gibt. Keine Daten über Marsbakterien. Dafür aber verblüffende Aufnahmen seltsamer, künstlich anmutender Gebilde, die auf eine versunkene Zivilisation auf dem Roten Planeten schließen lassen. Zwei inzwischen berühmt gewordene Aufnahmen zeigen einen 1,6 Kilometer langen und 450 Meter hohen Felsen, der frappierend einem maskenhaften Antlitz gleicht. Das steinerne Gesicht weist deutliche menschenähnliche Merkmale auf: Nasenrücken, tief liegende Augen, Pupillen, Mund, eine hohe Stirn und eine Art Pagenfrisur, die an die steinerne Sphinx vor den ägyptischen Pyramiden von Gizeh erinnert. Gab es irgendwann einmal *intelligente* Lebensform auf dem Mars? Wenn dem so war, was mag den Untergang dieser unbekannten Rasse verursacht haben? Hat sie bewusst unübersehbare Spuren ihrer einstigen Präsenz hinterlassen? Oder diente der Mars womöglich als eine Art Zwischenstation für interstellare Raumfahrer aus einer fremden Welt?

Nach der Vermutung verschiedener NASA-Experten handle es sich bei dem 1976 aufgenommenen Bild um eine zufällige »Täuschung aus Licht und Schatten.« Eine Ansicht, die kontrovers diskutiert wird. Der Raumfahrtexperte *Richard Hoagland* und andere Computerspezialisten nahmen sich der mysteriösen Sache an, untersuchten und analysierten die ominösen Fotos in mehrjähriger Arbeit und kamen zu höchst erstaunlichen Ergebnissen:

- Das Gesicht ist *keine* optische Täuschung. Ein von Computern erstelltes dreidimensionales Modell des Fotos blieb auch bei Drehungen um die eigene Achse und damit bei verändertem Lichteinfall bestehen. »Es ist *kein* Spiel der Natur«, sind sich die Wissenschaftler absolut sicher.
- Die Formation befindet sich in der nördlichen Marshemisphäre *Cydonia* und steht inmitten einer Gruppe »ungewöhnlicher Objekte intelligenten Zuschnitts«. Die Marsforscher glauben, in dieser »Stadt«, wie sie es nennen, sogar Spuren einer fünfseitigen Pyramide sowie rechteckige Ruinen ausgemacht zu haben.
- Eine gedachte Linie vom Zentrum dieser »Stadt« über das Gesicht hinweg bis zu einem Bergmassiv ergibt genau den Sonneneinfall im Augenblick der marsianischen Sommersonnenwende, wie er etwa vor 500 000 Jahren gegeben war. Inzwischen hat sich die Achse des Mars verschoben.

Viele Raumfahrtexperten wollen bei den Marsrätseln nicht mehr bloß an Zufälle glauben: Sie sind davon überzeugt, die Reste einer versunkenen Zivilisation entdeckt zu haben. »Das Gesicht wurde vor einer halben Million Jahren aus einem Marsberg herausgehauen«, versichert jedenfalls Richard Hoagland.

Unterstützt wird seine Behauptung durch jüngste Untersuchungen des Optikexperten *Mark J. Carlotto*. In der Ausgabe Nr. 2/1997 des wissenschaftlichen Fachblattes *Journal of Scientific Exploration* finden sich neue »Belege zur Unterstützung der Hypothese, dass gewisse Objekte auf dem Mars künstlichen Ursprungs sind«. Carlotto und sein Wissenschaftskollege *M. C. A. Stein* haben bei Anwendung der so genannten Fraktalanalyse festgestellt, dass das »Marsgesicht« und andere merkwürdige Gesteinsformen kaum eine natürliche Verwitterung, dafür umso mehr *künstliche* Merkmale, aufweisen.

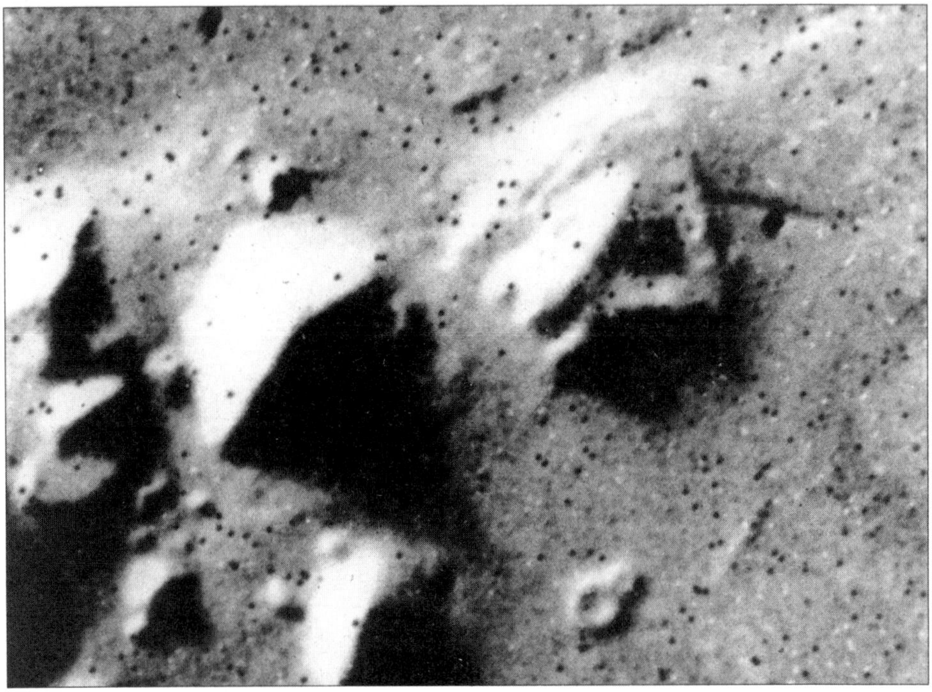

Bild 21: Marspyramiden – Zeugnisse einer untergegangenen Kultur?

Sichtbare Verwitterungsformen auf großen Oberflächenbildern wurden in einen Computer eingescannt und müssten sich eigentlich auch im Detail wieder finden. Tun sie aber nicht. Exakte mathematische Analysen zeigen genau das Gegenteil. Alle möglichen Formen wurden von dem Computer errechnet und anschließend von den Wissenschaftlern geprüft, ob diese Daten zu einer fraktalen natürlichen Formel passen. Charakteristiken, die zu einer natürlichen Fraktur zählen, wurden vom Computer *schwarz* hervorgehoben, die künstlichen *weiß*. Eine Methode, die erarbeitet wurde, um künstliche Objekte auf Planetenoberflächen zu finden. Auf der Erde wurde das Funktionieren der Fraktalanalyse bestätigt. So wurde beispielsweise eine Landschaft mit einer Militärbasis untersucht. Wendet man die Analyse bei Fotos des betreffenden Gebietes an, so zeigt sich tatsächlich, dass alles dunkel – also *natürlich* – erscheint. Ausgenommen die Straßen, das Gebäude und ein auf dem Militärgelände befindliches Flugzeug. Dies wurde korrekt, weil von Menschenhand geschaffen, vom Computer hellweiß sichtbar gemacht. Bei Anwendung dieser Analyse zeigte sich nunmehr auch das »Marsgesicht« in strahlendem *Weiß*. Dürfte es aber nicht, wenn es sich um ein natürliches Gebilde handeln sollte. Ein Schock für die Wissenschaftler. Womit die Diskussionen und Schlussfolgerungen über dieses Marsphänomen noch lange nicht beendet sein dürften.

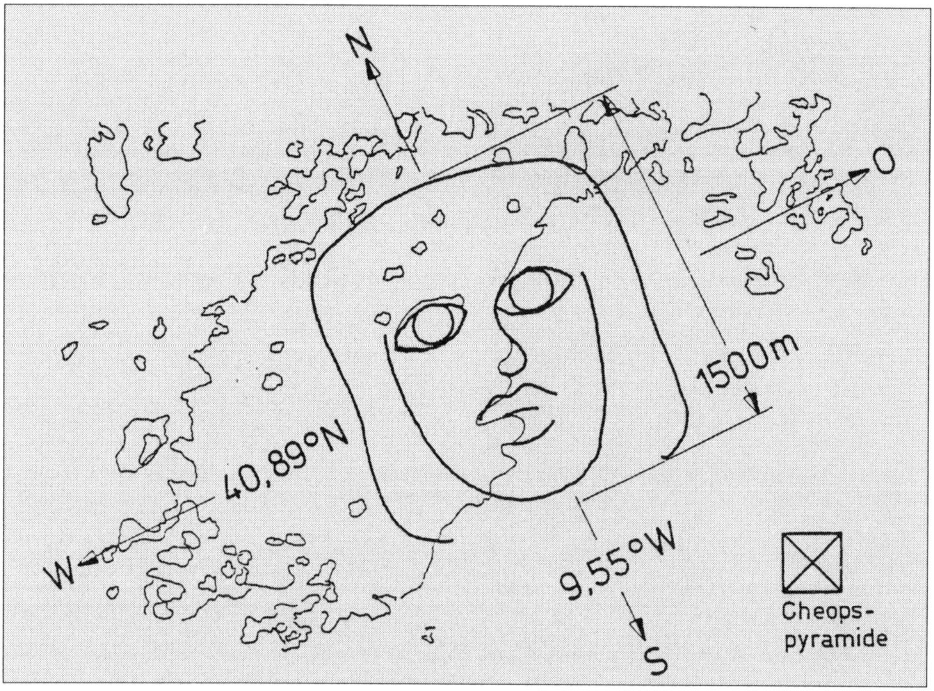

Bild 22: Rekonstruktion des Marsgesichts nach Walter Hain.

Damit rechnet auch der Wiener Marsdetektiv und Grafiker *Walter Hain*. Er war der Erste, der das geheimnisvolle Gesicht 1979 in *»Wir, vom Mars«* literarisch »verwertete« und recht kühne Überlegungen über das irdische Leben anstellte, das seiner Meinung nach auf dem Mars seinen Anfang nahm. Im weitesten Sinne seien wir Erdenmenschen, so jedenfalls glaubt Walter Hain, *Marsianer*.

Der Forscher geht sogar noch weiter. Er will eine verblüffende Ähnlichkeit zwischen dem steinernen Antlitz und dem Gesicht auf dem *Turiner Grabtuch* festgestellt haben. Provokant stellt er deshalb die fantastische These zur Diskussion, ob nicht auch *Christus* letztlich ein Marsianer gewesen sei. Für marsianischen Ursprung hält Hain die mythischen Götter unserer Sagen und Legenden. In der Tat lassen sich gewisse Anspielungen feststellen, wenn man etwa die Mythen der alten Römer strapaziert, die den Mars als Kriegsgott verehrten und sich selbst als dessen *»Söhne«* bezeichneten.

Die amerikanische Raumsonde *Mars Global Surveyor* hat im April 1998 eine neue Aufnahme vom Marsgesicht gemacht und es zeigt sich weniger »künstlich« – eher zerfurcht und zerklüftet. Dennoch ist das letzte Wort noch nicht gesprochen, beteuert der Wiener Forscher und meint: »Nach vielen Jahrtausenden kann das Gebilde auch einer natürlichen Zerstörung zum Opfer gefallen sein. Neue Erkenntnisse könnte auch

Bild 23: Marsforscher Walter Hain.

die europäische Raumsonde *Mars Express* liefern, die seit Anfang 2004 den Mars umkreist.«

Experten schätzen, dass es noch 20 bis 30 Jahre dauern wird, bis die ersten Menschen ihren Fußabdruck auf dem Nachbarplaneten hinterlassen werden. Wird man dann endgültige Gewissheit über die örtlichen Verhältnisse und die Möglichkeit von Leben auf dem Mars besitzen? Die Aussicht dafür ist günstig. Verläuft die Mission positiv, steht, so betont zumindest der NASA-Stratege Jesco von *Puttkamer,* der Kolonisierung des Mars nichts mehr im Wege. Wird kein Leben gefunden, beginnt laut Puttkamer der Plan »Terraforming«. So nennt die NASA das größte technische Abenteuer der Menschheitsgeschichte, um den Roten Planeten bewohnbar zu machen. Weltallvisonäre sehen in dieser Entwicklung vielleicht sogar die letzte Chance für die Menschheit. Dann nämlich, wenn die Überbevölkerung und die restlose Ausbeutung irdischer Rohstoffe eine schrittweise Übersiedlung in den Weltraum, hin zum Mars und anderen Planeten, notwendig machen sollte. Mars, wir kommen (wieder)! Das stumm in den Himmel blickende Steingesicht erwartet uns bereits. Täusche ich mich oder kann es wirklich sein, das es eben die Mundwinkel leicht nach oben verzogen hat?

Aliens, bitte melden!

»In spätestens 20 Jahren werden wir außerirdisches Leben entdeckt haben!« Diese Prognose stellen immer mehr Weltraumforscher und suchen nach geeigneten Methoden, um mögliches Leben außerhalb unseres Sonnensystems aufzuspüren. Viele Astronomen stellen heute nicht mehr die Frage, ob wir allein im Kosmos sind, sondern nur noch, *wann* andere Lebensformen oder gar fremde Intelligenzen entdeckt werden.

Wie können wir mit ihnen in Kontakt treten? Würden wir von einer Kommunikation mit fremden Intelligenzen profitieren? Oder gehen wir dabei ein Risiko ein? Gibt es einen Schlüssel für ein »intergalaktisches Telefongespräch«? Astrophysiker sehen in den universell gültigen Gesetzen der *Mathematik, Physik* und *Chemie* eine Chance, mit Außerirdischen in universelle Verbindung zu treten. Das Denken in Zahlen könnte eine reale Möglichkeit der Kontaktaufnahme sein. Ohne *gemeinsamen Erfahrungshorizont* ist eine Verbindung allerdings nicht vorstellbar. Eine Ameise beispielsweise kann mit uns nicht kommunizieren, weil sie unsere Gedanken nicht versteht, und umgekehrt.

Trotz Zweifel wurde bereits 1960 das *Projekt OZMA* aus der Taufe gehoben, das mit der Idee startete, man könne vielleicht mit einem Radioteleskop im amerikanischen Green Bank, West Virginia, mögliche außerirdische Signale empfangen. Der Versuch scheiterte, führte aber zum inzwischen weltweit engagierten Wissenschaftsprojekt *SETI* (= Search for Extra Terrestrial Intelligence). Es ist der bisher größte Lauschangriff bei der Suche nach außerirdischem Leben. Mit gigantischen Radioteleskopen von bis zu 300 Metern im Durchmesser tasten Forscher den Himmel ab und senden Radiowellen aus. In Kalifornien wird das aufwendigste Unterfangen dieser Art mit hochmodernen Technologien realisiert. Die Projektleiterin dieser SETI-Station, *Jill Tarter,* schätzt die Chancen eines Erfolges inzwischen »tausendmilliardenfach« höher ein als bei allen früheren Bemühungen. »Es könnte da draußen von intelligenten Kulturen nur so wimmeln«, schwärmt die Wissenschaftlerin.

Auch ihr berühmter Kollege, der Astronomieprofessor *Frank Drake,* ein Pionier auf dem Gebiet der Radioastronomie, der mit Projekt OZMA schon vor 40 Jahren nach Lebenszeichen von »E.T.« forschte, vertritt diese Ansicht. Drake ist es im Wesentlichen zu verdanken, dass der NASA heute ein ausgeklügeltes Instrumentarium zur Verfügung steht, mit dem sie Signale fremder Welten zu empfangen hofft.

Doch wie soll ein »intelligentes Signal« extraterrestrischer Funker eigentlich aussehen? Würde man es überhaupt als solches identifizieren? Haben wir dieselbe »Wellenlänge«? Schon des Öfteren wurden Radiosignale aus dem All empfangen, die keinem natürlichen Ursprung zuzuordnen waren. Sie kamen aber immer von verschiedenen Sternen. Und keines der mysteriösen Signale wurde ein zweites Mal aus derselben Quelle geortet. Ich kenne das Phänomen. Irgendwer ruft bei mir an, das Telefon klingelt, ich hebe den Hörer ab, frage höflich: »Hallo, wer da?« Es bleibt aber stumm. Auf der anderen Leitung hört man nur noch das Auflegen des Telefonhörers.

Bild 24: Großer Lauschangriff auf Puerto Rico.

Wer der Unbekannte war, bleibt unklar. Ähnlich unbefriedigend ist die Situation beim Signalempfang des NASA-Lauschangriffs.

Das Hauptproblem aber sind die enormen Distanzen. So wurde 1974 mit dem größten Radioteleskop in *Arecibo* auf Puerto Rico ein Informationssignal ins All geschickt, gezielt auf den 26 000 Lichtjahre entfernten Kugelsternhaufen *M13*. Eine Galaxie, die als Heimat außerirdischer Intelligenzen besonders geeignet erscheint. Das Dilemma: Sollte die Botschaft jemals auf außerirdische Kulturen stoßen, die zumindest unsere technologische Evolutionsstufe erreicht haben, würde eine Antwort frühestens in 52 000 Jahren zu erwarten sein – so lange braucht jedenfalls das Licht, das schnellste uns bekannte Medium. Ganz abgesehen davon, ob unsere Zivilisation dann überhaupt noch besteht.

Neben Radiosignalen sind es vor allem Raumsonden, die an Bord Mitteilungen für außerirdische Intelligenzen mitführen. Mit den amerikanischen Raumsonden *Voyager I* und *II* reist seit 1977 eine Botschaft in Form einer Bild-Ton-Platte ins All. Neben den Geräuschen von Buckelwalen und der Musik von Mozart finden sich Wortmeldungen von Politikern wie dem früheren amerikanischen Präsidenten *Jimmy Carter* und dem ehemaligen österreichischen UNO-Generalsekretär Dr. *Kurt Waldheim.* Sollte die irdische »Visitenkarte« dereinst von Außerirdischen entdeckt werden, so werden sie vielleicht verstehen, woher der Flugkörper gekommen ist. Die exakte Lage unseres Sonnensystems und eine genaue Beschreibung der Spezies Mensch könnten für die E.T.s wertvolle Tips ergeben.

Auch die vor 32 Jahren gestartete amerikanische Jupitersonde *Pionier 10,* ursprünglich nur für eine Lebensdauer von 21 Monaten gedacht, reiste weiter in die Tiefen des Alls. Pionier 10 ist das erste Fluggerät von Menschenhand, das bereits 1983 unser Sonnensystem verlassen hat. Noch vor wenigen Jahren wurden Daten gefunkt, die neun Stunden benötigten, bis sie die Erde erreichten. Erst in rund 70 000 Jahren, so errechneten Wissenschaftler, wird die Raumsonde in der Nähe von *Proxima Centauri* sein, dem nächsten Stern in unserer Galaxie. Und wenn Pionier 10 eine ganze Runde im Milchstraßensystem zurücklegen will, vergehen etwa 250 Millionen Jahre. Sollte sie vorher von irgendjemand »eingefangen« werden, finden sich zielführende Hinweise »made in Terra«: eine 15 mal 23 Zentimeter große Aluminiumplatte an der Bordwand. Sie zeigt eingraviert das Bild eines hüllenlosen Menschenpaares, die Darstellung eines Wasserstoffatoms, die Flugbahn des Roboters sowie die Sonne mit ihren Planeten. Der rechte Arm des Mannes ist erhoben, seine Hand geöffnet – außerirdische Finder werden das hoffentlich als Geste des Friedens deuten.

Sind derlei Botschaften nur naive Spielereien weltraumbesessener Idealisten? Die amerikanische Weltraumbehörde scheint jedenfalls einen Erfolg von SETI keineswegs auszuschließen. So hat sie im Vorfeld mit religiösen Führern erörtert, wie die Menschen auf der Erde mit der Erkenntnis fertig werden würden, sollten außerirdische Kulturen tatsächlich existieren. Der NASA-Abteilungsleiter *Edward Stone* erklärte dazu dezidiert: »Wie *Christoph Kolumbus* wissen wir nur eines genau: Es gibt etwas jenseits unseres Horizonts. Wie der Seefahrer müssen auch wir mit dem *Unerwarteten* rechnen.«

Und wenn das Unerwartete früher eintritt als erwartet? Was dann, wenn es unvorhergesehen zu einem Kontakt mit außerirdischen Intelligenzen käme? Wären wir wirklich darauf vorbereitet? Käme es zu einem Kulturschock, ähnlich dramatisch, wie dies alte Kulturen der Azteken, Maya und andere bei ihrer Entdeckung erfahren und erleiden mussten? Würden unsere Reaktionen zwischen Angst und Freude, Verzweiflung und Hoffnung schwanken? Wäre dies das Ende der menschlichen Geschichte und der Beginn einer neuen kosmischen Ära?

Weshalb strecken wir unsere Fühler ins All? Wozu ein Lauschangriff, wo doch die Erfolgschancen nicht garantiert sind? »Als Wissenschaftler leitet mich natürlich meine Wissbegierde«, gesteht der Radioastronom Frank Drake offen ein und betont: »Ich will wissen, was da draußen im All vor sich geht. Als Mensch halte ich unermüdlich an der Suche fest, weil SETI uns Antworten auf unsere elementarsten Fragen verspricht, also darauf, *wer* wir sind und *welchen* Stellenwert wir im Universum besitzen.« Die Lauschaktion ist das technisierteste, aber auch menschlichste wissenschaftliche Thema, das sich Frank Drake vorstellen kann. Denn jedes taktische Problem bei der Forschung stützt sich auf das alte »philosophische Rätsel«: *Woher* kommen wir? Sind wir *einzigartig?* Was bedeutet es, *ein Mensch* zu sein? Unser Erstaunen über den Sternenhimmel, davon ist Frank Drake überzeugt, wird in der Suche nach außerirdischen Intelligenzen reflektiert.

Ist die Antwort wirklich irgendwo dort draußen? Die letzte geografische Grenze im All ist zugleich auch eine der letzten Grenzen unseres Wissens: Die Tiefe des Universums birgt den Schlüssel zu unserer Herkunft und zum Aufbau unserer Welt. Ist mit der Erforschung und Erschließung des Alls sowie konkreter Pläne zur Besiedlung von Planeten eine Lösung für das von Frank Drake angesprochene »philosophische Rätsel« in Sicht?

Es gehört zu den Mythen der Menschheit, dass sie sich nicht als einzig mögliche Intelligenzträger begreift. Schon Astronomen und Gelehrte des Altertums haben erkannt, dass intelligentes Leben ein *universelles* Phänomen darstellt. Die jüngsten sensationellen Entdeckungen der Raumfahrt und die Suche nach Brüdern im All scheint einen Bewusstseinswandel auf der Erde einzuleiten. Die Menschheit auf dem blauen Planeten Erde, das Sonnensystem und unser Zentralgestirn, wir sind nichts Einmaliges oder Außergewöhnliches in der unendlichen Weite des Alls. Und wir sind gerade dabei, dies *endlich* begreifen zu lernen . . .

Kapitel 2

UFOs UND ANDERE FLIEGENDE OBJEKTE

Massenpsychose, Verschwörung oder Außerirdische?

> *»Es ist leichter zu glauben, dass ein Yankee-Professor lügt, als dass ein Stein vom Himmel fällt.«*
> Thomas Jefferson, amerikanischer Präsident (1743–1826), zu dem Bericht eines Yale-Professors, der Augenzeuge eines Meteoriteneinschlags geworden war

Als ich eines Abends mit meinen Hunden herumtollte, war plötzlich ein gleißendes Licht über mir, rund wie eine Kugel. Es war, als ob jemand ein riesiges Streichholz entflammt hätte. Und obwohl mir das alles sehr nahe schien, vernahm ich doch nicht das leiseste Geräusch. Bis damals stand ich Geschichten über UFOs sehr skeptisch gegenüber. Seither denke ich darüber anders . . .«

Die Dame, die es plötzlich für sehr wahrscheinlich hält, über ihrem Haus in Los Angeles eine »fliegende Untertasse« erblickt zu haben, ist die bekannte deutsche Schauspielerin *Elke Sommer*. Ihre Einstellung ist typisch für einen Großteil der Menschen: UFOs gelten so lange als Hirngespinst, bis man *selbst* einmal einen »leuchtenden Diskus«, ein »brennendes Dreieck«, »strahlende Kugeln« oder eine »silbrige Scheibe« am Himmel oder aus nächster Nähe beobachtet hat und sich deren Erscheinen rational nicht erklären konnte. Wer selbst Augenzeuge eines derartigen Phänomens geworden ist, fängt zu grübeln an. Doch wie immer man zu den rätselhaften Flugobjekten stehen mag – sie sind aus der Welt, in der wir leben, nicht mehr wegzudenken:

- UFO-Geschichten beflügeln unsere Fantasie und animieren Sciencefictionautoren zu immer fantastischeren Inspirationen.
- Seit mehr als einem halben Jahrhundert sorgen sie in aller Welt für heftige Emotionen, entzweien die Menschheit in UFO-Anhänger und UFO-Negierer.
- Sie irritieren die Geheimdienste und liefern Vorlagen für modernste Flugtechnologien, wie den für das Radar unsichtbaren Tarnkappenbomber.
- Sie veranlassen ernsthafte Wissenschaftler und Politiker, sich mit ihnen auseinander zu setzen.
- Massensichtungen sorgen für Panik und Verwirrung in der Bevölkerung.
- Sie werden auf Radar geortet und liefern Anlass für militärische Manöver.
- Sie wandern als Gruselgeschichten, in denen Menschen erzählen, sie seien in unbekannte Lichter entführt und dort von fremden Wesen untersucht worden, um den Erdball.

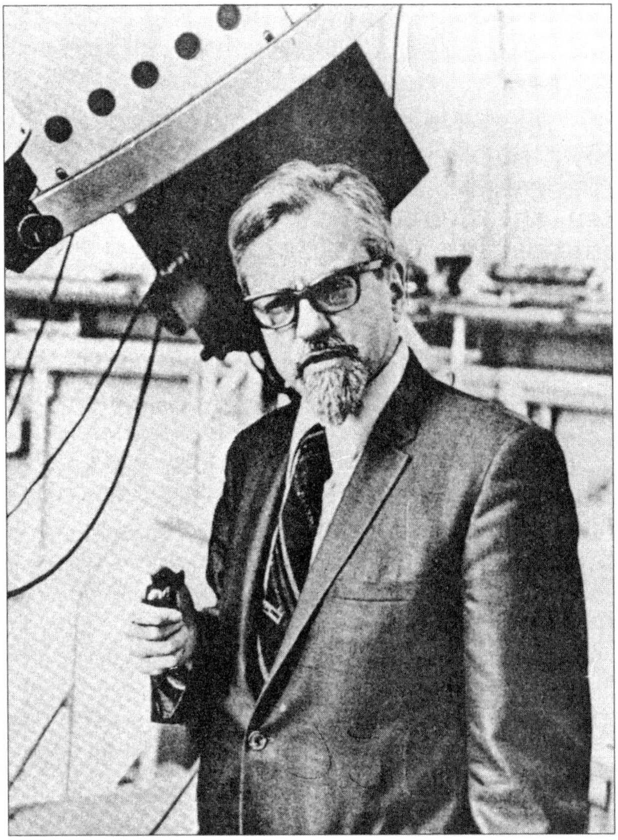

Bild 25: Der amerikanische Astronom Professor J. Allen Hynek gründete in den siebziger Jahren in Chicago das Center for UFO Studies (CUFOS).

- Sie brechen als Leinwandbestseller wie *Independence Day* sämtliche Rekorde an den Kinokassen.
- Sie sind inzwischen ein vertrautes Thema in der Fernsehwerbung, sind als Comichelden ebenso beliebt wie in Fernsehserien und Talkshows.
- Sie überschwemmen den Büchermarkt.
- Sie liefern massenhaft Vorlagen für Industrieartikel und sorgen für gute Geschäfte bei Verkaufsmessen und UFO-Zusammenkünften.
- Und – kaum ein Tag vergeht, wo nicht irgendwo auf unserem Globus neue Beobachtungen unbekannter Flugkörper bestätigt werden.

Egal, ob nun bedingungsloser UFO-Befürworter oder entschiedener UFO-Gegner: »Was man auch immer über dieses Phänomen denken mag, über ihre physische Realität und über ihren Ursprung, eine Tatsache ist in den letzten Jahrzehnten über jeden Verdacht erhaben: In der ganzen Welt wird immer wieder von neuem über das Erscheinen von UFOs berichtet. Und sogar die absoluten Skeptiker können nicht umhin, die Dramatik in diesen gut dokumentierten, viel bezeugten Berichten zu spüren.« So jedenfalls hat einer der berühmtesten UFO-Forscher, der 1986 verstorbene Astronom und Physiker Prof. Dr. *J. Allen Hynek,* die Faszination um eines der letzten noch ungelösten Geheimnisse dieser Welt beschrieben.

Für den Durchschnitts-Erdenbürger stellt sich aber nun die Frage: Was sind die UFOs nun *wirklich*? Welches Geheimnis verbirgt sich hinter den viel zitierten, oft geschmähten »fliegenden Untertassen«? Sind es tatsächlich *Raumschiffe* von fremden Gestirnen? Wenn ja, *woher* kommen sie? Warum steuern sie unseren Erdball an? Gibt es noch andere plausible Erklärungen? Werden die Himmelsobjekte von Abkömmlingen früherer ausgewanderter irdischer Zivilisationen gesteuert? Stammen die UFOs gar aus dem Inneren der Erde? Sitzen in den Flugkörpern Geschöpfe aus anderen Seinsebenen, aus Parallelwelten oder aus dem Hyperraum? Sind es spirituelle Wesen, die sich in unserer Welt materialisieren können? Oder existiert das Phänomen nur in der Einbildung krankhafter Fantasten und Geschäftemacher? Ist die UFO-Manie nichts weiter als eine Ersatzreligion, hervorgerufen durch mythische Muster, die in den traditionellen Religionen mehr oder weniger verloren gegangen sind? Handelt es sich bei dem Phänomen womöglich um eine noch unerforschte Naturerscheinung? Oder treiben durchaus irdische Mächte bewusst ihr makabres Spiel, um die Öffentlichkeit irrezuführen und ihre eigenen Pläne zu tarnen? Wie immer man es dreht und wendet: Diese rätselhaften scheibenförmigen Gebilde am Firmament scheinen sich bisher erfolgreich jeder vernünftigen Deutung zu entziehen.

Die Allgegenwart der Untertassen

Eingeläutet wurde das moderne UFO-Zeitalter nach dem Zweiten Weltkrieg. Am Himmel über dem amerikanischen Bundesstaat Oregon beobachtete der Pilot *Kenneth Arnold* neun strahlend helle Flugobjekte, die sich wellenförmig über ihm bewegten. Dies diktierte Arnold später einem Lokalreporter in den Notizblock. Die Zeitung machte daraus die berüchtigten *»fliegenden Untertassen«*. Ein Mythos war geboren; man schrieb das Jahr 1947.

Seither greift die UFO-Manie in ungeahntem Maße um sich und wurde zum Jahrhundertphänomen. Zieht man gleichsam das statistische Mittel aus den UFO-Meldungen, so ergibt sich ein schwebendes, oft rotierendes, metallisches Objekt oder eine diffuse Lichterscheinung, zehn bis fünfzehn Meter im Durchmesser. Oft hat es mehrfarbige, pulsierende Lichter, kann sich mit ungeheurer Geschwindigkeit fortbewegen und blitzartige Manöver vollziehen, wie auch Radaraufzeichnungen bestätigen. Auch kreisförmige Landeplätze mit versengtem Boden sowie elektromagnetische Phänomene wurden vermehrt registriert. Zu den Augenzeugen zählen Piloten, Ingenieure, Radartechniker, Astronomen, Polizisten, Politiker und Astronauten. Faktum ist: Kein Jahr vergeht, in dem nicht über das mysteriöse Auftauchen sowie neue spektakuläre Manöver unbekannter Flugkörper aus dem Norden oder Süden, dem Osten oder

Bild 26: Ein unbekannter Flugkörper folgt einem B-57-Düsenjäger über Kalifornien.

Westen unseres Globus berichtet wird. Eine Fallchronologie der ungewöhnlichsten Sichtungen, Entführungen und Kontake macht dies deutlich:
1947 Roswell, New Mexico, USA:
Ein Fluggerät stürzt bei einer Farm ab. Die Air Force dementiert ihre erste Meldung, dass es sich um ein UFO handle: In Wahrheit sei ein *Wetterballon* abgestürzt. Später wird diese Version wieder dementiert: Es sei ein *Spionageballon* gewesen. 1997 wurde dieser »Enthüllung« eine weitere hinzugefügt: Es waren *Radarziele* und *Gummipuppen*. UFO-Forscher bestreiten dies bis heute.
1948 Kentucky, USA:
Der Kontrollturm des Godman-Flughafens meldet die Sichtung eines hellen, diskusförmigen Objektes. Captain *Thomas Mantell* soll dem Phänomen auf den Grund gehen. Beim Versuch, die Verfolgung aufzunehmen, stürzte der Pilot mit seiner Maschine auf mysteriöse Weise ab. Offizielle Version: Mantell versuchte einen Wetterballon oder die Venus zu jagen, sei immer höher gestiegen, hätte die Maschine überbelastet und sei schließlich durch Sauerstoffmangel abgestürzt. Die wahre Ursache des Absturzes ist bis heute ein Rätsel geblieben.
1949 Montgomery, Georgia, USA:
Zwei Piloten von der Eastern Airline melden den Vorbeiflug eines UFOs mit »unglaub-

Bild 27: Dem Farmer Paul Trent gelang 1950 dieser UFO-Schnappschuss. Keine moderne Computeranalyse konnte die Echtheit des Bildes in Frage stellen.

licher Geschwindigkeit«. Die Begegnung war so knapp, dass die DC-3 scharf nach links ausscheren musste, um einer Kollision zu entgehen. Beobachter auf dem Robbins-Flugfeld bestätigten die Sichtung eines unbekannten Objektes.

1950 McMinnville, Oregon, USA:

Paul Trent gelingen zwei Aufnahmen eines »diskusförmigen Flugobjektes«. Keine moderne Fotoanalyse konnte die Echtheit der Bilder bisher in Frage stellen. Sie sind nach heutigem Standard *keine* Fälschung und gelten als Beweis dafür, dass damals tatsächlich ein etwa zehn Meter großes Objekt über die Trent-Farm geflogen ist.

1951 Lubbock, Texas, USA:

Über einen längeren Zeitraum können über dem Ort *Lubbock* Lichterscheinungen im Formationsflug wahrgenommen werden. Das Ereignis wurde auf Film gebannt. Offizielle Version: *Entenschwärme.*

1952 Washington, D.C., USA:

Sieben äußerst schnelle Objekte erscheinen auf den Schirmen dreier Radaranlagen. Bodenbeobachter bestätigen dies. Die Regierung erklärt dagegen, dass thermische Störungen die Phänomene verursacht hätten.

1953 West Malling, Kent, England:

Die britischen Luftwaffenpiloten *T. S. Johnson* und *G. Smythe* starten am 3. November

Bild 28: Der Fotograf Almiro Barauna konnte am 16. Januar 1958 von Bord des Schulschiffes Almirante Saldanha vier Fotos eines saturnförmigen UFOs über der brasilianischen Insel Trindade aufnehmen. Die Marine bestätigte die Sichtungen.

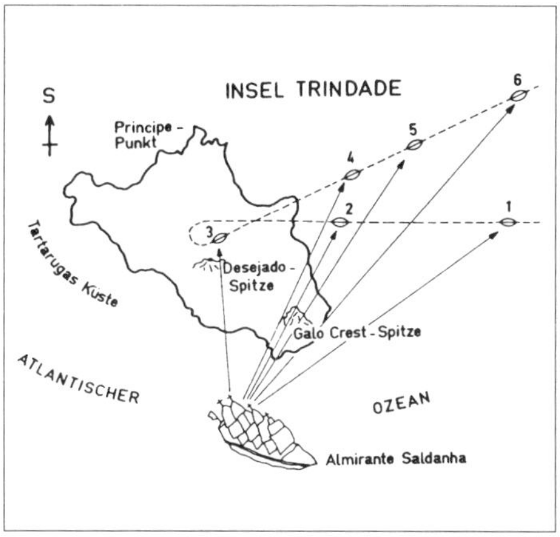

Bild 29: Die rekonstruierte Flugroute des »Trindade-UFO«.

um 10.00 Uhr vormittags zu einer Erkundung. In 6000 Metern Höhe haben sie Sichtkontakt mit einem »sternenähnlichen Licht«, das plötzlich mit ungeheurer Geschwindigkeit davonschießt. Radartechniker bestätigten den Vorfall. Das britische Verteidigungsministerium erklärte offiziell, es habe sich um einen Wetterballon gehandelt, obwohl der Durchmesser des verfolgten Objektes laut Radarmessungen etwa 120 Meter betrug und das ungewöhnliche Flugverhalten dagegen sprach.

1954 Florenz, Italien:

Ein Fußballspiel zwischen *Florenz* und *Pistoia* wird unterbrochen, weil zwei rätselhafte Flugkörper über das Stadion ziehen. 10000 Menschen starrten staunend in den Himmel, wobei seltsame, haarige Fasern auf die Stadt Florenz herunterregneten. In ganz Italien erschienen seitenlange Berichte über das Ereignis.

1955 Hopkensville, Kentucky, USA:

Drei amerikanische Familien haben Kontakt mit fremden Wesen. Die *Langfords* mit ihren drei Kindern sowie *Billy Ray Taylor* mit seiner Frau *June* waren bei den *Suttons* – *Elmar, Vera, John, Alene* und ihrem Bruder – zu Gast. Durch einen hellen Schein wurden sie aufmerksam und gingen nach draußen. Dort erblickten sie ein strahlendes Leuchten, das nahe der Farm niederging. Sie dachten an einen niedergegangenen Meteor und gingen ins Haus zurück. Doch bald darauf wurden sie von zwergenhaften Kreaturen bedrängt. Den Familien gelang schließlich die Flucht zu einer nahen Polizeistation. Bis heute konnte keine vernünftige Erklärung für diese Begegnung gefunden werden.

1956 Paris, Frankreich:
Fluglotsen des Flughafens Orly bemerkten auf ihren Radarschirmen Signale, die zweimal so groß waren wie der Lichtpunkt eines Flugzeuges. Piloten einer Air-France-DC-3-Dakota flogen auf ähnlichem Kurs, etwa 240 Meter niedriger als das UFO. Funkoffizier *Beaupertuis* konnte das Objekt sehen: »Es ist riesig, hat unklare Umrisse und ist an manchen Stellen rötlich glühend.« Der Vorfall wurde vom Ministerium für Zivile Luftfahrt offiziell bestätigt.
1957 *Militärflughafen Edwards, Kalifornien, USA:*
Eine unbekannte fliegende Scheibe verfolgt ein zweistrahliges B-57-Militärflugzeug. Dem Testpiloten aus einer in unmittelbarer Nähe befindlichen Convair-Maschine gelingt eine Aufnahme.
1958 Insel Trindade, Atlantischer Ozean, Brasilien:
Ein UFO näherte sich am 16. Januar dem Schulschiff *Almirante Saldanha* von der brasilianischen Marine. Dem Marinefotografen *Almiro Barauna* glückten mehrere Aufnahmen des »fliegenden Diskus«, der dreimal die Insel *Trindade* überquerte und verschiedene Flugmanöver vollführte. Die brasilianische Marine analysierte den Film sehr eingehend. Er wurde für echt befunden.
1959 Domsten, Schweden:
Stig Rydberg und *Hans Gustavsson* halten ihren Wagen an, um ein strahlendes Leuchten in einer nahen Waldlichtung zu erkunden. Sie erkennen ein scheibenförmiges Objekt und kleine Kreaturen, die versuchen, beide Männer ins UFO zu zerren. Hypnotische Rückführungen ergaben, dass Rydberg und Gustavsson nicht gelogen hatten. Das Luftverteidigungsministerium verweigerte trotzdem eine offizielle Untersuchung.
1960 Sverdlovsk, Sowjetunion:
Ein Antonov-AN-2P-Postflugzeug verschwand auf dem Weg zwischen Sverdlovsk und Kurgan plötzlich von den Radarschirmen, während gleichzeitig ein fremdes Flugobjekt auftauchte. Ein Suchtrupp wurde losgeschickt und fand das vermisste Flugzeug schließlich auf einer kleinen Lichtung inmitten eines baumreichen Waldstückes. Das Postflugzeug hätte dort aber niemals landen können, der Platz reichte nicht. Die Briefpakete waren nicht angerührt, die Maschine selbst unbeschädigt, doch von der siebenköpfigen Besatzung fehlte jede Spur. Keiner von ihnen tauchte jemals wieder auf.
1961 Concorde, New Hampshire, USA:
Am 19. September ereignete sich einer der berühmtesten Entführungsfälle durch ein UFO. Das Auto des Ehepaars *Betty* und *Barney Hill* wurde von einer Lichtquelle umhüllt. Ein »elektronischer Impuls« ertönte und die Hills wurden von schläfriger Lähmung erfasst. Als sie zu sich kamen, befand sich ihr Auto sechzig Kilometer weit von ihrem vorigen Standpunkt entfernt. Die Erinnerung an zwei Stunden fehlte. Sie litten seither unter einem Schocksyndrom und suchten daher einen Psychiater auf. Unter Hypnoserückführung erzählten sie getrennt voneinander die gleiche Geschichte:

Fremde Wesen hätten an ihnen unangenehme medizinische Untersuchungen durchgeführt. Genau zum Zeitpunkt der Entführung registrierte die militärische Radarstation der Pease-Luftwaffenbasis ein UFO am Himmel von New Hampshire.

1962 Mailand, Italien:

Der Maler *Gaspara de'Lama* beobachtet von seinem Haus einen schwarzen Punkt, der allmählich größer wurde und sich als »fliegende Untertasse« entpuppte. De'Lama schoss mehrere Bilder des saturnähnlichen Flugkörpers, der auf sieben Meter im Durchmesser geschätzt wurde.

1963 Kuangtung, China:

Eine Li-2-Verkehrsmaschine wird im Oktober auf der Route von Kuangtung nach Wuhan von drei leuchtenden, unidentifizierbaren Flugobjekten 15 Minuten lang verfolgt. Die Piloten gaben per Funk einen minutiösen Bericht an die chinesische Zivilluftfahrtbehörde durch. Nach der Landung wurde die Crew von der Flugsicherungszentrale verhört. Passagiere wurden ausgefragt und angewiesen, über ihr Erlebnis nicht zu sprechen.

1964 Socorro, New Mexico, USA:

Der Polizeioffizier *Lonnie Zamora* wird Zeuge einer UFO-Landung und sieht zwei fremde Insassen. Er beschreibt das Objekt als »eiförmig mit orangebläulicher Flamme an der Unterseite«. Abdrücke eines Landegestells und versengte Pflanzen wurden an dem Ort der Erscheinung festgestellt. Eine Untersuchung durch die Luftwaffe bestätigte, dass Zamora ein zuverlässiger Polizeioffizier sei, dessen Glaubwürdigkeit nicht angezweifelt würde.

1965 Valensole, Südfrankreich:

Der Bauer *Maurice Masse* war wie immer sehr früh am Morgen zur Arbeit gegangen. Bevor er auf seinem Feld den Traktor in Gang setzte, hörte er ein Geräusch über seinem Kopf und dachte an einen Militärhubschrauber. Doch dann bemerkte er 100 Meter vor sich ein Gebilde: oval, etwa so groß wie ein Auto mit Kuppel und sechs Landebeinen. Unmittelbar daneben standen zwei Gestalten mit riesigen Kahlköpfen, die Pflanzen untersuchten. Masse wurde von einem Strahl erfasst und blieb gelähmt. Nachdem die UFOnauten mit ihrem Fluggerät davonflogen, benötigte der Bauer noch etwa 15 Minuten, ehe er seinen Körper wieder unter Kontrolle hatte.

1966 Tallahassee, Florida, USA:

Der ehemalige Gouverneur des Staates Florida, *Haydon Burns,* war mit elf Personen auf einem Flug über Florida mit einer Convair-Maschine unterwegs, als Passagiere und Crew auf zwei gelbliche Kugeln aufmerksam wurden, die nebeneinander flogen. Die Objekte verschwanden erst, nachdem sie das Flugzeug 65 Kilometer lang begleiteten. Der ranghohe Politiker bestätigte den Vorfall später ausdrücklich. Amerikas Tageszeitungen berichteten umfassend über dieses Aufsehen erregende UFO-Ereignis.

1967 Manitoba, Falcon Lake, Kanada:

Der Augenzeuge *Steve Michalak* beobachtete die Landung eines scheibenförmigen UFOs aus nächster Nähe. Dabei erlitt Michalak seltsame Verbrennungen am Körper und musste einige Tage im Krankenhaus behandelt werden. Weder Laboranalysen noch medizinische Untersuchungen konnten die Ursache für seine Verletzungen klären. Bodenproben an der Landestelle ergaben eine erhöhte Radioaktivität.

1968 Madrid, Spanien:

Am 5. September bricht in *Madrid* der Verkehr auf den Straßen zusammen: Tausende Spanier beobachten über ihrer Hauptstadt ein dreieckiges Objekt, das in großer Höhe seine Bahn zog. Als die Luftwaffe das unbekannte Gebilde identifizieren wollte, beschleunigte das UFO und war außer Reichweite der Abfangjäger. Das Luftwaffenministerium nahm den Vorfall zum Anlass, um die Bürger aufzufordern, zukünftig UFO-Sichtungen bei der nächsten Luftwaffendienststelle zu melden.

1969 Darling Downs, Australien:

Ein Canberra-Bomber der australischen Luftwaffe versuchte ein UFO über dem nördlichen Neusüdwales einzuholen, was jedoch nicht gelang. Hunderte Menschen in Kyogle und entlang der Darling Downs beobachten das zeppelinähnliche Objekt beinahe drei Stunden. Als die Canberra versuchte dichter heranzufliegen, verschwand das Gebilde spurlos.

1970 Insel Sachalin, Sowjetunion:

Im März versetzt eine UFO-Sichtungswelle die Bevölkerung in Panik und Schrecken, als Nacht für Nacht »fliegende Untertassen« erschienen, oft in großen Formationen. Dabei soll ein MIG-Düsenjägerpilot beim Versuch, ein UFO zu verfolgen, auf mysteriöse Weise ums Leben gekommen sein.

1971 St. Lorenzen, Steiermark, Österreich:

Der Angestellte *Rudi Nagora,* ein Feriengast aus München, beobachtet mit seiner Frau in der Nähe von Deutschlandsberg eine silbrige Scheibe, die sich zwischen den Wolken bewegt. Nagora kann das scheibenförmige Flugobjekt auf einer eindrucksvollen Fotoserie »festhalten«. Er und seine Gattin haben eine eidesstattliche Erklärung abgegeben, in der jede Art von Manipulation oder Täuschungsabsicht ausdrücklich verneint wird. Neben dem Ehepaar haben auch Spaziergänger und Feldarbeiter die ungewöhnliche Erscheinung bestätigt.

1972 Durban, Südafrika:

Die Besatzung einer Boeing 727 hat kurz vor der Landung in Durban Sichtkontakt mit einer Lichterscheinung, die mysteriöse Manöver flog. Der Lichtball kam nahe an die Maschine heran und verschwand schließlich ebenso rätselhaft, wie er aufgetaucht war. Flugkapitän *Chester Chandler* und sein Copilot *G. Koekemoer:* »Da draußen war etwas, das wir uns nicht erklären können.«

1973 Pascagoula, Mississippi, USA:

Die beiden Werftarbeiter und Freizeitangler *Charles Hickson* und *Calvin Parker* fischen am Pascagoula-Fluss, als sich plötzlich ein fremdartiges blaues Licht nähert, das die Form eines Raumschiffes annahm. Sie erblickten drei fremde Wesen und schwebten plötzlich auf magische Weise in das Objekt hinein. Dort wurden sie medizinisch untersucht und nach der Prozedur wieder am Ufer abgesetzt. Hickson und

Parker erlitten einen Schock, mussten im Krankenhaus betreut werden und wurden unabhängig voneinander in hypnotisiertem Zustand ausgefragt. Beide blieben aber stets bei der Darstellung ihrer Entführung durch ein UFO.

1974 Söderby, Gustavslund, Schweden:

Schweden wird von einer UFO-Entführungswelle heimgesucht, die für Angst und Schrecken sorgt. Mehr als 100 Entführungsfälle werden in einem Zeitraum von zwei Monaten registriert, darunter einige in einem zeitlichen Abstand von nur zwei Stunden. Die Heimwehr installiert im betroffenen Vallentuna-Gebiet eine Himmelswacht.

1975 Snowflake, Arizona, USA:

Travis Walton wird von einem blauen Strahl erfasst und in ein fremdes Objekt gezogen. Fünf Holzfällerkollegen bestätigen den unglaublichen Vorfall. Walton blieb einige Tage verschollen und berichtete nach seiner Rückkehr von einer UFO-Entführung. Fremde Wesen hätten ihn medizinisch untersucht. Alle Zeugen haben später einen Lügendetektortest bestanden.

1976 Teheran, Iran:

Weltweite Beachtung fand ein Vorfall, der sich am 19. September über Teheran zutrug. Zwei Abfangjäger der iranischen Luftwaffe versuchten ein UFO, das mit mehrfacher Überschallgeschwindigkeit flog, zu stellen. Ein kleinerer Flugkörper schoss aus dem »Mutterschiff« in Richtung eines Abfangjägers. Beim Versuch, auf den unbekannten Eindringling zu feuern, versagte die Waffenautomatik, ebenso der Funkverkehr und sämtliche elektrische Systeme an Bord. Den Piloten blieb nichts anderes übrig, als sich im Sturzflug aus dem Staub zu machen.

1977 Wedel bei Hamburg, Deutschland:

Walter Schilling fotografiert einen tellerähnlichen Flugkörper. Fotogrammetrische Untersuchungen zeigten, dass genau an der Stelle ein Schatten war, den ein etwa zehn Meter großes Objekt in rund 150 Meter Entfernung zu der vom Augenzeugen betreffenden Zeit hätte werfen müssen. Skeptiker bezweifeln die Echtheit dennoch und vermuten eher einen in die Luft geworfenen Autolautsprecher.

1978 Kap Otway, Australien:

Der Pilot *Frederick Valentich* meldet eine Begegnung mit einem unbekannten Flugobjekt. Nach der Meldung an den Tower bleibt er für immer verschollen.

1979 Provinz Hunan, China:

Am 12. September kam es zu mehreren mysteriösen Stromausfällen in den Städten Xuginglong und Huaihua. Parallel dazu gingen zahlreiche Meldungen über ein hell strahlendes UFO ein, das über diesen Städten geschwebt war und weiße Strahlen ausgesandt hatte.

1980 Wald von Redelsham, Luftwaffenbasis Woodbridge, Suffolk, England:

Zwei Sicherheitsoffiziere sehen ein Flugobjekt, das zwischen den Bäumen niederging. Streifenpolizisten begaben sich zur »Absturzstelle«. Man fand ein dreieckiges Objekt mit einem Durchmesser von etwa 2,50 Meter und einer Höhe von fast zwei Meter, das ein starkes Licht ausstrahlte. Als die Beamten sich näherten, erhob sich das UFO und

Bild 30: 1977 in Wedel bei Hamburg aufgenommen: Ein zehn Meter großes Flugobjekt oder doch nur ein in die Luft geworfener Autolautsprecher?

manövrierte durch die Bäume zu einer nahe gelegenen Farm. Dabei scheuchte es das Vieh auf, ehe es mit rasender Geschwindigkeit am Firmament verschwand. Die Begegnung mit dem UFO wurde auf Tonband aufgezeichnet. Am nächsten Tag konnten an der fraglichen Stelle Landespuren sichergestellt werden. Der Vorfall wird später offiziell bestätigt.

1981 Moskau, Sowjetunion:

Einige Wochen wird die russische Hauptstadt von einer UFO-Welle heimgesucht. Am 23. August besonders spektakulär: Hunderte Menschen starrten gebannt in den Himmel, als eine ganze Flotte von 17 mysteriösen Flugobjekten die Metropole überquerten und Richtung Norden verschwand. Elektromagnetische Störungen wurden festgestellt und in Fensterscheiben hatten sich kreisrunde Löcher gebohrt.

1982 Baikonur-Weltraumzentrum, Sowjetunion:

Am 1. Juni sorgen zwei UFOs, die in der Nähe der Abschussrampen Manöver fliegen, für große Aufregung. Als am nächsten Tag eine Untersuchungskommission den Vorfall prüfte, zeigten sich erstaunliche Strukturveränderungen: Nieten hatten sich gelöst und Schweißnähte waren aufgegangen. Tausende Fensterscheiben der nahe gelegenen Wohnungen waren zerbrochen.

1983 Millwood, New York, USA:

Am 24. März kam es im Bundesstaat New York zur bis dahin größten Massensichtung von UFOs. Zwischen 19 und 22 Uhr meldeten mehr als 2000 Augenzeugen die Beobachtung von bumerangähnlichen leuchtenden Objekten.

1984 Danabury, New York, USA:

Hunderte von Augenzeugen – darunter Meteorologen und Polizeioffiziere – berichten von großen, lautlos schwebenden Flugobjekten mit rotierenden Lichtern.

1985 Provinz Gansu, China:

Auf dem Weg von Peking nach Paris beobachtete die Besatzung einer Boeing 747 ein UFO von ungeheurer Größe. Es kreuzte die Flugbahn der Boeing mit solcher Ge-

schwindigkeit, dass der Flugkapitän *Wang Shuting* an eine Notlandung dachte. Das UFO mit einem geschätzten Durchmesser von zehn Kilometern (!) wurde bald darauf auch in anderen Ländern gesichtet.
1986 Fort Yukon, Alaska, USA:
Ein UFO, »so groß wie ein Flugzeugträger«, und zwei kleinere strahlende Lichtobjekte begleiten eine Boeing 747 der Japanese Airlines (JAL) auf ihrer Route über Grönland, den Norden Kanadas und Alaskas nach Japan. Der erfahrene Pilot *Jenju Terauchi* sprach von einem »saturnähnlichen Raumschiff«, das unglaubliche Flugmanöver vollführte. Terauchi bekam es mit der Angst zu tun und sah sich zu waghalsigen Ausweichmanövern veranlasst, während die Radarüberwachung »unidentifizierbare Radarechos« bestätigte. Eine offizelle Untersuchung der amerikanischen Bundes-Luftfahrtbehörde blieb ohne Erklärung.
1987 Gulf Breeze, Florida, USA:
Das Ehepaar *Ed* und *Frances Walters* gehen mit Berichten und Fotos über ihre UFO-Sichtungen an die Öffentlichkeit. Über einen längeren Zeitraum wird die Gegend von Gulf Breeze Schauplatz mysteriöser UFO-Aktivitäten. 150 Zeugen bestätigen die Vorfälle, dennoch bleiben Walters Schilderungen und »Fotobeweise« umstritten.
1988 Puerto Rico, Große Antillen, USA:
Hunderte von Zeugen in mehreren Ortschaften berichten von verschiedenen runden und dreieckigen Flugkörpern mit riesigen Ausmaßen. Kampfflugzeuge, die diese Objekte attackierten, schienen mit ihnen zu kollidieren, doch die Objekte verschwanden spur- und geräuschlos. Der Vorfall wurde offiziell bestritten.
1989 Belgien:
Eine der größten UFO-Wellen wird über einen langen Zeitraum von verschiedenen Zeugen beobachtet. Die belgische Luftwaffe setzt Flugzeuge ein, denen die rätselhaften dreieckigen Flugkörper entwischen können.
1990 Moskau, Sowjetunion:
Der Generalstabschef der russischen Luftverteidigung, General *Igor Maltsew,* erklärt, dass am 21. März über 100 UFO-Meldungen eingegangen seien. Das gesichtete Objekt wird als »scheibenförmig mit zwei sehr hellen Lichtern an den Rändern« beschrieben.
1991 Russische Raumstation MIR, Erdorbit:
Die Kosmonauten *G. M. Manakov* und *G. M. Strekalov* erklärten in einem Interview mit der Zeitschrift *Rabochaya Tribuna,* dass sie während ihres Aufenthaltes in der Raumstation MIR am 28. September ein UFO im Erdorbit beobachteten.
1992 Mexico City, Mexiko, Mittelamerika:
Über *Mexico City* melden viele Augenzeugen die Beobachtung rätselhafter Lichterscheinungen, ebenso über dem internationalen Flughafen, wo das Phänomen auf Radaraufzeichnungen registriert wurde.
1993 Großbritannien:
Im ganzen Land kommt es zu weiträumigen Sichtungen, darunter die Beobachtung

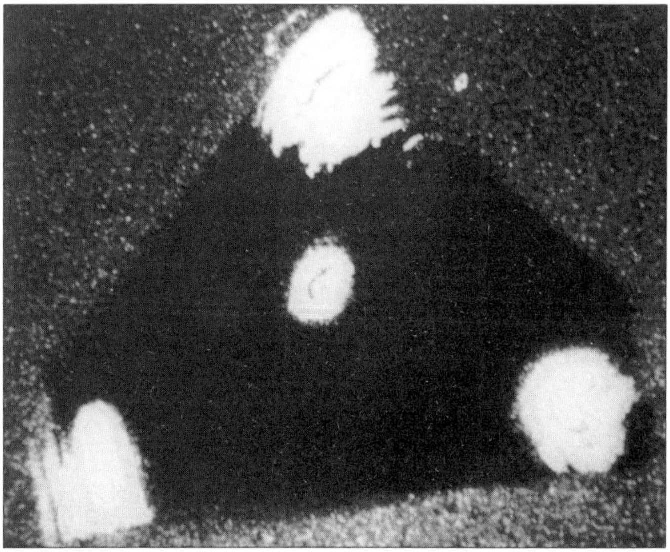

Bild 31: Mysteriöse Flugobjekte in Dreiecksform wurden 1990 am Himmel in Belgien auf Film gebannt.

eines großen, kristallförmigen Gebildes. Das britische Verteidigungsministerium nimmt im März den Fall zum Anlass, um eine Untersuchung der registrierten Phänomene anzuordnen.

1994 La Veta, Colorado, USA:

In der Gegend von *Colorado* kommt es, wie schon zuvor in Arkansas, New Mexico und anderen Bundesstaaten, zu grauenhaften und unerklärlichen Tierverstümmelungen. Untersuchungen ergaben, dass die Schnittführungen präzise und unter hoher Hitzeeinwirkung erfolgten. In unmittelbarer Nähe der Fundorte wurden stets an jenen Tagen der Verstümmelungen unidentifizierbare Lichter von unabhängigen Zeugen gemeldet.

1995 Pennine Hills, Manchester, England:

Am 6. Januar kommt es kurz vor der planmäßigen Landung einer Boeing 737 in Manchester beinahe zu einem Zusammenstoß mit einem dreieckigen unbekannten Flugobjekt. In den Folgemonaten wird das Gebiet von einer UFO-Sichtungswelle heimgesucht.

1996 Tel Aviv, Israel:

Im Februar werden in großen Teilen Israels Massensichtungen von »leichtenden, eiförmigen Objekten« gemeldet, deren Ursprung unaufgeklärt bleiben, jedoch auf Fotos und Videos gebannt werden konnten.

1997 Phoenix, Arizona, USA:

Von März bis April werden am Himmel über Phoenix orange glühende Kugeln und dreieckige Objekte von Tausenden Zeugen wahrgenommen. Die Vorfälle wurden durch zahlreiche Videoaufnahmen bestätigt.

1998 Hessdalen-Fjord, Norwegen:
Die Bewohner des Hessdalen-Fjords behaupten, regelmäßig Ufos zu sehen. Eine 1998 installierte computergesteuerte Kamera liefert dazu beweiskräftiges Bildmaterial: fast jeden zweiten Tag werden Fotos von unbekannten Leuchterscheinungen mit bizarren Formen dokumentiert.
1999 Neapel, Italien:
Am 23. Januar werden im Gebiet des Berges »Monte Somma« im Vesuv-Nationalpark bei *Neapel* UFO-Sichtungen gemeldet. Zeugen beschreiben »eine Kugel am Himmel, die metallisch-silber« glänzte. Sie soll um die eigene Achse rotiert haben. Am selben Tag werden an verschiedenen Orten Italiens ebenso UFOs beobachtet: ein »zylindrisches Objekt«, das die Stadt *Piacenza* überquert und über *Pescare* drei »rot leuchtende Punkte, die im Zick-Zack-Kurs« über den nächtlichen Himmel fliegen.
2000 Peking, China:
Am 1. Januar erscheint gegen 6.30 Uhr morgens ein silbergraues UFO nahe *Peking*. CNN-Berichterstatter, die gerade den Sonnenaufgang über der Chinesischen Mauer filmen, gelingt es, das »schwebende, silbrige Ding« auf Film zu bannen. Eine plausible Erklärung für den Himmelsspuk blieb aus.
2001 Izmir-Cigli, Türkei:
Am 6. August werden die Militärpiloten Lieutenant *Ilker Dincer* und Lieutenant *Arda Gunyer* während eines Trainingsfluges über türkisch gesperrten Luftraum von einem UFO überrascht. Das fremde Flugobjekt wird als »scheibenförmig, extrem hell mit sehr schnellem Flugverhalten« beschrieben. Nach etwa 20 Minuten endet die unheimliche Begegnung, als sich das UFO mit »unglaublicher Geschwindigkeit« entfernt.
2002 Polonnaruwa, Sri Lanka:
Im Juni kommt es über Sri Lankas Hauptstadt zu häufigen UFO-Sichtungen. Ein ungewöhnlich flimmerndes Flugobjekt kann fast eine Woche lang beobachtet werden. Schließlich sahen sich die srilankische Luftwaffe und ein Team von Astrophysikern veranlasst, das Phänomen zu untersuchen. Worum es sich bei dem Objekt gehandelt hat, ist bislang nicht bekannt.

Soweit meine gewiss sehr unvollständige UFO-Chronologie. Aber sie macht doch anschaulich, dass man am Himmel heutzutage nicht nur Sternschnuppen und Glühwürmchen, hoch fliegende Ballons, Satelliten, Flugzeuge mit eingeschalteten Landescheinwerfern, das Mondlicht durch Wolken, Vogelschwärme, Elmsfeuer, Nordlichter und Kondensstreifen erblicken kann. Das lässt sich kaum mehr leugnen. Aber dürfen wir daraus automatisch folgern, dass uns Bewohner ferner Sterne einen Besuch abstatten?

Hysterie und Hirngespinst

Angesehenen Wissenschaftlern fällt es nicht immer leicht, neuartige Erscheinungen und Theorien vorurteilsfrei einer näheren Prüfung zu unterziehen. Was man nicht begreift,

Bild 32: Eine ungewöhnliche Wolkenformation, wie diese über Neuseeland, kann gelegentlich zu einer Verwechslung mit einem UFO führen.

wird ins Lächerliche gezogen oder einfach ignoriert. »Fast alle UFO-Meldungen lassen sich auf natürliche Erscheinungen zurückführen«, klärt mich Dr. *Gerhard Polnitzky* auf. Er leitet die Meteorforschung am *Institut für Astronomie* an der Wiener Universitätssternwarte. Polnitzky gibt zu bedenken, dass es sehr häufig zu einer Verwechslung mit dem Planeten *Venus* kommen kann, wenn sie in günstigem Winkel zur Sonne steht und hell leuchtet wie der Mond. Auch die ehemaligen US-Präsidenten *Jimmy Carter* und *Ronald Reagan,* so haben spätere Untersuchungen gezeigt, dürften aller Wahrscheinlichkeit nach Opfer dieser optischen Täuschung geworden sein. Carter 1969 und Reagan, als er 1974 mit dem Privatflugzeug das vermeintliche »UFO« verfolgte.

»Die meisten UFO-Sichtungen«, so glaubt Polnitzky, ebenso wie die Mannheimer UFO-Detektive *Werner Walter* und *Hansjürgen Köhler* des *CENAP* (= Centrales Erforschungsnetz außergewöhnlicher Himmelsphänomene), können als Verwechslungen, Diskostrahler, Leuchtraketen, elektrisch-atmosphärische Störungen, Halluzinationen, Wichtigtuerei und Betrug entlarvt werden. Polnitzky: »Leider sind die meisten UFO-Anhänger, ich hoffe, sie gehören nicht zu dieser Gruppe, so von der außerirdischen Existenz überzeugt, dass sie eine natürliche Erklärung völlig ignorieren.« Als Beispiel für die Dummheit solcher UFO-Freunde führt der Astronom einen Fall an: »Vor etlichen Jahren sorgte ein greller, feststehender Lichtpunkt, der nachmittags im

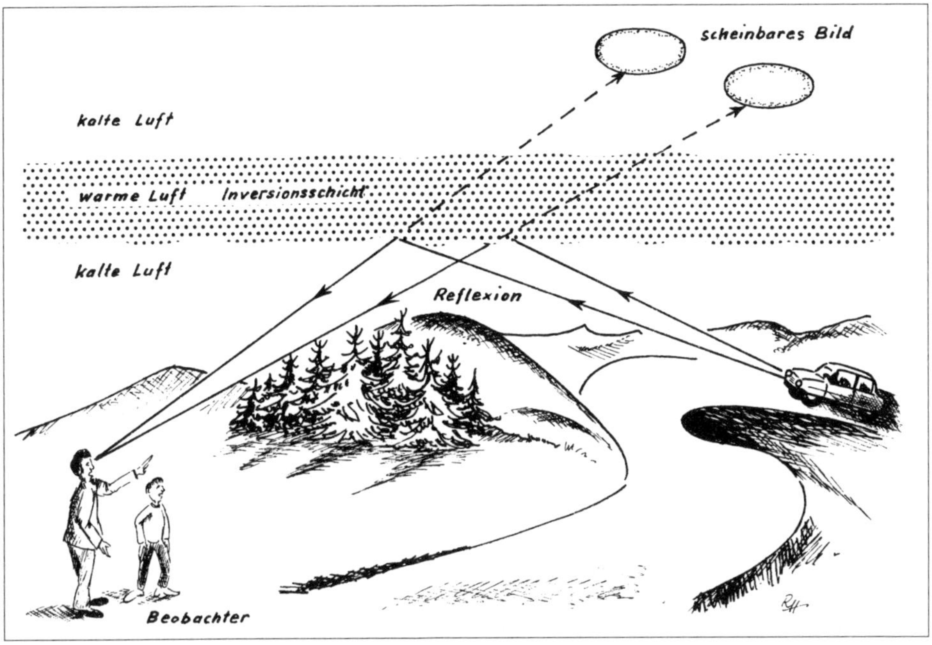

Bild 33: An Inversionsschichten gespiegelte Lichtbündel können »Untertassen« vortäuschen.

Osten Österreichs beobachtet wurde, für große Aufregung. Wir konnten mit unserem Zehnmeterfernrohr dieses Objekt einwandfrei als *Ballon* identifizieren. Die UFOlogen aber ließen sich nicht überzeugen und antworteten: »›Das meinen Sie, wir wissen es aber besser, das waren getarnte Außerirdische, die uns beobachteten.‹ Ich rate daher, nicht jede abnorme Erscheinung unbedingt außerirdischen Mächten in die Schuhe zu schieben.« Gerhard Polnitzky empfiehlt zusätzlich, bei der Untersuchung solcher Phänomene stets einen Psychiater beizuziehen. Was bleibt ist ein ärgerlicher Rest von Beobachtungen und Erlebnissen, die nach Abzug aller erklärbaren oder betrügerischen Fälle sich jeder vernünftigen Erklärung entziehen. Auch der Wiener Astronom gibt zu, dass es solche vereinzelten Erscheinungen gibt.

Wenn jeder Versuch versagt, eine rätselhafte Erscheinung aufzuklären, wird gerne mit *»Halluzination«* argumentiert. Besonders dann, wenn bei einem UFO-Zwischenfall keine physikalischen Einflüsse in der Umgebung messbar sind und man direkt auf die Überprüfung der Zeugenaussagen angewiesen ist. Gibt es ernsthafte Gründe, an der Zuverlässigkeit oder gar am geistigen Zustand von UFO-Beobachtern zu zweifeln? Unterliegen die Berichterstatter *halluzinatorischen Effekten,* wie es der berühmte Schweizer Tiefenpsychologe Dr. *Carl Gustav Jung* zu erkennen glaubte? Wie sieht der Seelenarzt das Problem um die Zuverlässigkeit von UFO-Zeugen? Kann er überhaupt zwischen einer realen Beobachtung und einer Sinnestäuschung unterscheiden? Geht er bei seinen Bemühungen, die Wahrheit zu finden, von bestimmten Vorurteilen aus? Vorurteile, die das abnorme Erlebnis bereits vorweg als etwas »Psychologisches« einordnen?

Die beiden amerikanischen Wissenschaftler Dr. *Berhold E. Schwarz* und Dr. *Henry A. Davidson* konnten schon in den siebziger Jahren nach jahrelanger Beobachtung Tausender Patienten keinerlei Anzeichen dafür finden, dass die typischen UFO-Meldungen auf induzierte psychische Wahnvorstellungen zurückzuführen wären. Die meisten Psychiater sind dennoch skeptisch. Doch nur die wenigsten haben UFO-Beobachter persönlich untersucht oder sich eingehend mit der Materie beschäftigt. Ein Psychotherapeut, der den Charakter von UFO-Beobachtern näher untersuchte, ist der bekannte Wiener Psychotherapeut Univ.-Doz. Dr. *Peter Gathmann*. Der Mediziner ist leitender Oberarzt der Psychologischen Abteilung des *Allgemeinen Krankenhauses Wien*. Gathmann versicherte mir in seiner Stellungnahme, dass er keinesfalls von der Mutmaßung ausginge, alle UFO- oder paranormalen Erscheinungen hätten einen »psychologischen« Ursprung. Er betont ausdrücklich: »Die Tatsache allein, dass sich ein Erlebnis technisch und naturwissenschaftlich nicht *verifizieren* lässt, genügt sicher nicht, um daraus eine Projektion aus dem Unterbewusstsein ableiten zu können.«

Könnten UFOs aus dem Weltraum kommen? »Der Gedanke, dass UFOs außerirdischen Ursprungs sind, ist für mich höchst stimulierend«, erklärt der Tiefenpsychologe und bekennt offen ein: »Gleichzeitig ist es aber eine Möglicheit, die ich nicht gänzlich ausschließe.« Und noch ein Geständnis des Therapeuten: »Ehrlich gesagt, mir als Seelenarzt war bei der Untersuchung von UFO-Zeugen die Tätigkeit von deren Unterbewusstsein Faszination genug. Ich habe deshalb nie versucht, Realität oder Irrealität nachzuprüfen, da es mir bei einer UFO-Sichtung hauptsächlich um die *subjektive* Realität geht. Also um jene Wahrheit, die sich eben jeder einzelne Mensch selbst vorstellt.«

Etwa jede zwanzigste Meldung ist ein »UFO im *engeren* Sinn«. Erst hier beginnt die eigentliche Kontroverse. Die meisten Skeptiker meinen, dass der Rest nicht aufgeklärter Vorfälle eine zu vernachlässigende Größe sei. Schon 1969 wurden in den USA die offiziellen Untersuchungen mit dem 1485-seitigen *Condon-Report* (unter der Leitung des Physikers *Edward U. Condon*) deshalb eingestellt. 90 Prozent der Beobachtungen hätten eine natürliche Aufklärung erfahren, und es sei kein Anhaltspunkt gefunden worden, dass es sich bei den UFOs um »erdbesuchende Raumfahrzeuge« handeln könnte, hieß es in dem Report. Eine weitere Prüfung des Phänomens sei daher »weder aus Gründen der nationalen Sicherheit noch aus wissenschaftlichem Interesse zu rechtfertigen«.

Damit schienen die UFOs offiziell »beerdigt«. Die rätselhaften Flugobjekte störte das aber wenig. Denn allen Beteuerungen zum Trotz überfluten gewaltige UFO-Sichtungswellen seither alle Teile der Welt. Prof. *J. Allen Hynek,* laut *Newsweek* der »Galileo der UFOlogie«, hielt die Condon-Report-Schlussfolgerungen schon seinerzeit für voreilig: »Für eine Modeerscheinung dauern die Sichtungen bereits zu lange an. Man kann die Meldungen nicht mehr als Ausgeburt überhitzter Fantasie abtun.« Hynek, der das wohl bekannte *Center for UFO Studies* in Illinois, USA, gegründet hat, glaubte stets daran, dass die Erforschung der unerklärlichen Himmelserscheinungen für die Wissenschaft eine große Herausforderung sei: »Vielleicht erleben wir die Geburt einer neuen Wissenschaft. Unsere wahre Umwelt beschränkt sich keineswegs auf die physische Welt, die wir mit den Sinnen erfassen.«

»Durchschnittlich erhalten wir pro Woche eine Meldung«, klärt mich der UFO-Forscher *Gerald Mosbleck* auf. Er hat 1972, gemeinsam mit *Hans-Werner Peiniger,* die deutsche *Gesellschaft zur Erforschung des UFO-Phänomens* (GEP e.V.) gegründet und gibt das *Journal für UFO-Forschung* (JUFOF) heraus. Fast immer, so versichert der Forscher, handelt es sich bei den Meldungen um Heißluftballons, Meteorite oder Wolkenwallungen, die Diskoscheinwerfer reflektieren, oder um Sinnenstäuschung. Doch ein kleiner Rest der UFO-Ereignisse, das bestätigen auch die durchaus kritischen Mitarbeiter von GEP, gibt wahrhaft große Rätsel auf. Übrigens, auch im Condon-Report werden Fälle genannt, die nicht aufgeklärt werden konnten. Dies ist umso erstaunlicher, wenn man weiß, dass das Condon-Komitee für seine UFO-feindliche Arbeitsweise berüchtigt war.

Die bisherigen Studien zeigen, entgegen allen Beteuerungen der Skeptiker, dass UFOs sehr wohl *reale* physikalische Objekte sind. »Dennoch sind sie nicht zwangsläufig die Raumschiffe außerirdischer Wesen«, gibt der bekannte französische Computerspezialist und Autor Dr. *Jacques Vallée* zu bedenken. Der UFO-Forscher bringt die Problematik um das Phänomen auf den Punkt, wenn er offen feststellt: »Die Theorie der Außerirdischen ist nicht ausgefallen genug, um die Fakten zu erklären. Ich wäre enttäuscht, wenn die UFOs nicht mehr wären als bloß Besucher von einem anderen Planeten. Wir haben es hier mit einer noch unerforschten Ebene des Bewusstseins zu tun, die unabhängig von uns Menschen, aber in enger Verbindung zur Erde existiert und die ganz eigene Beziehungen zu kosmischen Kräften unterhält.«

Prominente Augenzeugen

»Wie jeden Abend war ich mit meinem Auto unterwegs zum Elternhaus meiner Freundin. Es war Spätherbst, bereits stockdunkel und bewölkt. Sterne waren nicht zu sehen. Dann plötzlich wurde es um meinen Wagen taghell«, erinnert sich der Kärntner *Wolfgang Knaller.* Ein gleißend helles Objekt sei über ihm geschwebt, hätte ungewöhnliche Flugmanöver vollführt, ihn minutenlang in geringer Höhe verfolgt und die Gegend in strahlendes Licht getaucht. Eine unheimliche Begegnung, die der heute 42-jährige nicht vergessen wird.

Wolfgang Knaller ist nicht nur ein fröhlicher, aufmerksamer und auch kritischer Mensch mit besonderer Beobachtungsgabe und Reaktionsfähigkeit, sondern seit vielen Jahren auch einer der beliebtesten österreichischen Fußballer. Er war zuletzt Tormann bei Österreichs Fußball-Eliteklub *Austria Memphis*. Zuvor war er, sportlich gesehen, fast zehn Jahre lang das Aushängeschild des Fußballvereins *Admira/Wacker*. Knaller, der aus einer großen Sportlerfamilie stammt und als talentierter Fußballer schon mehrfach in das österreichische Nationalteam einberufen wurde, spricht über sein mysteriöses UFO-Erlebnis nicht gerne. »Man erntet ja doch nur ein mildes Lächeln«, begründet er seine Zurückhaltung mit Anspielung auf viele seiner Fußballerkollegen.

Ich mache ihm deutlich, dass er mit seiner UFO-Begegnung keinesfalls allein stehe, dass seit fünfzig Jahren weltweit nicht weniger als 40 Millionen UFOs gesichtet wurden. Nach einer Untersuchung des *Wickert-Instituts* glauben derzeit 58 Prozent der Männer und 40 Prozent der Frauen, dass UFOs und außerirdische Intelligenzen existieren. Erst jetzt wird mein prominenter Gesprächspartner redseliger. »Der seltsame Zwischenfall ereignete sich 1980 auf einer Landstraße in der Nähe des *Ossiacher Sees* in Kärnten«, weiß Knaller heute noch genau und betont: »Ohne Vorankündigung war ich und mein Auto von einer Sekunde zur anderen von gleißend hellem Licht umhüllt, das immer intensiver wurde. Ich sah aus dem Fenster nach oben und habe ein schwebendes Lichtobjekt wahrgenommen, in der Mitte mit einem leuchtenden Kern, aus dem überall Strahlen kamen, jedoch ohne dass genaue Konturen zu erkennen waren.«

Bei diesem Flugobjekt könnte es sich doch um einen Hubschrauber gehandelt haben, gab ich zu bedenken. Wolfgang Knaller weist diesen Einwand zurück: »Im ersten Moment dachte ich auch daran. Schließlich kannte ich die Gegend lang genug. Etwa 20 Kilometer entfernt liegt eine Kaserne, und ich hatte schon einige Male Bekanntschaft mit Hubschraubern gemacht. Aber dieses eigenartige Lichtobjekt, da bin ich mir ganz sicher, muss etwas ganz Anderes gewesen sein. Denn das Merkwürdige war nicht nur das eigenartige Licht, sondern der Umstand, dass absolut kein Geräusch zu vernehmen war. Ich weiß, wie Hubschraubergeräusch klingt, kenne den Rotorenlärm, hier aber war nichts, absolut nichts zu hören, nur dieses unheimliche Licht war da, einige Dutzend Meter über mir.«

Wolfgang Knaller gibt offen zu, dass er es mit der Angst zu tun bekam. Die Ungewissheit, nicht zu wissen, was da über ihm schwebte, beunruhigte ihn zunehmend. »Immer wenn ich schneller gefahren bin«, erklärt Knaller, »hat auch das seltsame Licht beschleunigt. Es war wirklich beängstigend.« Gute fünf Minuten hielt der Lichtspuk an, dann hatte er endlich das Elternhaus seiner Freundin erreicht, ist aus dem Auto gehechtet und hinein ins Haus gerannt. Freundin, Eltern und Bekannte haben die Schilderung seiner unheimlichen Begegnung eher schmunzelnd aufgenommen. Aber Wolfgang Knaller schwört: »Das war kein Hirngespinst! Das war eine *reale* Erscheinung!«

Der prominente UFO-Zeuge verrät mir weiter, dass er »bis dahin nie an UFOs geglaubt« habe, »darüber Bücher gelesen oder sich näher dafür interessiert« hätte. »Aber seit damals«, so versichert er mir glaubhaft, »bin ich hellhöriger. Immer wenn das Thema in den Medien zur Sprache kommt, werde ich auch an mein Erlebnis erinnert. Noch lange Zeit nach dieser unheimlichen Beobachtung habe ich ein ungutes

Gefühl in der Magengegend verspürt, immer dann, wenn ich abends alleine mit dem Wagen heimwärts fuhr.«

Was war das für ein irreales Phänomen, das minutenlang für Panik sorgte? Nur eine Sinnestäuschung? Ein ungewöhnliches Naturphänomen? Oder doch Besuch aus dem All? Darauf Knaller: »Ich weiß nicht, was das für ein Ding war und warum es mich verfolgte. Ich weiß nur, es war wirklich real. Es war etwas Unheimliches, das ich mir nicht erklären kann. Es blieb bei diesem einmaligen Erlebnis. Und darüber bin ich eigentlich sehr dankbar.«

Die Polarisierung der Meinungen zeigt sich auch am Beispiel von Stellungnahmen bekannter Persönlichkeiten aus dem öffentlichen Leben, darunter viele, die selbst von einer UFO-Erfahrung berichten. Der im Vorjahr verstorbene Amerikaner *Charles Berlitz,* Enkel des Begründers der weltberühmten »Berlitz-School«, beschäftigte sich viele Jahre vor allem mit den Vorkommnissen um das mysteriöse Verschwinden von Flugzeugen und Schiffen samt Besatzung. Sein Buch *»Das Bermuda-Dreieck«* war Ende der 1970er Jahre ein weltweiter Publikumserfolg und Dauerbrenner auf sämtlichen Bestsellerlisten. Nach Berlitz existiertt im Atlantik ein »Fenster zum Kosmos«. Gelegentlich sollen dort »elektromagnetische Felder auftreten, die bewirken, dass Objekte, die in deren Einflussbereich geraten, ihren Molekularbestand verändern, sich also auflösen«. Darauf angesprochen, ob er selbst schon Ungewöhnliches erlebt hätte, bestätigte mir Berlitz: »Ja, ich hatte mehrmals die Gelegenheit, UFOs zu beobachten, dabei sind mir sogar Aufnahmen geglückt, die bisher nicht veröffentlicht wurden. Seltsames habe ich erlebt: UFOs, die aus dem Wasser stiegen und wieder eintauchten – während sie sich an meinem Schiff vorbeibewegten, setzten Strom und Motor an Bord aus.«

In den Anziehungsbereich der berüchtigten Todeszone kam auch der berühmte Abenteurer *Thor Heyerdahl.* Während seiner »Ra«-Expedition über den Atlantik, wurden Heyerdahl und seine Sonnenbootmannschaft Zeuge einer UFO-Erscheinung. In seinem Buch *»Expedition Ra«* berichtet der Forscher über den ungewöhnlichen Vorfall, der sich südöstlich von *Puerto Rico,* kurz nach Mitternacht, zugetragen hat. Heyerdahl: »Auf der Backbordseite, im Nordwesten, stieg über dem ganzen Horizont eine runde bleiche Scheibe auf, die nie ganz aus dem Wasser kam, aber wie ein gespenstischer, aluminfarbener Riesenmond, der halb verborgen vom Küstenrand aufsteigt, immer weiter wuchs. Wie ein kompakter Sternennebel, heller als die Milchstraße und kreisrund, nahm er die Ausmaße eines stiellosen Pilzes an; es schien direkt auf uns zuzukommen, indem es sich ständig weiter über dem Himmel ausbreitete. Der Mond stand auf der anderen Seite, es war sternenklar, keine einzige Wolke bedeckte den Himmel.« Offen fügt Heyerdahl hinzu: »Wir blieben ohne Erklärung zurück.«

Es gibt Menschen, für die wurde eine Erfahrung mit dem Unerklärlichen zum Auslöser für die weitere Beschäftigung mit dieser Thematik. Der deutsche Sachbuchautor *Johannes Freiherr von Buttlar-Brandenfels,* bei den Medien als »UFO-Baron« bekannt, ist einer dieser Zeitgenossen. Johannes von Buttlar zählt zu den erfolgreichsten Schriftstellern unserer Tage, viele seiner Bücher wurden zu Bestsellern. »Ich habe in meinem Leben mehrmals die persönliche Erfahrung mit einem UFO gemacht«, versicherte mir der Deutsche vor einigen Jahren im Interview. »Im Jahre 1962 beobachtete ich in Australien eine silberne Scheibe«, erinnert sich Buttlar. »Sie verharrte ziemlich hoch am Horizont. Mehrere Menschen konnten das seltsame Ding mit mir etwa zehn Minuten lang verblüfft beobachten, bis es plötzlich blitzartig davonschoss. Ich sage nicht, es war ein außerirdisches Raumschiff, sondern nur, dass ich ein unbekanntes fliegendes Objekt gesehen habe – ein UFO also.« Drei Jahre später machte Buttlar während einer Autofahrt mit seiner Frau neuerlich Bekanntschaft mit einer merkwürdigen Erscheinung. »Wir waren im Nordosten Englands unterwegs«, berichtet der Schriftsteller. »Es war früher Mittag, der Himmel strahlend blau. Da bemerkten wir ein unbewegliches am Himmel stehendes Objekt, klein, rund und silbrig. Wir stiegen aus und beobachteten das Ding. Nach einer Viertelstunde schoss auch dieses UFO plötzlich davon – weg war es. Seit diesen Zwischenfällen beschäftigt mich der rätselhafte Ursprung dieser Luftphänomene.«

Der bekannte Südtiroler Extrembergsteiger *Reinhold Messner* will nicht nur dem Yeti leibhaftig begegnet sein. In Begleitung seines Bergkameraden *Douglas Scott* wollen beide während einer Himalaja-Tour, auf etwa 6000 Metern über dem Meer, eine so genannte »Tageslichtscheibe« gesichtet haben. So jedenfalls berichtete es der *International UFO-Reporter* in der Januarausgabe des Jahres 1982. »Noch auf keiner Bergbesteigung«, so bekannte Messner später, habe er »ein derartiges Phänomen beobachtet«. Das Objekt hätte »wie ein transparenter Apfel« ausgesehen, »etwa in der Größe des Mondes«. Ungewöhnlich auch die Bewegung: »Es flog ostwärts, dann nördlich, manchmal sehr langsam, dann wieder schnell, ruckartig und sprunghaft.« Schließlich sei das UFO dann irgendwo über Tibet verschwunden.

Auf eine UFO-Erfahrung der übersinnlichen Art kann der bekannte Löffelverbieger *Uri Geller* verweisen. Gelegentlich sehen wir den Israeli heute noch bei Fernsehauftritten, wenn er müde Uhren in Gang bringt oder Küchenbesteck verbiegt. Hauptsächlich setzt der Multimillionär aber seine telepathischen Fähigkeiten für die Suche nach Gold- und Erdölquellen im Auftrag von Großkonzernen ein. 1972 war Geller von Deutschland nach England unterwegs und machte einige Aufnahmen aus dem Flugzeug. Während dem Fotografieren waren »nur blauer Himmel und weiße Wolken zu sehen«. Die Überraschung folgte später bei der Filmentwicklung. Auf einigen Aufnahmen zeigten sich deutlich mehrere tellerförmige Objekte. Fotoexperten des *Stanford Research Institute,* die die Negative untersuchten, schlossen eine Manipulation aus.

Astronauten berichten ebenfalls über ihre UFO-Erlebnisse. Der Erste, der öffentlich über seine Sichtungen sprach, ist Oberstleutnant *Gordon Cooper*. Er war einer der sieben Astronauten Amerikas, die ausgewählt wurden, die winzige *Mercury*-Kapsel zu fliegen. Schon 1976 erklärte Cooper gegenüber dem *Los Angeles Herold Examiner,* dass er während seiner Allflüge verschiedene UFO-Beobachtungen machen konnte, die seiner Ansicht nach fremde Raumschiffe gewesen seien. Der Weltallpionier wörtlich: »Sowohl die NASA als auch die amerikanische Regierung wissen darüber Bescheid und besitzen eine Menge Beweise, die sie jedoch zurückhalten, um die Bevölkerung nicht zu beunruhigen.« Die ungewöhnlichsten Beobachtungen machte der Astronaut jedoch nicht im Erdorbit, sondern auf der guten Mutter Erde. Am 16. Januar 1997 ging ein spektakuläres Interview mit Gordon Cooper um die Welt. Eine der TV-Stationen, die das Filmstatement ausstrahlten, war PRO 7. Im Magazin *TAFF* erzählte der Astronaut, dass er 1951 eine UFO-Staffel gesehen habe, als er in Deutschland stationiert war. Später, auf der *Edwards Air Force Base,* habe er sogar ein UFO landen sehen und es gefilmt. Der Film sei jedoch sogleich von der Luftwaffe beschlagnahmt worden.

Berühmte Künstler sind ebenfalls unter den UFO-Sichtern. So berichtete der Sänger und Komponist *Neil Sedaka* über seine ungewöhnliche Beobachtung im Sommer 1975. Der Sänger war damals daheim in den *Catskill Mountains* im Hinterland von New York und verbrachte den frühen Abend damit, mit seinem Sohn zu spielen. Sedaka: »Wir alberten draußen herum, als wir plötzlich einen seltsamen Lichtschimmer über dem Horzont wahrnahmen, der sich langsam, aber stetig über den ganzen Himmel bewegte.« Zunächst dachte Sedaka an eine Sternschnuppe, aber »das weitere Flugverhalten des Objektes überzeugte mich, dass es sich um einen außergewöhnlichen Flugkörper handelte«. Was war passiert? Der Sänger versichert: »Das Objekt flog langsam erdwärts und schoss dann wieder himmelwärts in einer Art, als wäre es von einer intelligenten Kraft gesteuert. Dann blieb es für einige Minuten sichtbar und verschwand schließlich mit großer Geschwindigkeit hinter dem Horizont.«

Gleich mehrmals will der beliebte, inzwischen verstorbene amerikanische Showstar *Sammy Davis jr.* UFOs beobachtet haben. Erstmals Anfang der fünfziger Jahre über *Boston.* »Ich kann mich erinnern, als sei es gestern gewesen«, erzählte Sammy, »es war die größte Sache, die ich je gesehen habe.« Das seltsame Fluggerät »mit einer Antennenspitze« sei »von einem pulsierenden Licht in verschiedenen Farben umgeben« gewesen und »schwebte etwa 300 Meter über dem Boden«, erklärte der Entertainer. »Staunend«, so ergänzt Sammy, hätte er das seltsame Schauspiel »gemeinsam mit Freunden vom Auto aus verfolgt«. 1953 habe er, so erfährt man weiter, gleich drei ungewöhnliche Flugobjekte auf dem Weg von *Palm Springs* nach *Los Angeles* wahrnehmen können. In den Jahren darauf habe er dann noch zweimal Phänomene beobachten können, für die er keine plausibe Erklärung finden konnte.

Die »Auserwählten«, die einen besonders heißen Draht zu den Sternen besitzen, tun sich da leichter. Sie glauben zu wissen, dass sie als eine Art Medium dienen. *»Channeling«* oder »Kanalisieren« nennt man das, womit das Eröffnen von Kanälen zwischen einem irdischen Empfangskanal und einem außerirdischen »Sender« erreicht werden soll. Die deutsche Rockkönigin *Nina Hagen* kennt sich da aus und weiß auch, wo die besten Bedingungen dafür gegeben sind: »Ich gehe oft mit Bekannten in die kalifornische Wüste. Dort kann man mit den Freunden aus dem Weltall am besten Kontakt aufnehmen.«

Auf eine unheimliche Begegnung der besonderen Art hofft auch die ehemalige RTL-Plaudertasche *Ilona Christen.* Sie baute sich im Garten ihres Hauses am Vierwaldstätter See sogar eine UFO-Landebahn, für alle Fälle, und merkte in einem Interview an, sie hätte nicht ungern einmal »Sex mit den fremden Wesen aus dem All«. Und *Debbie Harry,* singendes Sexidol der Popgruppe *Blondie,* war einmal davon überzeugt, ein Wesen einer fremden Welt zu sein: Diese Erkenntnis will Debbie im zarten Alter von vier Jahren gewonnen haben. In ihrer Autobiographie heißt es: »Ich spielte gerade im Garten, als eine überirdische Stimme zu mir sprach. Ich verstand aber nichts. Viele Jahre später passierte mir das in Bangkok noch einmal.«

Glaubwürdiger klingt da schon das Erlebnis der Schauspielerin *Linda Gray.* Die Amerikanerin wurde berühmt durch die Rolle der »Sue Ellen Ewing« in der TV-Serie *Dallas.* Ihr UFO-Erlebnis lässt Parallelen zu der unheimlichen Begegnung erkennen, wie sie mir von dem österreichischen Fußballer Wolfgang Knaller am Beginn der Promi-UFO-Galerie geschildert wurde. »Ich war mit dem Auto unterwegs vom Studio nach Hause. Es war kurz vor Mitternacht«, erinnert sich Linda. »Plötzlich sah ich vor mir auf der linken Straßenseite einen Lichtschein auftauchen, der hin- und hertanzte. Zuerst dachte ich, es sei das Licht von einem Polizeihubschrauber, aber ich hörte weder das typische Knattern des Rotors. noch sah ich irgendwelche Lichter am Himmel.« Die *Dallas*-Schöne habe nur dieses eine Licht wahrgenommen, das »immer stärker und stärker« wurde, »es blendete mich so stark, dass ich anhalten musste, weil ich die Straße nicht mehr erkennen konnte«. »Ich weiß nicht mehr, wie lange ich stand, während die Helligkeit des unheimlichen Lichts immer noch anstieg«, schwört die Schauspielerin weiter und bekräftigt: »Dann plötzlich gab es einen ohrenbetäubenden Knall – und das Licht war verschwunden. Ich habe lange über diese Erscheinung nachgedacht und bin mir sicher: Es war ein UFO.«

»Sie werden es nicht glauben, aber ich habe selbst zwei UFOs gesehen«, enthüllte die Bühnen- und Filmschauspielerin *Maria Schell* 1970 in einem Interview. Die mysteriösen Flugobjekte beobachtete sie 1961, als sie mit *Gary Cooper* und *Glenn Ford* in Hollywood filmte. »Bei einem Wochenendausflug in das ›Tal des Todes‹, etwa vier Autostunden von *Los Angeles* entfernt, sah ich gegen eine Bergwand zwei große weiße Scheiben. Sie flogen das ganze Tal entlang, und ich konnte sie etwa zwei Minuten verfolgen. Es war bestimmt keine Spiegelung oder sonstige Reflexion von Sonnenstrahlen.« 1975 erzählte auch der Hollywoodschauspieler Glenn Ford von seiner UFO-Sichtung: »Das Fahrzeug war blaugrün. Es war metallisch. Ich kann es am besten als zwei Riesenscheiben, die nach innen gegeneinander gepresst waren, beschreiben.«

Eine unglaubliche Geschichte soll *William Shatner* widerfahren sein. Der als »Captain James T. Kirk« bekannte Fernsehheld der ersten *Star Trek*-Generation ist davon überzeugt, dass er 1969 durch eine Art telepathischen Kontakt mit einem UFO vor dem sicheren Tod gerettet wurde. Shatner war damals per Motorrad unterwegs durch die Mojave-Wüste Kaliforniens. Als nach einem Zwischenstopp seine Maschine nicht mehr anspringen wollte, rannte er zu Fuß weiter auf der Suche nach Wasser und brach bei einer Gluthitze von 50 Grad Celsius zusammen. »Plötzlich sah ich ein fremdartiges, helles, stromlinienförmiges Objekt über meinem Kopf hinwegzischen«, weiß Shatner. Eine innere Stimme hätte ihm dann den Weg gewiesen, den er einschlagen soll. Shatner folgte dieser Route und schildert weitert: »Früher war ich immer sehr skeptisch gegenüber außersinnlichen Wahrnehmungen. Manche Leute mögen sagen, ich sei nur einer Fata Morgana zum Opfer gefallen. Doch ich bin sicher, es war ein UFO, dessen Besatzung mir durch telepathische Impulse das Leben gerettet hat.« Im Rahmen einer Sendereihe über PSI-Phänomene wurde 1975 Shatners außerirdische Erfahrung für das amerikanische Fernsehen verfilmt.

Hollywood-UFOs

Sternenmenschen haben die Kinoleinwand schon längst erobert. Noch in Erinnerung sind die fantastischen Publikumserfolge von *2001 – Odyssee im Weltraum, Krieg der Sterne, Unheimliche Begegnung der dritten Art, Star Trek, Alien, Stargate, Species* oder *Das Ding aus einer anderen Welt.* Und auch im Fernsehen sprießt das »Übersinnliche« wie nie zuvor. Mit der Kultserie *Akte X* wurde 1993 ganz Amerika und dann der Rest der diesseitigen Welt mit dem »Die Wahrheit ist irgendwo da draußen«-Bazillus befallen. Es war der Auftakt für einen gewaltigen Mystery-Boom, dem Serien wie *Dark Skies, Outer Limits, Poltergeist, Pretender, Millennium, Nowhere Man* oder *Burning Zone* folgten, ohne dass ein Ende der Grusel- und UFO-Episoden abzusehen wäre. Was auffällt: Mit den Hollywood-Aliens ist nicht zu spaßen. Von *Steven Spielbergs* rührenden *E.T.*-Filmmärchen einmal abgesehen, werden die Außerirdischen meist als schleimige und bösartige Kreaturen dargestellt.

Besonders spektakulär landen die Außerirdischen in *Roland Emmerichs* gigantischem Kinogemetzel *Independence Day.* Seit der Film 1996 in Amerika erstmals gezeigt wurde, grassiert das UFO-Fieber überall. Am Morgen des amerikanischen Unabhängigkeitstages verdunkeln riesige Raumschiffe den Himmel über den Metropolen. Aber die Besucher aus dem All sind nicht gekommen, um fröhliche Paraden abzunehmen. Regisseur Emmerich ließ mit Genuss das »Weiße Haus« in die Luft fliegen und Manhattan von den Invasoren in Schutt und Asche legen, ehe todbringende Feuerwalzen durch Los Angeles jagen. Alles sehr aufregend und technisch perfekt gemacht, aber letztlich doch nur Kinounterhaltung, denkt sich der Kinobesucher. Was macht nun den großen Erfolg solcher apokalyptischer Sciencefictionreißer aus? Spiegelt sich in ihnen das neu erwachte Interesse an UFOs und dem Leben im All? Handelt es sich hier bloß um Manifestationen unerfüllter religiöser Ängste und Sehnsüchte? Oder zeigen die Weltraumabenteuer auf der Leinwand lediglich filmische Vorgriffe auf eine mögliche Realität von morgen?

Der sympathische *Independence Day*-Hauptdarsteller *Jeff Goldblum,* bekannt und beliebt auch durch seine Rollen in den Saurier-Streifen *Jurassic Park* und *The Lost World,* findet es aufregend, über diese Fragen nachzudenken: »Wir Menschen haben eine eigenartige Beziehung zum Universum. Wir möchten damit irgendwie verbunden sein und können nicht richtig mit der Tatsache umgehen, dass es dort draußen sicherlich Lebewesen gibt, die nicht erforscht wurden und die wir daher noch nicht kennen.« Einverstanden. Aber müssen es gleich so ekelhafte »Alien«-Kreationen sein wie etwa jene mordlüsternen Filmmonster, die der Schweizer Künstler *Hans Ruedi Giger* geschaffen hat?

Das britische Physikgenie Professor *Steven Hawking* will dieses Horrorszenario nicht unbedingt ausschließen und rät ausdrücklich vor einem Kontakt mit Außerirdischen ab. Der Astrophysiker glaubt, dass unsere Raumsonden und Radiowellen zu einer bösen Überraschung führen könnten. Dann nämlich, wenn fremde Intelligenzen den Ursprung der Signale zurückverfolgen und somit unsere Erde entdecken sollten. Der »Einstein unserer Zeit« befürchtet, dass dann ein galaktischer Besuch wenig freundlich ausfallen würde. Uns Erdenmenschen könnte ein ähnliches Schicksal blühen wie den Indianern, als Amerika von Christoph Kolumbus (wieder) entdeckt wurde. Im günstigsten Fall wäre ein Kulturschock die Folge, eine geistige Selbstaufgabe der Menschheit. Und im schlimmsten Fall? »Eine Kolonisierung, Versklavung und Beinaheausrottung«, warnt Hawking.

Malcolm Young, Professor für Psychologie an der Universität Newcastle, stimmt Hawking zu: »Falls Außerirdische den Weg in unser Sonnensystem finden, dann nur, weil sie dort wirklich hin wollen. Zufall schließe ich aus. Wenn ihr Heimatplanet unbewohnbar geworden ist, wäre eine Reise zur Erde mehr als sinnvoll. Doch in diesem Fall würden sie wohl kaum mit uns Menschen teilen wollen.« Erinnerungen an *Orson Welles* werden wach, dessen Hörspiel »Krieg der Welten« nach einer Novelle des Autors *Herbert G. Wells* am 30. Oktober 1938 ganz Amerika in wilde Panik stürzte. In seiner Rundfunkreportage hatte der damals noch unbekannte Regisseur und Schauspieler außerirdische Wesen, riesenhaft, von scheußlicher Gestalt und scheinbar unangreifbar, auf der Erde landen lassen. Die Folge: Der amerikanische Kontinent wurde zu einem einzigen Schauplatz hysterischer Angstzustände.

Können filmische Horrorvisionen wie *Krieg der Welten* oder *Independence Day* Wirklichkeit werden? Die Hoffnung bleibt, dass mögliche außerirdische Besucher uns Menschen nicht nur technologisch, sondern auch ethisch weit überlegen sind. Andererseits: »Wir wissen nicht, ob es kosmische Gesellschaften gibt, die – gemessen an unserer menschlichen Ethik oder aus unserer moralischen Sicht her – vielleicht ›bösartig‹ oder auch bloß ›gleichgültig‹ sind«, gibt der Schweizer Schriftsteller *Erich von Däniken* zu bedenken.

Der angesehene Astrophysiker und UFO-Forscher Dr. *Jacques Vallée* schließt nicht aus, dass hinter der UFO-Faszination zum Teil religiöse Triebkräfte stehen. »Der Hauptgrund für die Beliebtheit der Außerirdischenhypothese«, sagt Vallée, »ist, dass sie unserer tiefen Sehnsucht entgegenkommt, eine höher entwickelte Spezies kennen zu lernen, unsere Hoffnung, dass es im Kosmos Lebensformen gibt, die die Probleme überwunden haben, mit denen wir uns auf Erden noch herumschlagen – Krieg, Armut, Krankheit und Zerstörung der Umwelt.«

Steven Spielberg, der Erfolgsregisseur von *Unheimliche Begegnung der dritten Art,* ist von der »realen Grundlage des Phänomens überzeugt«. Spielberg glaubt an »intelligentes, vernunftbegabtes Leben im Universum« und möchte »der Möglichkeit gegenüber aufgeschlossen sein, dass die Erde in der Vergangenheit Besuch aus dem Weltall erhielt und solche Besuche auch heute noch stattfinden«. Der Hauptdarsteller in Spielbergs damaligen UFO-Film war der Hollywoodstar *Richard Dreyfuss.* Auch er glaubt felsenfest an die »Existenz außerirdischer Intelligenzen«. Mehr noch: »Ich nehme es Leuten ab, wenn sie behaupten, sie hätten UFOs gesehen. Es könnte durchaus sein, dass wir in unserem künftigen Leben in Kontakt mit UFOs und ihren Besatzungen kommen.«

Lange vor Roland Emmerich und Steven Spielberg beschäftigte sich der Münchner Regisseur und Filmproduzent *Rainer Erler* mit der UFO-Frage. Mit dem 1969 gedrehten Fernsehfilm *Die Delegation* lieferte Erler eine Dokumentation zwischen Wirklichkeit und Fantasie. Ein Sciencefictionfilm mit Tatsacheneinschüben. Hierbei werden die Grenzen von Dichtung und Wahrheit geschickt vermischt. Erlers Film hat auch 35 Jahre nach seinem Entstehen, wie das wachsende Medieninteresse zum UFO-Thema zeigt, nichts an seiner Aktualität und Gültigkeit verloren. Der Regisseur wurde für seine Filme mehrfach preisgekrönt. Von ihm wollte ich nun wissen, ob er selbst an UFOs glaube? »Ich persönlich habe noch nie ein UFO gesehen«, schränkt Erler zunächst ein, »aber ich habe in Kanada, den USA und natürlich hier in Europa mit sehr vielen Menschen gesprochen, die ihre UFO-Beobachtungen zu beschwören bereit sind. Viele kamen in meinem Film ›Die Delegation‹ vor die Kamera, und auch in meinem Roman gleichen Titels, der die mögliche Entstehung dieses Films beschreibt, ließ ich UFO-Zeugen zu Wort kommen.«

Was ist ein UFO für Sie, frage ich neugierig weiter. »UFO? Das bedeutet: unidentifizierbares fliegendes Objekt! Wenn wir davon ausgehen, dass uns nicht alles bekannt sein kann, was ›zwischen Himmel und Erde‹ an seltsamen, rätselhaften Phänomenen – also an ›Unbekanntem‹ – noch zu entdecken sein wird, muss es UFOs ja wohl geben.« Der Filmemacher schließt nicht aus, dass »es vielleicht Spione einer hoch technisierten, außerirdischen Zivilisation sind« und begründet diesen Verdacht: »Wir können nur erahnen, wozu alte Zivilisationen tatsächlich fähig sind. Intelligenzen, die Tausende von Jahren Umgang mit Technologien praktizierten und sich nicht nach 150 Jahren selbst zerstören, wozu die Menschheit gerade im Begriff zu sein scheint.« Ob es uns je gelingen wird, mit »Wesen vom anderen Stern« in persönlichen Kontakt zu treten? Rainer Erler ist optimistisch: »Manche Wissenschaftler halten dies der riesigen Entfernungen wegen für undenkbar. Aber ich persönlich höre das Wort ›undenkbar‹ ebenso ungern wie ein ›Unmöglich‹. Abgesehen davon, dass es bereits viele Zeitgenossen gibt, die versichern, Außerirdischen begegnet zu sein, was ich selbst nie nachprüfen konnte, scheint mir ein Kontakt über ›Funk- oder Lasersignale‹ wahrscheinlich und für die nächsten Jahrzehnte vorstellbar und sinnvoll zu sein!«

Ein weiterer Regisseur und Dokumentarfilmer, der das UFO-Thema schon länger im Visier hat, ist der Wiener *Ferry Radax.* Bekannt wurde seine 1982 gedrehte Dokumentarreihe *Auf den Spuren des Erich von Däniken,* wo er dem Gedanken außerirdischer Götter nachspürte. »Die UFOlogie, so sehr sie Laien fasziniert, hat in der Öffentlichkeit einen schweren Stand«, bedauert er. »Zum einen ist sie sensationslüsternen Reportern ausgesetzt, wobei sich meist zeigt, dass die Journalisten keinerlei profundes Wissen zu diesem Thema besitzen und daher falsche Fragen stellen, zum anderen existieren zahlreiche obskur-okkulte messianische Sekten, die zwar in den New-Age-Trend passen, aber dem wissenschaftlichen Status schaden und so ein sehr diffiziles Forschungsgebiet der Lächerlichkeit preisgeben und in Misskredit bringen.«

Um die Spreu vom Weizen zu trennen, war Radax 1991 auf einer mehrwöchigen Reise durch die USA unterwegs. »Material für eine Fernsehdokumentation sollte gedreht und ein möglichst vollständiges Bild von der UFO-Szene erstellt werden«, wie er mir versicherte. Bei seinen Studien kam es zu einer Überraschung. Radax wurde selbst Augenzeuge einer ungewöhnlichen Erscheinung. »Nach einigen Tagen aufregender Interviews mit UFO-Spezialisten hatte ich vom Thema so genug, dass ich mich an einem Sonntag ganz privat zu einem Ausflug entschloss«, erinnert sich der Filmdetektiv. »Ich fuhr im offenen Cabrio die Haarnadelkurve hinauf auf einen etwa 1300 Meter hohen, herrlichen Berg, der sich aus der umgebenden Wüste erhebt. Da war es plötzlich – ein seltsames Objekt, das aussah wie ein verkehrter Halbmond mit zwei verkehrten Flügel an den Seiten. Es stand lautlos am dunstigen Himmel über einem Nationalpark bei *San Bernadino* in Kalifornien, unweit des Wüstenorts Yukaipa, etwa drei Stunden von Los Angeles entfernt.«

Radax »weiß nicht, was das für ein Ding war«, schließt aber nicht aus, dass sein »riesiges lautloses Flugobjekt mit absurder Konstruktion vielleicht nur ein Testflug eines neuartigen Flugzeugtyps gewesen sein könnte, eine Weiterentwicklung des seinerzeit ebenfalls geheimen *Stealth Bomber*«. Von mir befragt, weshalb er als erprobter Filmemacher das UFO nicht vor die Linse bekam, zeigt sich Radax ärgerlich und traurig zugleich: »Jägerpech! Als ich aus dem Cabrio sprang, um meine Kamera aus dem Kofferraum zu holen, danach die Videotechnik aktivierte und sodann versuchte, das Objekt im Sucher zielgenau zu erfassen, war es auch schon im Dunst des Mittagshimmels verschwunden.«

Radax ist nicht der Einzige, der nach UFOs Ausschau hält. Auf dem Highway 375 in Nevada ist inzwischen die Hölle los. Denn glaubt man den Augenzeugen, fliegen nirgendwo sonst die UFOs niedriger als auf dieser 150 Kilometer langen Strecke zwischen *Alamo* und *Warm Springs.* Die Landesregierung von Nevada hat deshalb beschlossen, der Strecke ganz offiziell den Namen *»Highway der Außerirdischen«* zu verleihen. Nicht unweit von dieser Gegend entfernt liegt der Eingang zur geheimnisvollsten Militärbasis der USA. *Area 51,* auch *Dreamland* genannt oder *S-4,* ist so

Bild 34: Die berüchtigte amerikanische Geheimbasis Area 51. Werden dort in unterirdischen Hangars UFO-Wracks und Alien-Leichen aufbewahrt?

geheim, dass sie keinen offiziellen Namen hat, auf keiner Karte verzeichnet ist und ihre Existenz von der Air Force bis heute bestritten wird. Tatsächlich werden auf dem Gelände mit der längsten, etwa zehn Kilometer umfassenden Landebahn der Welt geheime Flieger getestet, darunter der US-Tarnkappenbomber sowie Spionageflugzeuge. UFO-Anhänger sind überzeugt davon, dass die USA dort Wracks abgestürzter UFOs sowie die tiefgekühlten Reste ihrer toten Besatzung aufbewahren. Manch kühner Denker beharrt darauf, dass noch lebende Weltraumgeschöpfe als Berater für den interplanetarischen Know-how zur Verfügung stünden und die Air Force zusammen mit den kosmischen Piloten sogar Manöverübungen abhält.

In seinem »ganzen Leben nie ein UFO gesehen« hatte hingegen der in Wien verstorbene weltbekannte Schauspieler *Curd Jürgens*. Als der Lebenskünstler am 18. Juni 1982 im Alter von 66 Jahren einem Herzversagen erlag, verlor die Filmwelt eine ihrer faszinierendsten Persönlichkeiten. Was kaum bekannt sein dürfte: Auch bei ihm ging die UFO-Neugier nicht still vorüber. Was der beliebte Schauspieler über UFOs und Außerirdische dachte, ließ mich Jürgens 1979 in einem Briefwechsel wissen. Ist die Existenz außerirdischer Intelligenzen für ihn vorstellbar, war einer meiner Fragen. »Als ›denkbar‹ darf man diesen Gedanken durchaus betrachten«, merkte Jürgens an, »aber: das Denkbare ist nicht immer das Wahrscheinliche. Und die

Wahrscheinlichkeit, dass im Universum noch andere intelligente Lebensformen existieren, ist im wissenschaftlichen Sinne noch nicht bewiesen. Ich kann mich deshalb heute noch nicht realistisch mit Außerirdischen anfreunden. Wir wissen einfach noch zu wenig über den Kosmos.«

Und wie sei das mit den UFOs, wollte ich wissen? »Mich interessiert das Thema sehr, aber die Vermarktung der Begegnungen mit Außerirdischen macht mich etwas skeptisch.« Sollte man das Phänomen dennoch weiterverfolgen, vielleicht durch ein Forschungsprojekt, das UFO-Meldungen weltweit untersucht? »Soweit ich seriösen Magazinen wie ›Time‹ und ›Newsweek‹ entnehme«, so der Weltstar, »gibt es vor allem in den USA offizielle Institutionen, die sich mit der UFO-Problematik beschäftigen. Vielleicht gelingt es, ernsthafte Wissenschaftler zu veranlassen, sich weiterhin und intensiver mit dem Phänomen auseinanderzusetzen. Ich jedenfalls wäre glücklich, wenn ich meine verständliche Neugierde, die ich mit vielen Tausenden Menschen teile, durch ein solches Forschungsgremium befriedigt sähe.«

Stellungnahmen auf höchster Ebene

Wie denken Politiker über jenes Phänomen, das weite Teile der Bevölkerung aus aller Welt seit Jahrzehnten bewegt? Wortmeldungen dazu gibt es viele. Schon *Nelson A. Rockefeller,* ehemaliger Vizepräsident der USA, äußerte als Gouverneur des Staates New York sein Missfallen gegenüber der Geheimhaltungspolitik und betonte: »Nachdem das amerikanische Volk über jede Sache von nationaler Bedeutung angemessen informiert werden sollte, ist es lebenswichtig für unsere demokratischen Vorgänge, dass das allgemeine Publikum unverzüglich und vollständig aufgeklärt wird.« Und *Barry Goldwater,* Expräsidentschaftskandidat und Luftwaffengeneral der Reserve, erklärte ganz unverblümt: »Ich bin davon überzeugt, dass die Erde mehrfach von außerirdischen Intelligenzen aufgesucht wurde. Marine- und Linienpiloten berichteten mir von Fällen, wo sich UFOs bis auf wenige Meter näherten, um dann mit unvorstellbarer Geschwindigkeit davonzufliegen. Ich selbst habe noch kein UFO gesehen, aber ich glaube diesen Leuten.« Das hinter dem Phänomen mehr stecken dürfte als nur Hirngespinste, erkannte auch der ehemalige US-Präsident *Gerald R. Ford.* In einem Brief an den Militärausschuss des amerikanischen Kongresses rät Ford, »ein Hearing über das Thema UFO« anzuberaumen, »weil ich glaube, dass an einigen dieser Berichte vielleicht doch etwas dran ist«.

Im Jahre 1966 sollten die UFOs beim UNO-Hauptquartier landen. Dem damaligen UNO-Generalsekretär *Sithu U Thant* wurde ein Memorandum vorgelegt, in dem die Ernsthaftigkeit des Problems dokumentiert und Studien durch die Vereinten Nationen angeregt wurden. U Thant schien von dem UFO-Engagement begeistert zu sein und äußerte gegenüber UN-Vertretern: »UFOs sind neben dem Vietnamkrieg das wichtigste Problem, dem die Vereinten Nationen derzeit gegenüberstehen.« Dennoch wurden noch im selben Jahr auf Bestreben der Vereinigten Staaten das UFO-Engagement gestoppt. Es dauerte elf Jahre, bis die Einrichtung einer *Studie für außerirdische Angelegenheiten* eine neue Chance bekommen sollte. Der Premierminister des kleinen Mitgliedsstaates Grenada, Sir *Eric Gairy,* erklärte 1977 das UFO-Problem in der UNO-Vollversammlung zur Tagesordnung. Er forderte einen politischen Sonderausschuss, der die Untersuchung des Phänomens mit Unterstützung der UNO einleiten sollte. Meine Anfrage, ob die UNO die Einrichtung einer UFO-Behörde tatsächlich beabsichtige, wurde mir in einem Schreiben vom 5. April 1979 im Auftrag des damaligen UNO-Generalsekretärs Dr. *Kurt Waldheim* bestätigt: »Der Ausschuß für die friedliche Nutzung des Weltraums wurde beauftragt, sich noch in diesem Jahr mit der Frage zu befassen. Auch werden die Mitgliedsstaaten aufgefordert, dem Herrn Generalsekretär alle Informationen über UFOs und überirdische Erscheinungen mitzuteilen.« Eine viel versprechende Ankündigung. Mehr sollte daraus dann aber nicht werden. Die USA bekräftigten, sie würden Gairys UFO-Antrag nicht zustimmen, und die UNO-Vollversammlung lehnte ihn schließlich zur Gänze ab. Wieder einmal war die Gründung einer Datenbank für »fliegende Untertassen« im Bereich der UNO gescheitert.

Für fast so viele Schlagzeilen wie die UFOs sorgte der frühere österreichische Bundeskanzler Dr. *Bruno Kreisky.* Zu seinen Lebzeiten liebevoll »der Alte« genannt, äußerte sich Kreisky, was kaum bekannt sein dürfte, auch zum UFO-Komplex. Noch in seiner Amtszeit als Bundeskanzler gestand er mir offen ein, »dass ich die UFO-Erscheinungen anfänglich schlicht als Hirngespinst abgelehnt habe. Meine total negative Einstellung hat sich aber angesichts der Raumfahrt und anderer Errungenschaften der Technik ein klein wenig geändert.« Was meinen Sie mit »ein klein wenig geändert«? »Ich möchte es so bezeichnen: Bei der Beurteilung dieser Phänomene und deren Augenzeugen bin ich jetzt etwas vorsichtiger geworden.« Ob er selbst eine Vorstellung darüber hätte, welches Geheimnis sich hinter dem Phänomen verbergen könnte, beantwortete mir Kreisky zunächst mit einem Bedauern: »Ich hatte ja leider nie das Vergnügen, ein UFO zu beobachten«, schränkte Kreisky ein und ergänzte, »sollte es aber derartige Erscheinungen wirklich geben, dann handelt es sich vielleicht um ein bisher unbekanntes *Naturphänomen.* Solange keine gesicherten Beweise für die Existenz oder Nichtexistenz dieser Objekte vorliegen, kann man über den möglichen Ursprung der UFOs nur spekulieren.«

Ähnliche diplomatische Gedanken äußerte seinerzeit auch Dr. *Franz Josef Strauß.* Der 1988 verstorbene CSU-Mitbegründer und vormalige Ministerpräsident des Freistaates Bayern erklärte mir auf die UFO-Frage in einem Brief vom 5. Juli 1979: »Im Lebensbereich des Menschen gibt es zweifellos heute immer noch Dinge, die rätselhaft scheinen und einer Aufklärung bedürfen. UFOs gegenüber bin ich im allgemeinen eher misstrauisch eingestellt. Ich selbst halte UFOs für *meteorologische* Erscheinungen im Sinne von ›Feuerbällen‹ oder kugelblitzartigen Phänomenen.« Trotzdem hielt Strauß in seinem Brief »eine staatlich beauftragte Untersuchungsstelle für UFO-Beobachtun-

Bild 35: Saab-Aufklärungsflugzeuge jagten 1983 erfolglos einen rätselhaften Flugkörper über dem Dachstein.

gen für vorstellbar«, und ergänzte widersprüchlich, »am besten im Zusammenhang mit den Einrichtungen der *Luftverteidigung*«.

Wären UFOs tatsächlich nur meteorologische Phänomene, dann müsste man sich ernsthaft fragen, weshalb solche Objekte von Abfangjägern gejagt wurden. In einer Stellungnahme des österreichischen Wissenschaftsministerums beteuerte man, dass das Hauptproblem des UFO-Phänomens darin bestünde, aus der großen Anzahl von Berichten die tatsächlich »identifizierbaren Objekte« von »den wenigen nicht identifizierbaren Fällen« auszusondern. Sind Europas Regierungen über die UFO-Problematik besser informiert, als offiziell zugegeben wird? Geistern »Untertassen«-Berichte durch die Ministerien? Das *Bundesministerium für Landesverteidigung* in Wien hat offenbar großes Interesse an der Aufklärung rätselhafter Luftphänomene. Major *Pucher,* der Chef des Generalstabes, erklärte 1983 in einem Schreiben an den Wiener Astrophysiker und Manager Dr. *Karl Grün*: ». . . soweit es die geographische Enge des östereichischen Territoriums zuläßt, dürften wir mit Abfangjägern in der Lage sein, auch Neutralitätsverletzungen durch *extraterrestrische* Fahrzeuge zu identifizieren und geeignet erscheinende Maßnahmen zu setzen.«

Was sich wie ein Witz anhören mag, hat einen guten Grund. 1980 musste Österreichs Luftwaffe noch ohne Draken-Abfangjäger auskommen. In diesem Jahr kam es am 7. Mai zu einer turbulenten UFO-Jagd über dem Dachstein, ohne dass der unbekannte Eindringling eingeholt oder gar zur Landung gezwungen werden konnte. Der Zwischenfall sorgte für Schlagzeilen in der Presse: Um 15.50 Uhr war eine Verkehrsmaschine der KLM in etwa 10000 Meter Höhe in der Weststeiermark unterwegs. Plötzlich hatte die Besatzung Sichtkontakt mit einem unbekannten Objekt, das die Piloten übereinstimmend als »rund und schwarz« beschrieben. Die Flugsicherung Wien-Schwechat alarmierte die Militäreinsatzzentrale. Sofort wurden zwei Aufklärungsflugzeuge vom Typ Saab 105 Oe in das betreffende Gebiet entsandt. Der Versuch, das unbekannte Objekt zu stellen, scheiterte kläglich. Mit den schnellen UFO-Manövern konnten die Saab-Maschinen nicht mithalten, die Verfolgung wurde deshalb abgeblasen. Doch kaum zwei Stunden später gab es neuerlich UFO-Alarm. Diesmal war es die Besatzung einer Lufthansa-Maschine, die den seltsamen schwarzen Flugkörper über dem Dachstein sichtete. Wieder wurden »Abfangjäger« losgschickt, ausgerüstet mit einem so genannten »Fotoaufklärer«, der das UFO bildlich »festhalten« sollte. Nach Aussagen der Piloten flog das rätselhafte Objekt »mindestens dreitausend Meter höher als unsere Maschinen«. Verwundert war man auch über die mit dem »Fotoaufklärer« gemachten Filmaufnahmen. Sie erwiesen sich nach der Entwicklung als völlig unbrauchbar.

Bei der Militärbehörde in Österreich hatte man inzwischen auf »Alarmstufe rot« geschaltet. Verteidigungsbereitschaft wurde angeordnet. Der Bundeskanzler als Regierungschef sowie Verteidigungs-, Außen- und Innenminister waren informiert – ebenso das damalige österreichische Staatsoberhaupt, Bundespräsident Dr. *Rudolf Kirchschläger*. Die Angelegeneit sollte geheim gehalten werden. Dass die Sache dennoch publik wurde, ist dem aufmerksamen Journalisten und Autor *Peter Krassa* zu verdanken, der seine guten Kontakte zu offiziellen Stellen der Luftfahrt zu nutzen wusste. Offiziell versuchte man den Vorfall freilich herunterzuspielen. Ein von Krassa verfasster Artikel in Österreichs auflagenstarker Tageszeitung *Kurier* wurde sofort dementiert. Ministerialrat *Johann Ellinger* zum Kurier: »Ihretwegen hat es bei uns jetzt an die 120 Telefonate gegeben.« Ellinger und die Militäreinsatzzentrale behaupteten jedenfalls, bei dem »runden schwarzen Ding« habe es sich lediglich um einen *Wetterballon* gehandelt. Eine Erklärung, die jedoch dem ungewöhnlichen Flugverhalten des Phänomens widersprach. Außerdem mutete es seltsam an, dass Österreichs Luftverteidigung damals nicht imstande gewesen war, einen Wetterballon zu fotografieren und den ungebetenen Besucher vom Himmel zu holen. Seither existieren berechtigte Zweifel an der offiziellen Ballonversion. Welcher Identität der schwarze Fremdkörper über dem Dachstein wirklich gewesen war, wurde niemals geklärt.

Die Präsidentschaftskanzlei war damals von dem UFO-Zwischenfall, der Österreichs Gemüter erregte, unterrichtet worden. Bundespräsident Kirchschläger, oberster Befehlshaber des österreichischen Bundesheeres, war seinerzeit zu einer Stellungnahme in der UFO-Frage bereit. »Ich wage es mit meinem Wissensstand nicht«, gab er in einem Brief an mich offen zu, »eine definitive Aussage über Existenz oder Nichtexis-

KURIER

MORGENAUSGABE

Unabhängige Tageszeitung für Österreich

Tel. 96 21/0 • Erscheinungsort Wien • P. b. b. • Verlagspostamt 1070 Wien
Lire 700,–, Dinar 18,–, Drachm. 45,–, Ptas 80,–, DM 1,20, sfr. 1,20

Samstag, 14. Juni 1980 • Nr. 164 • S 5,–

heute mit Samstag-Magazin

● Abfangjäger starteten zweimal: Erfolglos!

Heeres-Luftwaffe jagt rätselhaftes Flugobjekt in 12.000 m Höhe

Zwei Versuche der Heeresluftstreitkräfte, ein rätselhaftes Flugobjekt, das im Dachsteingebiet in einer Höhe zwischen 10.000 und 12.000 Meter manövrierte, abzufangen und zur Landung zu zwingen, scheiterten.

Das rätselhafte Flugobjekt war vom Piloten einer Verkehrsmaschine der KLM entdeckt worden. Später hatte auch ein Lufthansa-Pilot die Flugleitstelle in Wien-Schwechat alarmiert. (Lesen Sie bitte den Bericht auf Seite 20.)

Bild 36: Der Dachstein-Zwischenfall sorgte in Österreich für Schlagzeilen in der Presse.

tenz unbekannter Flugobjekte zu treffen. Eines ist aber gewiß: Die Welt ist trotz der großartigen Entdeckungen, die gemacht wurden, noch voller Geheimnisse. Die Kosmologie hat mit *Teilhard de Chardin* sehr weite Tore aufgestoßen. Es bleibt weiterhin viel zu forschen und zu denken.« Muss man also UFO-Erlebnisse ernst nehmen? »Wer sich ehrlich um Erkenntnis bemüht, sollte nicht ins Lächerliche gezogen werden«, machte Kirchschläger im Brief deutlich, schränkte aber ein, dass »alles, was außergewöhnlich und unfaßbar ist, zwangsläufig einer starken Prüfung auf Echtheit bedarf«.

Wäre es also somit vorstellbar, eine Behörde ins Leben zu rufen, die sich der Erforschung solcher mysteriöser Luftphänomene widmet, wollte ich vom damaligen Staatsoberhaupt wissen. Kirchschlägers skeptische Antwort: »Vorstellen kann ich mir das schon. Persönlich würde ich allerdings bei einer Reihung von Dringlichkeiten anderer uns gegenwärtig begegnenden Problemen den Vorzug geben. Ich möchte deshalb die Beauftragung einer staatlichen Stelle mit Forschungsaufgabe ›Unbekannte Flugobjekte‹ in Österreich nicht in die Wege leiten. Freilich bleibt es im Zuge der Freiheit jedem Forscher und damit auch zum Beispiel jedem Universitätsinstitut, das über einschlägige Erkenntnisse verfügt, unbenommen, sich mit dieser Frage auch zu befassen.«

Genau das sollte mit dem *Project Starlight Briefings* erreicht werden, das im April 1997 von dem internationalen *Center for Study of Extraterrestrial Intelligence,* kurz CSETI genannt, aus der Taufe gehoben wurde. Ziel des Projektes ist es, Kongressabgeordnete, ranghohe Politiker und Medienvertreter über die Bedeutung des UFO-Phänomens aufzuklären und eine Anhörung vor dem US-Kongress durchzusetzen. Der Direktor Dr. *Steven Greer* fordert Politiker und Medien seither auf, das UFO-Thema offen und vorurteilsfrei unter die Lupe zu nehmen, und stützt sich bei seinem Anliegen auf ein Paket der »besten zur Verfügung stehenden Beweise« aus 250 offiziellen Regierungsdokumenten, darunter UFO-Filmaufnahmen aus aller Welt und geheime Akten, die erst 1994 von der CIA freigegeben wurden.

Der deutsche Astrophysiker und Chef der UFO-Forschungsgruppe MUFON-CES, *Illobrand von Ludwiger,* hofft ebenfalls auf einen Wandel in der offiziellen Beurteilung von UFO-Meldungen und registriert bereits eine Veränderung: »Seit einigen Jahren nimmt die Zahl der Wissenschaftler stark zu, die das wissenschaftliche *Journal of Scientific Exploration* lesen und dessen Beiträge über UFOs diskutieren.« Der bekannte Forscher ist überzeugt davon, dass nur solide wissenschaftliche Untersuchungen das Thema vom Image des Unseriösen befreien können. Ludwiger unmissverständlich: »Kritische Studien zu jedem einzelnen Bericht sind notwenig. Ebenso Analysen durch mehrere Psychiater und Psychologen, wenn es um Personen mit Entführungserlebnissen geht. Erst dann können Erkenntnisse geliefert werden, die gesichert sind, was das Ziel jeder seriösen wissenschaftlichen Arbeit sein sollte.«

Genauso sehen es die Wissenschaftler in Österreich, die das Projekt zur »wissenschaftlichen Untersuchung ungewöhnlicher atmosphärischer Leuchtprozesse im Raum Österreich« durchführen. Der Begriff »UFO« wird wegen seiner unterschwelligen Gleichsetzung mit »Außerirdischen« peinlichst vermieden. Geophysikalisches Institut, Sternwarte, Flugsicherung und Wissenschaftler versuchen vorurteilsfrei eine geophysikalische Annäherung an das Phänomen zu erreichen. Projektkoordinator ist der Wiener Forscher und Techniker *Oliver Stummer.* »Das Thema ist in den letzten Jahrzehnten zunehmend in den Brennpunkt des öffentlichen Interesses gerückt«, begründet Stummer seine Initiative, »und somit als eine seriöse Auseinandersetzung auch im Sinne der Volksbildung durchaus zu begrüßen.« Menschen, die ein ungewöhnliches Lichtphänomen beobachtet haben, sollen wissen, an welche Stelle sie sich wenden können. Dies sei eine »Voraussetzung für exakte Untersuchungen«, es müsse eine »zentrale Sammelstelle für ungewöhnliche Sichtungen« geben, erklärt Stummer und bringt die Sache auf den Punkt: »Schon aus Gründen des Datenschutzes ist es unerlässlich, eine *offizielle* Institution mit dieser Aufgabe zu betrauen, zumal Privatinitiativen für wissenschaftliche Analysen wertlos sind, da sie sich einer Objektivitätskontrolle entziehen.«

Sammelsurium fantastischer Theorien

Der bekannte deutsche Weltraumexperte Professor *Harry O. Ruppe,* der lange den Lehrstuhl am Institut für Raumfahrttechnik in München inne hatte, wo Zukunftsperspektiven der Allforschung entwickelt werden, hält »interstellare Reisen zu anderen Gestirnen für möglich«, schränkt aber ein, »dass diese Entwicklung noch mindestens hundert Jahre vor uns liegt«.

Könnten die »anderen« bereits Wege gefunden haben, die gewaltigen kosmischen Distanzen zu überbrücken? »Zweifellos gibt es zahlreiche durchaus ernst zu nehmende Beobachtungen, die zum Ausdruck bringen, dass es rein vom Prinzip her solche Fluggeräte geben kann«, gibt Ruppe freimütig zu und ergänzt: »Ich kenne aber keinen naturwissenschaftlichen Beweis dafür. Andererseits muss ich eingestehen, dass ich von der Naturwissenschaft her auch keinen Beweis aufzeigen könnte, der die UFO-Existenz ausschließt. Ich muss UFOs in die Rubrik einordnen, wo ich mich offen halte und keine feste Meinung in die eine oder andere Richtung beziehe, weil die Grundlage dafür in rationaler Weise nicht verfügbar ist.« Sollte in der UFO-Frage weitergeforscht werden? Ruppe betonend: »Ich halte es für wichtig und sinnvoll, dass sich Leute, vor allem Wissenschaftler, um eine Klärung dieser rätselhaften Erscheinungen – was immer sie sind – bemühen.«

Inzwischen wurden unzählige Theorien vorgebracht, um das Geheimnis der UFOs zu enthüllen. Außerirdische, die in unsere Entwicklung eingreifen, zählen zum Lieblingsthema. Vieles weist jedoch darauf hin, dass wir für das UFO-Geschehen nicht nur eine Erklärung parat halten sollten. Hundertprozentige Beweise für die Richtigkeit der einen oder anderen Hypothese gibt es heute noch nicht. Zu umfangreich und kompliziert ist die Materie, als dass man sie einfach generalisieren könnte. Alles dreht sich um die grundlegenden Fragen: *Wer* sind sie? *Woher* kommen sie? Sind es noch unentdeckte Naturphänomene? Oder ist eine fremde Intelligenz für den Himmelsspuk verantwortlich? Bringen UFOs Gefahr oder Hilfe? Sind die rätselhaften Objekte am Firmament zufällige Erscheinungen? Oder steckt eine gezielte Strategie unbekannter Mächte dahinter?

Riesenlichtblitze

Für über 90 Prozent der UFO-Meldungen gibt es eine naturwissenschaftliche Erklärung. Manchmal dauert es allerdings viele Jahre, bis man sie findet. Ein Beispiel sind eindrucksvolle, bisher unbekannte Lichterscheinungen, die von Flugzeugpassagieren und der Besatzung des Spaceshuttles schon des Öfteren in der Atmosphäre beobachtet wurden. Das Phänomen wird als »gewaltige Blitze« beschrieben, manchmal auch als »riesiges, rotes Licht«, das aus einem blauen Lichtkegel nach oben schießt. Vor kurzem ist es gelungen, dieses Phänomen erstmals zu fotografieren. Dadurch konnten die Wissenschaftler erkennen, dass die roten Superblitze bis zu 60 Kilometer Höhe und Durchmesser erreichen. Die blauen Kegel breiten sich etwas weiter unten mit einer Geschwindigkeit von fast 100 Stundenkilometern aus. Die Entstehung solcher Blitze, so erklären Meteorologen, soll mit »normalen, irdischen Blitzen« zusammenhängen, die auch in höheren Schichten Auswirkungen haben und für einige UFO-Beobachtungen, die von Flugzeugbesatzungen gemacht wurden, verantwortlich sein dürften.

Eiswürfel, die vom Himmel fallen

Können gewaltige Eisbrocken, groß wie ein Haus und bis zu 20 Tonnen schwer, UFO-Alarm auslösen? Eisiges und höchst Seltsames scheint sich seit Jahrhunderten über unseren Köpfen zuzutragen. Der Amerikaner *Charles Fort* sprach schon vor 90 Jahren davon, dass die Erde von anderen Lebewesen besucht werde, und sammelte Hunderte von Schilderungen über Lichterscheinungen und Kräfte des Himmels. Von Frosch- und Fischregen berichtete Fort ebenso wie über rätselhafte Eisbrocken und andere mysteriöse Geschosse aus dem All. Doch nicht jeder Fall bleibt wirklich ungeklärt. Schon zu Zeiten Kaiser *Karls des Großen* soll ein Eisblock in der Größe von 5 mal 2 Meter und 3,5 Meter Höhe vom Firmament gefallen sein. Und im Jahre 1849 wird ein Eisblock beschrieben, der bei Ord in Schottland niedergegangen war und einen Umfang von mehr als sieben Meter hatte. Heute mag sich so mancher unidentifizierter »Himmelskörper« bei näherer Untersuchung als gefrorener Inhalt einer Flugzeugtoilette entpuppen. Aber was ist mit jenen Berichten aus einer Epoche, wo es unseres Wissens nach noch keine Luftfahrt gab?

Der amerikanische Astronom *Louis Frank* von der Universität von Iowa hat 1986 erstmals von Rieseneiswürfeln berichtet, von denen etwa 20 Brocken pro Minute in die Erdatmosphäre eintreten, doch damals schenkte ihm niemand Glauben. Erst 1997 sei der NASA der Nachweis hierfür gelungen, berichtet das britische Wissenschaftsmagazin *New Scientist*: Ein Satellitenbild zeigt deutlich die Spur eines solchen Eisbrockens. »Der beobachtete Beweis ist überwältigend«, so *Thomas Donahue* von der Universiät Michigan, früher einer der schärfsten Kritiker Franks. Die Entdeckung, so heißt es weiter, stelle viele Theorien der Wissenschaft in Frage. Möglicherweise haben die eisigen »UFOs« organische Moleküle auf die Erde gebracht, die die Entwicklung des Lebens förderten.

Kugelblitz und wissenschaftssoziologischer Leckerbissen

Über viele Jahrhunderte leugneten Naturwissenschaftler die Existenz von *Kugelblitzen*. Heute befassen sich Wissenschaftler mit diesem unheimlichen Phänomen. Inzwischen gelang es japanischen Forschern, durch elektrische Entladungen verschiedene Formen von Kugelblitzen im Labor *künstlich* zu erzeugen. Doch der Ursprung der Feuerbälle liegt, wie jene der UFOs, nach wie vor im Dunkeln. Handelt es sich um leuchtende und bewegliche Gebilde, die nur während eines Gewitters auftreten? Stecken hoch energetische Plasmagebilde dahinter? Haben wir es mit einem ungeheuren heißen, elektrisch leitenden Gasgesmisch zu tun? Es gibt Forscher, die es für sehr wahrscheinlich halten, dass noch unbekannte Lichtkugeln oder irreguläre Leuchtmassen existieren, die als Auslöser für so manchen UFO-Vorfall verantwortlich zeichnen. UFOs und kugelblitzähnliche Phänomene haben eines gemeinsam: Es ist schwer, wissenschaftliche Daten, Fotos und Spuren zu sichern. Nur selten gelingt ein Schnappschuss, wie jenes sensationelle Farbfoto von *Werner Burger* aus St. Gallenkirch im Montafon, Vorarlberg, der im August 1978 bei einem Gewitter ein Funken sprühendes, heller werdendes Objekt fotografieren konnte. Ebenso markant sind auch die Unterschiede: der meist kleinere Durchmessser der Kugelblitze sowie die kurze Beobachtungsdauer. Was wissen wir über Leuchtbälle? Im Grunde genommen sehr wenig. Einer, der sich dieses Forschungszweiges angenommen hat, ist der Wiener Physiker und Umweltpsychologe Dr. *Alexander Keul*. Der Wissenschaftler hat über 300 Kugelblitzfälle persönlich untersucht und mittels EDV-Statistiken erstellt. Er kennt die Problematik »flüchtiger Phänomene« sehr genau und rät daher: »Die Untersuchung von Analysen und Daten bei UFO- und kugelblitzähnlichen Erscheinungen sollte nicht mit weltanschaulichem Streit oder spektakulativer Physik beginnen, sondern mit einer ordentlichen Falldokumentation unter Berücksichtigung der Psychologie von Augenzeugenberichten.« Keul fordert daher eine *interdisziplinäre* Untersuchung solcher Phänomene, weil »kein Experte qualifiziert und allein kompetent genug sei, ein Videoband, verbranntes Gras oder Spuren auf einer metallischen Oberfläche zu analysieren«. Darüber hinaus ortet der Blitzforscher in den UFOs ein »wandlungsfähiges *soziales* Phänomen«, das sich gerade »in der Fülle unterschiedlicher Erklärungen und kontroversieller Deutungen« darlegt. Keul: »Die australischen Ureinwohner, die Aborigines, erleben in Trance naturnahe ›Traumzeit‹-Gestalten; wir, die Großstadtmenschen, erleben ›Astronauten von drüben‹, die vor dem Atomkrieg warnen.«

Aus dem Inneren der Erde

Lange bevor der Begriff UFO geprägt wurde, wissen wir von Berichten über rätselhafte Irrlichter im Moor, geheimnisvollen Meeresleuchten, das kalte Elmsfeuer, gespenstische Himmelslichter: Solche Erscheinungen haben auch in Sagen und Legenden ihren Niederschlag gefunden. Können diese Leuchtphänomene mit dem modernen UFO-Mythos in Zusammenhang gebracht werden? Gibt es *geomagnetische* Prozesse, die Leuchterscheinungen in der Atmosphäre auslösen können? Woher kommen die seltsamen »Erdbebenlichter«, von denen immer wieder Augenzeugen berichten? Am Himmel zwischen Los Angeles und San Francisco werden solche UFO-Aktivitäten besonders häufig registriert. Der amerikanische Geophysiker *John Derr* schreibt die vermeintlichen Besucher aus dem All irdischen Phänomenen zu: Die Lichterscheinungen sind Vorboten eines Erdbebens. In seiner Studie konnte er nachweisen, dass Dutzende UFO-Sichtungen aus dem Jahr 1951 und 1952 im Radius von 100 Kilometern um das Epizentrum von drei Erdbeben in Santa Fé lagen. Die österreichische Forschungspruppe *Zentrale Erfassung ungewöhnlicher Sichtungen* (Z.E.U.S) verfügt über ein Archiv von über 350 historischer Berichte über Vulkanausbrüche und massivere Erdbeben (bis hin zu katastrophalen Zerstörungen, wie jene der japanischen Stadt Kobe 1995), bei denen UFOartige Phänomene als unmittelbare Vorboten oder Begleiter beobachtet, fotografiert oder sogar gefilmt worden sind. Einige Geophysiker vertreten die kühne These, dass die Erde in menschenleeren Regionen von *quasiintelligenten* Wesen bevölkert wäre. Fremdartige Lebewesen, die völlig anders als Menschen und Tiere aufgebaut sein sollen. Sie würden auf rein *energetischer* Basis existieren und seien als kugelblitzartige Kreaturen imstande, unser Bewusstsein anzuzapfen.

Luftige Untertassen aus Staub

Wie heiße Luft klingt der Versuch einer Erklärung der russischen Wissenschaftler *Andrej Monin* und Prof. *Georgi Barenblatt*: Ihrer Ansicht nach sind Staubschichten in der Atmosphäre, die die Form von Scheiben annehmen können, für viele UFO-Sichtungen verantwortlich. An den Grenzen der verschiedenen Luftschichten, die sich ständig bewegen, entstehen Wellen, die, ebenso wie Wasserwellen im Ozean, anwachsen und als Wellenkämme herabstürzen können. Dabei sollen »Flecke« entstehen, das heißt Bereiche, die sich durch Dichte, Temperatur und Charakteristika von ihrer Umgebung unterscheiden. Nach einiger Zeit beginnen, gemäß dieser These, die Flecke zu zerfließen. In einem Labor der Akademie der Wissenschaften in Moskau hat die Mathematikerin *Jelena Tichomirowa* entsprechende Bedingungen geschaffen und »fliegende Untertassen« künstlich hergestellt. Dabei zeigte sich, dass turbulente Luftmassen innerhalb der Luftschichten, egal, welche Form sie anfangs hatten – Quadrate, Dreiecke oder Kreuze –, letzten Endes immer die Erscheinung eines scheibenförmigen Gebildes annahmen. Die Forscher meinen daher, dass die atmosphärischen Scheiben im Grunde genommen Luft in Luft sind.

Die Masse der eingefangenen Staubteilchen ist so gering, dass schon ein leichter Windhauch genügt, um der »Untertasse« eine große Geschwindigkeit zu verleihen oder die Richtung ihrer Bewegung schroff zu verändern. Mit zunehmender Teilchenanzahl beginnt die Scheibe herabzusinken und schaukelt dabei wie ein herabfallendes Blatt zu Boden. Im Verlauf der allmählichen Auflösung verändern sich die Bedingungen innerhalb der Staubscheibe, worauf sich das Gebilde schließlich mit der umgebenden Luft vermischt und auf »geheimnisvolle« Weise verschwindet.

Statt UFOs die Motten erforschen

Manchmal überrascht der Einfallsreichtum, den Gegner vom Besuch aus dem All vorlegen: Aus den siebziger Jahren stammt eine Studie von *P. S. Callahan* und *R. W. Mankin.* Die beiden Autoren sind der Überzeugung, des UFO-Rätsels Lösung gefunden zu haben. Bei der Lektüre einiger Augenzeugenberichte fiel ihnen auf, wie sehr das Flugverhalten von angeblichen UFOs mit demjenigen von Insektenschwärmen übereinstimmt. Aus diesem Gedanken schlossen Callahan und Mankin, dass es sich bei den nächtlicher UFO-Sichtungen beobachteten Leuchtphänomenen in Wirklichkeit um von *Insektenschwärmen* abgegebene Lichtenergie handeln muss. Den

Bild 37: Insektenschwärme, wie diese leuchtenden Stinkkäfer, sollen für UFO-Aktivitäten verantwortlich gemacht werden.

fantasiebegabten Forschern fiel es in der Folge nicht schwer, ihre Hypothese in gezielten Laborversuchen zu erhärten: Innerhalb künstlich erzeugter elektrischer Felder zeigten sich orangefarbene, bläuliche und grünliche Entladungserscheinungen, so genannte »Büschelentladungen«. Fazit für die beiden Wissenschaftler: Nächtliche UFO-Leuchtphänomene können auf Balzspiele von Leuchtkäfern zurückgeführt werden. Keine Außerirdischen, sondern Büschelentladungen einer sich im elektrischen Feld einer Gewitterwolke tummelnden Mottenart sind für die UFO-Aktivitäten verantwortlich. Man solle daher nicht UFO-Forschung betreiben, sondern *Zoologie,* schlugen die Mottenforscher vor.

UFOs aus Gedankenkraft

Manche Psi-Forscher sehen enge Verbindungen zwischen parapsychologischen Phänomenen und UFOs. Grund genug für den Philosophen und Parapsychologen *Ernst Wunder,* in einer ganz bestimmten Richtung zu forschen. Er will sich seine Informationen auf dem medialen Weg aus dem Jenseits geholt haben. Belege für seine These, dass UFOs aus *Gedankenkraft* entstehen, will Wunder in Seancen und in medialen Meditationen erhalten haben. Der Forscher glaubt, dass er seine These durch Aussagen

Bild 38: Entwurf für eine fliegende Untertasse, die während des 2. Weltkrieges von der deutschen Rüstungsindustrie erarbeitet wurde. Angeblich standen die neuartigen Flugscheiben kurz vor ihrem Einsatz.

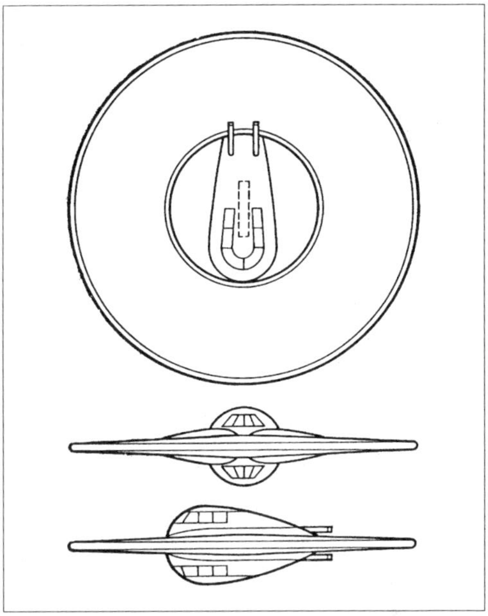

verstorbener Wesenheiten begründen kann, die hätten ihm nämlich mitgeteilt, dass UFOs nicht technischen Ursprungs sind. Auf hoch entwickelten Planeten sei es, so erklärt Wunder, nicht nur möglich, mit Hilfe von Gedankenkraft Gebäude zu errichten. Diese Energie kann genauso gut zum Bau von Raumschiffen eingesetzt werden. Radiosignale, die wir Menschen aus dem All wahrnehmen, seien in Wirklichkeit außerirdische Gedankenkraft. Diese Kraft steckte auch hinter den UFOs. Ernst Wunder sieht hier Gemeinsamkeiten zu irdischen Geistheilern wie dem Inder *Sai Baba,* der angeblich mit Geisteskraft aus dem Nichts Materie schaffen kann. Wenn man den Guru fragt, was er da macht und wieso er das kann, gibt er keine direkte Antwort. Er sagt nur allgemein: In jedem Menschen stecken die Talente zu solchen Wundertaten. Allerdings verliert sie jeder, der sie nur für sich selbst nutzt und damit nichts Gutes tut. Wieweit dieser Inder wirklich diese Fähigkeiten hat oder einen Trick ausspielt, ist nicht geklärt. Mehrere Medien haben jedenfalls erklärt, Stimmen aus dem Jenseits hätten ihnen versichert, UFOs seien Schöpfungen aus der geistigen Kraft fremder Intelligenzen. Manche Geisterjäger meinen sogar, UFOs selbst seien eine Art Energieform längst verstorbener Menschen, die so als *Lebewesen* sichtbar werden.

Geheime Militärprojekte

Sind UFOs *Geheimwaffen* und neu entwickelte Flugobjekte der Militärs? Dass zum Fliegen nicht unbedingt ein Vogelschwingen ähnlicher Flügel notwendig ist, bewies der französische Physiker *de Sanderval* schon 1885: Er baute die ersten Flugmodelle

Bild 39: Ende der 50er Jahre wurde im Auftrag der US-Luftwaffe und der US-Army die untertassenförmige AVRO-Scheibe hergestellt.

mit scheibenförmigen Tragflächen. In den USA flogen dann in den dreißiger Jahren die ersten bemannten Versuchsflugzeuge mit großen Scheibenflügeln. Gegen Ende des Zweiten Weltkriegs baute die amerikanische Firma *Chance-Vought* den »fliegenden Pfannkuchen«, ein über 600 Stundenkilometer schnelles Kampfflugzeug mit zwei Propellerturbinen. Gerüchte über »fliegende Untertassen«, die etwa zur gleichen Zeit in Deutschland unter strengster Geheimhaltung entwickelt worden sein sollen, tauchten einige Jahre nach Kriegsende auf. Der drei Tonnen schwere »Flugkreisel« mit 14,40 Meter Durchmesser des Erfinders *Rolf Schriever* soll, von fünf Düsenmotoren angetrieben, nach Berichten eines Augenzeugen im Februar 1945 in Prag erprobt worden sein und hohe Überschallgeschwindigkeit erreicht haben. Auch einer von Dr. *Miethe* (einem hoch qualifizierten Ingenieur im Dienst der deutschen Rüstungsindustrie) entwickelten »Flugscheibe« wurden sagenhafte Flugleistungen nachgesagt.

Die Idee kreisförmiger Fluggeräte wurde immer wieder von Militärs aufgegriffen. So weiß man zum Beispiel, dass sich die kanadische Firma *AVRO* in den fünfziger Jahren mit einem »fliegenden Diskus« beschäftigte. Angeblich wurden die Studien von den Flugzeugkonstrukteuren bereits im Anfangsstadium wieder aufgegeben. Neuartige

Flugvehikel zeigen allerdings, dass militärische Forschung seit Jahren weiterhin an der Entwicklung irdischer »UFOs« experimentieren. So hat die amerikanische Firma *Sikorsky* unbemannte Fluggeräte für militärische und zivile Luftaufklärung konstruiert, die an eine Art fliegender Gugelhupf erinnern. Derzeit wird an einem 150 Kilogramm schweren »UFO« getestet, *Cypher* genannt, das bis zu einer Entfernung von 30 Kilometern davonschweben soll, ohne dass der am Boden stationierte »Pilot« noch Sichtkontakt zu dem Fluggerät hat. Beobachter der UFO-Szene schließen nicht aus, dass etwa die zu Beginn der neunziger Jahre häufig gesichteten Dreiecks-UFOs ein neues Geheimflugzeug darstellen. Die Frage, die sich viele UFO-Anhänger dennoch stellen: Woher stammt das Wissen für diese Supertechnik? Wurde die überlegene Technologie von außerirdischen Raumschiffen kopiert?

Rückkehr ehemaliger Nationalsozialisten

Eine verschworene Gemeinde von UFO-Gläubigen ist überzeugt davon, dass unter der Antarktis Nazibasen installiert sind, die mit Hilfe »fliegender Untertassen« die Erde beobachten und kontrollieren. »Es gibt gute und böse Aliens«, erklärt *Virgil Armstrong,* ehemaliger Soldat bei den amerikanischen Green Berets und angeblich als CIA-Agent bei der Bergung eines abgestürzten UFOs dabei gewesen. Armstrong: »Die Guten wollen unsere Seelen retten und Liebe bringen. Aber die Bösen waren zuerst da. Sie haben sich mit Nazi-Deutschland verbündet – Adolf Hitler bekam die Konstruktionspläne für eine Flugscheibe und stellte ihnen dafür Gefangene aus den Konzentrationslagern für Versuche zur Verfügung. Bei Kriegsende konnten einige Nazis dann mit UFOs zum Südpol flüchten, und die bösen Außerirdischen verhandelten mit dem amerikanischen Präsidenten Harry S. Truman.«

Irdische Objekte geheimer Logenbrüder

Der kürzlich verstorbene Wiener Pilot und Taxiunternehmer *Felix R. Maschek* gründete 1959 die *Interplanetarik Austria* und war ebenso nicht bereit, an den außerirdischen Ursprung der UFOs zu glauben. Seine Erklärung: »Unsere Studiengruppe nimmt an, dass die Flugkörper irdische Maschinen sind, aber mit einer weit fortgeschrittenen Technik. Auch die Besatzungen dieser Fluggeräte sind irdische Menschen.« Seit Jahrhunderten gäbe es auf der Welt »geheime Akademielogen«, so Mascheks kurz gefasste Theorie. Geheime Zirkel von »erleuchteten Wissenden« also, die eine verborgene Elite bilden und seit jeher abgesondert von der übrigen Menschheit leben. »Schaun Sie«, meint Maschek, »wenn Sie und ich jetzt das Geheimnis entdeckt hätten, wie man sich unsichtbar macht oder wie man ewig lebt, dann würden wir das niemandem sagen – nicht wahr? Wir würden unter uns bleiben. Und das tun diese Leute auch.« Bevorzugte Stützpunkte der UFOnauten sollen sich in Südamerika, Australien,

Tibet sowie im österreichischen Gänserndorf und in der Steiermark befinden. Die bei UFO-Entführungen gesichteten kleinen grauen Wesen sind laut Maschek »künstlich erzeugte Mutanten« einer geheimen Supermacht.

Auserwählte

Immer wieder bilden sich um angebliche oder tatsächliche UFO-Kontaktpersonen sektenartige Zirkel. Der Glaube an Weltuntergangsstimmung ist der Nährboden für Endzeitprediger jeder Art, auch für etliche »Religionen« wie *Fiat Lux, Reál, Ummo* oder *Sonnentempler.* Die Erlösung erfolgt durch außerirdische Engel, die in ihren Raumschiffen auf der Erde landen und den auserwählten Teil der (UFO-)gläubigen Menschheit abholt. Oft enden diese wirren Vorstellungen mit einem tragischen Massenselbstmord, wie zuletzt 1997 im Fall der Computersekte *Heaven's Gate* (»Himmelstor«), die in der Ankunft des Kometen *Hale-Bopp* ein Zeichen sah, ihr Leben zu beenden. Der Suizidaufruf war im Internet von Guru *Marshall Applewhite* angekündigt worden: »Selbstmord ist nötig, um die ›nächste Stufe des Bewusstseins‹ zu erreichen«, propagierte der Sektenchef und rechtfertigte die abstruse Selbstmordthese als »Notlösung«. »Wir warten sehnlich auf ein UFO, das uns aufnimmt und in die ›nächste Stufe‹« mitnimmt. Dann könnten wir vorerst in unsereren Körpern bleiben.« Die Sekte rechnete mit Widerstand und Verfolgung: »In diesem Fall sollten wir unsere Körper verlassen.«

Das Ashtar-Kommando

Retter aus dem All ersehnt sich auch die New-Age-Szene. Vor einigen Jahren initiierte die Schauspielerin *Shirley MacLaine,* die behauptete, spirituelle Botschaften von wohlmeinenden Geistern empfangen zu haben, den triumphalen Einzug der esoterischen New-Age-Bewegung in die UFO-Szene. Leider wurde damit dem Versuch, das UFO-Phänomen nach streng wissenschaftlichen Methoden einer Lösung näher zu führen, kein guter Dienst erwiesen. UFO-Forschung wird seither von Skeptikern gleichgesetzt mit UFO-Glaube an freundliche Wesen »aus vielen Welten und Bewusstseinsebenen«, die seit Jahrmillionen über die Erde wachen und uns zur Vollkommenheit führen wollen. Diese Wesen bilden das Ashtar-Kommando. Überall auf unserem Planeten leben Inkarnationen dieser intergalaktischen Friedensgruppe, die unsere überirdischen Wohltäter »channeln« (durch sich sprechen lassen). Jene auserwählten Menschen, die die Liebesbotschaft des Ashtar-Kommandos rechtzeitig annehmen, sollen von den Superraumschiffen unserer Hüter aus dem All vor der Apokalypse gerettet werden.

Biologisches Testprogramm

Dass Menschen unter uns leben, die von Außerirdischen abstammen, davon ist der Autor *Brad Steiger* überzeugt. In seinem Buch *»The Star People«* liefert er Tipps dafür, wie man raffiniert getarnte Außerirdische erkennen kann. Nach Brad Steiger könnte die Menschheit in Wirklichkeit eine Art *biologisches Testprogramm* sein, aus dem die Beobachter einer fernen außerirdischen Rasse Informationen über uns gewinnen wollen. Steiger: »Sie wollen sehen, ob bei uns eine wissenschaftliche, technologische und spirituelle Evolution zustande kommt.« Eine Blondine, die schon immer wusste, dass sie eine Außerirdische ist, nennt sich *Omnec Onec* oder bürgerlich *Sheila Gibson.* Die attraktive Dame behauptet, 250 Jahre alt zu sein. Angeblich sei sie 1955 als Kind in einem Raumschiff von der Venus zur Erde gekommen. Ihre Mission: Sie will uns klarmachen, dass sie und alle anderen Lebewesen in unserer Milchstraße als eine große Familie zusammengehören. In ihrem Buch *»Ich kam von der Venus«* schildert sie ihr Leben, Geschichte, Philosophie und Kultur der Venusbewohner, die seit Jahrtausenden, wie sie behauptet, auf der *Astralebene* ihres Planeten leben. In einer für uns unsichtbaren Welt.

Die schrägsten Theorien

- Bei den UFOnauten handelt es sich um die Nachfahren einer alten, untergangenen Zivilisation, wie *Atlantis,* deren Vertreter die Erde aus unbekannten Gründen verlassen haben und von Zeit zu Zeit ihren Heimatplaneten besuchen.
- Die Außerirdischen sind *Vampire,* die das Blut von Erdentieren und Menschen brauchen. Als Beweis gelten tote, verstümmelte und blutleere Tiere, die vor allem in den USA immer wieder gefunden werden.
- Die Erde ist die Müllhalde des Universums, auf der Seelen mit schlechtem Karma landen – behauptet *Ruth Norman* aus Kalifornien. Sie hält sich für die Wiedergeburt des Erzengels *Uriel* und leitet eine UFO-Sekte mit den Namen *Unarius Foundation.*
- Die *Kaaba,* das Hauptheiligtum des Islam in Mekka, ist ein außerirdisches Artefakt, das die Erde kontrolliert, vergleichbar mit dem schwarzen Monolithen aus dem Sciencefictionstreifen *2001 – Odyssee im Weltraum.*

Besucher aus anderen Dimensionen und Zeiten

Viele Forscher halten mittlerweile UFOs zwar für *reale* Erscheinungen, die jedoch *andersdimensional* aufgebaut sind. UFOs bedienen sich möglicherweise der anderen Realität, um von einem Punkt der Welt zu einem anderen zu gelangen, oder sie bewegen sich innerhalb der Zeit. Der bekannte deutsche Zeittheoretiker und Erfolgsautor *Ernst Meckelburg* vertritt die These, dass UFOs *Zeitmaschinen* wären, mit denen es durchaus möglich sein könnte, aus der Zukunft kommend, durch die Zeit rückwärts zu reisen.

Bild 40: Ist die Kaaba, das Hauptheiligtum des Islams in Mekka, ein außerirdisches Relikt?

Demnach wäre es unseren eigenen Nachfahren in ferner Zukunft gelungen, die Zeit zu manipulieren. Und dass diese Wesen imstande sind, sich mittels weiterentwickelter paraphysikalischer Projektionstechniken in unsere dreidimensionale Welt zu projizieren, so wie wir dies als dreidimensionale Wesen – hypothetisch – bei einer (zweidimensionalen) Flächenwelt tun könnten. Hier knüpfen auch die Vorstellungen an, UFOs kämen aus einer Parallelwelt oder anderen Seinsebenen wie dem Hyperraum, beziehungsweise es handle sich um psychische Entitäten, die sich materialisieren können, vielleicht durch hoch entwickelte Projektionstechniken aus dem Jenseits. Solche Wesen wären nach diesen Überlegungen »Dimensions-« oder »Zeitfahrer«, die jedoch nicht materiell in unserem Sinne existieren. Besucher also, die sich in unsere Zeit »hinüber-beamen« lassen. Ein Journalist prägte in diesem Zusammenhang den originellen Ausdruck »Informationsrüssel aus dem Überraum«.

Sind wir zu sehr auf »Außerirdische« fixiert? Haben wir es vielleicht mit mehreren Phänomenen gleichzeitig zu tun? Es gibt viele Übereinstimmungen mit Erscheinungen aus dem Bereich der Parapsychologie oder dem mysteriösen Entstehen von Kreisstrukturen in Kornfeldern. Obwohl es viele Fälschungen geben mag, haben auch hier naturwissenschaftliche Erklärungsmodelle bisher nicht ausgereicht, um den Phänomenen gänzlich auf die Schliche zu kommen. Einge hohe geistlichen Stellen versichern, dass »die Kirche in ihrem Glaubensgut und ihrer Sittenlehre durch UFOs in keiner Weise tangiert wird«. Dennoch ist es offensichtlich, dass etwa die ungewöhnlichen »Marienerscheinungen« und beobachteten »Sonnenwunder« nur eine weitere Facette des UFO-Phänomens darstellen. Handelt es sich um ein Kontaktbemühen von »drüben«? Ist es vorstellbar, mit andersartigen höheren Wesen in Verbindung zu treten?

Clark Darlton alias *Walter Ernsting,* bekannter deutscher Sciencefictionschriftsteller, der den Dingen immer gerne vorauseilt, von mir auf die Möglichkeit außerirdischer Kontakte angesprochen: »Als einer derjenigen Zeitgenossen, die davon überzeugt sind, dass auch auf anderen Welten außerhalb unseres Sonnensystems intelligentes Leben existiert, halte ich – obwohl mir religiöse Eiferer und die Selbstdarstellung mancher ›Kontaktler‹ ein wenig den Appetit verdorben haben – einen Kontakt für möglich, dann, wenn ›die anderen‹ ihn wollen.« Eines sollte uns dabei bewusst werden: »Ein Kontakt mit anderen Intelligenzen würde für den Großteil der Menschheit ein neues Zeitalter einleiten. Aber nicht für mich«, so der Zukunftsdenker Ernsting überzeugt, »denn ich rechne eines Tages damit.«

Lichter als Kidnapper?

In der spanischen Stadt La Coruña beobachteten die Bürger mehrere Monate lang Seltsames: Eigentümliche Flugkörper machten dort vor einigen Jahren den Himmel unsicher. Der Kontakt der Leute mit UFOs hatte sich auf einige unscharfe Fotos beschränkt, bis der Elektriker *Fernando Martinez* von seinem ungewöhnlichen Erlebnis erzählte. »Ich bin von einem UFO entführt worden«, sagte der damals 20-Jährige. Und er schilderte seine Geschichte: »Ich hatte mein Motorrad repariert und probierte es am späten Nachmittag in einem Steinbruch aus. Es war gegen 19 Uhr, als ich mich davon ausruhte. Plötzlich entdeckte ich sieben orangefarbene Dreiecke, die in ein starkes Licht gehüllt waren. Die Dinger kamen auf mich zu.«

Fernando bekam es mit der Angst zu tun und versuchte mit seinem Motorrad zu flüchten, doch seine Maschine sprang nicht an. »Also blieb ich ganz still stehen«, erzählt er heldenhaft. »Je näher die Dreiecke kamen, umso mehr Details konnte ich erkennen. Jede Seite der Dreiecke war etwa zwölf Meter lang, die Spitzen abgerundet, in der Mitte konnte man eine durchsichtige Kuppel erkennen. Das Flugobjekt landete nicht, sondern schwebte über dem Boden, etwa zwei Meter. Aus dem Inneren traten zwei Figuren heraus. Dann glitt ich auf magische Weise in das Lichtobjekt hinein.«

Fernando weiß nicht, was dann passierte; etwa vier Stunden später lag er ein paar Meter neben seinem Motorrad. Er erinnert sich nur an so viel: »Die fremden Gestalten waren etwa 1,20 Meter groß, sprachen kein Wort, konnten meine Gedanken lesen. Ich glaube, sie haben mich analysiert.«

Lässt sich derlei Unbegreifliches mit Sinnestäuschung, Geschäft und Hysterie abtun? Oder verbirgt sich hinter solchen Geschichten doch eine Wahrheit, die jenseits unserer Vorstellung liegt? Unabhängig voneinander erzählen Menschen, die mit UFO-Insassen in Kontakt kamen, die gleiche unglaubliche Geschichte: Fremdartige, kleinwüchsige Wesen mit überdimensionalen Köpfen, kahlen Schädeln und dunklen, großen Augen verschleppten sie in geheimnisvolle »Lichtgefährte«, wo sie einem medizinischen Programm unterworfen wurden. Die Zahl jener vom »UFO-Entführungs-Phänomen« betroffenen Menschen soll mittlerweile viele Millionen in aller Welt umfassen. Sie schwören: »Wir wurden von Außerirdische gekidnappt!«

Ein gewisser Prozentsatz der UFO-Zwischenfälle, der nicht durch herkömmliche Theorien wie »Naturphänomene« erklärt werden kann, deutet tatsächlich auf eine fremde Intelligenz hin. Ist es also denkbar, dass außerirdische Wesen immer wieder in die Entwicklungsgeschichte der Menschheit eingreifen? Sind die Fremden mitten unter uns? Fragen, die in in den letzten 20 Jahren, durch den dramatischen Anstieg beunruhigender Meldungen, wo UFOs niedergingen und darauf nicht vorbereitete Personen mit deren Insassen in Berührung kamen, immer häufiger gestellt und diskutiert werden.

Der ehemalige NASA-Ingenieur *Bob Oechsler,* der sich seit vielen Jahren diesem Thema widmet, berichtet von zahlreiche Entführungen durch Außerirdische: »Entführungen gibt es seit langem, sie werden weiterhin stattfinden, und man kann sich davor nicht schützen. Die Außerirdischen entführen Menschen in erster Linie zu medizinischen Zwecken. Viele sind mit Operationsnarben und Schocksyndromen zurückgekommen. Ich habe etliche Protokolle von Opfern.«

Was geschieht bei einer UFO-Entführung? Die große Mehrheit der Betroffenen schildert die Nahbegegnung mit dem Unfassbaren gleich lautend. Der Autor des Buches *»Der Stand der UFO-Forschung«, Illobrand von Ludwiger,* gibt eine Übersicht:

- Inbesitznahme des oder der Zeugen durch einen Lichtstrahl, hypnotische Kraft, Schweben und Ähnliches.
- Medizinische Untersuchung, meist auf einem Tisch, mit Sensoren, Instrumenten, Probenentnahmen, Punktion oder Implantat.
- Kommunikation, meist telepathisch.
- Reisen, z. B. außerplanetarische Ausflüge.
- Theophanie im Sinne von Gottes- oder spiritueller Offenbarungen.
- Rückkehr, verbunden mit einer Ausgangsamnesie und Zeitverlust.
- Nachwirkungen wie Gedächtnisverlust, Schock, Wunden und Symptome wie bei Strahlenkrankheiten.

Nach den Erfahrungen der UFO-Forscher reagieren Personen, die behaupten, in Kontakt mit den Besatzungen außerirdischer Raumschiffe gekommen zu sein, auf

Bild 41: »UFO-Opfer« in aller Welt schwören: »Wir wurden von Außerirdischen für medizinische Analysen entführt!«

zweierlei Arten: Die einen genießen es, auch einmal im Mittelpunkt des Interesses und der Medien zu stehen und kauen ihre Erlebnisse unermüdlich wieder. Zu dieser Gruppe möchte ich auch so genannte »spiritistische UFO-Kontaktler« oder »UFO-Channels« zählen. Doch bei dem weitaus größeren Teil der Betroffenen ist das eben nicht der Fall. Es sind normale, glaubwürdige Menschen, die verunsichert sind und danach trachten, ihr unfreiwilliges Rendezvous schnell zu vergessen und die eine Wiederholung einer solchen Konfrontation nicht wünschen. Dass Menschen offenbar wirklich eine unerfreuliche nahe Bekanntschaft mit fremden Wesen hatten, ihr Erlebnis aber verdrängten und sich daran nur in Hypnose an Details zu erinnern vermögen, hat der New Yorker Künstler *Budd Hopkins* bei 140 Entführungsfällen näher durchleuchtet. Hopkins, Autor der Bestseller *»Eindringlinge«* und *»Von UFOs entführt«,* ist davon überzeugt, dass die geschilderten Vorfälle ernst zu nehmen sind, und bietet Entführungsgeschädigten eine Gruppentherapie an, um ihren »üblen Alptraum« zu lindern.

Manchmal scheint der Ursprung des »Alptraumes« weit in der Vergangenheit zu liegen. Die amerikanische Psychologin und Reinkarnationsforscherin Dr. *Edith Fiore* behauptet jedenfalls, sie sei im Rahmen hypnotischer Regressionsexperimente, die zu Therapiezwecken angewandt wurden, auf Erstaunliches gestoßen: Patienten, die in der

Hypnose zeitlich in ein »früheres Leben« zurückversetzt worden waren, berichteten ihr bereits mehrfach von UFO-Begegnungen, die ihnen damals, vor rund 150 Jahren, widerfahren seien. Sie hätten körperliche Schäden bei ihnen hinterlassen, die sich noch in ihrem jetzigen Körper bemerkbar machten. Die fremden Geschöpfe überraschten ihre Opfer oft im Schlaf und brächten sie per Shuttle oder Lichtstrahl in ein nahe gelegenes Raumschiff, wo medizinische Untersuchungen vorgenommen wurden. Noch Jahre nach diesen »Begegnungen der vierten Art« litten die Gekidnappten unter Angstzuständen, Schlaflosigkeit und Panikanfällen. Die Bewusstwerdung der tasächlichen Ursachen habe aber schließlich zur Heilung der betreffenden Beschwerden geführt.

David M. Jacobs, Historiker an der *Temple University in Philadelphia,* hat Berichte über Entführungen durch UFOs in seinem Buch *»Geheimes Leben«* ausführlich dokumentiert und eine Doktorarbeit zum Thema verfasst. Der Geschichtsprofessor wörtlich: »Ich weiß, es klingt verrückt. Aber Hunderte Leute, die von Außerirdischen entführt worden sind, erzählen unabhängig voneinander das Gleiche: Sie wurden erst untersucht und dann hat man ihnen Eizellen und Spermien entnommen. Alles deutet darauf hin, dass sich die Außerirdischen mit der Produktion von Babys beschäftigen!« Ist die Menschheit Teil eines galaktischen Kreuzungsprogramms?

Dass die geschilderten Vorfälle keine Ausgeburten der Fantasie sind, glaubt auch der Harvardprofessor und Pulitzerpreisträger Dr. *John E. Mack.* Der amerikanische Psychiater hat über 100 Entführungsfälle untersucht und kommt in seinem Buch *»Entführt von Außerirdischen«* zu ähnlichen Ansichten: »UFO-Opfer und die Palette ihrer Symptome sowie die Intensität ihrer Gefühle überzeugen mich in dem Glauben, dass ihnen wirklich etwas zugestoßen ist. Dass da draußen etwas Gewaltiges passiert. Es ist keine Fantasie, kein Traum, keine Psychose.« Der amerikanische Wissenschaftler hat den Eindruck, dass bei der Entführung durch Außerirdische eine *Bewusstseinsevolution* angestrebt wird. Mack: »Alle Phänomene weisen auf einen kosmischen Prozess hin, auf ein Programm der Kontinuität des menschlichen Lebens für den Fall der ökologischen oder militärischen Zerstörung der Erde.« Brechen die Lebenssysteme unseres Planeten zusammen? Wissen die »kleinen Grauen«, so werden Außerirdische meist genannt, von einer drohenden Apokalypse? Dazu der Harvardprofessor: »Die Außerirdischen machen klar, dass ihre Intervention aus ebendiesem Grunde stattfindet, um eine neue, hybride Rasse für die Zukunft zu schaffen, da ihnen klar zu sein scheint, dass das Leben, wie wir es heute kennen, so nicht weitergehen kann.«

Auch hierzulande wächst die Zahl der vom »Besucherphänomen« Betroffenen. *Maria Struwe* aus Brandenburg berichtete mir von ihren nächtlichen Entführungen: »An den unbekannten Orten, wo ich mich ab und zu befinde, musste ich gelegentlich feststellen, dass während einer Untersuchung an mir durch die ›anderen‹ sich mein Astralleib außerhalb des Körpers befindert. Diese Bruchstücke der Wahrnehmung, dass ich mich an fremden Orten aufhalte und irgendetwas mit mir geschieht, ereignet sich nach meinem Gefühl immer, kurz bevor ich von den fremden Wesen wieder ins Bett zurückgebracht werde.« Wenn Maria Struwe nach solch einem »Alptraum«

morgens erwacht, weiß sie, es war kein Traum. »Das alles habe ich wirklich erlebt. Das alles war absolut real«, versichert die gebürtige Spanierin.

Einerseits faszinierend, andererseits beunruhigend sind diese Berichte gewiss. Aber können wir wirklich vorbehaltlos von *außerirdischen* Entführern sprechen? Die Schilderungen der Berichterstatter scheinen keine Fantasterei zu sein. Aber sind sie deshalb handfeste Realität? Könnten die Betroffenen mit einer für uns noch unbegeiflichen Form einer *anderen* Wirklichkeit in Berührung gekommen sein? Es gibt auffällige Gemeinsamkeiten zu parapsychologischen oder paraphysikalischen Erscheinungen: *Materialisationen* (geisterhafte Erscheinungen nehmen stoffliche Gestalt an und werden sichtbar) und *Dematerialisationen* (»Entstofflichung«, körperhafte Gestalten werden unsichtbar), *Telepathie* (Gedankenübertragung) und *Fernsuggestion* (durch fremde Kräfte ausgelöste Verhaltensweisen und Empfindungen), *Teleportationen* (Ortsversetzungen) von Menschen und Gegenständen. Durchwegs Phänomene, die ebenso in der Psi-Forschung bekannt sind. *Charles Brown,* ehemaliger Herausgeber der Fachzeitschrift *Flying Saucer Review,* und *Gordon Creighton,* ein ehemaliger Diplomat, betonten schon vor 30 Jahren ausdrücklich die Notwendigkeit, sich gegenüber allen Erklärungsmöglichkeiten einen offenen Sinn zu bewahren, denn man wisse nichts mit befriedigender Sicherheit: »Was, wenn unsere Besucher etwa Bewohner unserer Welt, aber gleichzeitig einer anderen Welt wären – einer ungesehenen, ungehörten, unfühlbaren, aber dennoch gelegentlich spürbaren Realität, wie sie ein Paralleluniversum darstellen könnte?«

Sind die Geschehnisse nun real oder nicht real? Wirklich oder unwirklich? »Beides«, sagt der deutsche UFO-Forscher und Erfolgsautor Dr. *Johannes Fiebag* (1956–1999): »Das Phänomen in all seiner bizarren Gesamtheit lässt kaum einen anderen Schluss zu als diesen: Wir haben es mit etwas zu tun, das den Rahmen unseres Wirklichkeitsverständnisses sprengt. Etwas, das so vollkommen anders ist, dass es uns förmlich mit der Nase darauf stößt, wie zerbrechlich, wie ›unrealistisch‹ unsere Vorstellungen von der Realität sind.«

Was spricht gegen die Annahme, der Mensch sei ein »Studienobjekt« der außerirdischen Planetarier, die mit ihren Raumschiffen zur Erde gelangen? Fiebag macht auf eine Sinnwidrigkeit aufmerksam: »Wir sehen seit etwa 50 Jahren UFOs – aber dass auch nur zwei davon einmal völlig identisch wären, kommt äußerst selten vor. Das bedeutet, dass wir seither mit Millionen *unterschiedlicher* Raumschiffe zu tun haben müssten, die sich zu einem Einmaleinsatz zur Erde begeben, um dann auf Nimmerwiedersehen zu verschwinden. Das ist lächerlich, und was die verschiedenartigen Gestalten der Fremden betrifft, verhält es sich ebenso.« Der Wissenschaftsautor meint daher, dass dies alles nur Sinn haben würde, wenn wir annehmen, dass wir es mit einem Phänomen zu tun hätten, das in unmittelbarer Wechselwirkung mit uns selbst stünde, mit unserer Psyche, unseren Vorstellungen, unseren Ängsten und Fantasien. In seinen Büchern *»Die Anderen«,* *»Kontakt«* und *»Sternentore«* hat sich Johannes Fiebag hauptsächlich der Entführungsproblematik gewidmet und ein Phänomen beschrieben, das sich uns offenbar anzupassen vermag. Der Forscher entwickelte daraus die *Mimikry-Hypothese*: »Eine fremde, hoch entwickelte Intelligenz manifestiert sich seit jeher unter verschiedenen Masken in unserer Welt. Fremde Intelligenzen (oder ein unvorstellbarer, miteinander kooperierender Intelligenzkomplex) agieren in unserer Wirklichkeit.«

UFO-Entführungen – visualisierter Alptraum oder doch unfassbare Wirklichkeit? Die Meinungen darüber sind ebenso gespalten wie die Einstellung zur UFO-Problematik allgemein. Kaum ein Thema erhitzt die Gemüter so sehr wie der Streit, ob sich hinter den vermeintlichen oder tatsächlichen UFO-Entführungen der Eingriff außerirdischer Intelligenzen verbirgt.

Bruchlandung bei Roswell

Wenn von geheimnisvollen Besuchern aus dem All die Rede ist, dann ist für UFO-Gläubige das Stichwort *»Roswell«* ein Kernpunkt ihrer Überzeugung. Die amerikanische Kleinstadt liegt in der Wüste von New Mexico. In unmittelbarer Nähe sollen dort im Juli 1947 Außerirdische mit einem fremden Raumschiff abgestürzt sein. Fünfzig Jahre später lag eine ganze Stadt im UFO-Fieber und feierte im Sommer 1997 mit rund 100000 Alienforschern, UFOlogen und neugierigen Pilgern die größte UFO-Party aller Zeiten. Mit einem Seifenkistenrennen aus selbst gebastelten Pappraumschiffen und dem massenhaften Verkauf von UFO-Artikeln jeder Art wurde der außergewöhnliche Jahrestag begangen. An der Absturzstelle gab es Blumen für die vermeintlich dort tödlich verunglückten Außerirdischen, und der Gouverneur von New Mexico, *John Johnson,* freute sich über die Besucherströme aus aller Welt.

Wie kann die weltweite UFO-Welle erklärt werden? Worin liegt das Motiv für das große Interesse an den Vorfällen bei Roswell? Kann alles mit Geschäft und Hysterie abgetan werden? Entspringt der Glaube an Außerirdische nur der Sehnsucht des Menschen nach dem Irrationalen in einer Welt voller Logik? Oder ging es tatsächlich um die Bergung eines Raumschiffes extraterrestrischer Herkunft und seiner Besatzung? Klarheit über den legendären Fall gibt es immer noch nicht.

Unter den Roswell-Anhängern wird natürlich nicht daran gezweifelt: Der UFO-Absturz war der Anfang einer riesigen *Verschwörung* der Militärs. Ziel der Geheimhaltung: Die Existenz fünf kleinwüchsiger Außerirdischer, die in den Nachtstunden des 2. Juli 1947, nordwestlich von Roswell, im Gebiet von *Corona,* New Mexico, mit ihrem UFO am harten Boden der Steppenlandschaft zerschellten.

»Es gibt viele glaubwürdige Augenzeugen«, beteuert ein Besucher des Roswell-Jubiläumsfestes, »die sich endlich trauen, über ihre UFO-Erfahrungen zu erzählen. Darunter befinden sich Zivilisten, hochrangige Offiziere und alles passt zusammen. Ich glaube nicht, dass man diese Geschichten in Frage stellen kann.«

In Erinnerung an die damaligen Ereignisse wird im Museum von Roswell UFObegeisterten Besuchern stolz ein Modell jener legendären »fliegenden Untertasse« präsentiert. Tote Alienpuppen inklusive. Wo aber sind die tatsächlichen Überreste der gestrandeten Weltraumgeschöpfe? Was geschah mit den Wrackteilen? Ist das Fehlen von handfesten Beweisen ein Indiz für eine Vertuschung von oberster Regierungsstelle? Egal, ob man Außerirdische oder andere Ursachen im Roswell-Zwischenfall erkennen mag, der Verdacht, dass die mysteriösen Geschehnisse von Militär und Geheimdienst um jeden Preis vertuscht werden sollten, ist nicht unbegründet. Die Verstrickung in einer endlosen Kette von Widersprüchen, macht dies deutlich.

Zunächst die bekannten historischen Fakten:

- *2. Juli 1947*
  Augenzeugen berrichten unabhängig voneinander, dass sie ein leuchtendes, diskusförmiges Flugobjekt am Himmel von New Mexico gesehen hätten.
- *3. Juli 1947*
  Der Farmer *William »Mac« Brazel* findet auf einem abgelegenen Feld in der Nähe von Roswell metallische Überreste unbekannter Herkunft. Er lagert die Metallstücke zunächst in seinem Heuschober.
- *7. Juli 1947*
  Brazel bringt Bruchstücke des gefundenen Materials zum Sheriff von Roswell und erzählt über seinen ungewöhnlichen Fund.
- *8. Juli 1947*
  Das Militär führt eine groß angelegte Suchaktion in der Absturzregion durch und findet eine zweite Stelle, nur zweieinhalb Meilen von Brazels Fundplatz entfernt, an der den Aussagen zufolge ein diskusförmiger Flugkörper liegt. Außerdem stößt das Suchpersonal auf Leichname außerirdischer Wesen, so zumindest lautet die von Zeugen bestätigte Darstellung.
- *8. Juli 1947*
  Colonel *William Blanchard* beauftragt Presseoffizier Lt. *Walter Haut,* eine offizielle Meldung über den Absturz einer fliegenden Scheibe herauszugeben. Inzwischen wird bei einer Zeitung in Albuquerque die Übermittlung des Berichts eines Reporters, der an der Absturzstelle war, auf FBI-Befehl hin (dies geht aus einer Telexnachricht hervor) unterbunden. In der Zeitung *Roswell Daily Record* wird die Meldung dennoch als Schlagzeile gebracht: *»RAAF birgt fliegende Scheibe in Roswell-Region.«*
- *8. Juli 1947*
  General *Roger Ramey,* Forth Worth/Dallas, Texas, leitet eine »Berichtigung« ein. Major *Jesse Marcel* vom *Roswell Army Air Field* (RAAF), einer der Ersten an der Absturzstelle, wird auf *Fort Worth* mit Wrackteilen konfrontiert, die er in einer Pressekonferenz als Reste des abgestürzten Objektes ausweisen soll. Er weiß allerdings, dass die vorgegeben Trümmerreste mit jenen, die er gesehen hatte, nicht identisch sind.
- *9. Juli 1947*
  Dementi des Vorfalls. Die Tageszeitung von Roswell erklärte entgegen ihrem

Bild 42: Inzwischen vom Pentagon dementiert: Jener Flugkörper, der 1947 bei Roswell zerschellte, war weder Wetter- noch Spionageballon.

Vortagsbericht zur Bergung der Flugscheibe, alles habe sich aufgeklärt, das Objekt sei in Wahrheit ein *Wetterballon* gewesen. Das Schweigen beginnt. Aber in der Gerüchteküche brodelt es seither.

Viele Jahre später erzählte Major Marcel von seinen Beobachtungen am Fundort, die der ursprünglichen Wetterballon-Erklärung völlig widersprachen: »Die Metallstücke waren verteilt über einer riesigen Fläche. Ich habe einfach davon so viel wie möglich eingepackt und verladen. Das Zeug war nicht von dieser Erde, das steht fest. Ich war Offizier des militärischen Geheimdienstes und kannte alle auch geheimen Materialien, die man in Flugzeugen bis dato benützte. Dieses Material jedoch war mir völlig unbekannt.«

Major Marcel nahm damals Fundstücke des Material mit nach Hause und informierte seine Familie mitten in der Nacht. Sein Sohn Dr. med. *Jesse Marcel jun.* erinnert sich: »Mein Vater weckte uns, um uns diese merkwürdigen Metallreste zu zeigen.

Zuerst habe ich mich gefragt, was die ganze Aufregung um diesen Müll soll. Heute denke ich, es könnten tatsächlich Überreste einer Raumsonde, einer anderen fortgeschrittenen Zivilisation gewesen sein, ähnlich, wie wir eine solche Sonde jetzt zum Mars geschickt haben.«

Das Militär brachte wahrscheinlich die Wrackteile des UFOs und die toten Insassen in den »Hangar 84«, eine Militäranlage, wo sonst unter strengster Geheimhaltung Flugzeugtriebwerke getestet wurden. Ein guter Platz, so vermuten UFOlogen, um Aliens zu verhören oder tote Absturzopfer zu verbergen. Der örtliche Bestatter *Glenn Dennis* will jedenfalls eine Information erhalten haben, die diese These stützt. Dennis: »Ich bekam einen Anruf von der Army, die wissen wollte, wie viele Kindersärge wir auf Lager hätten, in der Länge von ungefähr 1,20 Meter. Sie sollten außerdem hermetisch abschließbar sein, luft- und wasserdicht.«

Das war an jenem Tag, als die US-Luftwaffe im Radio verlautbaren ließ, sie hätte ein UFO geborgen, und der Bevölkerung beruhigend versicherte, man werde das Geheimnis um die Flugscheibe bald gelöst haben. Der damalige Pressesprecher der Air Force, Lt. Walter Haut, zitiert aus der Meldung: »Wir haben eine fliegende Untertasse in unserem Besitz. Sie wurde von Major Marcel nach Fort Worth, Texas, geflogen und dort General Roger Ramey, dem kommandierenden Brigadegeneral der 8. Air-Force-Luftflotte übergeben.«

Damals bestätigte die Army zum ersten und letzten Mal, dass in Roswell ein UFO abgestürzt war. Das Dementi folgte kurz darauf. Alles nur ein Irrtum! Es war ein Wetterballon! Doch über 300 Zeugen haben mittlerweile eidesstattlich ausgesagt, dass es ihren Beobachtungen zufolge eben *kein* Ballon gewesen sein konnte. Und außerdem rede niemand von den Toten, die man dort gefunden habe. »Sie sahen aus wie Menschen, waren aber keine Menschen«, berichtete der Ingenieur *Grady L. Barnett*. »Sie hatten runde Köpfe, seltsame Augen und keine Haare. Ich stand so nahe, dass ich sie hätte berühren können. Während ich sie mir ansah, kam ein Offizier. Er sagte, es sei unsere patriotische Pflicht, Stillschweigen zu bewahren.«

Der amerikanische Präsident *Harry S. Truman* gründete noch im selben Jahr eine geheime Arbeitsgruppe mit dem Namen *»Majestic 12«*, die ihm regelmäßig über UFOs berichten sollte. 1984 tauchten Dokumente auf, die als angebliche Informationen für den designierten Präsidenten *Dwight D. Eisenhower* bestimmt waren. Geschildert wird darin die Einrichtung einer Spezialgruppe namens »MJ-12«, die aus hochrangigen Köpfen der amerikanischen Regierung, Wissenschaft und Militär bestehe und sich ausschließlich mit den außerirdischen Artefakten und Wesen von Roswell befasst. Über die Echtheit der Dokumente ist man in der »UFO-Gemeinde« geteilter Ansicht. Manches spricht für eine Fälschung. Anderseits jedoch enthalten die geheimnisvollen Papiere Insiderinformationen, die, so ist der Nuklearphysiker und UFO-Forscher *Stanton Friedman* überzeugt, auf geheimdienstliche Quellen schließen lassen.

1988 ist es dem Fernsehteam von *CBS* gelungen, zwei mutmaßliche Mitglieder von »Majestic 12« vor die Kamera zu holen. Einer der Männer nennt sich »Condor« und erklärte im Interview: »Einige Außerirdische leben mitten unter uns. Es gibt eine Vereinbarung zwischen ihnen und unserer Regierung. Die USA haben ihnen ein Testgelände in der Wüste von Nevada zur Verfügung gestellt – die *Area 51* . . .« Der zweite Zeuge nennt sich »Falcon«: »Wir haben viel gelernt über sie und ihre Kultur. Einer von ihnen hat ein Buch geschrieben, das unsere Bibel ist – das ›*Yellow Book*‹«. Wir haben viele Daten von ihnen erhalten und besitzen zudem die Autopsiebefunde von Außerirdischen, die beim Absturz in New Mexico getötet worden sind. Wir wissen viel, aber die Regierung ist der Meinung, dass die Öffentlichkeit darüber nichts erfahren soll.«

Wer sind diese dubiosen Kronzeugen? Glaubwürdige Zeitgenossen oder bloß Wichtigtuer, die einen Mythos aufbauen wollen? Sollte vielleicht ein moralisch äußerst verwerfliches Militärexperiment vertuscht werden? Oder wird man eines Tages handfeste Beweise für einen Besuch aus dem All vorlegen können, der jeden Zweifel aus den Weg räumt? Muss dann mit panikartigen Reaktionen gerechnet werden? Oder aber, ist die Öffentlichkeit inzwischen, wie der deutsche Filmemacher *Rainer Erler* prophezeit, ohnedies schon durch Fiktion und Alienvermarktung hochgradig verseucht, dass eine Landung von Außerirdischen kaum noch Aufsehen erregen würde?

Fragwürdige Beweise

Viele der von UFOlogen vorgebrachten »Beweise« bleiben zweifelhaft. Berühmtestes Beispiel dafür ist der spektakuläre Film über zwei vermeintliche Autopsien von Aliens. Die Geschichte des rätselhaften Zelluloids ist genauso mysteriös wie der ganze Roswell-Fall. Ein *Jack Barnett* soll ihn im Auftrag der Luftwaffe gedreht haben. 1995 wurde der Film von dem englischen Musikfilmer *Ray Santilli* der Öffentlichkeit als Sensation präsentiert. Seit damals jagt eine Spekulation die andere. Von wem stammt der dubiose Streifen? Sind die Aufnahmen tatsächlich echt? Oder ist man einer professionellen Fälschung aufgesessen?

Der untergetauchte Kameramann soll, so erklärt Santilli, nach der Entwicklung der Filmrollen einige unscharfe und falsch belichtete Streifen zur Nachbesserung aufbewahrt haben. Der Rest des Materials sei direkt nach Washington gebracht worden, nur Barnetts Filmpatzer blieben während über 40 Jahren bei ihm zu Hause. Santilli: »Die Army holte sie nie ab. Am Schluss wurde es Barnett zu bunt und er behielt die Rollen.« Santilli will den Mann 1992 zufälligerweise kennen gelernt haben. Nach langen Verhandlungen verkaufte ihm Barnett die Rollen für einen »bedeutenden Betrag«.

Der geheimnisvolle Kameramann taucht allerdings auf keiner Mannschaftsliste der US-Army auf. Ist Barnett ein Betrüger? Santilli verneint: »Ich habe ihn mit Freunden aufgesucht und kennen gelernt, wir glauben ihm, wir haben sein Zuhause und seine persönlichen Dokumente, Akten und Fotoalben gesehen.« Den Grund, weshalb Barnett bisher schwieg, erklärt Santilli mit dem Umstand, dass die Filmbelege illegal seien.

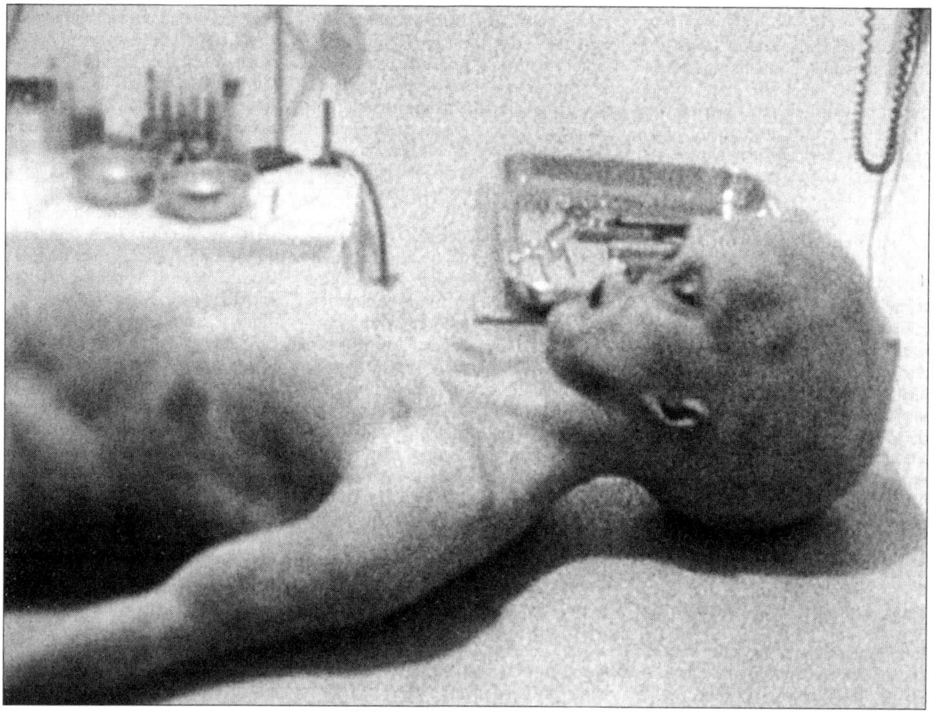

Bild 43: Szene aus dem umstrittenen Santilli-Film. Fälschung oder Autopsie eines Außerirdischen?

Das 16-mm-Material wurde von verschiedenen fototechnischen Experten chemisch und physikalisch geprüft. Im Untersuchungsbericht der Fima *Kodak* wird dann auch bestätigt, dass das Filmmaterial tatsächlich entweder aus den Jahren 1927, 1947 (!) oder 1967 stammt. Das betrifft wohlgemerkt das Filmmaterial! Aber können wir deshalb daraus schließen, dass die gezeigten Aufnahmen ebenfalls aus der fraglichen Zeit stammen?

Betrug oder nicht: Der Film und die Geschehnisse um Roswell sind auch innerhalb der UFOlogen-Gemeinde zum Zankapfel geworden. Der Pilot und UFO-Forscher *Kent Jeffrey,* Leiter der »International Roswell Initative«, macht sich ernstlich Sorgen: »Sollte sich der Film als Manipulation herausstellen, werden viele Leute glauben, dass auch der ganze Roswell-Fall eine Fälschung ist. Eine wissenschaftliche UFO-Forschung würde somit in Mitleidenschaft gezogen werden.« Ähnlich skeptisch kommentiert der populäre deutsche Erfolgsautor *Johannes von Buttlar* die Situation. In seinem Buch *»Die Außerirdischen von Roswell«* quälen den Esoterikexperten Zweifel, und er vermutet, dass der Santilli-Film eine geschickte Fälschung sei, will aber die Möglichkeit der Echtheit nicht gänzlich ausschließen. Vom Film einmal abgesehen, ist sich von

Buttlar gewiss, dass bei Roswell tatsächlich ein UFO abgestürzt sei: »Der Zwischenfall belegt eindringlich, dass das Militär und Geheimdienste eine unglaubliche Verschwörung bis hin zu gezielter Desinformation durchführen, um das UFO-Phänomen zu vertuschen.«

Vollkommen von der Echtheit des Santilli-Streifens überzeugt ist der deutsche UFOloge *Michael Hesemann*. Der Autor des Buches *»Jenseits von Roswell«,* ist einer der bekanntesten Vertreter der Raumschifftheorie. »Ich bin zu dem Schluss gekommen«, erklärt Hesemann, »dass eine Reihe von Indizien für die Echtheit des Films sprechen und kein Beweis für eine Fälschung vorliegt.« Wäre es denkbar, dass der Film zwar authentisch, die Szenen aber keinen Außerirdischen zeigen, sondern Opfer, die etwa bei einem missglückten Atomunfall ums Leben kamen? Hesemann dementiert sofort und verriet mir: »Ein Atomunfall würde nie die vielen biologischen Anomalien erklären, da Mutationen zwar als Erbschäden bei Kindern von Strahlungsopfern auftauchten, aber nicht bei den Strahlungsopfern selbst. Das gezeigte Wesen ist klein, asexuell, hat keinen Bauchnabel, einen extrem großen Kopf, eine winzige Nase, sechs Finger und Zehen, ein – nach Ansicht zahlreicher Pathologen – nicht menschliches Gehirn und nicht menschliche Organe.«

Kent Jeffrey hingegen verweist darauf, dass der Körper zu viele *menschliche* Züge aufweist, um irgendetwas anderes zu sein als ein Mensch. »Ich denke, die Produzenten nahmen einen entstellten Körper und setzten schwarze Kontaktlinsen ein. Ein Teil der Entstellungen muss aber genetischen Ursprungs sein, ein anderer durch künstliche Eingriffe verursacht worden sein«, versicherte der UFO-Forscher.

Die Möglichkeit eines *Progerie*kranken wurde als Erklärung von dem Dermatologen Prof. *Thomas Janson* aus München ins Spiel gebracht. Dieser Diagnose zufolge könnte das merkwürdige Aussehen der gezeigten Wesen auf eine schreckliche *Vergreisungskrankheit* zurückzuführen sein mit der Todesursache eines Schlaganfalls. Michael Hesemann weist diesen Verdacht als Lösungsvorschlag weit von sich: »Bei allen Progeriekrankheiten tritt eine Abschlaffung der Muskulatur und eine starke Alterung der Haut mit entsprechender Faltenbildung auf. Das Wesen auf dem Film aber wirkt muskulös, seine Haut glatt.« Warum, so fragt sich der Roswell-Experte weiter, hat das Wesen eine Brandwunde am rechten Oberschenkel und Symptome eines Bruchs am linken Oberschenkel sowie eine abgetrennte Hand und eine Prellung oder Einschusswunde an der linken Schläfe? »Erlitt es einen Schlaganfall, nachdem es sich die Beine brach und verbrannte? Versetzte es sich einen Kopfschuss und trennte sich danach seine rechte Hand ab?«, rätselt Hesemann und rät daher dringend: »Ärzten, die solche Diagnosen stellen, sollte man mit einigem Misstrauen begegnen!«

Dennoch gibt es Widersprüche zwischen dem Aussehen der Filmleichen und jenen Beschreibungen der abtransportierten Toten, die Augenzeugen beim Roswell-Absturz gesehen haben wollen. Selbst diese Irritation kann Hesemann aufklären: »Es sind 1947 *zwei* außerirdische Raumschiffe abgestürzt, eines am am 4. Juli 1947 nördlich von Roswell und ein anderes bereits am 31. Mai 1947 südwestlich von *Socorro,* New

Mexico.« Von diesem Vorfall, so ist der »Untertassenjäger« überzeugt, stammt der umstrittene Santilli-Autopsiefilm, nicht von Roswell, wie ursprünglich angenommen wurde.

Gibt es noch Überreste der abgestürzten Raumschiffe? Wo sind die Wrackteile heute? UFO-Anhänger lassen sich nicht von dem Glauben abbringen, dass Bruchstücke der abgestürzten Flugkörper mit ihren Insassen heute noch im supergeheimen Testgelände *Area 51* aufbewahrt werden. Gab es ein Komplott der Army mit den Aliens? Ein Beweis dafür sei die fortgeschrittene Militärtechnik Amerikas, sagt die UFO-Gilde. Nur mit außerirdischer Hilfe hätten Waffen wie der Tarnkappenbomber der US-Air-Force entwickelt werden können. Kann damit die extreme Geheimhaltung erklärt werden? UFO-Forscher Johannes von Buttlar hält dies für sehr wahrscheinlich: »Die Vertuschung geschieht möglicherweise deshalb, um einen Religions-, Kultur-, und Technologieschock zu verhindern. Es ist keineswegs abwegig, den rasanten technischen Fortschritt der letzten Jahre von der Entwicklung des Lichtfaserkabels bis zu den Mikrochips, mit abgestürzten UFOs in Verbindung zu bringen.« Buttlar vermutet außerdem, dass sich neben Überresten der »Untertassen« auch noch die Roswell-Leichen in einem Geheimlabor befinden könnten, geschützt in einer konservierten Flüssigkeit.

In jüngster Zeit tauchen überraschend Fragmente auf, die von außerirdischen Raumschiffen stammen sollen. Doch die Fundstücke und ihre Entdecker bringen nicht wirklich Licht in die diffuse Angelegenheit, sondern schaffen noch mehr Verwirrung. Wer aber nun meint, die ganze Roswell-Geschichte sei demnach lediglich auf Sensation und geschäftstüchtige Vermarktung ausgerichtet, der irrt. Höchst strittiger Methoden bedient sich nämlich auch die »andere« Seite. Die offiziellen Stellen der US-Army haben stets geleugnet, dass der Roswell-Crash, wie ursprünglich gemeldet, durch ein Raumschiff verursacht wurde. Trotzdem wurden die Widersprüche um die damaligen Ereignisse immer offensichtlicher. Die Wetterballonversion war nicht mehr zu halten, und so entschloß sich die Air Force 1994 zur Veröffentlichung eines äußerst fragwürdigen Berichtes, indem das Geheimprojekt *MOGUL* als Alternativerklärung angeboten wurde. Demnach hätte es sich bei dem Vorfall 1947 um einen *Spionageballon* gehandelt, der die Druckwellen sowjetischer Atomexplosionen in der Atmosphäre messen sollte.

Knapp drei Jahre später, wenige Tage vor dem 50-jährigen Roswell-Jubiläum, hielt auch diese konstruierte Version einer genaueren Prüfung nicht mehr stand. Ausgerechnet zu diesem Zeitpunkt legte die US-Army einen 231-Seiten-Bericht vor, der ein für allemal klarstellen sollte: Die damaligen Vorfälle waren lediglich geheime *Fallschirmtests*. Die Außerirdischen wurden mit menschenähnlichen Puppen aus Aluminium und Plastik verwechselt, die von der Luftwaffe aus 30 Kilometer Höhe an Fallschirmen abgeworfen wurden, um Rettungssysteme zu testen. Und die silbrigglänzenden Trümmer, die auf einer Farm gefunden wurden, stammen in Wahrheit von einer Hightechsonde, die scheibenförmiges Aussehen hatte.

Können wir dieses neuerliche Dementi vom Dementi des Dementis wirklich glauben? Wer leicht glaubt, wird leicht betrogen, heißt es. Man muss kein leicht zu begeisternder UFO-Freak sein, um kopfschüttelnd zu erkennen, dass die Lösung für einen der berühmtesten UFO-Fälle auch diesmal völlig an den Haaren herbeigezogen ist. Ein besonders »beweiskräftiges« Kuriosum: Ein angeblich überlebender Außerirdischer mit großem Kopf, der von den Militärs verhört wurde, sei in Wirklichkeit ein verunglückter Testpilot gewesen. Der deformierte Schädel »erkläre« sich dadurch, dass bei der Landung der Helm brach und der Kopf des Piloten anschwoll. Die anderen verstümmelten Außerirdischen hingegen seien Soldaten gewesen, die bei einem Absturz ums Leben gekommen und verbrannt seien. Die Angst vor Spionen, so wird vom Militär zudem beteuert, war allgegenwärtig und der Kalte Krieg hatte gerade erst begonnen. Deshalb habe man der UFO-Theorie nicht die Wahrheit entgegensetzen können.

Immerhin zeigt die US-Luftwaffe sogar Verständnis für die Theorie einer Alienlandung. In einer eigens vom Verteidigungsministerium *Pentagon* einberufenen Pressekonferenz erklärte der Air-Force-Sprecher Oberst *John Haynes*: »Ich finde die Annahme der Leute dort sogar völlig logisch. Da draußen sahen sie Krankenwagen der Luftwaffe, die vielen Soldaten. Sie sahen, wie wir die Fallschirmpuppen in Leichensäcke packten, um sie zu schützen. Dann sahen sie Leute mit Sicherheitshelmen, die jeden Busch in der Gegend untersuchten, um nach Trümmerresten zu fahnden.«

Die Roswell-Army-Air-Fields hatte als einzige Bomberstaffel Atomsprengköpfe. Ihr damaliger Kommandeur Oberst *William Blanchard* war ein erfahrener Vorzeigeoffizier. Kurz nach der Bergung der »Untertasse« wurde er befördert und war bis zu seinem Tod im Jahre 1966 Vizestabschef der amerikanischen Luftstreitkräfte. Doch viele seiner Weggefährten bezweifeln, dass ausgerechnet Blanchard, der doch fälschlich einen UFO-Fund gemeldet hatte, deswegen mit keinerlei Konsequenzen für seine weitere Karriere rechnen durfte. Sein damaliger Presseoffizier Lt. Haut: »Bis zu seinem Tod, er starb bei einem Herzinfarkt im Pentagon, trug er vier Sterne an seinem Kragen. Man sieht, dass die Angelegenheit nicht gegen ihn verwendet wurde, sonst hätte man ihn doch nicht zum Viersternegeneral befördert.«

Viele Fragen bleiben in dieser wirren Geschichte unbeantwortet. Warum ließ sich die Army 50 Jahren Zeit, um dann kurz vor dem Roswell-Jubiläum geheimes Filmmaterial freizugeben? Das hätte sie doch längst tun können. Stattdessen erzählt man der Bevölkerung von einem Wetterballon und viele Jahre später von einem dubiosen Projekt MOGUL? Die Bomberstaffel soll spezialisiert gewesen sein für Testflüge mit »Dummys« in Schleudersitzen? Wer soll diese absurde Pseudoerklärung wirklich ernst nehmen? Die Air Force hat sich damit wohl keinen guten Dienst erwiesen. Einem alten Sprichwort zufolge, dass jenem nicht mehr geglaubt wird, der einmal gelogen hat, dürfte es der US-Luftwaffe nun mit ihrer dritten und fadenscheinigen Dementiversion gelungen sein, jeden noch vorhandenen Funken an Glaubwürdigkeit restlos zu verspielen. Man hätte beim »Wetterballon« bleiben sollen. So aber hat das Militär genau das

Gegenteil von dem erreicht, was es offenbar beabsichtigt hatte. Es sei denn, die Verwirrung wurde dort bewusst in Kauf genommen. Wäre das denkbar? Welche Motive könnten dabei eine Rolle gespielt haben?

Ist ein Atomtest missglückt? Gab es einen gefährlichen Unfall, den man vor der Öffentlichkeit geheim zu halten versuchte? Hatte man die UFO-Gerüchte gezielt gestreut, um die Russen abzulenken? Geheime Militärversuche oder doch der erste Kontakt mit unbekannten Wesen aus dem All? Was geschah also wirklich in den ersten Julitagen des Jahres 1947 in New Mexico? Selbst 57 Jahre nach den mysteriösen Ereignissen bei Roswell bleibt viel Raum für Spekulationen. Man darf schon jetzt auf die nächsten Enthüllungen der US-Air-Force gespannt sein. Denn die kommen bestimmt. Wenigstens die wirren Dementis aus dem Pentagon sind unbestreitbare Realität. Und noch etwas geht aus dem jüngsten Air-Force-Kommentar tröstlich hervor: Wir wissen jetzt endlich, dass der exzentrische Popstar *Michael Jackson,* der 1990 in einem Interview erklärte, er wolle in der Wüste von Nevada einen UFO-Landeplatz bauen, doch einer von uns ist . . .

Versuchskaninchen Mensch

Die Natur und der wahre Ursprung der UFOs ist nach wie vor ungeklärt. Solange wir nicht wissen, *wer* oder *was* sich hinter diesem Phänomen verbirgt, bleibt die Vorstellung von außerirdischen Besuchern im Rennen. Unbestreitbare Beweise für diese These konnten bislang allerdings nicht vorgebracht werden. »Die Theorie, alle UFOs seien als Kombination *natürlicher* Effekte oder *psychosoziologischer* Prozesse zu erklären, lässt sich aufgrund der Beobachtungen ebenfalls nicht halten«, macht der Astrophysiker und Autor Dr. *Jacques Vallée* in seinem Buch *»Enthüllungen«* deutlich. Der UFO-Forscher schlägt deshalb vor, bei zukünftigen Forschungen auf diesem Gebiet weitere Hypothesen in Betracht zu ziehen, und verweist auf solche, »die sich um natürliche oder künstliche *Kontrollsysteme* drehen«. Vallée sieht hier Verbindungen zu Schilderungen, die von außerirdischen Kidnappern berichten. Tatsächlich lassen sich Belege dafür finden, dass Militärs und Geheimdienste in das Phänomen der UFO-Entführungen verwickelt sind. Geheime militärische Experimente an Menschen liefern dafür schaurige Hinweise.

»Sie sind nichts anderes gewesen als Versuchskaninchen zum Wohle unserer nationalen Sicherheit.« So bezeichnete der amerikanische demokratische Abgeordnete im Repräsentantenhaus *Edward Markey* das Unfassbare: Im November 1994 wurde offiziell enthüllt, dass amerikanische Ärzte seit dem Ende des Zweiten Weltkriegs bis in die jüngste Zeit radioaktive Tests an Menschen durchführten, ohne dass die Betroffenen davon wussten. Was bisher an die Öffentlichkeit gelangte, erinnert an die schrecklichen Menschenversuche aus der dunklen Geschichte der Naziherrschaft:

- Schwer kranken Patienten wurde, ohne ihr Wissen, Plutonium injiziert, um herauszufinden, wie schnell der Körper das hochgiftige Element wieder ausscheiden würde.

- 800 schwangeren Frauen wurde radioaktiv angereichertes Essen verabreicht, um zu untersuchen, wie sie das Eisen absorbierten. Eine Nachfolgestudie zeigte, dass die Kinder dieser Frauen ein wesentlich höhere Krebsrisiko hatten.
- Angehörige der Harvarduniversität verabreichten Kindern über Monate radioaktiv verseuchten Haferbrei, um die Stoffwechselreaktion zu untersuchen.
- Die größte Zahl radioaktiv Geschädigter ist in den Staaten Nevada, Utah und Arizona zu verzeichnen, wo die US-Army über Jahrzehnte Atomtests durchführte.
- In zwei Gefängnissen wurden Hunderten Insassen die Hoden verstrahlt. Anschließend sterilisierte man die Männer, um »Atommutanten« zu verhindern.
- Es gab nachweislich Experimente mit radioaktiven Wolken, ohne dass Tausende Bewohner der jeweiligen Gebiete informiert oder geschützt worden wären.

Die Energieministerin im Kabinett Clinton, *Hazel O'Leary,* hat die weitere Untersuchung der Vorfälle ins Rollen gebracht und sprach von »32 Millionen als ›geheim‹ abgestempelten Akten«, die mit den Menschenversuchen unmittelbar in Zusammenhang stehen. Mit »Erschrecken und Erstaunen« habe sie festgestellt, dass ihr Ministerium »auf einem riesigen Berg beschämender Geheimnisse« sitze. Auftraggeber der Versuche waren Organisationen und Geheimdienste sowie Pentagon und CIA.

Die Russen waren mit Tests an Menschen ebenfalls nie zimperlich. Zahllose Menschen mussten zu Forschungszwecken herhalten: etwa, als die Sowjetarmee 1954 zwischen *Samara* und *Odenburg* eine Atombombe in der Nähe von 45 000 Soldaten zündete – und untersuchte, ob unmittelbar nach der Atomexplosion in verstrahltem Gebiet weitergekämpft werden kann.

Neue Dokumente belegen, wonach auch England bis heute rechtlich und moralisch höchst fragwürdige Experimente mit radioaktivem Material durchgeführt haben soll. Dass sich die Briten über die Gefahren ihrer Tests bewusst waren, beweist ein Dokument, das vor etwa 10 Jahren bekannt wurde. Darin fragt sich ein britischer Atomforscher: »Was ist die schlimmste mögliche Konsequenz für unsere Testperson?« Die Antwort ist ebenso kurz wie klar: »Der Tod.«

Experimente mit Menschen beschränken sich nicht auf radioaktive Versuche. Neue Dokumente weisen nach, dass es militärische Verwicklungen zum Thema UFO-Entführungen gibt. Sondereinheiten des Militärs verschleppen arglose Personen kurz nach dem Bekanntwerden einer UFO-Entführung, untersuchen sie in unterirdischen Militärbasen und setzen ihnen geheim entwickelte Biochips ein, Implantate, die als *Verhaltenskontroll*-Experiment dienen.

Auf den Spuren solcher geheimdienstlichen Machenschaften sind nicht irgendwelche Sciencefictionautoren, denen berufsbedingt eine blühende Fantasie nachgesagt werden kann, sondern gewissenhafte Wissenschaftler. Einer von ihnen ist der österreichische Astronom Dr. *Helmut Lammer*. Der bekannte Autor und UFO-Experte arbeitet als Geophysiker auf dem Gebiet der Planetenatmosphäre am *Institut für Weltraumfor-*

Bild 44: Aufdecker: Das Forscherehepaar Marion und Dr. Helmut Lammer haben »Verdeckte Operationen« der Militärs aufgespürt.

schung in Graz. Er veröffentlicht aktuelle Studien und Analysen in renommierten internationalen wissenschaftlichen Fachzeitschriften. Lammer war zuletzt an der Auswertung von Magnetfelddaten der *Mars Global Surveyor Mission* der amerikanischen Weltraumbehörde NASA beteiligt.

Schon viele Jahre beschäftigt sich der Weltraumforscher mit dem UFO-Phänomen und ähnlichen grenzwissenschaftlichen Themen. Bevorzugtes Interesse: zukünftige militärische Studien und Technologien sowie militärische Geheimhaltung nach Ende des Kalten Krieges. Helmut Lammer ist der österreichische Vertreter des amerikanischen *Mutual UFO Network* (MUFON) und Mitarbeiter bei der UFO-Forschungsorganisation MUFON-CES, der 90 qualifizierte Akademiker und Ingenieure angehören. Die Forscher haben ein gemeinsames Ziel: Sie suchen nach Methoden für eine wissenschaftliche Behandlung des UFO-Phänomens. Lammers Bücher *»UFO-Ge-*

heimhaltung« und *»UFO-Nahbegegnungen«* (beide in Koautorenschaft mit dem Ingenieur *Oliver Sidla*) zählen mittlerweile zu den Standardwerken in der UFO-Literatur. 1997 überraschte der Wissenschaftler mit einem neuen Buch über im Hintergrund agierende Geheimdienste. *»Verdeckte Operation«* heißt das Werk, worin Lammer, unterstützt durch seine Gattin *Marion,* die Verbindung von Militärs zum Entführungsphänomen verdeutlicht.

Wie kommt ein Astronom und Geophysiker überhaupt auf den Gedanken, sich mit der eher »verbotenen Wissenschaft« zu befassen? Was bewegt einen ernsthaften Wissenschaftler, fragwürdige Themen wie »Außerirdische«, »UFOs« und »rätselhafte Erscheinungen« zu untersuchen? Wird man von anderen Kollegen belächelt? Hat sich die früher meist kategorische Ablehnung der Wissenschaft gegenüber dem UFO-Phänomen nunmehr gewandelt? Helmut Lammer schmunzelt und antwortet mir prompt: »Ein Großteil meiner Mitarbeiter und Wissenschaftlerkollegen steht der UFO-Thematik im Zusammenhang mit mir im Gegenteil sehr aufgeschlossen und interessiert gegenüber, da ich selbst ja nicht in die Esoterikszene verstrickt bin, nicht behaupte, dass UFOs außerirdische Raumschiffe sind und die Materie im Rahmen der *Society for Scientific Exploration* (SSE) und MUFON-CES mit wissenschaftlichen Methoden erforsche.«

Die SSE? Wer ist damit gemeint, frage ich nach. »Eine Gesellschaft, der mittlerweile etwa 1000 international anerkannte Wissenschaftler angehören, die sich für die wissenschaftliche Aufarbeitung grenzwissenschaftlicher Themen einsetzten und sogar Arbeiten in einem von unabhängigen Wissenschaftlern referierten Journal veröffentlichen«, klärt mich Lammer auf und ergänzt: »Unter diesen Veröffentlichungen befinden sich auch Analyseergebnisse von UFO-Fotountersuchungen, die Prüfung von UFO-Landespuren und Ähnliches.«

Wenn sich Wissenschaftler nicht objektiv mit dieser Thematik befassen, befürchtet der UFO-Experte, dass in Zukunft vermehrt Sekten und die Esoterikszene die Aufarbeitung dieser unerklärlichen Phänomene in Anspruch nehmen wird. Und weshalb haben viele Wissenschaftler Berührungsängste mit dem UFO-Phänomen? Lammer begründet dies so: »Das hängt damit zusammen, weil der Begriff UFO von der Presse und der Öffentlichkeit mit außerirdischen Raumschiffen *gleichgesetzt* wird. Hinter unidentifizierten Flugobjekten können sich aber ebenso gut exotische, noch unerklärte Naturphänomene verbergen, deren Erforschung möglicherweise wichtige Erkenntnisse in der Plasmaphysik, der Geophysik und der Psychologie bringen könnten.«

Nach Lammers Studien beschränken sich die Erkenntnisse der *wissenschaftlichen* UFO-Forschung derzeit auf folgende drei Schwerpunkte:

Erstens: Es existiert ein realer physikalischer Kern des UFO-Phänomens.

Zweitens: UFO-Phänomene hinterlassen physikalisch messbare Spuren, wie Magnetfeldänderungen, Strahlungsschäden, Radardetektion oder Wärmeabgabe.

Und drittens: Manche dieser messbaren Vorfälle sind mit einer starken psychologischen Komponente behaftet, die in die noch unverstandenen UFO-Entführungserlebnisse einmündet.

»Bei einem UFO-Entführungserlebnis«, so macht Lammer begreiflich, »erinnert sich der oder die Betroffene meistens nur an einen fehlenden Zeitabschnitt, der mit einem hellen Licht in Zusammenhang steht. Unter psychiatrischer Behandlung kommen dann die allseits bekannten Geschichten von Experimenten in einem kleinen runden Raum zum Vorschein, die von fremdartigen kleinwüchsigen und grauhäutigen Wesen durchgeführt werden. Weist die betroffene Person eine so genannte posttraumatische Stressstörung auf, ist ihr vermeintlicher Kontakt mit dem Unbekannten ernst zu nehmen.«

Die mysteriösen Inhalte solcher weltweit auftretenden Fälle, so verrät mir Lammer, werden zurzeit auf ihre Gemeinsamkeit überprüft und im *MUFON-Abduction-Transcription-Projekt* statistisch untersucht. Weisen die bisherigen Ergebnisse der Untersuchung auf *außerirdische* oder *irdische* Experimenteure hin, wollte ich von dem UFO-Experten wissen. Beides hält Lammer für möglich: »Ich habe mit meiner Frau in unserem Buch ›Verdeckte Operationen‹ erstmals nachgewiesen, dass sich in Nordamerika militärisch-geheimdienstliche Spezialeinheiten für Personen mit UFO-Entführungserlebnissen zu interessieren scheinen. Unsere Studie wurde von vielen Forschungsorganisationen unterstützt, ist topaktuell und stieß in den USA und Kanada auf großes Interesse, da seit einiger Zeit in der Presse und in der Öffentlichkeit immer wieder Berichte über vormals geheim durchgeführte Experimente an ahnungslosen Menschen aktualisiert werden.

Der Wissenschaftler verweist hier auf jene Experimente, die in den USA, Kanada und England durchgeführt wurden. Eine 1994 vom damaligen amerikanischen Präsidenten *Bill Clinton* zusammengestellte Untersuchungskommission fand heraus, dass das *amerikanische Verteidigungsministerium,* die *Central Intelligence Agency* (CIA), die *Navy,* das *Department of Energy* und andere Behörden zwischen 1944 und 1975 etwa 400 biomedizinische Experimente an unwissenden amerikanischen Einwohnern durchführten. Diese Personen setzten sich aus Häftlingen, Soldaten, psychisch Kranken, schwangeren Frauen und Personen aus ärmeren Schichten zusammen.

Lammer über die verwerflichen Tests an menschlichen Versuchskaninchen: »Man fand heraus, dass Tausende Amerikaner ohne ihr Wissen radioaktiver Strahlung, Nervengas, LSD und anderen biologischen Kampfstoffen ausgesetzt wurden. Der Zweck dieser Experimente ist aus den freigegebenen Dokumenten nicht eindeutig ersichtlich. Die Kommissionsmitglieder konnten auch nicht eruieren, *wann* diese Experimente eingestellt wurden. Man weiß allerdings, dass man sie mit Sicherheit noch Mitte der siebziger Jahre durchführte.«

Beunruhigend ist der Täterkreis: »Viele Experimente wurden an renommierten Forschungseinrichtungen, an Universitäten, Spitälern und Privatkliniken ausgeführt. Die Professoren, Wissenschaftler, Assistenten und das Hilfspersonal waren zum Schweigen verurteilt und besserten sich ihr Einkommen mit Geldern vom Militär, der CIA, der Navy und anderen Organisationen auf«, betont Lammer. Warum waren solche Experimente unter dem Motto »Nationale Sicherheit« in der freien Welt überhaupt möglich? Wie konnten diese schrecklichen Versuche *unbemerkt* durchgeführt werden? Lammer: »Manche Politologen und Historiker meinen, dass der Kalte Krieg zwischen den westlichen Verbündeten und der ehemaligen Sowjetunion Schuld an diesen vom Staat geduldeten Verbrechen war. Da man wusste, dass in den kommunistischen Ländern ähnliche Experimente durchgeführt wurden, wollte der Westen nicht nachstehen.«

Wer aber garantiert, dass solche oder andere Experimente wirklich Mitte der siebziger Jahre eingestellt wurden? Gibt es auch gegenwärtig vertuschte Versuche an der unwissenden Bevölkerung? Sollte man sich nicht fragen, *wer* diese Personen sind, die sich über den Kongress und den Präsidenten hinwegsetzen, um diese Forschungen geheim durchführen zu können? *Wie* und von *wem* werden die an diesen Projekten arbeitenden Wissenschaftler finanziert?

Das Ehepaar Marion und Helmut Lammer fand heraus, dass seit Anfang der achtziger Jahre immer mehr Personen in die Öffentlichkeit treten, die nicht nur traumatische Erfahrungen mit angeblichen UFO-Insassen hatten, sondern auch Kontakt mit irdischem Militärpersonal. Diese Personen berichten, dass sie traumatische Rückblenden erleben, bei denen sie sich in einem Spital wieder sehen oder von Militärs durch unterirdische Forschungsanlagen eskortiert und danach von irdischen Medizinern untersucht werden. Helmut Lammer behauptet nun, dass viele Forscher, die sich mit der Entführungsproblematik beschäftigen, diese Informationen bewusst von der Literatur fern halten oder sie nicht ernst nehmen: »Erst nachdem einige Betroffene selbst den Mut aufbrachten, über ihre unglaublichen Erlebnisse zu schreiben oder zu sprechen, kamen diese Hinweise ans Tageslicht.«

Die Verwicklung einer militärischen Gruppierung könnte auch der Grund für die Geheimhaltung des UFO-Phänomens sein. Exotische Waffen, militärische Implantate, Drogen, Virtual Reality Szenarios für psychologische Kriegsführung, UFO-ähnliche Waffenplattformen und Mind-Control-Technologien werden unter dem Deckmantel des UFO-Entführungsphänomens von Militärs getestet. Andererseits kann der UFO-Experte Lammer auch nicht ausschließen, dass diese Spezialeinheiten mit Hilfe modernster Technologien herausfinden möchten, ob und wie UFO-Entführungen in unserer Realität ablaufen. Dazu Lammer: »Der Grund, wieso man an diese Informationen nur sehr schwer oder gar nicht herankommt, ist die so genannte *Need-to-Know-Befugnis*. Diese Sicherheitsklassifizierung ist ähnlich einer Pyramide aufgebaut und ermöglicht es nur bestimmten Personen, gewisse Geheimnisse zu erfahren, spezielle Forschungseinrichtungen und Geheimlabors zu betreten. Diese Personen müssen keine Politiker sein. Es ist durchaus möglich, dass Wissenschaftler, die an streng geheimen Projekten arbeiten, eine höhere Need-to-Know-Befugnis haben als etwa der Präsident.«

Lammer hält es außerdem für äußerst naiv, wenn man, so wie viele Journalisten, den Aussagen militärischer Pressesprecher ungeprüft glaubt. Diese Personen haben nicht die erforderliche Befugnis oder das nötige Wissen, um über verdeckt durchgeführte Operationen, geheime Technologien, möglicherweise geborgene UFOs und

Bild 45: Mitte der 1990er Jahre tauchten mehrere kleine Metallfragmente auf, die angeblich von dem Roswell-Wrack stammen sollen, darunter dieses silberglänzende Stück. Laboranalysen ergaben, dass es fast ausschließlich aus Silizium besteht.

andere Aktivitäten Auskünfte zu erteilen. »Durch diese Befugnis ist es möglich«, so erklärt der UFO-Forscher, »militärische Geheimnisse oder illegal durchgeführte Experimente von der Öffentlichkeit und den gewählten Politikern fern zu halten.« Hier führt der Wissenschaftler den Roswell-Zwischenfall an, wo dieses Szenario der Unwissenheit besonders augenscheinlich zu beobachten ist: »Die Presse glaubt bereitwillig den Meldungen der amerikanischen Luftwaffe, obwohl diese alle Monate unterschiedliche Lösungen anbietet, die mittlerweile in die kuriose Erklärung von abgeworfenen Puppen hinauslief. Leider vergessen die Medien der Öffentlichkeit mitzuteilen, dass diese Puppenabwürfe etwa sechs Jahre *nach* der vermeintlichen UFO-Bergung stattfanden.« Wie viele andere Beobachter der Geschehnisse um Roswell, fragt sich auch Lammer, welche Erklärungen noch folgen werden. Zurzeit sind es Puppen, was kommt danach?

Die in dieser Frage wichtigste Entwicklung, die leider in der Medienlandschaft verloren ging oder von Journalisten nicht verstanden wurde, bezieht sich auf die vermeintlichen Trümmer der angeblich 1947 bei Roswell abgestürzten »Untertasse«. Lammer betont: »Sogar die Austrian Presseagentur (APA) berichtete auf ihrer Wissenschaft & Bildungsseite darüber. Demnach habe Dr. *Russell V. Clark* Analyseergebnisse eines etwa 1,5 cm großen Materialteiles präsentiert, den ein anonymer Zeuge der Roswell-Geschehnisse in den vierziger Jahren bei der Bergung aufgesammelt haben will und nun Wissenschaftlern zur Untersuchung übergab. Die sensationelle Analyse des graugrünen Teiles ergab, dass alle atomaren Bestandteile in diesem Material Isotopenanomalien aufweisen, wie es sie in unserem Sonnensystem nicht gibt. Außerdem ergaben die Labortests, dass das Fragment künstlich produziert wurde, also nicht auf natürliche Weise entstanden sein kann.«

Ein anderer Fall hat sich im August 1998 zugetragen. Redakteure des italienischen Magazins »Hera«, *Paola Harris* und *Adriano Forgione,* besuchten den Wissenschaftler Dr. *Michael Wolf* in Connecticut, USA. Der Wissenschaftler zeigte den beiden Gästen einige metallische Fragmente, die nach seiner Aussage außerirdischen Ursprungs waren. Dem Aussehen nach erinnert es an das so genannte »Roswell-Fragment«, das der Forscher *Derrel Sims* 1996 bei einem Symposium in San Marino präsentierte. Auf die Frage, woher die seltsamen Metallstücke stammen, erklärte Wolf, dass er sie von einer internen Quelle der Wright-Patterson-US-Airforce-Basis hätte. Es wurden drei Objekte an Harris und Forgione übergeben. Wolf erklärte, dass 99,99% dieses Materials reines Silizium wären, der Rest von 0,01% sei ein unbekanntes außerirdisches Isotop.

Das Material, das in italienischen Labors und im Naturhistorischen Museum in Wien analysiert wurde, scheint einer enormen Hitze ausgesetzt gewesen zu sein. Die Frage ist: Kann es sein, dass dieser thermische Schock durch einen UFO-Absturz hervorgerufen worden ist?

Das größere Fragment wurde an der Universität von Pisa analysiert mit dem Ergebnis, dass es äußerlich *Silizium* ähnelt, doch weist es im Gegensatz zum normalen Silizium anormale Eigenschaften auf, ist ein schlechter Wärme- und Elektrizitätsleiter, nicht magnetisch und schmilzt durch Eis.

Ob unbekannte Naturphänomene, geheime militärische Mächte, Zeitreisende aus der Zukunft oder doch Raumschiffe aus einer fernen Galaxie: Das große Rätsel »fliegende Untertassen« wirklich zu lösen, ist bisher nicht gelungen. Die Diskussion darüber dürfte somit noch lange nicht beendet sein, obwohl die offizielle Mauer des Schweigens inzwischen höchst einsturzgefährdet erscheint.

Kapitel 3

MASKEN, MYTHEN UND DER »KUHSTALL GOTTES«

Gab es im Altertum Kontakte mit Astronauten fremder Welten?

»Nur ein ganz Törichter kann die Ansicht haben, im unendlichen Raum, auf den zahllosen Riesenwelten, gebe es nichts anderes als das Licht, das wir auf ihnen wahrnehmen. Es ist geradezu albern, anzunehmen, es gebe keine anderen Lebewesen, keine anderen Denkvermögen, keine anderen Sinne als die uns bekannten.«
Giordano Bruno, auf dem Scheiterhaufen verbrannter italienischer Denker (1548–1600)

Mount Rainier, Bundesstaat Washington, 24. Juni 1947, nachmittags: Der amerikanische Sportpilot *Kenneth Arnold* ändert für eine Stunde seine ursprünglich geplante Flugroute, um sich an der Suche nach einem in den Cascade-Bergen abgestürzten Marineflugzeuges zu beteiligen. Obwohl sich Arnold redlich Mühe gab, das Wrack zu finden – schließlich war eine 5000-Dollar-Prämie dafür ausgesetzt –, entdeckte er keine Spur der verunglückten Maschine. Dafür erweckte etwas anderes und höchst Ungewöhnliches seine Aufmerksamkeit: neun bumerangähnliche Flugobjekte, die nördlich des Mount Rainier mit rasender Geschwindigkweit um die Berggipfel flogen. Arnold beschrieb ihr Flugverhalten »wie eine über einer Wasseroberfläche hüpfende Untertasse«.

Hätte der begeisterte Flieger die Eindrücke seiner ungewöhnlichen Beobachtung nicht später der Presse in den Notizblock diktiert, gäbe es wahrscheinlich keine »fliegenden Untertassen«. Die unbekannten Flugobjekte hätten vielleicht keinen oder einen ganz anderen Namen, wären aber vermutlich nicht so rasch populär geworden. Erst ein Lokalreporter prägte den leider irreführenden Begriff und schickte kurz entschlossen die »fliegenden Untertassen« in die Erdumlaufbahn, wo sie heute weltweit und medienwirksamer denn je für heftige Kontroversen Anlass geben.

In Wirklichkeit war Arnolds Sichtung keineswegs so sensationell, wie es den Anschein erweckte, ja er war nicht einmal der Erste, der solche Flugobjekte mit Untertassen verglichen hatte. UFO-Sichtungen sind keine Erscheinung der letzten 57 Jahre. Schon davor, während des Zweiten Weltkriegs, beunruhigten eigenartige Flugscheiben die Piloten der deutschen und alliierten Luftstreitkräfte. Der Abwehrdienst unter Admiral *Canaris* legte 1943 eigene Akten über diese Beobachtungen an, die Besatzungsmitglieder der amerikanischen und britischen Bomber meldeten: geheimnisvolle Objekte mit einem unheimlich wendigen und rasanten Flugverhalten, die von den Piloten *»Foo Fighter«* getauft wurden. Auch die Deutschen beschrieben das

Bild 46: Titelseite von Kenneth Arnolds Buch, der 1947 mit seiner UFO-Sichtung das moderne UFO-Zeitalter einleitete.

Auftauchen solcher »Geisterflieger«. Auf beiden Seiten hielt man die unerklärlichen Luftphänomene für eine Wunderwaffe des Feindes. Doch der wahre Ursprung dieser »feuerballähnlichen Flugkörper« konnte niemals geklärt werden.

UFOs seit Jahrtausenden

Viele UFO-Skeptiker neigen zur Auffassung, dass die rätselhaften Erscheinungen am Firmament lediglich eine *moderne Psychose* seien, die mit den Gefahren unseres hoch technisierten Zeitalters zu tun haben könnten. Doch die Beobachtung mysteriöser Himmelserscheinungen beschränkt sich durchaus nicht auf unser Jahrhundert. UFOs sind *kein* neuartiges Phänomen. So gut wie aus allen Epochen der Menschheitsgeschichte liegen einschlägiger Erlebnisse und Überlieferungen vor. Eine kleine Zeitreise in unsere Vergangenheit liefert einen ausgewählten Überblick zu den historischen Beobachtungen »nicht identifizierter Flugobjekte«.

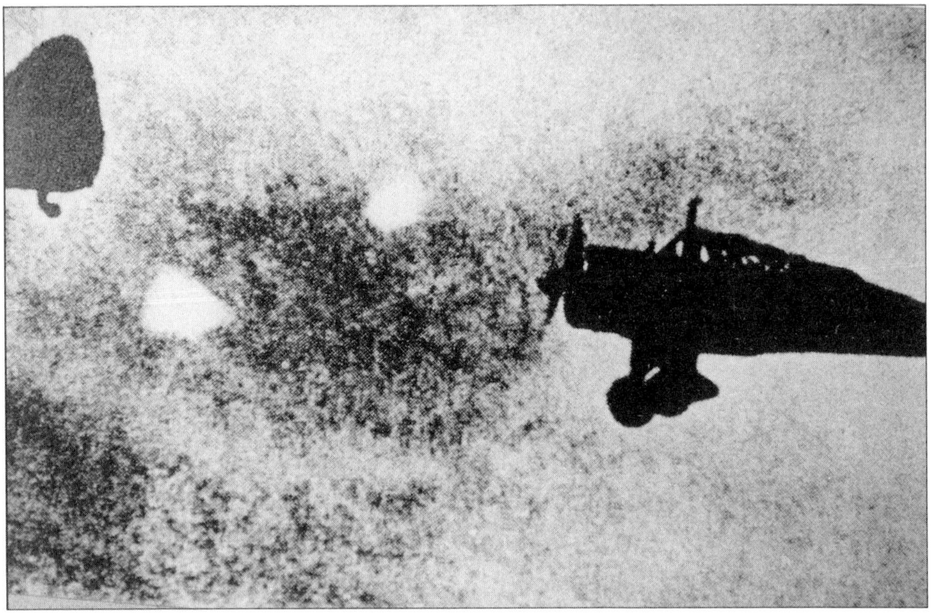

Bild 47: 1944 über Deutschland: Mysteriöse »Foo Fighter« bedrängen während des Krieges Flugzeuge.

19. Jahrhundert:

- April 1897: Ein zigarrenförmiges »Luftschiff« wird über Kansas City gesichtet und richtet Scheinwerfer zur Erde. Bald darauf sorgte der »fliegende Torpedo« auch in anderen amerikanischen Städten, vor allem im Bundestaat Texas, für Aufregung bei Menschen und Tieren. Die Presse berichtete ausführlich über diese Vorfälle.
- Am 3. November 1888 fliegt über den englischen Städten Readin und Berkshire ein Flugobjekt hinweg, das in einem Gebiet von 300 Quadratkilometern eine Panik unter den Schafherden verursachte.
- Im August 1883 beobachtete der mexikanische Astronom Prof. *José Bonilla* vom Observatorium von Zacatecas aus 283 seltsame Objekte, die an der Sonnenscheibe vorbeihuschten. Es gelang ihm sogar, einige davon zu fotografieren. Diese Bilder dürften die ersten UFO-Fotos der Welt sein.

18. Jahrhundert:

- Am 7. Juni 1779 werden in Frankreich zahlreiche glühenden Scheiben über der Stadt Boulogne beobachtet.
- 1760 meldeten Seeleute fliegende Objekte in Radform, die über dem Persischen Golf schwebten und deren Lichtstrahlen ihr Schiff durchdrangen.
- Eine »rasch fliegende, leuchtende Wolke« soll am 4. November 1704 über der

Bild 48: Fresko aus dem 17. Jahrhundert: Links und rechts vom Kreuz, über der Stadtmauer, schweben UFOs.

Schweiz gesichtet worden sein, die mit großer Geschwindigkei hinter dem Horizont verschwand.

17. Jahrhundert:

- Aus dem Jahr 1697 wird berichtet, dass eine »hell leuchtende, kreisförmige Maschine mit einer Kugel in der Mitte« zahlreiche norddeutsche Städte, darunter Hamburg, überflog.
- 1677 berichtete der britische Astronom *Edmund Halley* von der Sichtung »eines großen Lichtes am Himmel von ganz Südengland, viele Kilometer hoch«.
- UFO-Hinweise liefern auch religiöse Kunstschätze: Eine ungewöhnliche Kreuzigungsszene zeigt ein Motiv in der georgischen Stadt Mtskheta – in dem *Svetitskhoveli*-Gotteshaus. Dort sieht man zwei bemannte raumschiffähnliche Objekte neben dem gekreuzigten Erlöser fliegen. Was veranlasste die Freskenmaler des 17. Jahrhunderts, solche Gebilde darzustellen?

16. Jahrhundert:

- In den Chroniken von *Samuel Coccius* sind Sichtungen von schwarzen und runden Scheiben beschrieben, die 1566 über Basel flogen.

Bild 49: Historische Quellen belegen, dass Augenzeugen am 7. August 1566 über Basel »große schwarze Kugeln« gesehen haben.

Bild 50: Am 14. April 1561 wurden über Nürnberg kugelförmige Himmelskörper beobachtet.

- Im Jahr 1561 wollen zahlreiche Nürnberger »blutrote, blaue und schwarze Bälle« und »kreisförmige Scheiben« sowie »zwei spiralförmige Gegenstände« über ihrer Stadt beobachtet haben, die etwa eine Stunde am Himmel standen und dann wie Feuer auf den Erdboden fielen.
- 1557 wurden sowohl über der österreichischen Bundeshauptstadt Wien als auch über Polen verschiedene leuchtende Objekte wahrgenommen, die als »grüne« und »rote Sonnen« beschrieben wurden.

15. Jahrhundert:

- Am 11. Oktober 1492 sahen *Christoph Kolumbus* und etliche seiner Besatzungsmitglieder von Bord der *Santa Maria* aus »ein Licht in einer großen Entfernung schimmern, das mehrmals wiederkehrte«.
- Auf dem Gemälde *»La Madonna e San Giovannino«* des Malers *Filippo Lippi* (*1412) ist am oberen rechten Bildrand ein scheibenförmiges Flugobjekt dargestellt. Was diente dem florentinischen Maler als Vorlage? Eine ähnliche Szene findet sich auf einem mittelalterlichen Gobelin, der das Leben der Jungfrau Maria darstellt: ein über der Stadt schwebendes, mit einer Kuppel versehenes Flugobjekt.

14. Jahrhundert:

- In der *»Pugerschen Chronik«* wird erwähnt, dass ein »schrecklich feuriger Klotz« 1344 in Feldkirchen vom Himmel fiel, der nach einiger Zeit »brennend gelegen, im Angesicht aller von dannen wiederum von *selbst* in die Luft und Wolken gefahren« sei.
- Wandmalereien mit seltsamen Motiven, ähnlich wie jene aus dem Georgien des 17. Jahrhunderts, finden sich im ehemaligen Jugoslawien, in der südlichen Region von Kosovo-Metohija. Die Fresken des Klosters *Desani,* geschaffen Anfang des 14. Jahrhunderts, zeigen den gekreuzigten Jesus auf Golgatha. Darüber zwei strom-

Bild 51: UFOs auch im 14. Jahrhundert: Diese Darstellung stammt aus dem Kloster Desani und zeigt ein bemanntes Flugobjekt.

linienförmige Flugkörper, aus deren Heck, deutlich sichtbar, Flammen schlagen. Die mittelalterlichen »UFOs« sind jeweils bemannt, und ihre »Piloten« scheinen ihre Luftfahrzeuge regelrecht zu steuern.

13. Jahrhundert:

- Aufzeichnungen aus dem Jahre 1270 erzählen, dass über Bristol, England, ein Luftfahrzeug geschwebt sein soll, dessen Anker sich an der Kirchturmspitze verfing. Ein Besatzungsmitglied, das vesuchte, den Anker zu lösen, wurde als »Dämon« von der Menge gesteinigt.
- Der Chronist *Conrad Lycosthenes* berichtet aus dem Jahre 1250: »Ein wundervoller heißer Lichtstrahl von großem Ausmaß fällt bei Erfurth plötzlich vom Himmel herab zum Boden und verwüstet manche Stelle. Dann dreht er sich und steigt himmelwärts, worauf er eine runde Form annimmt.«

12. Jahrhundert:

- Chronisten berichten, dass 1105, vor der Zerstörung und Eroberung Nürnbergs durch *Heinrich IV.,* am Himmel zwei Feuerbälle erschienen, die, in Gestalt und Leuchtkraft der Sonne ähnlich, in sämtlichen Farben strahlten.

11. Jahrhundert:

- Die tibetische Sagenwelt kennt Erzählungen von »fliegenden Trommeln«. Eine Legende schildert den Kampf des Magiers *Mila Räpa* (*1040) mit dem Schamanen

Bon-po, Oberhaupt einer gleichnamigen Sekte. Bon-po flog, um seine Macht zu beweisen, mit einer Trommel den Kailasa-Berg hinauf.

10. Jahrhundert:

- Der hl. *Dunstan* (*909), Erzbischof von Canterbury, England, beobachtete eines Nachts, als er zum Gebet in die Kathedrale ging, ein Lichtphänomen. Er deutete die rätselhafte Erscheinung, gemäß seines Glaubens, als Maria mit himmlischem Gefolge.

9. Jahrhundert:

- Der französische Geistliche *Agobard,* Erzbischof von Lyon, beschreibt im 9. Jahrhundert, dass Mitglieder seiner Gemeinde behaupteten, ihre Gegend werde von »Seeleuten aus der Luft« heimgesucht, die auf Schiffen in den Wolken ankämen und Obstgärten und Weizenfelder plünderten.

8. Jahrhundert:

- Der Dortmunder Schriftsteller *Hans-Werner Sachmann* hat in den Annalen des Mönchs *Laurencio* historische UFO-Quellen aufgestöbert. Darin wird geschildert, wie die Sachsen 776 versuchten, die von dem späteren Kaiser *Karl dem Großen* eingenommene *Sigiburg,* heute Dortmund-Hohensyburg, zurückzuerobern. Doch das Sachsenheer wurde duch plötzlich auftauchende »fliegende Schilde« über der Kirche derart erschreckt, dass sie in Panik die Flucht ergriffen. Hunderte fränkische und sächsische Krieger werden in den alten Chroniken als Augenzeugen des feurigen Phänomens genannt.

7. Jahrhundert:

- *Beda Venerabilis,* Benediktinermönch von Wearmouth und »Vater der englischen Geschichte« (*672), berichtete in seiner *»Historia Ecclesiastica Gentis Anglorum«* über fünf verschiedene Erscheinungen von ungewöhnlichen Flugobjekten.

6. Jahrhundert:

- *Gregor von Tours* schrieb in der *»Historia Francorum«:* »Eine ziemlich hell leuchtende Kugel flog im Jahr 583 über französischem Gebiet.«

5. Jahrhundert:

- In vielen chinesischen Werken unterschiedlicher Epochen wird die Geschichte von dem sagenhaften Volk *Chi-Kung* und ihrern »fliegenden Wagen« erzählt. Im *»Tschen kâo«* von *Táo Hung Tsching* (*451) sind technische Details, Räder, Getriebe und Propeller der Himmelswagen beschrieben. Die Erzählungen solcher Flugapparaturen reichen bis ins zweite vorchristliche Jahrtausend zurück.

4. Jahrhundert:

- Im Weströmischen Reich kam es zu ersten Reformen des Christentums durch die Bekehrung *Konstantins des Großen.* Zeitgenossen des Kaisers haben den Auslöser dafür festgehalten: Seiner wahren Läuterung soll das Ereignis einer Erscheinung vorausgegangen sein, die Konstantin, wie es heißt, 312 n. Chr. wahrgenommen hatte. In einer Überlieferung heißt es: ». . . als er an der Spitze seiner Truppen marschierte, wurde ihm eine unbeschreibliche übernatürliche Erscheinung zuteil. Es war nämlich

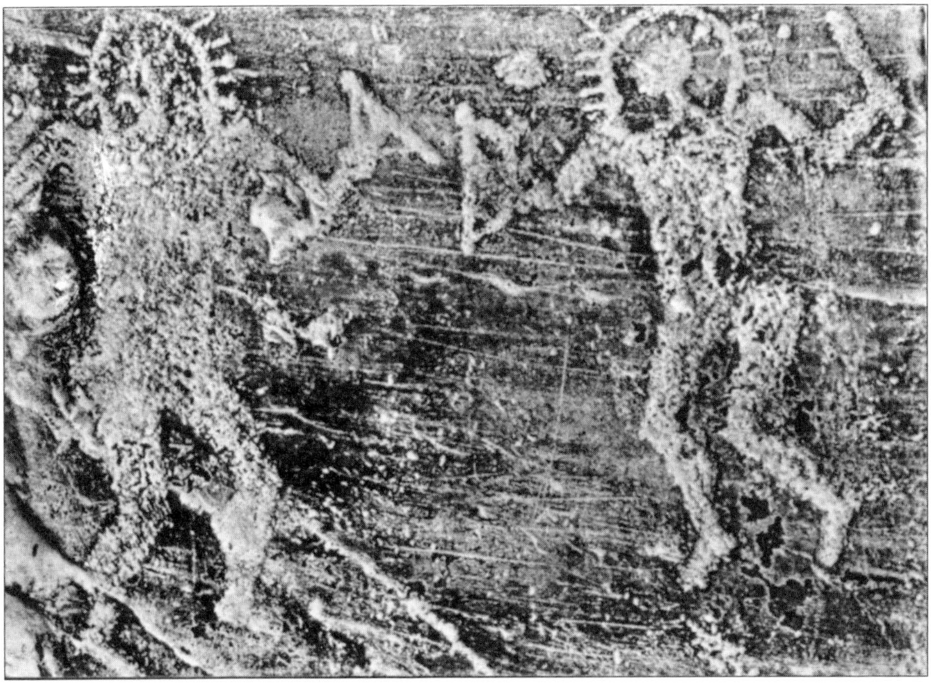

Bild 52: »Astronauti« nennt die einheimische Bevölkerung eine prähistorische Felsgravur im Zurla-Gebiet von Val Camonica in Italien.

zu der Zeit des Tages, in der die Sonne den Zenit überschritten hat und sich nach Westen zu neigen beginnt, als er eine Lichtsäule in Form eines Kreuzes erblickte . . .«

3. Jahrhundert:

- Der italienische Historiker *Alberto Fenoglio* beschreibt eine UFO-Sichtung aus dem Jahre 268 n. Chr. Über der syrischen Stadt Palmyra sollen »zwei große, feurige Kugeln« gesichtet worden sein. Eine hätte sich in »eine gewaltige Wolke verwandelt«, während »die andere Kugel hoch am Himmel verschwand«.

2. Jahrhundert:

- Verschiedene römische Legenden erzählen von einer Verschleppung durch geflügelte Wesen. Auf einer Reliefsäule des 2. Jahrhunderts sind *Antonius* und *Faustina* dargestellt, wie sie am Rücken eines geflügelten Genius in den Himmel entführt werden. Wer oder welche Macht bewirkte die Wegführung in andere Welten?

1. Jahrhundert:

- Der griechische Philosoph *Plutarch,* der um 50 bis etwa 125 n. Chr. lebte, erwähnt in seinen Werken den Absturz einer himmlischen »Sonnenbarke«. Ein Menschenalter vor seinem Besuch in Ägypten, so wird erzählt, habe man noch Trümmer aus

Bild 53: Eine Stele in Guatemala zeigt eine Gottheit im Astronauten-Look: Helm und enganliegender Anzug sind deutlich erkennbar.

rotgoldenem Metall auf einer der oberen Nilinseln liegen sehen. Reste von jenem Sonnenschiff, mit dem »Gott« *Osiris* einst aus dem Nachtmeer herabgekommen sei. Nach diesem bescheidenen Ausflug in das historische UFO-Museum sind wir in der Vorzeit gelandet, inmitten der Religionen und Mythen unserer Vorfahren. Hinweise auf fliegende Apparaturen und Gottheiten lassen sich in allen religiösen Weltanschauungen finden. In *peruanischen* Erzählungen heißt es, dass fremde Wesen, die »Götter«, vor langer Zeit aus metallischen »Eiern« geboren wurden, die einst vom Himmel herabgeschwebt seien. Bei den *Haida*-Indianern in Kanada ist die Erinnerung an himmlische Wesen lebendig, die anno dazumal mit einem »Donnervogel« und »Feuertellern von den Sternen kamen«. Auch in den Legenden der *Maya* ist von riesigen Adlern die Rede, die mit Donner und Gebraus vom Himmel stiegen. Und im babylonischen *Etana*-Epos wird Etanas Aufstieg zu den Sternen so anschaulich geschildert, dass man zwangsläufig an moderne Raumfahrt denken möchte. Chinesische Mythologien wiederum berichten von Sternenschiffen mit hell erleuchteten Fenstern, und in alten indischen Sanskrittexten werden fliegende Götterwagen, genannt *Vimanas,* erwähnt, die »sich wie ein Vogel aus eigener Kraft auf der Erde, im Wasser oder in der Luft bewegen« konnten. Schon Zehntausende Jahre alte Höhlenmalereien und Felsgravuren aus Afrika, Australien, Peru, Brasilien oder Norditalien zeigen Motive, die an »fliegende Untertassen« erinnern. Nicht zu vergessen jene Felsbilder und Skulpturen mit überirdischen und schwebenden Geschöpfen, fremdartigen Attributen und einem Helm oder Strahlenkranz um den Kopf.

Was waren das für seltsame Himmelsboten, von denen die Mythen und Legenden verschiedenster Kulturkreise erzählen? Waren es bloß Verehrungen und Vorstellungen von Geistern und Dämonen, entstanden aus irgendwelchen *Natur*mythen? Oder haben wir es doch mit einem Phänomen zu tun, das als Erinnerung an *leibhaftige* Besucher aus dem Kosmos aufgefasst werden könnte? Sind die »Götter« in Wahrheit *Astronauten* fremder Planetensysteme? Kam, wie in den Mythen immer wieder behauptet wird, das Wissen von den Sternen? Wurde die irdische Evolution von außerirdischen Intelligenzen beeinflusst? Hatten wir Berater aus dem All?

Mythen beim Wort genommen

»Wenn es ungefähr eine Million Welten in der Galaxis gibt, die derartige Errungenschaften aufzuweisen haben, werden sie sich ungefähr einmal in tausend Jahren untereinander besuchen. Daraus folgt, dass in der Vergangenheit sicherlich schon mehrmals Kundschafterschiffe die Erde erreicht haben – vielleicht 10000-mal während der gesamten Erdgeschichte.«

Bei *Erich von Däniken* wäre man solche Schlüsse gewöhnt, doch dieses Zitat stammt nicht von dem Schweizer Götterforscher. Der kühne Ausspruch fiel 1963, und zwar durch den berühmten, 1996 verstorbenen amerikanischen Astronomen Professor *Carl Sagan.*

Kaum ein anderes Thema hat die Fantasie der Menschen mehr beflügelt als die Frage, ob die Erde in prähistorischen Zeiten Besuch aus dem Weltall erhalten hat. Zugegeben, der Gedanke klingt fantastisch und provokant. Viele verbannen deshalb die außerirdische Visite ins Reich der Utopie. Andere hingegen sind davon überzeugt, dass es wert wäre, die alten Quellen genauer unter die Lupe zu nehmen und nach stichhaltigen Indizien zu suchen. Sie verweisen auf Ungereimtheiten wie:

- *Uralte Überlieferungen* und *Aufzeichnungen,* die Raumfahrtelemente enthalten, darunter die Bibeltexte des Propheten *Ezechiel,* worin jenes seltsame Himmelsgefährt beschrieben wird, das *Gott* als Transportmittel gedient haben soll. Weshalb, so fragen unbelehrbare Bibelrebellen, hat der *allmächtige* Gott es nötig, sich mit Gebrause, Donnergrollen und Rauchschwaden auf die Erde niederzulassen?
- *Rätselhafte Bauwerke, behelmte Götterskulpturen* und *archäologische Funde,* wie die Grabplatte des *»Fliegenden Gottes von Palenque«* oder die verkleinerten präkolumbianischen Flugzeug-Goldmodelle, die an exakte Wiedergaben moderner Düsenmaschinen erinnern.
- Erstaunliche *Kenntnisse* und seltsame *Rituale bei Naturvölkern.* Lebendige Erinnerungen an das Erscheinen von Himmelsboten sind uns durch Traditionen, Kulte und Bräuche erhalten geblieben, zum Teil heute noch in Form *lebendiger Mythologie*

und so genannter *Cargo-Kulte.* Bei genauerem Studium zeigt sich, dass diese fast vergessenen Traditionen keineswegs als »primitive« Kunst abgetan werden kann, sondern weitere Indizien für mögliche außerirdische Impulse in grauer Vorzeit liefern. Viele mathematische und astronomische Gegebenheiten lassen sich von den steinzeitlichen Monumenten ableiten. Woher hatten unsere Ahnen dieses Wissen? Erhielten die Priester der Vorzeit eventuell Hilfe »von außen«? Ist so etwas möglich? Oder geht diese Spekulation doch entschieden zu weit? Wenn wir den Sagen und Legenden Glauben schenken, waren es die »Götter«, die den Menschen ihr Wissen über Kunst, Wissenschaft und Technik vermittelten. Alte Kulturen, wie die Pharaonen, glaubten tatsächlich, die »Götter« seien ihre Vorväter gewesen, jene Wissenden, die einst vom Himmel – oder heute würde man sagen: aus dem Weltall – zu den Menschen gekommen sind. Die alten Ägypter lebten in der Überzeugung, sie selbst würden nach ihrem Tod ebenfalls eine Sonnenbarke besteigen und da draußen irgendwo im Universum auf ihre Urväter stoßen.

Solche Hinweise auf vorzeitliche Astronautenbesuche lassen sich unter dem populären Schlagwort *Präastronautik* oder *Paläo-SETI*-Forschung zusammenfassen. In seinem informativen *»Lexikon der Präastronautik«* hat *Ulrich Dopatka* das breite Spektrum dieses Wissensgebietes dokumentarisch aufgezeigt. Wo liegt nun der literarische Ursprung der Präastronautik? Wie bei vielen großen Ideen – Stichwort Raumfahrt – finden wir Anspielungen darauf bei den Science-Fiction-Schriftstellern. So schildert bereits in den 1950er Jahren der Perry-Rhodan-Autor *Clark Darlton* in mehreren Romanen den Besuch von Außerirdischen in der Frühgeschichte mit hinterlassenen Spuren und Relikten, die erst von einer späteren technischen Zivilisation zu deuten sind.

Bald darauf fand die These vom Besuch aus dem All steigendes Interesse in diversen Fachpublikationen. Sollte sich auch hier bestätigen, dass die Traumwelt von gestern die Realität von morgen ist?

In den frühen 1960er Jahren fand die These vom Besuch aus dem All steigendes Interesse in diversen Fachpublikationen. Zu den bekanntesten und profiliertesten Schriftstellern aus der Anfangszeit der Präastronautik zählen sicherlich *Robert Charroux, Peter Kolosimo, Jacques Bergier, Hans Schindler-Bellamy, Karl F. Kohlenberg, Alexander Kasanzew* oder *Walter Raymond Drake.* Für ständige Aufregung und Schlagzeilen im Medienwald sorgte das Thema aber erst durch die provokanten Bücher des aufmüpfigen Schweizers *Erich von Däniken.* Mit *»Erinnerungen an die Zukunft«* war ein Bestseller geboren, der 1968 um die Welt ging. Der Erfolgsautor, dessen Bücher die gigantische Auflage von 60 Millionen längst überschritten haben, macht seither nur noch eines: rund um den Globus zu reisen und Belege für den Besuch außerirdischer Götter zu sammeln, die seiner Auffassung nach in Religionen, Mythen und Legenden ihre Spuren hinterlassen haben.

Eine Überzeugung, die natürlich nicht der geltenden Lehrmeinung entspricht und Widerstand hervorruft. Doch je mehr ihn die »offizielle Wissenschaft« als Spinner belächelt, desto mehr wird Dänikens Ehrgeiz geweckt. Und weshalb sollten die Fragen nicht gestellt sein, die Däniken aufwirft? Wurde unsere Erde bereits vor Jahrtausenden von Außerirdischen besucht, und hinterließen sie überall ihre Spuren? Warum wird in den heiligen Schriften, und zwar weltweit, von den »himmlischen Lehrmeistern« gesprochen? Sind die in den Mythen beschriebenen Mischwesen *genmanipulierte* Geschöpfe? Schufen Außerirdische die menschliche Intelligenz »nach ihrem Ebenbild« durch einen gezielten Eingriff in unsere Erbanlage?

Obwohl derartige Thesen Skeptiker auf den Plan rufen, finden sich gerade in wissenschaftlichen Fachkreisen zunehmend Befürworter der Theorie erdbesuchender Allgeschöpfe. Dass hinter diesen »Göttern« offensichtlich mehr stecken könnte als nur fantasievolles Wunschdenken, wird in dem fundierten Sachbuch *»Aus den Tiefen des Alls«* anschaulich belegt. Mehr als dreißig Wissenschaftler aus aller Welt ziehen darin aus den Thesen der Präastronautik durchaus positive Schlüsse.

Trotzdem fehlt bislang ein greifbarer Beweis, der jeden Zweifel für das Eingreifen Außerirdischer beseitigen würde. Haben fremde Intelligenzen etwas hinterlassen, das wir finden können, wenn wir es finden *wollen?* Es gibt viele Möglichkeiten, *wie* und *wo* eine Botschaft kosmischer »Götter« deponiert worden sein könnte. Vielleicht im All oder auf einem unserer »toten« Nachbarplaneten. Der NASA-Physiker *Robert A. Freitas* vom *Xenology Research Institute* im kalifornischen Sacramento hat schon vor etlichen Jahren ein Projekt vorgeschlagen, das – ganz im Sinne Erich von Dänikens – bestimmte Punkte unseres Sonnensystems auf das Vorhandensein einer außerirdischen Sonde überprüfen soll. Solche Standorte will man im Rahmen des SETA-Projekts (Suche nach extraterrestrischen Artefakten) aufspüren. Haben »Sternengötter« vielleicht auch auf der Erde irgendwelche »Sonden« oder »Empfangsanlagen« deponiert? Hat man womöglich schon zu Urzeiten bestimmte Orte, Kultstätten oder Heiligtümer auf Abruf »präpariert«. Könnten paranormale Erscheinungen oder kosmische Pyramidenenergien damit im Zusammenhang stehen?

Wir kennen nicht wirklich die Hintergründe oder Motive, die hinter einer solchen, zugegeben spekulativen, Installierung außerirdischer Gegenstände stecken könnten. Gewiss ist nur, dass die »Himmlischen« ihre Sendeanlagen, ohne Gefahr entdeckt zu werden, problemlos anwenden könnten. Denn die Wahrscheinlichkeit, dass etwa die katholische Kirche gezielte Forschungen nach außerirdischen Spuren unterhalb ihrer oft auf heidnischen Kultstätten errichteten Gotteshäuser gestatten würde, muss wohl als äußerst gering eingeschätzt werden.

Und die gewaltigen Monumente der Antike, wie etwa die »Große Pyramide« von *Gizeh*? Wäre sie der geeignete Ort für eine außerirdische Hinterlassenschaft? In der »Kammer des Wissens«, irgendwo in einem geheimen Hohlraum in der Cheopspyramide, so wollen es alte Pyramidentexte wissen, soll der Weisheitsgott *Thot* einstmals »Bücher der Wissenschaft und der Erkenntnis« untergebracht haben, um sie vor Vergessenheit und Vernichtung zu bewahren. Könnte der Fund solche Quellen auf außerirdische Eingriffe in der Frühgeschichte des Menschen schließen lassen?

Biblische Luftschiffe

Als reichste Fundgrube bei der Suche nach außerirdischen Kontakten und Hinterlassenschaften hat sich die *Bibel* erwiesen. Denn wenn man UFO-Logisten Glauben schenkt, dann wimmelt es im heiligen Buch der Bücher nur so von »fliegenden Untertassen« und technischen Apparaturen.

Eine alte äthiopische Überlieferung, die auf das Jahr 800 v. Chr. zurückgeht, erzählt ebenso wie das *Alte Testament* vom Besuch der *Königin von Saba* bei König *Salomon*. Beide verliebten sich ineinander, doch die edle Dame wollte ihr Land nicht im Stich lassen. Beim Abschied schenkte Salomon der Königin unter anderem »einen Wagen, der durch die Lüfte fuhr«. Es heißt sogar, Salomon habe das Flugzeug »gemäß der ihm von Gott verliehenen Weisheit« selbst konstruiert. König Salomon als Flugzeugerbauer? Haben Wesen aus dem All Salomon dieses Wissen beigebracht?

Der Wiener Schriftsteller *Peter Krassa* schlägt in seinem faszinierenden Buch *»Gott kam von den Sternen«* eine fantastische Lösung der biblischen Rätsel vor. Alle Quellen des Alten Testamens, auch die verborgenen Bücher der Bibel, jene so genannten *Apokryphen,* beruhen zwar auf »wunderbaren und fantastischen« Ereignissen, hätten aber, so Krassa, eine *reale* Grundlage. Es handle sich also nicht bloß um Symbole und »Visionen«, sondern um Beispiele für herausragendes Wissen, wobei u. a. *Moses* als Mittler zwischen außerirdischen Mächten und den Menschen wirkte.

Der evangelische Theologe und Sachbuchautor *Walter-Jörg Langbein* aus Lügde Niese in Deutschland kommt in seinen Büchern zu ganz ähnlichen Schlüssen. Auch er hat sich die Mühe gemacht, das *Alte Testament* nach UFO-Erscheinungen zu durchforsten und seine Rätsel als extraterrestrische Ereignisse auszulegen. Für ihn sind nicht nur die Engel Boten des von einem fernen Planeten die Welt regierenden Gottes. Auch die Heiligen Drei Könige werden nicht vom Stern, sondern vom »UFO von Bethlehem« zur Krippe geführt, »weil es einem Stern nicht möglich gewesen wäre, haargenau über dem Stall zu halten!«

Moses erhielt die Zehn Gebote von Raumfahrern, die ihm in einem auf der Spitze des Berges Sinai gelandeten UFO die Gesetzestafeln aushändigten, und die »Vision« des Propheten *Ezechiel* werten Langbein und andere UFOgläubige Bibelinterpreten durch die beschriebene Detailliertheit geradezu zwingend als Beweis für die Landung von Himmelswagen. Langbein erinnert auch an den Propheten *Elias* (Kapitel 2, Vers 9, 10 und 11), der den Bibeltexten zufolge mit einem *»feurigen Wagen«* und *»feurigen Pferden im Sturm zum Himmel«* entrückt« wurde. Oder bei *Hiob* (Kapitel 37, Vers 22): »Von Norden kommt *goldener Schein,* um Gott her ist *schrecklicher Glanz.*« Nicht minder Furcht einflößend geht es bei *Jesaja* zu (66, 15). Da ist »Gott« ausgerüstet mit fliegenden Wagen, die als *»wirbelnder Sturm«* beschrieben werden. Und selbst wenn das Furcht einflößende Moment fehlt, bleiben die Himmelsgefährte, etwa in Psalm 104 (Vers 3 und 4): »Du fährst auf den Wolken wie auf einem Wagen und kommst daher auf den Fittichen des Windes und machst Winde zu deinen Boten und Feuerflammen zu deinen Dienern.«

Besonders plastisch wird der Kontakt mit der göttlichen »Herrlichkeit des Herrn« und seinem Transportmittel beim Propheten *Ezechiel* geschildert. Um 600 v. Chr. soll sich diese unheimliche Begegnung der dritten Art zugetragen haben. Schon der Beginn des Ezechiel-Berichtes erweckt Gedankenspiele an ein technisches Gerät: »Ich schaute, und siehe: Ein Sturmwind kam vom Norden her, eine gewaltige Wolke und loderndes Feuer mit Glanz ringsherum; von innen her war es wie blinkender Glanzerz aus der Mitte des Feuers. In ihm waren Gestalten, die vier lebendigen Wesen glichen. Ihr Aussehen aber war dieses: Menschengestalt war ihnen zu eigen. Ein jedes hatte vier Antlitze, und jedes besaß vier Flügel. Ihre Füße waren geradlinig und ihre Fußsohlen abgerundet; sie funkelten wie poliertes Erz . . .« (Kapitel 1, Vers 5, 6 und 7)

Hatten der Bibelprophet und seine Zeitgenossen Visionen, die auf Einbildung oder psychologische Ursachen zurückgeführt werden können? Beschrieben die alten Chronisten ein Landeraumschiff? Oder ist alles lediglich eine Sache des religösen Glaubens? Letzteres hätte aber dann mit Wissenschaft nicht viel zu tun.

Einer, der sich redlich bemühte, die extraterrestrische Deutung der Ezechiel-Texte zu widerlegen, ist der aus Steyr in Österreich stammende Raketenspezialist und ehemalige NASA-Projektleiter Ingenieur *Josef F. Blumrich*. Er wanderte 1959 aus und wurde später bei der amerikanischen Weltraumbehörde Leiter der Abteilung Projektkonstruktion. UFOs im Altertum? Das konnte und wollte der renommierte Raumfahrtexperte der NASA nicht glauben. Blumrichs Sicherheit, Dänikens Ausführungen schnell widerlegen zu können, wurde jedoch sehr bald durch die nähere Prüfung der Bibeltexte verdrängt. Seine Studien brachten Blumrich gegen seinen Willen zu der Überzeugung, dass Ezechiel tatsächlich ein Raumschiff gesehen hatte, das unserer heutigen Technologie überlegen war. Der Wissenschaftler fand zu seiner eigenen Überraschung und Verblüffung zahlreiche *technische* Angaben, die es eigentlich laut Bibelforschung zu jener Zeit gar nicht geben durfte. Offensichtlich gab es diese Kenntnisse aber doch, wie sein US-Patent für ein allseitig bewegliches Rad, das er aus den Ezechiel-Texten rekonstruierte, bewiesen hat.

Blumrich, der ursprünglich einen Däniken-Protest schreiben wollte, löste 1973 mit seinem Buch *»Da tat sich der Himmel auf«* eine breite Diskussion in aller Welt aus. Der kritische Wissenschaftler wurde letztlich selbst zum Befürworter der These, dass die Erde einst Besuch aus dem All erhielt. Seine Erkenntnisse aus dem technischen Wissen vom Raumschiffbau ermöglichten eine systematische Analyse von dem UFO-Kontakt des Propheten Ezechiel. Blumrich zusammenfassend: »Man kann das allgemeine Aussehen der von Ezechiel beschriebenen Raumschiffe aus seinem Bericht herauslesen. Man kann dann, und zwar als Ingenieur, völlig unabhängig vom Bericht ein Fluggerät solcher Charakteristik nachrechnen und rekonstruieren. Wenn man dann feststellt, dass das Resultat nicht nur technisch möglich ist, sondern sogar in jeder Hinsicht sehr sinnvoll und wohl durchdacht, und ferner im Ezechiel-Bericht Details und Vorgänge beschrieben findet, die sich mit dem technischen Ergebnis ohne Wider-

Bild 54: Der ehemalige NASA-Stratege Ing. Josef Blumrich bewies: Die technische Rekonstruktion des »Ezechiel-Raumschiffes« ist möglich.

spruch decken, dann kann man nicht mehr nur von Indizien sprechen. Ich habe gefunden, dass Ezechiels Raumschiff sehr glaubhafte Dimensionen hat und einem Stand der Technik angehört, den die heutige Menschheit erst in wenigen Jahrzehnten erreichen wird.«

Der deutsche Bauingenieur *Hans-Herbert Beier* hat die Ezechiel-Forschung weiter vorangetrieben. In seinem Sachbuch *»Kronzeuge Ezechiel«* folgte er Blumrichs Spuren und rekonstruierte mit wissenschaftlicher Sorgfalt Stück für Stück jene biblische Tempelanlage, zu welcher der Bibelprophet Ezechiel von den Fremden via Raumfahrzeug gebracht worden war.

Doch wie kamen die Sternengötter auf die Erde? Welcher technischen Möglichkeiten bedienten sich außerirdische Raumfahrer, um die gewaltigen kosmischen Distanzen zu überbrücken? Dazu der frühere Raketenkonstrukteur Josef F. Blumrich auf diese Problematik angesprochen: »Die Behauptung, wir wissen nicht, woher sie kamen, also können sie nicht hier gewesen sein«, ist fragwürdig. Die veränderte Denkgrundlage für die weitere Forschung wird eines Tages so lauten: »Sie sind hier gewesen, also müssen sie auch hergekommen sein.«

Himmelsbrot, Heiliger Gral und die Lade Gottes

Überzeugte Kritiker der »Astronautengötter-Theorie« verlangen einen handfesten *Beweis*. Erst wenn dieser vorgelegt werden kann, wäre man bereit, den möglichen Besuch aus dem All ernsthaft in Erwägung zu ziehen. Dieser Nachweis wäre zweifellos ein *außerirdischer* Gegenstand. Aber würde man eine derartige Hinterlassenschaft einfach als nichtirdisch erkennen? Wie könnte ein solches Beweismittel beschaffen sein? Ein Computer aus der Steinzeit? Oder vielleicht ein Gerät wie die »Lade Gottes«, die *Bundeslade* der Israeliten?

Vor 25 Jahren sorgten zwei britische Ingenieure, *George Sasssoon* und *Rodney Dale,* für Aufregung in der Gelehrtenwelt. Grund des Anstoßes war die provokante These in ihrem Sachbuch *»Die Manna-Maschine«*. Darin behaupteten die beiden Forscher doch allen Ernstes, dass das biblische *Manna,* das »Himmelsbrot«, einst von einer atomgetriebenen Maschine, außerirdischen Ursprungs, hergestellt worden sei. Wie kommt man auf eine solch fantastische Idee? Sassoon und Dale wollen im Hauptwerk der geheimen jüdischen *»Kabbalah«,* im Buch *Sohar,* fündig geworden sein. Dort entdeckten die Ingenieure tatsächlich eine exakte Beschreibung sowie eine Gebrauchsanleitung, die ihre kühne Behauptung stützt. Demnach arbeitete die ungewöhnliche Apparatur, die in der »Kabbalah« meist »Alter der Tage« genannt wird, auf der Grundlage der Vermehrung und Verbreitung einer Algenkultur, nämlich der Chlorella-Algen, die durch Zufuhr von Tau – also Wasser – und der Bestrahlung einer starken *nuklear* betriebenen Lichtquelle am Leben erhalten wurde. Die verblüffende Schilderung in der alten jüdischen Überlieferung ist so detailliert, dass es den versierten Technikern Sassoon und Dale tatsächlich gelang, die Maschine in allen Einzelheiten zu rekonstruieren.

Die Forscher vermuten weiter, dass in jener Zeit die »Manna-Maschine« den Israeliten zu Beginn ihrer Wüstenwanderung von außerirdischen »Göttern« übergeben und während der vierzigjährigen Odyssee in der Bundeslade aufbewahrt wurde. Später soll dieses Heiligtum, so wissen es jedenfalls die alten Texte, einen würdigen Platz im berühmten Salomonischen Tempel gefunden haben. Den letzten Hinweis auf die Manna produzierende Maschine finden wir im *Makkabäer*-Buch, wo der Prophet *Jeremias* 587 v. Chr. die Bundeslade in einer Höhle des Berges *Nebo* in Sicherheit gebracht haben will. Danach schweigt die Bibel und alle weiteren Spuren verlaufen sich im Sand des Sinaigebietes.

Aber kann ein derart außergewöhnlicher Gegenstand so einfach verschwinden? Gibt es irgendwelche Zeichen dafür, dass das »heilige Gerät« im Laufe der folgenden 2500 Jahre wieder irgendwo aufgetaucht ist? Diese Frage stellten sich auch zwei deutsche Forscher und Sachbuchautoren, nämlich der Germanist *Peter Fiebag* und sein Bruder, der Naturwissenschaftler *Dr. Johannes Fiebag*. Auf der Spur eines jahrtausendalten Geheimnisses wandelnd, wurde das Autorenteam in der *Parzivallegende* des Hochmittelalters fündig. Dort wollen die beiden Wissenschaftler weitere Indizien

Bild 55: Die Bundeslade war nicht einfach nur ein Behälter. Befand sich in ihr die »Manna-Maschine«?

für die Existenz der »Manna-Maschine« entdeckt haben. Der *Heilige Gral,* jener sagenhafte »Stein der Weisen«, soll dabei eine tragende Rolle spielen. In ihren spannenden Büchern *»Die Entdeckung des Gral«* und *»Die Ewigkeits-Maschine«* liefern die Fiebag-Brüder brisante Impulse und neue Aspekte für den jungen Forschungszweig der Präastronautik. Sie schöpften aus vielen informativen Quellen und kamen zu einem erstaunlichen Ergebnis: Die geschichtlich dokumentierten Vorgänge aus dem 12. Jahrhundert lassen unzweifelhaft darauf schließen, dass der Gral nicht als idealisiertes Symbol, Wunderschüssel oder der Kelch Christi aufzufassen sei, sondern vielmehr mit der »Manna-Maschine« *identisch* gewesen sein muss. Vergleichbare Textstellen aus der »Kabbalah« beweisen es: »Und von diesem Tau mahlen sie das Manna der Gerechten für die kommende Welt. Damals ernährte der Alte der Tage sie von dieser Stelle aus. Und es wird gesagt: Seht, ich will euch Brot vom Himmel regnen lassen. Und auch: Gott gebe dir vom Tau des Himmels.«

Die Gralssucher Peter und Johannes Fiebag fanden exakt die gleiche Aussage in der mittelalterlichen Erzählung von *Wolfram von Eschenbach.* Er schreibt über den Heiligen Gral: »Hundert Knappen wurden aufgeboten. Die nahmen auf weißen Linnen Brot ehrfürchtig von dem Gral. Man sagte mir und ich sage es auch euch, dass vor dem Gral bereit lag, wonach ein jeder die Hand ausstrecke. Etwas Derartiges hat es nie gegeben, möchte mancher wohl sprechen. Aber er irrt. Denn der Gral war die Frucht der Seligen, eine solche Fülle irdischer Süßigkeit, dass er fast all dem glich, was man sagt vom Himmelreich.«

Aus einer Fülle gleichartiger Textstellen und Überlieferungen ergaben sich für Peter und Johannes Fiebag dreierlei Fakten;

Erstens: Manna-Maschine und Gral produzierten die gleiche Nahrung.

Bild 56: Das Autorenduo Dr. Johannes und Peter Fiebag entdeckten verblüffende Gemeinsamkeiten zwischen »Manna-Maschine« und »Heiliger Gral«. Waren die beiden Geräte identisch?

Zweitens: Manna-Maschine und Gral wurden mit gleichen oder ähnlichen Attributen charakterisiert.

Und drittens: Manna-Maschine und Gral waren künstliche Geräte, offensichtlich außerirdischem Ursprungs.

Gewiss ein fantastisch anmutender Sachverhalt. Dennoch: Die Chroniken des Mittelalters machen diese Behauptung plausibel. Da ist vom »Stein des Himmels« die Rede. Andere Gralslegenden sprechen sogar wörtlich von einem »Stein, der von jenen Sternen herabgekommen ist«. Selbst Wolfram von Eschenbach vermag uns einen deutlichen Hinweis über die wahre Identität des Grals zu geben. Schreibt er doch eindeutig: »Ihn [den Gral] brachte einstmals eine Schar, die wieder zu den hohen Sternen flog, weil ihre Unschuld sie heimwärts zog.«

Nimmt man die Überlieferung beim Wort, dann heißt das nichts anderes, als dass der Gral von Wesen aus den Tiefen des Alls (derer sogar eine ganze Schar) zur Erde gebracht wurde, bevor sie zu ihren heimatlichen Sternen zurückkehrten. Jede andere Deutungsmöglichkeit schließt der Hinweis bei Wolfram von Eschenbach aus.

Weitere Recherchen, Kommentare und Vergleiche durch die mittelalterliche Literatur, führten Peter und Johannes Fiebag auf die Fährte des *Templerordens*. Diese

Ritterschaft, so stellt das Autorenteam klar, war die eigentliche Hüterin des Grals. Sie war auch diejenige, so glauben es die beiden Gralsforscher aufgrund sachlicher Quellenstudien belegen zu können, die das heilige Gerät in einer geheimen Aktion nach Europa transportierte, wo es weiterhin unter dem Namen *»Baphomet«* verehrt wurde.

Wenn die bisherigen Entdeckungen den weiteren Überprüfungen standhalten können, dann hat es das Schriftstudium beider Autoren erstmals möglich gemacht, die Geschichte eines mutmaßlichen außerirdischen Gegenstandes über einen Zeitraum von beinahe 3000 Jahre zu verfolgen. Doch das letzte Kapitel in der Gralsfrage ist noch nicht geschrieben. Wo befindet sich die »Manna-Maschine« heute? Hat sie die Jahrtausende überlebt? In einem gesicherten Versteck? Gralssucher haben mögliche Standorte in Frankreich, Schottland, Mexiko und Oak Island lokalisiert.

Eine vielleicht heiße Spur scheint der britische Afrika-Spezialist *Graham Hancock* entdeckt zu haben. In seinem Buch *»Die Wächter des heiligen Siegels«* versucht der Autor den Knoten um das jahrhundertealte Verwirrspiel mit der Bundeslade, dem heiligsten Schrein jüdisch-christlicher Tradition, zu lösen. Aufwendige Recherchen ermöglichten es Hancock nämlich, den Weg der »Lade Gottes« zu rekonstruieren. Demnach hätte sich *Menelik I.*, der Sohn der Königin von Saba und König Salomons, einst der Lade bemächtigt, um diese dann nach *Äthiopien* zu entführen. Dort errichtete Salomons Sohn ein jüdisch-äthiopisches Königreich, auf welches sich die »schwarzen Juden« Afrikas, die *Falaschen,* bis zum heutigen Tag berufen. Seither ist ihre Geschichte und Religion mit der Bundeslade traditionell verbunden. Tatsächlich bewahrt jede äthiopische Kirche in ihrem Allerheiligsten eine Nachbildung der »Gotteslade« auf. Diese Duplikate gelten als fast ebenso heilig wie die eigentliche Bundeslade. Hancock will nun dem Geheimnis endgültig auf die Spur gekommen sein, als er die Prozessionen des so genannten *Timkat*-Festes miterlebte. Nur an diesem höchsten äthiopischen Feiertag wird nämlich die mit kostbaren Tüchern verhüllte und geschützte »Lade« in einem Prozessionszug durch die Straßen von *Aksum* getragen. Doch soll auch dieses bei den Zeremonien in ein Tuch gehüllte Heiligtum ebenfalls bloß eine Nachbildung sein. Die *authentische* biblische Bundeslade hingegen, so schwören es äthiopische Priester hoch und heilig, wird gegenwärtig noch in einem speziell für sie errichteten Sanktuarium in Aksum aufbewahrt und vor unbefugten Augen geschützt. »Die echte Lade«, so erklärte es der Tempelwächter *Tesfa Mariam* dem Forschungsreisenden Graham Hancock, »wird niemals von ihrem Platz entfernt, nicht für die Timkat-Prozession und auch zu keiner anderen Gelegenheit. Sie ist zu wertvoll, zu heilig und birgt zu viele unkontrollierbare Kräfte in sich. Sie bleibt immer hier bei mir, und ich muss immer in ihrer Nähe sein.«

Wird man eines Tages diese archäologische Sensation genauer wissenschaftlich untersuchen und analysieren können? Und wird man auch anderen Hinweisen nachgehen, die vielleicht zur verschollenen Bundeslade führen? Vorläufig bleibt abzuwarten, ob das letztes Geheimnis dieses Heiligtums (»Manna-Maschine« oder Heiliger Gral) demnächst wirklich gelüftet wird.

Der Schweizer Forscher *Armin Schrick,* der seit Jahren vor allem in Frankreich engagiert den Spuren des Grals und des Templerordens folgt, ist skeptisch: »Die Suche nach dem Gral gleicht einer mühseligen Schnitzeljagd durch die Zeiten und Kulturen mit wenig wirklich konkreten Fakten.« Schrick befürchtet, dass leidenschaftliche Gralsdetektive dem differenzierten Anforderungsprofil der Forschung nicht gewachsen sein könnten. »Es verlangt einen außergewöhnlich hohen Kenntnisstand der Geschichte des Mittelalters«, gibt Schrick zu bedenken und betont: »Insbesondere des Hochmittelalters, der alten Sprachen, der diversen kulturellen, soziologischen und religiösen Einflüsse auf die Geschichte des Abendlandes, der Motivationen der Menschen und ihrer Verhaltensweisen und vor allem eine gesunde Portion Skepsis.«

Der Schweizer Experte schließt daher die Wahrscheinlichkeit nicht aus, dass die Suche in eine falsche Richtung laufen könnte und sich selbst ernannte Gralsritter von einer verführerischen Verschwörungstheorie auf nebulose Pfade ablenken lassen könnten. Schrick: »Offensichtlich hat die Legende Recht, die besagt, dass der Gral sich nur demjenigen offenbart, der des ›reinen Herzens‹ sei, was immer auch damit gemeint sein mag. Tatsächlich ist eine Suche auf den Spuren des Grals nicht nur eine Suche nach einem Gegenstand, ob nun esoterisch-rituell oder extraterrestrisch zu verstehen, sondern eine Suche zum besseren Verständnis eines übergeordneten kosmischen Wirkens.«

Ist es möglich, dass ein Gerät wie die »Manna-Maschine« längst gefunden wurde und von einer geheimen Organisation wie ein Schatz gehütet wird? Könnte die magische Apparatur vielleicht sogar selbst von dieser im Hintergrund operierenden Macht konstruiert worden sein, um das Schicksal der Menschheit zu beeinflussen? Ein kryptischer Gedanke, den Armin Schrick aber nicht ausschließen möchte: »Der Mythos solcher Gruppierungen ist uralt und erfüllt offenbar ein tiefes, inneres Bedürfnis der Menschen nach dem Geheimnisvollen in einer immer rationelleren Welt, aus der spirituelle Elemente verbannt wurden. Trotzdem dürfen wir nicht vergessen, dass real existierende technologische Erfindungen wie etwa die Atombombe gerade aus diesen hermetischen, für die Öffentlichkeit nicht zugänglichen Kreisen stammen, die über ein hoch spezialisiertes und weit entwickeltes Wissen verfügen. Die Existenz solcher Verbindungen in der Menschheitsgeschichte darf daher als beinahe sicher gelten, auch wenn uns dafür der klare Beweis fehlt.«

Universalgenie Thot

Fällt ein Gespräch auf das Thema Weisheit, Allwissenheit oder Erfindungsgabe, kommen mir stets zwei ungewöhnliche Persönlichkeiten in den Sinn: der geniale italienische Allroundkünstler *Leonardo da Vinci* und ein affenartiges Wesen. Ein Paviangott, hinter dem sich – was altägyptische Überlieferungen verdeutlichen – der rätselhafte Gott der Wissenschaften, *Thot,* verbirgt. Das tatsächliche Aussehen dieser

Bild 57: Der altägyptische Weisheitsgott Thot in Gestalt eines Mannes mit Ibiskopf.

Bild 58: Der Gott des Wissens wurde nicht nur als Ibis, sondern in Verkörperung eines großen weißen Pavians verehrt.

geheimnisvollen Mythengestalt kannte und kennt niemand. Stets tarnte sich Thot in zweierlei Gestalt: Er trat immer nur als *ibisköpfiger* Mann mit Mondscheibe oder als weißer *Affe* in Erscheinung. Von ihm berichten Legenden, er sei vor urdenklichen Zeiten auf einer »Lotosblume« vom Himmel gestiegen und habe den altägyptischen Priesterkasten sein Wissen weitergegeben.

Thot war für die alten Ägypter der Künder eines tugendhaften Lebens, eines erfüllten Daseins, denn er war es, der die Menschen Schreiben, Lesen und die rethorische Kunst der Rede lehrte. Den Priestern Ägyptens galt er als Erfinder der Sprache, der Mathematik, der Astronomie und der Technik. Er war der »Steuermann in der Barke des Sonnengottes Re« und soll aus himmlischer Höhe mit einem »Strahlensender«, so die wörtliche Bezeichnung in einer altägyptischen Sage, die Feinde des Sonnengottes vernichtet haben. Seine friedlicheren Züge wurden mehr geschätzt: So hat er den Menschen das Licht gebracht und ihnen Religion, Kunst und Musik vermittelt. In den Pyramidentexten wird Thot vor allem als »Herr der göttlichen

Bild 59: Ibisdarstellungen des Kulturbringergottes Thot, der altägyptisch Dehuti genannt wurde.

Worte« und »der Heiligen Zeichen« gewürdigt, die er sogar erfunden haben soll – die *Hieroglyphen.* Eine Legende erzählt, dass Thot ein »Zauberbuch« und 22 wissenschaftliche Werke verfasst haben soll, die alle Weisheit der Welt enthielten. Und auch das berühmte *Ägyptische Totenbuch* soll seine Handschrift tragen.

Thots wahre Herkunft ist unbekannt. Mythische Texte bezeichnen ihn als den »Dolmetscher der Götter«, »Herr der Gottesworte«, »Herr der Wahrheit«, »Hüter der Gesetze« und »Kenner aller Rituale«. Dieses antike Superwesen hatte zweifellos einen unmittelbaren Bezug zur *Magie.* Denn es wird überliefert, dass Thot mit Hilfe seltsamer *Zaubergeräte* und dank seiner umfassenden Fähigkeiten imstande war, medizinische Wunder zu vollbringen. Von einigen Chronisten wird er deshalb mit dem gleichfalls genialen Architeken *Imhotep* in Verbindung gebracht, dem Baumeister der Stufenpyramide von *Sakkara.* Seine Grabstätte konnte bis heute nicht gefunden werden. Ebenso wie der Ursprungsort Thots rätselhaft bleibt. So viel ist bekannt: Die Griechen setzten den Paviangott mit *Hermes* gleich, und in der magischen Literatur der Spätantike lebte Thot unter dem Namen *Hermes Trismegistos,* »der dreimal große Hermes«, weiter. Doch haben diese esoterischen Lehren mit den Erfindungen des ägyptischen Weisheitsgottes wohl nichts mehr zu tun. Es sind bestenfalls verblasste Reste von dem universellen Wissensgut einer geheimnisvollen Göttergestalt.

Wer verbirgt sich nun hinter diesem Universalgenie? Ist Thot eine aus Naturmythen entstandene Fantasiefigur? Eine mystische Symbolgestalt, die soziales Verhalten regeln und verständlich machen sollte? Oder war dieser Weisheitsgott tatsächlich ein Wesen aus Fleisch und Blut gewesen? Eine nicht irdische Erscheinung, die in den Mythen der Welt ihre Fingerabdrücke hinterlassen hat? Gehörte der Fremde zu jenem Rest versprengter Atlantiden, die der von *Platon* so anschaulich geschilderten Katastrophe in ihrer Heimat *Atlantis* zu entkommen vermochten? Kam Thot womöglich von den Sternen? War er ein fremder Kosmonaut?

In den uns zugänglichen Überlieferungen aus dem alten Pharaonenreich finden sich hierzu eine Reihe von verschlüsselten Hinweisen, die den Gedanken an einen Kulturbringer aus dem All tatsächlich erlauben. So soll Thot, der nach altägyptischen Aufzeichnungen ursprünglich selbst mit dem Sonnengott Re *gleichgesetzt* wurde, einst in Gefolgschaft von acht Urgöttern aus einem »strahlenden Stein« oder einem »geheimen Ei« gestiegen sein, das sich auf einem Urhügel in *Hermopolis* niedergelassen hätte. Und an einer anderen Stelle ist in den Pyramidentexten von einem »großen himmlischen Thron« die Rede, von dem »der große Weiße«, »der leuchtende Thot«, herabgestiegen sei. Diese »Thronstätte« wird selbst von strenggläubigen Ägyptologen als *Kosmos* interpretiert. Demzufolge kam der himmlische Fremde direkt aus dem Weltall zur Erde. War dieser Thot also ein *Außerirdischer?*

Wie bei allen Mythen und Texten mit ungewöhnlichem Inhalt stellt sich hier die Frage, ob solche Schilderungen auf reiner Erfindung beruhen. Oder müssen diese alten Aufzeichnungen weit eher als vergessene, missverstandene Erinnerungen an eine *erlebte* Wirklichkeit aufgefasst werden? Bei vielen Gelehrten rauchen die Köpfe. Probleme bereitet ihnen schon der Name Thot, altägyptisch *Dehuti*. Sprachlich scheint er eine Ableitung von einem Ortsnamen zu sein, den man jedoch vergeblich topografisch in Ägypten sucht. Dieses Wesen scheint urplötzlich von »oben herab« gekommen zu sein. In der Thinitenzeit, um 3000 v. Chr., soll Thot erstmals die Bildfläche von *Hermopolis* betreten haben. Exakt zu jenem Zeitpunkt, als sich Ägypten scheinbar wie aus dem Nichts zum »Wunder« der plötzlichen Pharaonenhochkultur entwickelte.

Was wissen wir über Hermopolis, jenem geheimnisvollen Schauplatz, wo Thot mit Gefolgschaft erstmalig in Erscheinung trat? Nun, der Ort wird heute *Eschmunen* genannt, liegt etwa 300 Kilometer südlich von Kairo in Mittelägypten. Neben *Memphis* und *Heliopolis* gilt Hermopolis als die älteste Kultstätte Ägyptens und soll auf einem Urhügel, dem Ortsgebiet von *Wenu,* errichtet worden sein. Und zwar genau an jener Stelle, wo sich der Legende nach das »kosmische Ei« oder eine »Lotosblume« niedergelassen hatte und daraus der Sonnengott entstiegen war. In einer erhalten gebliebenen Inschrift heißt es dazu: »Deine Stätte ist seit der Urzeit auf dem Hügel von Wenu; du bist an Land gestiegen aus dem Meer der Messer, und du bist erschienen in dem Wasser aus dem *geheimen Ei*.«

Was war das für ein himmlisches Gefährt, mit dem Thot zur Erde herabgestiegen ist? In einer der Überlieferungen des Hohepriesters *Pet-Osiris* wird darauf Bezug genommen: »Das Ei hat in einem Nest auf dem Urhügel auf der ›Flammen-Insel‹ in dem Messersee gelegen.« Die Schalen dieses mysteriösen Eies wurden, so erfahren wir wieder aus den Texten, als Reliquien an der heiligen Stätte verehrt und steinerne Nachbildungen im großen Park von Hermopolis aufgestellt. Es wird ausdrücklich darauf hingewiesen, dass dort »die beiden Hälften des Eies mit allen Wesen in ihm« beigesetzt wurden.

Überreste davon wurden bislang nicht gefunden. Sehr wahrscheinlich hat man es bisher auch gar nicht der Mühe wert befunden, gründlich danach zu suchen. Von der

Heimstätte des Thot sind leider nur noch kärgliche Ruinen erhalten geblieben. Doch die wenigen Funde, die bei Ausgrabungen ans Tageslicht gelangten, geben viele Rätsel auf. So hat man in einem unterirdischen Areal, das sich über mehr als 15 Hektar erstreckt, Abermillionen mumifizierter Storchvögel und Paviane ausgehoben, die heiligen Tiere des altägyptischen Weisheitsgottes. Wer sie angelegt hat und wozu, weiß niemand.

In den 1930er Jahren hatten auch deutsche Archäologen bei einer groß angelegten Hermopolis-Expedition eine ungewöhnliche Entdeckung gemacht. Sie legten die Überreste eines unbewohnten heiligen Bezirkes frei, etwa 630 Meter im Quadrat, der wie eine gewaltige Festung mit dicken Mauern umgeben war. Was immer sich in jenen Tagen hinter diesen Mauern befunden hatte, musste geschützt werden und war offenbar nicht für jedermanns Augen bestimmt. Inmitten dieser Gemäuer befand sich der »See der beiden Messer«. Aus ihm erhob sich der pyramidenähnliche »Urhügel«, am Fuße umspült von einem lodernden »Flammenmeer«, auch als »Insel des Aufflammens« bezeichnet. Auch die wahre Bedeutung für den Beinamen des Sonnengottes, mit dem Thot ursprünglich gleichgesetzt wurde, scheint nun offensichtlich: »Der große Schnatterer« und »Großer Herr des Himmels«. Waren dies Versuche der Altägypter, eine für sie damals unverständliche Technik sowie das Aussehen und die Akustik raumschiffähnlicher Flugvehikel zu beschreiben? In ganz ähnlicher Weise, wie Amerikas Indianer beim ersten Anblick der *Eisenbahn* nicht von einer Lokomotive gesprochen hatten, sondern von einem *»Feuerross«,* obwohl damit bekanntlich kein Pferd, sondern ein für sie unbegreiflicher Gegenstand beschrieben wurde?

Viele seltsame Geräte, die sich angeblich im Besitz unseres Allroundgenies befanden, erwecken den Eindruck modernster Technik. Der *Seh-Vogel* und der *Hör-Vogel* gehören zu diesen Mysterien. Der Sage nach waren es fliegende Werkzeuge der Götter. Mit dem Seh-Vogel soll man imstande gewesen sein, »bis ans Ende der Finsternis zu sehen«, und es war sogar möglich, »durch das Meer hindurchzublicken bis zum Urwasser Nun« (mit »Nun« wird altägyptisch der Weltraum bezeichnet). Thots geheimem »Zauberspiegel« werden ähnliche Fähigkeiten nachgesagt. Vom Hör-Vogel wiederum heißt es, er könne »hören, was am Himmel vorging«. Selbst als sich der Sonnengott Re »immer weiter zum Himmel entfernt« hatte, konnte der Hör-Vogel noch Botschaften empfangen. Gleiches wird in den Pyramidentexten vom »Haus des Horus« erzählt. In den Schriften wird ausdrücklich hervorgehoben, dass sich dieses Haus *»am Himmel«* befunden habe, in dem zu bestimmten Zeiten »das Wort der Götter« gehört werden konnte. Hier wurden Gerätschaften beschrieben, die unzweideutig der Nachrichtenübermittlung gedient haben müssen. Man kann sich deshalb des Eindrucks nicht ganz erwehren, dass die alten Texte die Anwendung von Kommunikationsmitteln wiedergeben, die sich durchaus mit unseren modernen Funkgeräten, mit dem Fernsehen und den Satelliten vergleichen lassen.

Modern und fremdartig wirkt auch die Persönlichkeit des Thot. Sein Aussehen wird mit »Lichthaftigkeit« gleichgesetzt und manche Überlieferung sagt ganz klar: Sein

Bild 60: Die Federn des Falkengottes Horus werden wie jene des Ibis mit »Lichthaftigkeit« gleichgesetzt.

»Antlitz« war »mit Strahlenkräften aufgeladen«. Somit wird verständlich, weshalb man Thot den Beinamen »der Strahlende« gegeben hatte. Ebenfalls nahe liegend ist seine große Verehrung in der Gestalt des *Ibis*. Denn die Federn des Storchvogels werden, wie die Falkenfedern des Horusgottes, mit »in den Himmel auffliegen« interpretiert und gelten seit alters her als »Lichtsymbol«. Erinnern wir uns: Thot soll einst aus einem »goldglänzendem Stein« oder einem »geheimen Ei« gestiegen sein. In einer Sage wird er als »Sohn des Steines, der aus den Eierschalen hervorging«, bezeichnet. Sollte damit die Beschreibung des himmlischen Gefährts gemeint gewesen sein, während sein wahres humanoides Aussehen eher in der Gestalt des weißen Pavians zu finden war?

Im *»Magischen Papyrus 500«* lesen wir: »Heil dir, du Pavian von 7 Ellen, dessen Auge aus Gold ist und dessen Lippe aus Feuer ist, und alle deine Worte sind aus Glut.«

Die Darstellung Thots als »riesiger Pavian« wird in einem Text auf dem Denkstein des Königs *Mer-en-Ptah* im Amun-Tempel von Hermopolis bestätigt: »Ich trete ein vor dir [dem König] in der Gestalt eines *großen weißen* Pavians.«

Den Angaben zufolge wäre Thot fast dreieinhalb Meter groß gewesen. In anderen Texten – etwa auf einem Denkstein aus der Ära des Königs *Nacht-nebof* – wird Thot als »zweimal groß« bezeichnet, später dann als »dreimal großer« Hermes Trismegistos.

Bild 61: Allroundgenie Thot war auch derjenige, der imstande gewesen sein soll, mit seiner Magie die Sonnenbarke zu steuern.

Wir sehen hier die sich im Laufe der Zeit ergebende »Zunahme der Körpergröße« allein aufgrund mythologischer Übertreibung. Dennoch scheint die Annahme berechtigt, dass es sich bei Thot ursprünglich um eine sehr große Person gehandelt hat, was den Gedanken seiner »fremdartigen« Herkunft stützt.

Aber wie ist es mit den sonstigen Attributen, mit denen Thot belegt wurde – »Auge aus Gold«, »Lippe aus Feuer«, »Worte aus Glut«? Sie erinnern auffallend an eine Textstelle aus dem altjüdischen *Henochbuch*: »Da erschienen mir zwei sehr große Männer, wie ich solche niemals auf der Erde gesehen hatte. Ihr Angesicht leuchtete wie die Sonne, ihre Augen glichen brennenden Fackeln; aus ihrem Mund ging Feuer hervor . . .«

Der Patriarch *Henoch* beschreibt ferner, die Kleider der »großen Männer« seien »weiß« gewesen, hätten »einer Verteilung von Schaum« geähnelt, und ihr Gewand wie ihr Antlitz habe geleuchtet »wie Schnee«. Im Grunde sagen die ägyptischen Überlieferungen bezüglich Thots nichts anderes. Die »großen Männer«, denen der biblische Henoch begegnete, nannten sich auch »die Wächter des Himmels«. Sie nahmen den Patriarchen mit zu einer Reise um die Erde und ins All, und man geht wohl nicht fehl in der Annahme, diese Überlieferung beruhe auf einem Kontakt mit Vertretern einer außerirdischen Intelligenz.

Somit begegnet uns in Thot eine im mythologischen Dunkel der Geschichte verloren gegangene »Gottheit« der Urzeit wieder, ein »Wächter des Himmels«, der bei allen antiken Kulturen – wenn auch unter verschiedenen Namen – bekannt war. Am tiefsten scheint er sich in das Gedächtnis der Völker Ägyptens eingeprägt zu haben, und die Priester huldigten ihm als »Gott des Wissens und der Weisheit«. Eine verdiente Ehrung für einen aus dem All gekommenen Kulturbringer!

Der Spaceshuttle des Pharao

Beim Propheten Henoch ist von »Wächtern des Himmels« die Rede, die auf die Erde niederstiegen. Alle großen Menschheitsüberlieferungen sprechen von ihnen in der einen oder anderen Weise als von außerirdischen Lehrmeistern aus einer fernen Welt. Sie beherrschten eine überlegene Technik und wurden deshalb von den Menschen für »Götter« gehalten. In die Vorstellungswelt der alten Ägypter ist dieser Gedanke besonders tief eingeprägt.

Gestützt durch diese alten Mythen, möchte ich deshalb folgende Hypothese zur Diskussion stellen: Die mächtige Priesterkaste im Pharaonenreich hat ihre erstaunlichen Kenntnisse von fremden Wesen geerbt, die am Beginn des kulturellen Aufstiegs des Landes am Nil standen, nachdem sie mit ihren »himmlischen Archen« und »Sonnenbarken« im Bereich der alten Stadt Hermopolis, Memphis und Heliopolis gelandet waren. Diese »Götter« waren außerirdische Raumfahrer, die von neun so genannten »Urgöttern« angeführt wurden und an deren Spitze der mächtige Kulturbringergott Thot stand, der in der ägyptischen Mythologie zum »Gott der Wissenschaften« avancierte.

Raumfahrt und Geheimwissenschaft beinhalten somit das ererbte Wissen der pharaonischen Tempelherren, welches ihnen einstmals die als »Götter« im unwissenden Volk verehrten himmlischen Besucher vermittelt hatten. In der Tat steckt hinter jeder Symbolik – und davon wimmelt es in der ägyptischen Mythologie – auch ein Körnchen Wahrheit. Von der offiziellen Ägyptologie wird vieles verzeichnet und einseitig ausgelegt, während gleichzeitig rätselhafte Funde und Hieroglyphentexte ignoriert werden, weil sie offenkundig das althergebrachte Lehrbild aus den Angeln heben könnten.

Über die Jahrtausende in Vergessenheit geraten sind Wissenschaften, an jenem Uranfang des kulturellen Aufstiegs Ägyptens, als die »Götter« noch leibhaftig vorhanden waren – im alten Ägypten der vorpharaonischen Ära. Erinnerungen sind erhalten geblieben in jenen Übersetzungen aus späteren Epochen, als Tempelherren und Priester das Erbe der außerirdischen Kulturheroen verwalteten, zu einer Religion verformten und im Schutz ihrer heiligen Domizile ihren Götterkult betrieben. Ein Kult, der imstande war, die nicht eingeweihten, unwissenden Ägypter – im großen Maße Analphabeten – zu täuschen, während die eigentlich Mächtigen im Pharaonenreich ihr überkommenes Wissen mittels geheimer Experimente alchimistisch auswerteten.

Alte Texte können so ausgelegt werden, dass es damals bereits Waffensysteme gegeben haben muss, die offenbar auf der Basis paranormaler Anwendung funktionierten, es gab Computer, Radar- und Fluggeräte und vieles Unglaubliche mehr. Unschätzbare Kenntnisse gingen durch Kriege, Naturkatastrophen oder Großbrände verloren, wie etwa die Bibliothek von *Alexandria*. Heute muss man sich damit begnügen, die vorhandenen hieroglyphischen Texte in Pyramiden, Tempeln und Denksteinen zu übersetzen.

Die wirkliche Bedeutung dieser oft hinter Symbolismen verborgenen Überlieferun-

Bild 62: Waren die Himmelsbarken der Pharaonen technische Fluggeräte?

gen liegt größtenteils immer noch im Dunkel der Geschichte verborgen. Doch was wir bisher herausgefunden haben, ist sensationell und zwingt uns dazu, Ägyptens bewegte Geschichte faktisch neu zu schreiben. Eine Geschichte, die vielfach andere Länder der Erde befruchtete und beweist, dass auch die Kulturen fremder Völker, von Australien bis Südamerika, von ihr beeinflusst worden sind.

Was allein schon der weltumfassende Bau von Pyramiden deutlich macht, die wir ja nicht nur in Ägypten, sondern auch in Mexiko, Guatemala – ja selbst im fernen China wieder finden. Und wie verhält es sich mit dem Planeten Mars? Hat man dort nicht ähnliche Formationen entdeckt? Ist das umstrittene affenähnliche »Marsgesicht« doch keine Laune der Natur? Wurde es künstlich bearbeitet? Und wen oder was stellt es dar? Ist es womöglich ein Abbild des allmächtigen »Gottes« *Thot?*

Wo finden wir jene Textstellen, die auf eine Raumfahrt im Altertum schließen lassen? Eine wahre Fundgrube an Schilderungen über göttliche Fluggeräte und ihre Insassen liefert das angeblich von Thot verfasste *Ägyptische Totenbuch.* In manchen Texten wird der Flug zu den Sternen so lebendig beschrieben, dass man unwillkürlich an moderne Raumfahrt erinnert wird. Etwa wenn es heißt, dass Gott »Horus in seinem göttlichen, fliegenden Auge weilt, inmitten seiner Strahlen und eintaucht in den Abgrund des Lichtmeeres«.

Bild 63: Die Dogon-Stämme in Westafrika tragen bei ihren Ritualen einen obeliskartigen Kopfschmuck. Er soll das Gefährt symbolisieren, mit dem einst ihr Schöpfergott Nommo zur Erde gekommen sein soll.

Und an anderer Stelle: »Seht, wie von Strahlen umleuchtet, segelgespannt, gleite ich in der himmlischen Barke empor zu den Sternen inmitten der Flammeninsel!« Das Erscheinen und Landen der Götterfahrzeuge wird in vielen Legenden anschaulich beschrieben. Bei dem westafrikanischen Stamm der *Dogon* im Staat Mali besonders präzise. Die Arche des göttlichen *Nommo* soll, so wissen es die Dogon-Priester, im Nordosten ihres ursprünglichen Stammesgebietes gelandet sein. Auch die Geräusche der Arche wurden in Erzählungen genau wiedergegeben. Sie sagen, ein Nommo habe, während er auf die Erde herabkam, das »Wort« in die vier Himmelsrichtungen verkündet. Es habe sich angehört wie ein Geräusch, das entsteht, wenn man in einer Höhle im bestimmten Rhythmus Steine gegen große Felsblöcke wirft. Vermutlich muss man sich dieses Geräusch als vibrierenden Donner vorstellen – oder als das Getöse eines startenden Spaceshuttles. Andere Überlieferungen der Dogon erzählen davon, wie die »Arche« auf ausgedörrtem Land aufsetzte und »eine Masse Staub« in die Luft wirbelte. Das Aussehen und Herniedersteigen dieser Himmelsbarke wird von den Dogon als *Sirigi*-Zeichen symbolisiert. Es zeigt die Darstellung von obeliskartiken Säulen.

Sind auch die ägyptischen *Obelisken* steinerne Nachbilder der Götterfahrzeuge? In den Pyramidentexten finden sich tatsächlich Anspielungen darauf. Dort begegnet man

Bild 64: Die Obeliskenspitze wird als »Wohnstätte der Götter« oder als »Himmelskammer« bezeichnet und soll als Transportmittel gedient haben.

häufig dem Motiv der bereits erwähnten »Flammeninsel«, aus dem sich ein hügelartiger Gegenstand mit Donner und Rauch zum Himmel erhob. Aus den heutigen Ruinenstätten Hermopolis, Memphis und Heliopolis sind diese Überlieferungen bekannt. Geheime Relikte genossen dort im Altertum große Verehrung. Einer dieser merkwürdigen Gegenstände war der obeliskartige *Benben*-Stein. Er wird um 3000 v. Chr. mit dem Auftauchen des Sonnengottes Re in Verbindung gebracht. Mit ihm soll der Sonnengott einst vom Himmel zur Erde gekommen sein. Benben war laut Mythe eine »erhabene Stätte«, die ebenso als »Wohnung der Götter« oder »Himmelskammer« bezeichnet wurde. Es heißt, er sei ein festes Element gewesen, das fliegen konnte und aussah wie »eine Art harter, glänzender Stein«. Archäologische Funde zeigen steinerne Modelle dieses ominösen »Himmelsthron«. Im Endeffekt handelt es sich um ein pyramidenförmiges Monument mit einer geöffneten Türe. Darin ist der Sonnengott Re mit der Gebärde des Willkommensgrußes dargestellt. Wenn man die beschriebene Flugtauglichgkeit des Benben kennt, verwundert es kaum, dass dieser einer modernen Raumfahrtkapsel verblüffend ähnlich sieht. Aus einem ähnlichen Gefährt, das vom Himmel kam und als phallusartiger *Lingam* bezeichnet wird, soll auch der indische Weisheitsgott *Schiwa* herausgetreten sein, nachdem sich eine Türe öffnete.

Es gibt noch andere Merkwürdigkeiten. So wird Benben mit dem heiligen *Benu-*

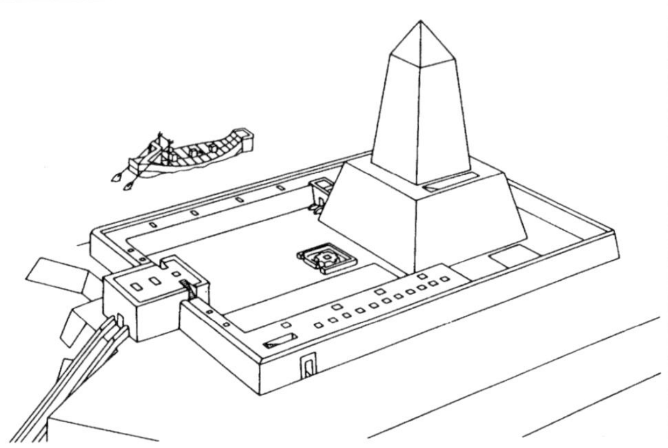

Zeichnung des Sonnenheiligtums von Abu-Gurab. Die Anlage wird von einem riesigen Obelisken beherrscht. Links die symbolische Sonnenbarke des Ré.

Bild 65: Der altägyptische Benben-Stein wird mit der Phönix-Legende in Zusammenhang gebracht und war laut Mythe ein fliegendes Gefährt für den Sonnengott.

Vogel, auch *Phönix* genannt, gleichgesetzt. Beide Namen sind von einem Verbalstamm abgeleitet, der »feuerglänzend«, »emporsteigen« und »in den Himmel aufschießen« bedeutet. Solche Beschreibungen und Eigenschaften des antiken Luftschiffes lassen durchaus Gemeinsamkeiten mit wieder verwendbaren Raketentypen ähnlich unseren Spaceshuttles erkennen.

Vergleichbare Raumfahrtsymbole, wo fremde »Götter« mit »fliegenden Bäumen«, »glänzenden Pfählen« oder »steinernen Säulen« vom Himmel stiegen, kennen wir zugleich aus andern Kulturkreisen. Eine, wie ich finde, interessante Textstelle entdeckt der aufmerksame Leser beispielsweise im *»Wörterbuch der Mythologie«. Moses von Choren,* ein Geschichtsschreiber aus Armenien, zitiert im 5. Jahrhundert in seinem Werk ein altes heidnisches Lied, das von der Geburt des armenischen Sonnengottes *Vahagn* handelt:

»In Wehen lag Himmel und Erde,
in Wehen lag auch das purpurne Meer,
und Wehen hatte auch das blutrote Schilfröhrchen.
Durch das Schilfes Röhre stieg Rauch auf,
durch des Schilfes Röhre stieg Flamme auf,
und aus der Flamme ein Knäblein sprang,
es hatte Feuer als Haar, Flamme als Bart,
und seine Äuglein waren Sonnen.«

Vahagn ist mit göttlichen Gestalten aus der persischen und indischen Mythologie verwandt, was sich schon in seinem Namen zeigt, der mit dem indischen Wort *agni,*

Bild 66: Die Beschreibung des Benben-Steines gleicht einem modernen technischen Fluggerät wie etwa dem »Delta Clipper«.

das heißt *Feuer,* gleichgesetzt wird. Noch etwas fällt auf: Die Legende des kleinwüchsigen Wesens, das hier aus dem Zentrum des »Rohres, aus dem Feuer kam«, geboren wurde, hat Ähnlichkeit mit der griechischen Mythe des *Prometheus*. Dieser erschien nämlich aus dem Inneren eines flammenden Narthex-Stängels, der einst vom Himmel fiel.

Symbolik oder die Beschreibung eines Raketenfahrzeuges? Es muss kein Raumschiff für interstellare Reisen gewesen sein, eher ein Zubringerschiff, das im erdnahen Weltraum operieren konnte, während vielleicht irgendwo zwischen Mond und Jupiter eine Raumstation der »Götter« stationiert gewesen war. Ein noch nicht serienreifer Raumgleiter, der sich in der Entwicklungsphase befindet, ist der *Delta-Clipper*. Dabei handelt es sich um ein Konzept für eine einstufige Rakete, die sich mit ihren Triebwerken vom Boden abhebt, beliebig in der Luft stoppen kann und in den Weltraum beschleunigt, um nach erfolgreicher Mission durch Zünden derselben Motoren wieder weich auf dem Erdboden zu landen. Die ersten Tests innerhalb der Atmosphäre waren nicht immer erfolgreich. Doch beim Delta-Clipper-Modell handelt es sich vorerst nur

Abb. 1a
Macrinus-Münze von Byblos
mit Tempeldarstellung

Abb. 1b
Kulthöhe von Tyrus mit den »Masseben«, tyrische Münze

Bild 67: Die Darstellung des fliegenden Benben-Steines findet sich auf vielen alten Münzen.

um jenen Prototyp, der aber sicherlich noch mit neuer Technologie verbessert werden kann. Die Rakete ist ein 1 : 3-Modell einer weltraumtauglichen Version, die 40 Meter hoch und 500 Tonnen schwer wäre. Einige Raketenspezialisten halten es für denkbar, dass damit die bemannte Weltraumfahrt revolutioniert werden könnte, zumal die Startkosten ein Zehntel der Spaceshuttle-Preise betragen sollen.

Wird somit der wahre Ursprung des berühmten Phönix-Mythos verständlich? Bei jenem mythischen »Vogel des Lichts«, der aus der Asche scheinbar unverwundet und wie neu belebt zum Himmel empor zu streben vermochte, kann es sich nicht bloß um ein Tier gehandelt haben oder um ein geistiges Symbol für Wiedergeburt, sondern offensichtlich um ein *mechanisch* betriebenes Fluggerät, das in den legendären Überlieferungen, wie etwa in alten Papyrus- und Pyramidentexten, aus der urägyptischen Epoche auch als Benben bezeichnet wird.

Alle 500 Jahre soll sich dieses adlergleiche Wesen nach Heliopolis begeben haben, um dort aus seiner eigenen Asche wieder aufzusteigen. Wir wissen, dass der Vogel in Ägypten seit alters her als ein Symbol des Fliegens gilt. Im Zusammenhang mit unserer Raketendeutung der Obelisken könnte also der Vogel des Lichts deshalb gewählt worden sein, um den Bezug zum auf- und absteigenden Götterfahrzeug zu zeigen. Eine Überlegung, mit der sich auch der deutsche Sachbuchautor und Germanist *Peter Fiebag* eingehend beschäftigt hat. Sein Resümee aus der Raketendeutung der Obelisken: »Der aus seiner eigenen Asche aufsteigende Phönix- oder Benu-Vogel versinnbildlicht die am Startplatz (»Flammeninsel«) entstandenen Verbrennungen (»Asche«), aus der periodisch wieder derselbe Vogel zum Himmel stieg, der zur allgemeinen Verblüffung nicht verbrannt war.«

Wie in anderen Mythen auch, gibt es zur Phönix-Legende etliche Überlieferungen, die den Aufstieg ins All lebensnah beschreiben. In manchen Texten ist die Rede davon, dass die »Götter« Menschen zu einer Reise ins All mitgenommen hätten. *König Pepi* war einer von ihnen. Doch bevor er die himmlische Barke betreten durfte, musste sich Pepi in bestimmte Kleidungen hüllen, geschmückt wie Horus und Thot. Das Abheben des Benben-Steines lässt wiederum Erinnerungen an einen Shuttlestart wach werden. Der Pyramidentext beschreibt ihn so:

> »Der Himmel spricht, die Erde bebt, die Erde erzittert;
> die beiden Gebiete der Götter rufen,
> der Boden bricht auf,
> wenn der König aufsteigt zum Himmel,
> wenn er über das Gewölbe fährt.
> Die Erde lacht, der Himmel lächelt,
> wenn der König aufsteigt zum Himmel.
> Der Himmel jubelt ihm zu, die Erde bebt für ihn.
> Der donnernde Sturm treibt ihn, er donnert wie Seth.
> Die Himmelwächter öffnen ihm die Türen.«

Die auf der Erde Zurückgebliebenen beobachten das unglaubliche Schauspiel mit großer Ehrfurcht und Faszination, und wörtlich heißt es:

> »Sie sehen den König wie einen Falken fliegen,
> wie einen Gott, zu leben bei seinen Vätern,
> zu essen mit seinen Müttern.
> Der König ist ein *Himmelsstier,*
> dessen Bauch voller Magie ist von der Flammeninsel.«

Nimmt man die Mythen beim Wort, dann machen viele dieser beschriebenen Ereignisse deutlich, dass unsere Vorfahren offensichtlich nicht nur Kontakte mit außerirdischen Intelligenzen gehabt haben, sondern dass diese Kontakte auch in erstaunlicher Offenheit beschrieben worden sind. Wir müssen allerdings lernen, ihre Überlieferungen zu verstehen.

Vielleicht mag die schöne *Kleopatra* kurz vor Zeitenbeginn beim Anblick der Obelisken an *Cäsars Phallus* gedacht haben. Warum auch nicht. Ursprünglich jedoch, Jahrtausende zuvor, dürften die steinernen Säulen tatsächlich steinerne Nachbilder des Ur-Benben gewesen sein. Zumindest die Spitzen der Pfeiler lassen sich von der Bedeutung des Benben-Steines und damit auch von der Phönix-Legende herleiten. Die Pfeiler selbst könnten demnach das Abbild der »lodernden Flammensäule« sein, auf der sich der Sonnengott inmitten seines »Benben« zum Himmel erhob. Für die Ureinwohner in Heliopolis, Memphis oder Hermopolis blieb das Starten und Landen der Himmelsfahrzeuge eine unverstandene Technik. Aber sie bauten in Stein nach, was sie mit eigenen Augen sahen. Ein Nachahmungskult, ein so genannter *Cargo-Kult,* entstand, und Pfeiler wurden seitdem vor Tempeln aufgestellt: zur Erinnerung an das

Bild 68: In seiner Urform brachte ein Obelisk, so ist überliefert, den Sonnengott auf die Erde. Sind die raketenähnlich geformten Steinsäulen Nachbildungen moderner Raumschiffe?

Erscheinen der »Götter« und ihr Raumschiff, das die Altägypter Benben nannten. Ein »feuerglänzender, harter Gegenstand«, der »in den Himmel aufschießen« konnte.

Am Beispiel der Flügelsonne

Eine ähnliche Flugcharakteristik, wie sie den Obelisken zugeschrieben wird, muss wohl auch dem Symbol der *geflügelten Sonnenscheibe* beigemessen werden. Eine goldene Kugel oder ein ebensolcher Diskus, auch *Flügelsonne* genannt, mit ausgebreiteten Flügelschwingen. Meist sind noch zwei »Stützen« angebracht, die Fachgelehrte mit der Feuer speienden *Uräusschlange* gleichsetzen. Gelegentlich steuert ein menschliches Wesen oder eine Gottheit die vorzeitlichen Flugwagen, schwebend über einer Menschenmenge dargestellt und auf Felsdenkmälern verewigt, wie etwa in *Persepolis,* im heutigen Iran. Darstellungen, die der gängigen Lehrmeinung widersprechen, wonach es sich bei den geflügelten Scheiben lediglich um das Abbild der *Sonne* oder anderer *Gestirne* handle.

Einfacher in ihrer Ausführung, jedoch ihren eigentlichen Zweck als Fluggerät verratend, erscheint die Flügelsonne auf zahlreichen assyrischen und sumerischen Stelen, Tafeln und Rollsiegeln. Und natürlich finden wir das göttliche Zeichen auf Momumenten biblischer Epochen, wo es stets mit der Erscheinung Gottes in Verbindung gebracht wird.

Besondere Verehrung genoss die geflügelte Sonnenscheibe in *Yazilikaya,* einem Felsheiligtum bei *Boghazköy* in der Türkei. Durch längst zerstörte Torbauten der *Hethiter*-Kultur stößt man auf Reste einer 18 Meter breiten und 30 Meter tiefen

Bild 69: Die Flügelsonne vom Tell Halaf, Syrien, zeigt technische Details und wird von göttlichen Mischwesen gestützt.

Felskammer. Von dort mündet ein enger Verbindungsgang zu einer weiteren Felsspalte, an deren Wände über sechzig Reliefdarstellungen, größtenteils Flügelsonnen mit hethitischen Inschriften, eingraviert sind. Auf einer Steinplatte von *Karakuyu* ist ein von den Schwingen klar abgesetztes Speichenrad erkennbar, ähnlich Propellerflügeln. Die Schwingen sind an den Enden gezackt, werden unter dem Rumpf durch gebogene Kufen unterbrochen und sind mit Kreuz- und Querlinien bedeckt. Manche dieser dargestellten fliegenden Räder, Flügel und Felgen wecken Erinnerungen an Beschreibungen des Propheten *Ezechiel,* als dieser der »Herrlichkeit des Herrn« begegnete. Historiker, wie die Herren *Kurt Bittel, Rudolf Neumann* und *Heinz Otto,* wollen dieser Interpretation freilich nicht folgen. Sie mutmaßen: »Die Deutung der entweder glatten oder – gleich babylonischem und hethitischem Brauche – mit Innenzacken versehenen Scheibe als *Sonne* wird ihre Richtigkeit haben.«

Wird ihre Richtigkeit haben? Im Klartext, man weiß es nicht genau. Festlegen will man sich nur bei den Kufen oder Stützen. Sie werden von den Altertumsforschern schlicht als »herunterhängende, eingerollte Bänder« entwertet. Was diese auf einer »Sonne« zu suchen haben, kann allerdings niemand plausibel erklären.

Mindestens ebenso unklar ist jene Wiedergabe auf einem hethitischen Elfenbeintäfelchen mit über 30 Figuren sowie vier Sphingen und vier Stieren. Jeweils eine Reihe von sechs und mehr Gestalten trägt die Figuren der nächsthöheren Gruppe. Am obersten Register werden *zwei* Flügelsonnen von jeweils zwei doppelköpfigen Geschöpfen gestützt. Da wir in unserem Sonnensystem bekanntlich nur ein und nicht zwei Zentralgestirne kennen, gesteht der Historiker Professor *Heinz Demisch* freimütig ein:

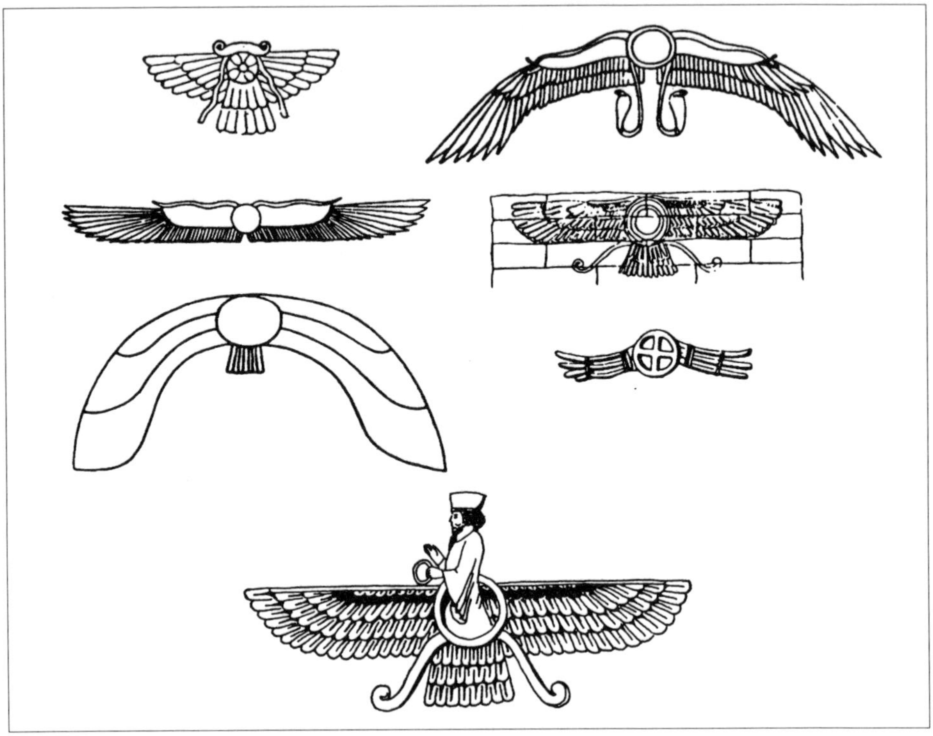

Bild 70: Beispiele altägyptischer und mesopotanischer Flügelsonnen; unten: Gottkönig Ahuramazda im Fluggerät auf einem Felsenrelief in Persepolis.

»Die Verdoppelung des Sonnengottes und der Sonnenscheibe ist bisher so wenig geklärt, wie die Bedeutung der ganzen Szene überhaupt.«

Abbildungen solcher Flügelsonnen sind bei den vorderasiatischen Völkern seit Mitte des vorchristlichen 2. Jahrtausends nachweisbar. Der Ursprung dieser Symbolik liegt jedoch viel weiter in der Vorgeschichte zurück. Und wie so oft führt die Spur ins Pharaonenreich, ins alte Ägypten. Dort war die älteste Form dieses Emblems schon in der ersten Dynastie um 3000 v. Chr. bekannt. Die Flügelsonne ist auf sämtlichen altägyptischen Tempelbauten angebracht, meist begleitet mit der Inschrift *hut* oder *api*. Die Übersetzung dieser Begriffe lautet wortgetreu *»Flügelausspanner«* bzw. *»Flieger«*.

Ein weiteres Indiz dafür, dass mit diesem Symbol eben nicht die Sonne gemeint sein kann, geht aus der Verbindung mit dem Falkengott *Horus* hervor. Dieser nämlich, der Sohn des Re, hatte seinen Stammsitz in Apollinopilis, dem heutigen *Edfu,* 100 Kilometer südlich von Luxor. In seinem Tempelbezirk wurde der Falkengott stets als *Hor-hut* benannt, das mit »Herr des Himmels, großer, buntfiedriger Gott, der aus dem Lichtland hervorging«, übersetzt wird.

Von der einstigen Horus-Kultstätte sind nur noch Reste vorhanden. Tempelinschriften, die an noch vorhandenen Mauermonumenten die Jahrtausende überdauerten, schildern gewaltige Kampfszenen in Edfu und Tentyra, dem heutigen *Dendera*. Die geflügelte Sonnenscheibe soll dabei als todbringende Waffe eingesetzt worden sein, die erbarmungslos gegen die Feinde des Gottvaters Re angewandt wurde. Der Ägyptologe Professor *Heinrich Brugsch,* ein Gelehrter, der sicher unverdächtig ist, aus alten Mythen Technologisches herauszulesen, übersetzte im Jahre 1870 Originaltexte aus Edfu. An einer Stelle heißt es wörtlich: »Hor-hut, er flog empor gegen die Sonne als große, geflügelte Scheibe. Auch nahm er die Süd- und die Nordgöttin zu sich, in Gestalt zweier Schlangen, damit diese durch ihren Feueratem die Feinde bei lebendigem Leibe verzehren. Ihr Mut war gesunken, denn sie hatten Angst vor ihm. Sie widerstanden nicht mehr, sondern starben auf der Stelle.«

Selbst wenn der Vergleich an Sciencefiction sowie an das Star-Wars-Programm SDI erinnern mag, stellt sich die Frage: Kam mit Hor-hut ein *Laserstrahl* zum Einsatz? Eines ist jedenfalls sonnenklar: Das Zentralgestirn, der Mond sowie der Morgen- oder Abendstern können für dieses Szenario aus luftiger Höhe gewiss nicht verantwortlich gemacht werden. Als »Hor-hut emporstieg *gegen* die Sonne«, befand sich diese ja bereits am Horizont. Dass die Kräfte der Sonne nicht zu unterschätzen sind, wissen gerade in heutiger Zeit die Sonnenanbeter, die sich mit hohem Schutzfaktor vor unangenehmen Brandblasen oder gar Hautkrebs schützen müssen. Doch von der Sonne »auf der Stelle durch sie vernichtet« wurde meine Wissens noch niemand.

Flügelsonnen sind das Symbol für die Präsenz einer *überirdischen* Erscheinung. Im ägyptischen Tempel von Edfu findet sich dazu noch eine weitere Inschrift, aus der hervorgeht, dass *Re-Harachte* seinem Stellvertreter Thot befahl: »Mache diese Flügelsonne an jedem Platze, wo ich mich niedergelassen habe, auch an den Plätzen der Götter in Oberägypten und an den Plätzen in Unterägypten.« Und »da machte Thot dieses Bild«, so lässt uns der alte Text wissen, »an jedem Gottessitz an jedem Ort, wo sie gewesen waren, und wo Götter und Göttinnen sind bis zum heutigen Tage«.

Wie aber kommt es, dass das Zeichen der geflügelten Sonnenscheibe, ähnlich wie die Pyramidenbauten, sich an vielen weit auseinander liegenden Orten der Welt wieder findet? Wie ist eine solche globale Verbreitung zwischen Kulturen denkbar, die doch sonst, wie von der Gelehrtenwelt behauptet, keinen Bezug zueinander hatten?

Ein Musterbeispiel möchte ich besonders hervorheben. Dazu müssen wir einen großen Sprung an die Nordwestküste von Amerika machen. Dort stoßen wir auf den Indianerstamm der *Kwakiutl.* Ihre Mythologie enthält Vorstellungen über Kontakte mit götterartigen Überwesen, die »im Himmel wohnten, in großen fliegenden Häusern lebten« und gelegentlich mit dem mythischen »Donnervogel« zur Erde herniederstiegen. Der »Donnervogel« scheint hier eine ganz ähnliche Funktion ausgeübt zu haben wie das Götterfahrzeug aus der altägyptischen Phönix-Legende.

Eberhard Schneider, ein Studienrat und Forschungsreisender aus Bargteheide in Norddeutschland, hat das mythologische Motiv der »Doppelschlange« genauer stu-

Bild 71: Ein Stammeshäuptling bei den Kwakiutl-Indianern in der Maske des himmlischen »Donnervogels«.

diert. Bei seinen Recherchen fiel seine Aufmerksamkeit auf ungewöhnliche Holzschnitzereien, die Szenen aus der Kwakiutl-Mythe wiedergeben. Eines der Relikte sprang Schneider besonders ins Auge: ein Himmelsgott in Gestalt einer humanoiden Figur mit überdimensionalem Schädel und großen, mandelförmigen Augen. Er hockt zwischen den so genannten *Sisiutl*-Doppelschlangen, einem alten Symbol, das exakt den ägyptischen Uräusschlangen entspricht. Die Kopfbedeckung des Götterwesens ist am ehesten mit einem Pilotenhelm vergleichbar. Und noch etwas fällt auf: Das fremde Wesen hat nur je *vier* Finger!

All das zeigt erstaunliche Querverbindungen zu dem modernen »UFO-Entführungs«-Berichten. UFO-Opfer, nicht nur in Amerika, auch in Europa, erzählen bekanntlich unabhängig von Kontakten mit fremdartigen Wesen, die birnenförmige, kahle Köpfe, große, mandelförmige Augen, kleinwüchsige Körper und *vierfingrige* Hände gehabt hätten. Menschen berichten, sie seien von diesen Kreaturen in »seltsame Lichtgefährte« verschleppt worden, wo sie einem medizinischen Programm unterworfen wurden. Man untersuchte sie, oft verbunden mit der Entnahme von Eizellen und

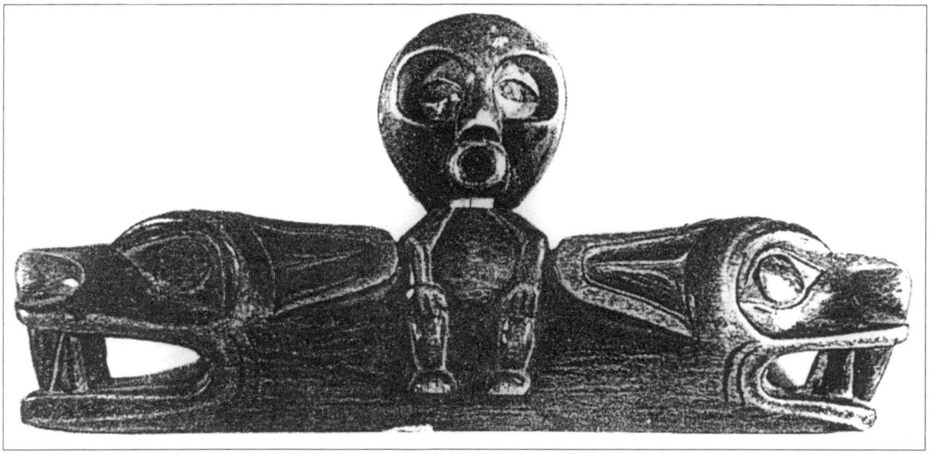

Bild 72: Das Symbol der Flügelsonne mit zwei Uräusschlangen kennt man nicht nur in Ägypten. Diese indianische Holzschnitzerei zeigt ein behelmtes Wesen mit mandelförmigen Augen und vier Fingern. Es sitzt in der Mitte des himmlischen »Donnervogels«.

Spermien. Nach einem Gespräch wurden die Entführten am Ausgangspunkt wieder abgesetzt, oft mit Gedächtnis- oder Zeitverlust. Zurück bleiben Betroffene, die sich ein Erlebnis nicht erklären können. Als schemenhafte Erinnerung an das Vorgefallene bleibt meist nur der hypnotische Blick der fremden Wesen mit den großen, bis in die tiefsten Winkel der menschlichen Seele blickenden Augen.

Das amerikanische UFO-Opfer aus New York, der Schriftsteller *Whitley Strieber,* vergleicht den tranceartigen Ausdruck der Fremden mit den »riesigen, starren Augen der Götter«, er empfindet »Schrecken«, »Faszination« und »tiefes Unbehagen«, weil »jedes verletzliche Detail des Bewusstseins« vor ihrem Blick offenbart wird. Schließt sich hier der Kreis zwischen Vergangenheit, Gegenwart und Zukunft? Sind die beschriebenen übermächtigen und dunklen Augen identisch mit den in den Mythen der Völker beschriebenen »alles sehenden, göttlichen Augen«, dem allwissenden Gottessymbol aus vielen Kulturkreisen rund um den Globus?

Eberhard Schneider ist ein kritischer, aber kein dogmatischer Skeptiker. Er findet die These vom Eingreifen außerirdischer Besucher »durchaus nachvollziehbar«, gibt aber zu bedenken, dass »nicht jede rätselhafte Schilderung alter Mythen automatisch auf das Wirken einer fortgeschrittenen Technologie außerirdischer Intelligenzler schließen lassen muss«. Schneider verweist hier beispielsweise auf »übernatürliche Aspekte«, etwa »jenseitigen Bereichen, in denen Seelen entführende Dämonen und Götter hausen und Engel nicht mit Astronautenanzügen dahergestampft kommen, sondern Lichtwesen von unirdischem Charakter«. Verbindungen zu so genannten Out-of-Body-Erlebnissen, also außerkörperlichen Psi-Erfahrungen, müssten bei einer genaueren Untersuchung der alten Überlieferungen ebenso berücksichtigt werden wie

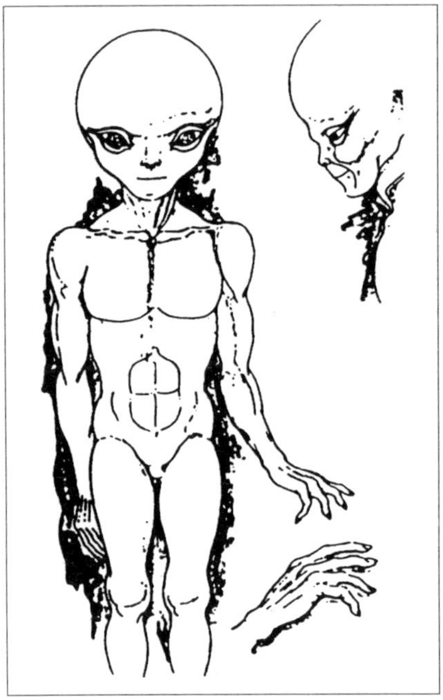

Bild 73: Der »Kwakiutl-Astronaut« zeigt auffällige Gemeinsamkeiten mit der Beschreibung von vierfingrigen UFOnauten.

etwa »psychische und parapsychische Traumvorstellungen, Astralreisen und andere Wirklichkeitsebenen«.

Die auf Torbögen angebrachte geflügelte Sonnenscheibe, was stellt sie nun wirklich dar? Ist sie bloß eine künstlerische Dekoration? Eine Darstellung des Zentralgestirns? Ein symbolisches Durchgangstor ins Jenseits, zum Paradies oder in eine »andere Welt«? Oder haben wir es doch mit illustrativen Erinnerungen an außerirdische Astronautengötter und ihre Luftfahrzeuge zu tun? Überirdische Magie oder hoch entwickelte Technik? Warum nicht beides? »Jede weit genug entwickelte Technologie«, so stellte der berühmte Sciencefictionautor und Wissenschaftler *Arthur C. Clarke* nachdrücklich fest, »ist von Magie nicht zu unterscheiden.«

Flugmodelle aus Gold

Dass es in prähistorischen Zeiten bereits Flugerfahrungen gegeben haben dürfte, geht nicht nur aus mythologischen Überlieferungen hervor – Beispiele dafür zeigen auch archäologische Funde aus dem südamerikanischen Raum. Rund zweitausend Jahre alte, flugzeugähnliche Amulette aus Kolumbien, Costa Rica, Venezuela und Peru liefern Indizien für diese Behauptung. In Privatsammlungen und im *Museum der Staatsbank von Bogotá* in Kolumbien sowie im *Überseemuseum von Bremen* finden sich Ausstellungstücke, die man lange Zeit für Abbilder von Vögeln, Motten, Fleder-

Bild 74: Goldmodelle aus Prä-Kolumbien legen den Verdacht nahe, dass Flugzeuge keine Erfindung der Neuzeit sind.

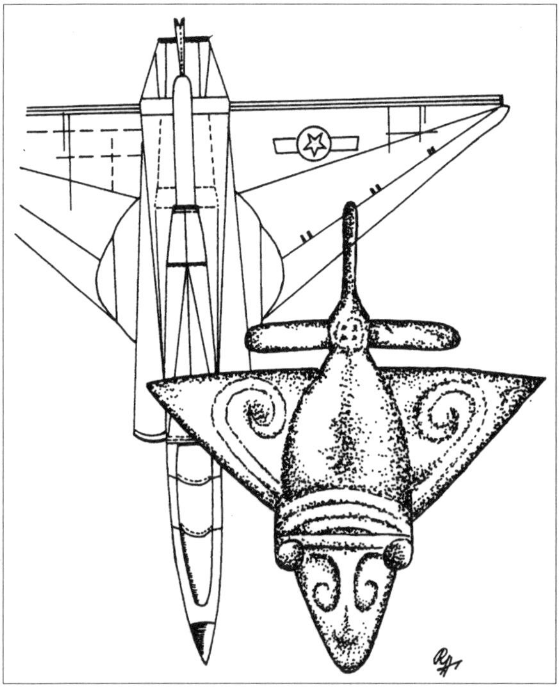

mäusen oder Fliegenden Fischen gehalten hatte. Kunstwerke aus einer heute nicht mehr exakt zu datierenden Epoche, die aus purem Gold angefertigt wurden und zunächst von Archäologen als »religiöser Zierrat« gedeutet wurden. Gefunden hatte man die kuriosen Gegenstände gemeinsam mit anderen Goldschätzen in einem präkolumbianischen Fürstengrab.

Es war der amerikanische Prähistoriker *Ivan T. Sanderson,* der beim Anblick des Goldfundes stutzig wurde. Er untersuchte einen der vermeintlichen Kultgegenstände sehr genau und fand bald heraus, dass es sich hierbei keineswegs um die Nachbildung irgendeines Tieres zu Wasser oder im Luftraum handeln konnte. Vielmehr entdeckte Sanderson immer mehr Indizien dafür, dass diese goldenen Kleinode in Wahrheit mechanischen Flugobjekten nachgebildet worden waren. Wer die Goldfunde genauer betrachtet, erkennt an ihnen typische Parallelen zu vetrauten Flugzeugformen: trapezartige Deltaflügel, Maschinenräume, Cockpit, Windschutz sowie kleine gerade Höhen- und Seitenflossen. Durchwegs Merkmale, die man auch bei modernen Überschalljets vorfindet.

Ivan T. Sanderson legte seine gewagte Theorie, hier handle es sich um goldene Minimodelle von prähistorischen Fluggeräten, kurz entschlossen einigen Piloten und Ingenieuren vor – und wurde zu seiner eigenen Überraschung in seiner Auffassung mehrfach bestätigt. *J. A. Ullrich,* ein Pilot, der in zwei Weltkriegen Kampferfahrung gesammelt hatte und sich danach als Lehrer für Aerodynamik betätigte, sah eines der

Bild 75: Die Rekonstruktion der »Goldflieger« . . .

Goldmodelle zum ersten Mal, ohne auch nur im Geringsten zu ahnen, wofür es von der Archäologie bisher gehalten worden war. Spontan meinte er zu Sanderson, als ihn dieser darauf ansprach: »Das sieht aus wie das Modell eines F-102-Kampfflugzeuges!« Ullrich verglich die Form der Flügel des vorgeblichen »Tierschmucks« mit jener von modernen Düsenflugzeugen und bezeugte deren frappierende Ähnlichkeit. Manche Faktoren, wie etwa die Hecksteuerung, seien zwar bei der F-102 nicht vorhanden, präzisierte der Pilot, hingegen gäbe es eine solche bei den in Schweden entwickelten Saab-Maschinen.

Wörtlich ergänzte Ullrich: »Die Bauart ist nur für bestimmte Flugarten wertvoll – für extreme Flughöhe. Dieser Flügeltyp ist für die Atmosphäre bis zu 15 000 oder 18 000 Meter geeignet. Die Pfeilform der Tragflächen dient dazu, Schwingungen zu verhindern, wenn die Schallmauer durchstoßen wird . . . Die Konstruktion der Flügel zeigt Möglichkeiten zum Überschallflug . . . wenn man mit überhöhter Geschwindigkeit fliegt, bildet sich ein Luftkissen . . . Es würde imstande sein, sich unter Wasser fortzubewegen, ohne dass die Schwingen abreißen. Um ein Fahrzeug mit hoher Geschwindigkeit durch ein solches Medium zu bewegen, müsste es in dieser Art konstruiert sein.«

Eines der goldenen Flugzeugmodelle wurde später vom *Aeronautical Institute* in New York mehreren Tests im Windkanal unterzogen und für *flugtauglich* befunden.

Bild 76: . . . bestätigt ihre Flugtauglichkeit.

Wen wundert es da, dass die Gesellschaft zur Erforschung von Raumfahrtaktivitäten im Altertum, die Forschungsgesellschaft für Archäologie, Astronautik und SETI (A.A.S. GmbH), einen dieser »Goldflieger« aus Kolumbien zu ihrem internationalen Vereinslogo ausgewählt hat? Zweck der Gesellschaft ist das Sammeln, Austauschen und Veröffentlichen von Indizien zur Unterstützung vor allem zweier Thesen: Die Erde erhielt in prähistorischen Zeiten Besuch aus dem Weltall; die gegenwärtige technische Zivilisation auf der Erde ist nicht die erste. Die rund 10000 Mitglieder, unter ihnen Wissenschaftler, Forscher, Ingenieure, aber auch Freidenker und interessierte Laien aus aller Welt, wollen ihre Arbeit auf eine wissenschaftliche Basis stellen, »ohne die Beengtheit der traditionellen Wissenschaft«. Die A.A.S basiert auf der früheren »Ancient Astronaut Society«, die der amerikanische Rechtsanwalt Dr. *Gene Phillips* 1973 gegründet hatte. In ihrem Fachmagazin »Sagenhafte Zeiten« informieren zahlreiche Forscher über neueste Entdeckungen auf diesem Gebiet.

Mitarbeiter der A.A.S. lieferten in den letzten Jahren eine weitere Bestätigung für J. A. Ullrichs Interpretation der Bogotá-Artefakte. Drei deutsche Freizeitforscher, der Zahnarzt Dr. *Algund Eenboom,* der Radaroffizier und Flugmodellbauer *Peter Belting* und der Verwaltungsbeamte *Conrad Lübbers,* wollten mit naturwissenschaftlichen Methoden nachprüfen, ob das Urvolk aus Südamerika bereits Flugzeuge besessen haben könnte. Die Ergebnisse ihrer mehrjährigen Forschungsarbeit übertrafen alle Erwartungen. Die Luftfahrt-Archäologen bauten eine Replik aus Styropor und Kohlefaserverstärkung in Form eines stark vergrößerten Modellflugzeuges nach. Den ersten Prototyp versahen die Freizeitforscher mit einem Propeller, angetrieben von einem Elektromotor. Probeflüge wurden in der Schweiz und in Deutschland am Flugplatz von Emden auf Video festgehalten. Ein sechsköpfiges Team des Fernsehsenders ABC aus Los Angeles war im Frühjahr 1997 eigens nach Deutschland gereist, um Aufnahmen des Schaufluges für die Serie »The mysterious world of Erich von Däniken« zu drehen.

»Das Modell ist sehr wendig und gut zu steuern«, sagt Peter Belting, selbst Pilot. »Dabei hat es nicht einmal ein bewegliches Seitenruder, denn die senkrechte Heckflosse steht im Modell fest. Dennoch sind exakte Kurvenflüge mit Hilfe der Querruder und des Höhenruders möglich.« Belting räumt zwar ein, »mit dem richtigen Antrieb könnte man sogar einen Küchenstuhl zum Fliegen bringen«. Aber sein Modell schwebt auch bei abgeschaltetem Motor in elegantem Gleitflug zur Landung und setzt weich auf der Piste auf.

Einige Details der 2000-jährigen »Amulette« ließen den Modellbauer und seine Freunde zu dem Schluss gelangen, die Schmuckstücke seien keinem Propellerflugzeug, sondern einem *düsengetriebenen* Flugobjekt nachempfunden. Belting versah also ein zweites Exemplar mit einem ebenfalls elektrisch betriebenen »Impeller«. Das Resultat: Auch dieses Modell zeigt hervorragende Flugeigenschaften. Für das Team der Luftfahrt-Archäologen ist daher die Studie noch lange nicht zu Ende. Zu spannend sind die Fragen, die sich mit den »Goldfliegern« verknüpfen. Nächster Schritt: Ein Bremer Fliegerclub will eines der Modelle in noch größerem Maßstab bauen und sogar Flugversuche mit Piloten starten.

Manche der »verdächtigen« Flugmodelle, die in Kolumbien in prähistorischen Gräbern gefunden worden sind, zeigen erstaunliche Konstruktionen. Es fällt auf, dass bei den meisten der präkolumbianischen Artefakte die künstlichen Eigenschaften gegenüber den natürlichen weitaus überwiegen. Wirklich nur eine zufällige Charakteristika? Oder zeigen sich doch Kenntnisse der Mechanik, die im Laufe der Jahrtausende aus unserem Gedächtnis entschwanden? Wie auch immer: Die »Goldflieger« werden alle vom Museum der Staatsabank von Bogotá gehütet wie ein Schatz. Aus gutem Grund: Denn zumindest ihr materieller Wert – ob Flugzeugminiatur oder »Zierrat« – ist unbestritten.

Das Raumschiffrelief von Palenque

Es war im Oktober 1966, als die Turiner Zeitschrift *Clypeus* auf ihrer Titelseite erstmals eine gezeichnete Nachbildung des Maya-Sarkophages von *Palenque* veröffentlichte. Diese einzigartige Reliefdarstellung war nach ihrer Entdeckung durch den mexikanischen Archäologen *Alberto Ruz Lhuillier* am 15. Juli 1953 vor allem durch die vom wissenschaftlichen Standpunkt abweichende kühne Interpretation von *Erich von Däniken* weltberühmt geworden. Seither gilt die Grabplatte von Palenque als das wohl bekannteste Indiz für den einstigen Besuch außerirdischer Astronauten.

Aber, wie gesagt, schon 1966, zwei Jahre bevor Dänikens erstes Buch existierte, machte man sich bei *Clypeus* über Sinn und Bedeutung des Mayareliefs seine Gedan-

Bild 77: Zeigt das Bildnis auf der Grabplatte von Palenque einen Raumfahrer in seinem Fluggerät?

ken. »Wenn ein Volk eine unzerstörbare Botschaft hinterlassen will, die der Zeit standzuhalten vermag, dann vertraut es diese dem Stein an – dem einzigen Material, das es mit der Ewigkeit aufnehmen kann«, kommentierten die beiden französischen Mitarbeiter der Zeitschrift, *G. Tarade* und *A. Millou,* die Palenque-Darstellung, um daraus zu folgen: »Genau das haben in unserem Fall die Wissenschaftler der Maya getan. Die dargestellte Person trägt einen Helm und schaut in Richtung des Schiffbugs; ihre Hände scheinen einen Hebel zu betätigen; der Kopf liegt auf einer Stütze. Der Vogel auf dem Bug ist ein Papagei – das Sonnensymbol der Maya! Ebenfalls dort befinden sich drei Energiespeicher; andere sieht man in Dreiergruppen rund um das Fahrzeug angeordnet. Der Motor besteht aus vier Teilen; der Antrieb liegt hinter dem Piloten ... im rückwärtigen Teil ist ganz deutlich der Feuerstrahl zu erkennen.«

Trotz dieser provokanten Deutung der beiden französischen Journalisten im *Clypeus* – einem von einer Gruppe ernsthaft an Exobiologie und Weltraumphänomenen interessierten Leute herausgegebenen Magazin –, blieb das Echo der Wissenschaft aus. Erst als Dänikens *»Erinnerungen an die Zukunft«* dieses Thema 1968 erneut aktualisierten, wurde man auch an den Universitäts-Lehrkanzeln aufmerksam. Es war ja auch wirklich zu unverträglich, wie dieser Schweizer »Sonntagsforscher« (wie sich EvD selbstironisch tituliert) das Mayarelief zu interpretieren wagte: »Da sitzt ein menschliches Wesen, mit dem Oberkörper vorgeneigt, in Rennfahrerpose vor uns; sein Fahrzeug wird heute jedes Kind als Rakete identifizieren. Das Vehikel ist vorn spitz, geht über in merkwürdig gerillte Ausbuchtungen, die Ansauglöchern gleichen, wird dann breiter und endet am Rumpf in einer züngelnden Feuerflamme. Das Wesen selbst, vornübergeneigt, bedient mit den Händen eine Reihe undefinierbarer Kontrollgeräte und setzt die Ferse des linken Fußes auf eine Art von Pedal . . . Unser so deutlich dargestellter Raumfahrer ist nicht nur durch seine Pose in Aktion – dicht vor seinem Gesicht hängt ein Gerät, das er starrend und aufmerksam beobachtet . . .«

Die Mayaforschung, durch Dänikens weltweiten Bucherfolg aufgescheucht, war aus dem Häuschen. Natürlich lehnte sie dessen »kosmische« Deutung der Sarkophagdarstellung entrüstet ab und verwies auf den eigentlichen Entdecker des Palenque-Grabmals, *Alberto Ruz Lhuillier,* der am 20. Mai 1949 den mit Steinen verbarrikadierten Einstieg in das Königsgrab – im so genannten »Tempel der Inschriften« auf der Halbinsel *Yucatan,* Mexiko – aufgespürt hatte. Es dauerte volle vier Jahre, ehe der mexikanische Archäologe schließlich den Stufengang, tief unter dem Mayatempel, freizulegen vermochte. Erst dann, ab jenem erwähnten 15. Juli 1953, stand der Wissenschaftler staunend vor dem steinernen Monolithen im Inneren einer konisch geformten Grabkammer, die offensichtlich noch vor dem Bau des darüber befindlichen Mayatempels angelegt worden war.

Dieser steinerne Sarkophag, der den Boden der Kammer vollständig ausfüllt, misst in seiner Länge 3,80 Meter und ist 2,20 Meter breit. Das Relief auf der ebenfalls steinernen Sarkophagplatte ist meisterlich gearbeitet und ohne Fehl und Tadel. Rings um die rechteckige Darstellung rahmen sich zahlreiche Mayaglyphen, von denen erst ein Bruchteil (und auch das ohne Gewähr auf ihre gültige Interpretation) entschlüsselt werden konnte.

Albert Ruz war weit davon entfernt, das Motiv auf dem Steinrelief ähnlich zu deuten wie Däniken, Tarade oder Millou. Er wollte es lediglich *symbolisch* verstanden wissen: Ruz glaubte in der Darstellung einen Mayapriester zu erkennen, »der sinnend zu den Sternen blickt«. Es hat aber im Laufe der Jahre seit 1953 auch noch eine ganze Palette anderer offizieller Archäologendeutungen gegeben. Eine einhellige Interpretation des Ruz-Fundes gibt es bis heute nicht.

So wurde behauptet, in Wahrheit sei in der eingravierten Figur kein Priester, sondern ein Maya auf dem Opferaltar zu erkennen, und in der renommierten wissenschaftlichen Zeitschrift *National Geographic* las man eine erstaunliche Deutung des Palenque-Reliefs, wonach das dargestellte Wesen auf dem Sarkophagdeckel möglicherweise gar kein Maya, gewiss aber kein Mann, auch kein Priester, sondern ein Mädchen gewesen sei, das im Begriff stünde, in den »imaginären Rachen eines symbolischen Ungeheuers« zu fallen.

Es lässt sich nicht mehr in Erfahrung bringen, wie sich Alberto Ruz zu dieser

Interpretation gestellt hat, auch wenn es klar ist, dass er den »fantastischen Deutungsversuchen« eher reserviert gegenüberstand. In einem Briefwechsel mit dem russischen Physiker und Schriftsteller *Alexander Kasanzew* (der den Mexikaner gebeten hatte, ihm alles mitzuteilen, was über dessen Entdeckung im »Tempel der Inschriften« überhaupt zu sagen wäre) gab Alberto Ruz zu verstehen, er selber habe keinerlei Schlussfolgerungen daraus zu ziehen vermocht, dass es sich bei dem Relief auf der Sarkophagplatte tatsächlich um eine *Rakete* mit Kosmonauten gehandelt haben könnte. Ruz hat sich vielmehr der orthodox-archäologischen Ansicht angeschlossen, die besagt, die Vorderansicht der »Rakete« sei in Wahrheit als *»Lebensbaum der Maya«* zu betrachten, während die weiter hinten sitzende Gestalt einen Maya darstellen soll, *»der über die Unsterblichkeit nachdenke«*.

Deutungsversuche gibt es viele. Man kann sie akzeptieren oder auch nicht. »Ob es nicht doch ›mein‹ Astronaut in einer Raumnkapsel ist?«, konnte sich Erich von Däniken eine anzügliche Frage in seinem Buch *»Beweise«* nicht verkneifen. Jüngste Übersetzungen der Mayaglyphen auf der Grabplatte lassen keinen grundsätzlichen Widerspruch zu Dänikens Behauptung erkennen. Ihre Symbolik zeigt einen außergewöhnlichen *kosmischen* Bezug und soll »Pacal im Zentrum des Kosmos« darstellen. Wie immer man zu der kühnen These von frühgeschichtlichen Weltraumbesuchern stehen mag: Die Darstellung auf dem Steinrelief des Palenque-Sarkophages scheint – allen Skeptikern zum Trotz – eine *technische* Interpretation zuzulassen.

»Marsmännchenmode« in Stein

Es war ein glücklicher Umstand, der den Wiener Schriftsteller *Peter Krassa,* einem führenden Experten auf dem Gebiet der Präastronautik und grenzwissenschaftlicher Phänomene, an jenem Aprilsonntag des Jahres 1973 eine Publikation entdecken ließ, die den Titel *»Before Cortés«* trug und sich mit der alten Mayakultur befasste. Krassa verriet mir, dass er das reich illustrierte Werk in einem Münchner Antiquariat erspäht hatte und es unbedingt erwerben wollte. Weil aber auch Buchhandlungen an Sonntagen geschlossen halten, betätigte er kurz entschlossen die Türglocke und alarmierte den nur ein Stockwerk höher wohnenden Geschäftsinhaber. Dieser war über die gestörte Sonntagsruhe nicht sehr erbaut, ließ sich aber durch Krassas Beharrlichkeit schließlich erweichen, holte das gewünschte Buch aus der Geschäftsauslage und verkaufte es dem störrischen Kunden aus Wien.

Für Krassa war dieser Aprilsonntag überhaupt ein Glückstag. Entdeckte er doch in der Publikation unter anderem eine Darstellung, die ihn augenblicklich faszinierte und noch im selben Jahr das Cover seines ersten Buches *»Als die gelben Götter kamen«* schmücken sollte: die Statuette eines angeblich olmekischen Priesterkönigs, laut Beschreibung aus rötlichem Sandstein hergestellt, 17 cm groß und im Privatbesitz eines mexikanischen Forscherehepaars. Kurzzeitig war die kleine Figur auch öffentlich

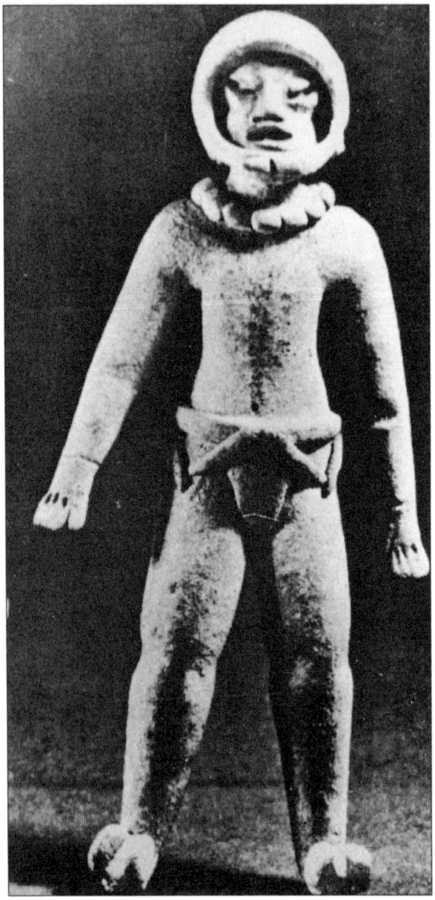

Bild 78: Wer modellierte einst diese Figur aus dem alten Mexiko? Ihre Merkmale lassen Ähnlichkeiten mit heutigen Raumfahrern erkennen.

zu bestaunen gewesen – in einer Vitrine des weltberühmten *Metropolitan Museum of Art* in New York. Handelt es sich hierbei tatsächlich um die Nachbildung eines Priesters? Peter Krassa war mit dieser Erklärung nie zufrieden: »Der Fund aus Mexiko mit den mongoliden Gesichtszügen erinnert mich eher an einen Taucher oder an einen – Astronauten. Zugegeben: Lateinamerika ist voll mit behelmten Steinköpfen, doch keine dieser Figuren gleicht auch nur andeutungsweise jener Sandsteinstatuette aus dem Besitz von Dr. und Mrs. *Milton Arno Leof,* die seinerzeit von den beiden in *Xochipala,* Guerrero, ausgegraben worden war. Fremdartig und technisch wirken Helm und Halskrause, die eine Kombination bilden. Und sieht es nicht so aus, als würde der vermeintliche ›Priesterkönig‹ Handschuhe tragen? Und was sollten die Krallenfüße des Unbekannten bedeuten?«

Peter Krassas Einwände sind berechtigt. Es stimmt, bis zum heutigen Tag ist sich niemand im Klaren darüber, welcher Identität die kleine Sandsteinfigur aus Mexiko zugeschrieben werden muss. »Ihr Ausehen ist mit nichts vergleichbar, was uns vertraut

Bild 79: Zum Vergleich: Ein moderner Mondfahrer in seiner Astronautenkleidung.

ist«, gibt der »österreichische Däniken« zu verstehen und spekuliert: »Lässt man allerdings seiner Fantasie freien Lauf, dann ist die Versuchung groß, in der Statuette das Abbild eines prähistorischen Astronauten zu erblicken.« Seltsam an dem steinernen »Marsmännchen« sind vor allem die beiden Füße, die so gar nicht denen eines menschlichen Wesens entsprechen. Aus welchem Grund wurde der Behelmte mit Krallen ausgerüstet. Gibt es hierfür ein besonderes Motiv? »Allerdings«, klärt mich Peter Krassa auf und begründet dies: »Die Entstehungszeit der Statuette wird von den Archäologen mit ungefähr 1100 v. Chr. eingeschätzt. Mein ›Mini-Raumfahrer‹ wäre demnach über 3100 Jahre alt. Aus Überlieferungen wissen wir inzwischen, dass in jener Zeit die lateinamerikanischen Kulturen einem geheimnisvollen Kult huldigten – der Verehrung des *Jaguar*.«

Worum hat es sich dabei gehandelt, wollte ich von Krassa in Erfahrung bringen. »Selbst Archäologen ist die Bedeutung dieses Kultes nicht ganz klar«, weiß der Schriftsteller und ergänzt: »Sicher ist nur, dass mit der Bezeichnung Jaguar keineswegs

Bild 80: Welches Geheimnis verbirgt sich hinter dem fremdartigen Jaguargott der Olmeken?

ein Raubtier gemeint war. Vielmehr, so weiß die Saga zu berichten, soll sich hinter diesem Ehrfurcht und Schrecken erregenden Wort eine rätselhafte mächtige Gottheit verborgen gehalten haben. Ich halte es für wenig wahrscheinlich, dass es sich hierbei lediglich um ein ätherisches Wesen gehandelt haben soll.«

Was wissen wir über die von Peter Krassa angesprochenen *olmekischen* Heiligen wie den Jaguargott? Eigentlich sehr wenig. Zu den rätselhaften Steindenkmälern der Olmeken gehören zum Beispiel die so genannten *Altäre*. Es handelt sich um viele Tonnen schwere Blöcke, deren oberer Abschluss an eine Tischplatte erinnert und am vorragenden Rand Augen und Oberkiefer eines riesigen Tieres zeigt. An der Vorderseite ist eine höhlenartige Nische herausgemeißelt, in der sich eine am Boden sitzende vollplastische Figur befindet – ein *zwergenhaftes* Wesen. Auch die Außenseiten dieser Steinmonumente zeigen kleinwüchsige *behelmte* Gestalten. Archäologen vermuten, dass diese Höhlungen *Erdöffnungen* symbolisieren, aus denen Wasser und Fruchtbarkeit strömen, oder den Eingang zur Unterwelt darstellen. Die Kindwesen sollen den jungen Maisgott oder einen Herrscher als Sohn einer Unterweltgottheit wiedergeben. Die fremdartigen Elemente, so vermuten ebenfalls manche Archäologen, weisen

Bild 81: Die Olmeken haben um 1000 v. Chr. aus großen Basaltbrocken Bildnisse ihrer Götter gestaltet. Die Gesichter zeigen negride Züge und unterscheiden sich stark von der alt-mongoliden Physiognomie der amerikanischen Indianer.

vielleicht darauf hin, dass der *Jaguargott* jener mythische Ahnherr war, doch bewiesen ist das keineswegs. Ebenso rätselhaft in diesem Zusammenhang: kolossale *Steinköpfe,* bis zu 50 Tonnen schwer und um etwa 1000 v. Chr. entstanden. Der von den Olmeken verehrte Jaguar war nicht nur eine Gottheit, sondern galt häufig in den mesoamerikanischen Kulturen auch auch als Schutzgeist der Schamanen. Auffallend sind die negriden und mongoliden Gesichtszüge. Sie unterscheiden sich auffällig von dem üblichen Gesichtsausdruck amerikanischer Ureinwohner. Wer waren die Fremden? Bisher war man davon ausgegangen, dass die Einwohner der amerikanischen Subkontinente keinerlei Einflüssen von außen ausgesetzt waren. Weisen die Figuren auf Handelskontakte aus Übersee hin?

Wenn wir uns noch einmal die Bekleidung der von Peter Krassa beschriebenen Sandsteinfigur in Erinnerung rufen, dann haben die unbekannten »Götter« zwar fremdartige, aber letztlich doch menschenähnliche Konturen. Verbarg sich hinter dem unbekannten Jaguargott tatsächlich ein Raumfahrer aus einer fremden Welt? So fantastisch und umstritten eine solche Vermutung auch anmuten mag – es gibt durchaus noch andere plausible Gründe, bestimmte Indizien und deutliche Charakterismen für eine solche Vermutung.

Etwa in Japan. Dort stießen Forscher in den Höhlen und Ruinen der Bezirke *Kamegaoka, Aomori, Miyagi, Tohoku* und *Kante* auf zahlreiche Statuetten aus Stein, Ton und Bronze. Die unterschiedlich großen Figürchen werden *Dogu* genannt. Man rechnet ihre Entstehungszeit der *Jomon*-Kultur etwa 600 v. Chr. zu. Früher wurden die Statuetten nur wenig beachtet. Man hielt sie für Abbilder alter Ritterrüstungen. Wer sich jedoch der Mühe unterzieht, eine solche Figur etwas genauer in Augenschein zu

Bild 82: Eine Dogu-Statuette. Links: Sie ist japanischer Herkunft und soll dem Weisheitsgott Hitikotunusi nachgebildet worden sein. Ihr Anzug, der an Weltraumadjustierung erinnert, hat auch die NASA hellhörig gemacht. Rechts: Im Detail ist das brillenartige Helmvisier gut zu erkennen.

nehmen, wird auf Details stoßen, die den Beschauer zu völlig neuen Anschauungen führen dürfte.

Auch Peter Krassa kam im März 1973 in diese günstige Situation. Damals besuchte er den angesehenen russischen Physiker und Schriftsteller Alexander Kasanzew in dessen Moskauer Domizil. Stolz zeigte ihm der Russe zwei seiner Prunkstücke – Dogu-Statuetten aus Bronze, die Kasanzew von japanischen Freunden geschenkt worden waren. Wer diese seltsamen Figuren aufmerksam betrachtet, den verwundert es nicht, dass diverse Prähistoriker die Dogu-Statuetten völlig anders interpretierten als herkömmliche Archäologen. Denn tatsächlich: Diese bizarren Gestalten aus Japan erinnern auffallend an Wesen in Raumfahreranzügen.

Die Dogu-Statuetten Kasanzews sind etwa 60 cm groß, tragen eine undefinierbare Kopfbedeckung, in der man durchaus eine Art Raumfahrerhelm sehen könnte, und machen vor allem durch Gebilde in ihrem Gesicht aufmerksam, die sofort an voluminöse Schneebrillen mit schräg einstellbaren Linsen denken lassen. Anzug und Helm scheinen aus einem Stück gefertigt zu sein. Das Kleidungsstück selbst besitzt mehrere Ausbuchtungen, deren Funktion allerdings unklar bleibt. Der »Helm« wiederum scheint eingebaute Hör- und Atemgeräte zu besitzen. Dazu kommen eng anliegende Bänder; sie führen jeweils über beide Schultern der Statuetten und treffen sowohl bei Bauch und Gesäß der Dogu aufeinander. Auf diese Weise geben sie einer Art Hüftgurt den nötigen Halt. Dort, wo man die Hände vermuten würde, sind Behelfsmittel erkennbar, die durchaus wie »Greifer« anmuten – mechanische Werkzeuge, wie sie auch von den irdischen Mondfahrern während der Erkundung des Erdtrabanten oder bei der Reparatur der russischen Raumstation MIR verwendet worden sind.

Alexander Kasanzew versicherte seinem Wiener Gesprächspartner, dass er davon überzeugt sei, bei den lebendigen Vorbildern für diese Dogu-Figuren habe es sich um kosmische Ankömmlinge gehandelt, und der Russe teilt diese Ansicht mit dem japanischen Prähistoriker *Matsamura*. Dieser hatte gemeinsam mit dem Deutschamerikaner *Kurt Zeissig* (einem Feund Kasanzews) eine Abbildung des japanischen Weisheitsgottes *Hitikotunusi* entdeckt und dabei herausgefunden, dass es sich bei dieser Gottheit keinesfalls um einen Japaner gehandelt haben könnte. Zu deutlich sprangen dem Betrachter die geradezu europäischen Gesichtszüge Hitikotunusis ins Auge. Anderseits glich die Kleidung des »Gottes« völlig jener der Dogu-Statuetten. Lediglich der Helm fehlte.

Matsamura und Zeissig stützen sich zusätzlich auf eine alte japanische Legende, die berichtet, Hitikotunusi sei einstmals auf die Erde herabgestiegen, um den Menschen Weisheit zu lehren. Zuvor aber habe sich der himmlische Besucher – in weiser Voraussicht – sämtliche Waffen der Erdenbürger aushändigen lassen.

Kurt Zeissig ging noch einen Schritt weiter: Er sandte genaue Unterlagen über die Dogu an die amerikanische Weltraumbehörde NASA nach Huntsville. Darin stützte sich der Forscher unter anderem auf die Aussage des japanischen Experten *Isao Washio,* der die Dogu-Rüstung folgendermaßen beschrieben hatte: »Die Handschuhe sind mit einem kugelförmig gerundeten Verschluss am Unterarm befestigt; die Augenovale können entweder geöffnet oder bis auf einen Schlitz geschlossen werden; zu beiden Seiten sind kleine Hebel sichtbar, mit denen man wahrscheinlich die Öffnungsweite einstellen konnte; die ›Krone‹ auf dem Helm ist wahrscheinlich eine Antenne . . . die Zeichnungen auf den Anzügen sind keine Ornamente, sondern Vorrichtungen zur automatischen Druckregulierung.«

Von der NASA wurden die Unterlagen des Forschers Zeissig sehr eingehend geprüft. Die Ergebnisse sind ermutigend. In einem Antwortbrief an den Freund Kasanzews wurde festgestellt: »Unsere Beobachter sind der Ansicht, dass die Hypothese über den Anzug, der auf den von Ihnen übersandten Dokumenten abgebildet ist, großes Interesse verdient. Derselbe Anzug wurde nun angefertigt (von der ›Litten Industrie‹ in Los Angeles) und an die NASA-Generaldirektion für astronautische Ausrüstung geschickt; er soll jetzt weiter perfektioniert werden. Wir teilen Ihnen ferner mit, dass die Verbindungsvorrichtungen, die Spezialfassungen der Augenlöcher, die Kunstgriffe für die Aufrechterhaltung des Drucks, also alles, was Sie uns aufgezählt haben und was auf den Fotografien angegeben ist, auf Anregung der oben erwähnten Direktion bei der steifen Ausführung des Astronautenanzuges berücksichtigt wurde.«

Erich von Däniken, um fantasievolle Überlegungen nie verlegen, weist auf eine bemerkenswerte Begebenheit hin, die sich etwa 600 v. Chr. – also zu jener Zeit, in der die Dogu im »Raumfahrer-Look« entstanden sein sollen – ereignete: Damals nämlich soll *Jimmu Tenno,* der erste japanische Kaiser, sein Reich von den Himmelsgöttern erhalten haben. Immer noch, bis zum heutigen Tag, pocht die kaiserliche Familie in Japan auf ihre himmlische Abstammung. Abstammung von außerirdischen Wesen? Sind diese »Götter« in Form und Nachbildung der Dogu-Statuetten erhalten geblieben? Ähnlich wie die Sandsteinfigur aus Mexiko, die nicht nur Peter Krassa an einen Raumfahrer denken lässt?

Mit dem Hundsstern Sirius verbunden

»Immer, wenn eine ›primitive‹ Kultur mit einer höheren, technisierten Kultur in Berührung kommt, besteht die Wahrscheinlichkeit, dass die Vertreter dieser fortgeschrittenen Zivilisation dank ihrer unverständlichen Möglichkeiten (Fliegen in vogelähnlichen Geräten, Sprechfunk etc.) als Götter verehrt werden: ein Phänomen, das in der Gegenwart beobachtet wird und, da historische Belege vorliegen, auch in ferner Vergangenheit gegolten haben muss – z. B., wenn die in den Mythologien überlieferten Götter Astronauten waren.« So beschreibt der Schweizer Computerfachmann und Autor *Ulrich Dopatka* das Mysterium der *Cargo-Kulte.*

Zu Verwechslungen zwischen Menschen und »Götter« kann es auch heutzutage noch kommen. *Prinz Philipp,* der Gatte der Queen, wurde 1980 von den Bewohnern der Insel Tanna in der Südsee als göttliches Wesen verehrt, und der größte Wunsch der Buschmänner vom Stamm der *Iounhanas* war, er möge doch künftig immer bei ihnen leben. Damit »Gott Philipp« jederzeit vom Himmel steigen kann, hatten die Leute eine Flugzeuglandepiste in den Busch gehackt. Außerdem, so wird erzählt, würden ständig drei Jungfrauen für den britischen »Gott« bereitstehen.

Cargo-Kulte liefern die erstaunlichsten Indizien für die These außerirdischer Einflussnahme. Wir sprechen hier von einer *lebendigen Mythologie,* denn jene Naturvölker, die behaupten, ihr Wissen von den Sternen erhalten zu haben und diese Erinnerung an ihre Götter in Zeremonien und Maskentänzen von Generation zu Generation mündlich überlieferten, leben noch heute mitten unter uns.

Das westafrikanische Volk der *Dogon* im Staate Mali ist dafür eines der bemerkenswertesten Beispiele. Der Sternenhimmel scheint für diesen Eingeborenenstamm keine Geheimnisse mehr zu verbergen. Er stellte den *Sirius*mythos in den Mittelpunkt seiner Religion. Sein erstaunliches Wissen, so behauptet dieses Volk, sei ihm bereits vor Urzeiten von himmlischen Besuchern, die *Nommos* genannt werden, vermittelt worden. Ursprünglich waren die Dogon aus dem ägyptisch-sudanesischen Kulturkreis

Bild 83: Die Priester der westafrikanischen Dogon-Stämme verfügen über detaillierte Kenntnisse des Universums.

ausgewandert. Irgendwann zwischen dem 13. und 16. Jahrhundert siedelten sie sich auf dem *Bandiagara-Plateau* an, wo sie heute noch leben und uns ungelöste Rätsel aufgeben.

Rund 8,6 Lichtjahre (1 Lichtjahr sind 9,6 Billionen Kilometer) zieht der Fixstern *Sirius* seine Bahn durch das Universum. Die Dogon sagen nun, sie seien von fremden Wesen aus diesem Sternensystem besucht worden. Untermauert wird diese Behauptung mit astronomischen Detailkenntnissen, wie sie für einen solch »primitiven« und eher isoliert lebenden Stamm absolut unerklärlich erscheinen. So wissen die Dogon beispielsweise, dass Sirius, der hellste Stern am Himmel, einen Begleitstern hat. Dieser »Partner« sei – so behauptet die Überlieferung – von geringer Größe, hätte eine sehr hohe Dichte, sei extrem schwer und würde alle 50 Jahre in einer elliptischen Umlaufbahn um das Zentralgestirn kreisen.

Tatsächlich entsprechen diese Angaben den heutigen Erkenntnissen der Astronomie. Und das, obgleich Sirius B, wie dieser Begleitstern in der modernen Astronomie genannt wird, mit bloßem Auge nicht zu erkennen ist. Seine Existenz war bis Mitte des 19. Jahrhunderts den Astronomen nicht einmal bekannt. Erst vor rund 80 Jahren konnte Sirius B erstmals detaillierter beschrieben und 1970 dann auch zum ersten Mal fotografiert werden. Um dieses seltsame astronomische Phänomen kreist seit langem

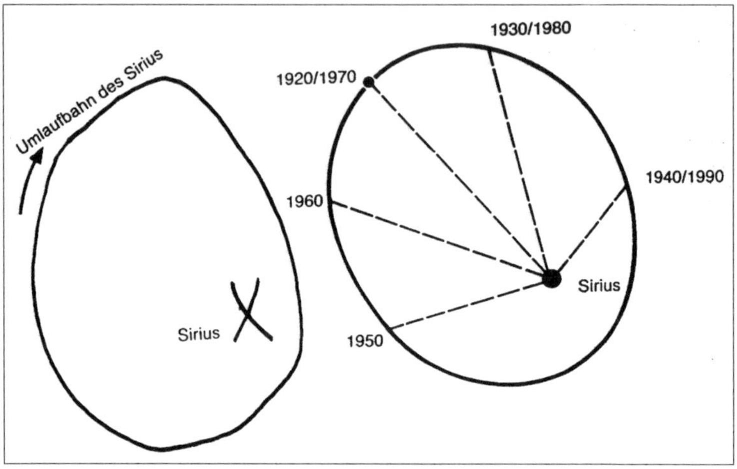

Bild 84: Dogon-Darstellungen des Sirius-Systems zeigen erstaunlich große Übereinstimmung mit modernen astronomischen Berechnungen.

die Mythologie der Dogon. Der Stern ist Teil ihrer geheimsten Riten. Er wird in Sandzeichnungen dargestellt; in Sakralbauten finden sich Bilder, ebenso wie in Schnitzereien und Webmustern, die mit ziemlicher Sicherheit Hunderte, wenn nicht gar Tausende Jahre alt sind. Französische Völkerkundler, die in den 1930er Jahren den Stamm der Dogon aufgesucht hatten, waren erstaunt über das immense astronomische Wissen des Stammes. Die Priester der Dogon wissen außerdem von einem dritten Stern, *Sirius C,* dessen Existenz bis heute allerdings weder rechnerisch noch optisch nachgewiesen werden konnte.

Wissenschaftliche Abhandlungen und Untersuchungen der Siriusmythe lassen keinen Zweifel daran, dass die Glaubenslehre der Dogon tatsächlich auf überraschend präzisen astronomischen Kenntnissen beruht. Ein Forscher, der sich eingehender damit beschäftigt hat, ist der amerikanische Orientalistik-Experte *Robert K. Temple.* Ihn interessierten zwei Fragen: Ist das astronomische Wissen der Dogon eindeutig nachgewiesen? Und wenn ja, woher hatten sie ihre Kenntnisse?

Ein intensives Studium des Quellenmaterials und Gespräche mit Dogon-Priestern sowie fachkundigen Anthropologen überzeugten Temple, dass die Dogon tatsächlich im Besitz uralter überlieferter Weisheiten sind, die nicht nur Sirius B, sondern generell das Sonnensystem betreffen. Woher aber hatten die Dogon ihr astronomisches Wissen?

Für ihre Priester besteht kein Zweifel: Sie glauben daran, dass in grauer Vorzeit *amphibische* Wesen von einem Planeten des Siriussystems auf der Erde gelandet sind und Eingeweihten diese Informationen übermittelten. Informationen, die bis heute von Generation zu Generation überliefert worden sind. Da erfährt man beispielsweise folgende Episode: *Nome,* der erste Jäger des Dogon-Stammes, richtet seinen Blick hoch zum Himmel und sagt zu seinem jungen Begleiter *Onam*: »Der große Gott weiß um die Dogons, so wie die Dogons um den großen Gott wissen.«

Bild 85: Oannes, die babylonische Gottheit mit Fischkörper, zeigt Übereinstimmungen mit Nommo, einem amphibischen Wesen, das die Dogon als Wissensbringer verehren.

»Wer ist der große Gott?«, fragt Onam wissbegierig?

»Der große Gott sprach vor langer Zeit mit den Dogon, die mehr wissen als der weiße Mann.«

»Was wissen die Dogon, großer Jäger?«

»Dort oben, wo der Himmel unendlich ist und schwarz, gibt es eine Welt mit Menschwesen, die Freunde der Dogon sind. Sie kamen einst in einem gewaltigen, Feuer speienden Haus, lehrten unsere Vorfahren mit Feuer umzugehen und halfen bei der Herstellung von Jagdgeräten und Fallen.«

Die Dogon nennen die fremden Fischmenschen Nommos und verehren sie als »Wächter des Universums und Väter der Menschheit«. Neben einem Kopf mit Antennenfühlern haben sie einen Fischleib und zeigen damit frappante Ähnlichkeit mit göttlichen Kulturbringern anderer Überlieferungen. Amphibische »Götter«, die der Legende nach ebenfalls als Lehrmeister vom Himmel gestiegen waren, kennt man vor allem aus der sumerischen Mythologie des Nahen Osten. Dort heißen sie *Oannes*. Auch *Isis,* die ägyptische Göttin der Zauberkraft und Verkörperung des Hundssterns Sirius, wurde gelegentlich, wenn auch vielleicht nur mehr als symbolhafte Erinnerung, mit einem *Fischschwanz* am Hinterkopf dargestellt.

Im Laufe der Jahrhunderte könnte eine Vermischung mit anderen Glaubensvorstellungen stattgefunden haben. Zwei deutsche Forscherehepaare, *Anke* und *Horst Dunkel* aus Braunschweig sowie *Claudia* und *Peter Fiebag* aus Northeim, flogen im April

Bild 86: Rituelle Maskentänze werden zur Erinnerung an den Besuch himmlischer Wesen abgehalten.

1997 nach Mali, besuchten die Dogon-Stämme und nahmen an rituellen Zeremonien und Maskentänzen teil. Von einem Priester erfuhren sie, dass bei den Dogon heute der Glaube verankert sei, *vampirähnliche* Wesen würden im Wasser des Niger leben. Menschen und Tiere sollen auf rätselhafte Weise in die Fluten hineingezogen worden sein. Blut saugende Kreaturen hätten sie dann gebissen und schließlich ihren Tod verursacht. Die Dogon bringen diese Seltsamkeiten mit dem Allgott *Amma* in Verbindung, der, ihren Mythen zufolge, die Nommos zur Erde gesandt hatte. Der Forschungsreisende Horst Dunkel neigt eher zu Auffassung, dass man die nun bekannt gewordenen Vampirgeschichten losgelöst von den eigentlich astronomischen Kenntnissen der Dogon betrachten sollte.

Das Wissen über himmlische Besucher kommt bei den Dogon in vielfältiger Weise zum Ausdruck: auf Wänden, Türen und dekorierten Schreinen ihrer Sakralbauten, die mit astronomischen Zeichen versehen sind; durch Darstellungen einer mythischen Schlange, die die Dogon in ihre heutige Heimat geführt haben soll; ebenso durch Höhlen- und Felsmalereien, die ihre Mythologie über amphibische Wesen und den Schöpfergott Amma beschreiben; oder durch Holzschnitzarbeiten von Nommo-Darstellungen, Götter- und Geisterfiguren, die bei zahlreichen Stammesritualen eine zentrale Rolle spielen; bei heiligen Stätten, wo Priester das Orakel des Wüstenfuchses

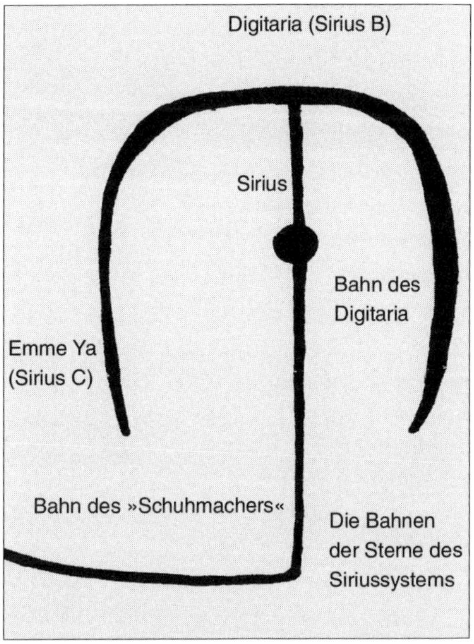

Bild 87: Dogon-Darstellung des Sirius-Planetensystems.

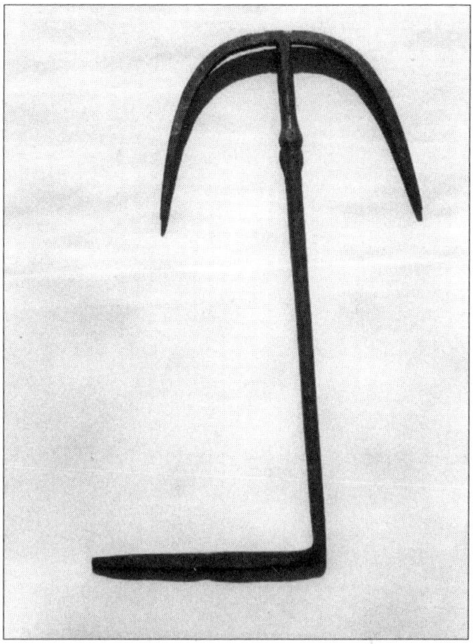

Bild 88: Aus Schmiedeeisen wird für rituelle Zwecke von den Dogon die Umlaufbahn des Sirius B angefertigt.

ausüben, wobei dieses Tier in unmittelbarer Verbindung zur höchsten Dogon-Gottheit Amma steht; Sandzeichnungen von Symbolen des Siriussystems; und vor allem bei rituellen Festen, Zeremonien und rhythmischen Maskentänzen, die den Lauf der Gestirne wiedergeben und zu Ehren der höheren Wesen aus dem Bereich des Hundssterns Sirius abgehalten werden.

Die Dunkels und die Fiebags haben die heiligen Opferstätten besucht und konnten den Dogon-Ritualen beiwohnen. Die Eindrücke der abenteuerlichen Reise fasst Horst Dunkel wie folgt zusammen: »Es besteht für mich und meine Freunde kein Zweifel, dass die Dogon ein fundiertes Wissen über das Siriussystem besitzen. Wir haben den Schmied eines Dogon-Stammes dazu bewegen können, uns das Siriussystem, gemäß seines Glaubens, aus Schmiedeeisen anzufertigen. Er hat ein Zeichen hergestellt, das bei bestimmten Zeremonien zur Anwendung kommt und aus einer Senkrechten mit einer verdickten Ausbuchtung besteht, das den Sirius symbolisieren soll. Unten ist diese Linie weit nach links hin abgeknickt, womit die Dogon den so genannten ›*Schuhmacherstern*‹ und seine Bahn um den Sirius darstellen. Oben auf der Senkrechten sitzt ein hackenähnliches Halboval, dessen beide Seiten weit herabhängen. Der Schnittpunkt des Ovals mit der Linie zeigt Sirius B, den die Dogon *Digitaria* nennen und dessen Bahn der rechte Arm aufzeigt. Der linke Arm steht für den Stern *Emme Ya*. Der untere Teil der Senkrechten ist länger als der obere. Damit wollen die Dogon zum Ausdruck bringen, dass der ›Schusterstern‹ weiter vom Zentralgestirn entfernt ist als die anderen Sterne und sich außerdem in entgegengesetzter Richtung bewegt. Die wiedergegebenen Daten stimmen mit modernen astronomischen Kenntnissen überein.«

Kultgegenstände wie diese werden gelegentlich noch angefertigt. Beweise für den Besuch aus dem All? »Die Dogon«, so stellt Horst Dunkel abschließend klar, »sprechen nicht unbedingt von Außerirdischen, sie beziehen ihre geheimsten Riten und Kenntnisse auf *übernatürliche* Wesen.«

Wie immer man die Dogon-Mysterien nun auslegen mag, ihrer Faszination kann sich kaum jemand entziehen. Wohl deshalb, weil wir es hier eben mit einer lebendigen Mythologie zu tun haben. Die seltsamen Rituale sind überprüfbar und werden heute noch genauso vollzogen wie vor vielen Generationen. Übrigens: Die Nommos versprachen den Dogon eines Tages wiederzukehren. Leben sie noch heute im Siriussystem? Sind sie bereits wieder auf Kurs zur Mutter Erde? Astronomen und Astrophysikern ist es bislang nicht gelungen, die Rätsel dieses westafrikanischen Naturvolkes zu lösen.

Mayual und der »Kuhstall Gottes«

In Afrika gibt es noch andere ungewöhnliche Hinweise, die an Eingriffe kosmischer Lehrmeister denken lassen. Eine Spur, die meines Wissens selbst im Umfeld von Erich von Däniken und Gefolgschaft noch nicht näher behandelt worden ist, führt zu den wenig erforschten Zeremonien der rund 20 *Dinka*-Stämme, die in der weiten, offenen Savanne des südlichen *Sudan* beheimatet sind, dem größten Sumpfgebiet der Welt.

Im Leben der im Körperbau auffallend groß gewachsenen Dinka (sie gelten als die größten Menschen der Erde) hat das *Rind,* das sie seit Urzeiten als Mittler zwischen Menschen, Geistern und ihrem Schöpfergott verehren, eine zentrale Stellung. Erstaunlicherweise geht diese Verehrung so weit, dass sie fast das gesamte Denken und damit auch die Sprache der Dinka beherrscht – zuzüglich Vorstellungen und Methoden, auf diese Weise die Welt zu erfahren und zu beschreiben.

Dies alles übertrifft den praktischen Nutzen der Rinderhaltung bei weitem. Es muss also eine besondere Bewandtnis mit diesen Tieren haben. Tatsächlich liegt an einem einsamen und unheimlichen Ort, einige Kilometer außerhalb ihres Stammesgebietes, das wichtigste Heiligtum der Dinka, der so genannte *»Kuhstall Gottes«*. Mit einer Tierunterkunft hat diese runde Hütte mit einem Durchmesser von zwölf Metern (für Dinka-Maßstäbe ein großes Gebäude) aber nichts zu tun. Dem englischen Autor *John Ryle* wurde 1976 während einer Sudanreise die Ehre zuteil, das Dinka-Heiligtum zu betreten. In seinem beeindruckenden Bildband *»Krieger des Weißen Nils«* beschreibt er sein Erstaunen, als die Wächterinnen die Türen der Kultstätte öffneten: »Wir bemerkten«, schreibt Ryle verwundert, »dass das Gebäude völlig leer war, mit

Bild 89: Das Heiligtum der sudanesischen Dinka: der »Kuhstall Gottes«.

Ausnahme einer heiligen Trommel und eines Fischspeers, den Dinka-Symbolen der geistigen Autorität, deren religiöse Bedeutung aber in grauer Vorzeit verloren ging.«

Welches Geheimnis sich hinter dem Begriff *»Fischspeer«* verbirgt, bleibt rätselhaft, zwar sind die Dinka auch Fischer, eigentlich aber handelt es sich um ein Hirtenvolk, das vor allem von der Viehzucht lebt. Genauere Studien könnten vielleicht klären, ob es Verbindungen zur *Dogon*-Mythe bzw. der *Oannes*-Legende gibt. Diese Überlieferungen berichten bekanntlich von fremden Fischmenschen, die einst mit himmlischen Barken zur Erde kamen.

Die Dinka selbst sehen sich als *direkte* Nachfahren ihres Stammvaters *Mayual.* Dieser sei vor vielen Generationen mit einem Haus vom Himmel zur Erde herabgestiegen. Mayual nahm sich ein Dinka-Mädchen zur Frau und sie empfing ein Kind. Doch bevor das Kind geboren wurde, sei Mayual *wie* eine göttliche Schlange mit Feuer und Rauch zum Himmel zurückgekehrt und zum Regenbogen geworden. Sein Sohn *Cikom* wurde schließlich Häuptling eines Lagers und beschloss, zu Ehren des himmlischen Gottes, seines Vaters, ein Heiligtum zu errichten.

Dies geschah genau an der Stelle, an der Mayual zu den Sternen zurückgekehrt war. Dieser Ort, den man vielleicht als Startplatz eines außerirdischen Raumschiffes auffassen könnte, ist identisch mit dem zuvor erwähnten »Kuhstall Gottes«. Es lässt sich nicht mehr mit Bestimmtheit lokalisieren, ob der Platz auch heute noch mit dem ursprünglichen allerersten Erscheinen des Gottes identisch ist. Faktum ist aber, dass der Ort gegenwärtig ebenso verehrt wird wie vor Hunderten von Jahren. Die Stammesführer, Nachfahren des göttlichen Mayual, nennen sich seither »Häuptlinge des Fischspeers«.

Die Dinka-Legende, und das ist ein weiterer erstaunlicher Aspekt, deckt sich mit vielen Überlieferungen völlig anderer Kulturkreise. So heißt es beispielsweise fast gleich lautend vom polynesischen Gott *Oro,* dieser sei auf einem Regenbogen nach *Borabora* herniedergefahren, um ein Erdenmädchen zur Frau zu nehmen.

Zum Gedenken an den Besuch von »oben« feiern die Dinka einmal im Jahr zweitägige Opferzeremonien im unmittelbaren Bereich des »Kuhstalles Gottes«. Dabei wird ein *Stier* rituell getötet und in eine bestimmte Himmelsrichtung gelegt. Durch Bittgesänge an die »Geister« dient das Stieropfer gewissermaßen als Vermittler zu Gott Mayual. Bei diesen Feierlichkeiten kommt es immer wieder vor, dass Teilnehmer in Trance fallen und zu Boden stürzen; ihre Augen verdrehen sich, Arme und Beine zucken unkontrolliert, sie murmeln wirr vor sich hin. Wenn jemand in eine solche Trance fällt, so ist er nach Auffassung der Dinka »vom Schöpfer besessen« oder steht in unmittelbarem »Kontakt mit überirdischen Wesen«. Seine normale Identität taucht ins Unterbewusstsein und in seinem Körper werden die »Geister« seiner Ahnen wach. Bestimmte, dabei sich ereignende auffällige Begebenheiten werden von den Dinka, ebenso wie von anderen Naturvölkern, allgemein als göttliche Offenbarung ausgelegt.

Es kann wohl kein Zufall sein, dass wir hier mit einem noch lebenden Volksstamm konfrontiert werden, der seinen Ursprung in den Sternen sieht, ganz ähnlich den westafrikanischen *Dogon,* den *Hopi*-Indianern im westlichen Nordamerika oder den brasilianischen *Kajapo*-Stämmen. Dass diese Überzeugung in Form von lebendiger Mythologie bis heute aufrechterhalten, der Start- und Landeplatz der »Gottes«-Erscheinung präzise genannt und durch bestimmte Kulte über viele Generationen in Erinnerung geblieben ist, sollte Historikern eigentlich zu denken geben.

Mein Vorschlag an diese Experten: Verschiedenste Stammeskulte und Überlieferungen aus aller Welt genauer unter die Lupe zu nehmen, miteinander vergleichen und *mythologisch* sowie *technologisch* analysieren, um daraus Gemeinsamkeiten aufzeigen zu können. Das Ergebnis dürfte dann einige Überraschungen ergeben: Stierkulte etwa finden sich bei vielen Völkern der Erde wieder. Ihr Zweck ist oft mehrdeutig. Nicht immer haben Tieropfer auch wirklich etwas mit Fruchtbarkeitsriten zu tun. Mit dem »Himmelsstier« der alten Ägypter beispielsweise ist den Pyramidentexten zufolge keineswegs ein Rind, sondern vielmehr ein *Flugapparat* der »Götter« gemeint, was durchaus an die Vorstellung vom fliegenden »Benben-Stein« und an die Legende des Phönix, dem mythischen Vogel des Lichts, anzuknüpfen vermag.

Bild 90: Felsmalereien zeigen fremdartige Geschöpfe: Geister, Götter oder Außerirdische?

Religiöse Kunst oder erlebte Wirklichkeit?

Das zuvor genannte Beispiel aus dem Bereich der Dinka-Völker veranschaulicht deutlich den *übernatürlichen* Charakter der Orakelkulte und Maskentänze. Die überwiegende Mehrheit der in alten Texten beschriebenen Praktiken und Verehrungen »heiliger Gegenstände« sowie heute noch bestehender Riten und Zeremonien sind nach wie vor in ihrem Ursprung weitgehend unerforscht. Fachgelehrte suchen zwar nach Lösungen, begnügen sich aber leider oft allein mit Symbolik. Sie sprechen von »Götterverehrungen«, die lediglich aus irgendwelchen *Naturmythen* entstanden seien, verweisen auf »Ahnenkulte« und »Geistwesen«, ohne dass sie deren eigentliche Ursache und Bedeutung plausibel zu erklären vermögen.

Der gleichen Problematik begegnen wir bei vielen Motiven steinzeitlicher Höhlenmalereien. Vor 10 Jahren wurde im Dschungel Brasiliens eine mindestens 12 000 Jahre alte Kultur entdeckt, die alle bisherigen Theorien über die Besiedlung des amerikanischen Kontinents auf den Kopf stellen. Woher stammen dessen Ureinwohner? Bisher las man in den Geschichtsbüchern, dass die ersten Menschen von Asien kommend in Alaska eingewandert seien und dann nach und nach – über Jahrtausende – den ganzen Kontinent besiedelt hätten. Die hoch entwickelten Amazonas-Indianer passen jedoch nicht in dieses Bild. Sie waren *Zeitgenossen* und nicht Nachfahren der Mammuts jagenden Vorzeitmenschen. Welche Kultur kam als erste nach Amerika? Felsbilder mit Kopf stehenden schwebenden Figuren und strahlenförmigen Schädeln gleichen den 40 000 Jahre alten Bildwerken der australischen Aborigines. Was stellen sie dar? Haben sie gemeinsame Wurzeln?

Reisten lange vor Kolumbus und den Wikingern Indianer aus Süd- und Nordamerika um die Welt? Amerikanische Wissenschaftler fanden dafür immer mehr Indizien. So entdeckten sie auf Kokablättern in ägyptischen Mumien Abbildungen von Mais, ebenso auf alten indischen Tempeln, und sogar sprachliche Übereinstimmungen gibt es beiderseits des Pazifiks. Offensichtlich wagten sich die Urindianer mit Flößen über das große Meer.

Ein weiteres Fragezeichen in der Evolutionsforschung: die zeitlichen Datierungen. Was stimmt nicht mit ihnen? Laufend müssen Altersbestimmungen nach rückwärts korrigiert werden:

- Geologische Untersuchungen machen deutlich, dass Bauwerke wie etwa die ägyptischen Pyramiden von *Gizeh* oder das Steinheiligtum von *Stonehenge* wesentlich älter sind als bisher angenommen.
- Untersuchungen der Universität von Kalifornien haben ergeben, dass die im Jahre 1921 entdeckten Knochenreste des Pekingmenschen – dem Vorläufer des heutigen Homo sapiens – nicht 200 000, sondern mindestens 400 000 Jahre alt sind!
- Ein menschlicher Oberkiefer, der zusammen mit Steinwerkzeugen im Norden Äthiopiens gefunden wurde, lässt den Schluss zu, dass der moderne Mensch um etwa 500 000 Jahre älter ist als bisher angenommen! Außerdem bleibt der Übergang vom eher affenartigen zum aufrecht gehenden Menschen umstritten. Forscher der Universität Liverpool, die seit Jahren das Skelett der 3,6 Millionen Jahre alten Frau »Lucy« untersuchten, haben festgestellt, dass der Homo sapiens auch in grauer Vorzeit nicht auf allen vieren gekrochen ist. Unterstützt wird diese Erkenntnis vom aufrechten Gang durch moderne Computersimulation: Gibt man nämlich die Daten der Urzeitfrau ein, zeigt sich, dass sie in gebückter Haltung umgekippt wäre.
- Die bisher ältesten bekannten Lebensspuren auf der Erde stammen aus Australien: gebänderte Ablagerungen von Algen und Bakterien. Sie werden auf 3,5 Milliarden Jahre geschätzt. Jetzt haben amerikanische Forscher in Grönland Spuren von bakterienähnlichen Lebewesen entdeckt, die mindestens um 300 Millionen Jahre älter sind.

Dass es berechtigte Zweifel in der Abstammungslehre gibt, bestätigten 1997 auch genetische Analysen deutscher Wissenschaftler: Anders als manche Forscher insgeheim hofften, ist nämlich der Neandertaler *kein* Stammvater der heutigen Erdlinge. Er war nur ein Seitenzweig in der langen Geschichte der Menschheitsentwicklung, eine Sackgasse

Bild 1: Stein des Anstoßes: In diesem Marsmeteoriten haben Wissenschaftler einen ersten Beweis für *außerirdisches* Leben entdeckt.

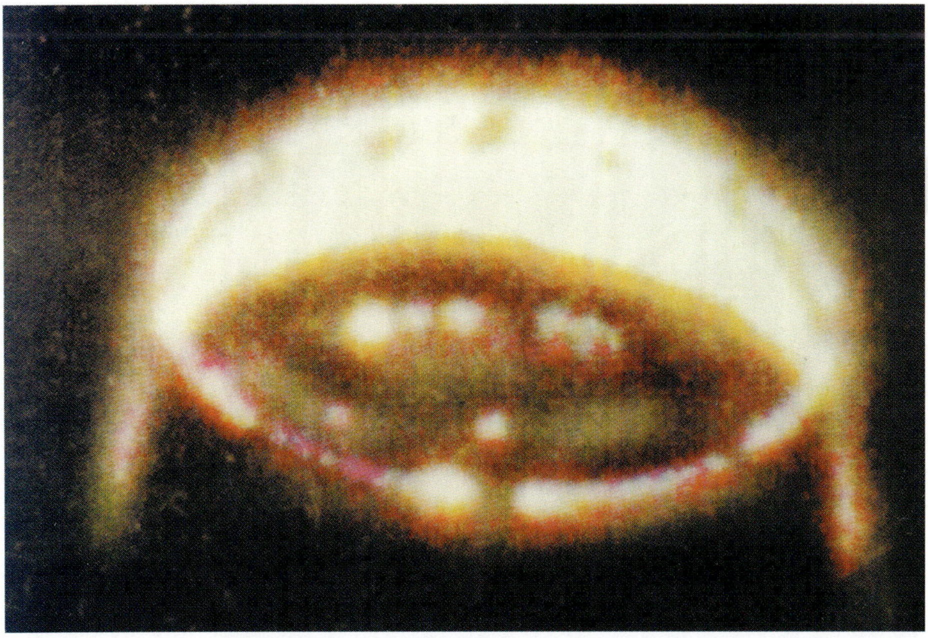

Bild 2: Viele Raumflüge wurden von UFOs begleitet. Erst kürzlich hat die NASA Fotos freigegeben, die bislang unter Verschluß gehalten wurden: Dieser leuchtende Rhombus wurde auf der Mondoberfläche von der Apollo-12-Besatzung aufgenommen.

Bild 3: Fotos bizarrer Kugelblitze sind selten. Diese Aufnahme glückte Werner Burger im Süden Vorarlbergs.

Bild 4:
Die meisten UFO-Opfer berichten von Entführungen durch kleine graue Wesen mit großen mandelförmigen Augen. Alpträume oder Außerirdische?

Bild 5: Auf mittelalterlichen Szenen, wie diesem Gobelin, entdeckt man gelegentlich fremdartige Elemente: Über der Stadt schwebt deutlich erkennbar ein kuppelförmiges Flugobjekt.

Bild 6: Die beiden britischen Ingenieure George Sassoon und Rodney Dale konstruierten aus kabbalistischen Angaben eine Apparatur, die sie »Manna-Maschine« nannten. Diente das Gerät als Nahrungsspender für die Israeliten bei ihrer Wüstenwanderung?

Bild 7: Untersuchungen am Aeronautical Institute, New York, erbrachten Erstaunliches: Bei historischen Artefakten aus dem alten Südamerika handelt es sich offensichtlich um goldene Flugzeugmodelle.

Bild 8: Erich von Däniken hat sie berühmt gemacht: Die Grabplatte von Palenque mit der Abbildung einer Maya-Figur, die an einen Astronauten in seinem Raumschiff erinnert.

Bild 9: Zeigt die Piri Reis-Karte tatsächlich die Antarktis – und wurde diese vor der Eiszeit kartografiert?

Bild 10: Pyramiden finden wir rund um den Globus. Diese mächtige, vierstufige Sonnenpyramide steht in Teotihuacan in Mexiko. Wer hat sie gebaut?

Bild 11: Die rätselhaften Linien von Nazca sind selbst von Satelliten aus dem All noch deutlich zu erkennen.

Bild 12: Die Steine von Ica zeigen fürwahr außergewöhnliche Motive: Steinzeit-Chirurgen bei der Operation.

Bild 13: Die Dogon-Stämme in Westafrika behaupten, sie hätten ihr astronomisches Wissen von kosmischen Besuchern aus dem Sirius-System erhalten.

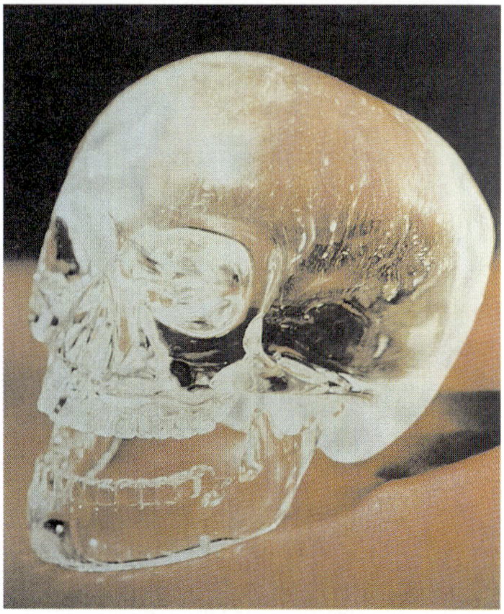

Bild 14: Der geheimnisvolle Kristallschädel von Lubaantum. Wer fertigte ihn einst mit welchen Mitteln an?

Bild 15: Der Autor wagt den Abstieg in die Unterwelt der Zwerge.

Bild 16: Der Vatikan hält hartnäckig das »Geheimnis der dritten Botschaft« von Fatima unter Verschluss. Was sind die Gründe für dieses beharrliche Schweigen?

Bild 17: Ungeklärt ist die Herkunft des mysteriösen Rasenkreuzes in der burgenländischen Gemeinde Eisenberg im östlichen Österreich.

Bild 18: Jüngste Untersuchungen ergaben: Pharao Tutanchamun wurde wahrscheinlich ermordet. Gibt es Zusammenhänge mit dem unheimlichen Todesfluch, dem bisher 30 Menschen zum Opfer fielen?

Bild 19: Um Pyramiden zu sehen, muß man nicht nach Ägypten reisen. Im mystischen Waldviertel in Österreich, finden wir eine Rundpyramide aus dem Mittelalter.

Bild 20: Die Wände im Hathor-Tempel von Dendera zeigen Reliefdarstellungen, die sich in allen Einzelheiten elektrotechnisch deuten lassen. Waren im alten Ägypten glühbirnenähnliche Leuchtkörper in Verwendung?

Bild 21: Der Wiener Elektrofachmann Ing. Walter Garn baute getreu altägyptischen Vorbildern dieses funktionstüchtige Modell.

Bild 91: Weshalb starben vor mehr als 30 000 Jahren die Neandertaler aus?

der Evolution. Wenn der Neandertaler aber kein Vorfahre des heutigen modernen Menschen war, woher kam er dann und weshalb starb er aus? Einige zehntausend Jahre lebten Homo sapiens und Neandertaler nebeneinander, bis letzterer vor etwa 30 000 Jahren aus ungeklärten Gründen verschwand. Dies ist umso rätselhafter, weil sich Gelehrte hierbei auch in ihrem Votum geirrt zu haben scheinen, wonach die Neandertaler bloß plumpe Hohlköpfe gewesen seien. Neue Funde belegen hingegen eindeutig: Die stämmigen Muskelpakete (1,60 Meter groß, 75 Kilogramm schwer) bestatteten ihre Toten, sorgten für Gebrechliche, bauten Hütten aus Mammutknochen, verfügten über eine Sprache und spielten auf Knochenflöten Musik. Womit neuerlich eine lang gehegte Ansicht über den Verlauf unserer Evolutionsgeschichte als Irrtum entlarvt werden konnte.

Solche Ungereimtheiten gibt es dutzendweise. Man begegnet ihnen ebenso bei der Beurteilung gefundener »Kultgegenstände«, die so gar nicht in den gewohnten Rahmen der gültigen Lehrmeinung einzupassen sind. Sie werden vielmehr häufig, wie ich meine voreilig, als »dekorative Kunst« und »Symbolismus« fehlgedeutet. Eigentlich unverständlich, wenn man berücksichtigt, dass Kunstwerke im herkömmlichen Sinn, nämlich lediglich der Betrachtung und dem rein ästethischen Genuss zuliebe, vielen untergegangenen Kulturen und noch heute lebenden Naturvölkern fremd sind. Die meisten Kulte und Traditionen lassen sich auf den personifizierten Glauben an himmlische Wesen und mythologische Legenden zurückführen. Nach wie vor haben rituelle

Gegenstände und Masken bei Naturvölkern eine übernatürliche Funktion und zeigen eine Verbundenheit mit der überirdischen Sphäre, zumal sie auch ihre Macht von den ihnen dem Glauben nach innewohnenden übernatürlichen Kräften beziehen. »Auf dieser Stufe«, so gesteht der Anthropologe *H. Reads* freimütig ein, »liegt die Schwierigkeit in der Trennung von Kunst und Religion.« Und sein Kollege *I. Bernal* erkannte folgerichtig: »Die Kunst besteht in Erinnerung an die Götter.«

Trotzdem wehrt sich die orthodoxe Fachwelt mit Händen und Füßen dagegen, Stammeskulte, rituelle Maskentänze und über viele Generationen weitergegebene Überlieferungen, als Erinnerungen an eine erlebte Wirklichkeit, also als *Tatsachenberichte,* anzuerkennen. Bezogen auf die »göttliche« Bedeutung der Stammeskulte, erklärt der Autor und Forscher *Georg Lukács*: »In diesen Kunstwerken spiegelt sich jedoch nicht die objektive Wirklichkeit wider, sie drücken nicht die tatsächlichen Verhältnisse der Natur und der Gesellschaft aus, sondern sind *irrtümliche* Vorstellungen.«

Wirklich erklärt wird damit natürlich nichts. Irrtümliche Vorstellungen? Woher will man das wissen? Niemand von uns war tatsächlich beim ursächlichen Auslöser eines späteren Heiligenkultes oder einer religiösen Mythenbildung dabei. Ich glaube, dass vieles dafür spricht, wonach Masken, Höhlenzeichnungen und Kultobjekte tatsächlich Anhaltspunkte für das Aussehen oder Verhalten der »Götter« liefern, die gemäß der Präastronautikthese Besucher aus dem Kosmos waren.

Wohltäter aus dem Weltenraum

Viele Ureinwohner fassen geschnitzte Masken und religiöse Statuen nicht als Symbole, Darstellungen oder Porträts der überirdischen »Götter« auf, sondern sehen darin entsprechend ihrer Glaubensvorstellung die »tatsächliche Präsenz des Übernatürlichen in der sichtbaren und tastbaren Form«, schreibt der Ethnologe *A. A. Gerbrands*. Er führt auch zwei Beispiele an: »In der großen Maske der *Dogon* wohnt Njama«, die Seele eines göttlichen Ahnen in Form einer sichtbaren Schlange. Und bei den Priestern der *Dan* in Liberia »sind die Ahnen durch ihre Masken in der Hütte des Schamanen wirklich anwesend«.

Wenn die »Götter« Astronauten waren, könnten diese Rituale ebenso gut als Cargo-Kulte aus ferner Vergangenheit interpretiert werden, die über viele Generationen traditionell weitergegeben wurden, um die Erinnerung an himmlische Berater wach zu halten. Missverstandene Technologie also, die durch bestimmte magische Praktiken wieder zum »Leben« erweckt werden soll. Bei den brasilianischen *Kajapo*-Indianern, die sich im Gedenken an ihren Kulturbringergott *Bep-Kororoti* in Ritualgewänder aus Stroh hüllen, wird dies besonders deutlich. Das Aussehen der in Maskentänzen dargestellten »Götter« erinnert verblüffend an die Astronautenkleidung unserer Tage und deckt sich mit der Legende vom Kajapo-Gott, der später in einem »fliegenden Haus« unter gewaltigem Donner, Beben, Rauch und Feuer in den Himmel zurückkehrte.

Bild 92: Maskenspiele zu Ehren der Götter beim Volksstamm der Dan in Liberia.

Vergleichbare, heute noch praktizierte Rituale zu Ehren himmlischer Lehrmeister finden wir gleichermaßen bei den Winterzeremonien der nordamerikanischen *Haida-* und *Kwakiutl*-Indianer, bei religiösen Mysterienspielen *tibetischer* Bergvölker, den Maskentänzen aus *Neuguinea,* dem astronomischen Wissen der afrikanischen *Ituri*-Pygmäen nahe am Äquator, Opferkulten auf *Sulawesi* oder in Form von »Geistermasken« bei der brasilianischen *Karaja*-Kultur.

Im europäischen Kulturkreis begegnen wir ebenfalls Maskengestalten, die jenen brasilianischen Ritualgewändern der Kajapo-Indianer gleichen. So finden in der *Obersteiermark* in Österreich Jahr für Jahr heidnische Perchtentreiben statt. Seltsame Geistergestalten, in Stroh gehüllt mit meterlangen »Fühlern« auf dem Kopf, kehren mit Peitschenknallen symbolisch den Weg für die »Götter« frei.

Zu den bekanntesten und außergewöhnlichsten Zeremonien zählen die Darbietungen der *Hopi*-Indianer in Arizona und anderer *Pueblo*-Stämme des südwestlichen Nordamerika. Sie haben das Sagengut ihrer Ahnen bis heute lebendig gehalten. Zu bestimmten Zeiten beschwören Männer in Verkleidung die »Götter«. Akteure dieser heiligen Tänze sind die *Kachina,* die als göttliche Beschützer der Hopi verehrt werden.

Bild 93: Geheime Rituale in Strohgewändern bei brasilianischen Naturvölkern.

Holzgeschnitzte Puppen in Kachinagestalt sollen die enorme Vielfalt der Hopi-»Götter- und Geisterwelt« begreifen und unterscheiden lernen. Die Holzfiguren sind Abbilder der Himmelsboten, die Masken und ihre Träger bei den rituellen Tänzen stellen hingegen die *leibhaftige* Verkörperung der überirdischen Wesen dar. Viele der Kulthandlungen, aber auch Gegenstände, Kunstformen und Dekorsymbole legen eine Deutung im Sinne der Präastronautik bzw. Paläo-SETI-Hypothese nahe.

Dazu ein Beispiel: Mir fiel auf einem Tongefäß die Abbildung einer vermeintlichen »Regenwolke« auf, die dem Aussehen nach mit einer solchen aber nichts gemein hat. Der Hopi-Legende zufolge können die Kachinas, die im Leben eine Maske besessen haben, in Geistform zu den Lebenden zurückkehren – und zwar in der Maske eines lebenden Tänzers. Jeder Bewohner der Kachinadörfer kann in einer solchen »Geisterwolke« vom Himmel zur Erde zurückkehren. Die so genannte »Wolke« dient demnach als eine Art *Fahrzeug* oder *Durchgang* von einer fremden in unsere Welt. »Wer niemals im Leben an den Tänzen teilgenommen oder zugesehen hat«, heißt es weiter, »wird allein im Himmel sein, eine ›lügende‹ Wolke, die keinen Regen bringt.« Auffallend bei dieser Darstellung ist die Ähnlichkeit mit jenem Luftgefährt, das der biblische Prophet *Ezechiel* prägnant im *Alten Testament* beschrieben hat. Ich erwähnte es bereits: Dem ehemaligen NASA-Ingenieur *Josef F. Blumrich* gelang der technische Beweis, wonach Ezechiels Schilderung durchaus realitätsbezogen war. Zeigt die fliegende

Bild 94: Feste zu Ehren des himmlischen Lehrmeisters: Die Kajapo-Indianer hüllen sich in Ritualgewänder aus Stroh und imitieren ihren Kulturbringer-Gott Bep-Kororoti.

»Wolkenspinne« der Hopi-Indianer ein ähnliches Raumfahrtmotiv? Wurden also die alten Symbole wahrheitsgetreu interpretiert? Haben andererseits Missionare bei der *Christianisierung* altes Wissensgut unwiederbringlich zerstört? Gott sei Dank war die kirchliche Obrigkeit nicht ganz so erfolgreich, wie sie es ursprünglich beabsichtigt

Bild 95: Die Darstellung einer fliegenden »Wolkenspinne« bei den Hopi-Indianern ...

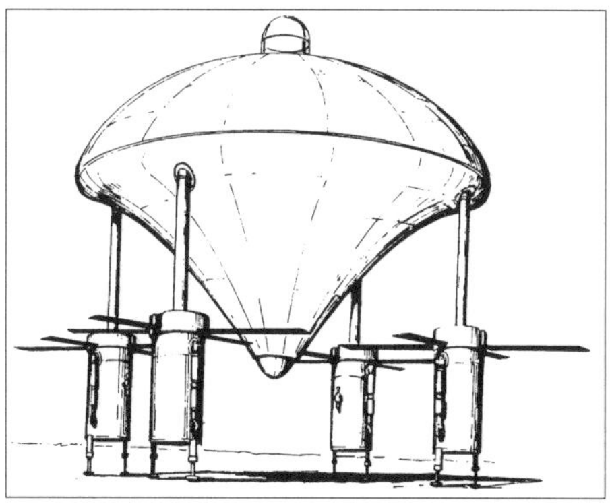

Bild 96: ... zeigt eine auffallende Ähnlichkeit mit der rekonstruierten »Raumschiff-Beschreibung« des Bibelpropheten Ezechiel.

Bild 97: Der Holzaltar aus Süd-Nigeria erinnert im Aufbau der Symbole an südamerikanische und altägyptische Flügelsonnen. In der Mitte eine Gottheit mit Helm und Anzug.

hatte. Jene »Bekehrer«, die im Kielwasser der spanischen Eroberer nach Mexiko und Mittelamerika reisten, scheuten jedenfalls keine Anstrengung, um die Indianer in den eroberten Gebieten unbedingt zum Christentum zu bekehren. Doch kam es nicht zu der beabsichtigten Übernahme, sondern vielmehr zu einer Vermischung christlicher und indianischer Glaubenselemente. Vor der Eroberung durch die Spanier verehrten die indianischen Völker viele »Götter«, die den Legenden nach einst vom Himmel gestiegen waren. Und auch als sie sich zum Christentum bekehrten, hörten sie nicht auf, diese himmlischen Wesen zu verehren. Sie gaben ihnen listigerweise lediglich Namen christlicher Heiliger und verehrten sie von da an auch an christlichen Feiertagen weiter. Sie bauten also weiterhin auf ihre himmlischen Urväter und »Kulturbringer« und beschwören diese zum Teil auch heute mittels magischer Kräfte.

Alte Traditionen und »Götter«-Kulte sind zwar vielfach erhalten geblieben, wurden aber im Laufe der Geschichte verändert, verfälscht oder in ihrer ursprünglichen Bedeutung vergessen. Im *»Lexikon der afrikanischen Mythologie«* heißt es dazu: »In den Museen Europas und Nordamerikas wurden früher viele Statuen als Götzen oder Ahnenbilder bezeichnet, bis Anthropologen herausfanden, daß sich hinter jenen geschnitzten Bildwerken eine Fülle von Mythologie verbirgt, die in vielen Fällen nicht mehr bekannt ist. Ein Großteil der Mythologie wurde von den Missionaren verurteilt, so daß die Bedeutung der Statuen in Vergessenheit geriet.«

Das Geheimnis der Stammesriten

Für eine wissenschaftliche Untersuchung der alten Stammeskulte ist es schwierig, an die Quellen mythologischen Ursprungs zu gelangen. Dies umso mehr, da der ursprüngliche Grundgedanke vieler Riten und Kulte, obwohl etliche nach wie vor gebräuchlich sind, inzwischen bei den Naturvölkern selbst zunehmend verloren gegangen ist. Eine Hinterfragung dieser Phänomene wird schon durch die Vermengung verschiedenster Begriffe erschwert, etwa durch die Vorstellung von »Dämonen«, »Ahnengeistern«, »Totenbeschwörungen«, »Fruchtbarkeitsriten«, »Trancezustände«, »religiösen Schauspielen« und den viel zitierten Huldigungen an die himmlischen »Götter«. Oberflächlich betrachtet scheinen diese Umschreibungen allesamt mit dem *Jenseitsglauben* verknüpft zu sein, woraus Kritiker der »Götter aus dem All«-These den Schluss ziehen, dass darin eben nichts Außerirdisches, sondern der Glaube an die *Wiedergeburt* zu erkennen sei.

Etwas überhastet, wie mir scheint. Denn die Naturvölker nehmen zwar Gemeinsamkeiten zwischen »Götterkult« und »Ahnenkult« wahr, machen aber andererseits doch deutliche Unterschiede. Der wesentlichste liegt darin, dass der »Geist«, mag er auch noch so mächtig sein, nicht angebetet wird. »Geister« werden *günstig* gestimmt, *besänftigt,* sogar auf magische Weise gezwungen, im Namen von Priestern und Medizinmännern zu handeln, aber sie werden nicht angebetet.

Der Grund für die *Vermischung* der Begriffe »Götter« und »Geister« liegt wohl darin, dass die christlichen Missionare (und in Afrika auch die islamischen Gelehrten) sich weigerten anzuerkennen, dass die als »Götter« verehrten Wesen der so genannten Heiden das Attribut »göttlich« durchaus verdienten. Bei der Übernahme heidnischer Bräuche, man denke nur an den Weihnachtsbaum und bunte Ostereier, war man bekanntlich weniger penibel. Noch ein Unterschied fällt auf: Die so genannten »Götter« werden als viel *bedeutender* angesehen. Sie sind erhabener, mächtiger, allumfassender und vielseitiger als »Geister«. Die »Ahnengeister« werden hingegen, ähnlich den Engelvorstellungen unseres Kulturkreises, als Mittler zwischen Mensch und »Gott« bzw. »Göttern« betrachtet.

Eine weitere Hürde für eine gewissenhafte Untersuchung geben auffällige Berührungspunkte mit anderen Phänomenen und Fachrichtungen, darunter Bereiche der Psychologie, Parapsychologie, Spiritismus, Magie, Schamanismus, Botschaften aus dem Unterbewusstsein, Reinkarnation und Jeneitsglaube bis hin zur modernen UFO-Forschung und der Vorstellung von parallelen Universen.

Aus dem *Kongo* stammende Holzfiguren ähneln im Aussehen auffällig jenen Geschöpfen, von denen UFO-Entführungsopfer berichten. Lassen sich bisher unverstandene, seltsame Rituale alter Völker mit dem modernen UFO-Mythos in Verbindung bringen? Welches Geheimnis steckt hinter dem weltweiten Mysterium der *Schädeldeformationen*? Wir kennen sie aus Ägypten, der Türkei und sogar in Österreich hat man sie gefunden. Bekannt als »Hunnenschädel von Kronberg« nahe *Wolkersdorf,* wo sie in einem Privatmuseum aufbewahrt werden. In Chile hat man sogar *fünftausend* verschie-

Bild 98: Naturvölker imitieren ihre Ahnengeister und Götter.

denartig deformierte Schädel entdeckt. Die entscheidende Frage: Imitierten unsere Ahnen die Schädel und das fremdartige Aussehen ihrer »Götter«? Wollten sie vielleicht göttergleich sein? Täuscht der Eindruck, dass sich hinter kultischen Erscheinungsformen der Vergangenheit und Gegenwart *ein* und *derselbe* Urheber verbergen könnte?

Bringt man die *Mimikry*-Hypothese des deutschen UFO-Forschers Dr. *Johannes Fiebag* ins Spiel, könnte der Auslöser für solche entstandenen Mysterien in einer für uns verborgenen hoch entwickelten Intelligenz zu suchen sein, die uns vielleicht schon seit Jahrtausenden beeinflusst. Die in ihrer Fremdartigkeit zwar ähnlichen, aber letztlich doch verschiedenartigen Gestalten von Götterfiguren, Masken und Statuen könnten somit Ausdrucksformen *eines* Phänomens sein, das in unmittelbarer Wechselwirkung mit uns selbst steht, mit unseren Vorstellungen, Ängsten und Fantasien. Fiebag nennt dieses Verhalten Mimikry, weil sich das Phänomen uns anpassen kann, und sich der (oder die) Urheber somit perfekt dahinter verbergen könnte(n).

In der Tat finden sich nicht nur in der aktuellen UFO-Forschung und in den Legenden der Kobolde und Elfen Indizien für diese Überlegung, sondern ebenso in alten Texten aus vorbiblischer Zeit. Wir brauchen uns nur das sumerische *Gilgameschepos* (1900 v. Chr.) in Erinnerung rufen, wo unter anderem geschrieben steht: »Kein Sterblicher kommt auf den Berg, wo die Götter wohnen. Wer den Göttern ins Angesicht schaut, muss vergehen.« Oder im *Alten Testament* (Exodus; 33, 20), wo die göttliche

»Herrlichkeit des Herrn« zu Moses spricht und mahnt: »Du kannst mein Angesicht nicht schauen, denn kein Mensch bleibt am Leben, der mich schaut . . . und wenn ich dann meine Hand weghebe, darfst du mir nachsehen, aber mein Angesicht kann niemand schauen.«

Seltsam. Weshalb hatten die »Götter« des Altertums so große Angst, von Menschen erkannt zu werden? Wäre im Falle der Erkenntnis ihrer wahren Identität, dem Fallen ihrer Masken, der Mythos ihres überirdischen »Images« zerstört worden? Oder diente diese Maskerade vielmehr dem speziellen Schutz der Erdlinge? Liegt die sich dahinter verbergende Wahrheit womöglich jenseits aller irdischen Vorstellungen?

Die Mimikry-Hypothese, wonach eine fremde Intelligenz durch Anpassung unsere Mythen kontrolliert und somit auf einer tiefen psychologischen Ebene Einfluss nimmt in unseren Glauben und in unsere Vorstellungen, ist sicherlich ein interessanter Lösungsansatz. Jedenfalls gibt es eine Menge von Hinweisen, die deutlich machen, wonach die UFOs der Neuzeit nur die Fortsetzung der fliegenden Götterwagen aus der Antike darstellen. Folglich hätten wir es gestern wie heute mit ein und demselben Phänomen zu tun, welches sich uns bloß in verschiedenen Facetten offenbart. Andererseits kann man aber auch nicht ganz ausschließen, dass wir es vielleicht doch mit verschiedenen unabhängigen Phänomenen zu tun haben könnten. Zumal wir heute noch nicht mit Sicherheit zu sagen vermögen, was UFOs wirklich sind. Die mögliche außerirdische Herkunft ist zwar eine auch für mich denkbare, aber eben nicht die einzige Möglichkeit.

Welche Methoden müssten angewandt werden, um einen Eingriff hoch entwickelter fremder Intelligenzen beweisen zu können? Wie kann man die These vom Besuch aus dem All überprüfen? Ein Problem, das gewissermaßen alle Phänomene aus dem Bereich des Unerklärlichen betrifft. Die Sache der *Verifizierbarkeit.* Nach Sir *Karl Popper* muss eine solche Hypothese an der Realität scheitern können, also *falsifizierbar* sein. Wenn ich etwa behaupte, Sonnenfinsternisse entstünden bei Bedeckung der Sonne durch den Mond, so ist diese Hypothese falsifizierbar. Ich kann sämtliche Sonnenfinsternisse unter diesem Aspekt durchchecken und werde, eben weil die Hypothese richtig ist, keinen Fall finden, in dem sich eine Sonnenfinsternis ereignete, ohne dass der Mond die Sonne verdunkelt hätte. Bei der Überprüfung der Mimikry-Hypothese, so faszinierend sie auch sein mag, tut man sich da schon schwerer.

Dennoch sollten wahrheitssuchende Wissenschaftler eine Untersuchung außerirdischer Phänomene nicht deshalb kategorisch ablehnen, nur »weil bisherige Erkenntnisse ausschließen, dass solche Dinge existieren«. Denn was sagt das schon? Man glaubt eben gerne an die Wissenschaft und an alles, was sich als Wissenschaft darstellt. Und man glaubt denen nicht, die keine wissenschaftliche Qualifikation zu besitzen scheinen. Selbst die eigene Existenz muss mit Mitteln der Wissenschaft – mit historischen Dokumenten – bewiesen werden. Wer keinen Pass oder eine Geburtsurkunde vorweisen kann, existiert nicht, selbst wenn man tausendundeinmal mit dem eigenen Finger auf den eigenen Körper zeigt. So ein unwissenschaftliches Argument will niemand akzeptieren. Die Einzigen, die nicht so leicht an die alles offenbarende Wissenschaft

Bild 99: Weisheitsgott Thot vor dem göttlichen »Auge des Re«.

glauben, sind die Wissenschaftler selbst. Die sind sich nämlich in fast allen Belangen völlig uneins. Ein Blick in die Geschichte der Wissenschaft und jener der großen Entdeckungen zeigt, dass sich wissenschaftliche Theorien ständig ändern und das auch weiterhin tun werden. Hier dürfen Erich von Däniken und die Sympathisanten »seiner« Astronautengötter-Theorie mit Recht auf ihre Chance hoffen.

Heute noch praktizierte traditionelle Riten, Tranceerlebnisse sowie Kulthandlungen von Eingeborenen zeigen, analog zu modernen UFO-Erlebnissen und Psi-Erscheinungen unserer Tage und unseres Kulturkreises, dass die derzeitigen Realitätsmodelle zum Verständnis dieser Phänomene nicht ausreichen. Eine fantastische Reise zu unseren mythologischen Ursprüngen macht deutlich, dass ein Wandel im westlichen wissenschaftlichen Grundrahmen überfällig ist. Jene Forschungsreise zu den Wurzeln einer anderen, bisher verborgenen und verdrängten Wirklichkeit hat gerade erst begonnen. Wir können vielleicht nur erahnen, welche tief greifenden Erkenntnisse und Überraschungen noch auf ihre Entdeckung warten. Schon vor Jahrtausenden hat uns der altägyptische Weisheitsgott *Thot* (respektive *Hermes Trismegistos)* in seinen hinterlassenen Schriften zu einer nicht gerade einfachen Denkaufgabe ermuntert: »Das Weltall ist ein kosmisches Buch, eine Handschrift, eine riesenhafte Papyrusrolle, welche von Göttern geschaffen worden ist. Strebet an, jenes vor euch entrollte Buch zu lesen und jene Offenbarung der Götter zu verstehen.«

Haben wir *verstanden?*

Kapitel 4

IGNORIERTE BEWEISE

Ungereimtheiten aus der Frühgeschichte

»Natürlich ist Amerika schon vor Kolumbus entdeckt worden; und zwar oft. Es wurde nur immer vertuscht.«
Oscar Wilde, britischer Schriftsteller (1854–1900)

Brachten »Götter« von fremden Sternen einst das Wissen auf die Erde? Wurde die menschliche Evolution von außerirdischen Intelligenzen beeinflusst? Haben jene auf präastronautischen Spuren wandelnde Autoren und Forscher recht mit ihrer These vom Besuch aus dem All? Selbstverständlich muss man nicht diese Meinung teilen. Dennoch ist unübersehbar, dass unsere frühen Kulturen in vielen Fällen einen weit höheren Wissensstand erreicht haben, als wir dies unseren Vorfahren gemeinhin zubilligen. Die Schulweisheit verlangt aber, dass unsere Wissenschaft an der Schwelle zum 3. Jahrtausend an der technologischen Spitze thront, während die Gelehrten aus vorgestrigen Tagen sozusagen in der geistigen Steinzeit angesiedelt werden.

Die Evolution, so lehrt uns das wissenschaftliche Dogma, hätte sich von der Erfindung des Rades bis hin zur modernsten Computertechnik gleichmäßig nach oben entwickelt. So etwa lautet das wissenschaftlich allgemein gültige Urteil. Ein *Vorurteil,* wie ich es bezeichnen möchte. Denn unsere Prähistoriker, zumindest die Mehrzahl unter ihnen, schließen die Möglichkeit kategorisch aus, dass es im Verlaufe der Menschheitswerdung *mehrere* kulturelle Höhen und Tiefen gegeben haben könnte. Viele scheinbare Errungenschaften der Neuzeit entpuppen sich jedoch bei näherer Betrachtung lediglich als *Wiederentdeckung*. Archäologische Rätsel belegen, dass es offenkundig viele Höhepunkte und Tiefpunkte im wissenschaftlichen Forschen gegeben hat. Gelehrte aus vergangenen Jahrtausenden haben ebenfalls bereits kulturell und technologisch erstaunliche Kenntnisse besessen, die aber im Laufe der Geschichte verloren gingen, sei es durch globale Naturkatastrophen, kriegerische Auseinandersetzungen, Ausrottung der in eine Geheimwissenschaft eingeweihten Priesterschaft, mutwillige Vernichtung von schriftlichen Zeugnissen durch gewissenlose Plünderer und Grabräuber. Oder weil moderne Wissenschaftler die ursächliche *technische* Bedeutung prähistorischer Artefakte nicht zu erkennen vermögen, diese lediglich als »Kultgegenstand« einstufen und in den Kellern der Museen so lange verstauben lassen, bis sie schließlich in Vergessenheit geraten sind.

Im folgenden Kapitel möchte ich deutlich machen, dass der Weg des Menschen mit all seinen Irrtümern und Entdeckungen doch ganz anders verlaufen sein dürfte, als es uns die Schulweisheit bisher lehrte. Offenkundig haben Historiker jene Dinge, die es eigentlich nicht geben dürfte, übersehen – oder aber, diese Dinge wurden bewusst *ignoriert,* weil sie nicht in das geläufige Weltbild eingeordnet werden können.

Verlorenes und zerstörtes Wissen

Vom einstigen Wissen alter Kulturen blieben nur Fragmente übrig. Wie bei einem Puzzlespiel müssen die Teile oft erst mühsam von Altertumsforschern zusammengesetzt werden. Da jedoch meist wichtige Elemente des Mosaiks fehlen, darf es nicht verwundern, wenn das Bild über unsere Vergangenheit grobe Lücken aufweist, die zweifelhaft und unerforscht bleiben.

Schon die Sprachwelt unserer Ahnen führt zu einem deutlichen Erklärungsdefizit. Niemand weiß, wann oder wo sie entstanden sind, welches die erste Sprache war oder welche die älteste der heute gesprochen Sprachen ist. Man vermutet, dass die ersten Lautsignale aus der Tierwelt entstanden sind, etwa in der Nachahmung von Zwitscherlauten der Vögel. So wird heute noch in dem Dorf *Cuskoy* in der *Osttürkei* fallweise in dieser ungewöhnlichen Art »gesprochen«. Der Ort wird deshalb aus gutem Grund »Vogeldorf« genannt. Die Einwohner haben die Zirp- und Trillerlaute vom Vogelvieh so perfekt imitiert, dass sie von echten Vogellauten kaum zu unterscheiden sind.

Ganz ähnlich bei den *Guanchen,* den geheimnisvollen, groß gewachsenen und weißhäutigen Ureinwohnern der *Kanarischen Inseln.* Als spanische und portugiesische Seefahrer im 14. Jahrhundert auf sie stießen, bedienten sich die Guanchen einer seltsamen Pfeifsprache und konnten sich somit von Berg zu Berg durch Pfiffe verständigen. Sie verwendeten dieses Kommunikationssystem auch in ihrem aussichtslosen Kampf gegen die spanischen Eroberer. Mit dem Verschwinden eines Sprachsystems geraten auch die Geheimnisse und das Wissen einer Kultur mehr und mehr in Vergessenheit.

Die Problematik um Schrift und Sprache hat der Gelehrte *Harald Haarmann* in seinem fundierten Werk *»Universalgeschichte der Schrift«* ausführlich dargelegt und folgende Fragen erörtert: Welche ist die älteste Schrift und warum hat die Menschheit sie erfunden? Vor 20 Jahren glaubten Forscher die ältese Zivilisation der Welt gefunden zu haben, in der Schrift nachweislich verwendet wurde. Es war die *Vinca-* oder *Alteuropa*-Kultur, benannt nach dem kleinen Ort Vinca in Serbien, rund 14 Kilometer östlich von *Belgrad.* Dort hat man 2000 beschriftete Tonfiguren gefunden, die genauer Altersbestimmung zufolge aus dem 6. Jahrtausend v. Chr. stammen. Bisher galten die ältesten sumerischen Rollsiegel und altägyptische Inschriften aus der Zeit um 2600 bis 3000 v. Chr. als älteste Schriftformen. Doch nun stellt sich heraus, die Vinca-Schrift ist drei Jahrtausende Jahre älter. Da jedoch die Vinca-Sprache längst vergessen ist, kann man heute auch nicht mehr ihre Schrift lesen. Jüngste Entdeckungen französischer Wissenschaftler belegen, dass die Verwendung erster Schriftzeichen noch viel

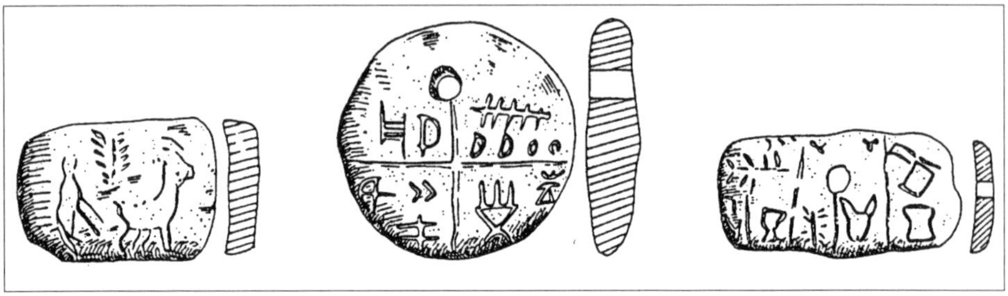

Bild 100: In Alteuropa existierte bereits vor 8000 Jahren eine Schriftform.

weiter in die Vergangenheit zurückdadiert werden muss: Alte Steinkritzeleien aus Syrien zeigen nämlich Piktogramme, die offenbar bereits modernen Schriftzügen entsprechen.

Und am anderen Ende des Globus – in Latein- oder Mesoamerika? War man dort bereits vor Jahrtausenden der Schrift kundig? Das wissenschaftliche Dogma vertritt die Auffassung, weder die Inka noch andere Vorgänger- oder Parallelkulturen Südamerikas hätten eine wirkliche Schrift gekannt. Allerdings ist es nur schwer vorstellbar, wenn man etwa an die präzise gearbeiteten Steinmonumente von *Tiahuanaco* oder dem gewaltigen Ruinenfeld von *Puma Punku* nahe des Titicacasees in Bolivien denkt. Wie sind die imposanten Bauwerke ohne schriftliche Fixierung im Vorfeld der Fertigstellung errichtet worden? Dass es sehr wohl eine Schriftform gegeben haben dürfte, belegt das Fragment eines Pergamentbogens vom Titicacasee. Das Forscherehepaar *Anke* und *Horst Dunkel* haben das Artefakt auf einer ihrer vielen Weltreisen ausfindig gemacht und fotografiert. »Der Schweizer Reiseschriftsteller *Johannes Jacob von Tschudi* berichtete Mitte des 19. Jahrhunderts in einem seiner Bücher erstmals von der Pergamenthaut mit hieroglyphischen Zeichen«, erzählen mir die Dunkels. Untersuchungen am bolivianischen *Institut für Anthropologie, Ethnologie und Frühgeschichte* können die Gleichartigkeit zu jenen Schriftsymbolen aufzeigen, die in Stein gemeißelt auf Ruinen der beiden heiligen Inseln des Titicacasees gefunden wurden. Was den Wissenschaftlern besonders auffiel: die Ähnlichkeit zu den Inschriften auf der Osterinsel. Und wo wird das einzigartige Dokument mit den rätselhaften Geheimzeichen, die bisher nicht übersetzt werden konnten, aufbewahrt? »Die von Tschudi entdeckte Pergamenthaut ist noch immer in *La Paz* zu sehen«, erläutert Horst Dunkel, schränkt aber ein: »Allerdings bedarf es der Kenntnis von ihrer Existenz, um sie in einem der renovierten, inzwischen zu Museen umgewandelten Häuser aus der Kolonialzeit, dem *Casa de Murillo* in der *Calle Jaén,* ausfindig zu machen.«

Schriftformen aus jüngeren Epochen, wo Übersetzungen bereits vorliegen, sind keineswegs immer aufschlussreicher. Durch die Vermischung von wesensgleichen Begriffen kommt es fast unwillkürlich zu Missverständnissen. Nicht selten ist die *ursächliche* Bedeutung eines Wortes nur mit Mühe, wenn überhaupt, ausfindig zu

Bild 101: In der Nähe des Titicaca-Sees wurden alt-indianische Schriftzeichen entdeckt.

machen. In der ägyptischen Mythologie beispielsweise liefern folgende Stichwörter enge Berührungspunkte: die Vorstellung vom Himmelsgewölbe als *Falke,* der *Horusfalke* selbst als Gottheit, der Falke als *Vogel, Hor-hut* in Gestalt einer geflügelten Sonnenscheibe, die *Flügelsonne,* die Feuer speiende *Uräusschlange,* das *Sonnenauge,* das *Auge des Re,* das »einzigartige« *Auge des Atum,* die Sonne als *Gestirn,* das *Sonnenboot,* die *Morgenbarke,* das »geheiligte« *Uzatauge,* das *Auge des Horus,* das *Sonnenauge* als Göttin Hathor, das Sonnenauge als *Sonnengöttin,* Gott Thot als *Mondauge* und Ähnliches mehr. Eine lange Liste von Begriffen, die oberflächlich betrachtet stets mit der *Sonne* oder anderen Gestirnen gleichgesetzt werden, in Wahrheit jedoch viel differenzierter betrachtet werden müssen.

Zur weiteren Verwirrung tragen unterschiedliche Übersetzungen alter Überlieferungen bei. Das liegt zum *Ersten* darin, weil sich das Schriftbild im Laufe der Jahrhunderte *veränderte.* Zum *Zweiten* daran, weil sich die Priester des Altertums einer nur ihr geläufigen *Geheimschrift* bedienten, die zum Teil noch nicht vollständig übersetzt worden bzw. bislang in ihrer Bedeutung unverstanden geblieben ist. Zum *Dritten,* weil man aus den oft verwirrenden Texten nichts Tatsächliches, nichts Reales zu erblicken vermag und sich vielmehr mit *Symbolismen* und *Andeutungen* zufrieden gibt. Und *Viertens,* weil die Auslegung für ein bestimmtes Wort keineswegs immer eindeutig ist. Bleiben wir beim Beispiel Altägypten: Der Begriff »Feuer« kann ebenso mit »Ausstrahlen« oder »Glänzen« übersetzt werden. Oder nehmen wir den Ausdruck

»Aufsteigen«. Er bedeutet ebenso »herauskommen«, »aufschweben«, »aussteigen«, »fliegen«, »emporklimmen« und »sich entfernen«. Angesichts dieser Befunde wird verständlich, dass es unausbleiblich zu Ungereimtheiten in der Interpretation kommen muss, die gelegentlich in der Sackgasse münden. Eines sollte aber klar sein: Wenn Originalquellen ein fliegendes Gerät beschreiben, das »durchwandert die sethischen Stätten des Himmels in Gestalt einer geflügelten Sonnenscheibe, glänzend *wie* die Sonne, gesteuert von Tefnut und Schu, aufsteigend aus der Stadt Heliopolis«, dann kann damit *niemals* die Sonne und noch weniger der Mond gemeint gewesen sein.

Altes Wissensgut wird nicht nur missverstanden, es wurde im Laufe der blutdurchtränkten Menschheitsgeschichte oftmals zerstört; mutwillig aus Vandalismus, brutaler Herrschsucht und religiösem Fanatismus. Besonders gründlich ging man in jenen Tagen vor, in denen der *Stein von Rosette* vermutlich beschriftet worden ist – in jenen Tagen, als die gelehrten Könige des alten Ägypten, die *Ptolemäer,* herrschten, wurde eine der großartigsten Kulturstätten geschaffen, die es in der Antike jemals gegeben hat: die Bibliothek von *Alexandria.*

Sie vereinigte in sich die Potenz einer modernen Weltuniversitätsstadt und enthielt die globale Sammlung unendlich wertvoller Schriftrollen, auf denen das Wissen jener Zeit und das, was aus ferner Vergangenheit überliefert worden war, verzeichnet stand. Als *Julius Cäsar* die ägyptische Königin *Kleopatra* besuchte, kam es infolge eines übereilten Übergriffs römischer Soldaten zu einem verheerenden Brand, dem ein beträchtlicher Prozentsatz der in der Bibliothek lagernden 700 000 Schriftrollen zum Opfer fiel. *Marcus Antonius,* der diese Kulturstätte wiedere aufbauen ließ, gewann Kleopatras Gunst nicht zuletzt dadurch, dass er ihr als Ersatz für die verbrannten Bestände an die 200 000 Schriftrollen stiftete.

Die Bibliothek von Alexandria blühte in den kommenden Jahrzehnten auf. Sie existierte bis zum Jahr 389 nach Christus, ehe sie von einer wild gewordenen, sich »christlich« nennenden Meute auf Befehl des Kaisers *Theodosis* und aufgestachelt vom Bischof von Alexandria, einem religiösen Fanatiker, abermals niedergebrannt wurde. Menschen, die sich für Mathematik und Astronomie interessierten, mussten ihren Forschungsdrang und ihre Wissbegier mit dem Leben büßen. Mehr als eine halbe Millionen Schriftrollen warf man in die Flammen. Was übrig blieb, wurde später von den blindwütigen Kriegern des Kalifen *Omar* vernichtet, als sie die Stadt eroberten.

Ähnlich wie beim religiös getarnten Vandalismus in Alexandria, wo unschätzbares Wissen über die davor liegenen dreißig Jahrhunderte zu Asche verbrannt wurden, verlief auch der religiöse Vernichtungsfeldzug katholischer Missionare gegen die Aufzeichnungen alter Weisheitslehren der süd-, mittel- und nordamerikanischen Indianerkulturen. Es war im August vor 505 Jahren, als *Christoph Kolumbus* – von den Spaniern *Colon* genannt – gegen Westen aufbrach, um Indien auf der Atlantikroute zu entdecken. Er fand, angeblich ohne geahnt zu haben, einen neuen Kontinent. Als heroische *Christanisierung* gepriesen, stellte die dann auf Kolumbus folgende Eroberung des weißen Mannes nichts anderes dar, als eine Kette von Gewalt, grausamer

Bild 102: Beispiele aus der Bilderschrift der Maya, die die Inbetriebnahme des Rotationsmotors zeigen. Links: Aus dem Madrider Codex. Rechts: Aus em Troano-Manuskript.

Verbrechen und vielfachen Völkermord. Heute stellen die entwurzelten Nachfahren, wie etwa der stolzen *Sioux* und *Apachen,* in ihren ärmlichen Reservaten nur noch rund 0,5 Promille der amerikanischen Einwohnerschaft dar. Von der fast völligen Ausrottung der Indianer wurde auch ihr kulturelles Erbe betroffen. Schriftzeugnisse der Maya und Azteken fielen der Vernichtung anheim, und goldgierige Söldner plünderten zusätzlich die wertvollen Besitztümer der amerikanischen Ureinwohner. Ein in der Weltgeschichte einzigartiger Schatz indianischen Kulturgutes ging für immer verloren.

Der Motor aus der Mayaschrift

Den Göttern sei's gedankt: Zahlreiche antike Schriften der Alten und Neuen Welt konnten dennoch in unser Jahrhundert hinübergerettet werden. Aus manchen Aufzeichnungen lässt sich eine längst in Vergessenheit geratene Technik herauslesen. Im so genannten *Dresdner Kodex* der Maya sind Schriftzeichen enthalten sowie Zeichnungen, bei denen wir (auch wenn heute nicht mehr alles verständlich erscheint, was hierbei dargestellt werden sollte) mehrfach ein Signum finden, das einem doppelwandigen Rechteck gleicht mit zwei sich kreuzenden Diagonalen. Verschiedene Mayaforscher haben versucht, dieses Schriftzeichen zu interpretieren. Stets ist dessen Darstellung (vornehmlich im alten *Troano-Manuskript* der Maya) nämlich mit Handlungen verbunden, die an einen *technisch* verifizierbaren Vorgang erinnern. Man interpretierte

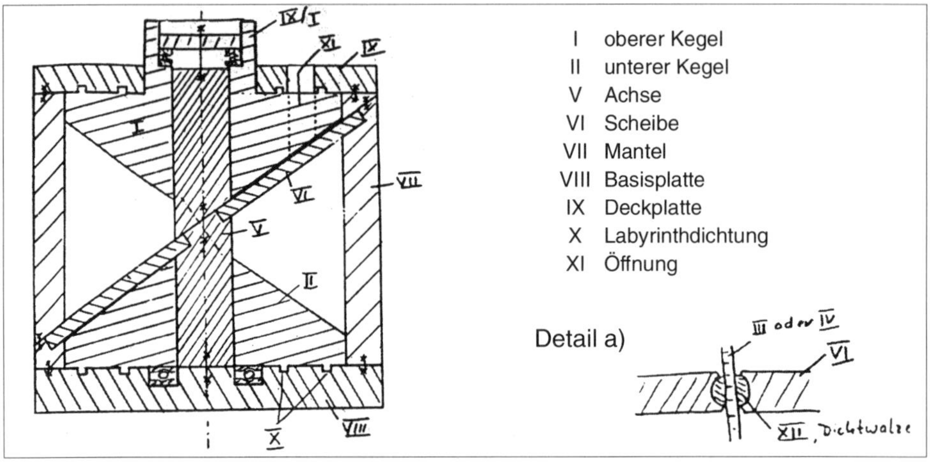

Bild 103: Aus einem Schriftzeichen der Maya rekonstruiert: das Prinzip des Rotationskolbenmotors.

deshalb das Mayazeichen mit den modernen Begriffen *»Energiespender«, »treibende Kraft«* oder *»Motor«.*

Zwei Tirolern gelang es 1973, der Lösung des Rätsels möglicherweise näher zu kommen. Der Atomphysiker Dr. *Friedrich Egger* sowie der Journalist Dr. *Klaus Keplinger* entwickelten auf dem Reißbrett eine Rekonstruktion dieser Mayaglyphe. Was dabei herauskam, war ein ganz und gar nicht alltägliches Modell. Die beiden »Erfinder« nannten ihre Entdeckung kurzerhand *»Maya-Motor«.*

Die außergewöhnliche Apparatur funktioniert nach dem Prinzip einer Durchdringung zweier zueinander geneigten Rotationsebenen. Die einzelnen Teile drehen sich ausnahmslos um einen gemeinsamen Mittelpunkt – und die Kraftmaschine (eine Bezeichnung, die Egger und Keplinger vorziehen) kann sowohl als *Verbrennungsmotor,* aber mit Hilfe von *Pressluft* oder *Dampf* in Funktion gebracht werden.

Der »Maya-Motor« läuft weitgehend vibrationsfrei und hat selbst kritischen Prüfungen durch Fachleute großer Industrieunternehmen, etwa der Tiroler Firma Swarovski Optik KG, standgehalten. Die Berechnungen von Experten haben ergeben, dass die von Egger und Keplinger entwickelte Kraftmaschine bei einer Größe von 40 Kubikzentimetern und einem Betriebsdruck von 10 Atmosphären (was ungefähr dem Prüfdruck eines Druckkochtopfes entspricht) bereits bei 500 Umdrehungen pro Minute eine Leistung von über 480 PS abgibt. Ein herkömmlicher Motor ähnlicher Größe schafft selbst bei 5000 (!) Umdrehungen pro Minute nicht mehr als 200 Pferdestärken.

Für Egger und Kepplinger steht jedenfalls fest: Die alten Maya hatten im Troano-Manuskript ganz offenbar eine Wärmekraftmaschine aufgezeichnet und dabei nicht einmal auf das Regelventil vergessen. Inzwischen wurde die »Erfindung« bzw. Rekonstruktion der beiden Tiroler in mehr als zwanzig Ländern patentiert. Leider mussten

Bild 104: Der Rotationskolbenmotor im Modell.

Egger und Keplinger auch die Kehrseite der Medaille zur Kenntnis nehmen. Von einer von ihnen erhofften Serienproduktion ihrers »Maya-Motors« konnte keine Rede sein. Da hatten offenbar gewisse Multis und Lobbies ihre Finger im Spiel. Man verbannte die wirtschaftlich revolutionierende Entwicklung auf dem Motorsektor in jenen »Tresor«, in dem längst schon manche andere bahnbrechende Erfindungen auf bessere Zeiten warten.

Der »Maya-Motor« der beiden Forscher hätte es tatsächlich in sich gehabt, Furore zu machen. So wäre die enorme Leistungsfähigkeit dieser prähistorischen Kraftmaschine als Antrieb für unsere luftverpestenden Kraftfahrzeuge eine positive Alternative gewesen. Bei einer Verbrennung außerhalb des Zylinders wären wesentlich weniger schädliche Abgase entstanden, dennoch wäre eine gute Ausnützung der angebotenen Energie garantiert gewesen. Und außerdem hätte der »Maya-Motor« statt Benzin oder Diesel auch andere Treibstoffe verkraftet. Energiequellen, wie sie heute in der Raumfahrtindustrie bereits Verwendung finden, wären hierbei von Nutzen gewesen.

Natürlich stellt sich zwangsläufig die Frage, ob die Maya diese technischen Kenntnisse selbst zu entwickeln vermochten oder lediglich ererbten. Dr. Friedrich Egger und Dr. Klaus Keplinger, die Rekonstrukteure des Maya-Motors, sind jedenfalls davon überzeugt, dass der technische Gehalt der Darstellungen im Troano-Manuskript überlieferten Mitteilungen früherer Zivilisationen zugrunde liegt.

Wer kartografierte die Erde?

Am 9. November 1929 machte der Direktor des Türkischen Nationalmuseums, *B. Halil Eldem,* eine ungewöhnliche Entdeckung. Damals war man in der Museumsdirektion damit beschäftigt, den *Topkapi-Palast* in Istanbul in ein Museum für Altertümer umzuwandeln. Während der Renovierungsarbeiten stieß B. Halil Eldem auf zwei Fragmente einer Karte des Seemanns und Kartografen *Piri Reis.* Der war kein gewöhnlicher Seefahrer gewesen, vielmehr hatte er das einflussreiche Amt eines Admirals der Flotte im Roten Meer und im Persischen Golf bekleidet.

Die beiden Kartenfragmente waren von Piri Reis zwischen 1513 und 1517 zum überwiegenden Teil in der Stadt *Gallipoli* angefertigt worden. Im Jahre 1517 machte er sie Sultan *Selim I.,* dem Eroberer von Ägypten, zum Geschenk. Was diese Karte so wertvoll und ungewöhnlich macht, sind die darauf verzeichneten Darstellungen von See- und Landgebieten. Leider sind uns nur noch jene beiden von B. Halil Eldem aufgefundenen Fragmente erhalten geblieben – Reste von der für »verschollen« geltenden Weltkarte des türkischen Admirals.

Kopien jener Fragmente gelangten in den vierziger Jahren unseres Jahrhunderts in den Besitz mehrerer Museen und Bibliotheken. 1954 wurde der amerikanische Kartograf *Arlington H. Mallery* stutzig. Seit Jahrzehnten auf alte Seekarten spezialisiert, entdeckte er auf der Piri-Reis-Karte Details, die 1513 noch gar nicht bekannt gewesen sein konnten. Beispielsweise die *Antarktis.*

Piri Reis war ein sehr genauer und gewissenhafter Kartograf: Jedenfalls pflegte er seine gezeichneten Karten in der Beischrift *Bahriye* ausführlich zu kommentieren. Piri Reis hatte seine Weltkarte, wie er schrieb, aus 20 verschiedenen Karten zusammengestellt. Als Unterlage für die Aufzeichnung der Küsten und Inseln der *Antillen* benützte der Türke eine Karte von *Christoph Kolumbus.* Vergleichsmöglichkeiten sind uns keine gegeben: Bisher konnte leider keine Kolumbus-Karte wieder gefunden werden.

Dennoch sind die Angaben des Admirals durchaus glaubwürdig. So enthält Piri Reis' Beischrift unbekannte Details über Amerika, die der türkische Kartograf möglicherweise direkt von Kolumbus (der 1511 von seiner Entdeckungsreise zurückgekehrt war) erfahren hat. Piri Reis war sich der Wichtigkeit dieser Informationen offenbar bewusst, sonst hätte er nicht der Beischrift Bahriye anvertraut: »Eine Karte von der Art dieser Karte besitzt zurzeit niemand.«

So gesehen war es wirklich eine glückliche Fügung, dass 1954 der Amerikaner Arlington H. Mallery in den Besitz der Piri Reis Kopien kam. In gemeinsamen Untersuchungen mit seinem Kollegen Dr. *Walters* vom *Hydrographischen Institut* der amerikanischen Navy ergab Erstaunliches:

- Mittels eines Lesegitters, mit dem die alten Karten auf einen modernen Globus übertragen werden konnten, wurde offenbar: Die Konturen der Küsten von Süd- und Nordamerika, aber auch die Umrisse der Antarktis waren von Piri Reis genau an jenen Stelle eingezeichnet worden, wo sie auch hingehörten.

Dazu muss man wissen:

- Auf der Piri-Reis-Weltkarte verläuft der südamerikanische Zipfel von Feuerland aus in einer schmalen Landverbindung, um sich dann bis zur Antarktis hin auszubreiten. Heute aber gibt es südlich von Feuerland, dort, wo der türkische Admiral jene schmale Landverbindung kartografiert hatte, nur noch äußerst stürmische See. Hatte sich hier Piri Reis entscheident geirrt? Offenbar doch nicht. Ozeanografen vermuten nämlich, dass es vor rund elftausend Jahren – gegen Ende der letzten Eiszeit – eine Landbrücke zwischen Südamerika und der Antarktis gegeben haben könnte. Dies wurde zusätzlich mit Hilfe von Infrarotaufnahmen und Echolotungen nachgewiesen. Piri Reis' Angaben fanden somit ihre Bestätigung.

Bei der genauen Überprüfung der Kartenfragmente des türkischen Admirals stießen Mallery und Walters auf weitere Besonderheiten. Man kam dahinter, dass Piri Reis exakt über den Verlauf der Küstenlinien, über Inselgruppen, Buchten und Berggipfel in der Antarktis Bescheid gewusst haben musste. Fragt sich allerdings: Wie und woher?

Bekanntlich liegt alles unter einer dicken Eisdecke verborgen. Selbst der Grand Old Man der internationalen Kartografie, Profesor *Charles H. Hapgood,* wurde neugierig, als ihm am 6. Juli 1960 ein Brief des US-Air-Force-Kommandanten *Harold Z. Ohlmeyer* ins Haus flatterte. Verwirrt meldete darin der hohe Luftwaffenoffizier: »Die Küstenlinien müssen kartografiert worden sein, bevor die Antarktis mit Eis bedeckt war. Das Eis in diesem Gebiet ist heute etwa einen Meter dick. Wir haben keine Ahnung, wie die Daten auf dieser Karte mit dem geografischen Wissen von 1513 vereinbart werden können.«

Anders ausgedrückt: Die Genauigkeit der Piri-Reis-Weltkarte verleitet zu dem Schluss, dass die eiszeitlichen Kartografen – wer immer sie auch gewesen sein mögen – ihre präzise Arbeit aus großer Höhe besorgten. Aber womit? Mit Heißluftballons? Oder gar mit Flugmaschinen oder Satelliten? Welche Kultur wäre damals zu einer solchen Leistung imstande gewesen? Welche irdische – oder sollte es eine *außerirdische* Beraterhilfe gewesen sein?

Admiral Piri Reis selbst hat in seinen Aufzeichnungen zugegeben, dass seine Karten nur nach Kopien weit älterer Dokumente gezeichnet worden seien. Und dass wohl auch diese nur Kopien gewesen sind. Wann aber – und von wem – wurde das Original hergestellt?

Amerikas Sachverständiger für Kartografie, Arlington H. Mallery, formulierte es drastisch: »Wir wissen nicht, wie sie ohne Flugzeug so genaue Karten anfertigen konnten . . .« Und Professor Charles H. Hapgood, der in seinem Buch *»Maps of the Ancient Sea Kings«* seitenweise tabellarische Vergleiche zwischen geografischen Positionen, die auf den Piri-Reis-Karten vermerkt sind, und unserem modernsten kartografischen Wissen wiedergibt, ließ sich die Ansicht entlocken: »Das durch diese alten Karten gebotene Beweismaterial scheint auf die Existenz einer technischen Zivilisation in ferner Zeiten, noch vor dem Aufstieg irgendeiner bekannten Kultur, hinzuweisen. Diese Zivilisation muss verhältnismäßig weit entwickelt gewesen sein und war entweder auf ein bestimmtes Gebiet beschränkt, betrieb aber weltweiten Handel, oder sie war im eigentlichen Sinn eine weltweite Kultur.«

Für Hapgood ergibt sich daher der zwingende Schluss, es müsse vor ungefähr 12 000 Jahren eine Rasse von unbekannten »Seekönigen« gegeben haben, welche die Antarktis kartografierten. Woher aber soll jene unbekannte Sippe über die unter dem Eis der Antarktis liegenden Küstenlinien, Buchten und Berge Bescheid gewusst haben? Dies wäre nur dann verständlich, wenn man damals bereits technologisches »Knowhow« besaß, um unter die dicke Eisdecke zu »blinzeln«. Heute, im 21. Jahrhundert, ist ein solches Vorgehen für uns moderne Kartografen relativ problemlos geworden. Messungen werden aus der Luft oder via Satellit vorgenommen. Aber vor 12 000 Jahren? Sollte es da Ähnliches bereits gegeben haben?

Von dieser Möglichkeit überzeugt ist der Berliner Südamerika-Spezialist und Globetrotter *Wolfgang Siebenhaar*. Er begründet diesen Verdacht durch Beispiele weiterer »unmöglicher« Karten, die seines Erachtens deutlich aufzeigen, dass das Wissen über unsere Erde in der Vergangenheit weit größer war, als wir bisher angenommen haben. So erwähnt Siebenhaar in seiner Dokumentation *»Das Rätsel der Piri-Reis-Karte«* die Aufzeichnungen von *Eratosthenes* aus der Periode um 300 v. Chr. Auf dieser Karte kann man eine Verbindung zwischen dem Kaspischen Meer und dem 2200 Kilometer Luftlinie entfernten Nordpolarmeer erkennen. Auch der Römer *Pomponius Mela* zeichnete eine Karte, auf der das Kaspische Meer und das Nordpolarmeer durch einen Strom verbunden sind.

Und auf der Karte des *Gerhard Mercator* aus dem Jahre 1569 ist zweifelsfrei die Antarktis abgebildet, ebenso wie bei *Oronteus Finaeus* im Jahre 1531, dort allerdings eisfrei mit Gebirgszügen und Flüssen, die sich ins Meer ergießen. Wolfgang Siebenhaar fasst seine Eindrücke über das »Wissen der Alten« zusammen: »Sicherlich gibt es keinen absoluten Beweis für die Herkunft dieses Wissens, doch lassen die vorliegenden Quellen, insbesondere, wenn sie in entfernte geologische Zeiten zurückreichen, durchaus den hypothetischen Schluss zu, dass das ursprüngliche Wissen ›von außen‹, also durch *außerirdische* Einflussnahme, gekommen sein könnte. Ein mögliches Wissen, das im Laufe der Jahrtausende sehr wahrscheinlich verfälscht wurde und somit mehr oder weniger verloren ging.«

Zu ähnlicher Einschätzung gelangten die beiden Erfolgsautoren *Peter Krassa* und *Hartwig Hausdorf*, nachdem sie im März 1994 abseits jeglicher Touristenrouten in mehreren Regionen der Volksrepublik China unterwegs waren. Die beiden nimmermüden Fernost-Experten besuchten das den Touristen vorläufig nicht zugängliche »Tal der Pyramiden« und spürten verschiedenen Behauptungen nach, die sich mit der Möglichkeit auseinander setzen, dass die Erde in grauer Vorzeit Besuch von außerirdischen Intelligenzen gehabt haben könnte. Krassa und Hausdorf versuchten zusätzlich einer offiziellen wissenschaftlichen Suche auf die Sprünge zu verhelfen, die einem angeblich in *Beijing* archivierten Kartenteil des berühmten Piri-Reis-Fragments gilt. Eine offizielle Suche unter Obhut der UNESCO blieb bislang ohne Erfolg.

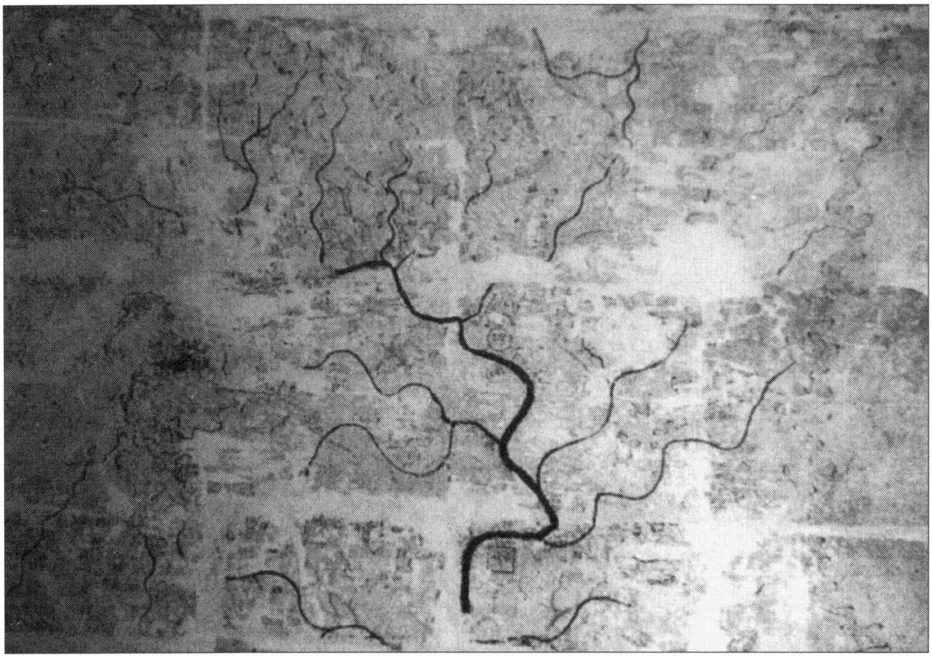

Bild 105: Die topografische Karte aus dem Grab von Ma Wang Dui zeigt verblüffende Übereinstimmung mit Satellitenbildern. Wer war vor mehr als 2100 Jahren imstande, Weltraumfotos herzustellen?

Bei den Recherchen für ihr Sachbuch *»Satelliten der Götter«* stießen Krassa und Hausdorf auf eine weitaus sensationellere Landkarte, die in einem 2100 Jahre alten Grab der Chinesin *Ma Wang Dui* entdeckt worden war. Die im Maßstab 1:180 000 dargestellte Karte ist von einer unglaublich topografischen Genauigkeit. Auf Seide sind das Gebiet von *Daoxian* in der Provinz Hunan über das Tal des Xiao-Flusses bis zur Gegend um die Stadt *Nanhai* in der Provinz Guangdong exakt und maßstabsgetreu wiedergegeben. Professor *Wang Shiping,* der im Historischen Museum von *Xian* den ungewöhnlichen Schatz hütet, gestand Krassa und Hausdorf wörtlich ein: »Wenn es nicht so fantastisch klingen würde, müsste man sagen, das Vorbild für diese Karte ist eine Satellitenaufnahme, die vor Jahrtausenden von einem fremden Satelliten aus dem Erdorbit gemacht worden ist.«

War das Vorbild für die Chinakarte ein Satellitenbild? Wer war vor Jahrtausenden imstande, Weltraumfotos herzustellen?

Rätselhafte Fakten aus aller Welt

Bleiben wir weiter im alten Reich der Mitte. In China begegnen wir scheinbar einer wahren Fundgrube an großartigen Erfindungen aus der Welt des 19. und 20. Jahrhunderts. Das führte bei Historikern zu einer völligen Ratlosigkeit.

Ein Gürtel aus Aluminium

Im März 1953 machten chinesische Archälogen in der Nähe von Schanghai eine erstaunliche Entdeckung. Sie fanden in der prunkvollen Gruft des Feldherrn *Chau Ch'u,* der von 265 bis 316 nach Christus im Land der Mitte gelebt hatte, eine höchst ungewöhnliche Grabbeigabe – einen *Metallgürtel.* Der Gurt war mit 17 Ornamenten geschmückt und wurde später mit dem Spektroskop untersucht, um die Zusammensetzung seiner Legierung zu bestimmen. Dabei ergab sich zweifelsfrei: Die Legierung bestand zu zehn Prozent aus Kupfer, zu fünf Prozent aus Magnesium, jedoch zu 85 Prozent aus *Aluminium.* Eigentlich ein Ding der Unmöglichkeit. Denn das Leichtmetall kann nur mit Hilfe eines Elektrolyseverfahrens aus Bauxit gewonnen werden. Dazu sind aber Temperaturen notwendig, die tausend Grad und mehr übersteigen. Für Wissenschaftler des 20. Jahrhunderts kein Problem. Aluminium ist uns seit dem Jahre 1827 bekannt. Welche Produktionsverfahren besaßen die Chinesen im dritten Jahrhundert, um Metallverschmelzungen herzustellen? Mit welchen Methoden konnten bereits damals dermaßen hohe Temperaturen erzeugt werden? Chinesische Wissenschaftler, so der Direktor des Archäologischen Forschungsinstitutes in Peking, Professer *Xia Nai,* zeigten sich in gewisser Weise ratlos. Seine Annahme: Der in mehrere Teile zerbrochene Gürtel sei vielleicht erst viel später – »durch einen Räuber« – in die Gruft gelegt worden. »Weshalb«, so fragt der in China forschende Autor Peter Krassa in seinem Buch ». . . *und kamen auf feurigen Drachen«* völlig zu Recht, »sollten Grabräuber ausgerechnet die Gruft des Generals Cou Ch'u um einen wertvollen Gegenstand bereichert haben, wo sie doch zu allen Zeiten stets auf Beute aus waren?«

Aluminum ist als guter elektrischer Leiter bekannt. Auch wenn es für Altertumsforscher unglaublich und skurril erscheinen mag, die Vermutung liegt nahe, dass die alten Chinesen, ebenso wie dies bei anderen Kulturkreisen nachgewiesen werden konnte, über gewisse Kenntnisse auf dem Gebiet der *Elektrizität* verfügt haben müssen – Kenntnisse, über die wir Abendländer erst seit rund 170 Jahren verfügen. Chinareisende haben immerhin die Möglichkeit, einen Gürtelteil im *Historischen Museum* von *Nanking* und die zweite Hälfte im *Historischen Museum* von *Peking* zu besichtigen. Den Chinesen gelangen Erfindungen und Entdeckungen, Jahrhunderte und Jahrtausende bevor sie im Westen bekannt wurden.

Dem englischen Historiker *Joseph Needham* war es zu verdanken, dass in den letzten Jahrzehnten immer deutlicher wurde, welch riesiges technisches und naturwissenschaftliches Wissen die alten Chinesen besaßen. Der bekannte Wissenschaftsautor und Orientalist *Robert K. G. Temple,* ein Landsmann von Needham, hat in seinem Buch *»Das Land der fliegenden Drachen«* einen Überblick der 100 erstaunlichsten chinesischen Erfindungen zusammengestellt. Durchwegs Errungenschaften, die von der westlichen Welt erst viele Jahrhunderte später übernommen oder wieder entdeckt wurden. Zu jenem genialen Know-how der Himmelssöhne zählen Entdeckungen und Erfindungen wie der *Eisenpflug* (6. Jh. v. Chr. – im Westen 2200 Jahre später), *Wahrnehmung der Sonnenflecken als Naturerscheinung* (4. Jh. v. Chr. – im Westen 2000 Jahre später), *Tiefbohrungen nach Erdgas* (1. Jh. v. Chr. – im Westen 1900 Jahre später), das *Grundprinzip der Dampfmaschine* (5. Jh. n. Chr. – im Westen 1200 Jahre später), Lack, als erster »Kunststoff« (13. Jh. v. Chr. – im Westen 3200 Jahre später), *Erdöl und Erdgas als Brennstoff* (4. Jh. v. Chr. – im Westen 2300 Jahre später), *biologische Schädlingsbekämpfung* (3. Jh. n. Chr. – im Westen 1600 Jahre später), der *Blutkreislauf* (6. Jh. v. Chr. – im Westen 1800 Jahre später), das *Dezimalsystem* (14. Jh. v. Chr. – im Westen 2300 Jahre später), *genauere Berechnungen der Kreiszahl »Pi«* (3. Jh. n. Chr. – im Westen 1200 Jahre später), der *Kompass* (4. Jh. v. Chr. – im Westen 1500 Jahre später), der *Seismograph* (130 n. Chr. – im Westen 1400 Jahre später), *Drachenfliegen* (4. Jh. v. Chr. – im Westen 1650 Jahre später), *Miniatur-Heißluftballons* (2. Jh. v. Chr. – im Westen 1400 Jahre später), *Helikopterschraube* und der *Propeller* (4. Jh. n. Chr. – im Westen 1500 Jahre später), *chemische Kriegsführung,* Giftgas, Rauchbomben und Tränengas (4. Jh. v. Chr. – im Westen 2300 Jahre später), *Schießpulver* (9. Jh. n. Chr. – im Westen 300 Jahre später), *mehrstufige Raketen* (14. Jh. n. Chr. – im Westen 600 Jahre später). Die Liste dieser erstaunlichen Erfindungen, alle aus dem Reich der Mitte, ließe sich durchaus noch weiter fortsetzen. Offenkundig haben wir Menschen des Atomzeitalters das Wissen alter Völker bisher gewaltig unterschätzt. Wir werden umdenken müssen.

Prähistorische Schießprügel

Der Streit darüber, ob frühere Generationen schon Technologien besaßen, die oft erst Jahrtausende danach wieder entdeckt werden konnten, hat die Wissenschaftler in zwei Lager gespalten. Faktum aber bleibt: Wir wissen herzlich wenig über den tatsächlichen Wissensstand unserer Vorfahren. Das beweist nachdrücklich ein ungewöhnlicher Fund, der im *Paläontologischen Museum* von *St. Petersburg* ausgestellt ist – das mindestens 4000 Jahre alte Schädelskelett eines Bisons. Was sollte an dem Knochengerüst eines vorzeitlichen Tieres Besonderes sein? Nun, immerhin der mysteriöse Umstand, dass es ein frontales *Einschussloch* aufweist. Und dieses Loch entstand durch ein *Projektil*! Durch ein *Hochgeschwindigkeitsgeschoss!* Chemische Untersuchungen im Labor haben dies einwandfrei bestätigt. Entkräftet wurde der Verdacht mancher Zweifler, der Bison habe seinerzeit das Loch im Schädel durch einen Lanzenstich oder durch einen Pfeil erhalten. Lanzen und Pfeile, so genannte »kalte Waffen« (im Unterschied zu Feuerwaffen), hinterlassen auffällige Spuren in der

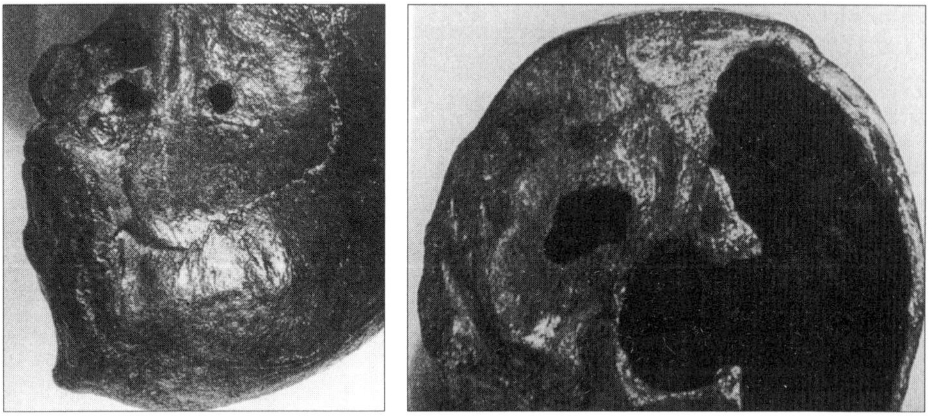

Bild 106: Wer schoss mit einem Hochgeschwindigkeits-Projektil auf Urmenschen? Im Bild zu erkennen: Links: Das Einschussloch und rechts: das viel größere Ausschussloch.

Knochenwand, nämlich radial verlaufende Sprünge und Risse. Im Gegensatz zu einem Projektil. Bleibt die Frage: Wer war damals bereits imstande, mit Gewehren oder anderen Schusswaffen umzugehen? Mit welcher modernen Waffe kann ein Vorzeitmensch das Einschussloch im Bisonschädel verursacht haben?

Die gleiche Frage muss bei einem menschlichen Schädelfund aus Afrika gestellt werden. Auch er trägt ein typisches Einschussloch eines Kalibers, das den Kopf durchschlagen, den Hinterschädel zerfetzt und dann wieder ausgetreten war. Da es sich bei dem Knochenfund aber um einen Neandertaler handelt, der vor 40 000 Jahren lebte, kann ausgeschlossen werden, dass wir es mit einem zeitgenössischen Mordopfer zu tun haben. Entdeckt wurde der makabre Fund 1921 bei Ausgrabungen in *Zimbabwe,* dem ehemaligen Rhodesien, 18 Meter unter dem Erdreich. Die Verletzungen erwecken nicht den Eindruck, dass der Steinzeitmensch durch einen Speer oder einen Pfeil ums Leben kam. Ganz abgesehen davon, dass Pfeile damals noch gar nicht bekannt waren, könnten sie einen glatten Durchschuss ohnedies nicht verursacht haben. Wer, so fragt man sich bei diesem Beispiel, käme als Scharfschütze in Frage? *Erich von Däniken*s »Astronautengötter« aus fernen Planetensystemen? Oder, wie der deutsche Bewusstseinsforscher *Ernst Meckelburg* in seinem Buch *»Traumsprung«* vermutet: *Zeitreisende* aus unserer eigenen Zukunft, die gewollt oder ungewollt in die fernste irdische Vergangenheit verschlagen wurden?

Antike Schallkanonen

Anno dazumal scheint es auch anderswo Waffen gegeben zu haben, die durchaus aus einem modernen Kriegsarsenal stammen könnten. Belege dafür finden wir im *Britischen Museum* von *London*. Da gibt es Wandreliefs zu bestaunen, die höchst seltsame

Bild 107: Gab es vor etlichen tausend Jahren schon motorisierte Fahrzeuge? Das dargestellte Gefährt erinnert an einen Panzer. Gab es damals Kanonen?

Motive zeigen. Die Darstellungen zeigen unverkennbar kriegerische Auseinandersetzungen aus der Zeit der Babylonier und Assyrer. Man erkennt mächtige Steinmauern und darauf Bogenschützen, die von den Zinnen aus auf unsichtbare Angreifer schießen. Und man sieht verschiedene Arten von rätselhaften Gefährten, die sich offensichtlich mit eigener Kraft fortbewegen konnten – und in ihrem Aussehen, in ihrer »Konstruktion«, frappierend an *Panzerfahrzeuge* erinnern. Die Wagen rollen auf sechs Rädern oder werden durch drei Walzen fortbewegt. Die Kanone ist hochgeschwenkt und drohend in Richtung der Stadtverteidiger gerichtet. Ein Rammbock? Wohl kaum. Dafür wären die »Pfähle« zu zerbrechlich, ganz abgesehen davon, dass bei einem etwaigen Aufprall des Vorbaues auch die Fahrerkanzel gefährdet gewesen wäre. Vor allem aber scheint es völlig unlogisch, einen Rammbock nicht waagrecht, sondern *schräg* gegen Mauern und Stadttore zu richten. Die nach oben geneigte Lage wäre nicht dazu angetan, die Haltbarkeit der Waffen zu gewährleisten. Auffallend ist die trichterförmige Mündung an der Spitze der »Kanonenrohre«. Hatte es damit eine ganz besondere Bewandtnis? Welches System steckte hinter diesen babylonischen Waffen?

Man erinnert sich an dieser Stelle an die Schulzeit. Damals hörte man doch im Religionsunterricht die Geschichte vom Fall der Stadt *Jericho*. In der biblischen

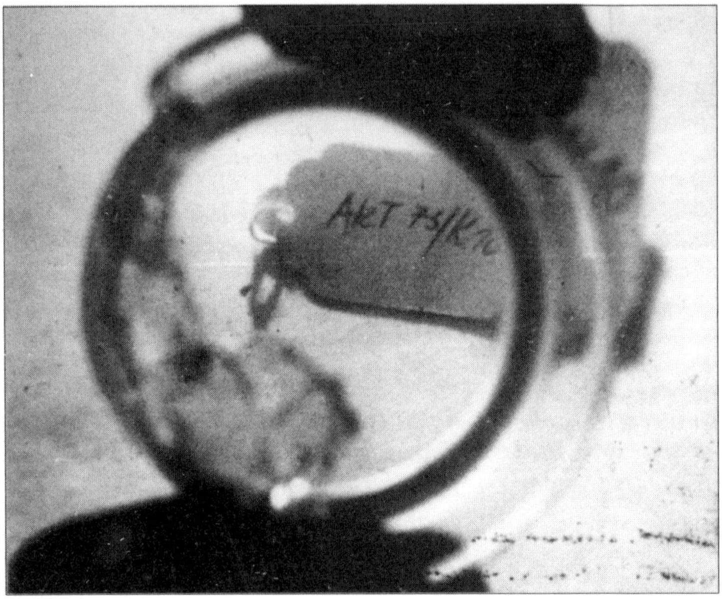

Bild 108: Eine Verkleinerungslinse, angefertigt aus Bergkristall, wurde bei Grabungsarbeiten in Ephesos gefunden.

Überlieferung heißt es dazu: »Als nun der Schall der Posaunen ertönte, stürzte die Mauer in sich zusammen, und das Volk erstieg die Stadt, ein jeder gerade vor sich hin« (Josua, 6,20).

Sollte es eine bestimmte *Tonfrequenz* gewesen sein, die zum Einsturz der Stadtmauer von Jericho führte? Geben die auf den Londoner Wandreliefs gezeigten Szenen einen ähnlichen Vorgang wieder? Besaßen die Kriegsführer aus jener Zeit bereits Kenntnisse über die Anwendung des Ultraschalls? Wurde Jericho und vielleicht auch andere Städte des Altertums durch Panzerfahrzeuge sowie durch Schallkanonen erobert?

Optische Linsen

Noch ein Kuriosum aus dem Besitz des Britischen Museums: eine mit Cäsiumoxid hergestellte optische *Vergrößerungslinse* aus Bergkristall. Man fand sie bei Ausgrabungen im ägyptischen *Heluan*. Cäsiumoxid wird heute auf elektrochemischen Wegen erzeugt. Dieses Verfahren muss also schon der Vorzeit bekannt gewesen sein. Aufwendige technische Anlagen dazu wurden aber nirgendwo gefunden.

Und wer sich ins Museum nach *Ankara* in die Türkei begeben sollte, bekommt dort das optische Gegenstück zu sehen: *Verkleinerungslinsen* – und wieder aus Bergkristall hergestellt. Gefunden wurden diese Raritäten bei achäologischen Grabungen in *Ephesos* von österreichischen Wissenschaftlern des Archäologischen Instituts in Wien. Bergkristall besitzt einen höheren Härtegrad als Glas. Gab es seinerzeit bereits Gerätschaften maschineller Art, wie wir sie im 20. Jahrhundert für die Herstellung optischer

Bild 109: In einem Grab bei Sakkara entdeckten Archäologen eine Vergrößerungslinse aus pharaonischer Zeit.

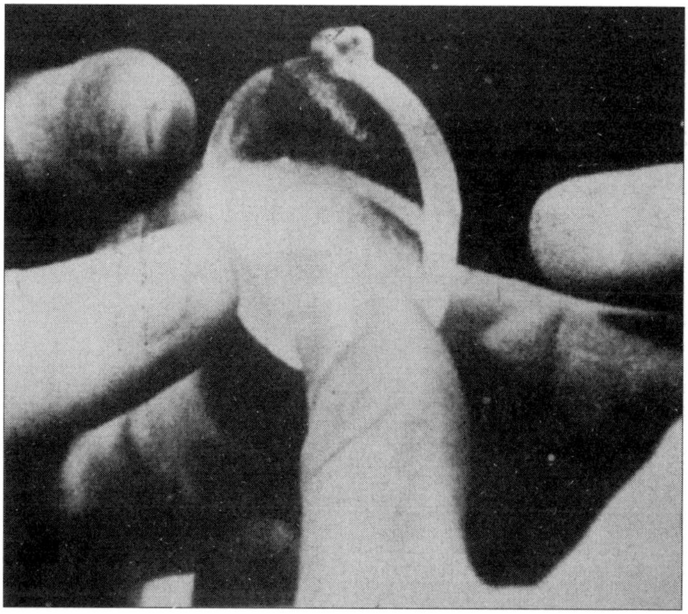

Linsen verwenden? Wo sind die Historiker, die bereit sind, nach den Urquellen zu suchen?

Kuriose Fußabdrücke und versteinerte Rätsel

Mysteriöse Versteinerungen stellen das evolutionistische Weltbild auf den Kopf. Die Entwicklung des Lebens sei auf der Erde immer schrittweise erfolgt, behauptete *Charles Darwin* und nach ihm das Schulwissen unserer Zeit. Menschen habe es im Erdaltertum selbstverständlich nicht gegeben.

Wie aber sind dann jene Funde zu bewerten, die auf weit ältere, noch früher lebende Menschen schließen lassen? In verschiedenen Teilen der Welt wurden Fußabdrücke solcher Wesen entdeckt, die zum Teil in die Dinosaurierepoche zurückreichen und mit unserem vertrauten Weltbild über die Entstehung der Arten nicht vereinbar sind.

- 1959 fand der chinesische Professor Dr. *Tschu-Myn Tschen* auf einer sowjetisch-chinesischen Expedition in der Wüste Gobi die Versteinerungen eines etwa 2 Millionen Jahre alten Schuhabdruckes.
- Im *Fisher Canyon* (Nevada, USA) wurde in einer kohlehaltigen Gesteinsschicht ein Schuhabdruck gefunden, bei dem noch eine schwache Nahtspur festgestellt werden konnte. Ein Alter von 15 Millionen Jahren gab man diesem Fund.
- Der Geologe Dr. *Wilbur G. Burroughs* berichtet schon 1931 über 250 Millionen Jahre alte Fußabdruck-Versteinerungen, die er in 10 Exemplaren nordöstlich des *Mount Vernon* (Kentucky, USA) fand.

Bild 110: Der »fossile Hammer aus Texas« zählt zu den ungewöhnlichsten Funden: Er soll aus einer urzeitlichen Epoche stammen, wo nach gängiger Auffassung noch kein menschliches Leben existierte.

Die ungewöhnlichsten Fußabdrücke, die angeblich von Menschen stammen sollen, fand man im Flussbett des *Paluxy River* bei *Glen Rose* in Texas (USA). Sie sind von riesenhaftem Wuchs und verlaufen teilweise parallel zu Saurierspuren. Aber wie ist das möglich? Laut Evolutionstheorie trennen die Epochen, in denen diese Lebewesen auftraten, viele Millionen von Jahren. Müssen Altersdatierungen angezweifelt werden? Weist die Stammesgeschichte der Menschheit grobe Unsicherheiten auf?

In den letzten 200 Jahren wurden viele merkwürdige Artefakte ans Tageslicht befördert, die scheinbar in kein bekanntes Schema passen. Dazu zählen mysteriöse Versteinerungen wie ein in Kohle eingebetteter *Eisenbecher* ein *Schuhabdruck in Stein* mit einem zertretenen Trilobit, einer Schneckenart, die vor über 350 Millionen Jahren ausgestorben ist; Abdrücke und Knochenfunde *menschlicher Hände* aus Kolumbien in viele Millionen Jahre alten Steinplatten oder ein versteinerter menschlicher *Riesenfinger,* der einige Kilometer entfernt von Glen Rose in Texas entdeckt wurde. Aus derselben Region stammen noch andere Kuriositäten wie der berühmte »fossile Hammer«, der 1934 in Texas gefunden wurde, verschlossen in Steinmaterial, das von Geologen auf 140 Millionen Jahre datiert wird. Alles Fälschungen oder »Launen der Natur«, sagen Experten. Doch die Funde existieren und können jederzeit überprüft werden.

Schwungrad der Vorzeit

Jenes Rätselraten herrscht auch um jenes eigenartige, scheibenförmige Objekt, das 1936 bei Ausgrabungen in *Sakkara* von dem Altertumsforscher *Walter B. Emery* ans Tageslicht befördert wurde. Neben einem Skelett und zahlreichen Grabbeigaben lag in einer 5000 Jahre alten Grabkammer ein Gegenstand, der wegen seiner radialsym-

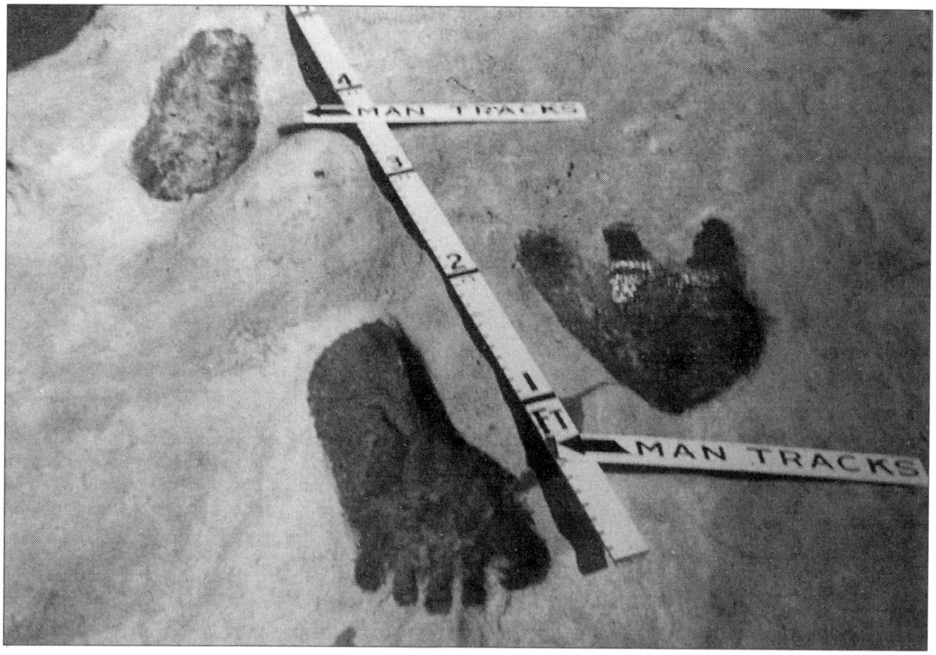

Bild 111: Ungewöhnliche menschliche Fußabdrücke neben Saurierspuren.

metrisch angeordneten flügelartigen Einbuchtungen an eine Schiffs- oder Luftschraube erinnert. Was war ihr Verwendungszweck?

Ich legte dem ehemaligen NASA-Raketeningenieur *Josef F. Blumrich* Fotos des seltsamen Artefakts vor und wollte seine kompetente Meinung dazu hören. Blumrich antwortete mir brieflich 1994: »Wie so oft, sind alte Dinge doch sehr interessant anzusehen. Über dem von Ihnen gesandten Material habe ich wiederholt gesessen und auch die Anmerkung dazu gelesen. Auf den ersten Blick sieht die Schale wie etwas ›*Technisches*‹ aus; aber ich habe keine Ähnlichkeit mit irgendeinem tatsächlichen technischen Detail finden können.« Wurde hier ein *unbekanntes* Antriebsaggregat nachgebildet? Blumrich gab zu bedenken, dass das aufgefundene Relikt aus *Schist* besteht, ein ziemlich weiches Gestein, ebenso wie der im Grabungsbericht erwähnte Alabaster. »Beide Gesteine wären technisch kaum brauchbar – schon wegen ihrer raschen Abnutzung bei ernsthafter Verwendung«, stellte Blumrich klar, ließ aber die Möglichkeit einer *Nachbildung* offen. »Aber da habe ich«, so Blumrich, »wie gesagt keine Vergleichsmöglichkeit in meiner Erinnerung gefunden.«

Offenbar neugierig geworden, wollte der Raketenexperte weiter wissen: »Im Übrigen ist die Formgebung des Objekts von einer geradezu raffinierten Schönheit; war in dem Grab sonst nichts von irgendeiner Bedeutung?«

Leider waren wieder einmal Grabschänder und Plünderer den Wissenschaftlern

Bild 112: Rätselhaftes Artefakt aus dem Grab des Prinzen Sabu.

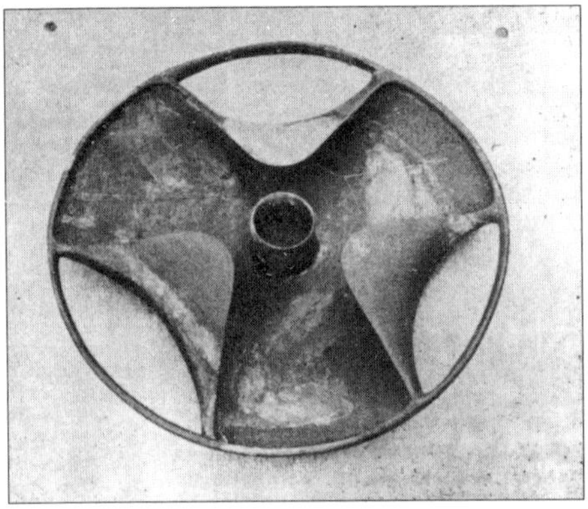
Bild 113: Soll dieser 5000 Jahre alte »Kultgegenstand« die Nachbildung eines Schwungrades wiedergeben?

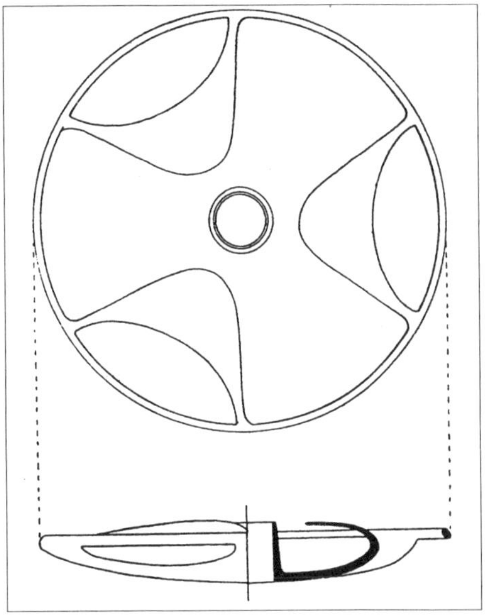
Bild 114: Grundriss und Querschnitt der technisch anmutenden Grabbeigabe.

zuvorgekommen. Mögliche Goldschätze und Kultgegenstände, die vielleicht das Geheimnis der »Luftschraube« hätten preisgeben können, waren entwendet worden. Übrig geblieben waren lediglich zahlreiche zerbrochene Behälter und Reste von Rinderknochen, die auf eine für den Verstorbenen angelegte Vorratskammer schließen ließen, um diesen auch im jenseitigen Leben mit irdischen Gütern zu versorgen. Neben dem polierten scheibenförmigen Gegenstand fand man Keramikscherben. Eine der Inschriften auf diesen Gefäßen nennt den Namen des Verstobenen. Demnach handelte es sich bei dem Toten um *Prinz Sabu,* einen Administrator einer Provinzstadt, genannt »Stern aus der Familie des *Horus*«. Von dem falkengestaltigen Horus wiederum wissen

Bild 115: Die Grabkammer des Prinzen Sabu. Im Zentrum fand man den ominösen Gegenstand.

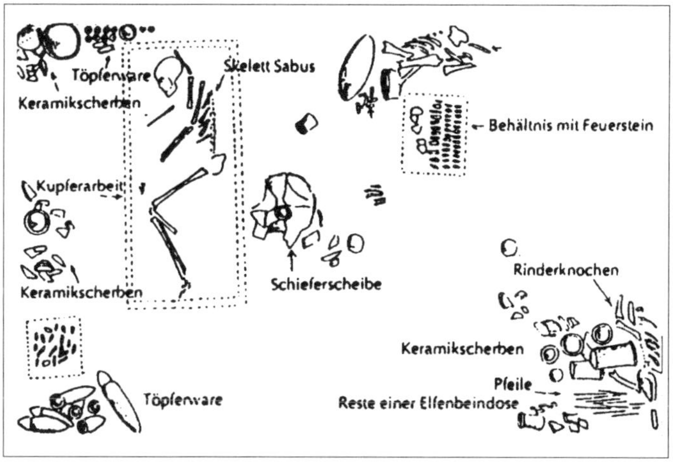

wir, dass dessen Name »der Ferne« bedeutet. Horus zählt zu den ältesten und ranghöchsten Himmelsgöttern aus der ägyptischen Mythologie. Weiters erfahren wir aus den Grabinschriften, dass Prinz Sabu in der ersten Dynastie, das heißt um 2900 v. Chr., lebte. Mindestens so alt ist auch der ominöse Gegenstand in seinem Grab. Mit dieser kurzen Auskunft erschöpft sich aber bereits unser Wissen.

Ein bekannter Raumfahrtexperte, den ich neben Ing. Blumrich zu diesem ungewöhnlichen Fund befragte, ist Professor Dr.-Ing. *Harry O. Ruppe,* der lange Zeit den Lehrstuhl für Raumfahrttechnik an der Universität in München leitete. Ruppe ist zwar skeptisch und hält es für wahrscheinlich, »dass auch Vögel, Insekten, Fledermäuse und dergleichen für einige Funde Pate gestanden haben könnten«, räumt aber ein, dass dies für die Anfertigung von »Luftschrauben natürlich nicht gilt, obwohl einige Pflanzensamen propellerhafte Eigenschaften haben«.

War der technisch anmutende »Steinteller« eine Kopie eines Gegenstandes, der vielleicht im Original aus Metall bestanden hat? Ist er die Nachbildung einer antiken Schiffsschraube? Oder kannte Prinz Sabu den Antrieb für Flugmaschinen?

Flugzeuge im alten Ägypten

Flugzeuge im Altertum? Dieser Gedanke scheint nicht übertrieben. Denn in einigen altägyptischen Grabstätten wurden tatsächlich Fluggeräte gefunden. Zumindest Miniaturausgaben davon – *Flugzeugmodelle*!

Zunächst hatte man die kleinen Artefakte für Vogeldarstellungen gehalten. So auch im Jahre 1898, als Archäologen in einem Grab nahe der ägyptischen Stufenpyramide von *Sakkara* eine Grabbeigabe aufspürten. Da an die Möglichkeit moderner Flugtechnik damals nicht im Entferntesten zu denken war – den einstigen Pharaonen traute man

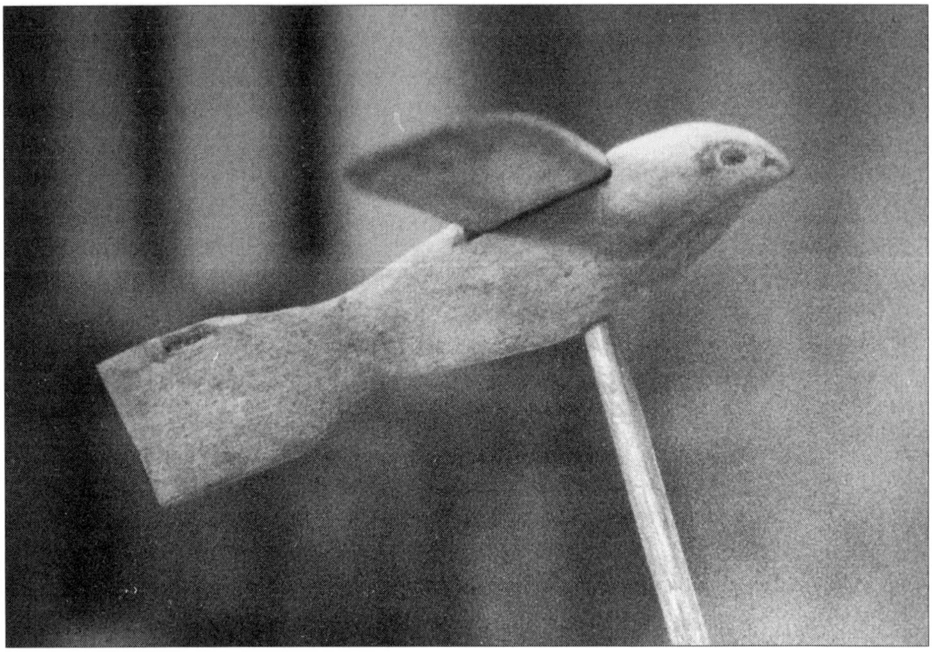

Bild 116: Genaue Untersuchungen haben ergeben: Hier handelt es sich um ein prähistorisches Segelflugzeugmodell!

derartige Kenntnisse denn doch nicht zu –, klassifizierte man das geflügelte Etwas schlicht als »Vogel«. Im Jahre 1919 wurde dann der Fund erstmals im *Ägyptischen Museum* in *Kairo* ausgestellt und inmitten anderer altägyptischer Vogelmodelle platziert.

Fünfzig Jahre lang stand das Sakkara-Artefakt unbeachtet in einer Museumsvitrine, bis 1969 der ägyptische Altertumsforscher Professor Dr. *Khalil Messiha* beim zufälligen Anblick der *Sammelnummer 6347* stutzig wurde. Hier stimmte etwas nicht, wurde dem Ägypter plötzlich klar. Das konnte niemals ein Vogel sein! Nicht nur die geraden Flügel des Schauobjektes unterschieden sich wesentlich von jenen der übrigen Vogeldarstellungen – es war vor allem die *hochgestellte* Schwanzflosse, die einfach nicht ins Vogelschema hineinpasste. Messiha besah sich nunmehr das Artefakt genauer und erkannte dessen wahre Bedeutung: Besagtes Fundstück war die exakte Nachbildung eines Miniatur-*Segelflugzeuges!* Experten aus dem Flugzeugbau haben dies inzwischen bestätigt. Die Flügel mit V-förmigen Vorderkanten besitzen die aerodynamische Form moderner Tragflächen. Der senkrecht stehende Schwanz des Flugmodells entspricht dem Seitenruder des Leitwerks neuzeitlicher Flugzeuge. Vermeintliche »Vogelmodelle« wurden auch in anderen Sammlungen genauer untersucht. Mehr als ein Dutzend ähnlicher »Segelflieger« sollen in anderen Gräbern gefunden worden sein.

Was aber hat die damaligen Konstrukteure vor über 2300 Jahren zur Entwicklung derartiger Flugmodelle veranlasst?

Prof. Dr. Messiha (1924–1998), sah hier enge Verbindungen zur altägyptischen Mythologie, alten Flugsagen und Erzählungen von geflügelten Gottheiten. Der Ägypter hatte ein abgeschlossenes Medizinstudium, studierte Kunstgeschichte und anschließend Archäologie. Zuletzt leitete Messiha seine eigene Privatklinik und amtierte gleichzeitig als Direktor des *Museums für Medizingeschichte* im Sakakini-Palast in Daher-Kairo. Sein größtes Interesse galt aber dem Mysterium der altägyptischen Flugzeugmodelle sowie Flugbeschreibungen in hieroglyphischen Texten. Für seine Entdeckung und Studien wurde er 1977 mit dem »Ordere of Merit« des ägyptischen Ministeriums für Zivilluftfahrt geehrt. Und 1979 folgte eine weitere Auszeichnung von der »World Aerospace Education Organization«.

Ich hatte einige Male Gelegenheit, diesen außergewöhnlichen Ägypter persönlich zu sprechen. Vor 24 Jahren traf ich Messiha zum ersten Mal, als ich mit dem »österreichischen Däniken« *Peter Krassa* auf gemeinsamer Buchrecherche in Kairo unterwegs war. Wir trafen den Arzt und Professor im *Museum für prähistorische Medizin und Pharmazeutik* in der Sakakini Square in Kairo. Unsere erste Frage war damals: Welche Indizien sprechen dafür, dass es sich bei dem Artefakt von Sakkara tatsächlich um ein Modell eines Segelflugzeuges handelt?

»Ich hatte 1969 das Ausstellungstück zum ersten Mal im Ägyptischen Museum gesehen, und mir war bald klar, dass es sich keinesfalls um eine der üblichen Vogeldarstellungen handeln konnte. Vor allem die bei Vögel völlig abnorme Stellung der Schwanzflosse gab mir bei diesem Artefakt zu denken. So ist deren Form nicht wie bei jeder wirklichen Vogeldarstellung rund, sondern *eckig*. Und außerem steht sie, was unüblich ist, *senkrecht*. Ich fertigte nunmehr zu Hause genaue Maßstabskizzen von dem Modell an und sandte diese, mit zusätzlichen Detailaufnahmen ergänzt, an befreundete Flugtechniker im In- und Ausland. Die Ergebnisse, die mir in den Antwortschreiben übermittelt wurden, bestätigten meinen Verdacht: Das Artefakt stellte ganz gewiss *keinen* Vogel dar.«

Hier knüpfte die zweite Frage an: Welche Fakten lassen diese Behauptung zu? Dazu stellte Messiha klar: »Übereinstimmend wurde von den von mir befragten Flugexperten auf die Form der Flügel dieses Modells hingewiesen. Sie sind nämlich beim Rumpf dick, während sie sich zum Ende hin verdünnen, was genau der Form von Flugzeugflügeln entspricht. Ebenso gibt es Gleichklänge beim Winkel jener Flügel der Grabbeigabe, und schließlich entspricht auch die Fläche der Flügel sowie jene der Schwanzflosse exakt den Ausmaßen moderner Flugzeugkonstruktionen: Konkret bedeutet dies, dass bei dem Modell ein Viertel der Flügelfläche der Schwanzflosse vorbehalten ist. Zusammenfassend kann man daher sagen, dass diese alte Grabbeigabe jenem eines Fluggerätes entspricht.«

Das Flugmodell aus Sakkara wurde um 300 v. Chr. aus dem Holz von Ahornbäumen angefertigt, in einer Epoche, bevor griechischer Einfluss in Ägypten wirksam wurde, erklärte Prof. Khalil Messiha. In jener Zeit lebte in Alexandria ein großer Erfinder und Physiker namens *Heron*. Die Schaffensperiode seines Wirkens wird in Ägypten heute noch als wissenschaftliche Epoche angesehen, weil damals ungewöhnlich viele Erfindungen gemacht worden sind. Messiha erzählte mir und Peter Krassa über die Entdeckung bestimmter Reliefdarstellungen, auf denen ein Mann zu sehen ist, der sich Flügel – ähnlich jenen eines Vogels – um den Körper herumgebunden hat und offenbar versuchte, damit den Vogelflug nachzuahmen. »Dabei handelte es sich einwandfrei nicht um eine rein symbolische Darstellung, sondern um korrekte Wiedergaben eines tatsächlichen Geschehens«, versicherte uns der Ägypter.

Messiha kannte die Quellen von über einem Dutzend solcher Flugmodelle. Sie alle wurden – und das macht die Sache spannend – in Gräbern von Sakkara gefunden. Sie sind von unterschiedlicher Größe. Vorlaufig ruhen jene kuriosen Grabbeigaben, ebenso wie das von Prof. Messiha auf seine Flugtauglichkeit getestete Kunstwerk, in den Archiven des Ägyptischen Museums in Kairo.

Die spezifischen Daten der von Prof. Messihas entdeckten Flugzeugkonstruktion lassen sich wie folgt zusammenfassen:

- Das Modell wiegt 39,12 Gramm.
- Der Flügel wurde aus einem einzigen Stück Holz hergestellt und hat eine Gesamtspannweite von 18 cm.
- Die Flügel verdünnen sich zur Flügelspitze.
- Außergewöhnlich an dem Flügel ist sein V-förmiger Winkel an den Vorderkanten, die geringfügig seitenungleich sind. Dies dürfte auf die leichte Beschädigung des Holzes im Verlauf der Zeit zurückzuführen sein.
- Der Flügel besitzt die aerodynamische Form moderner Tragflächen.
- Der Rumpf des Modells wurde aus dem gleichen Ahornholz wie der Flügel angefertigt. Er nimmt gegen das Heck zugewandt an Umfang zu, und der dickere Teil davon hat die Aufgabe, dem Wind den größten Widerstand entgegenzusetzen.
- Zwei Drittel des Rumpfes sind ellipsenförmig.
- Das Heck stellt das dritte Drittel des Rumpfes dar, wobei es leicht nach rechts geneigt ist, wenn man es von der Rückseite betrachtet.
- Der senkrecht stehende Schwanz des Flugzeugmodells entspricht dem Seitenruder des Leitwerks neuzeitlicher Flugzeuge. Er hat beinahe rechteckige Form, ist 3 cm hoch und 4 cm lang.
- Das Heck ist an einer Stelle gebrochen, ein kleines Hozstück fehlt.
- Der Vorderteil ist pyramidal, und auf einer Seite wurde ein Auge aufgemalt.
- Von der Nase bis zum Heck misst der Rumpf 14 cm.
- An der oberen Fläche des Rumpfes befindet sich ein rechteckiger Einschnitt, wo die Tragfläche eingesetzt wurde.
- Die Oberfläche des Flügels ist mit jener des Flugzeugrumpfs nahezu identisch.

Zusätzlich befindet sich ein gut sichtbares Loch im unteren Rumpf, es stammt allerdings nicht aus alter Zeit: Es wurde erst nach seiner Entdeckung gebohrt, um das

Modell an einem Ständer befestigen zu können. Es gibt keine Andeutungen, die auf Beine oder sonstige Merkmale unterhalb des Rumpfes schließen lassen.

Freilich gab es auch skeptische Kommentare, die die Konstruktion eines antiken Segelflugzeugmodells für denkunmöglich hielten. Noch im Jahre 1977 behauptete der bekannte, inzwischen verstorbene Neurologe und Fernsehpublizist Prof. *Hoimar von Ditfurth* in der Ausgabe Nr. 3 der Mannheimer Werkzeitschrift *Boeringer Kreis*: »... Im ganzen Museum war kein ›Flugzeugmodell‹ zu entdecken ... Unter der angegebenen Exponat-Nummer war die Mumie von Tuthmosis III. zu besichtigen. Der wissenschaftliche Leiter des Museums, Dr. *Ali Hassan,* dem ich die betreffende Buchstelle [aus Erich von Dänikens Bildband *»Meine Welt in Bildern«* – Anm. d. Verf.] übersetzte und die Abbildung zeigte, erklärte mir, er habe den dargestellten Gegenstand in seinem Museum nie gesehen, er wisse nichts von irgendeiner Ausstellung zu dem Thema und habe von der ganzen Angelegenheit noch nie in seinem Leben gehört.«

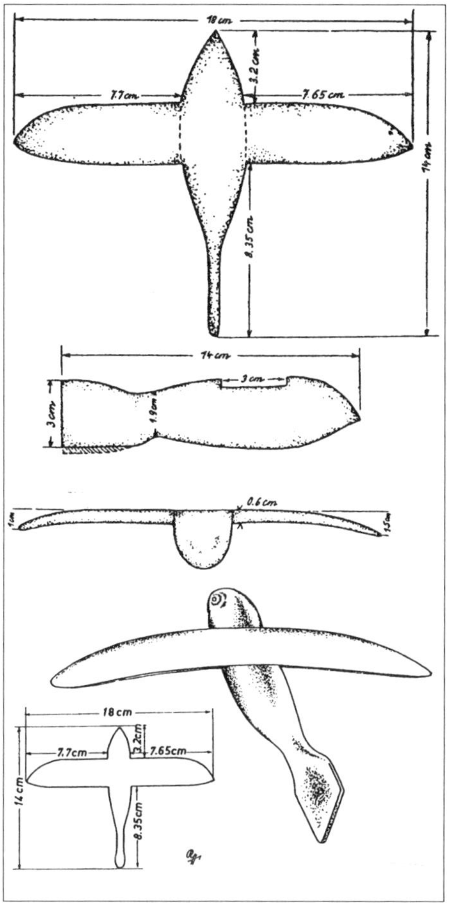

Bild 117: Größenangaben zu dem von Prof. Khalil Messiha entdeckten Modellflugzeug.

Aufmerksame Leser, die sich im etwas fortgeschritteneren Alter befinden, werden sich noch daran erinnern können, doch jüngere sollen nicht im Unklaren gelassen werden: Hoimar von Ditfurth, von dem hier die Rede ist, war Deutschlands populärster Fernsehprofessor in den 1970er und Anfang der 1980er Jahre. In seiner damals erfolgreichen ZDF-Fernsehreihe *»Querschnitt«* wurde der ausgebildete Nervenarzt nicht müde, einen »heiligen Krieg« gegen alles zu führen, was sich thematisch und sympathiemäßig im Dunstkreis des Schweizer Götterforschers Erich von Däniken bewegte. Man könnte sagen, Hoimar von Ditfurth war der Vorläufer heutiger streitbarer Kritiker wie *Gero von Randow* (»Die Zeit«), *Rudolf Henke* (GWUP e.V. = Gesellschaft zur wissenschaftlichen Untersuchung von Parawissenschaften) oder *Ranga Yogeshwar* (WDR). Alle drei sind bekannte Wissenschaftsautoren, die lieber althergebrachten Vorstellungen Glauben schenken, als den

Spuren fantastisch anmutender Ideen à la Däniken zu folgen. Ditfurth jedenfalls stellte seit seinem Besuch im Ägyptischen Museum in Kairo die Existenz des Exponates 6347 und die Seriosität aller jener, die sich darauf beriefen, in Frage. Doch Skepsis und Tadel sind noch kein wirklicher Gegenbeweis, selbst wenn sie von renommierten Wissenschaftspublizisten stammen sollten. Ich weiß nicht, ob Hoimar von Ditfurth damals womöglich das falsche Museum besucht oder nur oberflächlich nachgeforscht hatte, ich sah mich jedenfalls veranlasst, den Fernsehprofessor zu berichtigen. Ich ließ ihm eine aktuelle Aufnahme jenes »Flugmodells« zukommen, das ich 1979 mit unverschämter Umgehung des Fotografierverbots im Ägyptischen Museum angefertigt hatte. Mittels Antwortkarte musste mir Ditfurth später eingestehen: »Ich habe das Ding wirklich nicht gefunden (auch der wiss. Museumsleiter, dem ich das Bild aus D.s Buch zeigte, nicht). Inzwischen habe ich schon von anderer Seite gehört, daß ich mich in diesem Punkt geirrt habe. Das ist natürlich bedauerlich, ändert aber nicht das geringste an der wiss. Beurteilung der haarsträubenden ›Argumentation‹ von D. Aber wer, wie Sie anscheinend auch, an diesen Unfug glauben *will,* dem kann man mit Argumenten ohnehin nicht helfen, Pardon!«

Professor Ditfurth kann zur Flugzeugkonstruktion nichts mehr an Geistreichem beisteuern. Ich meine aber, dass offensichtliche *Vorurteile* nichts mit Wissen zu tun haben. Gegenargumente als »Unfug« abzutun, ohne selbst wirklich stichhaltige Widerlegungen des Behaupteten anbieten zu können, reicht sicher nicht aus, die Argumentation anderer als »haarsträubend« vom Tisch zu wischen.

Die Grabbeigabe aus Sakkara wurde inzwischen von Flugtechnikern überprüft. Einer von ihnen, der das Modell eingehend untersuchte, war der Bruder meines ägyptischen Gesprächspartners. *Guirguis Messiha* ist beruflich Flugingenieur und daher sicher kompetent, ein Fachurteil abzugeben. Seine Analyse zu dem Fund: »Der negative V-förmige Winkel des Modells hat denselben Effekt wie ein positiver V-förmiger Winkel, weil er die Flugfähigkeit des Modells begünstigt. Betrachtet man die Flügeloberfläche, dann zeigt es sich, dass sie Teil einer Ellipse ist – wodurch dem Flug Stabilität verliehen wird. Die Flossenform des Rumpfes vermindert den Luftwiderstand. Ein Faktum, das man erst nach vielen Jahren von Luftfahrtexperimenten zu entdecken vermochte.«

Der Flugingenieur konnte das kaum glauben und ließ deshalb eine Nachbildung des Sakkara-Flugkörpers mit genau denselben Maßen wie jene im Museum anfertigen. Das fehlende horizontale Stück des Hecks wurde hinzugefügt. Bei einer ersten Erprobung im Beisein von Flugzeugtechnikern zeigte sich, dass das Parallelmodell von Guirguis Messiha, beim Wurf in die Luft etliche Meter gut segeln konnte. Weitere Untersuchungen am Originalmodell haben schließlich Wesentliches ergeben, wobei Messihas Bruder wie folgt die drei wichtigsten Erkenntnisse zusammenfasste:

»1. Der seinerzeitige Erbauer der Flugkonstruktion dürfte etliche ähnliche Flugkörper hergestellt haben, ehe er die endgültige ›Idealform‹ fand, wie sie dieses Modell nunmehr darstellt.

2. Dieses prähistorische Flugmodell aus Sakkara repräsentiert, nach dem Dafürhalten heutiger Flugzeugingenieure, eine Verkleinerung eines originalen einflügeligen Flugzeuges. Dabei spielt es überhaupt keine Rolle, ob dieses Minimodell geflogen ist oder nicht – hergestellt wurde es auf jeden Fall.
3. Der Name des Erfinders, der auf dem Holzmodell eingraviert worden ist, heißt *›Pa-Di-Imen‹*.«

Pa-Di-Imen? Wer oder was mag damit gemeint gewesen sein? Die Antwort verblüfft und findet zudem eine weitere Bestätigung durch die bisherigen Erkenntnise bei dem Flugmodell. »Das ist altägyptisch und bedeutet so viel wie *›Geschenk des Amun‹*!«, klärte mich Prof. Messiha auf und fügte hinzu: »Amun wiederum ist nach unserer Mythologie der *›Herr des Lufthauchs‹* und ging nach uralten Überlieferungen eine Symbiose mit dem Sonnengott *Re* ein. Darauf wurde er zum *›Lichtgott‹* erhoben. Machen Sie sich selbst einen Reim darauf . . .«

Im *»Lexikon der Ägyptologie«*, herausgegeben von *Wolfgang Helck* und *Eberhard E. Otto,* fand ich noch weitere Besonderheiten, die dem göttlichen Amun zugeschrieben werden. Da heißt es, der Name werde abgeleitet von *»verbergen«* und bedeutet *»der Unsichtbare, Verborgene«*. Die Griechen haben Amun in der Gestalt des Gottvaters *Zeus* verehrt. Amun war auch derjenige, *»der die Grenzen durcheilt«,* und jemand, *»der sich mit der Ewigkeit vereint«*. Er wird auf Reliefs und Papyrusabbildungen gelegentlich in menschlicher Gestalt und mit hoher Federkrone dargestellt. Manchmal wurde er mit *hellblauer* Hautfarbe verewigt, ein Hinweis darauf, dass Amun ein *Himmelsgott* gewesen ist, der einst vom *»Lichtmeer«* zur Erde kam. Am häufigsten findet sich seine Abbildung in Verkörperung des *Widders* oder zumindest als Sphinx mit Widderkopf. Jenes merkwürdige Symbol, das auch die *Amunbarke* schmückt. Im Lexikon wird auf ein besonderes Mirakel des Gottes hingewiesen. Es betrifft die ungeklärte Bedeutung und Form des *»magischen Amun-Throns«,* ein *»tragbarer Thron mit einer sitzenden menschlichen Gestalt«,* ein *»Kultgegenstand, der vom Himmel kam«*. Ägyptologen nahmen ursprünglich an, es könnte sich hierbei um die Verehrung eines *Meteoriten* gehandelt handen, sind aber inzwischen von dieser Deutung wieder abgekommen. Was war das für ein Himmelsgefährt, mit dem Gott Amun laut Mythe durch die Lüfte flog? War es ein großes Flugvehikel, das später zu Miniaturnachbildungen wie jene des Segelflugzeugmodells aus Sakkara inspirierte?

Die oberägyptische Stadt *Karnak* gilt nicht nur wegen ihrer Widderallee als Residenz des Amun. Aus alten Texten geht hervor, dass dort zu Ehren des Gottes höchst merkwürdige Orakelfeste stattfanden, die Amun als *»Herrscher des Lufthauchs«* feierten. Namentlich bekannt sind das Fest *»Erheben des Himmels«* im sechsten Monat und *»Eintritt in den Himmel«* im siebten Monat. Wesentlicher Bestandteil dieser mehrtägigen Feste war, dass *»der Gott, das heißt sein Prozessionsbild, auf einer von Priestern getragenen heiligen Barke«,* dem *»Allerheiligsten von Karnak«,* auf die Reise außerhalb des Tempels geschickt wurde. Getragen wurde das Gefährt des Amun von eigens dafür bestimmten Hohepriestern, die den Sondertitel *»Türöffner des Him-*

mels« führten. Gott Amun wurde mit dieser symbolisch nachgestellten Prozession zum *»Herrn des Himmels und der Erde, der Unterwelt, der Wasser und Gebirge«.*

Stellt sich die Frage: War der göttliche Amun bloß ein Fabelwesen? Ein Synonym übernatürlicher Kräfte? Oder hatte er einst leibhaftig existiert? Wenn ja – wer verbarg sich hinter diesem »Lichtgott«, der so ungewöhnliche Flugmodelle zu verschenken hatte? War Amun in Wahrheit ein humanoides Wesen? Kam er aus den Tiefen des Alls? War er vielleicht der Pilot eines vorzeitlichen Fluggerätes? Kommt daher die nahe liegende Bezeichnung »Herr des Lufthauchs«?

Auch Prof. Khalil Messiha haben diese Fragen beschäftigt. Sein Lebenstraum war es, weitere altägyptische Flugmodelle ausfindig zu machen und irgendwann einmal das originale Flugzeug, das den Miniaturen Pate stand, und vielleicht irgendwo unter dem Wüstenboden verborgen liegt, zu entdecken.

Was immer noch an Überraschungen aus dem Wüstenboden ausgebuddelt wird, Professor Messiha war es nicht mehr vergönnt, diese Artefakte zu studieren. Vor sechs Jahren verstarb der wissbegierige und sympathische Forscher in Kairo. Doch die Jagd nach eigenartigen Fundstücken aus dem alten Pharaonenreich geht weiter. Dafür sorgt der Archäologe und Architekt *Dawoud Kahlil Messiha,* der 50-jährige Sohn des »Segelflugzeug«-Entdeckers. Zusammen mit seinem Vater forschte er nach verborgenen Geheimnissen altägyptischer Bautechnik in der Cheops-Pyramide und Tempelanlagen. Nun setzt er die außergewöhnlichen Arbeiten seines Vaters fort und untersucht das aeronautische Wissen im antiken Ägypten.

Auf diesem böigen Weg, lieber Dawoud Messiha, viel Glück und archäologischen Spürsinn!

Frühgeschichtliche Elektrobatterien

In der orientalischen Märchensammlung von *Tausendundeiner Nacht* findet sich die Erzählung von *Aladdins Wunderlampe.* Mit ihr sollen »Schätze« hervorgezaubert worden sein. Der Märchentext spricht auch davon, dass es Aladdin mit Hilfe der Zauberlampe gelungen sei, verschiedene Objekte zu *vergolden.* Auch der schönen *Kleopatra* wurden solche magischen Kräfte nachgesagt. Waren hier *elektrische* Vorgänge im Spiel? Etwa solche, wie wir sie heute in Verbindung mit der Galvanisierung von Gegenständen kennen? Das sind keineswegs nur angenommene Märchen oder Träume. Im Altertum hat es bereits Kenntnisse der Elektrotechnik gegeben. Das *Museum von Bagdad* (Irak) ist im Besitz einer elektrischen Batterie aus der *vorchristlichen* Partherzeit, die nach dem galvanischen Prinzip funktioniert und zum Vergolden von Götterfiguren verwendet wurde. Im *Technischen Museum* von *Wien* ist eine rekonstruierte Nachbildung dieser Batterie zu sehen.

Was manche Legenden anzudeuten scheinen – und den alten Priestern offenbar möglich war zu realisieren –, wurde 1978 praktisch und vor kritischen Augenzeugen nachvollzogen. Der Direktor des *Hildesheimer Museums,* Dr. *Arne Eggebrecht,* sowie sein Restaurator *Rolf Schulte* fertigten zunächst eine genaue Kopie des im heutigen Irak gefundenen Parther-Tonkruges an und vergaßen auch nicht auf die Metalleinsätze – getreu dem Original. Dann luden sie einige Fachleute im September zu einem interessanten Experiment ins Museum. Ein Goldschmied, zwei Chemotechniker der *Bosch*-Abteilung »Batterieentwicklung« sowie ein Galvaniseur leisteten der ungewöhnlichen Einladung neugierig Folge. Vorgesehen war, eine aus Silber nachgebaute Statue eines Königs von *Hatra* zu vergolden. Die zur Stromerzeugung notwendige Säure stellte Rolf Schulte her. Er wählte, was an Saurem auch im Orient der Zeitenwende verfügbar gewesen sein muss: frisch gepressten *Traubensaft*. Ein erster Erfolg stellte sich ein. Kupferzylinder, Eisenstab und Säure erzeugten Strom. Die Messinstrumente registrierten 0,5 Volt Spannung.

Dr. Eggebrecht und seine Crew verbanden nunmehr diese Stromquelle mit einer Galvanisierungswanne. Dazu kam die kleine Königsstatue aus Silber. Es dauerte etwa zwei Stunden – dann war das Figürchen wirklich vergoldet. Das Experiment war geglückt.

Diese Entdeckung zerstörte mit einem Schlag den Erfindermythos um den italienischen Arzt und Naturforscher *Luigi Galvani* (1737–1798), dem man bislang das Aufspüren von Elektrizität und deren praktische Anwendung zugeschrieben hatte. Noch aus der Schulzeit wissen wir von Galvanis Versuchen, mit Entladungen von Metallplatten abgetrennte Froschschenkel zum Zucken zu bringen – was ihm im Jahre 1789 schließlich gelang. Und von den alten Griechen ist bekannt, dass sie bereits in der Antike herausgefunden hatten, dass Bernstein, damals »Elektron« genannt, durch heftiges Reiben geradezu magische Anziehungskraft gewinnt und im Dunkeln knisternde Funken sichtbar werden lässt.

Aber die alten Parther? Dieses bekannt kriegerische Reitervolk? Wir wissen, dass die Parther als durchschlagskräftige Kavalleristen galten. Sie kamen aus dem iranischen Raum und haben es fertig gebracht, zwischen 250 *vor* und 226 *nach* Christus so ziemlich alle Länder zwischen *Euphrat* und *Tigris* unter ihre Herrschaft zu zwingen. Nur: Dieser wilden Horde auch Kenntnisse über den Gebrauch der Elektrizität zuzutrauen – das will uns nicht recht »einleuchten«. Und doch – das geglückte Experiment in Hildesheim hatte es bewiesen –, die alten Parther waren nicht nur Meister der Kriegskunst, sondern verstanden es offenbar vortrefflich, eine elektrische Zelle zu konstruieren, die als Batterie wirkte und sich zum Vergolden eignete.

Als der Elektrotest 1978 internationale Schlagzeilen machte, war die Batterie zuvor 42 Jahre lang unbeachtet geblieben. Im Jahre 1936 war von Bagdad aus eine Expedition von Archäologen aufgebrochen, um einen Hügel im Gebiet von *Khujut Rabu'a* näher in Augenschein zu nehmen. Geleitet wurde das Unternehmen von dem Österreicher *Wilhelm König,* einem anerkannten Archäologen im Dienste der irakischen Antikenverwaltung. Neun Jahre lang, bis 1939, war er Direktor des Irakischen Museums, bis er 1939, krankheitsbedingt, in sein Heimatland zurückkehrte.

Bild 118: 1936 bei archäologischen Ausgrabungen im Irak entdeckt: elektrische Batterien aus der Parther-Zeit.

Hier schrieb König das Buch *»Im verlorenen Paradies – Neun Jahre Irak«,* das seine Tätigkeit in Bagdad sowie seine interessanten Ausgrabungen zum Inhalt hatte. Auch die Entdeckung des ungewöhnlichen Artefakts aus grauer Vorzeit vergaß er nicht zu erwähnen: die Batterie aus der Partherzeit.

Schon bald nach Grabungsbeginn bei einer Parthersiedlung, stießen Wilhelm König und seine Mannschaft auf Kultgegenstände sowie ein seltsames Gefäß. »Hier, Herr Doktor, sehen Sie! Schauen Sie sich das mal an!« König ließ sich nicht zweimal bitten und betrachtete verwundert mit seinen Helfern das vasenartige Gefäß aus hellgelbem Ton. Der Archäologe äußerte bereits bald nach der Entdeckung den Verdacht, dass es sich um ein elektrisches Element handeln könnte. 1938 beschrieb er seinen Fund im *Nachrichtenblatt der Deutschen Wissenschaft und Technik*: »Das Gerät besteht aus einer Tonflasche, einem Zylinder aus Kupferblech und einem Eisenstab. Die Flasche ist länglich-oval aus weißlich-gelbem gebrannten Ton mit abgeplatteter Standfläche (Höhe 14 cm, größter Durchmesser 8 cm). Der Hals ist willkürlich entfernt und trägt rund um die ringförmige Bruchstelle Spuren von Asphalt. Die Halsöffnung hat einen Durchmesser von 33 mm. Über die Verwendung des Gerätes aus Khujut Rabu'a lassen sich nur Vermutungen anstellen. Seinen Bestandteilen und deren Anordnung nach liegt der Gedanke nahe, daß es sich um ein galvanisches Element handelt.«

Wilhelm Königs Verdacht erwies sich als gerechtfertigt. Und bestätigte sich in dem

Bild 119: Konstruktionsschema der 2000 Jahre alten Elektro-Batterie.

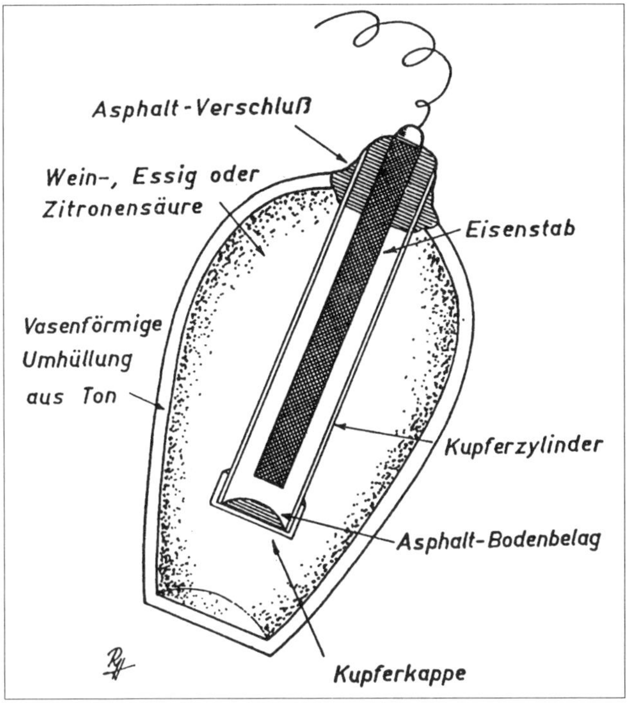

Augenblick, als der Archäologe bei einem ersten praktischen Versuch mit der Tonvase eine saure bzw. laugenartige Flüssigkeit in das Gefäß einfüllen ließ und sich dadurch ein »elektrisches Element« bildete. König blieb trotzdem vorsichtig. Seinen Aufsatz in der Fachzeitschrift betitelte er in Frageform: »Ein galvanisches Element aus der Partherzeit?«

Für sich selbst jedoch hatte er diese Frage bereits zustimmend beantwortet. Der leidenschaftliche Archäologe machte sich nun Gedanken, was seinerzeit die Partherpriester auf die Idee gebracht hatte, eine elektrische Zelle zu konstruieren:

»Über die einzelnen Entwicklungsstufen dieses Gerätes wissen wir heute noch nichts Näheres. Es wäre aber durchaus möglich, daß ein solches Gerät schon damals bestanden hat. Ich möchte in diesem Zusammenhang erwähnen, daß noch heute bei den Silberarbeiten in Bagdad zur Vergoldung ein primitives nasses Verfahren unter Anwendung von Zink und Kupfer galvanisch versilbern und vergolden kann und daß das zu Reduktionszwecken angewendete Verfahren bei metallenen Antiken auf nichts anderem beruht als auf der Kathodenreduktion im polarisierten Element (man bringt zu diesem Zweck die noch Metall enthaltenen Artikel in einem Säure- oder Laugenbad mit Zink oder Eisen in Kontakt). Man müßte also annehmen, daß der Kupferzylinder eine Flüssigkeit enthalten habe, die entweder basisch oder sauer war . . .«

Wilhelm Königs Vermutung traf zu. Er fand heraus, dass im Einzugsbereich der Parther von seinen Archäologiekollegen schon früher silberne Relikte und seltsame vasenförmige Gebilde aus dem Boden gebuddelt worden waren. Sämtliche Fundorte befanden sich in einer Gegend des Zweistromlandes, von dem man heute annimmt, dass dort einst der »Garten Eden« – das biblische Paradies – gelegen hat.

Konkret handelte es sich um archäologische Plätze im Bereich der Ruinen der Tigrisstadt *Seleukia* sowie von *Ktesiphon,* der Parthermetropole. Zu seinem Leidwesen hatte Wilhelm König von diesen Funden erst zwei Jahre nach seiner eigenen Entdeckung erfahren. Er befand sich zu diesem Zeitpunkt bereits wieder daheim in Österreich. Jener Forscher, in dessen Beisein die Silbergegenstände der Parther ausgegraben worden waren, war ebenfalls Leiter eines Museums. König erwähnte diesen Umstand in seinem Forschungsbericht: »Wie ich kürzlich erfuhr, hat der Direktor bei den Staatlichen Museen in Berlin, *E. Kühnel,* der seinerzeit die Ausgrabungen in Ktesiphon bei Bagdad leitete, dort zusammen mit sassanidischen Funden eine größere Anzahl ähnlicher Gefäße mit Kupfer- und Eisenausrüstung unbekannten Zwecks gefunden. Auch bei diesen allerdings schon aus sassanidischer Zeit stammenden Gefäße [die Sassaniden waren eine Herrscherdynastie des persischen Reiches, von 226 bis 651 n. Chr., Anm. d. V.] scheint es sich um *galvanische Elemente* zu handeln, deren Verwendung vielleicht durch weitere Forschungen aufgeklärt wird.«

Der Archäologe aus Wien wartete nicht ab, zu welchen Resultaten andere Altertumsforscher gelangen würden – er ging eigene Wege. Und wie sich bald zeigen sollte, hatte er damit das Richtige getan. Denn keiner der zeitgenössischen Wissenschaftler – auch nicht jener Berliner Museumsdirektor Kühnel – oder offizielle archäologische Institute waren willens, den außerordentlichen Funden in Seleukia und Ktesiphon besondere Beachtung zu schenken. Die Entdeckungen waren allesamt, wie so vieles zunächst Unerklärliche, in die Museumsarchive gewandert, versehen mit der lapidaren Etikettierung »Kultgegenstand«.

»Niemand war eingefallen, was sie sein könnten«, bedauerte Wilhelm König diesen Umstand in seinem Zeitungsbericht. Er aber wollte es genauer wissen und bat seinen deutschen Kollegen um Fotos von den Ausgrabungsstätten. Direktor Kühnel hatte nichts dagegen. Als König die Fotos prüfte, erkannte er bald, dass es sich bei den archäologischen Funden jener Partherstätte um auffallende Parallelen zu den eigenen handelte, die ihm am Hügel von Khujut Rabu'a in die Hände gefallen waren. »Die Aufnahmen zeigten«, wie der Archäologe in einem Artikel später detailgetreu beschrieb, »große Tongefäße und ihren Inhalt: eine Anzahl Eisenstäbchen und Kupferzylinder sowie Asphaltstöpsel mit einer Öffnung.«

Wie schon bei der Entdeckung seines Fundes stellte sich bei genauerer Analyse und Betrachtung der Gegenstände Erstaunliches heraus: »Es handelte sich um zehn in zerlegtem Zustand aufbewahrte elektrische Zellen.« Mit dieser überraschenden, für den Archäologen erfreulichen Erkenntnis sah es König als erwiesen an, »daß schon unendlich lange vor Galvani die ›fließende‹ Elektrizität, die wir nach ihm die galvanische nennen, bekannt war«.

War man auf eine prähistorische »Batterienfabrik« gestoßen? In verschiedenen

Artikeln und Büchern ist meist immer nur von *einer,* eben der berühmten Batterie Wilhelm Königs die Rede. Doch das rätselhafte Relikt ist keineswegs ein einzigartiger »Zufallsfund«. Dies wurde mir bei meinem Besuch im Hildesheimer Museum vor einigen Jahren von dem Restaurator *Rolf Schulte* bestätigt. Der deutsche Wissenschaftler, der 1978 dem Ägyptologen Dr. Arne Eggebrecht bei seinem berühmten Elektroexperiment assistiert hatte, versicherte mir, man habe inzwischen insgesamt *einige tausend* dieser vorchristlichen elektrischen Zellen gefunden.

Eine der vielen Fragen im Zusammenhang mit den antiken Batterien lautete: Wie war es den Priestern damals möglich gewesen, aus gediegenem Gold eine *Lösung von Kochsalzen* zu erhalten, wie sie für den Galvanisierungsvorgang vonnöten ist? Professor *Walter Jansen* vom Fachbereich Chemie der Universität Oldenburg versuchte darauf, gemeinsam mit einigen Mitarbeitern der Akademie, eine Antwort zu finden. Er baute ein Duplikat der »Urbatterie« nach, wobei er sich mehrere Varianten einfallen ließ, nahm verschiedene Versuche vor, um ein klares Bild über die Funktionsweise des Artefaktes zu gewinnen – und entdeckte auf diese Weise gewisse Mängel bei der Apparatur. Über seine Bemühungen berichtete der Professor 1985 in der Nr. 2 der Zeitschrift *Praxis der Naturwissenschaften-Chemie.* Er zeigte auf, dass die Stromerzeugung auf die von dem österreichischen Archäologen Wilhelm König angegebene Weise zwar grundsätzlich möglich war, es aber Probleme beim Vergolden gewisser Gegenstände gegeben hatte.

Professor Jansen erkannte sehr bald die Ursache: Da in das Innere des Kupferrohres kaum Sauerstoff aus der Luft einzudringen vermochte, gab die Batterie nach ein paar Stunden Tätigkeit plötzlich keinen Strom mehr ab. Jansen und sein Team entwickelten daraufhin eine Variante, die nicht nur *einfacher* herzustellen war, sondern die Wissenschaftler darüber hinaus in die Lage versetzten, einen *galvanischen Dauerbetrieb* in Szene zu setzen. »Wir sind sicher«, ließ der Professor in seinem Fachartikel wissen, »daß die Parther, wenn sie schon diese Batterie erfunden haben, auch die einfachere und wirksamere Version angewendet haben.«

Möglicherweise waren aber auch die Parther nicht die Pioniere der Batterienherstellung gewesen, und sie müssen sich den Ruhm als meisterhafte Galvaniseure mit einem Kulturvolk teilen, das einige Jahrhunderte vor ihnen existierte – den *Babyloniern.* In verfallenen Behausungen babylonischer Alchimisten wurden nämlich in der Zwischenzeit ähnlich aussehende Geräte wie die in Ktesiphon oder Seleukia gefunden. »Die Zeit, in der das galvanisierte Material entstand, ist mit dem Jahr 2000 vor Christi Geburt anzugeben«, notierte der Sachbuchautor und Spezialist für Grenzwissenschaften *Andrew Tomas* in seiner Veröffentlichung *»Wir sind nicht die ersten«* und ergänzte: ». . . das heißt, sie waren 2000 Jahre älter als Königs keramische Zellen.« Tomas fasste zusammen: »Man sollte hier erwähnen, daß Elektroplattieren und Galvanisieren erst im ersten Teil des 19. Jahrhunderts eingeführt wurden. Wieder einmal ein Beweis dafür, daß ein gewisses technologisches Verfahren, das vor viertausend Jahren angewendet wurde, in der Neuzeit neu entdeckt werden musste.«

Ob jedoch die Babylonier wirklich die Ersten waren, die die technische Handhabung mit elektrischen Zellen beherrschten, ist dennoch ungewiss. Über Batterien des Altertums finden sich nämlich noch weit ältere Quellen. Ein Abschnitt aus einer alten indischen Schrift beispielsweise – dem *Kumbhadbawa Agadsyonumi* – informiert darüber. Das Erstaunliche daran: Die Texte beziehen sich auf Geschehen, die 7000 Jahre zurück in unserer Vergangenheit liegen. In der Anleitung zur Erzeugung von elektrischem Strom heißt es dazu zeitgemäß formuliert: »Nachdem man ein Stück reines Kupfer in einen wasserdichten Tonkrug gelegt hat, dessen Öffnung nach oben zeigt, pflegt man Stücke von Kupfersulfat sowie Vitriol hineinzulegen, das blau wie der Nacken eines Pfaues ist. Dann wird der Krug mit Sägespänen gefüllt und obenauf ein Zinkblock gelegt, der mit Quecksilber eingerieben ist. Mit dieser Verbindung wird eine Kraft namens *Mitra* erzeugt, und das Licht, welches durch Verbindung von Zink und Kupfer entsteht, wird auch Mitra genannt. Eine Batterie von hundert solcher Tonkrügen ergibt eine sehr starke Kraft.«

Elektrotechnische Kenntnisse über Jahrtausende? Entdeckt, vergessen und wieder entdeckt? Dass sich auch Skeptiker zu Wort melden, konnte natürlich nicht ausbleiben. Schon 1962 veröffentlichte der am Science Museum in *London* tätige Forscher *W. Winton* einen Beitrag unter dem Titel: »Bagdad-Batterien aus vorchristlicher Zeit?« Darin begründet der Forscher seine Ablehnung zu den technologischen Artefakten aus dem Irak deshalb, weil »die Vorstellung, dass es Jahrtausende vor unserer Zeit tatsächlich Batterien gegeben haben könnte, für jeden seriösen Archäologen nur *schwer verdaulich* ist«. Außerdem beruht »die scheinbar ideale Kombination eines Kupferzylinders, eines Eisenkerns und des Teers *auf einem reinen Zufall*«.

Zufälligkeiten haben im Verlauf der Vergangenheitsforschung schon sehr oft herhalten müssen, wenn sich ein skurriler Fund partout nicht in das vorgefertigte Mosaikgebilde wissenschaftlicher Lehrmeinung einordnen ließ. Einige Skeptiker bieten »Kinderspielzeug«, »religiösen Zierrat« oder einfach »Kultgegenstand« als Erklärungsvorschlag für die Lösung des archäologischen Rätsels an. In diese Richtung argumentiert auch der leitende Chemiker im Hauptlaboratorium der Frankfurter Hoechst AG, Dr. *Emmerich Pasthory*. Er bezeichnete die Annahme, Parther und Sassaniden hätten seinerzeit derartige Batterien hergestellt und als elektrische Energiequelle benützt, als »eine riesige Ente«. Zwar bestätigte Pasthory den Fund solcher Relikte, ist aber der Überzeugung, dass sie *keineswegs* Geräte für eine praktische Nutzung im heutigen Sinn gewesen sein können. In der Zeitschrift *Antike Welt,* Nr. 1, aus dem Jahre 1986, erklärt Dr. Pasthory, dass die Parther zwar potentielle »Batterien« geschaffen hätten, allerdings *ohne dies zu wollen und zu wissen*. Die Tongefäße dienten nach Auffassung des Chemikers lediglich als Behälter und zum Schutz gegen Beschädigung. Die mit den Funden mitunter aufgefundenen Eisen- und Bronzestifte seien keine »Elektroden« gewesen, sondern hätten ausschließlich *okkulte Funktion* als Abwehr- und Schutzzauber besessen.

Wieder einmal wurde somit ein aus dem gewohnten Rahmen fallender Fund von einem der Schulwissenschaft verhafteten Spezialisten abgewertet und in seiner Bedeutung gemindert. Die so genannten »Batterien« wurden zu dem degradiert, was ihnen nach herkömmlicher wissenschaftlicher Logik im günstigsten Fall zugestanden wird: *Kultgegenstände* gewesen zu sein, lediglich dazu geeignet, um damit Beschwörungen, Segensformeln oder Zaubersprüche zwecks Ausübung unbestimmter magischer Praktiken vorzunehmen. Alles nur religiöser Firlefanz? Der Schriftsteller *Christian Morgenstern* (1871–1914) wusste darauf die richtige Antwort zu geben: »Alle Geheimnisse liegen in vollkommener Offenheit vor uns. Nur wir stufen uns gegen sie ab, vom Stein bis zum Seher. Es gibt kein Geheimnis an sich, es gibt nur Uneingeweihte aller Grade.«

Glühbirnen für die Götter

In seinen Werken erzählt der *hl. Augustus* im 4. Jahrhundet unserer Zeitrechnung von einer Wunderlampe. Ein geheimnisvoller Lichtspender, der immer während strahlte. Weder Wasser noch Wind vermochte diese in einem *Isis*-Tempel aufbewahrte Leuchte auszulöschen. Schilderungen über seltsame Beleuchtungskörper finden sich in den Mythen beinahe aller Völker. Wir schreiben diese Überlieferungen gerne den Utopien von Dichtern des Altertums zu. Doch die Analyse der Elektrobatterien aus vorchristlicher Zeit hat gezeigt (auch wenn ein solches Zeugnis eines einst vorhandenen technologischen Wissens für manchen Altertumsforscher nur schwer zu akzeptieren ist), dass man bereits in der Frühgeschichte Kenntnisse mit dem Umgang von *Elektrizität* hatte.

Die geschichtliche Lehrmeinung, wonach nämlich erst seit dem Jahre 1820 durch den Dänen *Hans Christian Örsted* die Wirkung des elektrischen Stroms bekannt wurde, *Michael Faraday* die Forschungen fortsetzte und wir erst seit 1871 die Glühbirne von *Thomas Alva Edison* kennen, lässt sich durch eine Vielzahl von Quellen und Funden widerlegen.

Eine heiße Spur führt, wie so oft, in das Land der Pharaonen – nach *Ägypten*. Nicht nur die Parther, auch die altägyptischen Priester – Wissenschaftler zu ihrer Zeit – besaßen bereits Geräte, um künstlich erzeugte Energie nutzbar zu machen. Wie beleuchteten sie damals eigentlich ihre unterirdischen Räume? Irgendeine Lichtquelle muss es ja schließlich gegeben haben. Sonst wäre es den genialen Künstlern kaum gelungen, die Wände ihrer Kulträume – denken wir nur an jene des Pharaos *Tutanchamun* im Tal der Könige – so meisterhaft auszustatten, sie mit prächtigen Wandmalereien zu versehen. Und alles in den leuchtendsten Farben. Der Gedanke an Fackeln, Kerzen oder Petroleumlampen liegt nahe. Der Haken bei der Sache: In manchen unterirdischen Tempelanlagen und Krypten *fehlt* jeder Hinweis für derartige Beleuchtungskörper. *Rußspuren* sind nicht vorhanden. Um dieses Rätsel zu lösen, wurde angenommen, dass die Ägypter vor Jahrtausenden Spiegelsysteme in ihren Tempeln installiert haben könnten. Doch diese »Patentlösung« überzeugt wenig. Als man nämlich die Hypothese in der Praxis erpropte, stellte sich heraus, dass der Großteil des Sonnenlichts

Bild 120: Der Hathor-Tempel von Dendera war einstmals eine Stätte der Wissenschaft. Seine Priester besaßen nicht nur religiöse, sondern auch technologische Kenntnisse.

durch Streuung verloren ging und es nicht zuwege gebracht werden konnte, die unterirdischen Krypten zu erhellen. Als ich den österreichischen Ägyptologen Universitätsdozent Dr. *Helmut Satzinger* vom Wiener *Kunsthistorischen Museum* auf die Lichtquelle der alten Ägypter ansprach, gab er zu: »Auch mir sind keine Unterlagen bekannt, die darüber erschöpfend Auskunft geben könnten«, um jedoch gleich danach sein »Ei des Kolumbus« zu präsentieren: »Doch glaube ich, mich an einen Artikel erinnern zu können, aus dem hervorging, man sei damals imstande gewesen, *nicht rußende Fackeln* herzustellen.«

Nicht rußende Fackeln? Ich bin diesem Gerücht nachgegangen. Angeblich soll sich diese Quelle der Information in der Universität in *Zürich* verstecken. Wissenschaftliches Allgemeingut scheint sie nicht zu sein, sonst hätte Dozent Satzinger seinen Ausführungen nicht die unfreiwillige Pointe hinterhergeschickt: »Aber man kann derzeit nur vermuten und spekulieren . . .«

Der deutsche Ägyptologe und Archäologe Professor Dr. *Hartwig Altenmüller* von der Universität *Hamburg* meint zu wissen, auf welche Weise sich die ägyptischen Innenarchitekten, Wandmaler und Reliefhersteller beholfen haben, in den zu bearbeitenden Räumlichkeiten die Dunkelheit zu erhellen: »Die Ägypter kannten weder

Elektrizität noch die Glühbirne. Bei der Arbeit in den Königsgräbern wurden *Öllampen* verwendet, deren Dochte in Sesamöl getaucht waren. Die Zugabe von Salz entzog dem Öl das Wasser und hielt die Lamen *rußfrei.* Zweimal während eines achtstündigen Arbeitstages wurden Lampen und Öl an die Arbeiter ausgegeben. Die Lampenausgabe wurde dabei registriert. Die Listen sind teilweise noch erhalten.«

Dann ist ja jetzt alles klar. Wirklich? Mag sein, dass man sich auf irgendeine Weise, vielleicht sogar mit Sesamöllämpchen, beholfen hat. Weshalb auch nicht? Und dennoch scheint keineswegs ausgeschlossen zu sein, dass die alten Ägypter nicht doch den Umgang mit elektrischem Strom kannten. Glühbirnenähnliche Leuchtkörper im alten Ägypten? Gibt es stichhaltige Belege für diese Behauptung?

Fragen, die ich seit 1979 bereits in mehreren Publikationen ausführlich behandelt habe, u.a. gemeinsam mit *Peter Krassa* in unserem Sachbuch *»Das Licht der Pharaonen – Hochtechnologie und elektrischer Strom im alten Ägypten«*. Darin waren wir bemüht aufzuzeigen, dass sich eine Vielzahl archäologischer Funde erst mit den Erkenntnissen unserer Zeit erklären lassen. Eine Anregung dazu liefern mysteriöse Wandreliefs im spätägyptischen Hathortempel von *Dendera,* 60 km nördlich von *Luxor*. Der Haupttempel, insgesamt eine Bibliothek in Stein (jede kleinste Fläche wurde mit Abbildungen und Inschriften bedeckt), fiel mehrmals in seiner langen Geschichte Zerstörungen zum Opfer, wurde immer wieder aufgebaut, zuletzt in ptolemäischer Zeit um 100 v. Chr. Die von dem deutschen Ägyptologen *Hans Dümichen* im Jahre 1877 aufgezeichnete *»Bauurkunde von Dendera«* reicht jedoch in seinen Ursprüngen bis zum Beginn der ersten Pharaonendynastien um 3000 v. Chr. zurück. Der Haupttempel, Rest eines gewaltigen Tempelbezirkes, ragt im Übrigen nur zu zwei Fünftel über die Erdoberfläche hinaus. Unterhalb des Wüstenbodens befinden sich zwölf enge Krypten, die auf drei Stockwerke aufgeteilt wurden und von bis zu zwei Meter dicken Mauern umschlossen sind. Was immer anno dazumal darin aufbewahrt worden sein mag, es muss sehr wichtig und wertvoll gewesen sein und wurde vor unbefugten Blicken geheim gehalten.

1979 reiste ich das erste Mal nach Dendera, um mehr über das Mysterium des Tempels und seine erstaunlichen Reliefdarstellungen in Erfahrung zu bringen. Ein Jahr später war ich gemeinsam mit Coautor Peter Krassa neuerlich im Hathorheiligtum. Wir nahmen jede Reisestrapaze auf uns, seien es die schweißtreibenden Temperaturen oder der mehr als unbequeme Einstieg in Denderas Unterwelt. Schließlich wurden wir aber reichlich entschädigt: Was Peter Krassa und ich hier an Reliefabbildungen an den Wänden zu sehen bekamen, war ebenso einzigartig wie rätselhaft und kennt weder in Ägypten noch sonstwo ein Gegenstück: Darstellungen menschlicher Gestalten neben blasenförmigen Gebilden, die auch ohne ausufernde Fantasie an *überdimensionale Glühbirnen* zu erinnern vermögen. Innerhalb dieser birnenartigen Objekte sind *Schlangen* zu sehen, die sich wellenförmig fortbewegen. Wurden hier *elektrische* Entladungen symbolisiert? Die Schlangen entspringen jeweils aus der *mittleren* Spitze einer Lotosblume. Physikalisch vollkommen richtig dargestellt, weil auch bei modernen

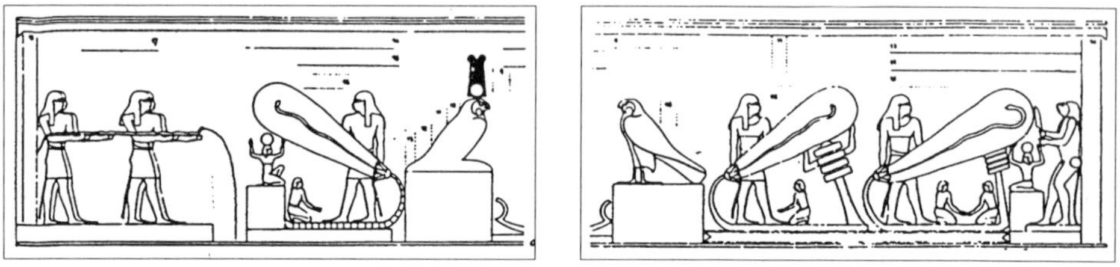

Bild 121: Schematische Übersicht der glühbirnenartigen Reliefdarstellungen im Hathorheiligtum.

Birnenfassungen dort die *Feldstärke* in der Mitte am größten ist. Somit könnte auch die *Lotosblume* als *Fassung* fungieren. Von dort aus führt ein *kabelartiger* Schlauch zu einem rechteckigen *Behälter,* der an eine Art *Energiespeicher* denken lässt. Auf ihm kniet eine Figur, die den Luftgott *Schu* zeigt. Ein Hinweis auf *ionisierte* Dämpfe? Gestützt werden die lampenartigen Gebilde meist von so genannten *Djed*-Pfeilern mit zwei armähnlichen Gebilden, die auf einigen Abbildungen in Berührung mit den Schlangen stehen.

Der klassischen Ägyptologie gelang es nie, diese seltsamen »Säulen«, welche schon in den ältesten Gräbern um 3000 v. Chr. auftauchen, logisch und glaubwürdig zu interpretieren. Vage spricht man dort entweder von einem »Symbol für Beständigkeit«, einem »vorzeitlichen Fetisch«, einem »entlaubten Baum«, einem »mit Kerben versehenen Pfahl«, beziehungsweise von einem »Fruchtbarkeitszeichen«. Fest steht, dass der Begriff »Djed« stets mit »Beständigkeit«, »Dauer« und »Kraft« zu tun hatte. Die frappierende Ähnlichkeit dieser Stützen mit modernen *Hochspannungsisolatoren* scheint kein Zufall zu sein. Jedes auf den Reliefs gezeigte Detail hat seine bestimmte Funktion. *Energie* spielt dabei jeweils eine besondere Rolle. Die Gestalten unterhalb der Birnen könnten der symbolische Ausdruck für *Spannung* sein, während die knienden Männer als *entgegengesetzte* Spannung zwischen Lotosblume und »Djed-Pfeiler-Arme« erklärt werden könnten. Besondere Bedeutung muss auch der Abbildung des Wissenschaftsgottes *Thot* beigemessen werden, berichtet doch die Überlieferung, er sei einst mit einer »Lotosblume« vom Himmel gestiegen und habe den Menschen das »Licht« zurückgebracht. Auf den Reliefs in Dendera hält der Paviangott drohend zwei Messer in den Händen. Sollte damit auf die Gefährlichkeit des gezeigten Phänomens, jene der Elektrizität, hingewiesen werden?

Das Hathorheiligtum birgt noch weitere Geheimnisse, ist doch darin beinahe jede, selbst die kleinste Fläche mit Hieroglyphen und Abbildungen ausgefüllt: ein faszinierendes steinernes »Dokument«, dazu errichtet, um Wissen zu übermitteln. Wissen, das auch *elektrische* Vorgänge widerspiegelt? Um alle diese Informationen technisch besser filtern zu können, wäre es notwendig, sämtliche Darstellungen Denderas neu zu analysieren. Bisher hatten Linguisten größte Schwierigkeiten bei der Übersetzung. Damals hatte sich die Priesterschaft einer Art Geheimschrift bedient, ähnlich modernen

Bild 122: Nirgendwo sonst in Ägypten, in keinem seiner vielen Tempel und Pyramiden finden wir ähnliche Darstellungen wie im Heiligtum der Göttin Hathor von Dendera.

Wissenschaftlen, die heute dem Laien zumeist unverständliche Computerfachbegriffe als »Geheimsprache« benützen. Zudem hat sich das Schriftbild insgesamt im Laufe der Jahrtausende immer wieder verändert. Worte haben oft mehrfache Bedeutung.

Der österreichische Ägyptologe Dr. *Erich Winter* bekannte offen ein, dass »die Bedeutung der Dendera-Szenen noch weitgehend im Dunkeln liegt«. Weniger zimperlich mit Deutungsversuchen war der Ägyptologe *Hermann Kees,* der in den präzisen Bilddokumenten *»Schlangensteine«* erkannt haben will. Der Kairoer Ägyptologe Prof. *Abd el Malek Ghattes* meinte hingegen, es handle sich um *»Zeichen für die Ewigkeit«.* Dr. *Helmut Satzinger* vom Wiener Kunsthistorischen Museum bot mir hingegen die *»Sonnenbarke«* als »einleuchtende« Erklärung an. Seine Assistentin Dr. *Elfriede Haslauer* sah in den Wandreliefs hingegen die *»Die Geburt eines Gottes, der in Schlangengestalt – auf der Lotosblüte – aus der Urflut auftaucht«.* Später ergänzte Haslauer unschlüssig: »Die abgebildeten Schlangen könnten aber auch als Tempelwächter in Angriffsstellung interpretiert werden.« Andere Fachgelehrte sehen darin lediglich *»Kulterscheinungen«* oder *»Fantasieprodukte«.*

All dies sind Antworten, die einem die Widersprüchlichkeit verschiedener Deutungsversuche vor Augen führt. Mit bestem Willen lassen sich hier keine sinnvollen Zusammenhänge feststellen. Mehr Mut zu einer *neuen* Betrachtungsweise wäre wünschenswert. Das gesamte Material, Texte und Bilder, müsste sowohl von *ägyptologischer* als auch von *technischer* Seite untersucht werden.

Ganz im Gegensatz zur ägyptologischen Betrachtungsweise stehen die Studien des

Bild 123: Gestützt werden die Birnenkörper von Djed-Pfeilern, die Ähnlichkeiten mit modernen Hochspannungs-Isolatoren aufweisen.

Wiener Elektrofachmannes Dipl.-Ing. *Walter Garn.* Der Projektleiter eines großen österreichischen Industriekonzerns hatte vordem nie etwas von Dendera gehört, bis Peter Krassa und ich ihm Fotos der Wandreliefs aus Ägypten offerierten: »Ich war durch die Art der Darstellungen sofort frappiert. Die Djed-Pfeiler sehen genauso aus wie moderne Hochspannungsisolatoren. Die Schlangen dürften elektrische Funken oder leuchtende *Gasentladungen* sein, die unter Hochspannung aus den Spitzen der Lotosblüten austreten. Ohne elementare Kenntnisse der Elektrotechnik wäre eine solche Zeichnung nicht möglich. Es stimmt einfach zu viel überein!«

Mehr noch: Für unser 1982 erschienenes Buch *»Licht für den Pharao«* und das 1992 auf den neuesten Stand gebrachte Werk *»Das Licht der Pharaonen«* rekonstruierte Walter Garn getreu den altägyptischen Vorbildern ein *funktionstüchtiges* Modell. Bereits mehrfach wurde die Nachbildung in der Öffentlichkeit vorgeführt. Im 2003 eröffneten *Mystery Park* in *Interlaken* (Schweiz), des weltweit einzigen Erlebnisparks, der sich mit den großen Rätseln dieser Welt beschäftigt, wurde zudem unserer »Elektro-These« ein eigener Themenbereich gewidmet. Das Garn-Modell entspricht einem 40 cm langen Glaskörper, sein Durchmesser beträgt an der stärksten Stelle 12 cm. Beide Enden sind mit Harz vergossen, wobei eine Plattenelektrode auf der einen und eine Metallspitze auf der anderen Seite eingegossen wurden. Die Herstellung komplizierter Glaskörper war den alten Ägyptern, wie man inzwischen erkannte, durchaus geläufig. Ingenieur Garn folgerte daher schlüssig: »Evakuiert man eine Glasbirne, wo

Bild 124: Die Abbildung auf dem Relief macht deutlich, dass die alten Ägypter das Prinzip der Strahlen- und Wasserpumpen gekannt hatten.

zwei Metallteile hineinreichen, so tritt bereits bei wesentlich niedrigeren Spannungen, je nach Größe des Glasballons, eine Entladung auf. Bei einem Druck von 40 Torr (40 mm Hg = gemessene Einheit auf der Quecksilbersäule) schlängelt sich ein Leuchtfaden von einem Metallteil zum anderen. Wird weitere Luft aus der Birne evakuiert, so verbreitert sich die Schlangenlinie, bis sie zuletzt die gesamte Glasbirne ausfüllt. Dies entspricht exakt jenen Abbildungen in den unterirdischen Gängen des Hathorheiligtums.«

Wie aber war es der Priesterschaft möglich gewesen, die Luft aus den »Birnen« zu saugen, um einen möglichst kleinen Druck zu erzeugen? Die Antwort darauf wurde uns ebenfalls optisch im Hathortempel überliefert. Auf einem Relief sind vier Männer dargestellt, die aus einer Vorrichtung Flüssigkeit (vermutlich Wasser) spritzen. Walter Garn: »Wir wissen heute, dass man mit so genannten Ejektoren (Strahl- bzw. Wasserpumpen) relativ hohe Vakua erzeugen kann, speziell dann, wenn die Pumpen in Kaskaden (Reihenschaltung gleichartiger Teile) vorliegen.«

»Experiment gelungen!«, könnte man abschließend zu der Glühbirnenkonstruktion Ingenieur Garns vermelden. Bestimmt wäre es aufschlussreich, sich auch weiterhin der Hathorkultstätte und ihren einzigartigen Bilddokumenten wissenschaftlich anzunehmen. Die bisherige Untersuchung hat jedenfalls gezeigt, dass eine technisch-physikalische Interpretation möglich ist. So bleibt die Hoffnung, dass nicht nur den alten Ägyptern, sondern auch modernen Wissenschaftlern eines Tages »ein Licht aufgehen« wird.

Dass es bereits im Altertum technische Experimente mit Stromquellen gegeben haben müsste, darüber weiß auch der jüdische Okkultist *Eliphas Lévi* in seinen Schriften zu berichten. Lévi erzählt von der Macht der ägyptischen Priesterschaft, die imstande gewesen sein soll, Tempelbauten ebenso »in Wolken zu hüllen« wie auch »in überirdischer Klarheit« erstrahlen zu lassen. Tagsüber sei es im Umkreis »plötzlich dunkel, in der Nacht manchmal taghell« geworden. Lampen hätten sich plötzlich »von selbst entzündet« und Götterbilder seien erstrahlt.

Wenn Altertumsforscher die Courage aufbrächten, solche Überlieferungen beim Wort zu nehmen, käme man um eine Tatsache nicht herum: Unsere Wissenschaft hat vielfach nur *wieder entdeckt,* was vor Jahrtausenden schon existierte: Auch elektrischer Strom gehörte offensichtlich dazu!

Hieroglyphen bestätigen Elektrothese

Von der Ägyptologie wurde die technologische Interpretation der Dendera-Reliefs bislang abgelehnt und als rein »zufällig« bezeichnet. Andererseits ist man sich über die Inhalte der Abbildungen keineswegs im Klaren: »Schlangensteine«, deren ursprüngliche Bedeutung nicht bekannt ist, »Kultobjekte«, »Fantasiegebilde«, »Symbol für die Ewigkeit«, »Tempelwächter«, »Sonnenbarke mit herunterhängender Matte« oder »Fruchtbarkeitssymbole« sind nur einige der Deutungen, die als Erklärungen herhalten müssen. Zuweilen wird sogar die Auffassung vertreten, religiöse Darstellungen in Tempeln und Gräbern seien nicht geschaffen worden, um zu informieren, sondern um zu *wirken*. Angesichts der Hieroglyphenwände oberhalb und unterhalb des Hathorheiligtums, wo sämtliche Flächen sinnvoll zur Informationsübermittlung ausgenutzt sind, eine Auffassung von eher geringem Wahrscheinlichkeitswert.

Über diese Hieroglyphen, die die eigentlichen »Glühbirnendarstellungen« umgeben, war bis vor wenigen Jahren wenig bekannt. Dies lag insbesondere daran, dass die Schrift in Dendera, wie bereits erwähnt, in gewisser Weise eine »Geheimschrift« ist, zu deren Entschlüsselung umfangreiche Vergleiche mit der »Normalschrift« nötig waren.

Dennoch ist es 1991 dem Hamburger Ägyptologen Dr. *Wolfgang Waitkus* gelungen, eine Übersetzung der Hieroglyphen vorzunehmen und in einer Dissertation zu veröffentlichen. Überraschenderweise enthalten die Texte von Dendera tatsächlich technische Daten und Abschnitte, die sich problemlos mit der von Ingenieur Walter Garn, Peter Krassa und mir aufgestellten »Elektrothese« verknüpfen lassen. Nicht nur das: Sie stellen eine geradezu ideale sowie sinnvolle Ergänzung dar und bestätigen unsere Interpretation in erstaunlicher Weise.

Da ist beispielsweise von »göttlichen Anweisungen« und bestimmten »Zaubersprüchen« die Rede, mit deren Hilfe unterschiedliche Erscheinungsformen des Schlangengottes *Harsomtus* – beginnend mit dem Austritt aus der Lotosblume bis hin zu seiner

»erhabenen Vollkommenheit« – erzeugt werden können. Die Nennung der genauen Maße und der hierfür verwendeten Materialien macht aber deutlich, dass es sich bei den glühlampenähnlichen Darstellungen eben nicht bloß um »Fantasieprodukte« gehandelt haben kann. Die abgebildeten Objekte müssen *tatsächlich* existiert haben. Entgegen anders lautenden Erklärungen seiner Kollegen, vermutete der Ägyptologe Professor *Dieter Kurth* bereits bei ersten Übersetzungsversuchen aus dem Jahre 1983, dass man »diese rundplastischen Figuren wahrscheinlich in den Krypten aufbewahrte, denn sie enthielten Beischriften zu Größe und Material«. In der Waitkus-Übersetzung heißt es etwa zum schlauchartigen Strang, den die Ägyptologen gewöhnlich als »Barke« ansehen: »Gold Höhe 4 Handbreit, in Kupfer die Tagesbarke, der Lotos aus Gold.«

Kupfer als Kabelmaterial wurde auch bei unserem Modellversuch verwendet. Ein interessanter Hinweis in diesem Zusammenhang: Im Ägyptischen Museum in Kairo sind in einer Vitrine mit der Nummer 668 isolierte *Kupferdrähte* aus der Vorzeit zu besichtigen.

Ein weiteres Detail wird in den Dendera-Texten angeführt: Der Lotos (die Birnenfassung) war aus Gold oder einer Goldlegierung gefertigt worden. Wir wissen, dass Gold zu den besten Elektroleitern zählt und damit äußerst geeignet erscheint, um die beschriebene Leuchterscheinung zu bewirken.

Dipl.-Ing. Walter Garn erklärt dazu: »Die am Seilende befestigte Lotosblume ist – wenn man voraussetzt, dass es sich um einen leitenden Strang handelt – einwandfrei auf Erdpotential ausgerichtet. Auf jeden Fall liegt der Lotos auf dem Potential der Füße jener dargestellten Personen sowie der Grundfläche des isolatorähnlichen Djed-Pfeilers. Das bedeutet, dass das Kabel unter dieser Voraussetzung nicht isoliert gewesen sein muss, sondern aus dünnen Metalldrähten bestanden haben könnte.« Diese Auffassung entspricht völlig der nun vorgenommenen Übersetzung.

Die Maße der »Birnen« werden mit »4 Handbreit« angegeben. Wenn man eine Handbreite etwa mit 10 cm einschätzt, bedeutet dies, dass die Leuchtkörper im Original etwa 40 cm groß gewesen sein könnten. Ob Zufall oder nicht: Zu einem Zeitpunkt, als Ingenieur Garn die Waitkus-Übersetzungen noch längst nicht zugänglich waren, nahm er für seine Modellrekonstruktion eine Größenordung von 40 cm an. Sie passte präzise.

Die Hieroglyphen beziehen sich, laut Waitkus, häufig auf die »Zauberkräfte« der Göttin *Isis* sowie auf bestimmte Hohepriester. Offenbar einzig und allein deshalb, um »Anweisungen« und »Pläne« auszuführen, die den richtigen Umgang mit der »Glühlampe« zum Ziel hatten.

In den Dendera-Texten werden auffallend viele Begriffe verwendet, die unmittelbar mit einer Leuchterscheinung im Zusammenhang stehen. Am deutlichsten wird dies durch die Beschreibung von Harsomtus, einer »leuchtenden Schlange, die aus der Lotosblüte hervorkommt« und zum »lebenden Ba« wird. Ähnlich die Übersetzung von Dieter Kurth: »Lebender Ba, eine Schlange, die sich auf ihrem Schwanz aufgerichtet hat . . . Harsomtus in Gestalt einer Schlange verlässt den sackartigen Behälter.« Ursprünglich wurde »Ba«

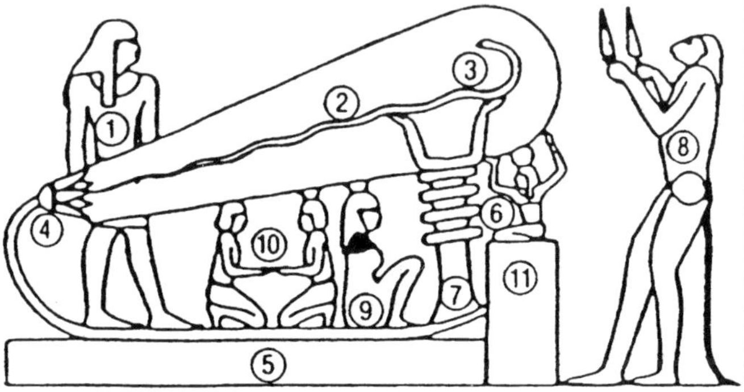

1 Priester 2 ionisierte Dämpfe 3 elektrische Entladung (Schlange)
4 Birnenfassung (Lotos) 5 kabelartiger Strang (Lotosstengel)
6 Luftgott 7 Isolator (Djed-Pfeiler) 8 Lichtbringer Thot mit Messern
9 Ausdruck für »Spannung« 10 entgegengesetzte Spannung
(Haarpolarität +) 11 Energiespeicher (elektrostatischer Generator ?)

Bild 125: Darstellungsaufgliederung

mit der »Erscheinungsform eines Wesens« gleichgesetzt, später auch als *Seele* interpretiert. Vom Lotos heißt es, er sei »die Blüte, aus der Licht hervorging«. Die Blume steht dem Wasser und dem Feuer, der chaotischen Finsternis sowie dem göttlichen Licht nahe. Der Lotos ist das »Sinnbild der aus der Nacht hervorbrechenden Sonne«. Tatsächlich entspringt auch im technologisch interpretierten Modellversuch die »Schlange« – das heißt die elektrische Entladung – aus der mittleren Spitze der Lotosblume und richtet sich scheinbar auf ihrem »Schwanz« so deutlich auf, bis die ganze Birne in einem geisterhaften Licht erstrahlt. Harsomtus wird damit zum »lebenden Ba«.

Freilich verwendeten die alten Ägypter keine moderne Ausdrucksform wie etwa »Glühbirne«, und so kann es nicht überraschen, dass eine *Gasentladung* mit *»Harsomtus«* bzw. *»leuchtende Schlange«* umschrieben wird. Die Leuchtstärke wird als »Ka« bezeichnet, was ursprünglich »Lebenskraft«, »Persönlichkeit« sowie »Eigenheit« bedeutete. Es heißt, von »Ka« ginge »Mächtigkeit«, »Stärke« und »Zauberkraft« aus. Die Lichterscheinung wird zum »leuchtenden Zopf« oder »lebenden Ba«, eine Erscheinungsform, die sich in Abständen in den Lotos zurückziehen konnte, dort – wie es heißt – »genährt« wurde, um später neuerlich aus der Blüte hervorzukommen. Somit könnte das in den Texten erscheinende »Symbol für Wiedergeburt« im Ein- und Ausschalten des Leuchtkörpers seine Erklärung finden.

Elektrostatische Generatoren oder Energiespeicher könnten hinter der Bezeichnung »Serech-Thron« stehen, wobei »Serech« mit »Herrscher« übersetzt werden kann, »von dem *Macht* und *Stärke* ausgehen«. In einem »geheimen Schrein«, so heißt es in den Hieroglyphentexten wörtlich, ruhe die *Schlangenkraft,* die bei richtiger Anwendung bestimmter »Zauberformeln« und »göttlicher Weisungen« geweckt werden kann. Überhaupt sind die Texte voll von derartigen Metaphern: Isolatoren wurden zu *»Djed-*

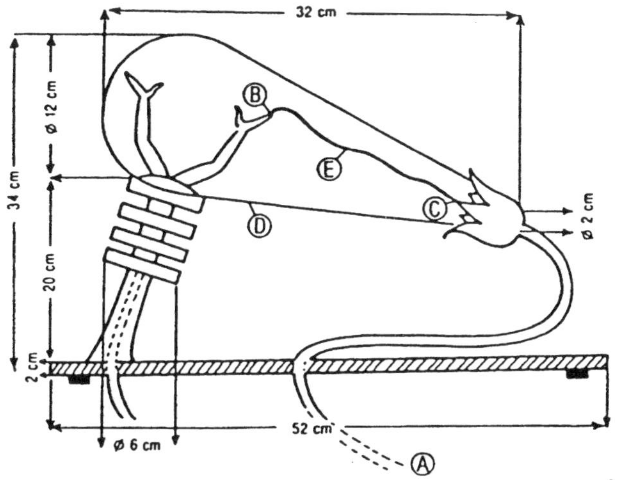

Bild 126: Darstellungsaufgliederung

Wir wissen heute, dass man mit so genannten Ejektoren (Strahlpumpen) (A) relativ hohe Vakua erzeugen kann, speziell wenn die Pumpen in Kaskade – das ist die Reihenschaltung gleichgearteter Teile – vorliegen. Evakuiert man eine Glasbirne, in die zwei Metallteile hineinreichen (B), (C), so tritt bereits bei wesentlich niedrigeren Spannungen, je nach Größe des Glasballons (D), eine Entladung auf. Bei einem Druck von etwa 40 Torr (40 mm Quecksilbersäule) schlängelt sich ein Leuchtfaden von einem Metallteil zum anderen (E). Wird weiter evakuiert, verbreitert sich die Schlangenlinie, bis zu zuletzt die ganze Glasbirne ausfüllt. Dies wiederum entspricht exakt den Abbildungen in den unterirdischen Kammern des Hathor-Heiligtums.

Pfeilern«, dem altägyptischen Symbol für »Dauer, Beständigkeit und Kraft«, kabelartige Schläuche zu »Barken« oder *»Zöpfen aus Kupfer«*. Licht wird mit dem »Gott des Lichts, *Re-Harachte*«, identifiziert – eine ältere Form des Falkengottes *Horus*. Falkenfedern wiederum werden mit *»Lichthaftigkeit«* gleichgesetzt. Die Birnenfassung ist der *»Lotos, aus dem Licht hervorgeht«,* und Stromschläge, wie sie beim unsachgemäßen Bedienen des Gerätes auftreten konnten, werden mit der *»Wut der Schlange«,* die *»all ihre Feinde zu Boden wirft«,* umschrieben.

Harsomtus genoss in Dendera, nach vorliegender Übersetzung von Wolfgang Waitkus, in der Gestalt eines »großen Gottes« besondere Verehrung. Er wurde als *»Herr des Sed-Festes«* betrachtet, das allein ihm zur Ehre veranstaltet wurde. Offensichtlich demonstrierten die Priester im Rahmen dieses Festes ihre Kenntnisse der Elektrizität und brachten die Originale der im Tempel abgebildeten »Glühbirnen« in Funktion.

In jüngster Zeit wird von ägyptologischer Seite ein neuer »Lösungsvorschlag« ins Spiel gebracht, wonach die blasenförmigen Gebilde »verschiedene Vorstellungen vom Sonnenlauf« wiedergeben. Ist damit endlich alles sonnenklar? Positiv fällt auf, dass nach einer langen Odyssee der widersprüchlichsten »Lösungen« nun eine weitere vorliegt, die immerhin einräumt, dass die Darstellungen etwas mit »Licht« (»Sonne«) zu tun haben müssen. Sie zeigen jeweils einen »bestimmten Sonnen-Zyklus«, heißt es. Unserer Interpretation nach machen die Abbilder unterschiedliche Formen einer elektrischen Entladung sichtbar, vom abgeschalteten Leuchtkörper bis zur vollen Leuchtkraft. So gesehen hätten wir es durchaus mit einem *Licht-Zyklus* zu tun. Vielleicht nähern sich die unterschiedlichen Betrachtungsweisen doch noch an?

Die Frage, wohin die auf den Reliefs sichtbaren und seinerzeit real existierenden »Kultobjekte« gekommen sein könnten, vermag vorderhand niemand zu beantworten. Wolfgang Waitkus hält es für möglich, dass sie »vergraben oder auch geraubt« worden sind. Wer weiß, welche Geheimnisse der Wüstenboden im Umfeld des Hathorheiligtums noch verborgen hält. Ich bin sicher, dass archäologische Grabungen vor Ort weitere unerwartete Erkenntnisse und Entdeckungen bringen könnten.

Abschließend will ich noch einmal Ingenieur Walter Garn zitieren, der Peter Krassa und mir, angesichts der Entschlüsselung der Dendera-Hieroglyphen, zu verstehen gab: »Die sachbezogene Filterung der Dendera-Übersetzung ergibt eine gute Bedienungsanleitung der im Hathortempel abgebildeten Leuchtkörper. Aus den Texten ist jedenfalls *kein* Widerspruch zu unserer Behauptung zu entdecken, dass die alten Ägypter bereits mit elektrischem Strom umzugehen verstanden!«

Abydos gibt Rätsel auf

Durch die Übersetzungen der Hieroglyphen auf dem berühmten *Stein von Rosette* seien, so heißt es, alle ägyptischen Texte lesbar geworden. Ein voreiliger Schluss! Nach wie vor existieren Aufzeichnungen, nicht nur jene im Hathortempel von Dendera, die den zuständigen Sprachforschern Mühsal bereiten.

Im alten *Sethos*tempel von *Abydos* gibt es ein ganz besonderes Relief: Seine Gravuren zeigen Gegenstände, die ob ihrer Gleichklänge mit modernen technischen Errungenschaften verblüffen. Die ungewöhnlichen Darstellungen zieren den Deckenbalken über einem Türfries, das sich im Gang der »Allee des Amun-Re« befindet und einen Zugang zum »1. Säulensaal« des Tempels ermöglicht. Das Relief enthält Abbildungen sowie Hieroglyphen und es verleitet unvereingenommene, fantasiebegabte Betrachter dazu, Vergleiche anzustellen: *»Sieht aus wie ...«*

Eine der Illustrationen »sieht aus wie ... ein *helikopterähnliches Fluggerät*«. Deutlich sind darauf Rotoren zu erkennen. Rechts davon – ein »Fahrzeug«; es sieht aus ... wie ein *Kampfpanzer* oder ein *Kanonenboot*. Das Rohr ist nicht zu übersehen. Darunter: ein stromlinienförmiges »Gefährt«. Es könnte sich dabei um ein Fluggerät mit Höhen- und Seitenleitwerken oder um eine Art *Unterseeeboot* handeln. Eine Etage tiefer: ein Gegenstand, der geradezu verdächtig einer (auf den Kopf gestellten) »Schusswaffe« ähnelt. Eine präägyptische Maschinenpistole?

Der an der deutschen Universität in Trier tätige Professor Dr. *Erich Winter* wider-

Bild 127: Eine Reliefabbildung im Sethos-Tempel von Abydos löst nicht nur bei technisch versierten Touristen Verwirrung aus: »Hubschrauber«, »Panzer«, »U-Boot« und ein »Maschinengewehr« (rechts unten). Zufall oder zeigen die Hieroglyphen vielmehr technisches Kriegsgerät der alten Ägypter?

spricht einer solchen Auffassung: ». . . für Ägyptologen, die über entsprechende Erfahrung auf dem Gebiet der Inschriftenkunde verfügen, ist die Frage leicht zu lösen: Die Ägypter haben oftmals ihre eigenen Inschriften überarbeitet, indem sie ein versenktes Relief mit einer Stuckschicht überzogen und die neue Version in die wieder geglättete Fläche einmeißelten. Im Laufe der Zeit fiel der Stuck ab. Was man heute sieht, sind die übereinander geschriebenen *beiden* Versionen, also ein Eindruck, den man zur Zeit der alten Ägypter niemals hatte.«

Wir sind wieder einmal beim »Zufall« gelandet. Sicher mag es vorkommen, dass eine Hieroglyphe durch die Überarbeitung zufällig ein technisches Erscheinungsbild erhält. Unklar bleibt aber, weshalb sich hier gleich eine ganze Gruppe von Hieroglyphen im modernen Sinn als »Waffensysteme« interpretieren lässt. Man tut sich schwer, hier an »Zufälle« zu glauben. Man erinnere sich vielmehr an Überlieferungen aus den Pyramidentexten, wo ausgerechnet die Städte *Abydos* und *Dendera* als »Kriegsschauplätze der Götter« genannt werden. Wieder nur ein »Zufall«? Zwei Augenzeugen, die das umstrittene Relief während ihrer letzten Ägyptenreise ebenfalls besichtigen konnten, *Hans-Werner Sachmann* und *Reinhold Müller.* meinten hingegen: »Komisch. Weder im Original noch auf unseren gut gelungenen Fotos ist irgendetwas von alten,

Bild 128: Eine weitere Besonderheit im Abydos-Tempel: Darstellungen der isolatorähnlichen Djed-Pfeiler, dem altägyptischen Symbol für »Kraft«, »Dauer« und »Beständigkeit«.

überschriebenen Hieroglyphen zu erkennen. Die Zeichen sind lupenrein. Nichts ist hier von weggekratztem oder altem Material erkennbar.«

Abydos dürfte nicht unerwartet die Gemüter »unbedarfter« Ägyptenreisender erregt haben: Die Tempelanlage liegt in unmittelbarer Nähe der von mir beschriebenen Hathor-Kultstätte von Dendera, die bekanntlich jene Reliefdarstellungen zeigt, die sich elektrotechnisch interpretieren lassen. Von Luxor aus gelangt man mittels Bus, Taxi oder Privatauto Richtung Norden bis zur Provinzhauptstadt *Quena,* von dort über die Nilbrücke zum Westufer dieses längsten Stroms der Erde – und hat dann die Wahl, entweder zum relativ nahe liegenden Hathortempel oder aber 50 Kilometer weiter nordwestlich ins Landesinnere zur Sethosstätte in Abydos zu fahren. Freilich empfiehlt es sich, gleich *beide* Sehenswürdigkeiten aufzusuchen.

Die Wiederentdeckung der Tempelstadt Abydos ist dem Franzosen Dr. *N. Granger* aus Dijon zu verdanken. Anfang des 18. Jahrhunderts (Granger starb 1733) entdeckte der Forscher den unter Flugsand begrabenen, herrlich dekorierten Tempel *Sethos I.* Die Anlage war in der 19. Dynastie des Neuen Reiches (1306–1186 v. Chr.) auf den Trümmern eines ehemaligen *Osiris*-Heiligtums aus der 1. und 2. Pharaonendynastie sowie einiger »vorgeschichtlicher« Könige errichtet worden.

An der Westseite des Bauwerks liegt der »Kenotaph« – das Scheingrab des »göttlichen« Osiris. Der so genannte Totentempel, wie er sich heute präsentiert, war von dem Pharao Ramses II. zu Ehren seines Vaters Sethos I. (1305–1290 v. Chr.) erbaut, die Gesamtanlage aber nie fertig gestellt worden. Ramses starb 1234 vor Christus.

»Die Tempelarchitektur von Sethos I. ist einzigartig«, zeigen sich Hans-Werner Sachmann und Reinhold Müller beindruckt. »Der Tempel mit seinen viereckigen, verzierten Haupteingangssäulen, den tiefer gelegenen gigantischen Felsruinen, den lebensgroßen Reliefs und der Halle voller Bildnisse mit religiösen Motiven besitzt Fresken, die zu den schönsten und realistisch wirkendsten in Ägypten gezählt werden.«

Darüber hinaus bietet diese Anlage aber noch einiges mehr: Denn abgesehen von dem mysteriösen Reliefabbildungen über dem Türfries zur Eingangshalle, finden sich dort auch, so Sachmann und Müller, »technische Darstellungen von den isolatorähnlichen Djed-Pfeilern in verschiedenen Variationen«.

Da auch die Inschriften über dem Deckenbalken in der Eingangshalle des Sethostempels, möglicherweise aus einer früheren Epoche ägyptischer Kultur, erhalten geblieben sind, verwundert es nicht, dass die darauf erkennbaren Gravuren nicht in den Kontext uns heute verständlicher Hieroglyphen einzuordnen sind.

Steinzeitchirurgen und solche, die es gerne wären

Es existieren Hieroglyphentexte sowie übersetzte Schriften, die ausdrucksstark belegen, dass antike Völker bewundernswerte Kenntnisse besaßen. Besonders die ägyptische Priesterschaft war auf den Gebieten der Mathematik, Astronomie und Medizin erstaunlich weit fortgeschritten. Auf dem vor rund 150 Jahren gefundenen *»Papyrus Rindt«* entdeckte der Schweizer Computerfachmann Dr. *Felix Weber* einen deutlichen Hinweis darauf, wonach bestimmte rechnerische Daten auf die Erkenntnisse des Verfassers der Papyrusrolle zurückzuführen waren.

Es stellte sich heraus, dass heute selbst Computerspezialisten mit diesem Wissen operieren (so etwa beim Multiplizieren und Dividieren), ohne zu ahnen, dass ihre Kenntnisse eigentlich einen Hohepriester zum Urheber haben, der vor 3700 Jahren verstarb. Offenbar waren die Wissenschaftler des Altertums im Besitz unglaublicher Errungenschaften, und sie besaßen verblüffende Kenntnisse, die deutlich machen, dass Ägyptens Aufstieg zu einer weltumspannenden Hochkultur etwas anders verlaufen sein dürfte, als die ägyptologische Schulweisheit heute annimmt. Es gibt eine Vielzahl von Fragezeichen, Dinge, Funde, Überlieferungen und Merkwürdigkeiten, die allzu oft übersehen oder ignoriert werden. Aber sie existieren. Und sie machen deutlich, dass unsere Vorfahren ganz offensichtlich über eine hoch entwickelte Wissenschaft verfügten. Wer immer will, kann sich davon überzeugen. Einige Beispiele aus dem medizinischen Sektor möchte ich hier in Erinnerung rufen:

- Die alten Ägypter wussten offensichtlich, wie ihre Sprösslinge am besten saßen. Ein Kinderstuhl, der vor Jahren auf der Tutanchamun-Ausstellung in Köln gezeigt wurde, entspricht nach Meinung der Experten haargenau den heutigen gesundheitsmedizinischen Normen.

- Werfen wir einen Blick ins Tal der Könige. Nahe der entdeckten riesigen Grabanlage von den Söhnen Pharao *Ramses' II.* fand man Mumien, deren Kiefer bereits mit Brücken und *künstlichen* Zähnen versehen waren.
- Denken wir an den schottischen Mikrobiologen Sir *Alexander Fleming*. Der ihm 1945 zuerkannte Nobelpreis hätte in Wahrheit einem unbekannt gebliebenen »Kollegen« aus altägyptischer Zeit gebührt: Die Wirkung des Penicillins entdeckte man nicht erst 1928 – es war schon vor vier Jahrtausenden im Pharaonenreich bekannt gewesen. Das wissen wir aus einem Papyrus der 11. Dynastie. Darin ist von einem Pilz die Rede, der auf stehenden Wassern gedeiht und für die Behandlung von Verletzungen und offenen Wunden verschrieben wurde.
- Auch die Anwendung von Narkosepräparaten ist auf einer Papyrusrolle verzeichnet worden. Der britische Ägyptologe *George Smith* hat sie im Niltal entdeckt. Nicht weniger als 48 klinische Fälle werden in diesem altägyptischen Nachlass genannt und eine genaue Beschreibung über den Vorgang der Betäubung damaliger Patienten. Ebenso finden sich Aufzeichnungen, aus denen hervorgeht, dass die damaligen Operateure über die Beziehung zwischen Nervensystem und der Bewegung der Glieder präzise Bescheid wussten.
- Noch verblüffender: In der Oase *Dakhla* in der Libyschen Wüste fand man vor einigen Jahrzehnten ein seltsames Artefakt. Der Beschreibung nach handelt es sich um einen so genannten »Zauberspiegel«, wie solche auch in alten Schriften des Pharaonenreiches Erwähnung finden. Der Arzt und Ägyptologe Dr. *Fawzi Soueha* aus Kairo (Peter Krassa und ich haben bei einer unserer Ägyptenreisen mit ihm gesprochen) sieht in diesem archäologischen Fund das Abbild eines präägyptischen Röntgenapparates. Das geheimnisvolle Relikt ist seither aus der Öffentlichkeit verschwunden und momentan unauffindbar in irgendwelchen Archiven gelandet. Der Arzt und Prähistoriker Dr. Soueha ist eifrig bemüht, den Verbleib des Spiegels ausfindig zu machen.
- Der »Spiegel« aus Dakhla weist eine gewisse Ähnlichkeit mit jenem »Zauberspiegel« auf, wie ihn nach der Behauptung einer chinesischen Sage Kaiser *Ts'in Shi* (259 bis 219 v. Chr.) besessen haben soll. Mit diesem »Zauberspiegel« war es möglich, so berichtet die Legende, »die Knochen des Körpers zu erhellen«. Noch im Jahre 206 soll sich diese außergewöhnliche Apparatur im Palast von *Hien-Jang* in Shensi befunden haben.
- 1969 brachen Wissenschaftler der Gesellschaft für Anthropologie von Turkmenistan, unter der Leitung des russischen Professors *Leonidow Marmadscheidschan,* zu einer Expedition nach Zentralasien auf. In einer Höhle machten sie eine unglaubliche Entdeckung. Sie stießen auf ein Massengrab mit 30 menschlichen Gerippen, die bis zu 100000 Jahre alt sein sollen. Das Ungewöhnliche: Eines der Skelette zeigte eindeutige Spuren eines chirurgischen Eingriffs an der linken Seite des Brustkorbes.

Bild 129: Im Nachlass von Prof. Dr. Javier Cabrera befinden sich Abertausende gravierte Ica-Steine und Tonfiguren mit rätselhaften Motiven.

Nach der Operation hatte der Patient noch mindestens drei bis fünf Jahre gelebt, was die Dicke der nachgewachsenen Knochenhaut beweist. Bestimmte Merkmale sprechen sogar für die Durchführung einer Herzoperation.

Zweifellos, es gibt beeindruckende Beweise dafür, dass es schon in prähistorischen Zeiten operative Eingriffe gegeben hat. Doch leider sind nicht alle vorgebrachten »Beweisstücke« so überzeugend. Die *»Bibliothek von Ica«* muss wohl eher in die Kategorie »dubios« eingeordnet werden.

Angelegt hat sie der Mediziner Prof. Dr. *Javier Cabrera,* der in der peruanischen Stadt *Ica* lebt und arbeitet. Durch sein nicht alltägliches Privatmuseum hat es der Chirurg zu einer gewissen Popularität gebracht. Nicht verwunderlich, denn das, was Professor Cabrera vorzuzeigen hat, sind steinerne Zeugen und Tonfiguren von einprägsamer Originalität. Auf den Steinen sind viele seltsame Motive eingraviert: Fremdartige Landkarten, Menschen mit Teleskopen, urzeitliche Monster, vor allem aber chirurgische Eingriffe, frühzeitliche Operationen. Auf einigen Steindokumenten, die Professor Cabrera in ausgetrockneten Flussbetten sowie in (von ihm geheim gehaltenen) unterirdischen Gängen eher zufällig gefunden haben will und im Verlauf von Jahren mit viel Enthusiasmus gesammelt hatte (heute sind es weit über elftausend derartige Artefakte), ist eine Herztransplantation in allen Einzelheiten mittels Ritzzeichnungen dargestellt worden. Ebenso zeigen Tonfiguren eine Herzverpflanzung und sonstige opertative Eingriffe sowie Menschen, die auf Dinsosauriern reiten. Die Artefakte sollen vor Zigtausenden von Jahren entstanden sein und, laut Cabrera, beweisen, dass es eine andere Menschheit gegeben hat, die vor mehr als 65 Millionen Jahren gelebt haben soll.

Es gibt jedoch schon seit Jahren offenkundige Hinweise, dass es sich bei einem Großteil der Steine und Tonfiguren um *Fälschungen* handelt. Was als bedauerlich bezeichnet werden muss. Dr. Cabrera verweigert hartnäckig nähere Auskünfte darüber, wo sich die unterirdischen Stollen befinden und die gravierten Steine aufbewahrt werden: »Weil die Menschen von Peru und die Menschen der Welt noch nicht vorbereitet sind, um das archäologische weltumfassende Erbe der Menschheit zu verstehen.« Untersuchungen an den Steinen haben jedenfalls Widersprüchliches ergeben. Was als gesichert gilt, ist, dass die Steine sehr alt sind. Ob das auch auf die darauf befindlichen Gravuren zutrifft, konnte bislang trotz aller Analysen und Gutachten noch nicht eindeutig nachgewiesen werden.

Hingegen behaupten etliche Indios, sie hätten die Steindokumente im Auftrag Cabreras angefertigt. Einer von ihnen ist der Peruaner *Basilo Uschuya.* Schon 1973 hatte er *Erich von Däniken* gegenüber zugegeben, dass der Großteil der Ica-Steine von ihm gefälscht worden sei. Nunmehr als »aktuelle Entlarvung« angekündigt, versicherte der peruanische Bauer erneut dem Regisseur *Bert Wiedenfeld,* der 1997 für den Fernsehsender Kabel 1 die Dokumentation *»Das Geheimnis der Steine von Ica«* drehte, dass er mehr als die Hälfte der Cabrera-Steine und Keramiken gefälscht hätte. Uschuya demonstrierte dann dem Fernsehteam die Entstehung eines gefälschten Steines: Nachdem die zeichnerische Vorlage aufgetragen und mit einem Sägeblatt sowie einem Stahlstift nachgrafiert worden war, erhielt der Stein seine Patina in einem Feuer von Eselsmilch.

Bei der Besichtigung seines Museums hatte ich Gelegenheit, auch die zuletzt bekannt gewordene Sammlung von Tonfiguren zu begutachten. Sie ist in einem separaten Raum seines Domizils untergebracht, der üblicherweise für die Öffentlichkeit nicht zugänglich ist. Da gibt es plastische Szenen einer Transplantation der Niere und des Herzens, Operationen von Brustkrebserkrankungen sowie Dinosaurier als Haustiere von Vorzeitmenschen. Alles Relikte, die laut Cabrera aus der gleichen Epoche stammen sollen und angeblich die Existenz einer früheren Menschheit beweisen.

Der Fälscher Uschuya, der sich von dem Museumsdirektor ausgebeutet fühlt, forderte aufgebracht von dem TV-Team: »Heraus mit der Wahrheit, denn es kann sein, dass Cabrera mich morgen umbringt! Aber die Steine habe ich angefertigt, und ich

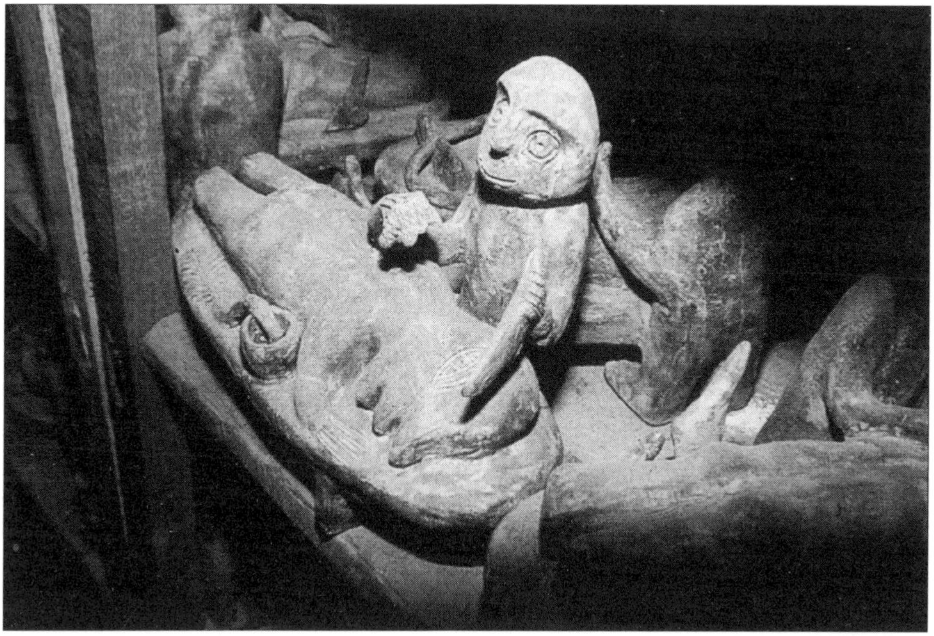

Bild 130: Relikte aus der Sammlung Dr. Cabreras: Tausende Tonfiguren, die operative Eingriffe zeigen.

allein habe ihm dadurch zu Ruhm verholfen. Alle medizinischen Steine sind von mir, ich habe sie von einem Fachbuch leicht verändert nachgezeichnet.« Und zu den Keramiken: »Das zum Beispiel ist ein Ei, darin ist ein Dino geboren worden. Cabrera wollte es so. Tausende Relikte dieser Art sind von mir.« Dem Fernsehteam wurden fertige und in Arbeit befindliche Tonstücke von Dinosauriern gezeigt. »Cabrera wollte nie, dass ich sie jemandem zeige«, beteuert der Indio vor laufender Kamera. Tatsächlich zeigen die Nachbildungen Uschuyas *dieselben* Charakteristiken wie jene Skulpturen aus dem geheimen Gemächern des Cabrera-Museums.

Man gewinnt leider den Eindruck, dass die »sensationelle« Keramiksammlung offensichtlich wirklich von Uschuya imitiert wurde.

Es würde mich allerdings auch nicht erstaunen, sollte Dr. Cabrera tatsächlich einige echte Steine mit jenen ungewöhnlichen Motiven entdeckt haben, und vielleicht sind sie immer noch in seiner Sammlung. Irgendeinmal jedoch, so scheint es, dürfte er aber damit begonnen haben, Steine fälschen zu lassen, um seine Theorien zu stützen. Der grundlegende Unterschied zwischen den echten und falschen Steinen liegt möglicherweise darin, dass die echten Steine *reliefartig* gearbeitet sind, während die falschen *geritzte* Gravuren aufweisen. Einer der Fälscher erzählte, dass man dies aus ökonomischen Gründen getan hat, weil das Ritzen in Steine viel weniger Arbeit beanspruche, als im Relief zu gravieren.

Bild 131: Steinzeit-Chirurgen besaßen erstaunliche Kenntnisse auf dem Gebiet der Trepanation. Urmenschen haben nach komplizierten Kopfoperationen nachweislich überlebt.

Auch wenn der wahre Beweggrund rätselhaft bleibt, weshalb Dr. Cabrera an seiner Story festhielt: Durch die Irreführung um die Steine und Keramiken dürfte nun jedwede Chance vertan worden sein, die *echten* Steine, die es zweifellos ebenso geben dürfte, endlich wissenschaftlich zu erforschen. Offiziell gelten jetzt nämlich *alle* Steine als Fälschung.

Müssen deshalb sämtliche prähistorische Funde, die auf Steinzeitchirurgen schließen lassen, als Unsinn eingestuft werden? Keineswegs! Denken wir nur an die zahlreichen Knochenfunde, die unzweifelhaft auf *Trepanationen* schließen lassen. So nennt man operative Schädelöffnungen, die es nachweislich in Europa schon seit dem zehnten Jahrtausend v. Chr. gegeben hat. Die chirurgischen Eingriffe erforderten mehr Wissen und Können als etwa die Amputation eines Beines oder das Einrenken einer Hüfte. Die Knochenfunde beweisen außerdem, dass über fünfzig Prozent dieser steinzeitlichen Schädeloperationen erfolgreich durchgeführt wurden. Zumindest insofern erfolgreich, als die Wunden wieder gut verheilten, die Patienten also überlebten. Schädeloperationen von gleicher Präzision fand man auch bei den Mayapriestern in Mittelamerika sowie bei den »Medizinmännern« der Inka in Peru.

Über die erstaunlichen medizinischen Kenntnisse und Fähigkeiten unserer Vorfahren brauchen wir uns eigentlich nicht länger zu wundern. Dagegen löste das hartnäckige Schweigen von Professor Cabrera sowie die Geschichte um seine bizarre

Stein-Bibliothek irgendeiner versunkenen Superzivilisation sehr wohl Verwunderung aus. Dr. Cabrera nahm das letzte Geheimnis rund um seine umstrittene Sammlung mit ins Grab. Nur wenige Monate nach meinem Besuch verstarb der Arzt und Hobbyarchäologe im Alter von 78 Jahren in Ica.

Ein Sterncomputer aus der Vorzeit

Wir schreiben das Jahr 1901, Karsamstag. Meterhohe Wellen werfen das kleine Schwammtauchbot wie eine Nussschale umher. Das Ägäische Meer spielte wieder einmal »verrückt«. Die Männer an Deck des Schiffes hatten alle Hände voll zu tun, um ein Kentern zu verhindern. An Bord waren griechische Taucher. Sie hatten eine Tauchaktion nahe der griechischen Felsinsel *Antikythera* vorgesehen – jetzt aber wütete ein heftiges Unwetter, und die paar Seeleute waren froh, nicht über Bord geschwemmt zu werden.

Am nächsten Morgen deutete nichts mehr auf das vortägige Meerestoben hin. Ein strahlend blauer Himmel, ruhige See, kurzum ein Ostersonntag, wie man ihn sich schöner kaum vorstellen konnte. Das Ägäische Meer zeigte sich von seiner friedlichsten Seite. Die Männer machten sich zum Tauchen bereit mit dem Vorhaben, Meeresschwämme zu suchen. Aber die österliche Tauchaktion nahm einen völlig anderen Verlauf. Nicht Schwämme erweckten die Aufmerksamkeit der Tauchercrew – sondern ein morsches Schiffswrack.

Der Kutter lag etwa sechzig Meter tief auf dem Meeresgrund. Bereits die erste Überprüfung seiner Ladung bewies deren wertvollen Inhalt: Marmor- und Bronzestatuen, kostbare Vasen – und dazu noch manch *Undefinierbares.* Alles wurde von den Seeleuten sorgsam sichergestellt und an Bord gehievt. Sie brachten die außergewöhnlichen Fundstücke nach *Athen,* und während unsere Schwammtaucher wieder ihrem täglichen Broterwerb auf hoher See nachgingen, begann anderswo ein neues Kapitel der Meeresarchäologie.

Die Wissenschaftler in Athen hatten sich sofort auf die kostbaren Fundstücke gestürzt und waren bemüht herauszufinden, aus welcher Epoche das Schiff und seine wertvolle Ladung stammten. Zunächst waren sich die Gelehrten uneins. Vor allem deshalb, weil einige Bronzestatuen offenbar aus einer Periode um 400 v. Chr. stammten, während bei den Marmorstatuen bald feststand: Sie waren lediglich Kopien aus einer eindeutig späteren Zeit. Verschiedene Tonscherben wiederum deuteten in ihrer Entstehung auf die Zeit um 100 v. Chr. Weitere Untersuchungen konnten schließlich klipp und klar festlegen, dass das Handelsschiff zwischen 100 und 50 v. Chr. auf dem Weg nach Rom gesunken war.

Der Neugier eines jungen griechischen Archäologen ist es zu verdanken, dass es zur Entdeckung eines Mysteriums kam, das bis dahin unbeachtet blieb. Bei der seinerzeitigen Bergung des Frachtgutes hatte man, von Tang umhüllt, etliche un-

Bild 132: Schwammtaucher entdeckten am Ostersonntag des Jahres 1901 dieses Gerät mit Differentialgetriebe aus vorchristlicher Zeit.

definierbare, stark korrodierte Bruchstücke geborgen. Eine Identifizierung schien auch nach Entfernung der Algen nicht möglich. Keiner der Meeresarchäologen war an einer genaueren Überprüfung der seltsamen Funde interessiert. So ruhten die sonderbaren Brocken mehrere Jahre mit anderen nicht identifizierten Gegenständen in einer Ecke des Archivs im *National-Archäologischen Museum* in Athen – bis sie von dem Jungarchäologen *Valerios Staios* aus dem Dornröschenschlaf erweckt wurden.

Staios' Spürsinn verdankt die Archäologie eine der ungewöhnlichsten Entdeckungen dieses Jahrhunderts. Aufmerksam geworden war der Grieche deswegen, weil ihn die Gegenstände im Gerümpel der antiken Schiffsladung auffallend an den Mechanismus eine Bronzeuhr zu erinnern schienen. Bei näherer Betrachtung bestätigte sich Staios' Verdacht. Die einzelnen Bruchstücke waren tatsächlich aus *Bronze* hergestellt worden. An einigen Stellen hatte man zudem antike Symbole eingraviert.

Valerios Staios hielt seine Entdeckung nicht zurück: Er legte das zerbrochene Fundstück den Mitarbeitern des Museums vor. Wie zu erwarten war, bereitete die wahre Identität des metallenen Gegenstandes den Gelehrten beträchtliches Kopfzerbrechen. Welche Bedeutung hatte dieses Gerät einstmals besessen? War es wirklich mehr als 2000 Jahre alt?

Einige Archäologen hielten das seltsame Ding für einen Sternenhöhenmesser oder für irgendein Navigationsinstrument. Die Entstehungszeit datierten sie einwandfrei ins 1. vorchristliche Jahrhundert. Doch verschiedene mit der Untersuchung befasste Wissenschaftler lehnten eine daraus resultierende Erklärung als zu abenteuerlich ab – und weil bekanntlich nicht sein kann, was nach manch gelehrter Ansicht nicht sein darf, einigten sich die »Ungläubigen« darauf, dieser Gegenstand aus Bronze sei wahrscheinlich erst tausend Jahre später ins Meer gefallen oder hineingeworfen worden und durch einen reinen Zufall im vorchristlichen Handelsschiff inmitten anderer Kunstschätze gelandet.

Trotz aller kontroversieller Ansichten war man sich immerhin einer Sache gewiss: Der Bronzefund galt als einzigartige Entdeckung, und man beschloss, das Gerät zum geeigneten Zeitpunkt einer präzisen Überprüfung zu unterziehen. Niemand jedoch ahnte, dass es noch fünf Jahrzehnte dauern sollte, ehe das löbliche Vorhaben in die Tat umgesetzt werden konnte. Der Impuls hierfür kam diesmal aus Amerika.

Im Jahre 1958 erhielt der britische Physiker und Mathematiker Dr. *Derek de Solla Price* einen ehrenvollen Auftrag. Die *American Philosophical Society* hatte sich an ihn gewandt mit dem Ersuchen, nach Griechenland zu reisen und in Athen das rätselhafte Gerät aus dem Altertum zu überprüfen. Die Verantwortlichen des hiesigen National-Archäologischen Museums erklärten sich mit diesem Vorhaben einverstanden.

Dr. Price war sofort bereit, diesen Vorschlag in die Tat umzusetzen. Er hatte von dem seltsamen Fund aus der Antike gehört und gelesen. Außerdem – und auch das war ein Motiv, das Angebot anzunehmen – hatte sich Price immer schon für die geschichtliche Entwicklung der griechischen Wissenschaft interessiert. In Athen begann sich der Brite eingehend mit der ungewöhnlichen Apparatur zu befassen. Price beschrieb später das Artefakt als »ein Gehäuse mit Zifferblättern auf der Außenseite, in dem ein sehr kompliziertes System von Zahnrädern befestigt ist. Es erinnert an eine gut gebaute Uhr aus dem 18. Jahrhundert.«

Die Zifferblätter wurden durch Türchen, die mit Angeln an dem Gehäuse angebracht worden waren, geschützt. An den Türen entdeckte Derek de Solla Price, so wie auch an anderen Stellen des Gerätes, *altgriechische* Inschriften: die Beschreibung der Konstruktion sowie die Funktionsart des Instruments. Das vordere Zifferblatt zeigte sowohl die Bewegung der Sonne innerhalb des Tierkreises als auch den Aufgang von hellen Sternen und deren Konstellationen während des Jahres an. Hingegen scheint das hintere Zifferblatt die Mondphasen und die Planetenpositionen festgehalten zu haben. Auf dem vorderen Zifferblatt gab es zudem einen Schlupfring, der offenkundig der Justierung gedient hatte. Das Gerät basierte nämlich auf einem *ägyptischen* Kalender, der aber kein Schaltjahr zu kennen schien und daher das Jahr um einen Vierteltag zu kurz anzeigte.

Zu seinem Bedauern musste Price feststellen, dass die Holzteile im Laufe der Zeit ausgetrocknet, zusammengeschrumpft und schließlich zerfallen waren. So wurde dem Wissenschaftler die Möglichkeit genommen, sämtliche ins Detail gehende Informationen der einst vollständigen Inschriften zu erhalten. Etliche Schriftzeichen waren gemeinsam mit dem Großteil der Holzkiste verloren gegangen.

Immerhin waren dem Briten noch etwa zwanzig Zahnräder des Geräts erhalten geblieben. Sie bestanden alle aus Metall und waren mit niedrigem Zinngehalt hergestellt worden. Darunter befand sich eine ziemlich kompliziert wirkende – *Zahnradkombination.* Sie musste seinerzeit ähnlich einem *Differentialgetriebe* funktioniert haben. Für Dr. Price war dies eine fundamentale Erkenntnis, die ihm mit Hilfe modernster Untersuchungsmethoden (etwa durch Zuhilfenahme von Röntgen- und Gammastrahlen) gekommen waren. Dem Wissenschaftler war es außerdem geglückt, sämtliche im Gerät verbliebenen Fremdkörper zu entfernen. Es war deshalb notwendig gewesen, das Gehäuse der Apparatur – es misst 15 mal 30 cm und hat ungefähr die Größe einer Reiseschreibmaschine – in Säurebäder zu legen, um das Material, aus dem es gefertigt worden war, zu überprüfen. Auf diese Weise gelang es Dr. de Solla Price, das ursprüngliche Aussehen und die Zusammensetzung der *Maschine von Antikythera* zu konstruieren: Das antike »Ding« hatte in vollständigem Zustand aus etwa *vierzig* Zahnrädern bestanden, besaß außerdem *neun* verstellbare Skalen sowie *drei* Achsen auf einer Grundplatte. Erhalten geblieben ist glücklicherweise auch das mittlere Zentralrad. Es besitzt *250 Zacken,* und jeder dieser »Zähne« misst exakt 1,3 mm.

Nicht nur Dr. Price war verblüfft, mit welcher Genauigkeit die »Maschine« hergestellt worden war. Es gab lediglich minimale Abweichungen von zehntel Millimeter, was die angezeigten Daten und Werte der Apparatur nur umso glaubwürdiger machte. Der britische Wissenschaftler zeigte sich über die gewonnenen Erkenntnisse sehr verwundert, war er doch bislang davon überzeugt gewesen, dass die alten Griechen an experimenteller Wissenschaft nicht interessiert gewesen seien. 1959 schrieb Price in der Zeitschrift *Scientific American* freimütig: »Es ist ein wenig beängstigend zu wissen, dass kurz vor dem Zusammenbruch ihrer Zivilisation die alten Griechen sich unserem Zeitalter so sehr angenähert hatten, nicht nur in ihrem Denken, sondern auch in ihrer wissenschaftlichen Technologie.«

Für Derek de Solla Price gab es daher nur eine Schlussfolgerung: »Es scheint, dass dies tatsächlich eine Rechenmaschine war, die die Bewegungen der Sonne, des Mondes und wahrscheinlich auch der Planeten bestimmen und darstellen konnte.«

Diese bemerkenswerte Einschätzung veröffentlichte der Physiker im März 1962 in der wissenschaftlichen Publikation *National History*. Wir müssen nach dem Fund der Maschine von Antikythera jedenfalls unsere üblichen Vorstellungen von der Geschichte revidieren und eingestehen, dass unsere Vorfahren einen erstaunlich hohen Stand der Technik zu erreichen vermochten. Dr. Price war im Übrigen schon vor mehr als 40 Jahren davon überzeugt gewesen, wonach diese hoch empfindliche Apparatur nicht die erste oder letzte ihrer Art gewesen sein konnte, auch wenn bislang nirgendwo etwas Vergleichbares gefunden worden ist. Erst wieder im 13. Jahrhundert wurden einige Historiker »fündig«: Sie entdeckten einen islamischen Kalender-»Computer« mit einem ähnlich funktionierenden Mechanismus.

Der Ozeanograph und Ingenieur *Walter Bascom* – er war Leiter des *Coastal Water Research Projects,* das die Erforschung der Ökologie von Küstengewässer zum Ziel hatte – liefert in seinem Buch *»Auch Rom liegt auf dem Meeresgrund«* weitere detaillierte Angaben über den rätselhaften Fund bei Antikythera: »Die beiden Skalen sind so eingestellt, dass ihre Phasen bei 13,5 °C nicht übereinstimmten, eine Situation, die nur in den Jahren 200 v. Chr, 80 v. Chr. oder 40 v. Chr. eintreten konnte. Aber ein Zeichen weist darauf hin, dass das Werk auf 82 v. Chr. ›programmiert‹ war, vermutlich dem Jahr des Schiffbruchs. Die verwendeten griechischen Wortformen ähneln denen einer anderen Inschrift, die von *Geminos von Rhodos* 77 v. Chr. verfasst wurde. Daher wird der Mechanismus vorläufig ihm zugeschrieben. Es gibt sonst keinerlei Fund, der diesem bemerkenswerten Instrument gleichkäme . . .«

Wie verwirrend diese Tatsache für das wissenschaftliche Establishment gewesen sein muss und zum Teil wohl auch heute noch ist, beweist dessen kategorische Weigerung, das mechanische Getriebe im National-Archäologischen Museum von Athen öffentlich zur Schau zu stellen. Selbst als einige Teile des Geräts schließlich ausgestellt waren, zog es die Athener Museumsdirektion vor, die antike Maschine völlig *unbeschriftet* in der großen Museumshalle zu platzieren. Wer nicht zielstrebig nach dem »Vorzeitcomputer« Ausschau hielt, lief Gefahr, an der Vitrine mit dem Ausstellungsstück achtlos vorbeizugehen. Dass dies kein einmaliges Vorgehen ist, davon konnte ich mich bei einigen Museumsbesuchen persönlich überzeugen. In aller Welt werden ungewöhnliche archäologische »Schätze« oft stiefmütterlich behandelt, im günstigsten Fall anonym den Museumsbesuchern präsentiert oder die Relikte verstauben in den Archiven. Aufmerksame Besucher des Ägyptischen Nationalmuseums in *Kairo* werden metallene »Zahnräder« entdecken, verschiedene Nivellierungsgeräte (Lot und Winkelmaß) sowie prähistorische Nägel aus Silber. Und eine besondere Kuriosität: ein rostfreies Messer aus Stahl, das im Grab *Tutanchamuns* gefunden wurde.

Welche Vorgangsweise sollte das namenlose Vorzeigen einer ungewöhnlichen Rarität, wie das altgriechische »arithmetische Modell des Sonnensystems«, rechtfertigen?

Im besten Fall jene, die sich im Resümee der Untersuchungen von Dr. Derek de Solla Price finden ließe. 1959 meinte der für das *Institute for Advanced Study* in Princeton, New Jersey, tätige Brite bei einem wissenschaftlichen Kongress in *Washington* vor versammeltem Auditorium wortgetreu: »Etwas Derartiges zu finden wie diesen griechischen Sterncomputer, ist genauso, als hätte man in der Grabkammer des Pharaos Tutanchamun ein *Düsenflugzeug* entdeckt . . .«

Kristallschädel geheimnisvollen Ursprungs

Ungereimtheiten aus unserer Vergangenheit stellen moderne Wissenschaftler auf eine harte Probe und unsere herkömmliche Geschichtsvorstellung in etlichen Punkten in Frage. Außergewöhnliche Zeugnisse hierfür sind geheimnisvolle Schädel aus Bergkristall und anderen Edelsteinen. Sie zählen zu den erstaunlichsten Artefakten, die auf unserem Planeten entdeckt wurden, und gelten als glücksbringende Steine, die über heilbringende Strahlung und Energie verfügen.

Besonders bei den altamerikanischen Kulturen genossen sie große Verehrung. Von den Azteken weiß man, dass sie einen ausgeprägten Toten- und Schädelkult praktizierten. Einige Forscher vermuten, dass Kristallschädel dem Befragen eines Totenorakels oder als Pforte zu schamanistischen Reisen in die Unterwelt dienten. Die meisten

Schädelfunde wirken überraschend modern und naturalistisch. Über ihre Herkunft, Methoden der Bearbeitung und die Altersdatierung ist meist wenig bekannt. Unbestritten ist aber, dass der Künstler enormes handwerkliches Geschick bewies, um fein modellierte Gesichtszüge aus dem extrem harten Gestein zu arbeiten.

Die zentrale Frage dabei: *Wie* wurden diese künstlichen Artefakte angefertigt? Sollte es seinerzeit – wann immer das gewesen sein mag – weit wirksamere Hilfsmittel gegeben haben als diejenigen, die wir unseren indianischen Vorfahren zumuten? Hatten die Ureinwohner wie die Maya nicht nur Observatorien, sondern auch wirkungsvolle Schneideinstrumente zur Verfügung, von denen wir heute nichts mehr wissen?

Kristallschädelfunde gibt es rund um den Globus. Solche Objekte sind immer wieder Gegenstand heftiger Kontroversen, da für ihre Herstellung eine fortgeschrittene Technik benötigt worden wäre. Spekulationen, die Schädel stammten aus Atlantis, sie zeigten in ihrem Inneren Bilder von UFOs oder man könne durch sie Verbindung mit anderen Dimensionen herstellen, heizten die Fantasie wie die Skepsis an.

Der berühmteste stammt aus der Mayastätte von *Lubaantun* (Belize). Verschiedene Autoren, vor allem *Erich von Däniken* und *Peter Fiebag,* haben über dieses Artefakt detailliert berichtet, das zwischen esoterischer Aura, Weltuntergangsprophezeiung, Fälschung und einmaliger Bearbeitung eines mittelamerikanischen Mayastammes angesiedelt ist.

Rückblende: 1924 leitete Dr. *Thomas Gann* zusammen mit *F. A. Mitchell-Hedges, Captain Joyce* vom Britischen Museum sowie weiteren Forschern eine Grabungskampagne in einer noch unerforschten Ruinenstadt im südlichen British Honduras (Belize) ein. Kurz vor Ende einer Teilgrabung, die durch die Regenzeit beendet werden sollte, fand die Adoptivtochter Mitchell-Hedges', *Anna,* in der Nähe eines Altares der Stadt, die man Lubaantun genannt hatte, einen Totenschädel, gearbeitet aus einem einzigen Bergkristall. Der 5,3 Kilo schwere Schädel, der einen beweglichen Unterkiefer besitzt, ist seitdem zu einem Streitobjekt der Wissenschaftler geworden.

Obgleich die zahllosen von Mitchell-Hedges geborgenen Artefakte nie auch nur einen Hauch von Fälschungsverdacht aufkommen ließen, hier stand plötzlich die internationale Fachwelt gegen den Archäologen und seine Entdeckung. Der Kristallschädel fiel einfach aus dem gewohnten Bild, das man sich von den Maya gemacht hatte. Auffällig ist: Der Quarzstein konnte nur durch eine ausgefeilte technische Methode hergestellt werden. Er besitzt einen sehr hohen Härtegrad und musste, wie die Forschungsabteilung des Hewlett-Packard-Elektronikkonzerns bestätigte, gegen die Achse geschliffen werden, was nur unter polarisiertem Licht möglich ist. Millimeterkleine Abweichungen sorgen unweigerlich für Absplitterungen. Der US-amerikanische Restaurator Dr. *Frank Dorland* dazu: »Lässt man übernatürliche Kräfte aus dem Spiel..., so müssen die Maya ihren Kristallschädel durch manuelle Politur hergestellt haben. Eine unvorstellbare Arbeit, die jahrhundertelang gedauert hätte, unabhängig von politischen und religiösen Verhältnissen. Wir können uns schwer vorstellen,

Bild 133: Geheimnisvoller Totenschädel aus Bergkristall. Mit welchen technischen Mitteln wurde er hergestellt?

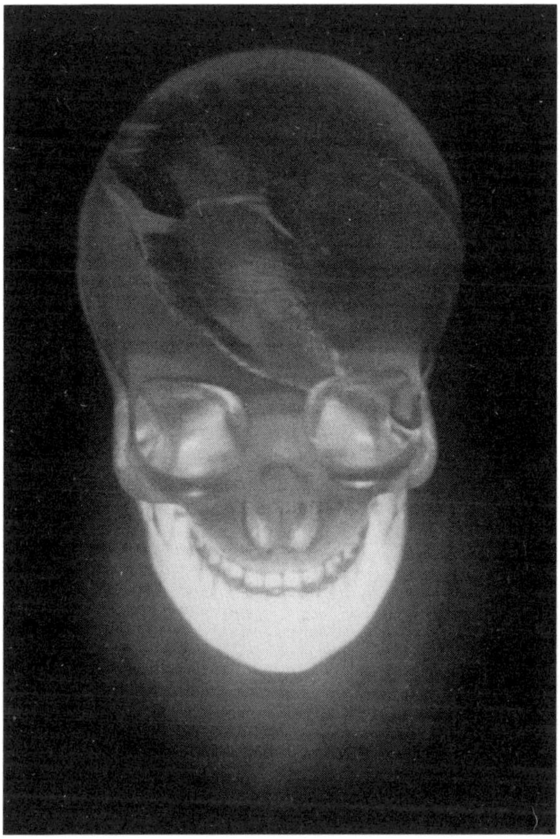

wie ein derartig anvisiertes Ziel von Generation zu Generation stur durchgehalten wurde.«

Sieben Millionen Arbeitsstunden hätten vermutlich aufgewandt werden müssen, um die perfekte Endform des Quarzstückes zu erhalten. Das entspricht 800 Jahren. Tag und Nacht durchgearbeitet. Bei zwölf Stunden Arbeit am Tag kommt man sogar auf 1600 Jahre!

Dr. *Anna Roosevelt* (Museum of the American Indian, New York) meint: »Der Fund von Lubaantun steht im sinnvollen Zusammenhang mit allen anderen vergleichbaren Funden. Es hätte zu lange gedauert, um ein solches Stück eigens herzustellen, sodass es eine sehr teure Fälschung wäre, wenn das Ganze ein Schwindel ist … Es erscheint mir sehr wahrscheinlich, dass er echt ist.«

Weitere Kristallschädel befinden sich im *Britischen Museum* in *London*. Dort wird ein Quarzkopf aufbewahrt, der der Aztekenepoche zugeschrieben wird und 1889 in Mexiko gefunden wurde. Im gleichen Museum wurde zu Untersuchungszwecken der winzige Kristallkopf namens »Sha Na Ra« aufbewahrt. Bekannt sind ebenso der

Quarzschädel »Max« aus *Texas* und ein Kristallkopf aus der *Smithsonian Institution* sowie ein Bergkristallschädel aus Mexiko, der im *Trocadéro-Museum* von Paris ausgestellt ist. Im Museum von *Oaxaca* (Mexiko), in der *Blake Collection* des United-States-National-Museums, in der *Douglas Collection* in New York sind weitere dieser seltsamen Objekte – zumeist aus der aztekischen und mixtekischen Kultur – zu bestaunen.

In der von *Klaus Dona,* sowie dem Museumsdirektor Dr. *Willibald Katzinger* und meiner Wenigkeit zusammengestellten Phänomene-Ausstellung *»Unsolved Mysteries«* konnten wir im Jahre 2001 in Wien (2004 ebenso in Interlaken, Schweiz) sechs Originalexponate der ungewöhnlichsten Schädelfunde aus der einzigartigen Sammlung *Jokey Van Dieten* präsentieren: »Shi Ting Er« aus der südwestlichen Mongolei; der Kristallkopf »The Jesuit«; der Rosenquarzkopf »Baby Luv« aus der Ukraine; »Lazuli« aus Peru; »Oceana« aus Brasilien und ein besonders bizarrer Kristallkopf, der wegen seines fremdartigen Charakters heute als »ET« betitelt wird. Wie bei vielen aufgefundenen Seltsamkeiten stellen sich auch bei solchen Schädelfunden mehr Fragenzeichen als Antworten. Seltsames wird dem Schädel »ET« nachgesagt: Manche Menschen sollen angesichts des Kopfes in Trance fallen, andere schreiben ihm magische und heilende Wirkung zu, und Esoteriker glauben, dass in ihm überirdische Informationen gespeichert sind, die man ähnlich einem Computerprogramm abrufen könne.

Der Edelsteinexperte und Direktor der Wiener Schatzkammer, Prof. Dr. *Rudolf Distelberger,* untersuchte den außergewöhnlichen »ET«-Schädel und kam zu folgendem Ergebnis: Der Kristallschädel, der 1908 in Guatemala, Mittelamerika, gefunden wurde, weist eine Größe von 5 kg auf, besteht aus Rauchquarz und hat die Maße: 160 mm (Höhe) zu 120 mm (Breite) zu 210 mm (Tiefe). Auffallend sind zunächst die Augen, die eine tiefe trichterförmige Bohrung aufweisen. Sie könnten ursprünglich mit Smaragden oder anderen Edelsteinen geschmückt gewesen sein, wodurch die magische Ausstrahlung des Schädels noch deutlicher zum Ausdruck kam. Dr. Distelberger stellte ebenso fest, dass der Kristallkopf *zumindest* 500 Jahre alt ist, präzise mittels Handpolitur bearbeitet wurde und nicht aus Europa stammen kann.

Das vorläufige Resümee des Wissenschaftlers: »Es wäre für einen Fälscher völlig unrentabel, in vieljähriger Arbeit einen solchen Schädel händisch zu polieren, um diese Form herzustellen. Ich kann nicht erklären, warum der Kopf so naturalistisch aussieht, fast wie ein europäischer Kopf, trotzdem schmäler und zugleich durch Handpolitur hergestellt mit Mitteln, die bei uns unüblich sind. Das ist das nicht zu lösende Problem bei diesem Stück, das vermutlich vor seiner Entdeckung ziemlich lange unter der Erde lag.«

Erstaunlich ist, dass vergleichbare Schädel rund um die Erde von unseren Vorfahren aus Kristallen geschliffen wurden. Der Edelsteinkopf »Shui Ting Er« wurde 1870 von einem chinesischen Archäologen im Gebiet der südwestlichen Mongolei entdeckt. Er besteht aus einem hellgrünen Edelstein. Das Alter und seine Bedeutung sind ungeklärt.

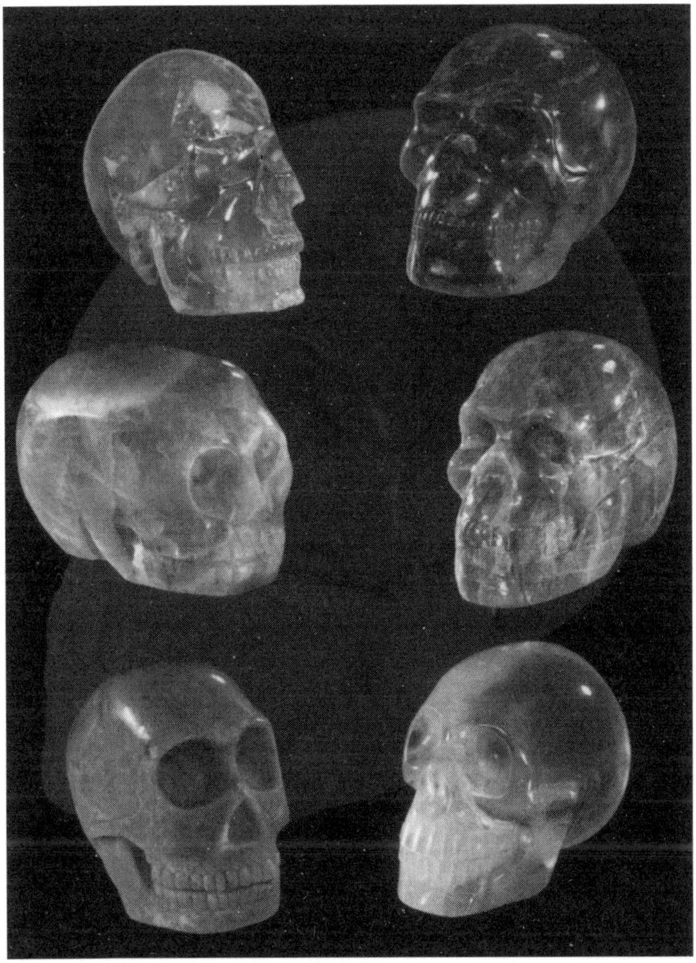

Bild 134: Bei »Unsolved Mysteries« der Öffentlichkeit vorgestellt: Geheimnisvolle Kristall- und Edelsteinschädel. Oben: »ET« und »Lapislazuli«; in der Mitte »Baby Luv« und »Oceana«; unten »Shui Ting Er« und »The Jesuit«.

Ein Hinweis liefert vielleicht die Farbe Grün. Sie galt im alten China als Emblem des Lebens. Mehrere Götter und Göttinnen fernöstlicher Mythologie tragen einen grünen Anzug, z. B. der Gott der Literatur.

Aus einem klaren Stück Quarzkristall wurde ein ganz anderer Schädel hergestellt. Er misst etwa ein Drittel der Größe eines menschlichen Kopfes. Dieser Kristallkopf befand sich lange im Besitz von *Ignatius von Loyola,* dem Ordensgründer des Jesuitenordens. Zusammen mit sechs Gleichgesinnten schloss sich Ignatius zu einer Gemeinschaft zusammen, die sich am 15. August 1534 in der Marienkapelle am Montmartre in Paris traf und das Gelübde der lebenslänglichen Armut und Keuschheit ablegte. Als Missionare wollten die sieben Männer ins Heilige Land ziehen. Seit damals weiß man von der Existenz des Schädels, wenngleich über seine wahre Bedeutung nur spekuliert werden kann. Er wiegt 3 kg, besteht aus Bergkristall und hat die Maße: Höhe 115 mm, Breite 90 mm, Tiefe 150 mm.

In den Anfängen des 18. Jahrhunderts wurde ein anderer Kristallschädel nahe der Stadt *Luv* in der Ukraine entdeckt. Der Schädel wurde aus einem Stück Rosenquarz angefertigt. Er wiegt 7,5 kg. Seine Höhe beträgt 160 mm, seine Breite 135 mm und die Tiefe des Objektes 220 mm. Der künstlich gefertigte Totenkopf wurde 1710 von einem russischen Mönch in einem alten Erdhügel gefunden. Diese Kultstätte wird aufgrund entdeckter Artefakte den Scythians zugeschrieben, einer Volksgruppe, die zumindest bis vor etwa 1.000 Jahren in diesem Gebiet gelebt hatte. Seit 1993 ist »Baby Luv« in Besitz der Sammlung Van Dieten.

Ein weiterer ungewöhnlicher Totenkopf, ca. 3 kg schwer, diesmal aus Lapislazuli, kommt aus Südamerika. Der Lapislazuli-Schädel wurde 1995 von Indios im nördlichen Peru entdeckt und soll aus der Inka-Zeit stammen. Die Einheimischen glauben, dass der blaue Schädel ihnen Gutes bringen würde. Vielleicht wegen seiner leuchtenden Farbe, die in verschiedenen Kulturen mit himmlischen Mächten verglichen wurde und wird.

Der Schädel »Oceana«, so genannt wegen seines Gesteins aus grünlichem Aquamarin, wurde von nomadisierenden Indianerstämmen der nördlichen Region Südamerikas offenbar mehrfach weitergereicht, bis er 1997 der Sammlerin Jokey van Dieten von brasilianischen Indianern übergeben wurde. Sein Weg lässt sich zurückverfolgen über Kolumbien, Ecuador und Peru, bevor seine Spur sich auflöst. Auch er wiegt 3 kg, ist 115 cm hoch, 90 cm breit und 160 cm tief.

Nun sage ich natürlich nicht, dass diese Schädel allesamt mit Hilfe einer außerirdischen Zivilisation angefertigt wurden. Aber die Fragen, warum ausgerechnet Schädel in den verschiedenen Kulturen aus Kristall hergestellt wurden (von einem reinen ästhetischen Äußeren einmal abgesehen) und mit welcher Technik dies geschah, sei erlaubt.

Einen Hinweis, der vielleicht einen Lösungsansatz bietet, liefern alte Legenden. In Südamerika gibt es Erzählungen, wonach die alten Weisen einen Pflanzensaft verwendeten, um selbst härteste Steine so weich machen zu können, dass man sie anschließend bequem zerschneiden konnte. Dies würde ebenso den gigantischen Steinbau der kompliziert ineinander verschachtelten Inka-Festung von *Sacsahuaman* in Peru erklären. Standen den Vorfahren der Maya also Techniken zur Verfügungen, von denen wir heute nichts mehr ahnen?

Von dem kundigen Wissen unserer Ahnen sind nur Fragmente erhalten geblieben. Ihr Sinn und Zweck bleibt uns anscheinend unerklärlich. Rätselhafte Funde der Menschheitsgeschichte, die, obwohl sie inzwischen in Vergessenheit gerieten, einstmals Realität waren.

Kapitel 5

PYRAMIDEN, PRIESTER – NEUE RÄTSEL

Auf den Spuren mystischer Schauplätze

»Bei archäologischen Arbeiten trifft für gewöhnlich das Gegenteil von dem ein, was man erwartet.«
Howard Carter, britischer Archäologe (1873–1939), der u. a. das Grab des Pharaos Tutanchamun entdeckte

Wer sich standhaft mit diversen archäologischen Rätseln beschäftigt, lernt nicht aus. Sie scheinen nämlich kein Ende zu nehmen, und immer wieder tauchen neue auf. Es ist schon so: Unsere prähistorische Vergangenheit ist nach wie vor in Dunkel gehüllt. Sie ein wenig zu erhellen, das ist die Aufgabe, die sich Altertumsforscher rund um den Erdball zum Ziel gesetzt haben. Unter ihnen befinden sich Wissenschaftler von hohem Rang, aber auch Amateure und Abenteurer. Sie alle vermessen und graben im Boden, stellen über ihre Entdeckungen verschiedene Vermutungen an, schreiben darüber womöglich auch gelehrte Bücher, halten interessante Vorträge – und treten doch oft nur auf der Stelle, und das, weil sich mancher archäologischer Fund anscheinend jedweder Deutung zu entziehen scheint. Natürlich steht es jedermann frei, zu spekulieren, sehr kluge Abhandlungen zu verfassen: Das Ergebnis unter dem Strich bleibt dennoch mager, ist sehr oft unzureichend.

Vor etlichen Jahren berichtete das renommierte Magazin *Bild der Wissenschaft* über Entdeckungen einiger Archäologen in den *Anden*: ein kilometerlanges unterirdisches Tunnelsystem, künstlich angelegt, mit gepflastertem Boden, das tief ins Berginnere führt, leicht abschüssig verläuft und schließlich unter der Oberfläche eines gleichfalls unterirdischen Sees endet. Das Tunnellabyrinth besitzt ein riesiges Tor aus Stein, das mittels Steinrollen geöffnet oder geschlossen werden kann. Wer immer diese Anlage einst geschaffen hat (die Entstehung derselben wird in prähistorische Epochen zurückdatiert), muss über beachtenswertes technologisches Wissen vefügt haben. Leider wissen wir nicht, wer diese Stollen geschaffen haben könnte, und auch der Zweck dieser gewaltigen unterirdischen Unterführung ist völlig unbekannt. Über den Fund wurde inzwischen der Mantel des Schweigens gebreitet. Jedoch nicht, um etwas geheim zu halten, sondern eher aus Verlegenheit.

Wer baute die gewaltigen Megalithdenkmäler, Menhire, Dolmen, Steinkreise und Katakomben, die seit Urzeiten mit Legenden und Mythen verknüpft sind? Welches Geheimnis hüten die Ruinen der Vorinkazeit in den peruanischen *Anden,* die mas-

Bild 135: Rätselhafte »Gleise« auf der Insel Malta.

siven Restbestände von *Tiahuanaco,* der Inkafestung *Machu Picchu* oder das steinige Trümmerfeld von *Puma Punku* im Hochland von Bolivien? Riesenhafte Steinbauten auf den Britischen Inseln wie *Stonehenge* und *Avebury* sowie die manchmal bis in den Ozean hinausreichenden Monolithen der *Bretagne* sind für astronomische Zwecke genutzt worden. Woher hatten die Priester des Altertums ihr Know-how zum Bau vorgeschichtlicher Observatorien? Welche geheimisvolle Macht geht von prähistorischen Megalithbauten aus, die man auf den *Mittelmeerinseln,* im *Mittleren Osten* und in Südostasien vorfindet? Wer waren die alten Völker, die zyklopische Monumente auf der Osterinsel oder unterirdische Steinkammern wie in *New Grange* in Irland errichteten? Viele prähistorische Steinbauten sind unbekannter Herkunft. Wir finden sie in allen Teilen der Welt. Wir kennen viele dieser ungelösten Rätsel und ebenso viele Theorien, die über ihren Ursprung angestellt wurden, aber die ungelösten Fragen bleiben.

Bunker der Vorzeit

Manche archäologischen Sehenswürdigkeiten sind normal Sterblichen nur unter größten Strapazen zugänglich, weil sie abseits üblicher Reiserouten liegen. Für jene

Bild 136: Die gleisartigen Linien weisen unterschiedliche Spurenbreiten und Tiefen auf. Wäre hier ein Karren mit Rädern unterwegs gewesen, müsste er Gummiachsen gehabt haben. Woher stammen die Rillen?

Touristen, die sich nur ein wenig mit Strapazen quälen möchten, gibt es natürlich trotzdem genug an archäologischen Attraktionen zu bestaunen.

Beispielsweise auf *Malta,* der kleinen Inselgruppe zwischen Libyen und Sizilien. Hier findet der Besucher Hunderte rätselhafte Rillenspuren, die an *Gleise* erinnern. Altertumsforscher wissen nicht zu sagen, welche Bedeutung das alles einst hatte. Die Rillen finden sich auf Malta überall. Sie führen über Berge, durch Täler und versinken an mehreren Stellen buchstäblich im Meer, wo sie unter der Wasseroberfläche weiterführen – irgendwohin. Oft verlaufen mehrere Rillen parallel nebeneinander und sind unterschiedlich tief in den Kalksteinboden eingeschnitten. Andere »Gleise« sind kurvenartig angelegt oder enden abrupt bei einem steil abfallenden Riff. Ein weiteres prähistorisches Rätsel der Mittelmeerinsel: gewaltige Tempelanlagen aus mörtellos gefügten Steinblöcken, unterirdischen, künstlich ausgeschachteten Grotten, die man als *Hypogäum* bezeichnet, sowie einer unverstandenen Spiralornamentik. Wozu diese gewaltigen Anlagen einst gedient haben könnten, wissen wir bis heute nicht.

Wer waren die genialen Konstrukteure der Stollen und Labyrinthe? Diese Frage müssen wir uns auch bei den unterirdischen Städten von *Kaymakli* und *Derinkuyu* in der Türkei stellen. Relikte, die an Größe und Vielfalt alle Erwartungen übertreffen und

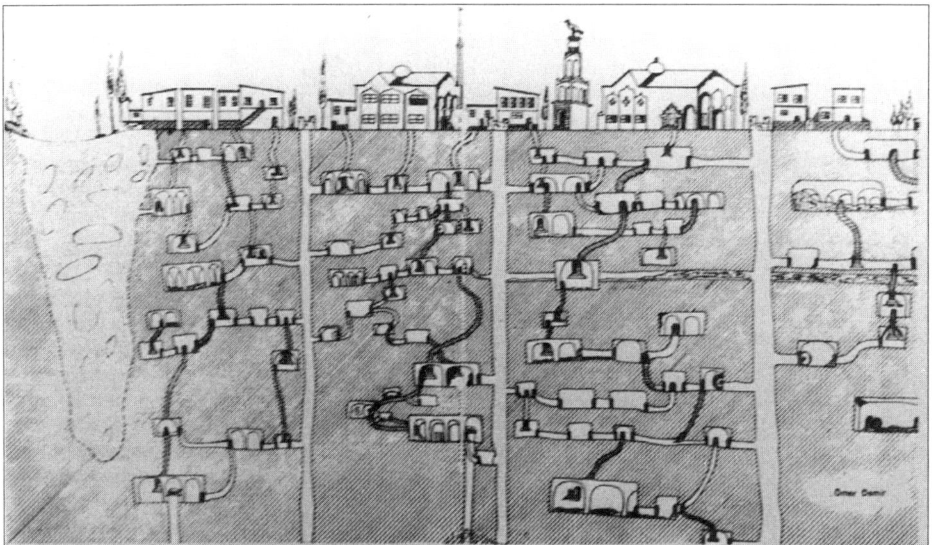

Hier sieht man, wie die unterirdische Stadt Derinkuyu um die 85 m tiefen Brunnenschächte herum angelegt ist. Das oberste Stockwerk hat 15.000 Entlüftungsschächte.

Bild 137: Querschnitt durch die unterirdische Stadt Derinkuyu in der Türkei.

offen vor uns liegen. Jeder kann sie besichtigen. Wenn man sich dann durch die schmalen, niedrigen Gänge zwängt, um unvermittelt in hallenartigen Räumlichkeiten zu landen, dann fragt man sich zu Recht, was wohl unsere Altvorderen dazu veranlasst haben könnte, diese durch und durch aus Tuffstein mit Hammer und Meißel herausgeschlagenen Behausungen, und noch dazu im Berginneren, anzulegen. Das Unbegreifliche: Manche dieser unterirdischen Katakomben sind im Ausmaß von 13 Stockwerken unter der Erdoberfläche angelegt!

Die Eingänge wurden, wie bei der Entdeckung im Andengebiet, durch große, runde Türen verschlossen, die sogar von innen verriegelt werden konnten. Selbst von Aircondition scheinen die prähistorischen Architekten eine Menge verstanden zu haben: In Derinkuyu zum Beispiel wurden nicht weniger als 52 Luftschächte freigelegt, durch die mit Hilfe eines raffinierten Zirkulationssystems Frischluft in jede der unterirdischen Räumlichkeiten gelangte.

Türkische Archäologen entdeckten bislang achtunddreißig solcher Städte, und sie sind davon überzeugt, dass noch eine Vielzahl weiterer, unterirdischer Siedlungen im Tuffgestein der türkischen Berge existiert. Derinkuyu in Mittelanatolien ist zweifellos die bekannteste Behausung dieser Art. Sie liegt auf acht Ebenen übereinander geschachtelt, ist 55 Meter tief, rund 2500 Quadratmeter groß und durch ein eigenartiges Gewirr von Stollen, Türen, Haken, Zimmerchen, Sackgassen und Ent-

Bild 138: Mit runden Steintüren wurden die Eingänge zu den Katakomben verschlossen.

lüftungsschächten miteinander verbunden. Am interessantesten ist wohl jener breite Tunnel, der die Stadt unterirdisch mit den anderen Städten verbindet. Er führt vom dritten Stockwerk aus direkt zur neun Kilometer entfernten Stadt Kaymakli.

Die Frage stellt sich zu Recht: Was mag wohl mehr als eine Million Menschen dazu getrieben haben, sich wie Termiten in die unterirdischen Städte im türkischen Anatolien einzugraben?

Vor wie vielen tausend Jahren wurden diese unterirdischen Anlagen errichtet? Die Archäologen können darüber nur rätseln. Einige Altertumsforscher hingegen halten die Stollenlabyrinthe für *Katakomben,* in denen sich seinerzeit die Christen vor der Verfolgung versteckten. *Erich von Däniken* sieht das anders. Es sei schon möglich, meint er, dass auch Christen in späterer Zeit in diesen Gewölben Zuflucht gesucht haben, aber sie hätten von den Anlagen lediglich profitiert. Gebaut hätte sie wer anderer. Und dieser andere müsse weit früher existiert haben. Nicht erst zur Zeit der Christenbesiedlung Anatoliens im siebenten Jahrhundert. Archäologische Artefakte aus *hethitischer* Epoche, die man in den untersten Gewölben vorgefunden hat, scheinen dem Schweizer Recht zu geben. Das alte Volk der Hethiter war um 1500 v. Chr. und früher in der Gegend angesiedelt. Däniken, wörtlich: »Für mich sind diese unterirdischen Städte eine Art *Bunker,* dazu errichtet, um die Menschen vor einem allmächtigen Feind, der aus der Luft kam, zu schützen.« Wer mag dieser Feind gewesen sein? Bösartige Außerirdische?

Wenn wir die Mythen heranziehen, ergibt der Bau von antiken Bunkern durchaus

Bild 139: Neun Kilometer entfernt von Derinkuyu liegt die Stadt Kamakli: Genauso als gewaltige Bunker-Anlage angefertigt. Fürchtete man einen Feind, der aus himmlischer Höhe gekommen war?

seinen Sinn. In den alten Legenden ist nämlich von Konfrontationen zwischen den »Göttern« die Rede, die sich mit todbringenden Waffen bekämpften. Fiktion oder Wirklichkeit? Manche der Schilderungen lassen sogar an einen Atomkrieg der Vorzeit denken. »Es war eine unbekannte Waffe«, heißt es etwa in der 4000 Jahre alten Schrift *Mausola Parva,* »ein eherner Blitzstrahl, ein gigantischer Todesbote, der alle Angehörigen der Rassen *Vrishnis* und *Andhakus* in Asche auflöste. Die verbrannten Leichen waren unerkenntlich, Haare und Nägel fielen aus, das Geschirr zerbrach ohne offensichtlichen Grund, die Vögel wurden weiß, alle Speisen waren im Verlauf einer Stunde ungenießbar.«

Der »Krieg der Götter« wird in alten Schriften anschaulich beschrieben. Gab es schon im Altertum einen weltumspannenden Krieg mit todbringenden Waffensystemen? Mussten sich Menschen vor den rivalisierenden »Göttern« schützen? Können die biblischen Erzählungen von der Zerstörung von *Sodom* und *Gomorrha,* das *Gilgameschepos* oder die Legenden vom Untergang der sagenhaften Inseln *Atlantis, Lemuria, Mu* oder *Gondwana* damit in Verbindung gebracht werden?

Der deutsche Mysterienforscher *Hans-Werner Sachmann* hat ein spannendes, leider längst vergriffenes Buch speziell diesem Thema gewidmet und ihm den treffenden

Bild 140: Ein weiteres Beispiel aus der vorchristlichen unterirdischen Stadt in Anatolien.

Titel *»In Schutt und Asche«* gegeben. Mit den Auswirkungen der vor allem in der altindischen Literatur geschilderten »Götterkämpfe«, die auf eine *außerirdische* Auseinandersetzung schließen lassen, hat sich auch der deutsche Psychologe und Autor *Lutz Gentes* umfassend beschäftigt. Sein Werk *»Die Wirklichkeit der Götter«* ist nach wissenschaftlichen Kriterien orientiert und macht deutlich, dass die überlieferten Beschreibungen tatsächlich auf realhistorische Vorgänge bezogen sind.

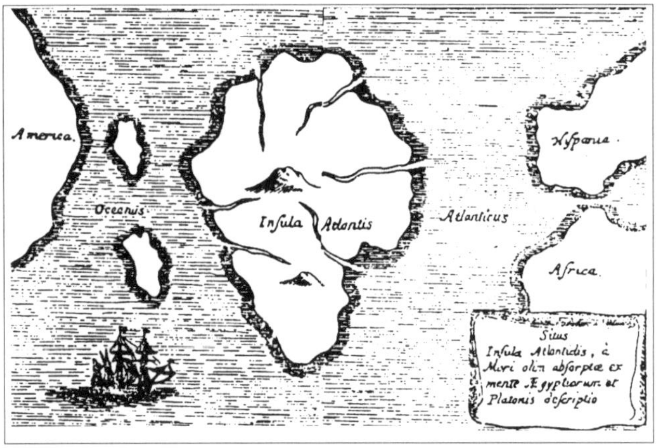

Bild 141: Wurde die sagenumwobene Insel Atlantis durch einen »Götterkrieg« zerstört?

Dienten die unterirdischen Anlagen in der Türkei dem Schutz vor fliegenden Feinden? Sich in dieses Labyrinth im Berginneren ohne kundigen Führer hineinzuwagen und sich von den bisher für die Öffentlichkeit erschlossenen Stollen zu entfernen, ist lebengefährlich. Eindringlinge, die seinerzeit die unterirdische Festung vielleicht zu stürmen beabsichtigten, taten sich vermutlich ziemlich schwer. Raffiniert angelegte Türen und Tore – mannshohe, mühlsteinartige Blöcke, die Gänge blockierten – konnten nur von innen geöffnet werden. Zwei Männer genügten durchaus, diese künstlichen Barrikaden, eine Art Rolltüre, seitwärts in die Wand hineinzurollen. Wie man merkt: ein technologisches, ausgeklügeltes System. Waren die Hethiter die Baumeister der Vorzeitbunker? Fest steht: Es gehörte schon viel Fachwissen dazu, achtunddreißig miteinander verbundene, zig Meter tief in die Erde reichende Behausungen zu konzipieren, sie mit einem raffiniert angelegten Entlüftungs- und Bewässerungssystem auszustatten, um damit mehr als eine Million Menschen »im Untergrund« zu versorgen.

Abstieg in die Unterwelt der Zwerge

Wer sich für archäologische Rätsel interessiert und wer gerne selbst einmal solche Zeugen aus der Vorzeit bestaunen möchte, der braucht deswegen nicht eine kostspielige Reise zur geheimnisvollen *Osterinsel* anzutreten. Trotz großer Sehnsucht, einmal die steinernen Riesen auf dem einsamsten Eiland der Welt vor Ort bestaunen zu dürfen, blieb auch mir dieser Wunsch bisher versagt. Macht nichts, denn: Rätselhaftes gibt es auch in greifbarer Nähe zu entdecken. Ein Ticket für die Westbahnstrecke in die Alpenrepublik ist hierfür völlig ausreichend. Reiseziel ist das österreichische Bundesland *Oberösterreich.* Es ist geradezu unterminiert mit künstlichen Stollen aus alter Zeit. Diese unterirdischen, schlauchartigen Gänge gibt es in großer Anzahl. Rund 250 hat man allein in Oberösterreich gezählt. Aber ebenso viele gibt es wahrscheinlich auch in einem anderen Bundesland – in *Niederösterreich.* Und auch *Böhmen,* im Gebiet der heutigen *Tschechei* und *Slowakei,* sowie *Polen* und *Ungarn,* aber auch *Bayern* können auf diese rätselhafte Unterwelt verweisen.

Diese unterirdischen Behausungen werden *»Erdställe«* genannt, doch hat die heutige Bedeutung des Wortes »Stall« als Bauwerk zur Unterbringung von Tieren nichts mit einem Erdstall zu tun. Hier bedeutet Stall lediglich »Stelle, Platz, Ort«. In Bayern, dessen nordöstlicher Teil sich eines ähnlichen Reichtums an Erdställen wie Oberösterrich erfreut, heißen diese künstlichen Höhlen im Volksmund: *»Zwergenloch«,* oder mit gleicher Bedeutung *»Schrazelloch«.*

Ob diese Bezeichnung der ursächlichen Bedeutung der Erdställe näher kommt? Rund zweitausend soll es im mitteleuropäischen Verbreitungsgebiet geben oder gegeben haben – denn viele der unterirdischen Stollen wurden im Laufe dieses Jahrhunderts von Bauern oder Besitzern neu errichteter Einfamilienhäuser, die auf einen solchen

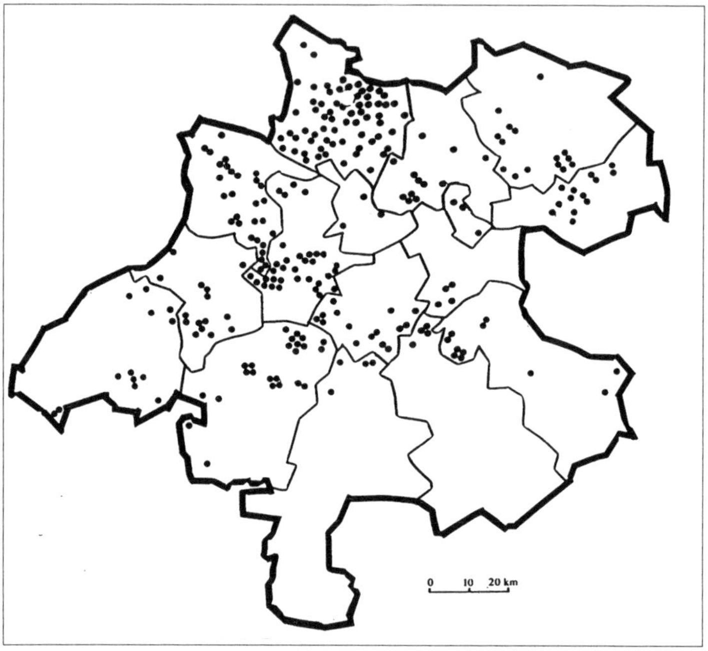

Bild 142: Verbreitung der Erdställe in Oberösterreich.

Erdstall überraschend gestoßen waren, zugeschüttet. Manche wurden auch als Vorratslager herangezogen.

Im Sommer 1997 wandelte ich gemeinsam mit dem Wiener Forscher *Oliver Stummer,* dem Projektleiter der UFO-Studiengruppe Z.E.U.S. (= Zentrale Erfassung ungewöhnlicher Sichtungen), auf den Spuren keltischer Druiden und magischer Kultstätten im mystischen Waldviertel. Ein Ausflug führte mich zu einem besonders gut erhaltenen Erdstall, der in drei unterirdischen Stockwerken angelegt worden war und sich auf Privatbesitz in der Gemeinde *Bad Zell* bei *Zellhof* in Oberösterreich befindet. Auf gut Glück sind Oliver Stummer und ich nach Zell aufgebrochen, um der heimatlichen Unterwelt unangemeldet einen Besuch abzustatten. Der freundliche Empfang der Familie *Wansch,* den Besitzern des fraglichen Grundstücks, wird uns noch lange in Erinnerung bleiben. *Johann Wansch,* das Familienoberhaupt, erzählte über die Entdeckung des Höhlensystems: »Es war im Jahre 1933, als mein Vater auf eine Merkwürdigkeit aufmerksam wurde. Nach einem schweren Unwetter schoss das Regenwasser vom Hang unseres Grundstücks herunter und sammelte sich an jener Stelle, wo sich heute der Eingang zum Tunnelsystem befindet. Genau dort versickerte damals das Wasser nicht und mein Vater wurde stutzig. Schließlich fand er das dunkle Loch. Bei der Freilegung stellte man dann fest: Ein Teil unseres Grundstücks ist mit begehbaren Hohlräumen durchsetzt, in drei Höhenlagen, rund 40 Meter lang, aber teilweise mit Schwemmsand und Wasser gefüllt.«

Egal, Oliver und ich wollten in jedem Fall den Abstieg in die Unterwelt wagen. Wir

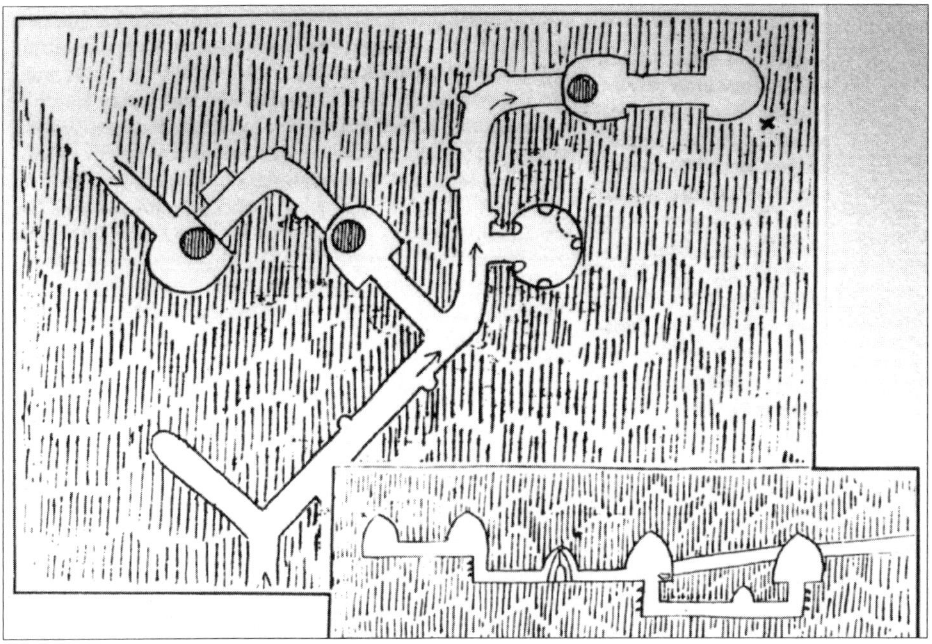

Bild 143: Grundriss eines »Zwergenlochs«.

staunten nicht schlecht, als uns Johann Wansch durchs Haus führte und uns in einem Nebenraum aufmerksam machte: »Hier ist es!« Tatsächlich, da war in einem Abstellraum ein dunkles, unscheinbares Loch erkennbar, vielleicht 40 cm im Durchmesser und auf den ersten Blick nicht unähnlich einem »Plumpsklosett«.

Auf einer Strickleiter stieg ich mit Oliver hinab, zwängte mich durch den schmalen Einstieg in die erste Etage des Zwergenlochs. Feiner Sand rieselte von den Wänden. Ich stand plötzlich in einer anderen Welt. Das Licht meiner Taschenlampe machte es sichtbar: Vor mir lag ein enger verzweigter Gang, oben an der Decke spitz zulaufend. Fein säuberlich aus dem weichen Flins gearbeitet, gegraben, geschaufelt und gekratzt. Über Steine und Bretter versuchte ich in gebückter Haltung Wasserpfützen zu umgehen, bis plötzlich vor mir ein neues dunkles Loch auftauchte. Mühsam gelang es mir, von dort in die nächste untere Etage vorzudringen. Ich befand mich nun etwa fünf Meter unter der Erdoberfläche. Es war friedlich, still und doch unheimlich. Inzwischen war mir klar geworden, dass ich mit Sakko und leichten Sommerschuhen nicht gerade ideal für solche Expeditionen ausgerüstet war. Das seltene Erlebnis hatte mich jedoch für durchnässte Kleidung und Schuhwerk allemal entschädigt. Oliver und ich tasteten uns auf allen vieren weiter vor, vorbei an Sitzecken und kleinen Nischen an den Wänden, bis zur nächsten Einstiegsluke ins dritte Untergeschoss. Da dieser Gang großteils unter Wasser lag, entschlossen wir uns zur Umkehr. Was wir erlebt und

Bild 144: Einstiegsloch in einen Erdstall bei Bad Zell in Oberösterreich, der in drei Stocken angelegt worden war.

gesehen hatten, war beeindruckend genug. Ich wusste in diesem Moment, dass nicht nur Ägyptens Pyramiden Geheimnise bergen, auch vor unserer Haustüre liegen ungelöste Rätsel der Vergangenheit.

Das Alter der Erdställe ist unbekannt. Dort, wo sie vorkommen, weiß jeder Bauer von ihnen zu erzählen, aber wer kennt außerhalb der ländlichen Gebiete diese eigenartigen unterirdischen Bauten? Die meisten Lexika verschweigen sie, und auch architektonische Handbücher erwähnen sie ebenso wenig wie Standardwerke der Volkskunde. Übergangen werden sie auch in kirchen- und religionsgeschichtlichen Werken. Von Karst- und Höhlenforschern werden die Erdställe geflissentlich ignoriert.

»Was sind das doch für sonderbare Menschenwerke, diese künstlichen Höhlen, nah unserer Wahrnehmung und doch so fern unserer Erkenntnis, so wenig beachtet und doch so weit, Denken und Schaffen einer längst vergangenen Zeit aus ihnen zu erschließen. Diese, in wunderlichen Windungen und überraschendem Zickzack tief in die Erde eindringenden Gänge, die mehr einer Röhre gleichen, durch die man sich, oft nur wie ein Wurm, durchzuzwängen vermag, an die sich dann Kammer an Kammer reiht, aber auch nicht größer, als sechs oder acht Menschen Raum finden und sich eben noch aufrichten können . . .« So schrieb Dr. *Matthäus Much* Anfang unseres Jahrhunderts im Vorwort zu dem von dem österreichischen Kaiser *Franz Joseph* geförderten, prachtvoll gestalteten Band über *»Künstliche Höhlen in alter Zeit«*.

Bild 145: Der Autor im »Zwergenloch« fünf Meter unter der Erde.

Ein Benediktinernönch aus Göttweig, Pater *Lambert Karner,* hatte, durch Dr. Much angeregt, seine Leidenschaft für die Erforschung jener künstlichen Höhlen entdeckt. Der Pater fand heraus, dass die meisten der von ihm erforschten Erdställe in »vorchristlicher oder wenigstens zu Beginn der historischen Zeit« angelegt worden waren. Bereits *Ovid, Tacitus* und *Plinius* haben diese Erdställe seinerzeit erwähnt, als sie von der Nutzung von Höhlen im »alten Germanien« schrieben.

Erdställe unterscheiden sich deutlich von allen anderen unterirdischen Bauten. Ihre Merkmale sind unverkennbar. In Stichworten zusammengefasst:

- sie wurden unterirdisch angelegt
- sind offenbar von Menschen gebaut
- besitzen sorgfältig geformte Wandflächen
- Bearbeitungsspuren von Werkzeugen sind erkennbar
- alle Wand-, Decken- und Gehflächen sind unverkleidet

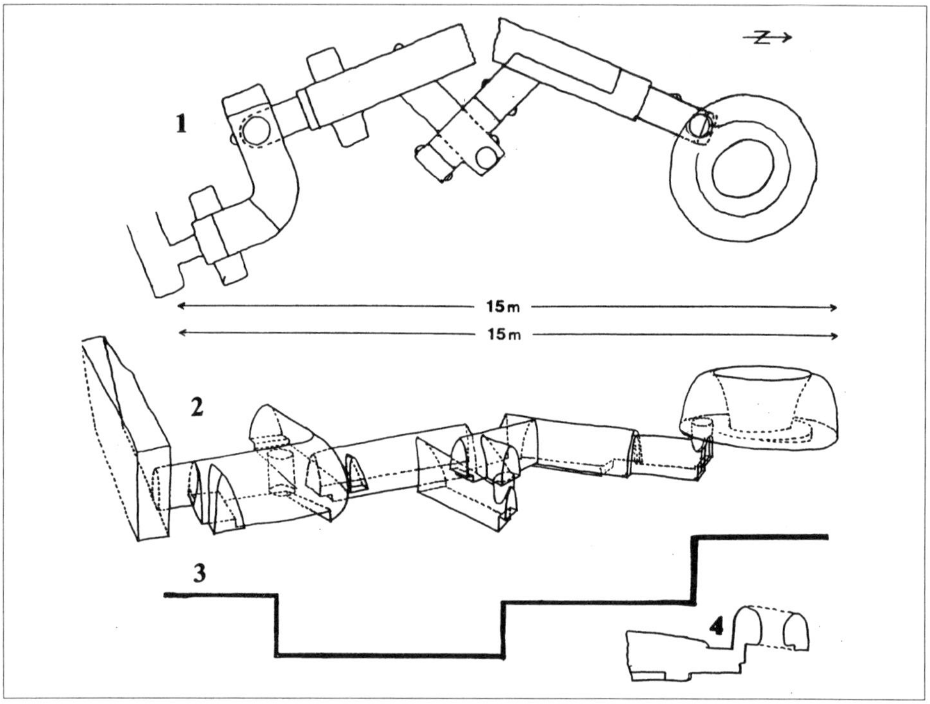

Bild 146: Das Beispiel einer »Zwergenwohnung« in Stein, im Bezirk Grieskirchen, zeigt die verworrene Konstruktion der unterirdischen Anlagen: 1. Draufsicht; 2. perspektivische Darstellung; 3. schematische Darstellung der Gänge in unterschiedlichen Höhen – vom Einschlupfloch links bis zum Rundgang als höchstes Niveau; 4. Schnitt durch den Rundgang und davor liegendem senkrecht nach unten führendem Schlupfloch.

- Gänge sind für Erwachsene nur in gebückter Haltung oder kriechend begehbar
- Schlupflöcher in der Größe von 40 mal 50 cm sind nur schwer passierbar
- »Lichtnischen« sind an Rußspuren erkennbar
- ebenfalls erkennbar: »Tastnischen« ohne Feuerspuren
- es ist nur ein Eingang vorhanden
- die wenigen Funde (1889 fand man ein »Kultgefäß« mit der Darstellung eines »Sonnenrades«) sind zerbrochen oder verbrannt

Das Bauprinzip dieser Labyrinthe mit etwa 1,5 Meter Raumhöhe erinnert an ein wirres Baukastensystem: Gänge, Schlupflöcher, Kammern, Rundgänge wurden mit senkrechten Schächten kombiniert und mit niedrigen Sitznischen und Bänken verbunden. Die Größe und Länge der Anlagen ist unterschiedlich. In der niederösterreichischen Gemeinde *Althöflein* stößt man auf eine gewaltige Erdstallanlage von 200 Metern Länge. Für heutige Begriffe ist ein solches Tunnelsystem ein völlig nutzloses, in sich unlogisches Bauwerk, ohne jeglichen erkennbaren Sinn oder Zweck. *Wer* hat die Erdställe *wann* und *wozu* angelegt?

Die Datierungen schwanken zwischen vorchristlicher Zeit, 6. und 7. Jahrhundert, 12. und 13. Jahrhundert oder 15. Jahrhundert. Die Meinungen über die Bedeutung der Gänge sind ebenso geteilt. Folgende »Lösungsvorschläge« werden angeboten:

● *Versteck vor Feinden*

Einige Forscher vertreten die Auffassung, die Erdställe seien ideale *Fluchtstätten* gewesen und dienten der Bevölkerung in kriegerischen Zeiten als Versteck. Schwer vorstellbar: Denn viele Erdställe liegen unter Bauernhäusern. Wie hätte der Bauer seinen wertvollsten Besitz, das Vieh, im Erdstall verstecken wollen? Außerdem: Beim Aufenthalt mehrerer Personen entsteht, wenn nicht Luftschächte vorhanden und intakt sind, nach wenigen Stunden akuter Sauerstoffmangel. Wie lange hält man die Belastung in den engen Räumlichkeiten aus?

● *Die Gänge dienten der Verteidigung*

Die Vermutung, dass Erdställe Verteidigungsanlagen gewesen sein könnten, taucht immer wieder auf. Die Rundgänge, so wird argumentiert, wurden deshalb angelegt, um eindringende Feinde zu verwirren. Aber warum sollte ein Feind in das unübersichtliche Gangsystem überhaupt eindringen? Solange er dort unten Leben vermutet, wäre das Zuschütten des Eingangs oder das Ausräuchern die einfachste Lösung. Für Menschen, die in Kriegszeiten den Erdstall als Zufluchtsstätte verwendet hätten, wäre er eine tödliche Falle geworden.

● *Fluchtgänge*

Wer die unteridischen Labyrinthe als Fluchtweg bezeichnet, vergisst offenbar, dass sie dazu wohl völlig ungeeignet sind: Es gibt nur *einen* Eingang, und der ist mit dem Ausgang identisch.

● *Bergmännische Nutzung*

Wie bei den meisten Versuchen, das Rätsel der Erdställe zu klären, wird auch bei der Bergbautheorie die konstruktive Anlage übersehen, die eine wirtschaftliche Nutzung undenkbar macht.

● *Vorratsraum*

Eine gern verwendete Erklärung ist die Behauptung, Erdställe seien nichts anderes als Vorratsräume gewesen. Gewöhnlich stammt diese Aussage von Leuten, die noch nie am eigenen Leib die bedrückende Enge erfahren haben, die jede unbedachte und unnötige Bewegung ausschließt. Wie soll man unter solchen räumlichen Gegebenheiten mit engen Durchschlupflöchern und senkrechten Schächten größere Vorräte transportiert haben?

● *Kultische Verwendung*

Da eine »praktische« Verwendung der Erställe nach heutigen Kenntnissen ausgeschlossen werden, bieten Historiker »Kulträume« als Erklärung an. Allerdings wissen wir aus der Erfahrung im Zusammenhang mit anderen rätselhaften Funden, dass »Kult« immer dann als Auslegung ins Spiel gebracht wird, wenn eine plausible

Bild 147: Dieser »Kultgegenstand«, ein Sonnenrad, ist einer der wenigen Artefakte, die in einem Erdstall entdeckt worden waren.

Erklärung fehlt. Doch wird damit nichts Ursächliches aufgeklärt. Welchen kultischem Zweck sollten die Erdställe gedient haben? Da wir so gut wie nichts über die Erdställe wissen und es kaum Fundstücke in den Räumen gibt, ist es müßig, über irgendeinen unbekannten »Kult« zu spekulieren.

● *Labyrinthe*

Darstellungen von labyrinthisch angeordneten »Irrgärten« kennen wir seit über 30000 Jahren. Sie sind scheinbar ebenso »nutzlos« wie Erdställe, ohne jeden erkennbaren praktischen Zweck. Man findet sie auf Höhlenmalereien, als Grundriss ägyptischer Tempelbauten und dem nie gefundenen Labyrinth des *Minotaurus* auf Kreta, geht weiter über nordische Runensteine, über die Sandbilder der *Hopi*-Indianer in Arizona und die Flechtarbeiten der *Navajos,* führt zu vielen Labyrinthen in Kirchen und Kathedralen und weiter zum Irrgarten als Freizeitattraktion oder als Kreismuster in Englands Kornfeldern. Sind die dreidimensionalen Spiralen, die nach innen und nach außen führen, ein Symbol für den Tod und ein neues Leben? Labyrinthe haben einen Vorzug: Obwohl ihre Anzahl gegenüber den Erdställen geringer ist, wissen wir durch Bilder und schriftliche Aufzeichnungen um vieles mehr. Sind die Erdställe Abkömmlinge oder Verwandte des Labyrinths?

● *Krankheitsmagie*

Bestimmten Orten wird *heilende* Kraft nachgesagt. »Energiesteine« würden helfen, verschiedene Krankheiten zu heilen. Heute noch sind Bräuche erhalten geblieben, die auf keltische Heilungs- und Fruchtbarkeitsriten zurückgeführt werden können. So gibt es beispielsweise oberhalb der Donau, im bayrischen *Bad Abbach,* ein Felsenloch, durch das man gegen Kreuzweh oder »Leibschaden« kroch. Hatten die Erdställe ähnlich hilfreiche Wirkung? Waren sie eine Art unterirdisches Rehabilitionszentrum?

Bild 148: Labyrinthe und Irrgärten umgibt eine ähnliche Aura des Geheimnisvollen.

● *Wiedergeburtsmagie*

Bietet der enge Durchschlupf ins Erdloch, in die »Mutter Erde«, einen Bezugspunkt zur Magie von *Tod* und *Wiedergeburt?* Sind Erdställe ein besonderer Ort der Einkehr und Besinnung? Ist der Abstieg in die Unterwelt ein Symbol für das Totenreich? Hat man ein Riual vollzogen, das den Übergang durch den Tod und die Neugeburt darstellen sollte? Waren die unterirdischen Gänge *Visionsräume* bzw. *Meditationsorte,* ähnlich den völlig dunklen und schalldichten »Isolationstanks«, wie sie in den Vereinigten Staaten als psychotherapeutisches Heilverfahren und für *Out-of-Body*-Experimente (außerkörperliche Erfahrungen) verwendet werden?

● *Totenkult*

Wurden in den unterirdischen Gängen die Toten verehrt? Einige Forscher glauben, dass Erdställe als Leergräber für zurückgebliebene Tote zusammen mit einem neuen Bauernhaus entstanden, um diese als Beschützer der Familie zu erhalten. Andere meinen hingegen, dass die Gänge als »Wohnungen« für Hausgeister angelegt wurden.

● *Opferbräuche*

Es fällt auf, dass nur Gegenstände in den Stollen gefunden wurden, die zerstört waren: Scherben, Asche, Knochen, zerbrochene, verbogene Eisenteile, angebrannte Holzstücke und Brandspuren. Sind es Reste einer Brandkatastrophe? Gab es Brandopfer? Oder kann uns eine genaue Schichtenuntersuchung des Materials zu einer ganz anderen Lösung führen? Was hat es mit dem »Brandschutt« auf sich?

● *Zwergenwohnung*

Bleibt noch die Erklärung, die dem Phänomen seinen Namen gab: *Schrazelloch.* Sind die engen und niedrigen Behausungen für Zwerge bestimmt gewesen? Manche Heimatforscher sprechen von einer ausgestorbenen »Zwergenrasse« und nehmen Bezug auf alte Legenden und Sagen, die im Volksmund auch als Wichtel, Trolle, Gnome oder

Schrazeln bekannt sind. Es soll auch Verbindungen geben zu den zahlreichen steinernen Findlingen, den »Teufelssteinen« sowie dem Geheimnis der »Schalensteine«. Pygmäen in Oberösterreich? Das klingt kurios.

Und dennoch: Begegnungen mit zwergenhaften Wesen sind uns aus aller Welt überliefert. Heute noch schwören Augenzeugen, sie hätte solche kleinwüchsigen Geschöpfe beobachten können. Beliebter Erscheinungsort ist das Zauberreich im *Untersberg* in Salzburg an der bayrisch-österreichischen Grenze. Zwischen Schluchten und zahlreichen Höhlen zeigt sich das »kleine Volk« offenbar besonders gerne. Schilderungen über Trolle und Feen kann man nun glauben oder auch nicht. Aber wie ist das mit schaurigen Entdeckungen wie dem Zwergenmenschen von *Wyoming?* Der Wiener Phänomenedetektiv *Viktor Farkas* berichtet über den ungewöhnlichen Fund in seinem Buch *»Unerklärliche Phänomene«:*

»In einer engen Bergschlucht – einem sogenannten *gulch* – am Fuße der *Pedro Mountains,* sechzig Meilen westlich von Casper, Wyoming, sprengten zwei Goldsucher unabsichtlich eine kleine natürliche Höhle frei. Als sich Rauch und Staub gelegt hatten, fuhr ein eisiger Schrecken den Männern in die Glieder. Aus der Höhle starrte sie die Mumie einer winzigen menschenähnlichen Kreatur direkt an. Sie saß mit gekreuzten Beinen und im Schoß verschränkten Armen auf einer Art Querbalken in der Höhle. Die Gestalt war dunkelbraun, faltig und besaß humanoide, wenn auch nicht exakt definierbare Gesichtszüge.«

Das Unfassbare: Die Zwergengestalt musste zu Lebzeiten höchstens 35 cm gemessen haben. Wann das gewesen war, wusste niemand anzugeben. Biologen stellten lediglich fest, dass der Zwerg bei seinem Tod etwa 65 Jahre gewesen sein musste. Für Frühmenschen aller Art ein biblisches Alter.

Anthropologen der Harvarduniversität haben inzwischen die Echtheit der Mumie eindeutig bestätigt. Der Leiter der Anthropologischen Abteilung des Amerikanischen Museums, Dr. *Henry Shapiro,* erklärte explizit, dass die Untersuchungen ein komplettes Erwachsenenskelett ergeben hatten, das mit getrockneter Haut überzogen war.

Es lag nahe, den Fundort der Mumie nach weiteren Hinweisen zu durchsuchen. Die 1,20 mal 1,20 mal 4,5 Meter große Höhle zeigte keinerlei Spuren menschlicher Anwendung. Sie war volkommen leer, wies wie bei den Erdställen weder auf Symbole oder Grabbeigaben hin. Nur der Steinsims war vorhanden, auf dem die Zwergenmumie seit undenklichen Zeiten gesessen hatte. Ihr Geheimnis wurde niemals geklärt. Heute ist sie in Casper, Wyoming, als Kuriosität zu besichtigen.

In der Welt um uns scheint doch nicht alles so klar und fassbar zu sein, wie wir gerne glauben möchten. Und was ist mit den »Zwergenlöchern«? Wenn sie so verbreitet und bedeutungsvoll waren, warum ist dann jede Erinnerung daran völlig ausgelöscht? Wäre es denkbar, dass der Ursprung der labyrinthartigen Erdställe zeitlich viel weiter in der Vergangenheit zu suchen ist, als es der heute herrschenden Meinung entspricht?

Bild 149: Zehn Kilometer oberhalb der Stadt Cuzco liegt die berühmte Inka-Festung Sacsayhuaman. Wurde sie von Riesen erbaut?

Schon *Novalis* (1772–1801), der bekannte Dichter der Romantik, versuchte etwas »Licht« in die dunklen Gänge der Geschichte zu bringen, indem er in jenen Tagen erkannte: »Der ist der Herr der Erde, wer ihre Tiefen misst und jeglicher Beschwerde in ihrem Schoße vergisst.«

Von Riesen erbaut?

Wo von Zwergen die Rede ist, dürfen *Riesen* nicht fehlen. Sie treten nicht weniger oft in Erscheinung als Kobolde und andere »Elementargeister«. Zyklopen, ob *Goliath* oder *Rübezahl,* haben ihren festen Stammplatz in Volkslegenden und mythischen Überlieferungen. An Riesen muss man unwillkürlich denken, wenn man mit kolossalen Bauwerken der Antike konfrontiert wird. Wie wurden tonnenschwere Steindenkmäler transportiert und aufgerichtet?

Gewaltige Monumente aus Stein sind es, die uns heute Einblick in die Prähistorie verschaffen, die imstande sind, ein bezeichnendes Licht auf das Wissen damaliger Völker zu werfen – ein Wissen, das bislang im Nebel der Vorzeit verborgen schien. Unser Planet Erde ist voll von steinernen Zeugen einer Vergangenheit, die heute kaum mehr datiert werden kann. Selbst unsere modernen Architekten stehen bewundernd

Bild 150: Der größte Koloss der Inka-Mauer misst 9 x 5 x 4 Meter und wiegt 360 Tonnen.

vor diesen »Visitenkarten« prähistorischer Fähigkeit. Neidlos gestehen sie ein, dass Bauwerke, wie etwa die ägyptischen, chinesischen oder südamerikanischen Pyramiden, im 20. Jahrhundert kaum noch nachvollziehbar wären.

Und auch die berühmte peruanische Inkafestung *Sacsayhuaman,* zehn Kilometer oberhalb der Stadt *Cuzco,* entzieht sich jeglichen Datierungsversuchs. Es sind jedenfalls berechtigte Zweifel an der Version anzumelden, Sacsayhuaman sei noch relativ »jung« und in zwei Etappen von 1438 bis 1471 unter dem Inkaherrscher *Pachacutec Yupanqui* und danach von 1493 bis 1527 unter *Huayna Capac* erbaut worden. Wer diese Monumentalwerke betrachtet, diese drei terrassenförmig übereinander gebauten Reihen zackenförmig vorspringender Bastionen, aus mörtellos zusammengefügten Riesensteinen von unregelmäßiger Form zusammengesetzt, der ist unwillkürlich versucht, sich die Erbauer als gigantische Wesen vorzustellen.

Allein die unterste, fünf Kilometer lange Mauer mit ihren zyklopischen Steinen verschafft Respekt vor den unbekannten Erbauern dieser gewaltigen Anlage. Da lächelt man über die Behauptung mancher Archäologen, wonach 30000 Indios einstmals siebzig Jahre lang mit der Errichtung von Sacsayhuaman beschäftigt gewesen sein sollen, denkt man auch daran, dass der größte hierfür genützte Steinkoloss die erstaunliche Höhe von fünf Metern aufweist. Mit welchen Hilfsmitteln sollte diese gewaltige Bauleistung zuwege gebracht worden sein? An irgendeine Technologie darf man ja gar nicht denken. Oder vielleicht etwa doch?

Bild 151: 1920 wurde diese Goldfigur entdeckt und angeblich als »Tier« identifiziert. Doch die Krallen wirken eher wie Schaufeln und am Schwanz sind Zahnräder angebracht. Die Wiedergabe eines antiken Bulldozers?

Im Jahre 1920 fand man in *Panama* eine seltsame Goldfigur, die von Archäologen als »Jaguar« identifiziert wurde. Doch wer das Relikt genauer in Augenschein nimmt, wird feststellen, dass es weit mehr *mechanische* als tierische Merkmale aufweist. Es erinnert an das Modell eines Bulldozers, wobei die Krallen des »Ungeheuers« als Schaufeln aufgefasst werden könnten. Am »Schwanz« des Tieres sind *Zahnräder* angebracht. Dienten sie einem bestimmten Antrieb? Gab es in der Vorzeit solche oder ähnliche Maschinen für den Transport von Erde und Steinen?

Womöglich noch rätselhafter scheint mir die Ruinenstätte von *Baalbek*. Sie liegt in der *Beka-Ebene* im Osten des Libanon. Das Bauwerk wird bereits 804 v. Chr. in assyrischen Quellen erwähnt. Berühmt wurde Baalbek nicht zuletzt durch seinen *Jupiter*tempel, in römischer Zeit errichtet. Weitaus bemerkenswerter aber ist jene so genannte »Terrasse«, auf dem die Tempelanlage steht. Sie wurde aus Steingiganten zusammengesetzt, von denen der berühmte »Dreistein« (Trilithen) einem geradezu den Atem nimmt. Mit welchen Beförderungsmitteln war es den Erbauern der Terrasse möglich gewesen, jene drei Riesenquader, aus denen dieser »Dreistein« zusammengesetzt ist, zu bewegen? Jeder dieser Blöcke misst 19 bis 20 Meter in der Länge und 4,2 bis 4,5 Meter in der Breite und Tiefe. Die Riesensteine wiegen bis zu 2000 Tonnen.

Bild 152: Der Jupiter-Tempel in der Beka-Ebene im Osten des Libanon wurde auf dem Fundament uralter Steinkolosse errichtet.

Während man sich über den römischen Jupitertempel im Klaren ist, dass er den Bauinschriften zufolge 60 n. Chr. errichtet worden sein muss, tappt man über die Bauzeit der »Terrasse« nach wie vor völlig im Dunkeln.

In seiner *»Geschichte Baalbeks«* wundert sich der französische Forscher *Michel M. Alouf* über die Zusammensetzung der »Zyklopenmauer«, wie dieses außergewöhnliche Fundament unterhalb des Jupitertempels auch gerne genannt wird. In seinem Buch aus dem Jahre 1896 lesen wir u. a.: »Diese Blöcke, auf andere etwas weniger große gestellt, sind mit zahlreichen Löchern versehen, die, wie man glaubt, Angriffspunkte für Hebemaschinen waren, welche die Steine an ihren Ort brachten. Das Ganze ist merkwürdig durch die Struktur und die Baukunst; ›sie werden durch keinen Kitt zusammengehalten‹, sagt Volney von den Blöcken, ›und doch dringt die Klinge eines Messers nicht in die Zwischenräume‹.«

Alouf vermutet, dass die Terrasse von Baalbek früher einem alten Baaltempel als Fundament gedient hat. Aus der Sicht seiner Zeit ist eine solche Meinung verständlich.

Bild 153: Der »Stein des Südens«, 20 Meter lang und 2000 Tonnen schwer.

Es ist eine Annahme, ebenso wie Aloufs Überlegung, das gewaltige Bauwerk sei von den Phöniziern errichtet worden. Dieser Hypothese steht beispielsweise jene des russischen Professors *Matest Agrest* gegenüber, der schon vor 32 Jahen die Ansicht vertrat, das gewaltige Steinfundament habe ursprünglich prähistorischen Raumfahrern als Landefläche gedient.

Eine derartige Deutung scheint auf den ersten Blick zu fantastisch zu sein – gäbe es da nicht bestimmte Überlieferungen, die der Franzose Michel M. Alouf dankenswerterweise nicht vergessen hat, in seinem vor über 108 Jahren erschienenen Buch mit einzubauen. So erfährt man, dass Baalbek zu den ältesten Stätten der Welt gezählt werden müsse, »und zwar deshalb, weil die Völker, die sich ihrer bemächtigten, insbesondere die Araber, den Ursprung in undenkliche Zeiten zurückversetzen und behaupten, dass der Wohnsitz *Adams* und der alten Patriachen in der Nachbarschaft Baalbeks gewesen sei . . . Nach einer Legende soll Baalbek von *Kain* erbaut worden sein, der hier nach dem Fluche, den Jehovah gegen ihn geschleudert hatte, Zuflucht fand.« Alouf zitiert hier aus einem alten arabischen Manuskript.

Noch deutlicher wird der maronitische Patriarch *Estfan Doyhi,* von dem wir erfahren: »Es heißt, dass die Festung Baalbeks der älteste derartige Bau auf der ganzen Welt sei, denn sie sei im Jahre 133 der Schöpfung auf Befehl Kains infolge einer krampfhaften Angst, die ihn überfiel, errichtet worden. Er gab ihr den Namen seines

Bild 154: Die Terrasse von Baalbek im Libanon.

Sohnes *Henoc* (Henoch) und bevölkerte sie mit *Riesen,* die später wegen ihrer Frevel von der *Sintflut* hinweggerafft wurden.«

Diese Behauptung, die natürlich – die Bauweise Baalbeks betreffend – manches erklären könnte, fand interessanterweise durch einen britischen Gelehrten, *David Urghart* hieß er, ihre Bestätigung. »Die großen Materialien, die sich in den gigantischen Baudenkmalen Baalbeks vorfinden«, meinte der Wissenschaftler, »sind vom *Mustodunte* (zu Deutsch: *Mammut*), der vor der Sintflut lebte, hierher befördert worden.«

Orientalische Schriftsteller haben, unabhängig von dieser ihnen unbekannten Überlieferung, ebenfalls herausgefunden, Baalbek reiche in die vorsintflutliche Zeit zurück. In einer alten arabischen Handschrift, die man in Baalbek gefunden hat, heißt es:

»Nachdem die Sintflut die ganze Erde überschwemmt und deren Gestalt verändert hatte, zerstörte sie auch den großen Bau von Baalbek, den einzigen Zufluchtsort Kains. Als *Nimrod* im Libanon regierte, schickte er nach den Riesen, um die Festung Baalbeks wiederherzustellen und hier einen überaus hohen Turm zu bauen; von diesem aus wollte er zum Himmel emporsteigen und Krieg gegen Gott führen. Von jener Zeit an gab man Baalbek zu Ehren Baals, des Gottes der Moabiter und des Sonnenkultes, den Namen, den es noch auf unsere Tage trägt.«

Auffallend ist der relative Gleichklang diverser Überlieferungen aus dem arabischen Raum. Deren Geschichtsschreiber glauben fest daran, dass der Patriarch *Abraham* in Damaskus geherrscht habe und seine Residenz in Baalbek gewesen sei. Überdies soll diese nördlich von Damaskus liegende Stadt seinerzeit einigen biblischen Propheten als Aufenthaltsort gedient haben. König *Salomo* habe, wird behauptet, seiner Frau *Balkis,* der Königin von Saba, in Baalbek ein prächtiges Schloss errichtet – und der arabischen Schriftgelehrte *Zakari el-Kazouini* überlieferte uns: »In Baalbek befindet sich das Schloss Salomons, des Sohnes Davids, und in seiner Festung ist ein Bau zu Ehren *Kahlils* (Abrahams) und das Heiligtum des Propheten *Elias*.«

Und hier sind wir abermals bei jener anfechtbaren Hypothese des Russen Agrest »gelandet«, der die Terrasse für den Startplatz vorzeitlicher Raumschiffe ansieht. Ausgerechnet ein gewiss unverdächtiger Ahne des Sowjetprofessors, nämlich jener Schriftgelehrte Zakari el-Kazouini, weiß über den Aufenthalt des Bibelpropheten Elias in dem Werk *»Assar el-Bilad«* zu vermelden: »In Baalbek beschämte dieser die Priester der Götzendienste. Hier hüllte ihn eine Wolke in Form eines Schildes mit seinem Feuerross ein und entführte ihn an einen unbekannten Ort«.

Was an dieser Überlieferung so stutzig macht, sind die präzisen Angaben, was sich da zu jener Zeit ereignet haben soll. Der Bericht von der »Hinwegnahme« des Elias ist uns zwar mehr oder weniger aus dem *Alten Testament* der Bibel geläufig, nicht aber, was uns Zakari el-Kazouini verdienstvoll aufgeschrieben hat. Sollte auf der Terrasse von Baalbek tatsächlich ein Fluggerät gelandet sein, mit dem Elias in den Himmelsraum aufstieg?

Jedenfalls gibt uns die Beschreibung jenes Vorfalls zu denken. Eine Wolke »in Form eines *Schildes*« habe Elias mit seinem Feuerross »eingehüllt« und danach »entführt«. Diese Form kommt uns bekannt vor. »Fliegende Schilder« sahen schon die Römer über den Himmel ziehen – und wenn wir uns zeitgemäße Berichte hernehmen, dann finden sich darin eindeutige Parallelen zu jenen Phänomenen, die mit dem neuzeitlichen Begriff »UFOs« einen festen Platz im Sprachschatz der Menschen erhalten haben.

UFOs – unidentifizierbare Objekte, so nennen wir diesen Himmelsspuk, und das Aussehen der ovalen Flugkörper ist durchaus mit »in Form eines Schildes« zu beschreiben.

Die monströse Terrasse von Baalbek – war sie einst ein prähistorischer Raumschiffhafen? Ein Landeplatz für UFOähnliche Gebilde? Solche Fragen spontan und emotionell zu verneinen wäre bestimmt auch kein überzeugendes Gegenargument. Die alten Schriften mit jenen rätselhaften Berichten, biblische und außerbiblische Mythen und Legenden wurden ja nicht von Däniken und Co. verfasst. Jene Chronisten, die uns darüber berichten, beschreiben, was sie gesehen oder gehört hatten. Sie sind also völlig »unverdächtig«.

Professor Matest Agrest darf sich freuen.

Nazca – Ein Flugplatz für die »Götter«?

Ich leide an Flugangst. Besser gesagt: ich litt an ihr. Nach der Besichtigung von *Nazca* aus der Vogelperspektive war ich geheilt. Mein Leben lang werde ich das nicht vergessen. Es war in der Tat unbeschreiblich. Dabei begann es recht harmlos. In Ica, im Süden von Peru, zwängte ich mich gemeinsam mit Freunden in eine winzige Fünf-Sitzer-Maschine. Zielort war das weltberühmte Wüstenwunder – die *Pampa* von Nazca. Ein rund 530 Quadratkilometer großes Gebiet, wo ein Gewirr von hunderten kilometerlangen Linien, gigantische geometrische Muster und riesige Tierdarstellungen sowie »Fantasiegeschöpfe« das »größte Skizzenbuch der Welt« bilden. Ein wahres Weltwunder, das paradoxerweise von der Erde kaum auszumachen ist. Der komplexe Zusammenhang der Figuren und Linien ist nur von der Luft aus betrachtet überschaubar. Am Boden nimmt man lediglich Vertiefungen im Erdreich wahr, die an einen Weg, eine Straße oder an lange, flache Rillen denken lassen. Vom Flugzeug aus vermittelt der erste Blick, als hätte man es tatsächlich mit einem riesigen prähistorischen Flugplatz zu tun. Noch aus 920 Kilometern Höhe aufgenommene Satellitenbilder zeigen schwach das Liniennetz von Nazca.

Wenn aber etwas in einem so großen Maßstab angefertigt wurde, dass es nur von »oben« betrachtet erkennbar ist, macht dies doch nur dann Sinn, wenn man es auch aus himmlischer Höhe anschauen kann. Dies hieße aber, dass die einstigen Nazca-Bewohner Mittel und Wege gefunden hatten, sich in die Lüfte zu erheben. Aber welche flugtechnischen Hilfsmittel standen in der Frühzeit zur Verfügung? Unserem traditionellem Geschichtsbild zu Folge überhaupt keine.

Gerade dieser Umstand inspirierte Götterforscher *Erich von Däniken* zu seiner fantastischen Idee: Die Zeichen wurden von Menschen (nicht von Außerirdischen, wie Kritiker dem Schweizer immer wieder gerne unterstellen) angelegt, um Besuchern aus dem Kosmos anzuzeigen – landet hier! Ist das Liniennetz als Erinnerung an himmlische Wesen angefertigt worden? Wollte man mit den Scharrbildern ein Zeichen setzen, hoffend auf die Wiederkehr der »Götter«? In seinem Sachbuch *»Zeichen für die Ewigkeit«* widmet sich Däniken ausschließlich dem Rätsel von Nazca und lässt mit seiner eindrucksvollen Bilderdokumentation über neu entdeckte Bodenmarkierungen die herkömmlichen Anschauungen verkümmern.

Über Nazca wurden unzählige Theorien konstruiert, aber keine konnte die Tatsache bisher plausibel erklären, weshalb die sonderbaren Muster am besten nur aus der Luft zu erkennen sind. Jüngste Erkenntnis: Die Liniensysteme beruhen auf einer uralten *Regenprozession.* Tausende Pilger, so erklärt der Archäologe Dr. *Tony Spawforth* von der Universität Newcastle, sollen in ihrer Not über Stock und Stein gewandert sein, um Regengötter anzuflehen, die ihnen Wasser geben sollten. Eine Völkerwanderung in immer wiederkehrenden rituellen Prozessionen soll letztlich die riesigen Spuren hinterlassen haben. Die deutsche *Bild*-Zeitung brachte im August 1997 eilig die Schlagzeile: *»Däniken entlarvt!«*

Bild 155: Von der Luft aus betrachtet sieht die Wüstenfläche aus wie ein gigantischer, vor Jahrtausenden verlassener Flugplatz.

Was die *Bild*-Redakteure allerdings vergaßen zu erwähnen: Es war inzwischen bereits die x-te »Entlarvung«. Hat man die vielen anderen Enthüllungsthesen, die von Kollegen des Dr. Spawforth seit Jahren als angeblich beweiskräftige Erklärung angeboten werden, inzwischen vergessen? Dr. *Richard Nikolaus Wegner* glaubte des Rätsels Lösung darin zu erblicken, dass die in der Erde eingefurchten Linien als *Bewässerungskanäle* dienten. Andere wie Professor *Alden Mason* denken an ein *»religiöses Jahrbuch«*.

Die inzwischen verstorbene deutsche Mathematikerin *Maria Reiche,* die sich seit 1946 mit dem »8. Weltwunder« beschäftigte, hielt es für wahrscheinlich, dass die Linien *astronomische* Bedeutung gehabt haben. Doch die computergestützten Untersuchungen des amerikanischen Astronomen *Gerald S. Hawkins* zeigten, dass kaum Hinweise gefunden werden konnten, die darauf schließen ließen, dass die Linien und Zeichen tatsächlich als *»astronomischer Kalender«* gedient hatten.

Zoltan Zelko wiederum, ein ungarischer Gelehrter, bietet die These einer *»riesigen Nazca-Landkarte«* als des Rätsels Lösung an. Und zwar exakt in der Verkleinerung 1:16. Doch wozu sollten Eingeborene eine Riesenkarte geschaffen haben, die sie weder in die Hand nehmen noch überblicken konnten? Es sei denn, sie wurde für jemand angelegt, der sie aus der Luft überblicken konnte.

Weitere wissenschaftliche »Entlarvungen« der flugplatzähnlichen »Pisten«: Nazca

Bild 156: Rätselhafte Pisten ziehen sich durch die Landschaft von Nazca. Wozu wurden kilometerlange Flächen nivelliert und Bergkuppen abgetragen?

sei eine vorzeitliche »Olympia-Anlage« gewesen; Indios hätten die Linien in *Wettkämpfen* abspurten müssen (auch über jene senkrecht die Berghänge hinauf- und hinablaufenden Linien? Wie soll das möglich gewesen sein?); Nazca diente, einer anderen Anschauung nach, als Start- und *Landebahn für Ballons* (Ballons? Wozu benötigte man dann pistenähnliche Linien?); es seien *sakrale Stätten* gewesen, an denen irgendwelchen Berg- und Himmelsgöttern geopfert worden sei – oder waren es gar (und das ist wohl das »Ei des Kolumbus« aller vorgebrachten Expertenmeinungen) Zeugnisse für eine vorzeitige *»Beschäftigungstherapie«?*

Durchwegs wissenschaftliche Theorien, die ich hier genannt habe, aber keine überzeugt wirklich, schon gar nicht Dr. Tony Spawforths »Regenprozession«. Jüngst entdeckte Zeichen von *geometrischen* Anordnungen, *Diagrammen* und *schachbrettartigen* Gebilden auf einer unebenen Bergkuppe im Gebiet von *Palpas* (zwölf Flugminuten vom Nazca-Flughafen entfernt), aber ebenso Darstellungen riesiger *menschenähnlicher* Figuren lassen sich nur schwer in die Regenmacherthese einordnen. Dr. Spawforth, der mit seiner Vorstellung nunmehr gewissermaßen im Regen steht, wird wohl mit einem weiteren Niederschlag rechnen müssen. Faktum bleibt nämlich: Die Konstruktionen und Zeichnungen sind ausschließlich aus großer Höhe erkennbar. Von Betrachtern, die sich in Fluggeräten fortbewegen.

Bild 157: 29 Meter hoch: eine Hügelfigur mit zum Himmel gerichtetem Arm. Indios nennen sie »El Astronauta«.

Hat Erich von Däniken also doch Recht? Haben wir es mit Bestandteilen eines antiken Signalsystems zu tun? Angelegt, um den »Göttern«, genauer gesagt den Astronauten fremder Gestirne, ein Zeichen zu geben?

Die Scharrbilder von Nazca sind nicht die einzigen Gebilde, die ausnahmslos aus großer Höhe gesehen werden können. Auf der ganzen Welt verstreut findet man noch heute magische Hügelfiguren, Bodenmuster und heilige Plätze, die nur aus der Luft in ihrer Bedeutung erkannt werden können. Beispiele? Bitte:

● *Das Medizinrad von Bighorn*

Im östlichen Vorland des nordamerikanischen Felsengebirges liegen rund fünzig Steinkreise, die von den Cheyenne-Indianern als »Medizinräder« bezeichnet werden. Über ihre Verwendung ist nichts bekannt. Nur so viel: »Medizin« bedeutet so viel wie *»Magie«*. Den Indianern heilig ist das *Bighorn*-Medizinrad im US-Bundesstaat *Wyoming*. Vom Boden betrachtet wirkt es wie ein unbedeutender Steinhaufen, jedoch aus der Luft gesehen erkennt man ein »Sonnenrad«. Es misst im Durchmesser etwa 30 Meter.

● *Die Erdhügel von Ohio*

Die Bilderhügel von *Newark* in Ohio sind Erdanhäufungen (Mounds) von vorkolumbianischen Indianerkulturen. Sie stellen möglicherweise *Sternbilder* dar, peilen extreme Mondaufgangspunkte an und sind allumfassende Kraftpunkte der Erde. Zu den

Bild 158: Der geheimnisvolle Schlangenhügel im amerikanischen Bundesstaat Ohio.

imposantesten zählt die *große Schlange,* ein geometrischer Erdwall von 400 Metern Länge. Manche Forscher interpretieren das Gebilde als Darstellung des Sternbilds *Kleiner Wagen.*

● *Der Glastonbury-Tierkreis*

Zu den berühmtesten Kultstätten der Welt zählt der konische Hügel von *Glastenbury* in Südengland. Auf der Kuppe des Pilgerpfades thront ein Kirchturm, der *Tor* (Tor = Berg) genannt wird. Ganz in der Nähe, in der Abtei von Glastenbury, soll *König Arthus* begraben liegen und in *Chalice Wall,* bei der Blutquelle, sei einst der Legende nach der *Heilige Gral* versteckt worden. Die spiralenförmigen Terrassen zum Tor sind Teil des Wassermannzeichens im so genannten Glastonbury-Tierkreis. Ein kreisförmiges Areal von 16 Kilometern Durchmessser, so alt wie die Hügel, Flüsse, Wege und Umrisse der Landschaft, die den »astrologischen Sternentempel« einst im Boden geformt haben sollen.

● *Avebury-Flügelsonne*
Beim Dorf *Avebury* in der Grafschaft Wiltshire, 26 Kilometer nördlich von *Stonehenge,* sind vor urdenklichen Zeiten massenweise Riesenmegalithen aufgestellt worden. Niemand weiß, wer sie gebaut hat und wann. Bildeten die aufrecht stehenden Steinkolosse eine Art prähistorisches Machtzentrum? Die Besonderheit bei dieser Steinanlage: Von der Luft aus betrachtet entspricht die Anordnung der Steingiganten dem altägyptischen Symbol der *geflügelten Sonnenscheibe* mit den beiden *Uräus*-Schlangen.
● *Der Old Sarum Ley*
Von Nordosten nach Südosten führt eine »Kraftlinie«, Esoteriker sprechen von *Leys,* 30 Kilometer weit durch die Landschaft von *Wiltshire-Hampshire* in Südengland. Was aus der Luft erkennbar ist bestätigten Computeranalysen: Weit entfernte Grabhügel sind auf einer Linie mit den Kultstätten *Stonehenge, Old Sarum,* der Kathedrale von *Sailsbury,* dem Steinzeitring *Clearbury* und dem *Frankenbury Camp* aus der Eisenzeit verbunden.
● *Englands Kreidehügelfiguren*
Auf Kalksteinhügeln wurden gigantische Bildwerke eingeritzt. Warum wurden sie angefertigt? Wer hat die Figuren wann und wozu geschaffen? Unter ihnen das berühmte *»Weiße Pferd von Westbury«,* der 112 Meter lange *»Drache von Uffington«,* der *»Der Riese von Cerne Abbas«* oder der *»Lange Mann von Wilmington«.*
● *Kreise und Piktogramme in Kornfeldern«*
Sie sorgen seit Mitte der 1980er Jahre für beträchtliche Aufregung, sind in ihrer immer komplizierter werdenden Komplexheit nur aus der »Vogelperspektive« wahrzunehmen und machen die Bevölkerung nervös: mysteriöse geometrische Muster flach gedrückter Getreidehalme. Bevorzugt treten sie im Gebiet um *Stonehenge* in Erscheinung, seit einigen Jahren auch andernorts in Deutschland, Österreich, Ungarn, Tschechien oder Kanada. Die kuriosesten Theorien wurden aufgestellt: Von Tieren, die im Kreis laufen, Wirbelwinden, Außerirdischen, »Visitenkarten« aus einer anderen Welt, morphogenetischen Feldern oder militärischen Laserexperimenten ist die Rede. Heute wissen wir, dass der Großteil dieser Kreismuster auf bewusste *Fälschungen* zurückgeführt werden muss. Aber nicht alle Piktogramme finden deshalb eine logisch-irdische Erklärung. Historische Aufzeichnungen belegen, dass das Phänomen uralt ist. Im Mittelalter brachte man die rätselhaften und platt gedrückten Halme mit dem *Teufel, Kobolden* und *Erdgeistern* in Verbindung. Heute müssen UFOs und Außerirdische dafür herhalten.

Unsere Welt ist voll gestopft mit objektiven Tatsachen. Liegt vielleicht gerade darin das Mysterium der Kornkreise und anderer in den Himmel gerichteter Bodenmarkierungen? Kommt in den wundersamen Zeichen die Hoffnung und Sehnsucht nach den Sternen zum Ausdruck? Gibt es ein Fortwirken geheimer Kräfte, die von diesen harmonischen Mustern ausgehen? Von der Steinzeit bis in die Gegenwart? Die Faszination der riesenhaften Erdmonumente und Scharrbilder wäre wohl dahin ohne diese wundersamen Rätsel.

Zwischen Supernova und Stonehenge

Wenn uns eine längst untergegangene Zivilisation etwas hätte mitteilen wollen – auf welchem, die Zeiten überdauernden Material wäre dies wohl möglich gewesen? Es gibt eigentlich nur das eine, wirklich widerstandsfähige Produkt, das uns die Natur zur Verfügung gestellt hat – den *Stein*. Steine haben sich sogar diversen Naturkatastrophen gewachsen gezeigt und ihre Form, ihr Aussehen über die Jahrtausende hinweg bewahrt. Denken wir an die Pyramiden, jene Monumentalbauten in Ägypten, Lateinamerika und teilweise auch in China. Sie sind eine echte, wenn auch vielfach noch nicht zur Gänze entschlüsselte Botschaft unserer Vorfahren.

Mathematische und astronomische Hochleistungen sind über den gesamten Erdball verteilt. In mehreren Teilen Westeuropas begegnet man rätselhaften Monumenten und riesigen Steinkreisen aus der Jungsteinzeit und älteren Bronzezeit. Die imposantesten dieser seltsamen Relikte befinden sich im Gelände von *Stonehenge,* bei *Salisbury* in England und bei *Carnac* in Frankreich.

Welche Bedeutung haben diese Steine – und warum wurden sie aufgestellt?

»Kultobjekte«, urteilte die orthodoxe Archäologie. Eine Annahme, die sich als irrig erwiesen hat. Bei einer gründlichen wissenschaftlichen »Durchleuchtung« entpuppten sich jene so genannten Steinhaufen zur allgemeinen Überraschung als Bestandteile einer astronomischen Anlage. Bereits im Jahre 1963 machten sowohl der Astronom *Gerald S. Hawkins* als auch der Vermessungstechniker *C. A. Newman* erstmals auf die verblüffenden Informationen der riesigen Steinmonumente aufmerksam. Unabhängig voneinander stellten beide Forscher fest, dass in Stonehenge präzise Richtungsangaben für den Sonnenaufgang bei Sommer- und Wintersonnenwende, die Tag- und Nachtgleiche sowie Mondaufgangs- und Monduntergangspunkt messbar waren.

Zunächst war diese außergewöhnliche Deutung von den etablierten Astronomen heftig kritisiert worden – aber etliche Jahre später erklärte sich auch der bekannte britische Astronom und Kosmologe Sir *Fred Hoyle* mit Hawkins und Newman solidarisch. Spätere Untersuchungen ergaben, dass Stonehenge tatsächlich eine Art prähistorische Rechenanlage darstellt, die selbst zur Bestimmung und Berechnung einer Sonnenfinsternis imstande war.

Noch rätselhafter wird die Angelegenheit dadurch, dass die geheimnisvollen Menhire wesentlich älter sind, als bisher angenommen wurde. Nach den Untersuchungen des Forschers *Geoffrey Wainwright* und anderer britischer Wissenschaftler wurden die riesigen Steinmomumente im Zentrum – sie bilden fast konzentrische Steinkreise – in der Zeit um 2500 v. Chr. aufgestellt. Bisher hatte man angenommen, die Kolosse wären etwa 2000 v. Chr. herbeigeschafft und erst in den darauf folgenden 500 Jahren aufgestellt worden. Festgestellt wurde die Zeitdifferenz deshalb, weil Wainwright ein neues Verfahren der Altersbestimmung angewandt hatte, das eine Genauigkeit von 50 bis 100 Jahre erlaubt. Zuvor konnte die Geschichte von Stonehenge nur mit einer Genauigkeit von ±500 Jahren fixiert werden. Damit verschiebt sich jedoch ebenso der

Bild 159: War das Bauwerk von Stonehenge ein Steinzeitcomputer?

Bau vom ersten Stonehenge, ein Vorläufer der Steindenkmäler. Um 3000 v. Chr. sollen zeremonielle Holzportale das spätere Stonehenge markiert haben.

Bleibt eine neue Frage zu klären: Wie war es einer Gesellschaft von Nomaden und Hirten, die vor 5500 Jahren durch das Land gezogen war, möglich gewesen, ein derart ausgeklügeltes mathematisches und astronomisches Wissen zu erwerben? Wer oder was machte den Erbauern dieser »steinernen Computer« jene erstaunlichen Kenntnisse zugänglich?

Wir finden dieses Wissen ebenso bei den Indianern Nordamerikas. Auf Felszeichnungen in New Mexico, Northern, Arizona und Kalifornien erkannte man genaue Angaben über ein Aufsehen erregendes Ereignis aus dem Jahre 1054 n. Chr. Es handelte sich damals um eine Himmelsbeobachtung, die später dann als die berühmte *Supernova* im Sternbild des Stiers identifiziert werden konnte. Großartige Meister in der Himmelsbeobachtung waren auch die Maya und Azteken. Von ihnen weiß man, dass sie nicht nur ihre Tempel nach astronomischen Punkten orientierten, sondern sogar ihre Stadtanlagen in diesem Sinne planten.

Waren es hier die nordamerikanischen Ureinwohner sowie jene des mittelamerikanischen Kontinents, so reichte astronomisches und mathematisches Wissen der Vorzeit längst auch bis in den Fernen Osten – etwa nach China, das von den »gelbhäutigen« Bewohnern selbstbewusst »Reich der Mitte« genannt wurde. Die Chinesen waren nicht nur die Erfinder von Schießpulver, Kompass oder Akupunktur, auch sie hatten (wie die Indianer Nordamerikas) im Jahre 1054 jene Sternenexplosion im Sternbild des Stiers beobachtet. Und in den Aufzeichnungen aus *Kaifeng* und *Peking* wird ein lichtschwacher Stern, dem später der deutsche Astronom *Walter Baade* seinen Namen gab, ganz eindeutig als Mittelpunkt jener Katastrophe bezeichnet, deren Überreste wir noch heute im Krebsnebel zu erkennen vermögen. Astronomische Listen aus dem alten China führen genau Buch über Sonnen- und Mondfinsternisse in jener Zeit, und dies mit einer derartigen Präzision, dass davon sogar die Konferenzteilnehmer in Houston vor 40 Jahren maßlos verblüfft wurden und einer der Astronomen lobend konstatierte: »Unsere Kollegen aus jener alten Zeit waren durchaus sorgfältig. Wir können ohne weiteres auf ihre Ergebnisse aufbauen. Sieht man einmal von der Zeit nach 1600 ab, dann stammen fast alle Angaben über Novae der letzten 3000 Jahre aus chinesischen Quellen.«

Astronomisches Wissen ist kein Kind unserer Zeit. Universelle Erkenntnisse gab es auch schon anno dazumal. So wusste der chinesische Allroundkönner *Chang Heng* bereits vor 1800 Jahren, dass die Erde »einem Eiswasser« ähnlich sehe, und als man in unseren Breiten über kosmische Fakten noch nicht einmal andeutungsweise Bescheid wusste, behauptete der Gelehrte *Chi-Po* selbstbewusst, die Erde sei von kugelförmiger Gestalt und schwebe schwerelos im Raum. Diese Erkenntnis war dem Chinesen vor 4600 Jahren gekommen – und vor etwas mehr als zweitausend Jahren schrieb ein gewisser *Chi-Meng* in seinem Werk *»Hsuan Yeh«,* die blaue Farbe des Himmels sei auf eine optische Täuschung zurückzuführen und Sonne, Mond und Sterne schwebten frei im leeren Raum.

In seinem Sachbuch *»China – Das Reich der Mitte«* resümierte *Edward H. Schafer*: »Die Chinesen der Frühzeit erforschten die Geheimnisse der Natur aus drei Gründen: um für das, was sie bereits glaubten, neue Beweise zu finden; um bestehende Techniken zu verfeinern und um bereits bestehende Ziele, wie eine exaktere Astrologie oder eine wirksamere Alchimie, auf kürzerem Wege zu erreichen . . .«

Pyramiden überall

Zu den großartigsten Bauwerken der menschlichen Geschichte gehören die *Pyramiden.* Auch wenn es gerne behauptet wird, der wahre Sinn dieser Steinmonumente wurde bislang noch nicht enträtselt. Pyramiden gibt es nicht nur in Ägypten, sondern ebenso in der Mongolei, Süd- und Mittelamerika. Selbst in Regionen, wo man es nicht erwarten würde, etwa in Griechenland, Frankreich oder auf den Kanarischen Inseln, findet man ihre Überreste. Sie waren dort nicht nur Grabmäler, sondern Tempel, heilige Orte, Symbole der Welt und Quellen geheimnisvoller Kräfte. Aus den Abmessungen der Pyramiden versucht man Formeln, verschlüsselte Botschaften über mystisches Wissen herauszulesen. Aber niemand vermag ihre Bedeutung schlüssig anzugeben. Und niemand weiß wirklich, wer sie einst erbaut hat. Der Verdacht, dass alle diese Architekten der Antike aus einer *gemeinsamen* Urquelle geschöpft haben könnten, ist

Bild 160: Gewaltige Pyramiden in Teotihuacán am Stadtrand von Mexico City.

nicht ganz unbegründet. Denn alle diese kolossalen Bauwerke ähneln einander nicht nur in ihrer Konstruktion, sondern weisen auch in ihrer Ausrichtung gegenüber der Sonne, dem Mond, den Planeten und deren Umlaufbahnen, gegenüber den Sternbildern sowie den übrigen Fixsternen, aber auch Magnetfelder und Erdströme betreffend, absolute Gemeinsamkeiten auf.

Eine Vielzahl, zum Großteil noch völlig unerforschter Pyramiden findet sich in der Volksrepublik *China.* Es sind teilweise steinerne Reste, zum Teil von Erdreich und Gras überwuchert. Doch das war nicht immer so. Ähnlich wie die mittelamerikanischen und die ägyptischen Pyramiden, leuchteten die chinesischen Bauwerke ursprünglich in strahlenden Farben. Angeblich entdeckte man bei einer großen Pyramide, in der Nähe von *Sian* in der Provinz Shensi, noch Spuren ihrer ursprünglichen Bemalung. Jede Himmelsrichtung soll eine andere Farbe aufgewiesen haben: Nach Norden hin sei das Bauwerk *schwarz,* nach Osten blaugrau, nach Süden *rot* und westwärts *weiß* gewesen. Das Pyramidion, also die Spitze, habe hingegen in *gelber* Farbe geleuchtet, wodurch wohl China als das Zentrum der Welt hervorgehoben werden sollte.

Es gibt Forscher, wie den Theosophen *Basil Steward,* der in seinem Werk *»The Mystery of the Great Pyramid«* die Behauptung aufstellte, dass hoch kultivierte Kolonisten »aus Asien« nach Ägypten gekommen sein könnten. Ihnen schreibt er nicht nur hohe technische Kennnisse zu, sondern auch den Bau der ägyptischen Pyramiden. In seinem Buch führte er u. a. aus: »Die Grundlagen für die Größe Ägyptens wurde von einigen Einwanderern geschaffen, die in das Land kamen und die Durchführung großer Bauvorhaben organisierten. Diese Kolonisten stammten wahrscheinlich aus Asien oder aus dem Gebiet des Euphrat, waren wissenschaftlich hoch gebildet und vor allem auf dem Gebiet der Mathematik weit fortgeschritten. Sie haben nach der

Erbauung der Großen Pyramide das Land wieder verlassen, ohne die Ägypter in ihr überlegenes Wissen einzuweihen.«

In der Tat finden sich auffällige Gemeinsamkeiten, nicht nur was den Bau von Pyramiden insgesamt anbelangt, wie sie auch in China vielfach vorzufinden sind. Einen weiteren Hinweis erhalten wir durch den deutschen Mythenforscher *Hans-Werner Sachmann,* der 1991 in einem Fachmagazin über seinen Besuch einer China-Ausstellung in Dortmund berichtete:

»Dabei entdeckte ich auf einer . . . ›Schrifttafel‹ ein merkwürdiges Schriftzeichen, das mich unwillkürlich an das Symbol des altägyptischen *Djed-Pfeiler* erinnerte, dessen Bedeutung . . . zwar umstritten ist, aber oftmals mit der verschlüsselten Darstellung eines Hochspannungsisolators gleichgesetzt wird. Hieroglyphisch steht er – wenn wir der Ägyptologie glauben – für die Begriffe *›Dauer‹* und *›Stabilität‹*. Und jetzt das Seltsame, das allerdings auch auf Zufall berühen kann: An der gegenüberliegenden Wand des Museums, die die ›Schrifttafel‹ mit dem Text zeigte, der das bereits erwähnte chinesische Zeichen enthielt, hing eine Übersetzung. Innerhalb dieser war die Rede von ›Dauer‹. Da ich kein Sinologe bin, weiß ich nun natürlich nicht, ob das ›Wort‹ Dauer im Originaltext durch dieses an den Djed-Pfeiler erinnernde Schriftzeichen symbolisiert war. Sollte das der Fall sein, so wäre es ein eigenartiger ›Zufall‹, daß sowohl Ägypter als auch Chinesen ein ähnliches Zeichen für die gleiche Bedeutung verwenden. Was hatten die Schriften miteinander zu tun? Gehen sie auf gleiche Wurzeln (einprägsame Ereignisse) zurück?«

Kaum weniger geheimnisvoll als die chinesischen Rätsel sind jene keltischen Pyramiden in *Frankreich,* die eine gewisse Ähnlichkeit mit ihren mexikanischen Verwandten aufweisen. Der französische Schriftsteller *Robert Charroux* berichtet über diese Bauwerke in seinem Buch *»Verschwundene Welten«*. Die Pyramide von *Plouézoch* in der Nähe von Morlaix in der Bretagne ist heute noch 77 Meter lang, 17 Meter breit und etwa 10 Meter hoch. Ähnliche terrassenartige Steindenkmäler finden sich in *Falicon* bei Nizza, *Couhard* bei Autun und stark verschüttet in *Carnac*.

Eine ganze Anzahl kleiner Pyramiden stehen auf den *Gilbert-* oder *Kingsmill-Inseln* zwischen Mikronesien und Polynesien unter dem Äquator. Und auf der Insel *Raiatea* nordwestlich von Tahiti kennt man eine Stufenpyramide, die aus Korallenblöcken gebaut wurde. Ihre Grundfläche misst 90 Meter und ihre Höhe 15 Meter.

Doch wozu in die Ferne schweifen, wenn das Gute so nah liegt? Wer sich gerne Pyramiden anschaut, muss nicht nach Ägypten oder Mexiko reisen. Wir finden sie praktisch vor unserer Haustüre: Im mystischen *Waldviertel* in Niederösterreich. Auf dem Steinberg bei *Oberneustift,* südlich von Zwettl, mitten im Waldgebiet, erhebt sich eine rätselhafte stufenförmige Rundpyramide. Der österreichische Heimatforscher *Karl Lukan* schreibt dazu: »Etwa 150 Meter nordöstlich vom Haus Oberneustift 31 wurde von Dr. Edith und Wilhelm Wagesreiter auf der Bergkuppe ein seltsamer kreisrunder Steinbau entdeckt, der aus vier Treppen besteht. Durchmesser des untersten Kreises ca. 20 Meter, Höhe des Stufenturms ca. 6,50 Meter. Das Merkwürdige an ihm ist, daß er keine

Bild 161: Attraktion im mystischen Waldviertel: Eine Stufenpyramide aus dem Mittelalter oder, wie manche Archäologen vermuten, sogar aus keltischer Epoche.

beherrschende Kuppe krönt und daß es rings um ihn noch höhere und markantere gibt. So dürfte er doch keine Signalstation gewesen sein. Was war er aber dann?«

Es gibt absolut keine Hinweise, wann und zu welchem Zweck dieser Turm gebaut wurde. Die Ruine wird von Historiken als »Keltenpyramide« bezeichnet. Im Juni 1997 habe ich sie aufgesucht und den Eindruck gewonnen, dass der ohne Mörtel errichtete Bau zwar alt, aber eher aus dem Mittelalter stammen dürfte. Es könnte Zusammenhänge mit Freimaurern, Tarotkundigen oder Esoterikern geben, die sich in ihrer Tradition auf die Pyramidensymbolik berufen. In dem nahe befindlichen Renaissanceschloss *Rosenau* ist heute das berühmte *Freimaurermuseum* untergebracht. Haben einst Freimauer die Pyramide von Oberneustift errichtet und für ihre Geheimpraktiken genutzt? Es scheint noch andere bisher unentdeckte pyramidenähnliche Bauten in Niederösterreich zu geben. Eine Waldviertlerin erzählte mir glaubhaft, was sie noch von ihrem Vater wüsste: Es gibt mindestens zwei andere Pyramidenbauten in der Gegend von *Groß-germs*. Während des Zweiten Weltkriegs hätten Einheimische von den alten Steinbauten profitiert, als sie diese für Munitionslager verwendeten. Zum Teil sollen die Anlagen zerstört oder verschüttet worden sein, die unterirdischen Gänge jedoch müssten heute noch auffindbar sein. Wäre das vielleicht eine lohnende Aufgabe für Altertumsforscher?

Pyramiden tauchen auch an Orten auf, wo man sie am allerwenigsten vermuten würde – unter Wasser. Der amerikanische »Bermudadreieck«-Autor *Charles Berlitz* berichtete mir 1979 von einer pyramidenartigen Erhebung auf dem Meeresgrund. Sie wurde bei einer Fischfangexpedition mit einem Sonarschreiber im *Bimini*-Gebiet geortet. Daneben entdeckte man noch etliche andere Unterwasserbauten, gigantische Steinstraßen, Wälle und Hafenanlagen, die laut Berlitz Überreste des versunkenen Kontinents *Atlantis* sein könnten. Die archäologischen Relikte liegen am Meeresgrund des berüchtigten »Bermudadreiecks«. Stellt sich die Frage: Hat der Atlantismythos etwas mit den rätselhaften Vorgängen in diesem Gebiet zu tun?

Auf eine untergegangene Vor-Zivilisation weisen auch Steinmonumente hin, die Sporttaucher 1995 vor der Südküste Japans entdeckt haben. Sie türmen sich in der Region um Okinawa nahe der Inseln *Yonaguni, Kerama* und *Aguni* zwischen 10 und 25 Meter unter dem heutigen Meeresspiegel auf. Das felsige Gebilde erinnert an gewaltige von Menschenhand errichtete Bauwerke, Steinkreise, Treppen und Plateaus. Japanische Wissenschaftler brüten seither über den Ursprung der gigantischen Struktur. Besonderes Interesse gilt einem Steingebilde von 200 Metern Länge, 150 Metern Breite und 90 Metern Höhe, das einer Stufenpyramide ähnelt.

Prof. *Masaaki Kimura,* Geologe an der Ryukyu-Universität Okinawa, untersuchte die Anlage und kam zu der Überzeugung, dass sie von Menschen errichtet sein müsse. Fehlende Erosionsspuren, wie abgebröckelte und verwitterte Steine, werden als Hinweis dafür angeführt. Das Alter dieser Funde schätzen Geologen auf mindestens 10.000 Jahre. Da es bislang keine Belege dafür gibt, dass schon vor so langer Zeit Menschen in der Lage waren, eine derart monumentale Stätte zu errichten, sehen Skeptiker in der »Unterwasserstadt« lediglich einen »natürlichen Sedimentblock mit sonderbarer Charakteristik«. Sensationelle Entdeckungen durch Taucher haben jedoch Überraschendes ergeben: Skulpturen und Steine mit Gravuren, die zweifelsfrei *mechanische* Bearbeitungsspuren aufweisen. Gab es bereits in der Jungsteinzeit 300 Kilometer südwestlich von Okinawa eine blühende Hochkultur, die der babylonischen oder ägyptischen ähnelte? Die Legende über ein untergegangenes Inselreich im Pazifik kommt einem wieder in den Sinn. Esoteriker betiteln das Gegenstück zu Atlantis als *Mu* oder *Lermuria.* Können die aufgefundenen Relikte damit in Zusammenhang gebracht werden?

Echte, wirkliche Pyramiden können ebenso in der *sudanesischen Wüste* bestaunt werden. In rund 40 solchen Bauwerken, die man in Afrika eigentlich nur in Ägypten vermuten würde, sind unter anderem 20 Könige und acht Königinnen begraben.

Unübersehbar, gigantisch und Ehrfurcht gebietend sind vor allem aber die weltberühmten Pyramiden von *Gizeh* in Ägypten. Ihr Geheimnis blieb bis heute gewahrt. Handelte es sich dabei wirklich lediglich um Königsgräber? Oder dienten sie einem ganz anderen Zweck? Gehen magische Kräfte von ihnen aus? Wie und von wem wurden sie erschaffen?

Bild 162: Die Entdeckung unter dem Meer liegender Ruinen vor der japanischen Küste von Okinawa: Wer hat sie geschaffen? Um die mutmaßliche Stufenpyramide führt eine flache Bahn herum, die eine Straße zu sein scheint. Auffallend sind flache Terrassen und meterhohe Stufen, die zur Spitze führen.

Bauweise unbekannt

Wenn die Touristenbusse der Reisegesellschaften ihre schwitzenden Insassen entlassen und diese zur Besichtigung der Pyramiden von Gizeh bei Kairo strömen, geschieht selbst mit unseren sensationsgewohnten Zeitgenossen etwas Überraschendes: Sie werden vom Anblick dieser mächtigen Steinmonumente überwältigt. Und, ich gebe es gerne zu, ich empfinde ebenso. Der Rundblick von der *»Großen Pyramide«* ist heute nur einheimischen Jugendlichen vorbehalten, die das Besteigungsverbot, gleichermaßen wie der »Bakschisch« gebende Autor, missachten. Für den gewagten Aufstieg über die hohen Stufen (heute, im gereiften Alter, würde ich mir das wohl nicht mehr zutrauen) benötigte ich vor 24 Jahren 20 Minuten, gefährlicher ist der Abstieg.

Die ursprüngliche Höhe der *Cheops*pyramide betrug 146,7 Meter, nach dem Wegfall der Spitze misst sie auch heute noch beachtliche 137 Meter. Vom zehn Quadratmeter großen Spitzenplateau aus schweift der Blick, vorbei an der *Chephren*pyramide, deren Steinumkleidung an ihrer Spitze noch erhalten ist, weit in die Libysche Wüste. Der Sonnenaufgang, von Cheops' »Nase« beobachtet, und die Panoramasicht auf ein uferlos erstarrtes Meer von Wogen aus gelbbraunem Sand und grauem Geröll wird mir stets in grandioser Erinnerung bleiben. Die Pyramiden, das Symbol für den Aufstieg zum Sonnengott und Ägyptens schlechthin – Denkmäler einer einstmals blühenden Kultur –, sie sind ohne Zweifel die Touristenattraktion Nr. 1.

»Aber weshalb wurden die Pyramiden errichtet? Welchem Zweck diente beispielsweise die Cheopspyramide?« Damit beginnt fast jede Unterhaltung zwischen einem »normalen« Menschen und einem Vertreter der Ägyptologie, und sie setzt sich fort mit der Frage: »Wie hat man diese Baugiganten geschaffen?« Auf Standardfragen gibt es naturgemäß Standardantworten: »Es waren *Grabkammern* des Pharaos, Beispiele für absolute Macht, entstanden unter Peitschenknallen von Sklavenarbeit.« Eine Vorstellung, die einer erfolgsträchtigen Filmszenerie entsprungen sein könnte, aber als Erklärung nicht unbedingt zu überzeugen vermag.

Die Cheopspyramide bedeckt eine Fläche von nahezu 54 000 Quadratmetern. In ihr wäre ausreichend Platz, um die Kathedralen von Florenz und Mailand sowie den Dom von St. Peter in Rom unterzubringen. War es tatsächlich pure Renommiersucht eines größenwahnsinnigen Herrschers, die der Existenz dieses steinernen Giganten zugrunde gelegt werden muss? Wurde die Große Pyramide auf Anweisung des Pharaos *Cheops* in Auftrag gegeben?

Zweifel hierüber sind angebracht. Und manches deutet tatächlich darauf hin, dass dieses ägyptische Wahrzeichen weit älter ist, als allgemein angenommen wird. Leider haben uns die Konstrukteure der Großen Pyramide keinerlei schriftliche Aufzeichnungen hinterlassen oder man hat sie noch nicht gefunden, hat einfach noch nicht zu entdecken vermocht, mit welcher Methodik das vorzeitliche Monument errichtet worden ist. Es erscheint jedenfalls unwahrscheinlich, dass der Bauvorgang auf derart primitive Weise erfolgt sein soll, wie er uns von der Schulwissenschaft gelehrt wird. Die Präzision, die diesem Monument zugrunde liegt, und die astronomischen Daten, die aus den Pyramidenmaßen abgeleitet werden können, wie die Entfernung der Erde zur Sonne (dazu genügt es, die ursprüngliche Pyramidenhöhe mit einer Milliarde zu multiplizieren), zeugt von der technischen Perfektion prähistorischer Baumeister, wie sie selbst in unserem modernen Zeitalter kaum erreicht werden könnte.

Sollten 2,5 Millionen Steinblöcke mit einem Gewicht von Millionen Tonnen wirklich nur deshalb aufgetürmt worden sein, um dem Körper eines Toten eine letzte Ruhestätte zu garantieren? Oder steckten Gründe dahinter, die diesen gigantischen Aufwand lohnten? Unter der angeblich nur 23-jährigen Herrschaft des Pharaos Cheops, ägyptisch *Chufu* (2551–2528 v. Chr.), soll (heißt es) die Große Pyramide entstanden sein. Das aber würde bedeuten: Jeden Tag mussten im Durchschnitt 300 Kalksteinquader von insgesamt 800 Tonnen Gewicht gebrochen, behauen, herangeschafft und verlegt werden. Wohlgemerkt *täglich.* Etwa 100 000 Arbeiter, so die rein fiktive Annahme der Archäologen, sollen in Akkordzeit ausgereicht haben, um dieses ägyptische Weltwunder zu errichten. Genügt die Annahme einer »guten Verwaltung«, um diese Leistung zu erklären? Als geläufigstes Gerät für den Pyramidenbau werden *Holzschlitten* vermutet. Über eine Rampe aus Sand und Erde, die sich angeblich um die Pyramide wand, sollen Arbeiter die schweren Lasten nach oben geschafft haben.

Eine Theorie, die man Anfang 1978 in einem praktischen Versuch erproben wollte, um vor aller Welt zu demonstrieren, auf welche Weise die alten Ägypter ihre Pyramiden tatsächlich errichtet hatten. Unter der Regie des japanischen Ägyptologen Professor *Sakuji Yoshimura* war vorgesehen, das Experiment getreu den Annahmen der gängigen Ägyptologie abrollen zu lassen. Ohne irgendwelche technische Gerätschaften und ohne maschinelle Hilfe. Allein mit ihrer Hände Arbeit gedachten die Japaner, eine zwölf Meter hohe Minipyramide nahe am Standort der Originalpyramiden in Gizeh aufzurichten. Aber es kam ganz anders. Die Modellpyramide hielt sich nicht an die Annahmen der Schulweisheit. Bereits nach kurzer Bauzeit bestand bei dem Cheops-Plagiat höchste Einsturzgefahr. Daran vermochten auch die Versuche nichts zu ändern, den Halt der Steinquader durch maschinelles Fräsen zu sichern und den Transport zur Baustelle mit Lastautos zu beschleunigen. Die Bauweise der Großen Pyramide nachzuahmen endete letztlich als dilettantischer und untauglicher Versuch. Ganz ehrlich: Solche Stümper waren unsere Ahnen bestimmt nicht gewesen.

Es kann sich also nicht so abgespielt haben, wie es uns im schulischen Geschichtsunterricht nach wie vor noch eingetrichtert wird. Ein Kontingent von Sklaven und Soldaten der ägyptischen Armee sollen bis zu 60 Tonnen schwere Granitblöcke aus den Steinbrüchen von *Assuan* 1000 Kilometer weit über den Nil herbeigeschafft haben. Und zwar auf Flößen, denn bessere Beförderungsmittel habe es damals, wird beteuert, bestimmt nicht gegeben. Keiner dieser Theoretiker hat offenbar bisher in der Praxis versucht, ohne technische Hilfsmittel einen gewaltigen Steinkoloss auf ein labiles, im Wasser schwankendes Holzfloß zu hieven. Und zwar händisch, denn andere Möglichkeiten werden den alten Ägyptern von unseren Historikern nicht zugestanden. War man glücklich gelandet, wird uns dann weiter behauptet, seien die Granitblöcke nach herkömmlicher Theorie auf primitiven Holzschlitten verladen und direkt zum Pyramidenbauplatz befördert worden.

Wie so etwas danebengehen kann, haben uns die Japaner unfreiwillig vorexerziert. Aber worin war die eigentliche Ursache für das Scheitern dieses japanischen Experiments zu suchen? Sollte sich die Gelehrtenwelt womöglich mit ihrer Annahme, die Pyramiden seien samt und sonders im Schweiße des Angesichts und nur unter Zuhilfenahme primitiver Werkzeuge errichtet worden, geirrt haben? Bedarf es einer Neufassung, einer Revision jenes historischen Weltbildes, wie es uns die Ägyptologie so hartnäckig (und offensichtlich falsch) offeriert?

Zweifel an der orthodoxen Lehrmeinung sind berechtigt: Bei Analysen des Mörtels stellten Wissenschaftler fest, dass das von der Spitze der Cheopspyramide stammende Material älter ist als das in den unteren Regionen verwendete. Womit klar zu sein scheint: Die Pyramiden wurden – wie bereits *Herodot* vor 2400 Jahren berichtete – ursprünglich stufenförmig gebaut und von oben nach unten mit weißem Kalkstein geglättet. Wie dies alles bewerkstelligt wurde, bleibt weiterhin unklar. Besaßen die

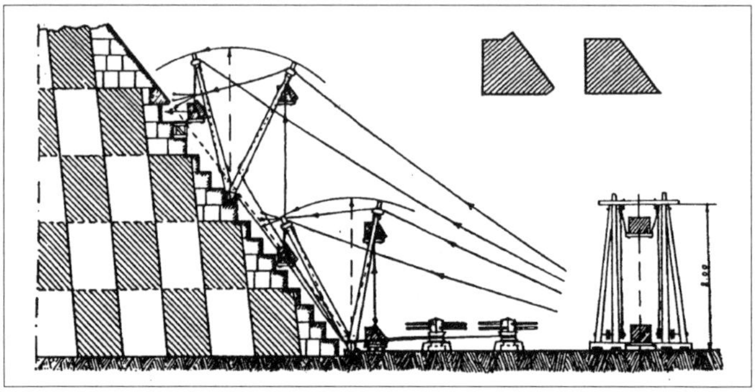

Bild 163: Kamen beim Bau der Pyramiden Hebemaschinen zum Einsatz? Diese Szene wurde nach der vagen Beschreibung des griechischen Historikers Herodot rekonstruiert.

damaligen Machthaber uns heute noch unbekannte Hilfsmittel – und wenn »ja«, woher waren diese beschafft worden?

In Herodots Aufzeichnungen werden 341 Kolossalstatuen erwähnt, die ägyptische Weisheitspriester ihrem prominenten Gast gezeigt hatten. Von Ägyptologen werden diese Angaben ins Reich der Fantasie verbannt. Und das nur deshalb, weil die Überlieferung, die sich damit verbindet, den neuzeitlichen Wissenschaftlern prähistorischen Gedankengutes zu unwahrscheinlich erscheint.

Zugegeben, diese Erzählung der altägyptischen Priester klingt märchenhaft. Gerade deshalb wäre es wert, den Spuren der Legende zu folgen. Es heißt, jede einzelne Statue (so hatte man Herodot mitgeteilt) versinnbildliche in Wahrheit eine Generation geistlicher Würdenträger, die insgesamt einen Zeitraum von 11 340 Jahren umfasst hätten. Und jeder dieser Tempelhüter, so erfahren wir weiter, habe schon zu Lebzeiten sein eigenes Erinnerungsstück angefertigt – davor jedoch, ehe die erste Statue geschaffen worden war, hätten die »Götter« leibhaftig in Ägypten gelebt und regiert.

Danach aber habe kein Himmlischer mehr das Land am Nil betreten, notiert Herodot zum Ende seiner ägyptischen Notizen. Was für »Götter« mögen dies gewesen sein? Wieso besaßen diese Wesen menschliches Aussehen? Hatten sich die Weisheitspriester über Herodot lediglich lustig gemacht? Oder operierten sie ihm gegenüber mit einer bestimmten Methodik? Hielten sie geheim, was für die nichtägyptische Außenwelt unbedingt geheim bleiben sollte? Vielleicht auch die Bautechnik ihrer Ingenieure? Wird nicht auch noch heute in manchen Fällen ein ähnliches System angewandt? Woher wohl hätte sich sonst der Begriff Firmenspionage entwickelt?

Vielleicht war dies der Grund, dass damals die Hohepriester dem arglosen Herodot ihre gängige und plausibel klingende Story vom Bau der Pyramiden eingeredet haben. Oder die ägyptischen Hohepriester wussten es selbst nicht mehr, weil die Pyramiden lange vor den Pharaonendynastien errichtet worden waren? Ob so oder so, Tatsache ist, dass der weit gereiste Grieche der erste Chronist war, der den staunenden Menschen außerhalb des Pharaonenreiches einen scheinbar umfassenden Bericht über das ägyptische Weltwunder übermittelte.

Laut Herodots Rückblende wurde der stufenweise Aufbau der Großen Pyramide mit Hilfe von Hebeln, Seilen und Rollklötzen bewirkt. Sie beförderten angeblich die gewaltige Last über gigantische Rampen, wo sie dann emporgewuchtet wurden. Obwohl sich die Mehrzahl der Altertumsforscher auf Herodots schriftliche Unterlagen berufen, sind sie lediglich bereit, nur jene Textpassagen zu akzeptieren, die ihrem gängigen ägyptologischen Weltbild entsprechen.

Laut Herodot soll es bis zur Vollendung des gewaltigen Bauwerks vier Rampen gegeben haben. Unsere Ägyptologen vermuten, dass man sich zum Transport der Blöcke jeweils einer Rampe bediente, um diese dann von Stufe zu Stufe wieder abzureißen, je tiefer die Arbeit mit der Verkleidung der Pyramide vorankam. Die Verkleidungsblöcke eines kurzen Holzgerüsts seien anderseits von Stufe zu Stufe emporgehoben worden, wofür man laut Herodot Hebelvorrichtungen benutzt habe. Jedoch wurde gerade diese Prozedur von dem griechischen Chronisten interessanterweise nicht näher beschrieben. Herodots Angaben werden von den meisten Archäologen freilich nicht allzu ernst genommen. Mit überlegener Miene verweisen sie darauf, dass bei einer derartigen Baumethode mindestens ein Monat vergangen wäre, ehe man die obersten Verkleidungsplatten zur Spitze der Pyramide hätte befördern können. Die unklaren Angaben des Herodot über den Bau der Großen Pyramide waren wohl mit ein Grund, dass sich auch der amerikanische Marineattaché *F. M. Barber* damit zu befassen begann.

Barber, ein Fregattenkapitän mit großem technischen Verständnis (der Ende des 19. Jahrhunderts in Ägypten stationiert gewesen war), hegte die Überzeugung, dass beim Bau des Cheopsmonuments *Stahlkräne* verwendet worden waren. Denn nur auf diese Weise, behauptete er, wäre es überhaupt möglich gewesen, die tonnenschweren Gesteinsblöcke emporzuheben.

Die Mehrzahl der Ägyptologen lehnte Barbers Behauptung sofort rundweg ab. Man war nicht bereit – wie der aufmüpfige Fregattenkapitän wahrscheinlich gehofft hatte –, den Ingenieuren des Pharaonenreiches technologisches Verständnis zuzugestehen. Eine derartige Möglichkeit deckte sich nicht mit der herkömmlichen Auffassung vom Wissensstand im alten Ägypten. Und an dieser Auffassung hat sich seither auch nichts geändert.

An dem hartnäckigen Boykott jener unkonventionellen Hypothese scheiterte letztlich auch Barbers Idee, sein um die Jahrhundertwende veröffentlichtes Büchlein *»Mechanical Triumphs of the Ancient Egyptians«,* in dem er seine Stahlkrantheorie erläuterte, unter die Leute zu bringen. Einhundert Jahre danach ist das engagierte Werk des Fregattenkapitäns so gut wie vergessen.

Was man ursprünglich mit dem Bau der Pyramiden im Pharaonenreich bezweckt hatte, lässt sich nicht mehr nachweisen. Manche Historiker vermuten, die Form dieser Steinmonumente sei möglicherweise auf jenen rechteckigen Sandhügel zurückzuführen, die in prähistorischen Zeiten die einfachen Grabstätten der Ägypter bedeckten. Ob diese Annahme allein stimmt, bleibt umstritten.

Jahrtausendelang wusste niemand, wie es im Inneren der Cheopspyramide aussieht. Erst um das Jahr 800 n. Chr. gelang es dem jungen Kalifen von Bagdad, *Al Mamun,*

Bild 164: Hat noch längst nicht alle ihre Geheimnisse offenbart: Die Cheops-Pyramide von Gizeh.

mit einer Gruppe von Männern in das Bauwerk einzudringen. Die Araber entdeckten die »Grabkammer«. Doch sie fanden keine Schätze – und der Sarkophag war *leer*. Waren ihnen Grabräuber zuvorgekommen? Nichts deutet darauf hin. Plünderer hätten es auf Goldschätze abgesehen gehabt. Aber warum sollten Räuber die Leiche des Pharaos stehlen? Die Erklärung der Ägyptologen, die Pyramiden seien lediglich *Grabmäler* gewesen, überzeugt keinswegs. Sicher ist nur so viel: Sie gehören zum Gewaltigsten, was Menschen jemals geschaffen haben.

Die Macht der Levitation

Keinem Historiker ist es bislang gelungen, eine wirklich überzeugende Darstellung über die seinerzeitige Bauweise dieser Monumente anzubieten. Niemand vermag zu sagen, zu welcher Zeit etwa die Cheops- oder die Chephrenpyramide errichtet worden sind. Niemand weiß Bescheid, wie lange man dazu gebraucht hat und wie es den Alten jener Tage möglich gewesen ist, ihr Kunstwerk bzw. dessen Fundament so vollkommen nach Himmelsrichtungen auszurichten. Wo es doch, nach ägyptologisch-historischem Verständnis, damals noch gar keinen Kompass gegeben haben soll.

Unbekannt ist auch, wie man es fertig gebracht hat, die polierten Blöcke der pyramidalen Außenverkleidung derart exakt zusammenzufügen. Und schließlich schließt sich der Rätselkreis bei der Frage, wofür die Große Pyramide eigentlich errichtet worden ist, da man sie zwar in der Lehrmeinung der Ägyptologie als Grabstätte des Cheops ansieht, jedoch, trotz aller Bemühungen, bisher keine Pharaonenmumie gefunden werden konnte, weder in der berühmten *Königskammer* noch sonstwo im Bereich dieses imposanten Bauwerks.

Alles in allem ist unser Wissen über die wirklichen Kenntnisse vorchristlicher Wissenschaftler äußerst karg. Selbst ein anerkannter Forscher und Ägyptologe, *I. E. S. Edwards* von der ägyptischen Abteilung des Britischen Museums in *London,* muss hier passen. In seinem Buch *»Pyramids of Egypt«* gibt er zu, dass uns die erhalten gebliebenen hieroglyphischen Texte sowie die bildlichen Darstellungen nichts Entscheidendes darüber verraten, welcher tatsächlicher Hilfsmittel sich die Pyramidenbauer bedient haben könnten.

Es gibt jedoch einige wenige arabische Quellen, die sich überaus fantastisch, wenn auch nur äußerst vage zum Pyramidenbau äußern. Wenn man davon ausgeht, dass es sich dabei nicht samt und sonders um reine Erfindungen und Märchen handelt, dann scheint es vielleicht nützlich zu sein, diese alten Texte einmal aufmerksamer zu studieren. Da lesen wir von »großen Steinen«, die aus Steinbrüchen von weit her gebracht wurden. Man legte sie auf Papyrusblätter, auf welche orakelhafte Symbole geschrieben waren. Darauf wurden »die Steinblöcke mit einem Stab berührt, danach bewegten sie sich durch die Luft über eine Strecke, die einem Bogenschuss entsprach«. »Auf diese Weise gelangten«, so weiß es wieder die Überlieferung, »die Steine an den Ort, wo die Pyramiden errichtet wurden.« Was hier angedeutet wird, weist in eine gänzlich andere Richtung. Sollten die ägyptischen Priester bereits Kenntnisse über die Aufhebung der Schwerkraft besessen haben? Kannten sie das Geheimnis der *Levitation*? Besaßen die Priester paranormale Fähigkeiten? Das Phänomen der Levitation ist vielfach bei Heiligen verschiedener Religionen bezeugt. Allein aus den christlichen Bereich sind 72 Fälle bekannt. Unter anderem sollen frei in der Luft geschwebt haben: die *heilige Agnes, Anna Katharina Emmerich, Franz von Assisi, Joseph von Copertino,* der *heilige Peter von Alcantara,* die *heilige Theresia* und – nach den Aufzeichnungen von *Giordano Bruno – Thomas von Aquin.* Die katholische Kirche wertet allerdings die Gravitationsphänomene nicht als parapsychologisches »Wunder«, sondern entweder als göttliche Gnade, manchmal aber auch als Ausdruck dämonischer Besessenheit. Tibetische Mönche sollen heute noch imstande sein, durch Anwendung bestimmter Atemübungen einen Schwebezustand zu erreichen. Bedienten sich die Priester des Altertums solcher Techniken? Berichten die arabischen Quellen wahrheitsgetreu?

Wurden die schweren Steinblöcke tatsächlich auf solch magische Weise – durch die Luft hinweg – transportiert? Sind Zeugnisse dieses Bildungsstandes bis in die heutige Zeit erhalten geblieben? Gab es sie auch auf technologischem Gebiet?

Hinter all den bis heute weitgehend ungelösten Rätseln der ägyptischen Kultur steckte ein tiefes, umfassendes *Geheimwissen,* das nur den Eingeweihten vorbehalten war. Überlieferungen sprechen davon, dass eine privilegierte Kaste von Priestern die Fähigkeit besaß, enorme Lasten mit Hilfe des »Klanges« emporzuheben. Um sie befördern zu können, bediente man sich der »Musik«. Die dabei erzeugten harmonischen Töne waren imstande, jenen ungewöhnlichen Transporteffekt zu bewirken. Verschiedene altgriechische Überlieferungen berichteten von merkwürdigen »singenden Häusern«, die es am Nil gegeben haben soll. Wir lesen von versteckten Glockenspielen, die durch das Gewicht und die Schritte darüber hinwegschreitender Personen in Bewegung gesetzt wurden. Die Rede ist von automatischen Vorrichtungen, durch die sich Tempeltore »auf wunderbare Weise« geöffnet haben sollen und sich ebenso magisch wieder schlossen.

War es der Klang, mit dessen Hilfe es unseren gelehrten Vorfahren in Ägypten möglich gemacht wurde, *Schallwellen* zu erzeugen und Gegenstände von unterschiedlichem Gewicht von der Stelle zu bewegen? Konnten so auch schwierige Lasten – etwa tonnenschwere Steinblöcke – befördert werden? Handelte es sich bei den priesterlichen Demonstrationen um die Anwendung von Zauberkräften? Beherrschten die Tempelhüter die Magie? Oder liegen all dem wissenschaftliche Erkenntnisse zugrunde, die wir noch nicht wiedergewonnen haben?

An Hokuspokus glaube ich nicht – aber es geht auch nicht um billige Taschenspielertricks. Magie war vielmehr ein erklärendes Wort für eine Fähigkeit, die die ahnungslose und ungebildete Umwelt – das so genannte »gemeine Volk« – nicht zu überblicken vermochte. Ähnlich wie man den Begriff »Götter« für Wesen anwendete, deren überlegenes Wissen ihnen bei den »gewöhnlich Sterblichen« den Ruf des Übernatürlichen, ja sogar den der Unsterblichkeit einbrachte, so versteckt sich hinter der Magie mit größter Wahrscheinlichkeit ein beachtliches *technisches* Wissen, das innerhalb der eingeweihten Priesterschaft von Generation zu Generation weitergeben wurde. Eines dieser verborgenen Geheimnisse könnte die Kenntnis der *Levitation* gewesen sein.

Kreischende Klänge

Esoterische Kreise halten die Räume innerhalb der Cheopspyramide hartnäckig für religiöse Kultstätten. Einer ihrer bekanntesten Vertreter, *Paul Brunton,* schildert in seinem Buch *»Geheimnisvolles Ägypten«* die Erlebnisse einer unheimlichen Nacht in der Großen Pyramide, wo er angeblich mit Geistern von verstorbenen Hohepriestern und Monstren der altägyptischen Unterwelt in der Königskammer in Berührung gekommen sein will.

Gibt es *Geisterstimmen*? Die Erforscher des Paranormalen kennen das Phänomen

Bild 165: Wie wurden die Memnon-Kolosse transportiert und aufgerichtet?

Bild 166: Eine der beiden Memnon-Statuen war bereits im Altertum durch seine »Geisterstimme« berühmt.

der angeblich auf übersinnliche Weise produzierten Geräusche, Stimmen und Töne, die man auf *Tonbändern* aufzeichnen konnte. Stammen die Laute von Verstorbenen? Lässt sich eine physikalische oder technische Erklärung dafür finden? Wer hat die Stimmgeräusche erzeugt? Spirituelle Geistwesen?

Die Frage, wodurch unheimliche Töne hervorgerufen werden können, stellt sich auch bei ägyptischen Monumenten des Altertums. Während meiner Aufenthalte im Land der Pharaonen bestaunte ich zwei gewaltige Statuen, die sich am Westufer des Nils, gegenüber der Stadt *Luxor,* befinden. Die Kolosse stehen mutterseelenallein in der Thebischen Wüste, weit entfernt von jedem anderen Bauwerk. Ihr tonnenschweres Gewicht und ihre imposante Größe von 18 Metern Höhe sind so gewaltig, dass allein der Transport und das Aufstellen der beiden steinernen Giganten eine technische Meisterleistung gewesen ist. Die bautechnische Leistung wirkt umso erstaunlicher, wenn man berücksichtigt, dass die jeweils aus einem Steinblock gefertigten Kolosse über eine Entfernung von mehr als 700 Kilometer aus dem Roten Gebirge bei Kairo zum heutigen Standort herbeigeschafft worden waren.

Aus griechischen Überlieferungen wissen wir außerdem von einem ungewöhnlichen

Phänomen, das seinerzeit mindestens durch eine dieser beiden steinernen Giganten – die berühmte *Memnon-Statue* – herbeigeführt wurde. Die Memnon-Statue besaß nachweislich bis 196 n. Chr. eine »Stimme«! Sie hatte im Übrigen ihren Namen durch die Griechen erhalten, weil diese das Riesending mit dem mythischen Sohn der Morgenröte in Verbindung brachten. Tatsächlich aber handelte es sich bei jener Statue um eine Darstellung entweder des berühmten Baumeisters und Arztes *Amenhotep,* der auch als Bauherr des berühmten *Luxor*tempels gilt, oder um Abbilder des Pharaos *Amenophis III.*

Wie verhielt es sich aber mit dessen Stimme? Nun, sie konnte damals, vor fast zweitausend Jahren, nur bei Sonnenaufgang gehört werden – und während zwei Jahrhundeten zählte deshalb das Steingebilde zu den erklärten Weltwundern. Besonders hübsch »sang« Amenhotep bzw. Amenophis allerdings nicht: Die Akustik der Statuen machte sich in Form eines dünnen, kreischenden Tons, der sich anhörte, als sei eben eine Harfensaite gerissen, bemerkbar.

Möglicherweise hatte sich der Ton, den der Koloss von sich gab, erst in späterer Zeit zum Missklang verzerrt. Es ist nämlich bekannt, dass die klingende Statue im Jahre 524 v. Chr. von einem kurzfristigen Eroberer Ägyptens, dem Perserkönig *Kambyses,* verunstaltet worden ist, wozu dann 27 v. Chr. noch ein Erdbeben kam, das zu einer weiteren Beschädigung des vormaligen Weltwunders beitrug. Kann also durchaus sein, dass sich erst dadurch ein zunächst vielleicht wohltönender Klang in einen Misston verwandelte. Sicher ist jedenfalls, dass die Memnon-Statue während der Herrschaft des ersten römischen Soldatenkaisers *Lucius Septimius Severus* (193 bis 211 n. Chr.) endgültig verstummte. Wahrscheinlich hervorgerufen durch Restaurationsarbeiten, die der römische Feldherr angeordnet hatte. Neue Steinlagen, die von Bildhauern in Körper und Kopf des Monuments eingefügt worden waren (so wird vermutet), dürften damals zum Verstummen des Steinriesen geführt haben. Nur der Name blieb von dem Schauspiel um die einstmalige Geisterstimme übrig, allerdings erstreckt sich jenes Phänomen nun auf *beide* Statuen – daher »die Memnonskolosse«.

Auf welcher Weise ist es überhaupt zu der tönernen Bezeichnung der Memnon-Statuen gekommen? »Die Franzosen *Langlès* und *Salvert* sprechen von einem komplizierten *Mechanismus* im Inneren der Statue, den die Sonne mit Hilfe einer zwischen den Lippen der Statue steckenden Linse in Gang brachte«, vermutet der aus Südtirol gebürtige italienische Okkultautor *Peter Kolosimo.* Seine Behauptung blieb natürlich nicht unwidersprochen, doch mussten jene Ägyptologen, die das Klangphänomen als »eher zufällig« und auf natürliche Weise entstanden zu erklären versuchten, letztlich zur Kenntnis nehmen, dass das Wörtchen Zufall als alleiniger Deutungsbehelf nicht ausreichte.

»Der Zufall«, so wusste die österreichische Schritstellerin *Marie von Ebner-Eschenbach* (1830–1916) folgerichtig, »ist die in Schleier gehüllte Notwendigkeit.«

Wenn wir nicht von vornherein sämtliche überlieferten Texte der ägyptischen Sagen zu verwerfen versuchten und, was oft geschieht, in überheblicher Manier ins Reich der Fabeln verbannen, dann sollten wir jenen Hinweisen Aufmerksamkeit schenken, die den Begriff der *Magie* ins Spiel gebracht haben.

Phänomenale Pyramidenenergie

Pyramidengemäuer bergen manches ungeahnte Geheimnis. Eine seltsame Kraft geht von den Bauwerken aus. Heute wissen wir: Jede Pyramide wird von einem magnetischen Feld umgeben. Durch die Form sei sie in der Lage, kosmische Energien mit dem Erdmagnetismus zu verbinden, erklärt *Paul Liekens* in seinem Werk *»Die Geheimnisse der Pyramiden-Energie«*. Pyramiden fangen Licht und Raumenergie ein, sammeln sie und strahlen diese Kraft gleich einem Akkumulator in die Umgebung ab. Eine heilende Kraft, die sich jeder zunutze machen kann. Esoterikläden haben die Marktlücke erkannt und bieten bereits fertige Pyramidenmodelle aus unterschiedlichen Material und Größen für Meditationszwecke an. Kann man die Pyramidenenergie messen? Gibt es überzeugende Belege ihrer Kraft?

Das fragte sich auch der tschechische Radioingenieur *Karel Drbal* aus Prag, als es ihm gelungen war, die Entdeckung eines anderen kurz entschlossenen zu realisieren – was ihm eine ziemliche Überraschung bescherte. Drbal hatte gelesen, was der französische Ägyptologe *Antoine Bovis* niedergeschrieben hatte. Dem Wissenschaftler waren beim Besuch der Cheopspyramide in den Abfalltonnen der Königskammer die Kadaver von Katzen und anderem Kleintier aufgefallen, die sich ganz offensichtlich in dem riesigen Steinlabyrinth verirrt hatten und dann umgekommen waren. Ihre leblosen Körper waren beim Abfall gelandet. Zu seinem Erstaunen bemerkte Bovis an den Tierkadavern völlig untypische Symptome: Die Leichen waren allesamt geruchlos, und an ihnen waren kein Anzeichen von Verwesung zu erkennen.

Eingehendere Untersuchungen der Kadaver ergaben, dass sämtliche toten Tiere dehydriert (ausgetrocknet) und mumifiziert (einbalsamiert) waren. Offensichtlich waren diese Tiere nach ihrem Tod achtlos in die Abfalltonnen geworfen worden. Erstaunt registrierte der französische Forscher, dass keiner der Kadaver trotz hoher Luftfeuchtigkeit in der Königskammer Spuren von Verwesung aufwies und fast unbeschadet geblieben war.

Bovis grübelte über diesen Umstand nach und kam zu dem Ergebnis, dass die »automatische« Einbalsamierung der Tierleichen offensichtlich der Pyramidenform der Begräbnisstätte zugeschrieben werden musste. Wieder daheim, machte er sich daran, dieses Phänomen anhand eines praktischen Versuchs zu überprüfen. Er fertigte ein Pyramidenmodell aus Holz an, welches exakt der Cheopspyramide (im entsprechend verkleinerten Maßstab) nachgebildet worden war, orientierte es gleich dem Original in nördliche Himmelsrichtung und deponierte in seinem Modell (in genau jener Höhe, wie sie maßstabsgerecht dem Standort der Königskammer entsprach) die Leiche einer kurz zuvor verendeten Katze. Dem Kadaver fügte Bovis organische Stoffe bei, die bekanntermaßen schnell verwesen. Im gegenständlichen Fall: das Hirn eines Kalbes.

Was der Franzose vermutet hatte, traf tatsächlich ein: Der tote Katzenkörper verweste nicht. Es gab auch keine Fäulnis. Das war dem Ägyptologen Beweis genug, dass die Pyramidenform (originalgetreu platziert) die Zersetzung organischer Stoffe nicht nur verhindert, sondern auch deren Mumifizierung bewirkt.

Karel Drbal war fasziniert. Er unternahm nun selbst einige Versuche mit Pyramidenmodellen aus Pappe oder Holz und registrierte in seinen Notizen »eine zweifellose Beziehung zwischen dem Innenraum einer solchen Pyramide und dem physikalischen, chemischen und biologischen Prozessen, die in ihm vorgehen«.

Drbals Experimente blieben nicht unbemerkt. Er demonstrierte sie auch vor wissenschaftlichen Gremien, und schließlich wurde ihm der Lohn seiner Anstrengungen zuteil: Er erhielt vom Patentamt seines Landes das Patent Nr. 91.304. Seine Minipyramide nannte Drbal künftig liebevoll *»Cheops-Rasierklingenschärfer«*.

Die obskure Bezeichnung war durchaus zutreffend. Drbal hatte nämlich mit seinem Pyramidenmodell von sich aus einen interessanten Versuch gewagt: Auf einer Unterlage aus Pappe (später verwendete er dafür Holz) legte er seine stumpfe Rasierklinge. Diese Unterlage war genau ein Drittel so hoch wie das 24 cm breite und 15 cm hohe Modell.

Der Schärfungsprozess währte sechs Tage. Um ihn erfolgreich verlaufen zu lassen, stülpte Drbal seine Pyramide über die stumpfe Rasierklinge und richtete beides exakt in originaler Nord-Süd-Richtung aus. Bei dem Experiment erschien Karel Drbal wichtig, seinen »Rasierklingenschärfer« während jener sechs Tage dem Tageslicht auszusetzen. Nach Ablauf dieser Frist stand der Patentinhaber vor einem faszinierenden Ergebnis: Die vormals stumpfe Rasierklinge war jetzt scharf wie neu gekauft!

War den Hohepriestern im alten Ägypten Ursache und Wirkung energetischer Prozesse geläufig? Zwei Phänomene, die die moderne Wissenschaft noch nicht wieder zu entdecken vermochte? Faktum bleibt in jedem Fall: Die Pyramidenform eignet sich im Großen wie im Kleinen hervorragend als Konservator. Sie trägt außerdem dazu bei, den Verwesungsprozess von Toten zu verlangsamen und – wie das Beispiel mancher Mumien zeigt – über Jahrtausende zu konservieren.

Noch zwei unerwartete Folgen, die sich bei Drbals Experimenten ergeben haben: Leicht verderbliche Lebensmittel wie Fisch, Eier, Obst und Innereien bleiben darin über lange Zeit frisch, gehen nicht in Fäulnis und Verwesung über. Warum das so ist, konnten Wissenschaftler bis heute nicht klären.

Steinalt und aus Kunststein?

Wir nehmen an, dass der Name »Pyramide« eine Wortschöpfung der Griechen gewesen ist. Jedenfalls wurde diese Bezeichnung von dem griechischen Wort *pyramis* abgeleitet. Es bedeutet in freier Übersetzung »spitzer Kuchen«. In Ägypten selbst werden die Pyramiden *mer* genannt – ein Wort, dessen ursprüngliche Bedeutung nicht mehr bekannt ist.

Ebenso ist der ursächliche Bauzweck unklar. Welche Bedeutung erfüllten die gewaltigen Bauwerke aus der Vorzeit? Historiker mutmaßen, die Form dieser Steinmonumen-

Bild 167: Das Alter der Pyramiden ist keineswegs gesichert. Geologische Untersuchungen machen deutlich, dass der Bau der Weltwunder weiter in der Vergangenheit liegt, als bisher angenommen wurde.

te sei wahrscheinlich auf jene rechteckigen Sandhügel zurückzuführen, die in vorgeschichtlichen Zeiten die einfachen Grabstätten der Ägypter bedeckt haben. Ob man mit dieser Deutung der Wahrheit näher gekommen ist, darf zumindest bezweifelt werden.

Es gibt viele kuriose Theorien. Eine stammt von dem österreichischen Elektrofachmann *Hermann Waldhauser*. Er hält die Cheopspyramide für ein Instrument, mit dessen Hilfe es den alten Priestern möglich war, das Wetter zu ihren Gunsten zu beeinflussen. Unter anderem stützt sich Waldhauser bei seiner Hypothese auf ein Detail im Bericht des griechischen Geschichtsschreibers *Herodot,* das klar und eindeutig aussagt, »dass vom Nil her ein Wasserkanal in die Cheopsanlage gebaut wurde, dass Wasser eingeleitet worden sei und das Innere des ›Grabmals‹ vom Wasser durchflossen war«.

Nach den Überlieferungen des Elektroexperten war schon die Form der Pyramiden prädestiniert, um als eine »ideale Verdunstungsfläche«, so Waldhauser, zu dienen. Um diese Wasserverdunstung voranzutreiben, vermutet Waldhauser die einstmalige Existenz einer regelrechten Pumpanlage innerhalb der Pyramiden. Wasser wurde auf diese Weise, meint der Elektrofachmann in seinem Buch *»Regenzauber der Pharaonen«,* durch die vorbereiteten Kanäle im Inneren der Pyramiden auf die Flanken geleitet. Das »Feuer« der Sonnenstrahlung habe danach den Verdunstungsprozess eingeleitet und die Luft sei in Bewegung geraten. Was danach kam, war jener »Regenzauber«, der die

Bild 168: Die berühmte Stufenpyramide von Sakkara.

ägyptische Landschaft damals vor der Dürre bewahrte – dank den technischen und mathematischen Kenntnissen der so genannten Weisheitspriester, den Wissenschaftlern ihrer Zeit.

Vor einigen Jahren hat sich ein an der *Barry*-Universität in Florida, USA, lehrender Archäologe zu Wort gemeldet. Professor *Joseph Davidovits* will durch eigene Forschungen herausgefunden haben, dass die Pyramiden von Gizeh (in besonderem Maße jene, die den Pharaonen Cheops und Chephren zugeschriebenen werden) nicht aus Natursteinblöcken, sondern aus betonähnlichem *Kunststein* erbaut worden sind.

Der amerikanische Wissenschaftler teilt nicht die von Ägyptologen vertretene Ansicht, dass die Steine zur Errichtung der so genannten Königsgräber durch Tausende von Sklaven befördert wurden. Er habe aus den alten Schriften herauslesen können, korrigiert Professor Davidovits, wonach der Pharao *Djoser,* Erbauer der Stufenpyramide von *Sakkara* (angeblich die erste ägyptische Pyramide), im Jahr 2750 vor Christus entsprechende Anweisungen »von einem Gott« erhalten habe. Djoser wurde aufgetragen, Baumaterialien aus in der Nähe vorhandenen Gesteinsarten zu zerstoßen und zu mischen.

Sollte sich der amerikanische Archäologe nicht geirrt haben, wäre das fürwahr ein bemerkenswerter Auftrag gewesen. Es erscheint mir nicht wesentlich, ob Davidovits' Behauptung, die Pyramiden von Gizeh seien aus Kunststein errichtet worden, wirklich in allen Einzelteilen zutrifft. Bei weitem interessanter ist jener Passus, in dem es um den Auftraggeber geht. Um diesen angeblichen »Gott«, von dem der Pharao Djoser bei seinen Planungen offenbar abhängig gewesen ist. Um wen oder was könnte es sich dabei gehandelt haben? Verbarg sich hinter dieser Gottheit in Wirklichkeit ein mächtiger hoher Priester? War sie irdischer Herkunft? Kam sie aus Atlantis? Oder könnte das vermeintlich überirdische Wesen, ähnlich wie die Legenden um den Weisheitsgott Thot, auch im Außerirdischen vermutet werden? Waren die alten Götter Ägyptens – Raumfahrer aus fremden Welten? Im dritten Kapitel dieses Buches habe ich aufzuzeigen versucht, dass es sich durchaus lohnt, auch diesen kühnen Fragen nachzugehen.

Ob die Behauptung des Forschers Davidovits, die Gizeh-Pyramiden seien aus Kunststein hergestellt worden, einer ernsthaften Überprüfung standhalten würde, bleibt vorläufig unbeantwortet. Die ägyptischen Behörden haben ihm nämlich ausdrücklich untersagt, Materialproben aus dem Gemäuer im Labor untersuchen zu lassen. Die japanische Blamage mit der Miniaturpyramide des Jahres 1978 war den Nachfahren des Cheops offenbar Warnung genug . . .

Keine Frage, im alten Ägypten müssen Architekten am Werk gewesen sein, vor deren Können selbst Baumeister der Jetztzeit ihren Hut zu ziehen hätten. Heute ist man bereits zufrieden, wenn bei diversen Gebäudekonstruktionen die Einzelteile nur um ein oder zwei Millimeter auseinander klaffen. Fehlerquellen, die bei den »Pharaonengräbern« von Gizeh auszuschließen sind.

Fällt die Bauzeit der Großen Pyramide in die Dynastie des Pharaos Cheops? Eine berechtigte Frage, wenn man die Untersuchungen der Eidgenössischen Technischen Hochschule heranzieht. Physiker entwickelten eine exakte Datierungsmethode, mit der sie eindeutig nachwiesen, dass die (zwischen zweiter und sechster Dynastie errichteten) ägyptischen Pyramiden durchwegs um mindestens 400 Jahre älter sind, als bisher angenommen wurde. Damit aber wird deutlich, dass viele von der Ägyptologie vorgegebenen Datierungen zweifelhaft erscheinen.

Historische arabische Quellen rücken das Alter der Steindenkmäler weit in die Vergangenheit zurück. In der *Bodleian Library* in Oxford, England, gibt es ein Manuskript, das der Kopte *Abu'l Hassan Ma'sudi* verfasst haben soll. Koptisch wurde früher von einer Gruppe eingeborener Christen gesprochen und geschrieben, die sich der Bekehrung zum Islam widersetzte. Ma'sudi behauptete, sowohl die Cheops- als auch die Chephrenpyramide seien bereits dreihundert Jahre »vor der großen Flut« gebaut worden, seinen Angaben nach exakt 3537 vor Christus. Bauherr der Großen Pyramide soll der vorsintflutliche König *Surid* (oder *Saurid*) gewesen sein, wie der arabische Historiker *Ibrahim ben Ibn Wasuff Schah* überliefert hat.

Saurid soll geträumt haben, ein riesiger Planet würde in dem Augenblick auf die Erde stürzen, »da das Herz des Löwen die erste Minute des Hauptes des Krebses erreicht«. Dieser Alptraum veranlasste den Herrscher, das älteste der sieben Weltwunder zu errichten und darin alles Wissen seiner Zeit zu verbergen. Surid wird als ein weiser und gütiger König geschildert. Er soll nach einer anderen Legendenversion die Anweisungen zum Bau der Pyramide von den »Göttern« erhalten haben.

Ob diese Sage wahr ist, lässt sich nicht mit Bestimmtheit sagen. Geteilte Ansichten gibt es, trotz dieser alten Dokumente, über den Ursprung und das Alter der Großen Pyramide. Ernsthafte Zweifel an der beharrlichen Behauptung der Ägyptologen, wonach die Gizeh-Pyramiden von einem Pharao errichtet worden sind, belegen noch andere Widersprüche. Wenn kein Pharao, wer dann?

Wahrscheinlicher ist, dass jene drei Hauptpyramiden lange vor Herrschaftsantritt von Cheops, Chephren und Mykerinos entstanden sind: Beweise? Sind vorhanden. Beispielsweise eine Kalksteinstele, die vor mehr als 150 Jahren in den Ruinen des Isis-Tempels, unweit der Cheopspyramide, entdeckt wurde. Die Stele ist im Besitz des Ägyptischen Nationalmuseums von Kairo.

Aus der Inschrift geht hervor, dass Cheops (altägyptisch: Chufu) den darauf befindlichen Text seiner Selbstverherrlichung erst zu dem Zeitpunkt anfertigen ließ, als er die Restaurierung des Isis-Tempels vollendet hatte. Dass dieser Pharao unter keinem Umständen als Bauherr der Großen Pyramide angesehen werden darf, dafür hat der Altertumsforscher und Orientalist *Zecharia Sitchin* in seinem Buch *»Götter, Mythen, Kulturen, Pyramiden«* den stichhaltigen Nachweis erbracht. Der in Russland geborene, in Palästina aufgewachsene Neoamerikaner gilt als Experte im Hinblick auf die nahöstlichen, vorchristlichen Kulturen. Sitchin entschlüsselte die Inschrift der Stele, wo es heißt: »Es lebe Horus Mezdau; dem König von Ober- und Unterägypten, Chufu, ist Leben gegeben. Für seine Mutter Isis, die göttliche Mutter, Herrin von Hathors Westberg, machte er (diese) Schrift auf eine Stele. Er brachte (ihr) ein neues heiliges Opfer. Er baute (ihr) ein Haus (Tempel) aus Stein, erneuerte die Götter, die in ihrem Tempel gefunden wurden.«

Chufus einziger Anspruch auf den Bau einer Pyramide bezieht sich auf jene für die Prinzessin *Henutsen*. Da die Göttin Hathor als Herrin der Halbinsel Sinai angesehen wurde, schreibt Zecharia Sitchin, und der höchste Gipfel der Halbinsel ihr »Ostberg« war, dann sei wohl der *Westberg* die Große Pyramide gewesen. Chufu »gründete« also das Haus der Isis, jedoch habe die Große Pyramide, laut Inschrift auf der Stele, bereits existiert, als Chufu seine Herrschaft über Ägypten antrat. Sitchin weiter: »Ihre Herrin [die der Pyramide. Anm. d. Verf.] war die Göttin Isis – sie gehörte dieser Göttin, nicht dem Chufu. Außerdem kauerte der Sphinx – den Chephren zusammen mit der zweiten Pyramide gebaut haben soll – bereits an derselben Stelle wie heute. Des weiteren wird in der Inschrift die genaue Lage des Sphinx angegeben und die Tatsache erwähnt, dass ein Blitz ihn beschädigt hat – die Beschädigung ist bis zum heutigen Tag erkennbar geblieben.«

Dass Chufu/Cheops nicht der wirkliche Erbauer der Großen Pyramide gewesen sein kann, erkannte seinerzeit bereits der nordamerikanische Historiker und Orientalist *James Henry Breasted*. Sein Buch »Ancient Record of Egypt«, 1906 erschienen, gilt als eines der Standardwerke über ägyptische Inschriften.

Breasted meint zum Inhalt der Stele im Isis-Tempel, dass zwar »diese Hinweise ... von höchster Bedeutung« wären, sollte das monumentale Bauwerk tastsächlich während Chufus Regierungszeit errichtet worden sein, jedoch würde »die Orthographie ... schlüssig ein späteres Datum der Inschrift« deutlich machen. Obgleich die Stele alle Anzeichen der Echtheit aufweise, so Breasted, konnten sich »die Forscher zur Zeit der Entdeckungen (und viele nach ihnen) ... mit den unvermeidlichen Schlussfolgerungen nicht anfreunden. Da sie das ganze Gedankengebäude der Pyramidenforschung nicht einreißen wollten, erklärten sie die Stele für eine *Fälschung* – die Inschrift sei ›lange *nach* Chufus Tod gemacht worden‹ und trage seinen Namen als Verfasser, ›um romanhafte Vorstellungen der ortsansässigen Priester zu unterstützen‹.«

Die Ägyptologien hatten sich nämlich inzwischen auf den scheinbar schlüssigen Beweis *roter Zeichen* festgelegt, die man in versiegelten Kammern über der »Königskammer« entdeckt hatte. Diese Zeichen wurden als Steinmetzzeichen aus Chufus 18. Regierungsjahr gedeutet und deshalb als echt angesehen, weil diese Kammern vor ihrer Entdeckung im Jahr 1837 nie betreten worden waren.

Da aber andererseits die Inschrift auf der Stele geradezu gegenteilige Informationen lieferte, musste diese ganz offensichtlich eine Fälschung sein. Der Orientalist Zecharia Sitchin neigt jedenfalls zu der Ansicht, dass eine solche eventuelle Fälschung dann aber keineswegs in ferner Vergangenheit, sondern 1837, also genau vor 167 Jahren, stattgefunden hat, ». . . und die Fälscher waren nicht ›ortsansässige Priester‹, sondern zwei oder drei skrupellose Engländer . . .«

Konkret bezichtigt Sitchin drei Hobbyarchäologen der bewussten Manipulation im Pyramidengemäuer: *Richard Howard Vyse,* ein britischer Oberst, seinen Landsmann *J. R. Hill,* damals Oberaufseher einer Kupfermiene, sowie *John Perring,* in jenen Tagen als Ingenieur beim ägyptischen Staatsamt für öffentliche Arbeiten und Bauten beschäftigt. Sitchin ist sich sicher, »dass Vyse und seine Helfershelfer die roten Inschriften in der Großen Pyramide angebracht haben, keineswegs die Erbauer«.

Es bestünde »kein Grund mehr, die Echtheit der Stele anzuzweifeln, auf der steht, dass die Pyramiden und die (oder der) Sphinx schon da waren, als Chufu den Gottheiten *Isis* und *Osiris* dieses Denkmal setzte«.

Auch wenn manches darfür spricht, dass Zecharia Sitchin im Recht sein dürfte – die offizielle Ägyptologie ist anderer Ansicht: Cheops/Chufu, wird erklärt, habe den Pyramidenbau zu seiner Ehre angeordnet. Offiziell hat man sich festgelegt, dass die Pharaonen der 4. Dynastie das Land am Nil zwischen 2575 und 2465 v. Chr. regierten, in diese Epoche fällt der Baubeginn der Großen Pyramide.

Uneinig ist man sich hingegen über die Länge der Bauzeit. Behaupten einige Archäologen, das Monument sei in zwanzig Jahren fertig gestellt worden, so beharren Kollegen der selben Zunft auf einer Arbeitslänge von mindesten dreißig, wenn nicht sogar 56 Jahren. Auch der Baubeginn wird von ihnen um mehr als vier Jahrhunderte in die jüngere Zeit verlegt – in das Jahr 2200 v. Chr. Um das wirre Bild der Altertumsforschung noch weiter zu verzerren, sei auch die Ansicht mancher Fachgelehrter nicht verschwiegen, die die Entstehungszeit des ägyptischen Weltwunders um ein volles Jahrtausend in die vorchristliche Vergangengeit zurückverlegt wissen wollen.

Der tatsächliche Baubeginn der Cheopspyramide verbirgt sich im Dunkel der Geschichte. Unzählige denkbare, aber auch ebenso viele unglaubwürdige Theorien wurden und werden über ihr Ursprungsalter angeboten. So waren sich Ägyptologen früherer Tage beispielsweise sicher, den Zeitpunkt ihres Entstehens herausgefunden

Bild 169: Der Orientalist Zecharia Sitchin hält die ägyptologischen Datierungen zum Bau der Großen Pyramide für eine bewusste Fälschung.

zu haben. Dafür wurden zwei plausible Gründe angegeben: Zum einen hattte man errechnet, dass im Jahr 2170 v. Chr. der Polarstern sich auf einer Geraden mit der Achse des Pyramideneingangs befunden hatte. Was die Wissenschaftler folgern ließ, der dunkle lange Gang dahinter sei an einer Stelle angelegt worden, wo er das Licht dieses Sterns aufzufangen vermochte.

Eine Schlussfolgerung, die sich als Trugschluss erwies: Die Forscher hatten nämlich nicht bedacht, dass die Sterne durch die scheinbare Bewegung des Firmaments im Verhältnis zu unserer Erde ihre Stellung wechselten und weiterwanderten. Das aber hätte bedeutet, dass die Himmelsleuchten erst in 25 827 Jahren (vom Jahr 2170 v. Chr. an gerechnet) wieder jene Position einnehmen würden, die sie damals innegehabt hatten.

Unverbesserliche Esoteriker hingegen meinten, damit endlich den »Stein der Weisen« gefunden zu haben: Sie behaupteten kurzerhand, die Cheopspyramide wäre bereits vor 26 000 Jahren entstanden. Ein Datum, das ganz gewiss ebenso angezweifelt werden darf, wie die Datierung der herkömmlichen Lehrmeinung.

Wie alt ist der Sphinx?

Selbst wenn es dem »Wächter der Pyramiden« zurzeit nicht gerade blendend geht – sein bejammernswerter Zustand hat eine teure Renovierung notwendig gemacht –, für ein weiteres Rätsel ist der Sphinx noch immer gut genug: Lange Zeit hatte man kein

Bild 170: Nach jüngsten geologischen Analysen könnte das Zwitterwesen Sphinx 9000 Jahre alt sein.

Wort über diese 74 Meter lange und 20 Meter hohe Steinfigur verloren. Herodot, der die mächtige Gestalt hätte sehen müssen, hat sie in seinen *»Historien«* nie erwähnt. Warum beschrieb er nie jenen »Pyramidenwächter«, dieses Zwitterwesen mit dem Aussehen eines gewaltigen Löwen und dem Kopf eines Mannes, der möglicherweise erst später darauf gesetzt wurde? Der Grund hierfür ist banaler, als man denkt: Der Gast aus Athen bekam das Zwitterwesen vor der Cheopspyramide gar nicht zu Gesicht – weil es damals wieder einmal, wie so oft in seiner Geschichte, unter dem Wüstensand begraben war. Zuletzt musste der Sphinx 1925 von der ägyptischen Altertümerverwaltung freigelegt werden.

Einer, der dem Sphinx große Bedeutung zumaß, war *Edgar Cayce,* ein außergewöhnlich frommer Mann. Man nannte ihn »der schlafende Prophet«. Cayce war Hellseher, im Wachzustand ein Durchschnittsmensch wie wir alle, jedoch im Zustand hypnotischer Trance ein Medium mit nahezu unbegrenztem Wissen. Seine Gabe machte es ihm möglich, Krankheiten zu diagnostizieren, die von der Schulmedizin nicht erkannt wurden. Doch der »schlafende Prophet« erstreckte seine seherische Begabung auch auf andere Wissensgebiete.

So bestätigte und erläuterte er im Trancezustand das Faktum der *Reinkarnation* und trug auch einiges zur Erhellung altägyptischer Überlieferungen bei. Cayce prophezeite die Entschlüsselung der Botschaft der Großen Pyramide, und er schrieb auch dem

Bild 171: Der amerikanische Seher Edgar Cayce sah für die Jahrtausendwende die Entdeckung der »Kammer des Wissens« voraus.

Sphinx eine wichtige Rolle zu. Der Hellseher verlegte das angeblich wirkliche Baujahr der Großen Pyramide in das Jahr 10490 vor Christus, wobei die Bauzeit hundert Jahre betragen haben soll. Um das Jahr 1998, so prophezeite er, werde irgendwo zwischen Sphinx und Nil die »Halle der Aufzeichnungen« entdeckt werden und der künftige Aufstieg und Fall der Nationen sowie der Entwicklungsgang des religiösen Denkens der Welt offen liegen. Den Standort dieses antiken Tresors hat Edgar Cayce, der 1945 in den USA gestorben ist, folgendermaßen beschrieben: »Wenn die Sonne sich aus den Wassern erhebt, fällt die Schattenlinie zwischen die Pranken des Sphinx, der erst zu späterer Zeit als Hüter gesetzt wurde, den man nicht durch die Verbindungskammern (von der rechten Pranke aus) betreten darf, ehe die Zeit nicht erfüllt ist und die Wandlungen sich auf diese Sphäre der menschlichen Erfahrung auswirken. Diese Halle liegt zwischen dem Sphinx und dem Fluss.«

Tatsächlich machte man innerhalb der letzten Jahre auf dem Gizeh-Plateau eine Reihe verblüffender Entdeckungen. Schon 1991 hatten seismologische Tests eine große »rechteckige Höhle« unter der rechten Vorderpranke der Statue lokalisiert, exakt an jener Stelle, wo Cayce sie vorausgesagt hatte. Weitere Untersuchungen, die der Forscher Dr. *John Anthony West* und sein Geologenteam unternehmen wollten, wurden jedoch von den ägyptischen Behörden untersagt. Das heißt nicht, dass es keine Grabungen gibt. Sie finden statt, aber eben unter Ausschluss der Öffentlichkeit. Dies mag wohl auch erklären, weshalb das Gelände abgesperrt wurde. Schon lange zirkulieren die Berichte von einem verschütteten Verbindungsgang zwischen Sphinx und

Cheops-Pyramide. Seit einigen Jahren befindet sich nun beim Schwanzende des Sphinx ein kaum wahrnehmbarer, neuer von Menschenhand angelegter Eingang. Wohin er führt, wozu er angelegt wurde, wissen wir nicht.

Ebenso spannend wie die Suche nach verborgenen Räumen, ist die Frage nach dem Ursprung des Sphinx. Die Steinfigur mit dem Löwenleib und dem Kopf eines Mannes wird der 4. Dynastie, unter der Herrschaft des Pharaos *Chephren,* zugeschrieben, soll also etwa vor 4500 Jahren entstanden sein. Aber das Alter scheint zweifelhaft.

Ein amerikanisches Archäologenteam unter der Leitung des Geologen *Robert M. Schoch* von der Universität *Boston* stellte Erosionsschäden in dem Sphinxfelsen fest, die durch eine lang anhaltende Regenperiode entstanden sind. Nun gab es aber während dieser Epoche nachweislich keine derartigen Unwetter, und auch im Baumaterial der Cheopspyramide konnten keine Risse im Gestein entdeckt werden, die auf ähnliche Ursachen zurückgeführt werden könnten. Somit kann Pharao Chephren keinesfalls der Erbauer des Sphinx gewesen sein. Der Verwitterungszustand beweist, dass das Monument wesentlich älter ist, als bisher angenommen wurde. Das Alter des rätselhaften Zwitterwesens muss um 2500, wahrscheinlich sogar um 4000 Jahre zurückdatiert werden – entstand also bereits vor ungefähr 9000 Jahren. Eine unbekannte Zivilisation dürfte den Löwe-Mensch-Zwitter in die Wüste gesetzt haben; Pharao Chephren kann nur sein Nachfolger gewesen sein – er hatte lediglich den Kopf und den Körper des Sphinx *renovieren* lassen.

»Wir wissen nicht, *wer* den Sphinx gemacht hat«, erklärte hierzu der Ägyptologe *John A. West* bei einem Jahrestreffen der Geologischen Gesellschaft Amerikas in *San Diego* (Kalifornien). »Wenn wir aber nachweisen können, dass es so viel früher eine Kultur gegeben hat, die so etwas schaffen konnte, wäre das für die Geschichtsschreibung das, was Einsteins Relativitätstheorie für die bis dahin geltende Physik war.«

Geheime Gänge und unerforschte Kammern

Legendäre Überlieferungen erzählen von der Existenz geheimer Archive in der Großen Pyramide, in denen angeblich das universelle Wissen der ägyptischen Priesterschaft aufbewahrt wird. Haltlose Fantastereien, Wunschdenken – oder vielleicht doch das berühmte »Körnchen Wahrheit«, von dem unzählige Pyramidenforscher träumen?

Vielleicht schon bald werden wir darüber mehr erfahren, dann nämlich, wenn sämtliche Untersuchungersgebnisse ausgewertet worden sind. Denn das, was mancher mutige Ägyptologe schon längst vermutet hat – dass es im Inneren des Cheopspyramide weit mehr Räumlichkeiten gebe, als bisher angenommen wurde –, konnte in den vergangenen Jahren auch wissenschaftlich bestätigt werden.

Ein japanisch-französisches Forscherteam, das in sich Physiker und Ingenieure vereinigte und von dem uns bereits bekannten Lehrbeauftragten der Tokioter *Waseda*-Universität, Professor *Sakuji Yoshimura,* geleitet wurde, entdeckte in der Großen

Pyramide unbekannte Hohlräume und unterirdische Gewölbe, wobei man sich modernster Computer und hoch empfindlicher Radarpeilungen bediente.

Nur wenig ist aus dieser Forschungsarbeit an die Öffentlichkeit gedrungen, und der Waseda-Bericht, dem jene japanische Universität in Tokio ihren Namen gab, wird geradezu als »Geheimpapier« gehandelt. Nur wenigen Instituten liegen die umfassenden Ergebnisse der japanisch-französischen Wissenschaftlercrew auch im Detail vor.

Überraschende und nie erwartete Hinweise auf Verbindungen zu unbekannten Räumen entdeckten die Forscher in der Nähe der so genannten »Druckentlastungskammer«, die sich oberhalb des als »Königsgrab« bezeichneten Raumes in der Cheopspyramide befindet. Da die Spalten in Ost-West-Richtung verlaufen, wird von den Archäologen angenommen, dass sich östlich von der Kammer ein weiterer leerer Raum befinden dürfte.

Auch hinter der Wand des Königinnenganges konnten mehrere Hohlräume festgestellt werden, deren Größe man jedoch nicht abzuschätzen vermochte. Sicher ist nur, dass sich dort ein mit Sand gefüllter Raum befindet, der mehrere unbekannte Gegenstände enthält und sich nach unten in die Pyramide fortsetzt. Der Sand selbst, den man durch präzise Bohrungen entnahm, stammt aus dem Oligozän-Erdzeitalter und weist einen hohen Schwermetallgehalt auf. Seltsamerweise wurde dieser Sand nicht in unmittelbarer Umgebung, sondern von sechs Kilometer südlich der Pyramide herbeigeschafft. Es sieht so aus, wird im Waseda-Bericht festgestellt, als sei der Sand *gesiebt* worden.

Auch der Kalkstein, der für die Auskleidung dieses Hohlraumes verwendet worden war, findet sich nirgendwo innerhalb, sondern stets nur außen an der Pyramide. Einige der neu entdeckten Räumlichkeiten sind so groß, dass man noch nicht feststellen konnte, wie tief deren Boden tatsächlich liegt.

Ein eventueller Zusammenhang einzelner hohler Stellen untereinander ist vorderhand noch nicht erkennbar. Wie viele Kammern könnte es in der Großen Pyramide geben? Hat man mit den bisher aufgefundenen Hohlräumen erst einen kleinen Teil der insgesamt vorhandenen Innenräume aufgespürt? Französische Archäologen sprechen von 15, japanische Kollegen sogar von 20 Prozent Hohlraumanteilen am Gesamtvolumen des steinernen Weltwunders in Gizeh. Was das japanisch-französische Forscherteam herausgefunden hat, scheint zu bestätigen, was manche unorthodoxen Ägyptologen ebenfalls vermuten: dass die Cheopspyramide von geheimen Kammern geradezu durchsetzt sein könnte.

Ein Hobbyarchäologe aus Leidenschaft ist der australische Eisenbahningenieur *Robert Ballard.* Er hält es für möglich, dass die drei Pyramiden von Gizeh seinerzeit mit einer Anzahl von Katakomben errichtet worden sind. Die Pyramiden selbst, so vermutet Ballard, dürften mit zahlreichen Kammern und Galerien durchzogen sein. Sie dienten möglicherweise als Behausung für die Priesterschaft und Tempelwächter.

Ballard nimmt auch an, dass ein großer Teil der Kalksteinblöcke, die für den Bau der drei Wahrzeichen am Nil benötigt worden sind, aus solchen Katakomben herbeigeschafft wurden. Sein Vorschlag: Probebohrungen auf dem Plateau vom Gizeh mit Hilfe einer leistungsfähigen Tiefbohrmaschine und Gestänge von 70 bis 100 Metern. Robert Ballard ist überzeugt, durch derartige Bohrungen auf eine unterirdische Stadt zu stoßen, mit geheimen Zugängen für Priester und Aufseher und mit Verbindungsgängen zu jeder Pyramide.

In diesem Gewölbe sollen die Weisheitspriester sowie der Pharao das gesamte Wissen jener Zeit gehortet haben. Glas, das man falten kann, Metall, das nicht rostet, sowie schriftliche Dokumente über die vormals großen Kenntnisse von Mathematik, Geografie, Physik, Astronomie und Astrologie – und vieles mehr. Wird man den Schlüssel zum Geheimnis dieses beispiellosen Monuments, die »Kammer des Wissens«, in absehbarer Zeit entdecken?

Noch etwas haben die Messergebnisse des japanisch-französischen Forschungsteams deutlich gemacht: Mit Hilfe der *Gravimetrie* konnten Schwerkraftüberprüfungen vorgenommen werden, mittels *Echoskopie* gelangen erfolgreiche Laufzeitmessungen durch Radarwellen, und schließlich kam ein besonderer »Spürhund« zum Einsatz: ein *Electromagnetic scanning*. Dieses Gerät, ein »Bodenradar«, macht es möglich, mit Hilfe von elektromagnetischen Impulsen verborgene Objekte zu orten, auch wenn sich diese tief im Untergrund oder – wie im Fall der Cheopspyramide – hinter dicken Mauern verbergen. Zudem ist das Gerät imstande, Grenzflächen sichtbar zu machen sowie die Konturen von Gegenständen erkennbar werden zu lassen.

Was auch immer die weiteren Forschungen erbringen sollten, fest scheint jedenfalls zu stehen, dass sich sowohl *in* als auch *unter* der Pyramide ein Labyrinth von Gängen und Hohlräumen befinden dürfte, das bisher der Aufmerksamkeit entgangen war. Unter dem Felsplateau des Cheopsmonuments wurde zusätzlich ein zweites Holzmodell einer Sonnenbarke (das Symbol des Göttervaters Re) aufgespürt. Sollten Pyramidenforscher weiter fündig werden und es ihnen gelingen, jene legendäre »Kammer des Wissens« zu finden, dann könnte davon nicht nur die Ägyptologie im Besonderen, sondern wahrscheinlich die gesamte Menschheit profitieren. Möglicherweise wäre das in diesem Geheimgewölbe aufbewahrte Wissensgut der altägyptischen Weisheitspriester oder ihrer Vorfahren von großer Bedeutung für das Verständnis unserer gesamten Menschheitsgeschichte. Würden bei einer solchen sensationellen Entdeckung endlich geistige Werte über materielle triumphieren?

Sesam öffne dich!

Am 22. März 1993 machte der Münchner Ingenieur *Rudolf Gantenbrink* eine atemberaubende Entdeckung. Ein vermeintlicher Luftschacht in der Kammer der Königin sollte erkundet werden. Von diesem Raum aus kontrollierte Gantenbrink über einen Monitor, was ihm die auf ein sechs Kilogramm schweres Raupenfahrzeug montierte Minivideokamera an gestochen scharfen Bildern offenbaren würde.

Der Roboter auf vier Zahnrädern ist nur 37 cm lang, angetrieben von sieben unabhängigen Elektromotoren. Ihre Mikroprozessoren sind ferngesteuert. An der Vorderseite des Geräts sind zwei Halogenscheinwerfer sowie jene Minivideokamera, Typ Sony CCD, angebracht. Letztere ist sehr beweglich, kann geschwenkt und auch gekippt werden. Das winzige Roboterfahrzeug wurde aus leichtem Aluminium hergestellt, ist aber trotzdem in der Lage, eine Zuglast von immerhin 40 Kilogramm zu befördern.

Rudolf Gantenbrink hat seiner technischen Kreation einen originellen Namen gegeben. Er nennt sein »Kind« *UPUAUT.* So heißt – dem Anlass entsprechend – eine altägyptische Gottheit: Der Name lässt sich sinnigerweise mit »Öffner der Wege« übersetzen. Die Idee zu dieser Namensgebung stammte von dem deutschen »Ägyptologiepapst« Professor *Rainer Stadelmann,* der zu Beginn dem Projekt »UPUAUT« des Ingenieur Gantenbrink durchaus wohlwollend gegenüberstand. Wenigstens so lange, als er noch nicht befürchten musste, dass ihm sein deutscher Landsmann »die Schau« stehlen würde. Was sich zwangläufig an jenem 22. März, Punkt 11.05 Uhr, ergab.

Der Miniroboter UPUAUT wurde in den Schacht geschickt. Doch nach 65 Metern war die mühsame Reise zu Ende. Sensationelle Videoaufzeichnungen zeigten, dass die Wände überraschenderweise mit hellem *Turakalk* versehen sind, der sonst nur in Kammern verwendet wurde und den Pyramidenbauern als *heilig* galt. Kurz darauf blieb der Roboter plötzlich stecken. Endstation. Der Schacht war von einer Steinplatte mit zwei Kupferbeschlägen blockiert, die an Fallsteine erinnern. Ein Mysterium, das bisher keine ägyptischen Parallelen kennt.

Dass der Roboter auf das bislang unauffindbare Pharaonengrab Cheops gestoßen war, ist eher unwahrscheinlich, da der Schacht zu schmal ist und manche Indizien dafür sprechen, dass Cheops gar nicht der Erbauer der »Großen Pyramide« war. Sicher ist nur, dass den Schacht eine Steinplatte blockiert. Somit kann der Gang nicht, wie bislang von Ägyptologen immer wieder behauptet, zur Belüftung der Pyramide gedient haben. Welche Funktion, welche Aufgabe erfüllt der mysteriöse Schacht aber dann?

Das fragten sich auch die Forscher *Robert Bauval, Adrian Gilbert* und *Graham Hancock.* Sie haben inzwischen den neu entdeckten Schacht nach astronomischen Gesichtspunkten untersucht. Sie prüften mit Hilfe des Computers, ob es Sterne gäbe, die vor rund 5000 Jahren nach diesen und anderen vermeintlichen »Luftschächten« ausgerichtet waren. Das sensationelle Ergebnis: Die alten Ägypter hatten tatsächlich eine ganz bestimmte Sternenkonstellation um den Gürtelstern *Al Nitak* des *Orions* und den Stern *Sirius* fixiert. Beide Gestirne sind am Firmament leicht auszumachen und spielten in der ägyptischen Mythologie eine ganz wesentliche Rolle. Das Sternbild Orion wird dem Gott *Osiris,* Sirius hingegen mit der Göttin *Isis* gleichgesetzt, die bekanntlich in enger Verbindung zu Zauberkraft und Magie stand.

Aber es gibt noch andere Dinge, die zu denken geben. Die alten Ägypter hatten ein Weltbild, das für unsere Begriffe auf dem Kopf steht: Sie orientierten sich an dem *südlichen* Sternenhimmel. Das fruchtbare Nildelta, auch Unterägypten genannt, wo

Bild 172: Ing. Rudolf Gantenbrink auf der Spitze der Cheopspyramide.

der Nil ins Mittelmeer fließt, liegt somit am oberen Ende der Landkarte. Die drei großen Pyramiden *Cheops, Chephren* und *Mykerinos* liegen somit nicht links, sondern rechts vom Nil. Die erstaunliche Geometrie der drei Pyramiden, deren Seitenflächen exakt nach den vier Himmelsrichtungen ausgerichtet sind, hat nur einen Schönheitsfehler: Zwei der drei Pyramiden sind beinahe gleich groß und liegen auf einer diagonalen Achse – die dritte aber ist wesentlich kleiner. Mykerinos war ein ebenso mächtiger Pharao wie Cheops und Chephren. Wenn die Pyramiden tatsächlich von den Pharaonen erbaut wurden, warum sollte sich Mykerinos mit einer kleineren Pyramide zufrieden geben, die die strenge Ordnung der anderen beiden durchbrach?

Eine Erklärung dafür fanden Bauval und seine Kollegen in den Sternen: Das Muster der drei Gestirne des *Oriongürtels* deckt sich haarscharf mit der Anordnung der Pyramiden von Gizeh. Die alten Ägypter hatten demnach nichts Geringeres getan, als ein Stück Himmel auf Erden *nachgebaut*. Im Sternbild *Orion* (altägyptisch Sahu)

Bild 173: Der von Ing. Gantenbrink entwickelte Roboter Upuaut – »Öffner der Wege«.

sollen laut Mythe »die Seelen der Götter« beheimatet sein. Eine Glaubensvorstellung, die exakt mit dem erstaunlichen astronomischen Wissen der *Dogon*-Stämme in Westafrika übereinstimmt. Die Eingeborenen berufen sich bekanntlich noch heute in ihren alten Traditionen auf kosmische Besucher, die einst vom Siriussystem mit ihren himmlischen Archen zur Erde gelangt sein sollen.

Robert Bauval entdeckte mittels Computerprogramm eine ganze Reihe weiterer astronomischer Übereinstimmungen. So entspricht die jeweilige Distanz der Pyramiden zum Nil der Position des Orion zur Milchstraße. Ebenso haben noch andere Pyramiden und Tempelbauten, etwa die berühmte Knickpyramide von *Dahschur* oder die Pyramide des *Nepka,* ein himmlisches Gegenstück. Selbst die kleinen Pyramiden von *Abusir* finden ihr stellares »Double« in drei kleinen Gestirnen im Kopfe des Orion. Aber wie ist eine solch präzise Konstruktion und astronomische Perfektion überhaupt möglich?

Zurück zur eigentlichen Entdeckung, der »Türe« am Ende des Schachtes. In mehreren offiziellen Stellungnahmen, etwa durch den ägyptischen Pyramidendirektor Dr. *Zahi Hawass,* wurde immer wieder beteuert, dass die Untersuchungen fortgesetzt würden und die »Türe« spätestens 1998 geöffnet werden würde. Geschehen ist – zumindest augenscheinlich für die Öffentlichkeit – nichts. Stattdessen tobte hinter den Kulissen ein heftiger Gelehrtenstreit und es herrschte konfuse Ratlosigkeit darüber, wie man mit dieser unbequemen (weil viele neue Fragen aufwerfenden) Entdeckung weiter verfahren sollte.

Am 17. September 2002 sollte dann endlich das Geheimnis gelüftet und der

Bild 174: 1993 von Upuaut mit der Videokamera in der Cheops-Pyramide erfasst: die erste »Tür« am Ende des südlichen Schachtes mit einzigartigem Metallbeschlag. Dahinter verbirgt sich eine weitere. Und was kommt dann?

Weltöffentlichkeit ein Blick hinter den Kulissen gegönnt werden, organisiert von der »National Geographic Society« und einem amerikanischen Fernsehsender. TV-Zuschauer in 141 Ländern erlebten *live,* so jedenfalls wurde die spektakuläre Inszenierung verkauft, wie der neue Mini-Roboter »Pyramid Rover« den südlichen der so genannten »Seelenschächte«, die von der Königinnenkammer ausgehen, erforschte. Doch statt einer Sensation blieb der Vorwurf eines manipulierten Medienspektakels.

Der Direktor des Ägyptischen Museums in Berlin, *Dietrich Wildung,* bestätigte, dass große Teile der angeblich live gesendeten Bilder bereits vor Tagen aufgezeichnet waren. Das ZDF räumte zudem ein, dass die Live-Übertragung mit einstündiger Verzögerung ausgestrahlt wurde.

Die ägyptischen Archäologen hatten die Kamera auf eine zweistündige Reise durch den 20 mal 20 cm breiten Schacht geschickt, der nach 64 Metern beim verschlossenen Kalksteinquader endet. Durch ein – natürlich zuvor gebohrtes Loch (durch das man gewiss bereits schon einmal vor der angeblichen Live-Übertragung guckte) – fotografierte die Kamera einen bislang unbekannten Hohlraum. Er ist leer, aber: Im Abstand von 45 cm wird wieder eine massive Steinplatte sichtbar, die einer versiegelten Tür ähnelt. Wie schon zuvor stellt sich die alte Frage aufs Neue: Was verbirgt sich wohl hinter dieser jetzt entdeckten zweiten »Steintüre«, die mehrere Risse aufweist?

Wenige Tage nach der angeblichen Live-Übertragung haben Wissenschaftler eine weitere, bis dahin unbekannte »Tür« entdeckt. Sie befindet sich 64 Meter tief im Nordschacht und ist wie die erste »Tür« im Südschacht mit zwei Kupfergriffen versehen. Damit erhalten die Spekulationen über das noch unerforschte Innenleben der Cheops-Pyramide neue Nahrung.

Was hinter der jetzt gefundenen »Türe« liegt, bleibt vorläufig ein Geheimnis – die ägyptische Regierung verweigerte die Zustimmung zur Öffnung. Hat man womöglich Angst davor, dass neue Funde gemacht werden könnten, die bisherige ägyptologische Ansichten auf den Kopf stellen könnten?

Allein die Existenz des türartigen »Blocksteins« im Schacht brachte die Ägyptologie in ziemliche Verlegenheit. Was kommt auf uns zu, wenn demnächst neue Gänge entdeckt, andere Kammern geöffnet werden? Räume, vollgestopft mit Papyrusrollen und unbekannten Botschaften? Tafeln mit Aufzeichnungen über das gesamte antike Wissen, Planetenberechnungen, Nil-Überflutungs-Voraussagen und Architekturgeheimnisse? Womöglich Mitteilungen aus einer Zeit, als man in Europa noch in Höhlen hauste? Oder eventuell sogar Aufzeichnungen irgendwelcher himmlischer Lehrmeister? Vielleicht die in den Pyramidentexten erwähnten Weisheitsbücher des Kulturbringergottes Thot? Wird man kosmische Hinterlassenschaften finden, die im Sinne Erich von Dänikens *außerirdischen* Ursprungs sind?

Wenn es so wäre, würde die Öffentlichkeit jemals davon überhaupt in Kenntnis gesetzt werden? Wäre es denkbar, dass die »Kammer des Wissen« inzwischen geöffnet und Schätze mit unangenehmem Inhalt längst sichergestellt wurden? Hat man auch andere Hohlräume lokalisiert, weiter untersucht und freigelegt? Dass seither unter Ausschluss der Öffentlichkeit weitergeforscht wurde, scheint nicht so abwegig. In den letzten Jahren war die Cheops-Pyramide immer wieder über viele Monate für Besucher gesperrt. Umweltgifte bedrohen die Pyramiden und machen Renovierungsarbeiten notwendig, hieß es.

Die Westseite wurde im März 1998 durch eine riesige Plane abgedeckt, es herrschte absolutes Fotografierverbot. Soweit bekannt, sollen Mitarbeiter der *NASA,* eine japanische Forschergruppe der *Waseda*-Universität (jenes Team, das bereits vor der Entdeckung des »Gantenbrink-Schachtes« Hohlräume in der Pyramide geortet hatte), sowie französische Wissenschaftler und Mitarbeiter der Universität *Saarbrücken* mit Arbeiten an der Pyramide und bei der Sphinx betraut gewesen sein. Augenzeugen berichten, dass knapp *vier Tonnen* Geröll aus der Cheops-Pyramide herausgeschafft und in mehreren LKW-Ladungen abtransportiert wurden. Außerdem hätten ägyptische Wissenschaftler zwei *Hydraulikpumpen* in die Pyramide gebracht, deren Zweck sie nicht zu erklären wünschten.

Für die Beseitigung von Graffiti-Schmierereien oder Schweißabsonderungen, die sich durch Touristen auf den Steinen ablagern und diese langsam zerstören, dürften die Geräte kaum verwendet worden sein. Wozu aber dann? Wurden wir bewusst abgelenkt und an der Nase herumgeführt? Wer besitzt den Schlüssel zum *Sesam öffne dich*?

Kapitel 6

WUNDER JENSEITS JEDER LOGIK

Ungewöhnliches, Unglaubliches und Unfassbares

»Die Welt ist voller ungelöster Rätsel,
und einige davon sind noch fremdartiger,
als man es sich vorstellen kann.«
Charles Fort (1874–1932)

Sind sie abergläubisch? Natürlich nicht! Niemand liest Horoskope, verschenkt Glücksschweinchen, klopft auf Holz, dreht Knöpfe, fürchtet die schwarze Katze von links. Nein, im aufgeklärten 20. Jahrhundert ist kein Mensch mehr verunsichert, glaubt niemand mehr an Hokuspokus und himmlische Wunder. Doch der Schein trügt. Nie zuvor hat der Esoterikmarkt so geboomt wie heute. Mit Hilfe exotischer Weisheiten, von Tai Chi über Chakra zu Tantra versucht man sich gegen sämtliche Sinneskrisen zu wappnen.

In der christlich orientierten Welt ist die Bereitschaft zum Wunderglauben recht ausgeprägt. Im Dom von *Turin* wird das weltberühmte »Grabtuch Jesu« aufbewahrt. Bei einem Großbrand im April 1997 konnte das christliche Heiligtum vor den Flammen nur knapp gerettet werden. »Die Reliquie ist unversehrt. Es ist ein Wunder«, dankte Kardinal *Giovanni Saldarini* Gott und dem mutigen Retter. Denn der Feuerwehrmann *Mario Trematore* war es gewesen, der die vierfache Schutzwand aus Panzerglas trotz hoher Flammen und herabstürzender Deckenteile durchbrochen hatte und das Tuch im letzten Augenblick in Sicherheit zu bringen vermochte. Über 100 Schläge mit einer Eisenstange waren nötig gewesen, ehe durch Trematore das Grabtuch geborgen werden konnte. »Gott hat mir die Kraft gegeben«, sagte der nach seinem Einsatz leicht verletzte glückliche Feuerwehrmann, den die wartende Menge mit Applaus überschüttete.

Weitere bedeutende Reliquen des Christentums: das »Schweißtuch der heiligen Veronika«. Es befindet sich in der *Peterskirche* in Rom. Auch auf diesem Stoffteil soll sich der Legende nach das Antlitz Jesu Christi auf wundersame Weise verewigt haben. Im *Kölner Dom* werden in einem goldenen Schrein die Gebeine der »Heiligen Drei Könige« verehrt, in der *Wiener Schatzkammer* ist die »heilige Lanze« zu sehen, und im Münster von Aachen werden nicht nur ein »Kleid der heiligen Jungfrau Maria«, »das Enthauptungstuch des Täufers Johannes«, sondern als besondere Attraktion die »Windeln von Jesus« aufbewahrt.

Menschen in aller Welt machen laufend die Erfahrung mit dem scheinbar Göttlichen und Übersinnlichen. Von Erscheinungen biblischer Heiliger, unheimlicher Geistwesen und schauerlichen Horrormonstern wird ebenso berichtet wie von der Macht der »inneren Stimme«, wunderbaren und bösen Vorahnungen sowie dem so genannten »Zufall«.

Über die Medien werden wir mit Berichten über Erscheinungen und unerklärlichen Vorkommnissen berieselt. Wir hören von himmlischen Botschaften, Prophetien, sehen via Bildschirm und Illustriertenfotos blutende Marienstatuen und Wunderheilungen. Muttergottesvisionen sind zum Gegenstand heftiger Diskussionen pro und kontra geworden. Marienorte auf der ganzen Welt erleben nach wie vor einen regen Zulauf an Pilgerscharen, Gläubigen und Kranken, die sich vom Erscheinen der Mutter Gottes Heilung erhoffen. *Wie* und *warum* es zu diesen Marienerscheinungen kommt, ist Wissenschaftlern, aber auch Vertretern der Kirche nach wie vor ein Rätsel. Faktum ist, es gibt sie.

Berichte über solche Begegnungen mit dem Unfassbaren sind uralt, genauso wie die Geschichte der »schwarzen Magie« oder jene der Flüche. Schon im alten Ägypten bekämpften die Hohepriester ihre Feinde, indem sie sie verfluchten. Noch heute sind ähnliche Rituale des »Voodoo«-Kults« auf Haiti zu beobachten. Doch auch in Europa wird immer wieder über Menschen berichtet, die auf geheimnisvolle Weise Opfer von Verwünschungen oder »magischer Praktiken« geworden sind.

Immer mehr Menschen beschäftigt auch die Frage, ob sie schon früher einmal auf der Welt gewesen sind. Sie nehmen oftmals an so genannten Rückführungen teil, um über ihr angebliches früheres Leben mehr zu erfahren. *Wie* und *wohin* reist man mit der Seele? Solche Reisen oder außerkörperliche Erfahrungen haben seit Jahrhunderten nicht nur Schamanen, Yogis und dafür empfängliche Menschen (»Medien«) gemacht, sondern sie sind in unserem Jahrhundert auch der naturwissenschaftlichen Forschung zugänglich geworden. Zahlreiche Menschen berichteten, ihren Körper kurzfristig verlassen zu haben. Forscher in vielen Ländern haben deshalb solche Erfahrungsberichte gesammelt und kritisch ausgewertet.

Entspringen Nahtod-Erlebnisse, Hellsichtigkeit, »Gespräche« mit Toten, Voodoo-Kulte oder Spukerscheinungen nur unserem unterbewussten Ängsten, Hoffnungen und Wünschen? Sind es Projektionen aus unserer Seele? Besitzt jeder Mensch einen sechsten Sinn, ohne sich dessen bewusst zu sein? Handelt es sich um echte Beweise für eine andere verborgene Wirklichkeit?

Faktum bleibt: Es geschehen mitunter mehr Dinge zwischen Himmel und Erde, als sich unsere Schulweisheit träumen lässt. Manche meinen vorschnell, es handle sich schlicht um *Wunder,* um das Walten einer höheren Macht, um Eingebung oder ein Mysterium. Andere nennen sie nüchtern »Zufall«. Meist sind es sensible Naturen, die mit rätselhaften Ereignissen konfrontiert werden. Deshalb möchte ich im Laufe dieses Kapitels auch die Prominenz zu Wort kommen lassen, die durchaus einiges über seltsame Ereignisse zu berichten weiß.

Selbst heute, im Zeitalter von Wissenschaft, Internet und moderner Hightechmethoden, fällt es Wissenschaftlern nicht leicht, zu Fragen des Übersinnlichen Stellung zu nehmen. Besonders deutlich wird die Ratlosigkeit bei Erscheinungen, bei denen mehrere Beobachter dem unerklärlichen Zwischenfall beiwohnten und rätselhafte Begleitphänomene festgestellt werden konnten. So wie etwa am Beispiel der immer wiederkehrenden Muttergottesvisionen. Eine logische Erklärung gibt es für sie nicht, und doch können sie Tag für Tag aufs Neue geschehen . . .

Marias Urgroßmütter

Die berühmtesten Erscheinungen der Gottesmutter Maria ereigneten sich 1531 in *Guadelupe* (Mexiko), 1858 in *Lourdes* (Frankreich) sowie 1917 in *Fatima* (Portugal), der letzten vom Vatikan offiziell anerkannten Marienerscheinung. Doch das Phänomen hat sich seither weit mehr als *zweihundert*mal wiederholt. An den verschiedensten Orten der Welt. Und dabei sind das nur die *gemeldeten* Erscheinungen. Die Dunkelziffer liegt um ein Vielfaches höher. Die meisten Geschehnisse wurden niemals überregional bekannt oder dauerten nicht lange genug, um eine ordentliche Untersuchung zu ermöglichen.

Darüber hinaus verzichten viele Augen- und Ohrenzeugen aus Verlegenheit und Scheu auf eine Zurschaustellung ihrer Person. Vor allem die Angst, von der Umwelt nicht ernst genommen zu werden oder spöttischen Bemerkungen ausgesetzt zu sein, mag viele bestärken, ihr ungewöhnliches Erlebnis besser für sich zu behalten. Anderen wiederum fehlt die exakte Erinnerung an das Geschehen, das oft erst in einer Hypnosesitzung in seinen wahren Ausmaßen zum Vorschein kommt. Ein Kuriosum, das vor allem, wie viele gut dokumentierte Analysen und Untersuchungen zeigen, bei zahlreichen UFO-Begegnungen auftritt. Bei den Marienerscheinungen läuft das Phänomen in den meisten Fällen nach dem *gleichen* Muster ab: Halbwüchsige oder naiv veranlagte, fromme Frauen und Männer – offenbar für mediale Offenbarungen besonders empfänglich – begegnen einer mysteriösen *Lichtgestalt.*

Von ihr empfangen sie in einer Art Symbolsprache Botschaften und Anweisungen. *Maria,* oder das, was für sie gehalten wird, »kündigt an, überreicht Gegenstände, übermittelt Visionen, versetzt anderswohin, teilt Geheimnisse mit, zeigt das Buch des Lebens, lässt die Sonne tanzen, steht auf einer Wolke, löst summende Geräusche aus« und Ähnliches mehr. Häufig ist das Diktat von »oben« mit dem direkten Auftrag verbunden, an der Stätte der Erscheinung ein Gotteshaus oder ein Heiligtum zu errichten.

Schon die erste historisch bekannte Marienerscheinung stützt sich auf einen solchen konkreten *Auftrag* von »oben«. Am 20. Januar 41 nach Christus soll die Mutter des Erlösers in *Saragossa* in Spanien, auf einer *Säule* stehend, so weiß es die Überlieferung, dem Apostel *Jakobus* erschienen sein. Der Mystikerin *Maria von Agreda* zufolge soll sie vom Auferstandenen selbst den Auftrag dazu erhalten haben: »Meine viel geliebte Mutter«, so heißt es in dem alten Text, »ich möchte, dass du zu Jakobus gehst. Sag ihm, er solle nach Jerusalem zurückkehren, doch erst, wenn er ein Heiligtum zu Ehren und unter dem Titel deines Namens zu bauen in Auftrag gegeben hat, ein Gotteshaus, in dem du angerufen und verehrt wirst.«

Jakobus soll von Jaffa aus an das »äußere Ende der Welt« gefahren sein und vor allem in *Aragonien* das Evangelium gepredigt haben. Vor seiner Abreise habe ihm Maria versprochen, ihn zu besuchen, wo immer er sich gerade aufhalten werde. Sie soll ihm – wie berichtet – auf wundersame Weise, auf einer Säule thronend, erschienen sein und ihm aufgetragen haben, ein Gotteshaus errichten zu lassen, in dem diese Säule aufbewahrt werde. Tatsächlich führt die Tradition den Ursprung der Kathedrale von Saragossa auf die Kapelle *Maria del Oilar* (Maria von der Säule) zurück.

Doch der wahre Ursprung der Muttergottesvisionen ist weit in der Vergangenheit angesiedelt. Er ist wohl in einer *vorchristlichen* Religion, in den Verehrungen der *Muttergöttinen,* zu suchen. Ob die altägyptische *Isis, Ischtar* aus Assyrien oder die Himmelsgöttin der Phönizier, *Astarte,* sie alle scheinen Vorläufer des Marienkultes zu sein.

Auch in den gallischen und germanischen Provinzen hat es diese Verehrungen gegeben. Verschiedene Orte, wo noch heute *Schwarze Madonnen* verehrt werden, *Chartres* und *Le Puy* zum Beispiel, waren wichtige druidische Zentren. Wir wissen, dass die keltischen Stämme in der Vorzeit den Gott *Belen* anbeteten, dessen Gefährtin und Schwester die schwarze Jungfrau *Belisama* war. Die Kultgemeinschaft besaß in Chartres angeblich einen heiligen Stein, der an jener Stelle platziert war, an der später die Schwarze Madonna entdeckt wurde. Manche Forscher sehen hier Verbindungen zur Legende vom Heiligen Gral, der als »Wunderschale«, »Kelch Christi«, »Stein der Weisen«, »leuchtendes Juwel« oder als »Brot spendender Gegenstand kosmischer Herkunft« verehrt worden war. Jedenfalls scheint damit plausibel, dass die in Chartres gefundene Madonna ursprünglich nicht die Jungfrau Maria, sondern Belisama verkörperte. Ähnlich könnte die in *Sion Vaudemont,* Lothringen, aufgefundene Schwarze Madonna die Himmelsgöttin *Rosemertha* verkörpert haben. Diese war die Gefährtin des Germanischen Gottes *Wotan.*

Bemerkenswert erscheint mir, dass etliche katholische Kirchen offenbar ganz bewusst auf *heidnischen* Kultstätten oder Steinzeitaltären errichtet wurden. Ein Beleg führt uns nach *Latsch* im Vinschgau. 1992 begannen dort die Renovierungsarbeiten der barocken Kirche »Unser Frau am Bichl«. Bauarbeiter entdeckten unterhalb des Altars einen seltsamen weißen Stein, der mit allerlei geheimnisvollen Ritzungen versehen ist. Als sie diesen Marmorblock umdrehten und die dünne Mörtelschicht entfernten, legten sie prähistorische Waffen und Amulette frei. Handwerkzeuge, die verblüffend an jene erinnern, die man 1991 beim »Mann im Eis«, den 5300 Jahre alten Gletschermann *Ötzi,* gefunden hatte. »Der Menhir von Latsch gehört zu einer Gruppe Steindenkmäler, wie sie im gesamten Alpenraum vorkommen«, weiß der Chefarchäologe des Südtiroler Landesdenkmalamtes in Bozen, Dr. *Hans Nothdurfter,* und ergänzt: »Sie standen vermutlich in Gruppen an Kultplätzen, waren entweder heilige Steine oder Götterdenkmäler. Ihre religiöse Funktion gilt als sicher.«

Die Frage bleibt: Weshalb christliche Heiligtümer über älteren, urzeitlichen Kultplätzen errichtet wurden. Der Verdacht liegt nahe, dass es auch dafür Anweisungen aus himmlischer Höhe gab. Aber weshalb der nachdrückliche Auftrag, Heiligtümer zu errichten? Und welche Bewandtnis hat es mit jenen, zum Teil noch unbekannten, spezifischen Vibrationskräften, die Geobiologen und Wünschelrutengeher in Gotteshäusern, Kultplätzen und berühmten »Orten der Kraft« registrieren? Sind es kosmoterrestrische Energien, Magnetfelder und Erdstrahlen aus dem Inneren des Globus? Oder stammen diese unbekannten Energien aus dem Weltraum? Haben sie eine künstliche Ursache?

Die feinstofflichen Kräfte finden sich vor allem an Kultplätzen in Ägypten, Indien, Frankreich, Südengland, Tibet und an Wallfahrtsorten, wie beispielsweise in dem Marien-Erscheinungsort *Medjugorje,* einem kleinen Dorf in der ehemaligen jugoslawischen Provinz Herzegowina.

Der Physiker *Burguslav Lipinski* aus Boston (USA) hat – mehr zufällig – ein erstaunliches Phänomen entdeckt, das zum Zeitpunkt der Erscheinung in der *Grobla*-Kapelle am 15. März 1985 aufgetreten ist. Eine Strahlung – ähnlich der natürlichen radioaktiven Strahlung – ist innerhalb einer halben Stunde von 15 mR/h (milli Rad pro Stunde) auf 100 000 mR/h angestiegen! Die betenden Wallfahrer in der Kapelle hätten unter normalen Umständen an der Strahlendosis zugrunde gehen müssen. Aber nichts geschah!

Flugtaugliche Gottesmutter

Es ist schon ein kurioser Umstand, dass die heilige Jungfrau Maria, die Mutter Jesu, sogar als »Weltraumfahrerin« flott unterwegs war. Pardon! Natürlich nicht sie selbst, aber immerhin ihr Gnadenbild war schon unterwegs zum Mond. Vor dem Apollo-9-Flug vom 3. bis zum 13. März 1969 erbat der amerikanische Astronaut *McDivitt* eine Medaille der Schwarzen Madonna von *Loreto*. Doch schon zuvor galt dort die Heilige als Schutzpatronin der Ballonfahrer, Piloten und Astronauten.

Die späte Anerkennung für die flugtechnische Leistung einer himmlischen Macht hat ihren Ausgangspunkt im 13. Jahrhundert. Einer unruhigen Epoche, besonders für die christlich orientierte Welt. Aus jener Zeit gibt es viele Legenden. Eine von ihnen bezieht sich direkt auf das unruhige Geschehen um die Kreuzzüge. Sie beruft sich jedoch nicht auf irdische, sondern allein auf *überirdische,* himmlische Mächte. Diese sahen sich aufgrund der Kriegswirren veranlasst, eine ungewöhnliche Vorsichtsmaßnahme in die Wege zu leiten. Objekt ihres Eingriffs war das Wohnhaus Mariens in *Nazareth*. Am späten Abend des 10. Mai 1291, so heißt es in den Chroniken, sollen Engel das Gebäude hochgehoben und in rasantem Flug über *Zypern, Griechenland* und den *Balkan* nach Tersetto bei *Fiume* transportiert haben.

Dort, in jenem Fischerdorf in Kroatien, sei das Haus noch in derselben Nacht auf

Bild 175: Zeichnerische Darstellung des mysteriösen Marien-Wallfahrtsortes im italienischen Loreto. Das Werk »himmlischer« Mächte?

wundersame Weise und völlig unbeschädigt abgesetzt worden. Noch heute erinnert eine Kirche im Ortsteil Irsat von *Rijeka* (wie Fiume jetzt heißt) an diesen rekordverdächtigen Flug. Wenn man der Legende Glauben schenken will, dann soll es hierfür etliche Zeugen gegeben haben, die dieses »Wunder« mit eigenen Augen wahrgenommen hatten. Es war eigentlich ein Wunder »auf Raten«, denn schon sieben Monate später erfolgte Teil *zwei* – ein abermaliger luftiger Umzug.

Aus nicht näher bekannten Gründen – die Legende schweigt sich jedenfalls darüber aus – erschienen die Himmelsboten abermals, hoben Mariens einstmalige Wohnstätte in die Lüfte und transportierten sie an einen neuen Ort. Quer über die Adria ging es diesmal nach *Recanati,* wo die Last von den Engeln im Garten der beiden Brüder *Antici* abgesetzt wurde. Wieder sollen zahlreiche Augenzeugen dem spektakulären Schauspiel beigewohnt haben.

Die überraschende Ankunft der heiligen Stätte zog schon bald Neugierige und Fromme an. Pilgerscharen ließen sich die Gelegenheit nicht entgehen, das wundersame Erscheinen des Marienhauses zum Gegenstand christlicher Andacht werden zu lassen. Andere Folgen hatte dieses Geschehen bei den Antici-Brüdern. Die gerieten, von blanker Raffgier geplagt, die die Aufteilung der Pilgerspenden bei ihnen ausgelöst hatte, in einen offenen Streit. Sie gönnten einander Geld und Reichtum nicht, und das missfiel, weiß wiederum die Legende, den himmlischen Mächten sehr. Also erfolgte Teil *drei*: Ein nochmaliger Gebäudetransport stand ins Haus. Mariens Heim, aus rohem Stein gebaut, wurde hochgehoben und durch die Lüfte entführt. Diesmal flogen die Engel mit der Fracht einige Kilometer weit ins Landesinnere, wo sie das Haus auf der Anhöhe von *Loreto* absetzten. Dabei ist es geblieben, denn hier steht es noch heute.

Was ist hinter dieser Geschichte zu vermuten? Nur eine fantastische Legende? Eine fromme, aber erfundene Erzählung? Oder ein wirkliches göttliches Wunder? Es fällt schwer, so etwas zu glauben. Dem Schöpfer des Universums wären doch gewiss andere Mittel zur Verfügung gestanden, um ein steinernes Gebäude, an dem ihm offenbar so viel lag, vor einer Zerstörung zu bewahren. Andererseits scheint aber zum fragelichen Zeitpunkt tatsächlich etwas vorgefallen zu sein, das sich nicht in den normalen Rahmen einordnen ließ. Was haben die weiteren Untersuchungen ergeben?

Im Fall Loreto sahen sich die zuständigen Autoritäten immerhin genötigt, diesem »unmöglichen« Ereignis mit naturwissenschaftlichen Mitteln zu begegnen. Was dabei herauskam, überrascht in mehrfacher Hinsicht:

Erstens zeigte es sich, dass sich vor dem 13. Jahrhundert keine Kirche an dem Platz des späteren Heiligtums befand.

Zweitens wies man nach, dass sich erst mit Beginn des 14. Jahrhunderts Pilger in Massen plötzlich nach Loreto begaben, was vermuten lässt, dass dies durch einen vorangegangenen Anlass ausgelöst wurde.

Drittens ist historisch belegt, dass das kleine steinerne Gebäude, der angebliche Wohnsitz Mariens, zu diesem Zeitpunkt bereits an jenem Platz, wo es sich nunmehr befindet, existierte.

Viertens stellte man fest, dass die Baumeister vor sechs Jahrhunderten besonderen Wert darauf legten, den an sich unscheinbaren und auch sonst architektonisch unattraktiven Steinbau unter allen Umständen zu erhalten.

Fünftens würde dies aber nur dann einen Sinn ergeben, wenn man dem Gebäude schon damals besondere Bedeutung beigemessen hat.

Sechstens ist bemerkenswert die archäologische Erkenntnis, wonach das Marienhaus in bautechnischer Hinsicht nicht in irgendeinem italienischen Stil, sondern eindeutig nach altem palästinensischem Muster errichtet wurde.

Siebtens aber war die Verblüffung der Fachleute perfekt, als Mineralproben der Geologen zu dem Ergebnis gelangten, dass Steine und Mörtel der Kultstätte nicht aus Italien stammten, sondern mit fast hundertprozentiger Sicherheit aus dem Heiligen Land – und zwar aus der Gegend von Nazareth – herbeigeschafft worden waren. Auf *welche* Weise und durch *wen* – diese zentralen Antworten sind uns die Experten bis heute allerdings schuldig geblieben. Was blieb, ist eine ungewöhnliche Legende, die bei weiterem Studium immer wieder neue und unergründliche Rätsel aufgibt. Liegt der Verdacht so fern, dass auch in diesem Beispiel *außerirdische* oder *überirdische* Mächte ihre Macht demonstrierten?

Sonnenwunder oder UFO?

Der erzbischöfliche Sekretär von Österreichs Kardinal Dr. *Franz König* ließ mich vor etlichen Jahren wissen, »dass die Kirche sich zum Thema Himmelsphänomene und Außerirdische nicht äußern wird, da sie in ihrem Glauben und in ihrer Sittenlehre davon in keiner Weise tangiert wird und derlei Spekulationen nicht ernst genommen werden können«. So ziemlich alle Indizien im Zusammenhang mit Marienkulten widersprechen dieser Behauptung energisch. »Es ist das Schicksal jeder Wahrheit, vor ihrer Anerkennung ein Gegenstand des Lächelns zu sein«, pflegte der evangelische Theologe und Mediziner *Albert Schweitzer* (1875–1965) in solchen Fällen zu sagen.

Eisenberg ist so ein Fall, der deutlich macht, dass das Phänomen der Muttergottesvisionen als direkte Konfrontation mit einer außerirdischen Spezies angesehen werden könnte. In der kleinen Ortschaft nahe St. Martin an der Raab im südlichsten Burgenland Österreichs, im Dreiländereck zu Slowenien und Ungarn, soll in den 1950er Jahren die Gottesmutter erschienen sein. Eine Begebenheit, die kaum über Österreichs Landesgrenze bekannt wurde. Als ich den Erscheinungsort vor einigen Jahren gemeinsam mit einem Astrophysiker, einem Historiker und zwei deutschen UFO-Experten aufsuchte, hatte ich Gelegenheit, mit der heute 56-jährigen Seherin *Anne Marie Lex* zu sprechen. Was mir sofort angenehm auffiel: An meiner Gastgeberin ließ sich keinerlei religiös-fanatisches Sendungsbewusstsein feststellen. Sie machte vielmehr den Eindruck eines absolut normalen, sachlich orientierten Menschen, wirkte geistig rege, aufmerksam, besonnen und auch kritisch.

Ihre Begegnung mit der ungewöhnlichen Lichtgestalt ist bis zum heutigen Tag nicht ihrem Gedächtnis entschwunden. Sie erinnert sich noch genau genug, was damals geschah, um sich in diesem Zusammenhang sofort von jeglichem religiösen Humbug zu distanzieren, der später um die ganze Geschichte gemacht worden ist.

Es geschah am 8. September 1954. Marie Lex war nach eigenen Worten hinter das Haus gegangen. »Plötzlich aber«, erzählte sie mir, »ist ein Wind aufgekommen, der immer heftiger wurde, wie ein starker Sturm. Die Hühner im Hof waren ungewohnt aufgereiht, flatterten hin und her – und konnten sich plötzlich nicht mehr bewegen: Aufgereiht standen sie nun da und wirkten wie gelähmt. Zuerst dachte ich an einen über uns kreisenden Hühnergeier und blickte ängstlich nach oben. Aber da war kein Vogel, sondern etwas, das aussah wie eine *helle Kugel*. Ganz klein schien sie am Himmel zu schweben, aber bald wurde sie größer und größer, kam immer näher. Meine Angst wuchs. Ich versuchte davonzulaufen, doch es ging nicht. Ich war außerstande, mich von meinem Platz zu bewegen, war plötzlich ebenso gelähmt wie die vor mir stocksteif dastehenden Hühner.«

Die Kugel aus blendendem Licht sei inzwischen fast ganz heruntergekommen, erfuhr ich weiter. Sie sei dicht über ihr geschwebt, und jetzt habe sie darin auch eine hell leuchtende Gestalt wahrgenommen: »Ganz schneeweiß ist sie gewesen, mit einem

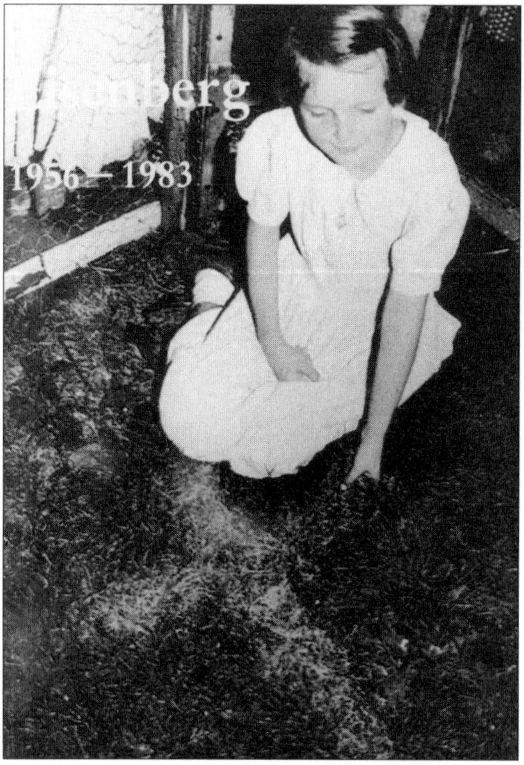

Bild 176: Eine leuchtende Kugel, in welcher sich ein unbekanntes Wesen befand, sah am 8. September 1954 die damals sechsjährige Anne-Marie Lex im Garten des Elternhauses vom Himmel niedersinken.

Rosenkranz und einem Kreuz. Ich war in dem Augenblick davon überzeugt, den *Himmelvater* über mir zu sehen.« Nach einiger Zeit – Anne Marie vermag sich nicht mehr zu erinnern, wie lange das gedauert hatte – sei die weiße Gestalt ebenso verschwunden gewesen wie die Lichtkugel selbst. »Ich konnte mich plötzlich wieder bewegen, und auch die Hühner rannten aufgeregt gackernd über den Hof.«

Die damals Sechsjährige lief sofort ins Haus, wo sie ihrer Mutter in der Küche von dem unheimlichen Vorfall erzählte. »Die wollte mir zunächst nicht glauben, und es dauerte eine geraume Zeit, bis ich sie von dem seltsamen Geschehnis überzeugt hatte«, erinnerte sich Anne Marie. Erst später habe ihr die Mutter einzureden versucht, eine Erscheinung der heiligen Jungfrau Maria gehabt zu haben. Sie selbst scheint diese Ansicht auch jetzt, nach so vielen Jahren, nicht unbedingt zu teilen.

Hier stellt sich neuerlich die Frage: Wer oder was war ihr damals wirklich begegnet? War es eine »Begegnung der dritten Art«? Manchem gläubigen Menschen mag diese Fragestellung vielleicht blasphemisch oder ketzerisch vorkommen. Es bleibt aber unbestreitbar, dass dieser geschilderte Vorfall in auffälliger Weise mit zahlreichen ähnlichen Vorkommnissen übereinstimmt, wo unbekannte Flugkörper niedergingen und darauf nicht vorbereitete Personen mit deren Insassen in Berührung kamen. Ich habe es in diesem Buch bereits mehrmals angesprochen: Wir kennen solche Erfahrungen, wie sie von Anne Marie Lex glaubhaft beschrieben wurden, aus der modernen UFO-Forschung und ebenso aus »Gottesbegegnungen« biblischer Epochen.

Und noch etwas scheint von besonderer Wichtigkeit. Das Mädchen war außerstande, eine *Zeitangabe* zu machen. Wie lange hatte die Begegnung mit dem »Himmelszeichen« gedauert? Ein bestimmter Zeitabschnitt fehlt in der Erinnerung. Waren es bloß Sekunden, Minuten, die die Erscheinung währte – oder dauerte es doch wesentlich länger? Was war mit ihr zwischenzeitlich geschehen? Hatte man mit dem Kind ähnlich experimentiert, wie das zahlreiche Menschen im Zusammenhang mit UFO-Entführungsfällen unabhängig voneinander und aus allen Teilen der Welt behaupten, an sich erlebt zu haben? Fragen, die sich vorderhand noch nicht beantworten lassen. Klarheit könnte vielleicht dann gewonnen werden, wenn die Augenzeugin Anne Marie Lex bereit wäre, sich einer kontrollierten Hypnoserückführung auszusetzen.

Rätselhaft bleibt auch das so genannte »Rasenkreuz«. Seit 1956 ist es genau an der Stelle des Eisenberger Erscheinungsortes im Boden eingeprägt, praktisch über Nacht entstanden. Es blieb bis heute in seiner Struktur erhalten. Die *Hochschule für Bodenkultur* in *Wien* machte auf Veranlassung der Gendarmerie eine Bodenprobe und konnte durch Bodenprobenvergleiche innerhalb und außerhalb des Kreuzes sowie durch Analysen der Pflanzen im Kreuz und weitere Untersuchungen keinerlei Anzeichen dafür finden, dass der Boden manipuliert worden wäre. Bemühungen, das Rasenkreuz mit Hilfe von Unkrautvertilgungsmitteln »nachzumachen«, scheiterten kläglich: Es gelang weder, die scharfen Linien zu »kopieren«, noch den Welkprozess über längere Zeit hin zu erhalten. Ebenso führten Strahlenmessungen zu keinem plausiblen Ergebnis.

Viele Marienerscheinungen der Neuzeit und damit verbundene unnatürlich anmutender Begleiteffekte vor und während der Darbietung zeigen Parallelen zu modernen UFO-Erlebnissen. Besonders deutlich im Zusammenhang mit den so genannten »Sonnenwundern«, wie jenes in dem berühmten portugiesischen Wallfahrtsort *Fatima.* Über 70 000 Menschen haben dem damaligen »Wunder« beigewohnt. Am 13. September 1917 war den drei Seherkindern *Lucia, Francisco* und *Jacinta* »ein Wunder« für den Folgemonat angekündigt worden. Nach Mariens Worten (von Lucia wiedergegeben), »damit alle glauben möchten«. Die vermeintliche »Sonne« mit dem ungewöhnlichen Aussehen einer »flachen, polierten Scheibe« löste sich vom Firmanent.

»Plötzlich begann die Sonne zu zittern und zu schwanken«, erfährt man aus historischen Augenzeugenberichten. »Sie machte einige rasche Bewegungen und drehte sich schließlich mit ungeheurer Geschwindigkeit wie ein Feuerrad um sich selbst; dabei strahlte sie, wie ein gewaltiger Scheinwerfer, in allen Farben bald grüne, bald blaue, rote, violette oder sonstige riesige bunte Lichtbündel aus, die alles, Wolken, Bäume, Felder, die einzelnen Gesichter und die ganze ungeheure Menge, in ein fantastisches Farbenspiel tauchten.«

Das Phänomen der rotierenden »Sonne« wiederholte sich noch zweimal, wobei es zwischen den drei Darbietungen jeweils kurze Pausen gegeben hatte. Dann aber der eigentliche Höhepunkt des Schauspiels: »Inmitten dieses wilden Zaubers von Feuer und

Bild 177: Drei Kindern wurde am 13. Mai 1917 die Erscheinung der »weißen Dame« in Fatima zum Erlebnis.

Farben löste sich die Sonne vom Firmament wie ein ungeheures Rad, das sich infolge überschneller Bewegung von der Achse losschraubt, und stürzte, im Zickzack hin und her fliegend, auf die erschreckte Menge.« Danach kehrte die wundersame »Scheibe« wieder an ihren Ausgangspunkt zurück »und erstrahlte am Himmel in ihrem alten Glanz«.

Freilich, die Amtskirche vertritt seither die Ansicht, in Fatima habe es sich damals um eine wahrhaft kuriose Demonstration der *Sonne* gehandelt. Ein *Wunder* eben. Und sie ist selbst dann noch bei ihrer merkwürdigen Auffassung geblieben, als sämtliche sich mit dieser seltsamen Erscheinung beschäftigten Sternwarten weltweit bestätigten, dass es während des spektakulären Geschehens keinerlei Veränderung der Sonnenposition gegeben habe. Was war nun *wirklich* geschehen? Ein über- oder gar *außerirdisches* Ereignis? Muss dahinter ein Fingerzeig aus dem Kosmos vermutet werden? Vieles deutet darauf hin, und das »Sonnenwunder« über Fatima scheint das ebenso zu beweisen wie etliche andere Begegnungen mit der »Himmelskönigin«.

Dient unser Sonnensystem, und im Besonderen der »Blaue Planet« Erde, schon seit Jahrtausenden einer hoch bis höchst entwickelten galaktischen Rasse von Allforschern gewissermassen als »kosmisches Labor« für ihre weit fortgeschrittenen, uns heute noch völlig unbegreiflichen genetischen, psychischen und auch physischen Versuche?

Ahnt oder *kennt* man im Vatikan bereits die wahren Hintergründe der Marienerscheinungen? Details über die Vorgänge in Fatima, darunter das »Geheimnis der dritten Botschaft«, wurden jahrzehntelang hartnäckig unter Verschluss gehalten und werden

Bild 178: 70 000 Menschen sahen vor 87 Jahren in Fatima die Sonne »tanzen«. Die Beschreibung des Licht-Phänomens erinnert an moderne UFO-Erlebnisse.

es zum Teil noch immer. Obwohl von der Lichtgestalt ausdrücklich das Jahr 1960 als Schlüsseljahr für eine Bekanntgabe ihrer Botschaft genannt worden war, verweigerte der damalige Papst Johannes Paul XXIII. der Gottesmutter die Gefolgschaft. Trotz ihrer klaren Anweisung blieben ihr auch die nachfolgenden Päpste den Gehorsam schuldig. Erst am 26. Juni 2000 kam es unter dem Druck der ständigen Nachfragen zu einer Enthüllung, die allerdings mehr Fragen aufwirft, als beantwortet werden können. Die freigegebenen Texte sind so kryptisch und widersprüchlich, dass sie unverstanden bleiben. Auf das Fatima-Geheimnis angesprochen, erklärte Papst *Johannes Paul II.* 1980 in Fulda: »Jedem Christen soll genügen, wenn er Folgendes weiß: Wenn zu lesen steht, dass Ozeane ganze Erdteile überschwemmen, dass Menschen von einer Minute zur anderen abberufen werden, und das zu Millionen, dann sollte man sich wirklich nicht nach einer Veröffentlichung dieses Geheimnisses sehnen … Betet, betet und fragt nicht weiter. Alles andere vertraut der Gottesmutter an.«

Seltsam. Von überschwemmten Ozeanen und Millionen Toten kann man in der nun enthüllten Akte nichts lesen. Es ist auch schwer verständlich, was denn nun an der Botschaft so Furchterregendes enthalten sei, was man nicht schon in anderen apokalyptischen Visionen gelesen und gehört hat, egal, ob man den jeweiligen düsteren Prophezeiungen Glauben schenkt oder nicht. Sie wurden alle längst der Öffentlichkeit zugänglich gemacht. Darunter die Prophetien eines *Don Bosco* oder Papst *Pius X.*, die sich kaum von der aus Fatima unterscheiden. Wer durchschaut das himmlische Verwirrspiel? Bekommen Gläubige nur das zu hören, was sie erwarten? Die Akte »Fatima« wird uns wohl weiterhin beschäftigen. Schließen können wir sie noch nicht, auch wenn die katholische Kirche dies nun hoffen mag.

Wer spukt so spät durch Nacht und Wind?

Man muss kein Spinner sein, um an das Übernatürliche zu glauben. Viele Prominente, die über ihre ungewöhnlichen Erlebnisse berichten, sind durchaus logisch denkende Menschen, die nicht auf den erstbesten Schwindel hereinfallen. Und dennoch hat jeder von ihnen irgendwann Dinge erlebt, die sich rein verstandesmäßig nicht erklären lassen.

Übersinnliche Phänomene sind vielfältig. Schlossgespenster und Poltergeister nehmen dabei einen bevorzugten Platz ein. Aber was ist eine Spukerscheinung? Gibt es sie überhaupt? Den Spuk gibt es tatsächlich. Nur, was dahinter steckt, darüber streiten sich die Gelehrten.

»Weltruf«, was Spuk und Geistererscheinungen anbelangt, haben Englands Schlösser. Allein in *London* begegnet man dem Geisterbus von Kensington, dem spukenden Bären im Tower oder dem gerupften Geisterhuhn, anhand dessen *Francis Bacon* seine Lebensmittelkonservierungs-Theorie beweisen wollte. Die berühmtesten Ausflugsziele für Gespensterjäger:

- Drei Geister, eine Adresse: *Fountains Abbey* in North Yorkshire. Sir Stephen Proctor wurde 1611 erschlagen, weil er so umbarmherzig Geld eintrieb. Seither spukt er. Proctors Tochter war Zeugin des Vorfalls. Folglich spukt sie. Es wurde aber auch ein Geist in der Holzvertäfelung gesehen, der mit keinem der beiden Genannten zu tun hat.
- *Eilean Donan Castle* im schottischen Hochland kennt man aus dem Kinofilm »Highlander«. In den Gemäuern spukt ein Spanier. Der Geist eines Söldners, der 1719, bei der Belagerung der Burg, starb.
- *Scotney Castle* in Kent gehörte im 18. Jahrhundert der Familie *Darrell.* Ein Darrell wurde beim Schmuggeln erwischt, tötete dabei seinen Ergreifer und warf ihn in den Burggraben. »Logische« Folge: ein spukender Zöllner.
- Reges Geisteraufkommen herrscht im *Arundel Castle,* West Sussex: Durch den Park irrt ein vom Verlobten verlassenes Mädchen, das sich vom Turm stürzte, währenddessen im Schloss ein Küchengehilfe und ein Ritter einfach nicht zur Ruhe kommen.
- Auf *Schloss Warwick* in Warwickshire spukt der Geist von Sir *Fulke Greville,* einem elisabethinischen Kanzler, der von seinem Kameraden ermordet wurde. Seither jagt er Besuchern eisige Kälteschauer über den Rücken.

In Österreichs Burgen und Palais treiben hingegen vornehmlich weibliche Schlossgeister ihr Unwesen. Noch heute spukt die mordlüsterne *Erzsébeth,* »Blutgräfin von *Lockenhaus*«, in der burgenländischen Templerburg, und im *Schloss Frauheim* in Ragnitz bei St. Georgen wurde schon des Öfteren eine mysteriöse Lichtgestalt, die »Weiße Frau«, beobachtet, während sich auf der *Ruine Grub* gelegentlich die »Schöne Cordula« blicken lässt. Nicht zu vergessen ist die *Burg Bernstein,* wo eine »Weiße Dame« seit 500 Jahren von sich reden macht.

Gespenstergeschichten gibt es viele. Beruhen sie auf unglaublichen, aber wahren

Bild 179: Viele Prominente berichten über unerklärliche Vorkommnisse, wie etwa von einer Begegnung mit einer spukhaften Erscheinung.

Begebenheiten? Wir Menschen verlangen nun einmal für alles eine Erklärung und sind bestrebt, den Dingen auf den Grund zu gehen. Und wenn wir mit unserer Schulweisheit nicht weiterkommen, sind wir gereizt und beleidigt. Nun, dem Spuk kann es egal sein . . .

Peter Hofmann, Tenor und Rockmusiker:
Er sieht nicht aus wie einer, der an Gespenster glaubt. Und dennoch hat *Peter Hofmann,* strahlender Heldentenor, Edelrocker und ehemaliger Zehnkämpfer, mit Geistern schon Erfahrungen gesammelt. Mit einem Geist, welcher bisweilen in Hofmanns 500 Jahre altem *Schloss Schönreuth* sein Unwesen treibt. »Es ist eine weißhaarige Frau«, sagt er, »ihr Haar ist zu einem Knoten gebunden. Sie erscheint ganz plötzlich, zeigt sich meistens nur von hinten und löst sich dann wieder in Luft auf. Aber in den Augenblicken ihres Erscheinens ist sie völlig real. Und ich bin nicht der Einzige, der diese weißhaarige Frau gesehen hat. Meine Frau, mein Bruder – alle haben sie gesehen. Sie scheint zu schweben, und niemals spricht sie auch nur ein Wort. Angst haben wir nicht vor ihr – im Gegenteil: Sie scheint sehr freundlich zu sein. Mein Bruder behauptet steif und fest, er habe oft im

Schlaf plötzlich das Gefühl, gestreichelt zu werden. Und er ist hundertprozentig sicher, dass nur ein einziges Wesen dafür in Frage kommt: die weiße Frau.

Nichts an unserem Hausgeist ist Furcht erregend. Die Frau hat uns noch nie erschreckt. Einmal aber fühlte ich doch einen leichten Schauder. Eines Morgens wurde ich von einem sanften Kuss geweckt. Ich drehte mich zu meiner Frau *Deborah* um, aber sie schlief tief und fest. Und sie schwor später heilige Eide, dass sie sich keinen Scherz mit mir erlaubt habe. Wer also hat mich geküsst? Es muss die weißhaarige Frau gewesen sein.

Auch sonst passieren im Schloss bisweilen seltsame Dinge. Es war kurz vor einer Reise nach Moskau, als meine Frau und ich auf der Wand des Schlafzimmers einige rote Flecken entdeckten. Diese Flecken breiteten sich aus und bedeckten bald die ganze Wand. Unser erster Gedanke war: Das ist Blut. Aber so sah die Farbe eigentlich nicht aus – eher hell wie Mundwasser. Aber wir haben nichts Derartiges in unserem Haushalt.

Ich finde es schön, dass wir solche Signale aus einer anderen Sphäre empfangen können. Und ich glaube, dass in unserer Welt überhaupt mehr Platz für das Fantastische sein sollte.«

Richard Chamberlain, Filmschauspieler:
Die ihn kennen, halten *Richard Chamberlain,* den attraktiven Film- und Fernsehstar, für einen Mann, der mit beiden Beinen im Leben steht. Und doch weiß auch er von einer unglaublichen Geschichte zu erzählen: »In der Wüste von Kalifornien lernte ich bei dem Guru Dr. *Brugh Joy* die Kunst des Meditierens. Eines Tages ging ich allein zu der Hütte, in der wir unsere Übungen machten. Mit einem Mal stand eine schemenhafte Gestalt vor mir. Dann erkannte ich meinen Besucher: Es war ein ehemaliger Kriegskamerad, der im Koreakrieg gefallen war. Es war kein Traum. Ich war hellwach. Und ich hatte entsetzliche Angst. Aber er beruhigte mich und wir sprachen über vergangene Zeiten. Dann sagte er mir, dass er sehr glücklich sei und dass man vor dem Tod keine Angst zu haben brauche. Nach diesen Worten verschwand er und ich zitterte am ganzen Leib. Ich schwöre, genauso war es.«

Joan Collins, Schauspielerin:
»Ich bin eine Realistin«, sagt *Joan Collins,* bekannt aus der TV-Serie *Denver-Clan.* »An Vorahnungen oder Ähnliches habe ich nie geglaubt. Und ausgerechnet ich hatte eine Erscheinung. Ich stand im Wohnzimmer meiner Villa in Hollywood und blickte durch das Fenster hinaus auf den Swimmingpool, der noch im Bau war. Ich wollte näher herangehen und machte auch schon den ersten Schritt in Richtung Terrassentür, da tauchte aus dem Nichts das Gesicht meines verstorbenen Mannes *Ron* vor mir auf. Er warnte mich: »Geh nicht nach draußen, es ist zu gefährlich.« – »Okay«, antwortete ich, »wenn du willst, bleibe ich drinnen«. In diesem Moment stürzte eine tonnenschwere Betonplatte von einem Kran direkt auf die Terrasse. Wenn ich Rons Warnung nicht befolgt hätte, wäre ich mit Sicherheit tot gewesen. Er hat mir das Leben gerettet.«

Prinz Charles, britischer Thronfolger:
Ausgerüstet mit Tonband und Infrarotkamera soll der vielleicht nicht ganz ausgelastete Thronfolger nachts in den düsteren Gängen von Schloss *Windsor* auf sein Hausgespenst lauern, das noch prominenter ist als der Geisterjäger selbst: *Heinrich VIII.* in Person.

Sie erinnern sich bestimmt: König Heinrich war jener blutrünstige Monarch, der vor allem durch seine unsauberen Ehegeschichten von sich reden machte. Sechsmal war er verheiratet, bei zwei Frauen nahm er den Spruch »bis der Tod euch scheidet« wörtlich und half nach. Ganz klar, dass so ein Blaubart im Tod keine Ruhe finden kann.

Wollte *Prinz Charles* nur seine Freunde auf den Arm nehmen, als er erzählte, er habe König Heinrich gesehen, wie dieser stöhnend, murmelnd und vor allem hinkend durch Schloss Windsor schlich? Die Londoner Zeitungen jedenfalls nahmen die Sache ernst: Queen *Elisabeths* Ältester ist bekannt wegen seiner Vorliebe für Übersinnliches. Er soll regelmäßig spiritistische Sitzungen besuchen und mehrmals versucht haben, über ein Medium mit seinem 1979 von der irischen Befreiungsarmee IRA ermordeten Onkel Lord *Mountbatten* Kontakt aufzunehmen. Bekannt ist jedenfalls, dass es für Prinz Charles ein Herzensanliegen darstellt, parapsychologische Phänomene wissenschaftlich zu ergründen.

Lotte Ingrisch, Medium und Schriftstellerin:
Ein Medium, das Prinz Charles hätte befragen können, ist die Wiener Schriftstellerin *Lotte Ingrisch*. Sie ist die Witwe des 1996 verstorbenen weltbekannten Komponisten *Gottfried von Einem* (»Dantes Tod«). Sie schrieb selbst unzählige Theaterstücke, Prosa, Libretti und Romane. Die meiste Aufmerksamkeit erregte sie allerdings durch ihre Jenseitskontakte. Berühmt wurde ihr *»Donnerstagsbuch«* und der Fortsetzungsband *»Herr Jacopo reitet«,* worin sie ihren Jenseitsdialog mit dem verstorbenen Wiener Schriftsteller und Politiker Dr. *Jörg Mauthe* beschreibt. Als dieser schon sterbenskrank darniederlag, hatten beide vereinbart, an Donnerstagen die Plätze im Diesseits und Jenseits zu tauschen und miteinander Kontakt aufzunehmen.

»Ich habe mich ein Leben lang mit dem Tod befasst und weiß nun, dass es ihn gar nicht gibt«, betont die Jenseitsforscherin und ist sich gewiss: »Hinter dem Spiegel des Lebens beginnt keine andere Welt, sondern eine andere Wahrnehmung. *Der Tod ist eine andere Wahrnehmung der Welt.*« Diese andere Wahrnehmung lehrt Lotte Ingrisch in Seminaren über das Sterben, den Tod und die jenseitigen Welten. Zu diesem Zweck gründete sie 1993 die *Schule der Unsterblichkeit.*

1996 wäre Lotte Ingrisch beinahe einer Tücke zum Opfer gefallen. Wie schon zuvor dem Altbürgermeister von Wien, Dr. *Helmut Zilk,* und anderen Österreichern, stellte ihr ein irrer Briefbomben-Attentäter nach, der später gefasst werden konnte. Nur die Oberflächlichkeit des psychopathischen »Bombenhirns«, der eine veraltete Anschrift wählte, bewahrte sie vor Schlimmeren: Der Brief kam zum fingierten Absender, einem astrologischen Verein, zurück, wo er unter den sachkundigen Händen der Exekutive detonierte.

Hat Lotte Ingrisch seitdem Angst? »Nein, das hat mich nicht gekratzt. Erstens ist mir nichts geschehen. Zweitens habe ich noch am selben Abend ein ›Gespräch‹ mit meinem verstorbenen Gottfried gehabt, der mir gesagt hat: ›Auf die Idee, dass ich dich beschützt habe, kommst du nicht?‹ Ich sagte: ›Nein, in der Rolle des Schutzengels habe ich dich nie gesehen.‹ Und er darauf: ›Man ändert sich.‹«

Seit etlichen Jahren wohnt das Medium nun im Dienstbotentrakt der Wiener Hofburg. Neben ihren vielen Katzen scheinen sich auch andere Wesen aus anderen Welten im Wohnquartier der Ingrisch heimisch zu fühlen. Es geistert! Im Gespräch erinnert sich Lotte Ingrisch an ein seltsames Erlebnis:

»Schon in der ersten Nacht, die ich in der Hofburg schlief, gab es eine ungewöhnliche Erscheinung. Ich hörte eine Männerstimme, die Kriegsnachrichten verlas. Ich wachte auf und sah zu meinen Füßen einen sterbenden Soldaten in grauer Uniform. Er beteuerte immer wieder, er wäre unschuldig und hätte der Krankenschwester keine Gewalt angetan. Dies ereignete sich um halb fünf Uhr früh. Ich habe mir das Erlebnis sofort aufgeschrieben. Meine Nachforschungen am Vormittag ergaben, dass die Hofburg während beider Weltkriege auch als Lazarett benützt wurde. Also hat der Mann offenbar keine Ruhe gefunden. Ich habe ihm versichert, dass ich ihm glaube.«

Woher kommen die Gespenster? Können sich Verstorbene in unserer Welt materialisieren? Sind es Eingriffe aus anderen Dimensionen? Dazu die Einschätzung des Wiener Mediums:

»Da es – falls Relativitätstheorie und Quantenphysik sich nicht irren – tatsächlich parallele Universen, also auch parallele Individuen zu geben scheint, haben wir viele gleichzeitige Biographien. Gleichzeitig, weil lineare Zeit, nach alter Mystik und neuer Physik, nur in unserem Bewusstsein und nirgendwo außerhalb von ihm existiert. Was den Tod betrifft, so halte ich ihn für eine andere Wahrnehmung der Wirklichkeit, einen anderen Grad unseres jeweiligen Bewusstseins. Da es Zeit an sich nicht gibt, sind wir gleichzeitig lebendig und tot.«

Kontakte nach »drüben«

Der amerikanische Elektrotechniker *Thomas Alva Edison* (1847–1931) glaubte in den zwanziger Jahren, dass die Menschen nach dem Tod weiterleben und dass es möglich sein müsse, mit diesen Verstorbenen in Kontakt zu treten. Edison entwickelte deshalb eine Maschine, die »von Wesen in anderen Existenzsphären bedient werden« sollte: »Mein Ziel ist es, den Erforschern psychischer Phänomene ein Instrument zu schenken, das sie bei ihrer Arbeit ebenso unterstützt wie z. B. das Mikroskop die Medizin.« Der Erfinder scheiterte damals, doch 1959 gelang es dem Schweden *Friedrich Jürgenson* mit einem Tonbandgerät die Stimmen von verstorbenen Freunden aufzunehmen, und heute sind immer mehr Menschen in der ganzen Welt davon überzeugt, mit serienmäßig hergestellten Kassettenrekordern, Computern und Videokameras eine Verbindung mit dem Jenseits herstellen zu können. Man kann zwar noch nicht wirklich beweisen, ob die Stimmen, Botschaften und Computerbilder von Verstorbenen geschickt werden oder ob andere noch unbekannte physikalische Einflüsse dafür verantwortlich zeichnen. Fest steht aber: Das Phänomen selbst ist *Realität* und es bewirkt bei den Diesseitigen nicht selten eine Gänsehaut.

Rainer Holbe, Fernseh- und Rundfunkmoderator, Schriftsteller:
Der beliebte Fernsehjournalist *Rainer Holbe* gilt als einer der Pioniere auf dem Gebiet des Paranormalen. Zu einem Zeitpunkt, als das Thema »Übersinnliches« allgemein noch verpönt war, versetzte er mit den Fernsehreihen »Unglaubliche Geschichten« und »Phantastische Phänomene« Zuschauer in Staunen. Nebenbei verbreitet er seit vielen Jahren in Radio RTL-Luxemburg allwöchentlich Neuigkeiten über Unerklärliches. Holbe wurde mehrfach für seine Arbeiten preisgekrönt und ist im grenzwissenschaftlichen Bereich Autor sowie Herausgeber vieler erfolgreicher Bücher, darunter *»Bilder aus dem Reich der Toten«* oder *»Phantastische Zukunft«*.

»Ich bin umgeben von einer Welt, für die ich keine Erklärung habe«, gestand mir der Moderator und resümiert: »Ich habe es mir abgewöhnt, den Advocatus Diaboli zu spielen, der nur immer nach rationellen Erklärungen strebt, der mit der Hybris des modernen Menschen zu zerstören sucht, was abseits unserer eingefahrenen Vorstellungen sich so mühsam aufbaut.« Rainer Holbe ging in seinem Esoterikmagazin existenziellen Fragen nach, suchte Antworten auf Geheimnisse der Jenseitskontakte, Psychokinese oder Telepathie und lud interessante Gäste ein, die vor laufender Kamera mit Experimenten verblüfften. Ein Tonbandstimmen-Phänomen ist ihm bis heute besonders in Erinnerung geblieben:

»Ich war dabei, als Menschen in einer Livesendung von einem früheren Leben berichteten und in allen Einzelheiten schilderten, wie sie damals zu Tode gekommen waren. Vor meinen Augen und Ohren fanden Experimente statt, in denen nachgewiesen werden sollte, dass es einen Kontakt mit Verstorbenen gibt. Ich war verblüfft, als ich mehrmals von einem von uns vorher versiegelten Tonband ein geheimnisvolles Flüstern hörte – so, als suche jemand mühsam ein Gespräch. Höhepunkt war zweifellos die akustische Wahrnehmung meines vor Jahren gestorbenen Vaters, dessen Art zu sprechen sich scheinbar nach seinem Tode erhalten hat. Meine damals neunjährige Tochter *Miriam* hat ihren Großvater erkannt und in diesem Moment wohl auch gespürt. Für sie war diese Begegnung weder traurig noch sensationell, sie war ganz einfach normal.

In klaren Nächten erleben wir die wunderbare Welt des Makrokosmos, sehen Planeten ihre Bahnen ziehen und von Ferne das Geflimmer der Milchstraße. Die Phänomene des Mikrokosmos aber, die sich in jedem Stecknadelkopf abspielen, sind unserer Beobachtung entzogen. Und trotzdem sind sie vorhanden.«

Prof. Dr. Julius Hackethal, Arzt:
Dürfen Ärzte todkranken Menschen Sterbehilfe gewähren und sie von ihren furchtba-

ren Schmerzen erlösen? Seit Professor *Julius Hackethal* (1921–1997) am Chiemsee eine private Krebsklinik gründete und auf dem Gebiet der Sterbehilfe tätig wurde, will die Diskussion um dieses Thema nicht mehr verstummen. Es ist keine Frage, dass Hackethal es ernst meinte und den Menschen unnötige Qualen ersparen wollte. In der Medizin ist es manchmal Mode geworden, das Leben eines Patienten künstlich zu verlängern, um Erfahrungen zu sammeln, und nicht selten wird der Mensch dabei zum Versuchsobjekt. Das aber ist mit dem viel zitierten Eid des Hippokrates bestimmt nicht vereinbar. Dennoch bleiben Hackethals Ansichten über »humanes Sterben« umstritten. Was geschieht mit Menschen, die für »klinisch tot« erklärt wurden? Macht sich der Astralkörper auf die Reise? Was passiert mit der Seele?

In dem Sachbuch *»Was bedeutet der Tod für Sie?«,* herausgegeben von *Hildegard Schäfer,* äußerte sich Julius Hackethal erstmals zum Thema Tod und Wiedergeburt: »Ich glaube, daß das Wichtigste von drei Dingen, die einen Menschen ausmachen, die *Seele* ist. Nach meiner Wunschtheorie: Diese bekommt man bei Geburt als Leihgabe. Man kann sie pflegen oder auch nicht. Mit dem körperlich-geistigen Tode jedenfalls fliegt sie als unsichtbarer Vogel davon zu einem anderen Lebewesen. Nicht zu irgendeinem, sondern zu einem Menschen gleicher Abstammung . . . zum Beispiel vom Vater zum Sohn, vom Sohn zur Mutter, von der Schwester zum Bruder.

Nach meiner Möchtegern-Glaubenstheorie hängen die Seelen an unsichtbaren Fäden, die der vielsternigen Urerbmasse entspringen – oder an Leitstrahlen, die sie dorthin zurückführen. Mit dem körperlich-geistigen Tode fliegt der Seelenvogel nicht wahllos zu irgendeinem der Großsippe, sondern zu einem bestimmten Menschen. Was wiederum Himmel oder Hölle bedeutet . . . oder ein Zwischending.

Wovon der Seelenlandeplatz abhängt, wissen die Götter – hoffentlich auch von den Taten und Untaten des Entseelten. Die zusätzliche Beseelung merken weder Empfänger noch Spender. Zumindest ist die Seelenwanderung so wenig eindrucksvoll, daß sie nicht bewußt wird. Vielleicht liegt das aber auch daran, daß sich noch niemand auf diese Möglichkeit hin konzentriert hat.

Ich habe mich schon verschiedentlich dafür interessiert, ob ab dem Zeitpunkt des Todes eines Menschen eine Änderung im Verhalten eines Verwandten eingetreten ist. Antwort auf meine Theorie konnte ich jedoch noch nicht finden. Eine Seelenwanderung von Mensch auf Tier oder Pflanze und umgekehrt halte ich nicht für wahrscheinlich. Besser müßte ich sagen: Das möchte ich nicht so gern glauben wie das andere.

Für den Fall, daß meine Glaubenstheorie Unsinn ist, wünsche ich mir, daß das Todsein ewiger Schlaf ist. Das hätte ich zwar nicht so gerne wie das, was ich lieber glaube; aber ein Grund zur Furcht vor dem Sterben wäre weder das eine noch das andere. Allerdings könnte es möglich ein, daß es doch einen Fürchtegrund gibt: Denen zu fehlen, für die man eigentlich (nur) lebt.«

Peter Krassa, Journalist und Schriftsteller:
Wer kennt schon sein zukünftiges Schicksal? Wer weiß, was an Gutem oder Schlech-

tem in den kommenden Lebensjahren auf ihn zukommt? Haben Außerirdische in die Entwicklungsgeschichte der Menschheit eingegriffen? Gibt es Spuren ihrer Aktivitäten? Manipulieren dunkle Mächte, die »Männer in Schwarz« und »Phantome des Schreckens« aus anderen Dimensionen unsere Welt? Sind Zeitreisen nur Utopie?

Das sind nur einige Fragen, die von dem bekannten Schriftsteller grenzwissenschaftlicher Bücher, Peter Krassa, seit vielen Jahren aufgegriffen werden. Krassa veröffentlichte bislang 25 Bücher, zuletzt *»Sie kamen aus den Wolken«*. Darin untersucht der Autor die Legende über mythische Drachengötter im alten China, die sich »Dropa« nannten. Im Banpo-Museum in Xian stieß der Reiseschriftsteller auf rätselhafte Steinteller, die mit einem angeblichen frühgeschichtlichen Raumschiff-Absturz in der Gebirgsgegend von *Baian-Kara-Ula* zusammenhängen.

Peter Krassa ist bemüht, die Recherchen zu seinen Büchern nach Möglichkeit an Ort und Stelle vorzunehmen. Er reiste daher rund um den Globus, von China bis Peru, von Ägypten bis Indien.

Für den Wiener Schriftsteller besteht nicht der geringste Zweifel an übersinnlichen Phänomenen, etwa zwischen zwei Menschen, die sich sozusagen »blind« verstehen und irgendwelche telepathischen Kontakte empfinden. Intensive Gedankenströme, die den jeweiligen Partner fast automatisch die Überlegungen seines Gegenübers, nein: nicht »erraten«, sondern erfühlen lassen. Warum sollte eine Gedankenübertragung nicht auch zwischen Mensch und Tier möglich sein? Peter Krassa erzählt von einer merkwürdigen Erscheinug, die ihm selbst widerfahren war:

»Ich bin ein großer Katzenfreund, ja ich habe eine unzweifelhaft liebevolle Beziehung zu diesen anschmiegsamen und doch stets selbstbewussten Wesen. Und wohl jeder wird den Schmerz verstehen, den ich fühlte, als ich völlig unvorbereitet meinen vierbeinigen Kameraden verlor.

Am 27. Dezember 1974 war ich mit meinem schwarzfelligen Kater *Mephisto* eilig zum Tierarzt aufgebrochen. In der Meinung, mein kleiner Freund habe sich über die Weihnachtsfeiertage eine Magenverstimmung zugezogen. Als ich zwei Stunden später die Tierklinik verließ, stand ich unter Schock.

Mephisto war tot. Der Tierarzt hatte ihn einschläfern müssen. Das Tier litt unter hochgradiger Leukämie. Ich war am Boden zerstört. Fast vier Monate lagen seit dem tragischen Ende meines geliebten Mephisto hinter mir. Doch in einer Nacht des April 1975 ereignete sich etwas Ungewöhnliches. Ich habe das genaue Datum vergessen, aber ich weiß noch, als wäre es gestern gewesen, was damals geschah. Ich erwachte plötzlich aus meinem Schlummer – es mochte gegen vier Uhr morgens gewesen sein. Ich erwachte, weil mich eine Bewegung der Bettdecke am Fußende irritierte. Ich kannte diese Bewegung von früher. Mephisto hatte sie verursacht, wenn er, bevor er sich abends mit mir schlafen legte und auf meiner Bettdecke zusammenrollte, zunächst mit den Vorderpfoten eine entsprechende Liegestatt zu ›treten‹ begann.

Jeder Katzenbesitzer kennt diese Eigenart unserer vierbeinigen Hausgenossen. Aber ich spürte nicht nur die sich bewegende Bettdecke zu meinen Füßen – ich hörte gleichzeitig das mir wohlvertraute, unverkennbare Miauen meines toten Freundes. Es klang irgendwie gedämpft, so als befände sich die Katze hinter einer Glaswand. Als ich aus meinem leichten Schlaf erwachte, lag ich seitwärts. Ich war vor Überraschung wie erstarrt, und mein erster Gedanke war (ich habe ihn nie vergessen): ›Das gibt's doch nicht!‹

Langsam und vorsichtig legte ich mich auf den Rücken, dann begann ich meinen Freund zu rufen: Mephisto, Mephisto. Immer noch spürte ich das Ziehen an der Decke, fühlte die tretenden Pfoten meines Katers, hörte sein gedämpftes Miauen.

Ich vermag nicht zu sagen, wie lange dieses Phänomen andauerte – ich weiß nur eines: Ich habe damals nicht geträumt. Was mir widerfuhr, habe ich bewusst erlebt. Niemals zuvor und auch niemals danach ist mir Ähnliches passiert, und ich bin mir heute völlig sicher, eine außersinnliche Wahrnehmung gehabt zu haben, ein ASW-Erlebnis, wie es die Psi-Forschung nennt.

Warum, so frage ich, sollte es Kontakte wie solche von Verstorbenen mit ihren lebenden Mitmenschen, mit denen sie stets in inniger Beziehung gestanden sind, nicht geben und Ähnliches nicht auch im Verhältnis eines verstorbenen Tieres zum Menschen? Dort, wo die geistige Verbindung zwischen zwei- und vierbeinigen Partnern besonders intensiv gewesen war? So wie bei meinem Kater Mephisto und mir?«

Natürlich weiß Krassa, dass er diese Vermutung, besser: Behauptung, niemals beweisen kann. »Mir persönlich«, gesteht er ein, »genügt aber die Gewissheit, das hier Geschilderte tatsächlich empfunden und erlebt zu haben.« Professor *Hans Driesch,* deutscher Philosoph und Biologe (1867–1941), der sich mit der seriösen Erforschung bestimmter parapsychologischer Phänomene beschäftigte, meinte einmal, eine außersinnliche Wahrnehmung (ASW) sei dann gegeben, wenn jene Person, die dieses Erlebnis hatte, in jenem Augenblick deutlich gefühlt habe, etwas ganz Besonderes zu erleben – etwa, das sich von sonstigen Träumen klar unterscheide. »Das Lebenszeichen eines Verstorbenen beispielsweise – wie das meiner toter Katze«, fügt Peter Krassa hinzu. Vernahm er ihren Ruf aus dem Reich der Toten?

Leben vor dem Leben

Reinkarnation bedeutet Wiederverkörperung, *Wiedergeburt.* Gemeint ist damit, dass die Seele nach dem Tod des Körpers in einem neuen Körper wieder geboren wird, also mehrere Erdenleben durchläuft – zu verschiedenen Zeiten, an verschiedenen Orten, wechselnd als Mann oder Frau. Haben wir bereits öfter gelebt? Gibt es Erinnerungen daran? Im *Lamaismus,* einer Sonderform des Buddhismus mit tibetischer Ausprägung, ist diese Glaubensvorstellung besonders stark ausgeprägt. Die geistigen Führer, die *Lama,* können sich nicht nur an ihre vergangenen Existenzen erinnern, sie wissen sogar, welche Formen sie im nächsten Leben annehmen werden.

Immer mehr Menschen fasziniert der Gedanke an frühere Erdenleben. Sie halten

Rückschau mit der Reinkarnation. Erstaunlich viele prominente Zeitgenossen bekennen sich zum Glauben an die Wiedergeburt. Der Lyriker und Dichter *Hermann Hesse* (1877–1962) war überzeugt davon, dass alles Geschehene noch vorhanden sei. Raketenpionier *Wernher von Braun* (1912–1977) glaubte an eine geistige Existenz über den Tod hinaus.

»Ich habe schon einmal gelebt!«, erklärte die deutsche Filmschauspielerin und Malerin *Elke Sommer*. Die sympathische Künstlerin hat nicht nur ein UFO gesehen, sie behauptet auch von sich, Erinnerungen an ein früheres Dasein zu besitzen. Nach eigenen Aussagen will die Pastorentochter aus dem Fränkischen einst als mittelalterlicher *Tempelritter* schon einmal auf Erden gewesen sein.

Um Näheres über vergangene Leben zu erfahren, bedienen sich immer mehr Menschen der so genannten *Rückführung*: Sie lassen sich mit Hilfe eines Psychologen oder Therapeuten im Hypnose- oder Entspannungszustand auf eine Seelenreise in die Vergangenheit schicken. Der englische Popsänger *Elton John* beispielsweise hat bei der Therapeutin *Lee Everett* in einer Rückführung von seinen früheren Leben erfahren. Einmal sah er sich als wohlhabenden Komponisten im 18. Jahrhundert mit weißer Perücke und kostbaren Gewändern. »Ich sitze in einem großen Raum in einem wunderschönen Schloss und spiele Klavier. Um mich herum sind viele Menschen.« Von einem anderen Leben weiß er außerdem Folgendes zu berichten: »Ich war Soldat im Ersten Weltkrieg, wurde verwundet und durfte nach Hause. Zwanzig Jahre später verunglückte ich jedoch als Busfahrer bei einem Verkehrsunfall.«

Der berühmte Tiefseeforscher Prof. Dr. *Hans Hass* ist überzeugt davon, dass übersinnliche Verbindungen auch zwischen *Menschen, Tieren* und *Pflanzen* möglich sein können. Und wer erinnert sich nicht an den unvergessenen Wiener Volksschauspieler *Hans Moser?* Beim Heurigen und einem Glaserl Wein besang der Publikumsliebling offensichtlich seinen Glauben an die Wiedergeburt; heißt es doch in einem Vers eines berühmten Wienerliedes: »Ich muss in meinem früheren Leben wohl eine Reblaus gewesen sein«.

Garsten bei Steyr in Oberösterreich scheint ein tierischer und übersinnlicher Ort zu sein. *Sabine Dell'mour* lebt und arbeitet dort seit vielen Jahren als Ausbildnerin für Pferd und Reiter. Sie hat eine neue Therapie entwickelt und erprobt, bei der Pferde eingesetzt werden. Es hat sich nämlich gezeigt, dass rhythmische Bewegungen auf die Wirbelsäule des Menschen übertragen und Rückenschmerzen beseitigt werden können. Bei Sabine Dell'mour werden Patienten mit Bandscheibenleiden regelmäßig auf stolze Araberpferde gesetzt und herumgeführt. Nach etwa zehn Behandlungsstunden zeigt sich in fast allen Fällen eine deutliche Besserung. Dass dies alles möglich wurde und aus einer ursprünglich turbulenten und unsicheren Zeit ihres Lebens, schließlich eine harmonische Umsetzung im therapeutischen Reiten zustande kam, sei, so meint Sabine, auf das Einwirken des fuchsfarbenen Araberhengstes *Lamigo* zurückzuführen. Schon beim Kauf des Pferdes hatte die Reitlehrerin das starke Empfinden, nicht sie würde jenes Fohlen erwerben, sondern umgekehrt – Lamigo hätte seine neue Besitzerin sozusagen »ausgesucht«. Und tatsächlich: Mit Lamigo kam der Neuanfang. 18 Monate später, Dell'mours Reiterdomizil hatte sich inzwischen überraschend schnell etabliert, erlitt Lamigo einen Beckenbruch und musste von seinen Qualen erlöst werden. »Lamigo könnte vielleicht ein indischer Schutzgott gewesen sein, der in Tiergestalt wieder geboren wurde und manche Menschen in schwierigen Zeiten begleitet, solange sie der Hilfe bedürfen, und den Menschen wieder verlassen, wenn sie nicht mehr gebraucht werden«, erklärte mir die attraktive Therapeutin und ergänzte: »Ich hatte weder vor noch nach ihm ein so eigenartiges Pferd.«

Bewiesen oder nicht: Die Vorstellung von der Wiedergeburt, von einem Leben vor und nach dem Leben, beschäftigt uns alle. Schließlich möchten wir gerne wissen, ob mit dem Tod alles vorbei ist. Doch scheint es nicht viel wahrscheinlicher, dass nach unserem Ableben etwas völlig Neues beginnt? Alle, die schon einmal die Grenze vom Leben zum Tod überschreiten mussten, klinisch tote Komapatienten, haben es gesehen und nach ihrer »Rückkehr« davon berichtet – ein *hell strahlendes Licht* von unglaublicher Anziehungskraft hätten sie wahrgenommen.

Shirley MacLaine, Filmstar und Esoterikexpertin:
Shirley MacLaine, Schauspielerin, ist eine Frau mit vielen Vorleben: Sie behauptet von sich, schon dreimal auf der Welt gewesen zu sein. In ihrem ersten Leben, daran erinnert sie sich wie an einen fernen, aber extrem realistischen Traum, war sie ein Mann, ein Lehrer auf der Insel *Atlantis*. Als das geheimnisvolle Reich unterging, beging sie Selbstmord. Das zweite Leben führte Shirley MacLaine nach *Indien*, das dritte nach *Südamerika*. Dort soll ihr ein außerirdisches Wesen begegnet sein, das ihr den Auftrag erteilte, die Lehre von der Wiedergeburt zu verbreiten.

Zunächst behielt die berühmte Schauspielerin diese Erinnerungen für sich, bis sie bei einem Empfang den indischen Staatschef *Nehru* traf. Eine Fliege setzte sich auf die Schulter der Schauspielerin. Sie klatschte das Tier tot. Daraufhin Nehru erbost: »Tun Sie das nie wieder! Sie wissen ja gar nicht, wer in solch einem Insekt wieder geboren ist.«

Glenn Ford, Hollywood-Schauspieler:
Glenn Ford, UFO-Sichter und Westernstar, erinnert sich gleich an fünf frühere Leben. *Walter-Jörg Langbein* nennt sie in seinem Buch *»Parapsychologische Phänomene«:* »Ford Nr. 1. lebte als Römer *Flavius* und wurde im dritten Jahrhundert den Löwen zum Fraß vorgeworfen. Ford Nr. 2 starb als 20-Jähriger im Jahre 1666 in England als *Seemann* an der Todesseuche Pest. Ford Nr. 3 hieß *Jean-Jacques Launvaux* und diente Ludwig XIV. als Offizier. Bei einem Duell auf Leben und Tod, das er wegen seiner Liebe zu einer verheirateten Dame führte, wurde Jean-Jacques Launvaux vom Degen des Gegners über dem rechten Brustbein durchbohrt. Just an der Stelle hat der Schauspieler eine unerklärliche Narbe. Ford Nr. 4 war *Musiklehrer* und starb 1840 an Schwindsucht. Ford Nr. 5 war *Cowboy* und wurde 1855 erschossen.«

Waltraut Haas und Erwin Strahl, Schauspieler:
»An übersinnliche Empfindungen und Erscheinungen glaube ich durchaus«, gestand mir die lebenslustige österreichische Schauspielerin *Waltraut Haas*. Sie spielte in über 75 Filmen und hat mit unzähligen Bühnenauftritten die Herzen des Publikums erobert. Unvergessen bleibt sie in der Rolle des »Mariandl«, der berühmten »Rösslwirtin« in Willi Forsts Kinofilm *»Hofrat Geiger«.*

Woran knüpft Waltraut Haas ihren festen Glauben an das Metaphysische? »Weil ich es selbst erfahren habe«, begründet sie und betont: »Besonders von dem Moment an, als ich ganz deutlich eine Berührung meiner verstorbenen Mutter verspürte, mit der mich ein ganz starkes Gefühl der Zusammengehörigkeit verband. Auch als ich bereits eine eigene Familie hatte, wohnte meine Mutter in unserem Haus. Berufsbedingte Trennungen von ihr fielen mir immer sehr schwer. Als Mama mit fast 90 Jahren starb und man sie aus dem Haus trug, öffnete ich das Fenster, um ihre Seele wegfliegen zu lassen. Am Abend saß ich dann allein in ihrem Zimmer auf ihrem angestammten Platz, auf ihrem Sessel. Da spürte ich, wie eine Hand über meinen Kopf strich. Ich weiß, dass es der letzte Gruß meiner Mutter war. Vielleicht sollte es auch bedeuten: ›Ich bin bei dir.‹«

Das es ein Leben nach dem Tod gibt, davon ist die »Mariandl«-Darstellerin überzeugt: »Ja, an Wiedergeburt glaube ich, weil erst dadurch der tiefere Sinn in diesem so unglaublichen Geschehen des Mikro- und Makrokosmos verständlich wird. Das Leben und sein ewiger Kreislauf vom Kommen und Gehen findet sich immer in der Natur.«

Das hat auch ihr Mann, der bekannte Regisseur und Schauspieler *Erwin Strahl,* erkannt. Er fasst die Vorstellung vom möglichen Vor- und Nachleben ganz ähnlich auf: »Was die Wiedergeburtsidee anbelangt, so bin ich ein Anhänger von ihr. Hier trifft sich der Sinn des Lebens, des Reifens, der Perfektionierung eines Menschen, der in seinem Leben diesen wohl angestrebten Grad der Vollkommenheit gar nicht erreichen kann. Der Endprozess könnte über Jahrtausende angelegt sein, mit einbezogen eventuelle Rückschläge der menschlichen Seele in puncto Niveau während des Erdendaseins. Darüber hinaus existiert für mich ein höheres Wesen, keine Frage. Egal, ob wir es Gott, Allmacht oder im Sinne der Freimaurer Baumeister aller Welten nennen wollen.«

Ernst Meckelburg, Bewusstseinsforscher und Bestsellerautor:
Im Allgemeinen messen wir unseren Träumen wenig Bedeutung zu. Naturvölker wissen jedoch schon seit langem, dass Träume die Kanäle für *außersinnliche* Wahrnehmungen sein können. Zeigen sie uns Erinnerungen an frühere, vielleicht sogar zukünftige Leben? Existiert der Mensch *gleichzeitig* in verschiedenen Paralleluniversen? Kann es zu »Überschneidungen« von einem Leben ins andere kommen? Lassen sich Erscheinungen Dahingeschiedener, aber auch Lebender – so genannter Doppelgänger – mit sporadisch auftretenden Kontakten zu anderen Seinsebenen erklären? Gibt es Möglichkeiten, von der Zukunft in die Vergangenheit zu reisen und umgekehrt?

Mit diesen außergewöhnlichen Fragen beschäftigt sich seit vielen Jahren *Ernst Meckelburg,* ein hoch qualifizierter Techniker, Psi-Forscher und Verfasser vieler erfolgreicher Sachbücher wie *»Transwelt«, »PSI-Agenten«* oder *»Hyperwelt«*. Ernst Meckelburg gab mir ein persönliches Beispiel für eine ungewöhnliche Erfahrung: »Ich hatte eine Erinnerung an eine gewaltige Explosion, die die Stadt erschütterte und ein unbeschreibliches Chaos auslöste. Vernichtung in höherer Potenz – der *Overkill.* Und ich befand mich mitten in diesem Inferno, in dieser Gluthölle, umgeben von einem Flammenmeer, aus dem es kein Entrinnen gab. Weit und breit keine Fluchtinsel. Weltuntergang. Ich habe ihn erlebt – so realistisch, wie man die ultimative Katastrophe eben nur *selbst* erleben kann. Mein erster Gedanke: Jetzt haben die (wer immer das auch sein mochte) es endlich fertig gebracht, die Erde mit allem, was auf ihr lebt, was je auf ihr geschaffen wurde, in die Luft zu jagen. Oder war es ein galaktischer Holocaust? Hatten Wahnsinnige durch unverantwortliches Experimentieren mit schwer zu beherrschenden Kräften eine Art Supernova ausgelöst? Ich dachte und empfand. Ergo lebte ich noch, obwohl die an mir hochzüngelnden Flammen meinen materiellen Körper schon längst verzehrt haben mussten. Offenbar hatte sich mein Bewusstsein – mein eigenes ›Ich‹ – vom Körper gelöst und in eine höhere, unzerstörbare Existenzebene hinübergerettet. Ich war tot und lebte dennoch – ein ›Untoter‹, eine Art feinstofflicher Zombie.

Plötzlich wurde mir bewusst: Dies alles war nur ein *Traum* – ein schrecklicher Traum, der einen das Grauen lehren konnte. Aber diese Explosion? Ich hatte sie so erschreckend realistisch, so niederschmetternd brutal empfunden, dass ich heute noch nicht begreife, wie man so etwas träumen kann. Hätte ich etwa in unsere eigene irdische Zukunft geschaut oder dies in einer anderen Realität, in einer Parallelwelt selbst *erlebt?* War dort tatsächlich eine Parallel-›Ausgabe‹ der Erde oder gar des Universums mit einem Schlag vernichtet worden?

Ich hatte mir nach dem seltsamen Traum eine Notiz gemacht. Es war Donnerstag, der 10. September 1992, 4.30 Uhr früh. Eine halbe Stunde nach diesem aufregenden Traumerlebnis konnte ich wieder klare Gedanken fassen und das ›Vorgefallene‹ protokollieren. Mein *körperliches* ›Ich‹ in der Realität des Weltuntergangs gab es jetzt wohl nicht mehr. Doch mein *geistiges,* feinstoffliches Double – mein Bewusstsein – existierte immer noch. Die Superexplosion muss es in unsere vierdimensionale Welt zurückgeschleudert haben – zurück in die irdische Gegenwart, in meinen hier unversehrten, grobstofflichen Körper. Mein jüngstes Erlebnis könnte bedeuten, dass wir – wie viele Physiktheoretiker schon seit langem vermuten – in unendlich vielen parallelen Welten *gleichzeitig* existieren.«

Unglaublich, aber wahr!

So mancher erinnert sich gewiss an Begebenheiten, die ihm selbst oder Bekannten zugestoßen sind und bei denen sich eine bestimmte Vorahnung als begründet erwiesen hat. Telepathie, Gedankenübertragung, Träume, die wahr wurden – woher kommen diese Fähigkeiten? Gibt es für solche übersinnlichen Fälle eine logische Erklärung? Dass wohl mehr dahinter stecken muss als bloße Tricks, belegte ein obskures Spionageprojekt des amerikanischen Nachrichtendienst DIA und des Geheimdienstes CIA. Hintergrund des Unternehmens *»Stargate«* war die Erprobung und Anwendung von *»Technical Remote Viewing«,* ein Terminus der Geheimdienste für *Telepathie* und *Telekinese.* Dass es tatsächlich funktionierte, bestätigte *Ray Hyman,* Experimental-Psychologe an der Universität Oregon. Er ist überzeugt davon, dass die Psi-Agenten des Pentagons keine Schwindler sind. Er erstellte im Auftrag des CIA eine Studie, wonach deren Erfolge bestätigt wurden. In Tests mussten sich »Seher« auf Fotos konzentrieren, die im Nebenraum ausgestellt waren, und ein bestimmtes Bild erraten. Die Trefferquote lag bei 30 Prozent.

Hellsichtigkeit und Gedankenübertragung werden gerne als unglaubliche »Zufälle« abgetan. Manchmal aber können Zufälle nachdenklich stimmen. Das Übersinnliche ist um uns. Hier berichten weitere Prominente von ihren Erlebnissen.

Christiane Rücker, Schauspielerin:
Parapsychologische Phänomene, Erscheinungen und Wunderheilungen sind für die aus Schlesien stammende Schauspielerin *Christiane Rücker* ein Bestandteil dieses Lebens und ebenso »reale« oder »praktische« Vorgänge unseres Daseins. Sie sucht heute einen Weg zur Erkenntnis, widmet sich der Yoga-Meditation, der *vedischen* Philosophie und engagiert sich in Indien für Bedürftige und Hilfsprogramme, wie dem *»Goldenen Lotus«.* »Übersinnliche Erfahrungen«, so versicherte sie mir im Interview, »sind für mich im Übrigen keineswegs an Indien gebunden, wo sie jedoch zugegebenermaßen so alt und selbstverständlich sind wie die Menschheit selbst. Nur wir hier im technologisch hoch entwickelten Westen haben diese Dinge – vorläufig noch – aus den Augen verloren. Aber wirklich vergessen wurde dieses Wissen über solche Phänomene letztlich nie. Mein Indien-Kontakt hat mich allerdings gelehrt, alltäglich und unverkrampft mit ihnen umzugehen, ohne irgendwelche Sensationsgier. Und was persönliche Erfahrungen mit ungewöhnlichen Vorgängen anbelangt: die gehören zu meinem täglichen Leben wie essen oder schlafen. Ich bin felsenfest davon überzeugt, dass wir alle den so genannten sechsten Sinn haben, nur mehr oder weniger verschüttet oder nicht beachtet.«

Elmar Gunsch, Fernsehjournalist und Synchronsprecher:
Elmar Gunsch, der charmante TV-Plauderer und Quizmaster mit sonorer Stimme, erinnert sich noch recht gut an seine Schulzeit und an die sonderbaren Dinge, die damals passierten. Er erzählt: »Ich ging in Österreich aufs Gymnasium. In der sechsten oder siebten Klasse machte ich plötzlich eine merkwürdige Entdeckung. Immer wenn ich ein wenig gelernt hatte, um alle Fragen des Lehrers beantworten zu können, wurde ich nicht aufgerufen. Hatte ich aber nichts gelernt, so konnte ich sicher sein, dass mich der Lehrer an die Tafel holte. Ich kann mir das nur so erklären, dass der Lehrer intuitiv meine Nervosität spürte. Besonders sonderbar war ein anderer Vorall. In der Freistunde

vor einer Lateinarbeit büffelten wir mit dem Primus einen einzigen Absatz aus dem Kapitel *Römisches Erbe*. Zu mehr reichte die Zeit nicht. Und tatsächlich: Genau diesen Absatz gab uns der Lehrer zum Übersetzen. Ich habe nur eine Erklärung für diesen mehr als merkwürdigen ›Zufall‹: Der Lehrer war ohne sein Wissen dem Willen von 27 Schülern ausgesetzt, die ihn gleichsam auf *telepathischem* Wege zwangen, den bewussten Absatz zu wählen.«

Jenny Pippal, Fernsehsprecherin:
Dass es manchmal scheinbar nicht mit rechten Dingen zugeht, davon weiß die beliebte ehemalige Fernsehsprecherin und ORF-Lottofee *Jenny Pippal* zu berichten: »Ich habe eine Abneigung gegen *Spinnen*. Aber leider lieben mich diese Tierchen, denn sie scheinen mich zu verfolgen. Und ich frage mich oft, welche mysteriösen Fäden werden hier gezogen: In dem seinerzeitigen *Österreich-Bild,* das ich moderierte, warf ich zufällig einen Blick auf den Boden: eine Spinne! Ich zog die Beine an und versuchte mich nicht beirren zu lassen. Oder: Ich wollte eine Schreibmaschine in einem Raum benützen, in dem noch andere Maschinen stehen. Wer klettert über die Tastatur meiner Maschine – eine Spinne! Ich ging in ein Schuhgeschäft. Die Verkäuferin öffnet die erste Schachtel. Wer sitzt drinnen? Eine Spinne! Ich musste die Sendung eines Naturwissenschaftlers ankündigen. Das Thema: *›Wie ich die Angst vor Spinnen überwinden kann.‹* Dass dieses Programm gerade an dem Abend angesetzt war, als ich Dienst hatte – wieder ein *Zufall,* oder?«

Edith Rolles, TV-Kindertante und Journalistin:
Jenny Pippals Kollegin, die beliebte ORF-Kindertante *Edith Rolles,* will auch nicht an Zufälle glauben, als es um ihre Berufswahl ging: »Als junges Mädchen von 18 oder 19 Jahren suchte ich eine Wahrsagerin auf«, erinnert sich die Kinderprogramm-Moderatorin. »Kaum hatte ich die Wohnung betreten, sagte sie wie aus der Pistole geschossen: ›Sie werden Fernsehsprecherin.‹ Ich musste lachen, denn an das Fernsehen hatte ich zu diesem Zeitpunkt wirklich nicht im Geringsten gedacht.« Edith wurde zwar nicht Sprecherin, aber immerhin landete sie auf dem Bildschirm bei »ihren« Kindern. Es stellt sich nun die Frage, ob die Astrologin sie hinsichtlich ihrer Berufswahl beeinflusst hat. Wie auch immer – die Prophezeiung ging in Erfüllung.

Erich von Däniken, Bestsellerautor:
Ein Mann, der selbst ein Phänomen ist, heißt *Erich von Däniken*. Die »Astronautengötter« haben ihn berühmt gemacht und umgekehrt. Der Schweizer Bestsellerautor erzählte mir von mehreren rätselhaften Vorgängen. Besonders in Erinnerung geblieben ist ein Schlüsselerlebnis, das seiner Laufbahn als Schriftsteller vorausging: »Schon im Gymnasium begann ich an meiner eigenen Religion zu zweifeln, und ich fragte mich, ob sich tatsächlich alles so zugetragen hatte, wie von der Kanzel herab gepredigt wurde. Ich erinnere mich sehr gut daran, dass mich eines Tages ein katholischer Priester auf

die *Apokryphentexte,* die verborgenen Bücher der Bibel, aufmerksam machte. Ich sollte sie genauer lesen, wurde mir geraten. Ich wusste damals noch nicht, was das war, die Apokryphen. Ich ging in die Universitätsbibliothek, gleich gegenüber der Straße von unserem Gymnasium. Dort, und das ist das ungewöhnliche Erlebnis, sagte mir ein alter Bibliothekar, den ich kaum kannte, lesen sie doch einmal das Buch *Henoch.* Jene Schriften also, in denen Henoch, einer der Patriarchen des *Alten Testaments,* seine Entführung in den Himmel erwähnt und sich viele schriftliche Hinweise auf Raumfahrtelemente wieder finden. Ich frage mich heute noch, wie der alte Bücherwurm dazu kam, mich auf Henoch hinzuweisen. Das ist mir ein Rätsel geblieben. Und als ich schließlich das Buch *Henoch* las, da ist mir wirklich ein Licht aufgegangen und mir wurde klar, dass das bisherige christliche Bibelbild vom allmächtigen und allwissenden Gott, so wie es die Lehrmeinung verlangt, nicht stimmen könne. Zweifellos, das war ein ungewöhnliches Schlüsselerlebnis, das meine weitere Laufbahn als Forschungsreisender begründete.«

Kann man Träume oder Trancezustände bewusst steuern? Erich von Däniken jedenfalls weiß von einem höchst seltsamen Traumerlebnis: »Ich erinnere mich an einen besonders komischen Traum. Ich konnte in diesem Traum ganze Bücher lesen, ohne sie wirklich gelesen zu haben. Ich musste nur die Bücher an den Kopf halten, und schon kannte ich den kompletten Inhalt. Man könnte nun sagen, okay, ein komischer Traum, aber lustigerweise wusste ich am nächsten Tag immer noch genau, worum es in diesen Büchern ging. Das war schon höchst erstaunlich.«

In einer Extremsituation entwickeln Menschen manchmal ungeahnte Kräfte. Positive Energien können offenbar einen Heilungsprozess bei kranken Menschen beschleunigen? Sind Wunderheilungen möglich?

»Es gab noch andere Merkwürdigkeiten in meinem Leben«, sagt Däniken, »aber ich weiß nicht, ob das wirklich mit übersinnlichen Phänomenen zu tun hat. Ich habe in meinem Leben immer wieder erleben dürfen, dass ich Menschen helfen konnte, sie sogar von Krankheiten zu heilen vermochte, etwa wenn es jemandem sehr schlecht ging. Es funktionierte aber nur dann, wenn ich den betreffenden Menschen gern habe, ich muss in mögen, ihn persönlich kennen. Bei meiner eigenen Tochter hat das geklappt, auch gelegentlich auf Reisen, wenn plötzlich irgendetwas schief lief. Beruflich würde ich aber nie zum Heilpraktiker werden, das würde ich nie tun, auch nie Fremden gegenüber. Das ist immer nur eine interne Geschichte zwischen mir und meinen Freunden.«

Reinhold Messner, Extrembergsteiger und Schriftsteller:
Wunder zwischen Himmel und Erde erlebte der berühmte Südtiroler Bergsteiger *Reinhold Messner* wohl schon einige Male. Der UFO- und Yeti-Sichter verrät in seiner Biographie *»13 Spiegel meiner Seele«,* dass seine sportlichen Leistungen nicht immer auf seiner Technik des Kletterns beruhten. Manchmal spielten auch noch andere »höhere« Gewalten mit – wie vor einigen Jahren in der Nordwand der *Großen*

Fermeda: »Wir waren zu viert geklettert und befanden uns knapp unter dem Gipfel. Eine senkrechte Rinne führte offensichtlich in leichtes Gelände. Und weil ich keinen Haken schlagen konnte und über einen letzten Felsbauch ohne Zwischensicherung nicht klettern wollte, verharrte ich mitten in der Seillänge zu lang an ein und derselben Stelle, bis mir die Kraft ausging. Ich wußte, der Standplatz darunter war nicht gut, und mein Sturz hätte für alle ein hohes Risiko bedeutet. In dieser aussichtslosen und lebensbedrohenden Situation wuchsen mir Kräfte zu, von denen ich vorher nichts geahnt hatte. Ich überwand die Stelle, und wir erreichten wenig später den Gipfel. Beim Blick ins Tal wurde mir übel. Ich wandte mich vom Abgrund weg, als ob nichts geschehen wäre.«

Eugen Stark, Theaterschauspieler:
Der Schauspieler *Eugen Stark,* der am Wiener *Theater an der Josefstadt* seine Publikumserfolge feiert, erzählt von einem Traum, der seine starke Verbundenheit mit seiner verstorbenen Mutter wiedergibt. »Ich stand in Wien am Graben. Da sah ich einen schwarzen Bentley, aus dem mein Freund stieg. ›Ich habe jemand mitgebracht‹, sagte er. Es war meine Mutter, die mich stumm umarmte. Ich wachte mit Tränen in den Augen auf. Am gleichen Tag, nur zwei Wochen später, hatte ich am Stephansplatz zu tun. Neben mir parkte ein Auto, ein schwarzer Bentley. Am Steuer saß mein Freund. Ich wunderte mich, denn er fuhr sonst einen weißen Citroën. Als ich ihn verdutzt ansah, erklärte er: ›Ich habe mir einen Kindheitstraum erfüllt und mir diesen Bentley gekauft.‹ – ›Wann war das?‹, fragte ich ihn. ›Vor 14 Tagen‹, antwortete er.«

Dietmar Grieser, Bestsellerautor:
Der Schauspieler *Robert Wagner,* bekannt aus der TV-Krimiserie *»Hart, aber herzlich«,* verkaufte 1982 sein Haus in Beverly Hills. Der angebliche Grund: Weil er seine tote Frau, *Nathalie Wood,* die seinerzeit unter mysteriösen Umständen ums Leben kam, darin spuken sah. Auslöser für den Hausverkauf: Wagner schaute gerade auf das Ölgemälde, das Nathalie zeigt – »Plötzlich formte sich in ihrem Auge eine Träne.« Zuerst habe er nur an einen Lichteffekt geglaubt, dann aber wusste er: »Das Gemälde weinte.«

Von Bildern, die angeblich mehr aussagen können als tausend Worte, erfährt man manch Wunderliches: Vor einigen Jahren stöberte die Familie *Taylor* in Sussex, England, beim Staubwischen einen ausgefallenen »Beweis« für das Weiterleben nach dem Tode auf. *Jacqueline Taylor* stieß nämlich bei dieser Beschäftigung auf ein Ölgemälde, das sie vor Jahren in einem Regal abgestellt hatte. Ursprünglich ein Ölschinken der Landschaft um den dortigen »Swan Lake«, fand sie das Bild nach all den Jahren auf seltsame Weise verändert: Im Himmel über dem See hatte sich ganz deutlich ein Gesicht abgebildet. Es war das Gesicht ihres vor 15 Jahren verstorbenen Onkels *Ernie Martineaux,* deutlich zu erkennen an einem blinden Auge, das er auch zu Lebzeiten hatte. Zwei Jahre vor seinem Tod hatte Jacqueline mit ihrem Onkel einen

Pakt geschlossen, dass, wer immer von beiden als erster sterben sollte, zurückkommen und auf irgendeine Weise ein Zeichen seines Weiterlebens geben würde. Kurz nach seinem Tod war mit dem Bild bereits eine erste Veränderung vorgegangen – im Hintergrund auf dem Himmel hatten sich vage die Umrisse eines Gesichts abgebildet. Da sie und ihre Mutter, *Zaz Taylor,* der das Bild gehört, dies damals für einen Defekt hielten, taten sie das Werk beiseite. Kürzlich nun stellten die Taylors diese merkwürdige Bereicherung des Ölgemäldes durch die unverwechselbaren Konturen Onkel Ernies fest. Aber nicht nur das, sondern daneben auch weitere mysteriöse Gesichter.

Von einer ähnlich merkwürdigen Geschichte weiß der Journalist und Erfolgsautor *Dietmar Grieser* zu erzählen. Der gebürtige Hannoveraner lebt und schreibt seit 45 Jahren in seiner Wahlheimat Wien. Einen »literarischen Spurensucher« nennt ihn sein Verlag, dem er verlässlich immer wieder Bestseller liefert wie *»Schauplätze der Weltliteratur«, »Die kleinen Helden«* oder zuletzt *»Verborgener Ruhm – Österreichs heimliche Genies«.* Bei seiner weltweiten Spurensuche zu den Originalschauplätzen bedeutender literarischer Werke stieß Grieser immer wieder auf Überraschungen wie diese: In der Liechtensteinstraße im 9. Wiener Gemeindebezirk, im Sterbehaus des Dichters *Friedrich Hebbel* (1813–1863), wurden Spukphänomene von Hausbewohnern wahrgenommen. Angeblich soll sich Hebbels Astralleib mit Klopfgeräuschen und unbekannten Schritten bemerkbar gemacht haben.

Vielleicht haben Sie auch *Richard Bachs* Weltbestseller *»Die Möwe Jonathan«* in ihrem Bücherschrank stehen. Aber wussten Sie, dass die Geschichte von der kleinen Möwe dem Amerikaner Bach von der Stimme eines *außerirdischen* Wesens eingeflüstert worden war – und zwar druckreif? Dietmar Grieser hat viele ungewöhnliche Begebenheiten aufgespürt und amüsant in seinen vielen Büchern beschrieben. Er selbst ist von merkwürdigen Geschehnissen auch nicht ganz verschont geblieben. Dietmar Grieser erinnert sich:

»Der vielleicht schwerste Verlust in meinem bisherigen Leben war und ist der Freitod meines Lieblingsbruders *Helmut.* Die Schocknachricht erreichte mich bei Antritt eines Mittelmeerurlaubs. Ich war gerade beim Einchecken in der Hotelhalle, als der Anruf eintraf, die Koffer waren noch nicht ausgepackt – seither sind mir Sommerferien an der See traumatisch verleidet.

Helmut war Landschaftsarchitekt in Leverkusen – ich reiste unverzüglich an den Unglücksort, nahm am Begräbnis teil, kümmerte mich vor allem um unsere völlig gebrochene Mutter und kehrte schließlich, auf jeden weiteren Urlaub verzichtend, an meinen Wohnort Wien zurück.

Es war einige Zeit danach, als es sich ergab, dass die von der Gegend um Mondsee wirkende Hinterglasmalerin *Helga Eiterer,* auf deren Werk ich bei einer Wiener Vernissage aufmerksam geworden war, leibhaftiges Interesse bekundete, mich zu porträtieren. Ich willigte ein, Helga Eiterer machte sich an die Arbeit, das fertige Bild ging in meinen Besitz über, und Besucher, die es seither bei mir im Vorzimmer hängen sehen und kritisch betrachten, bescheinigten ihm allesamt außergewöhnliche Treffsicherheit.

Umso schwerer fällt es mir, eine Erklärung für meine eigene Beziehung zu besagtem Kunstwerk zu finden. Es begann zunächst nur allmählich, wurde mit der Zeit stärker und stärker, und heute gibt es für mich nicht mehr den geringsten Zweifel: Der mich da aus dem ebenholzschwarzen Bilderrahmen anblickt, bin nicht ich, sondern – mein verstorbener Bruder Helmut. Es sind *seine* Gesichtszüge: seine Verletzlichkeit, seine Rechtschaffenheit, sein Ernst. Ein Fall von *Transfiguration,* der umso rätselhafter ist, als mein Bruder und ich in unserer äußeren Erscheinung nur wenig Ähnlichkeit haben.

Und die Künstlerin, die das Bild gemalt hat? Ich schwöre hoch und heilig: Sie hat von meinem Bruder nicht die blasseste Ahnung, ist ihm niemals begegnet, hat nie auch nur das kleinste Foto von ihm in der Hand gehabt . . .«

Johannes Mario Simmel, Bestsellerautor:
Auch Bestsellerautor *Johannes Mario Simmel* hat Erfahrungen mit dem Unerklärlichen gemacht. Wie bei seinem Autorenkollegen Grieser, war es auch bei ihm ein trauriges Ereignis. »Wir hatten«, berichtet Simmel, »bei meinem Münchner Verlag einen hervorragenden Lektor, der ganz intensiv den Kontakt zu seinen Autoren pflegte, und zwar auf sehr originelle Art. Ich bekam jeden Samstag kleine, liebevoll ausgeführte Zeichnungen von ihm, die mir auch in schweren Stunden immer wieder Mut und Lust zum Weiterschreiben machten. Überflüssig zu sagen, dass wir alle *Fritz Bolle* in unsere Herzen geschlossen hatten.

Eines Samstags – ich hatte gerade wieder Bolles Zeichnungen aus dem Briefkasten geholt – wurde mir plötzlich unheimlich schlecht. Ich legte mich ins Bett, schlief ein und erwachte nachts um halb zwölf mit schlimmen Herzschmerzen.

Am nächsten Morgen rief ich meinen Arzt an, einen gemeinamen Feund von Fritz und mir. Er sagte mit tränenerstickter Stimme: ›Du weißt es also schon.‹ – ›Ja‹, sagte ich, denn in diesem Augenblick wusste ich, dass Fritz Bolle gestorben war – um halb zwölf, zur selben Zeit also, als ich mit Herzschmerzen erwacht war. Der Arzt bestätigte es mir . . .«

Pharaos Fluch des Verderbens

Die ältesten Formen der »schwarzen Magie« sind aus dem Ägypten der Pharaonen überliefert. Die magischen Künste wurden dort von ausgewählten Priestern ausgeübt und auch von den einfachen Menschen sehr ernst genommen.

Auch der auf Haiti bekannte *Voodoo-Kult* stammt ursprünglich aus Ägypten. Dort formten die Priester kleine Figuren aus Wachs, auf die sie die Namen ihrer Feinde schrieben. Die Figuren wurden danach mit Nadeln durchbohrt, mit den Füßen zerstampft und ins Feuer geworfen. Auf diese Weise hofften die Priester, sich feindlicher Fürsten, Invasoren oder vielleicht gar eines missliebigen Pharaos zu entledigen.

Jüngste Untersuchungen zeigen: Pharao *Tutanchamun* wurde wahrscheinlich ermordet. Nur 20 Jahre alt wurde der ägyptische Herrscher, der Berühmtheit erlangte,

Bild 180: Mit der sensationellen Entdeckung der noch unversehrten Grabstätte des Pharaos Tutanchamun und ihren unglaublichen Schätzen fing der angebliche Fluch zu wirken an.

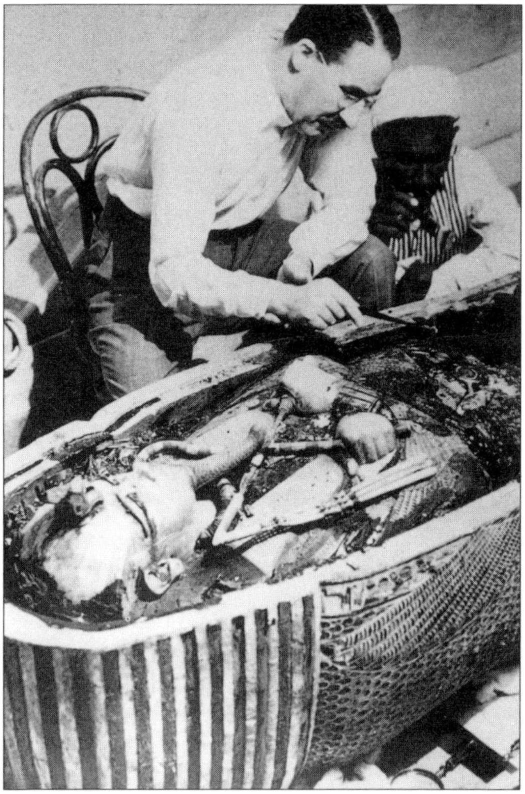

als der britische Archäologe *Howard Carter* 1922 seine Grabkammer fand. Die Röntgenaufnahmen der Mumie zeigen eine ungewöhnliche Schädelfraktur. »Es sieht so aus«, erklärte der Ägyptologe *Bob Brier* von der Long-Island-Universität in New York, »als wäre sie durch einen harten Schlag auf den Hinterkopf entstanden. So, als ob er im Schlaf ermordet worden wäre.« Über den angeblichen *Fluch des Pharaos,* der nach der Öffnung der Grabkammer für den mysteriösen Tod von 30 Menschen verantwortlich gemacht wurde, wird immer noch gerätselt. Ein Schimmelpilz soll die Ursache für die Todesfälle sein, wurde von Forschern erklärt. Archäologen, die eine lange geschlossene Grabkammer ohne Atemschutz betreten und den mit Gift beladenen Staub einatmen, können, laut klinischer Tests, tödliche Nierenschäden erleiden.

Nun gibt es eine neue Erklärung: *Radioaktivität* soll den berühmten Pharaonenfluch ausgelöst haben. Durch »Zufall« entdeckte ein ägyptischer Mediziner im großen Museum in Kairo, dass viele Mumien aus pharaonischer Zeit radioaktiv strahlen, weil sein Geigerzähler wild ausschlug. Jetzt wird vermutet, radioaktive Substanzen könnten zur Mumifizierung verwendet worden sein. War das der brühmte *Fluch des Pharaos*? Seit langer Zeit wird darüber gerätselt. Jetzt bestätigte ein Forschungsprogramm von Nuklearmedizinern, dass die Mumien tatsächlich strahlen.

»12 tote Forscher – der Fluch des Maya-Gottes?«, so betitelte eine deutsche Tageszeitung 1995 ihre Schlagzeile. Was war geschehen? In Mexiko starben zwölf Hobbyforscher nach einer Expedition in eine Höhle der Maya.

Das geheimnisvolle Gewölbe liegt abseits der berühmten Tempelruinen von *Bonampak* im Süden von Mexiko. An den Wänden befinden sich wertvolle Malereien der Maya-Ureinwohner. Die Höhle liegt versteckt im Dschungel und wird unter einheimischen Forschern als Geheimtipp gehandelt. Doch dann gab es plötzlich diese mysteriöse Todesserie:

Ramon Valdes (53) fiel in eine Schlucht, kurz nachdem er die Höhle verlassen hatte. Er brach sich das Genick.

Guadalupe Olmeca (27) verblutete auf der Heimfahrt nach einem Autounfall.

Raul Magli (19) starb einen Tag nach der Rückkehr von der Höhlenexpedition.

Grausig: Forscher *Antonio López* (38) erhängte sich in der Höhle.

Die Polizei untersuchte acht weitere Todesfälle, die möglicherweise mit den Zwischenfällen in der Höhle zusammenhängen.

Tschank Chuhu (83), ein weiser Mann der Indios, warnt: »Die Höhle ist der Sitz des Regengottes *Chac*. Er erlaubt es keinem Menschen, sie zu betreten. Wer sie entweiht, ist verflucht – und er muss sterben!«

Auf die Suche nach der Ursache geheimnisvoller Todesfälle begab sich vor einigen Jahren der deutsche Forscher und Autor *Peter Fiebag*. Er publizierte Sachbücher wie *»Der Götterplan«* oder gemeinsam mit seinem Bruder *Johannes* die Beststeller *»Die Entdeckung des Gral«* und *»Die Ewigkeits-Maschine«*. Peter Fiebag weiß so spannend und fesselnd zu erzählen, dass ich seine Story nicht »zerreißen« möch- te. Hier also ungekürzt sein abenteuerlichen Eindrücke als Wüstensohn in Ägypten:

»Im Jahr 1988 hielt ich mich im Auftrage der Braunschweiger Fernsehproduktionsgesellschaft MOT zu Dreharbeiten für einen Dokumentarfilm in Ägypten auf. Monatelange Recherchen, das Festlegen der Drehorte, Kontaktaufnahme zu Ämtern, Botschaften und Universitäten lagen hinter uns. In Kairo hatten wir die Dreherlaubnis des Ministeriums für Antiquitäten erhalten, so dass wir selbst im *Tal der Könige* jahrtausendealte Grabkammern filmen durften. Der Inspektor für Theben, *Hassan,* öffnete uns zahlreiche versiegelte Gräber und begleitete uns hinab in die stickig heißen, dunklen Wohnstätten der Pharaonen für das Leben nach dem Tod. Farbenprächtige Gemäldeprozessionen taten sich so im Lichtkegel unserer Scheinwerfer auf.

Doch dann, unvermittelt und überraschend, stoßen wir auf die Grenzen unserer ›permission‹. Ahnungslos fragen wir den Inspektor, ob wir in *Dra Abu el Negga* eine bis heute rätselhafte Grabstätte filmen dürfen. Hassan reagiert nicht, stellt sich taub, als hätte er unsere Frage nicht gehört. Erneut setzen wir an: Der Ägyptologe Professor Dr. *Ali Hassan* aus Kairo habe doch 1982 den oberen Teil eines verschütteten Schachtes freilegen lassen. Soweit wir wüssten, läge dieses Grab ganz in der Nähe der Beamtengräber . . . Hassan drehte sich zur Seite und kommentiert: ›It's unpossible.‹ Damit ist das Thema für ihn erledigt.

Wir schauen uns ein wenig ratlos an. Unsere beiden ägyptischen Freunde und Begleiter scheinen verunsichert. Auch sie können sich das abrupte ›Unmöglich‹ nicht erklären, hatte sich doch der Inspektor bislang als stets kooperativ und hilfsbereit erwiesen: Er stoppte den Touristenstrom im Grab *Tutanchamuns* für uns, zeigte uns selbst so abgelegene Stätten wie die Gruft des Baumeisters *Senemut* und geleitete uns mit einem ›Let's go!‹ durch Tempel und Ausgrabungen hindurch. Was war passiert?

Faruk, der uns durch den staubigen Wüstensand Ober- und Unterägyptens gefahren hatte, lässt uns durch knappe Gesten wissen, dass wir in diesem Falle auch mit Bakschisch nur Schlimmeres erreichen würden.

Am Abend sind wir Gäste bei *Scheich Ali,* einem von der Bevölkerung wie ein Halbgott verehrten uralten Manne. Er entstammt einer legendären ›Grabräuber-Dynastie‹. Erst als die Kolonialherren um die Jahrhundertwende den Raum unter hoher Strafe stellten, hatte sich der damals noch junge Mann entschlosen, sein Wissen in den Dienst der Archäologie zu stellen. Zusammen mit *Howard Carter* zog er und sein Vater aus, die Gräber der Pharaonen zu entdecken. Sein größer Fund sollte das Grab des Tutanchamun werden.

Aus einem dunklen, lederartigen Gesicht, umrahmt von einem breiten Turban, blicken uns seine Augen schwarz und alt entgegen. Sie sprühen vor Leben, wenn er – wie das Urbild eines orientalischen Märchenerzählers – unter einem großen schattigen Baum seines Hofes von einer aufregenden Vergangenheit erzählt.

›Yes, Sir‹, sagt er mit fester Stimme, als wir ihn auf Dra Abu el Negga ansprechen. 1895 seien die Dorfbewohner in einem schon entdeckten Grab auf einen weiteren Schacht gestoßen. Männer seien in der Hoffnung, hier einen Schatz bergen zu können, in den Gang hinabgestiegen. Das Tageslicht hätten sie nie wieder erblickt. Auch andere Einwohner, ihre Ehefrauen, Verwandte, Schatzgräber, seien hinuntergestiegen, um sie zu suchen, um Gold zu finden. Aber sie alle kehrten nicht mehr wieder. 50 Menschen seien auf diese Weise in dem verfluchten Grab verschwunden. Die zuständigen Behörden ließen daraufhin die Todesstätte zuschütten und setzten ein Gitter vor den Eingang. Dann geriet die geheimnisvolle Gruft in Vergessenheit, weil Howard Carter, dessen handschriftliche Eintragungen den Grabfund bestätigen, mit der sensationellen Entdeckung des jungen Pharaos Tutanchamun aufwarten konnte.

Der ehrwürdige alte Mann schenkt jedem von uns zum Abschied einen *Skarabäus,* das Glückssymbol des alten Ägyptens. Abergläubisch waren wir nicht, aber vielleicht konnten wir doch noch den Inspektor ›überreden‹.

Hassan begleitet uns auch am nächsten Tag. Gegen Abend unternehmen unsere ägyptischen Begleiter einen erneuten Vorstoß. Was sie uns mitteilen, passt nicht gerade zur Aura des Skarabäus. Denn erstens erwähne man den Namen von Prof. Ali Hassan aus Kairo hier besser nicht, und zweitens läge einer von zwei Schlüsseln für das Grabtor sowieso in Kairo. Das klang nicht gut. Prof. Ali Hassan, das hatten die beiden inzwischen herausgefunden, habe in den Augen der Dorfbevölkerung ein Sakrileg begangen, als er kraft seines Amtes den Grabeingang habe öffnen lassen. Denn dahinter befänden sich bekanntlich die Leichen von 50 Moslems. Und sie dürften, entsprechrend der islamischen Gesetzgebung, nicht mehr bewegt werden.

Der Tag unserer Weiterreise ist gekommmen. Termine in *Dendera* müssen eingehalten werden. Als wir uns vom Inspektor Thebens verabschieden wollen, fragt er, ob wir noch immer das Grab von Dra Abu el Negga sehen möchten. Natürlich wollen wir das. Aber für dieses Mal ist es zu spät. Unser Terminkalender drängt. Bereits jetzt liegen wir erheblich hinter unserer Zeitvorgabe zurück. Die Entscheidung gegen Dra Abu el Negga fällt schwer. Vielleicht war es ein Fehler, dass wir dieses Abschiedsgeschenk Hassans ausschlagen mussten. Denn noch immer bewahrt das mysteriöse Grab an den Ufern des Nils sein Geheimnis. Auch 2004 vermag noch niemand zu sagen, warum 50 Menschen spurlos in dem Schacht verschwanden und was am Ende des tödlichen Ganges auf seine Besucher wartet.«

Schutzengel, gibt's die?

»Da haben Sie aber einen *Schutzengel* gehabt!«, ist ein geflügeltes Wort, wenn jemand mit knapper Not irgendeinem Malheur entkommen konnte. Schutzengel, gibt's die? Und »Freunde aus dem Jenseits«, gibt es die etwa auch? Wirken höhere Kräfte, so genannte »Zufälle«, die uns gelegentlich vor Bösen bewahren?

Ein erstaunliches Ergebnis brachte 1996 eine vom Institut *Forsa* durchgeführte Meinungsumfrage in Deutschland: Fast die Hälfte der befragten Personen glaubt, dass sie einen Schutzengel hat. Ein Drittel ist überzeugt, dass es sich dabei um »Botschafter Gotts« handelt, und zehn Prozent geben an, einen Engel schon einmal gesehen oder gefühlt zu haben. Der Buchmarkt trägt dieser Tendenz schon seit einigen Jahren Rechnung. Derzeit sind nahezu 550 Publikationen über himmlische Wesen auf dem Markt, wobei die meisten allerdings zur esoterischen Literatur gerechnet werden. So beklagt der Theologieprofessor *Walter Sparn* aus Erlangen, dass das Thema Engel vom Christentum vernachlässigt und hauptsächlich den esoterischen Kreisen überlassen worden sei.

»Ladenkontroll-Lampe, schreibt man sie nun mit zwei oder mit drei ›l‹?«, fragt sich der Schriftsteller und Reiseleiter *Hartwig Hausdorf* und ärgert sich über die Rechtschreibreform: »Über diese Streitfrage mögen sich derweil Konferenzen befassen, in denen es um die leidige Reformierung unserer guten alten Rechtschreibung geht. Mich hat dieses kleine Lämpchen, das sich normalerweise nur meldet, wenn mit der Lichtmaschine meines Autos etwas nicht ganz in Ordnung ist, schon einmal vor Schlimmeren bewahrt, so viel steht fest.«

Hartwig Hausdorf ist ein weit gereister Mann. Etliche Forschungsreisen in »Chinas verbotene Zonen« und eingehende Studien überzeugten den Deutschen: Hier haben außerirdische »Götter« ihre geheimnisvollen Spuren hinterlassen. Seine fantastischen Ideen und Entdeckungen hat der Reiseschriftsteller in den Büchern *»Die weiße*

Bild 181: Weit verbreitet: Der Glaube an hilfreiche Schutzengel. Dürfen wir auf ihren Beistand hoffen und vertrauen?

Pyramide«, »Wenn Götter Gott spielen« und gemeinsam mit Peter Krassa in *»Satelliten der Götter«* literarisch verarbeitet.

Was hat es nun mit der von Hausdorf zuvor erwähnten »Ladenkontroll-Lampe« auf sich? Wurde das Gerät von einer wohlwollenden Himmelskraft gelenkt? Wurde Hartwig Hausdorf von einem Schutzengel begleitet? Es scheint so. Doch lassen wir ihn selbst zu Wort kommen:

»Das Wochenende hatte ich bei meiner damaligen Freundin in *Bad Kissingen* verbracht. Und weil wenige Tage später eine längere Südamerikareise anstand, man sich also einige Wochen lang nicht sehen konnte, war ich noch bis zum frühen Montagmorgen geblieben. Von der unterfränkischen Kurstadt wollte ich gleich ohne Zwischenstopp bis zu meiner Arbeitsstätte fahren und brach entsprechend früh auf.

An diesem frühen Oktobermorgen begleitete mich ein rauhes Klima, stellenweise von Nebelschwaden durchzogen, bis ich bei *Schweinfurt* auf den ›Frankenschnellweg‹ abbog. Von dort ging es dann mit meinem Wagen recht zügig weiter; der Sechszylinder im Heck sorgte für kräftigen Vortrieb, und nach kurzer Zeit erreichte ich bei *Erlangen* die Autobahn.

Erst wenige Kilometer hatte ich in Richtung *Nürnberg* hinter mich gebracht, als ganz unerwartet die rote *Warnleuchte* für die Lichtmaschine aufzuleuchten begann. Das konnte nichts Gutes bedeuten – zumindest signalisierte es das trauriges Ende des Keilriemens, der sich verschleißbedingt durch einen Riss aus dem Motorraum verabschieden würde. Oder es deutet auf ein verschmortes Innenleben der Lichtmaschine hin. Die Folgen sind in jedem Fall eine Überbeanspruchung der Batterie, die dann auch bald ihren Geist aufgibt. Hinzu gesellt sich fehlende Kühlung des Motors und im schlimmsten aller Fälle der Exitus der Maschine, verursacht durch Überhitzung wegen mangelnder Kühlluft.

Ich muss wohl recht deutlich vor mich hin geflucht haben wegen dieser unwillkommenen ›Abwechslung‹. Ein Problem, das mir wegen großer Zeitnot außerdem höchst ungelegen kam. Jedenfalls ließ ich den Wagen, der mich bis dahin vor derartigen Überraschungen verschont hatte, auf die Standspur rollen, unterließ es jedoch tunlichst, den Motor abzustellen. Schließlich konnte man ja nicht wissen, ob die Batterie noch genügend Strom hergeben würde, um dann wieder starten zu können. Mit gemischten Gefühlen stieg ich aus, öffnete die Heckklappe, und – traute meinen Augen nicht mehr! Dort versah ein *unbeschädigter* Keilriemen gewissenhaft seinen Dienst. Aber *warum* – um alles in der Welt – leuchtete die Ladenkontroll-Lampe permanent weiter?

Mir blieb nichts andres übrig, als wieder einzusteigen und die Fahrt fortzusetzen; allzu wohl war mir jedoch nicht. Mich quälte der Gedanke, dass irgendwann die Batterie völlig leer sein würde. Zu allem Übel hatte es inzwischen zu regnen begonnen. Und an der unübersehbaren Tatsache, dass die Scheibenwischer bereits deutlich langsamer als normal ihre Tätigkeit verrichteten, konnte ich mir in etwa ausrechnen, wann das Ende der Fahrt gekommen sein mochte. Nicht gerade herzerwärmende Gedanken an diesem kühlen Obktobermorgen!

Inzwischen war ich auf die Autobahn in Richtung *Regensburg* gewechselt, und kurz nach der Abzweigung steuerte ich den nächsten Rastplatz an. Wieder ließ ich den Motor laufen – mittlerweile, so dachte ich, würde er wohl kaum mehr anspringen –, stieg aus und öffnete die bewusste Klappe, die hochkarätige Zuffenhausener Technik freigab. Für viele vielleicht ein Traum, der ihre Herzen höher schlagen lassen würde, mir jedoch war in diesem Moment nur zum Fluchen zumute.

So klopfte ich in der Verzweiflung, die sich in meine Wut gemischt hatte, den Spannungsregler und einige andere Bauteile ab, die ich als elektrische Accessoires erkannte. Und dann das Unglaubliche: Die Warnlampe *erlosch* plötzlich, ebenso überraschend, wie sie aufgeleuchtet war, so als wäre absolut nichts geschehen! Was nichts anderes bedeuten konnte, als dass der Generator wieder am Netz angeschlossen war und die fast leere Batterie zu laden begann. Mit drei bis vier Minuten Verzögerung, die mich beide Stopps insgesamt gekostet hatten, setzte ich erleichtert meine Fahrt über die Autobahn fort.

Kurz vor Regensburg – bei der nächsten Ausfahrt musste ich ohnehin die Autobahn verlassen – dann das *Inferno*. Ein japanischer Sportwagen hatte einen LKW der Autobahnmeisterei gerammt, war danach quer über die Fahrbahn geschleudert und

Bild 182: Die einsamste Insel der Welt ist mit ihren Steinkolossen und dem Vogelmannkult noch immer ein riesiges Freilichtmuseum voller Rätsel.

dabei noch mit einer Reihe anderer Fahrzeuge kollidiert. In der Ferne sah ich die ersten Einsatzfahrzeuge herannahen, und ein anderer Autofahrer sagte mir, der Unfall sei ›eben erst passiert, gerademal vor drei bis vier Minuten.‹

Die Ladekontroll-Lampe hatte übrigens *vor* diesem unglaublichen Erlebnis *nie* aufgeleuchtet und auch danach *nie* wieder. Einzig in diesem Fall hat sie den ihr zugedachten Zweck voll und ganz erfüllt: Eben als *Warn-Lampe* . . .«

Voodoo auf der Osterinsel

Seit ihrer Entdeckung am Karsamstag im Jahre 1722 durch den holländischen Seefahrer *Jacob Roggeveen* stand die *Osterinsel* immer wieder im Blickpunkt der Öffentlichkeit. Sie hat nichts von ihrem Mysterium eingebüßt, denn selbst heute sind Vergangenheit und Gegenwart dieses einzigartigen Vulkaneilands aufs engste miteinander verwoben. Geheimnisvoll, mystisch und durchdrungen von einem Wissen, das tief in ihrem Inneren verborgen ruht, ist die kleine Insel noch ein Ort von Magie und Harmonie.

Zur großen Attraktion des einstigen »Nabels der Welt« zählen die steinernen Riesen mit ihren langen Nasen, langen Ohren, trotzigen Mündern und dünnen Armen. Von wem und wozu wurden die bis zu 85 Tonnen schweren, geheimnisumwitterten Skulpturen geschaffen?

Das imposante Freilichtmuseum hat neben den Steinkolossen noch viele andere Rätsel anzubieten. Zum Beispiel die entdeckten rätselhaften Steinzeitschnitzereien, die den Vogelgott *Orongo* symbolisieren sollen. Diese Petroglyphen befinden sich am landschaftlich schönsten Punkt der Insel, heute ist der Ort ein Schutzgebiet. Denn einmal im Jahr fanden dort auf dieser 300 Meter hohen Steilküste seltsame Zeremonien statt – das *Vogelmann-Ritual.* Vom jeweiligen Stammeshäuptling auserwählte junge Moai-Männer mussten nach *Motu Nui,* der größten von drei vor der Küste liegenden Kleininseln, schwimmen und dort auf die zum Brüten herbeigesegelten Rußseeschwalben warten. Wer das erste gelegte Ei entdeckte, sprang damit in das hochbrandende Meer und schwamm zu der zum Schöpfergott *Makemake* betenden und opfernden Menge auf die Hauptinsel zurück, um seine Trophäe zu präsentieren. Er war für ein Jahr der Vogelmann, hoch geehrt, aber einsam lebend. Der amerikanische Schauspieler und Filmproduzent *Kevin Costner* hatte 1994 diese Zeremonien für seinen Kinofilm *»Rapa Nui«* in beeindruckenden Szenen nachgestellt.

150 in Stein gemeißelte Vogelmänner am Rand der Klippen – menschliche Körper mit Vogelkopf – zeugen von diesem Kult, dessen Bedeutung bis heute unklar ist. War es ein Fruchtbarkeitsritual? Huldigten die Insulaner den Göttern und Geistern? Wieder ein kaum lösbares Rätsel. Aber vielleicht ist die Osterinsel, dieses im Stillen Ozean schwimmende Fragezeichen der Archäologie, gerade deshalb so faszinierend.

Was weniger bekannt sein dürfte: Auf der Osterinsel werden heute Voodoo-Praktiken ausgeübt. Einer, der sich selbst vor Ort davon überzeugen konnte, ist der deutsche Erfolgsautor *Walter-Jörg Langbein.* Durch viele Studien und zahlreiche Forschungsreisen verschaffte sich der Schriftsteller sein Wissen, durch das er seine faszinierenden und fantastischen Thesen bestätigt sieht: Die Rückkehr der »Astronautengötter«. Seine Buchpublikationen *»Die großen Rätsel der letzten 2500 Jahre«, »Das Sphinx-Syndrom«* und *»Bevor die Sintflut kam«* fanden internationale Beachtung. In einem seiner Werke beschreibt Langbein die verborgenen Zusammenhänge der Welt von Astralreisen über Hellsehen bis Telepathie. Am Beispiel nachvollziehbarer Experimente zeigt der Autor seinen Lesern auf, wie man selbst über sein eigenes übersinnliches Potenzial etwas in Erfahrung bringen kann. Titel: *»Parapsychologische Phänomene«.*

Zurück zur Osterinsel, wo uns Walter-Jörg Langbein über seine persönliche Erfahrung mit dem Voodoo-Kult berichtet:

»1992 verbrachte ich eine Woche auf der geheimnisvollsten Insel unseres Planeten . . . auf der *Osterinsel.* Einen Tag lang dauerte ein seltsames Ritual. Sieben Personen agierten von Sonnenaufgang bis Sonnenuntergang: vier Chilenen, zwei Peruaner und ein Brasilianer. Und der Mann aus dem Land des Kaffees und Fußballs nannte sich *Houngan-Man.* Ich durfte als Zeuge dabei sein – nach langwierigen Verhandlungen. Meine Argumente waren schließlich ausschlaggebend: eine Flasche Whisky einer bekannten Edelmarke und zwei Stangen Zigaretten. Am frühen Morgen musste alles schnell gehen. Wolken ballten sich zusammen, Regen prasselte. Wir suchten einen Regenbogen. Und dort, wo er die Erde berührt zu haben schien, wurde

Bild 183: Reiseschriftsteller Walter-Jörg Langbein vor einem Langohr.

dann das Ritual zelebriert. Doch zunächst musste wir ein ›Mäuerchen‹, etwa fünfzehn Zentimeter hoch, zwei mal zwei Meter im Quadrat, errichten. Das brachte uns blutige Hände ein. Das Zentrum dieses ›Tempels‹ legte der Priester mit Pappe aus. Darauf zeichnete er ein kleines Quadrat aus weißlichen Steinen. Von dessen Zentrum führten vier Linien, ebenfalls aus ›Steinchen‹ gezeichnet, nach außen. Und im Zentrum wiederum lag ein schwarzer, eiförmiger Stein, vermutlich aus Vulkangestein.

Vom Kassettenrekorder erklangen *Elvis*-Songs. Dazu wurden lärmende Trommeln geschlagen – vier Stunden lang. ›Jetzt sind die Erdgeister angereist!‹, wurde mir zugeraunt. Der Houngan-Man bekreuzigte sich, warf kalkähnliche Steinchen in alle vier Himmelsrichtungen, drehte sich im Kreis. Laut rief er: ›Linsahmawu, Vuvulivhawe.‹ Eine Litanei folgte. Dann wurde die Erde gesegnet. Dann: drei Stunden monotoner Gesang. Der Houngan-Man entzündete vier Kerzen. Eine Stunde – *Schweigen*. Regen setzte ein, verlöschte die Kerzen . . . dann erklang wieder Musik, vier Stunden Elvis, vier Stunden Trommeln. Dann: Schweigen. Der Houngan-Man schrie wieder unverständliche Worte. Er baute das Mäuerchen ab, warf die Steine in rascher Folge ins nahe Meer. Einige der Geheimnisse wurden mir enthüllt: Fast der gesamte Whisky wurde ins Meer gegossen. Ein Großteil der Zigaretten flog ebenfalls ins Meer – Gaben für die Götter.

Im Zentrum des ›steinernen Mäuerchens‹ wurde Tabak verbrannt: wieder Opfer für die Götter. Das Trommeln wie die Elvis-Musik sollte die Grenze zwischen Diesseits

Bild 184: Seltsame Voodoo-Rituale auf der Osterinsel.

und Jenseits aufreißen, damit vier Geistwesen herbeieilen konnten. Vier Stunden benötigten sie für den Weg, so wurde mir gesagt. Und nach dem Ritual dienten Musik und Trommeln wieder magischen Zwecken: Jetzt sollte die aufgerissene Grenze zwischen Diesseits und Jenseits wieder geschlossen werden. Einen ganzen Tag dauerte das seltsame Ritual auf der Osterinsel, vom Morgengrauen bis zum Abend. Houngan-Man: ›Ich erbte ein nicht unerhebliches Vermögen, ließ mich auf Haiti zum Voodoo-Priester ausbilden und erfülle nun schon seit Jahren den letzten Willen meines Vaters.‹ Der hatte, davon war er überzeugt, mit ›bösen Geschäften‹ in Brasilien viel Unheil angerichtet. Sein Sohn, darum bat er, möge durch Voodoo-Zauber sein Unrecht so weit wie möglich ungeschehen machen. Das tue er nun – in aller Welt, immer möglichst an heiligen Stätten wie auf der Osterinsel.

Fotografieren durfte ich nicht. Der Voodoo-Mann fertigte mit meinem Apparat einige Aufnahmen vom Zentrum des ›Tempels‹ an – von dem ›Ei‹, von den ›kalkähnlichen‹ Steinchen. Und: Ich solle nur ja nicht wagen, mich despektierlich über das Ritual zu äußern. Als ich abends im Hotelzimmer nicht schlafen konnte, grübelte ich lang darüber nach, was ich wohl erlebt hatte. Humbug? Oder ein echtes Voodoo-Ritual?

Aus Südamerika wieder zurück, wollte ich bei Musik entspannen. Ich schob eine Musikkassette mit Elvis-Songs ins Gerät. Und hörte nichts. Das Band war – *leer,* irgendwie von irgendwem gelöscht. Wie soll ich mir den Vorgang erklären? Als

›technischen Defekt‹? Oder als kleine ›Warnung‹ des Voodoo-Mannes? Als aufgeklärter Europäer kann ich so etwas natürlich nicht glauben. Aber: Ich werde mich hüten, je despektierlich über das Voodoo-Ritual auf der Osterinsel zu äußern. Sicher ist sicher . . .«

Im Sog des Bermudadreiecks

Unser sichtbares »Universum«, das bekanntlich aus Raum und Zeit besteht, dürfte gar nicht so »festgefügt« sein, wie bisher angenommen. Selbst in wissenschaftlichen Fachkreisen wird zunehmend darüber diskutiert, dass es mitunter zu kleinen »Rissen« kommen könnte – undichten Schnittstellen im Raum-Zeit-Gefüge, durch die vielleicht Menschen und Dinge dieser Welt in ein scheinbares Nichts »fallen« könnten.

Aus jeder Großstadt verschwinden Jahr für Jahr Hunderte, Tausende von Menschen spurlos. Nach allen Erfahrungen kann man sagen, dass 98 bis 99 Prozent der so Verschollenen und Vermissten entweder verschwinden wollten, etwa jugendliche Ausreißer, oder sie verunglückten tödlich, ohne gefunden zu werden. Ebenso könnten sie verschleppt worden sein, vielen skrupellosen Menschhändlern zum Opfer, oder noch tragischer – sie wurden ermordet. Die restlichen ein bis zwei Prozent dieser Fälle freilich widersprechen jedem logischen Erklärungsversuch.

Das gilt zum Beispiel für folgender Fall, der kurz nach dem Zweiten Weltkrieg durch die Presse ging: In *Southampton* in England war ein junger Mann namens *James D. Winter* verschwunden. Gemeinsam mit einem befreundeten Journalisten hatte er eine Party verlassen und war vorausgegangen, um noch einen Bus zu erreichen. Er ging, etwa dreißig Meter vor dem späteren Zeugen, eine vier Meter hohe Mauer entlang, als er auf einmal nicht mehr da war. *Weg,* verschwunden. Er tauchte auch niemals mehr auf. Natürlich verdächtigte man den Freund, er hätte etwas damit zu tun gehabt, aber der blieb bei seiner Aussage: Sein Freund habe einige Schritte sozusagen »ins Leere« gemacht und dann sei er weg gewesen. Über die vier Meter hohe Mauer hätte er aber weder springen noch sonst wohin abbiegen können.

Die Sache bleibt so mysteriös wie die Geschichte mit dem legendären *Rattenfänger von Hameln,* der mit Hunderten von Kindern im Mittelalter spurlos in einem »Berg« verschwunden sein soll. Die Frage stellt sich neuerlich, ob nämlich andere Dimensionen derart in unser bekanntes Raum-Zeit-Gefüge eingreifen können, dass Menschen in unbekannte Spähren »hinübergesaugt« werden. Gibt es »Risse« oder »Löcher« im Dimensionsgefüge, durch die man aus unserer Welt in eine andere stürzen kann?

Noch unerklärlicher, mysteriöser – ja unheimlicher wird die Sache, wenn nicht einzelne Menschen, sondern große Dinge wie Flugzeuge oder Schiffe samt Besatzung sich scheinbar in nichts auflösen. Berühmt-berüchtigt für solche Vorkommnisse ist das »Dreieck des Todes« zwischen *Florida,* den *Bahamainseln* und den *Bermudas.*

In letzter Zeit ist es im Einflussgebiet des »Fensters zum Kosmos« scheinbar ruhiger

Bild 185: Verschwand samt Kindern in einem Berg und wurde nie mehr gesehen: der Rattenfänger von Hameln.

geworden. Die Medien berichten kaum mehr über jene unheimlichen Vorgänge im *Bermudadreieck.* Doch der Schein trügt. Die Unglücksfälle sind vielleicht nicht mehr so spektakulär, wie noch in den siebziger Jahren von Sensationsautor *Charles Berlitz* in den Bestsellern *»Das Bermuda-Dreieck«* und *»Spurlos«* beschrieben, dennoch, allen beschwichtigenden Dementis von offizieller Seite zum Trotz: Die Menschen verschwinden *weiterhin.* Ein Fall aus jüngerer Zeit: der mysteriöse Fund der britischen Marine vor den Bermudainseln im Norden der Todeszone. Im Sommer 1997 dümpelte die Yacht eines deutschen Ehepaares verlassen im Atlantik, ohne Segel, die Vertäuung hing lose herum. In den Kojen seien Kleider, ein aufgeschlagenes Buch und volle Aschenbecher gelegen, so ein Marinekommandant. Das Paar wird seither vermisst.

Handelt es sich um ein Mysterium oder um ein noch ungeklärtes physikalisches Phänomen? Reißen *Gase* und *Schlammvulkane,* die die Oberfläche erreichen, Schiffe und Menschen in den Abgrund? Verschwinden Flugzeuge durch das Einwirken von *Ionenwolken* und *magnetischen* Strömungen? Muss ein noch unbekanntes *Naturphänomen* für die rätselhaften Geschehnisse verantwortlich gemacht werden?

Mit fünf Flugzeugen, die vor 52 Jahren spurlos verschwanden, begann die Legende vom Bermudadreieck. Am 5. Dezember 1945 startete gegen 14.10 Uhr die Fliegerstaf-

Bild 186: Seit 1945 ein Rätsel: das spurlose Verschwinden der Flugzeugstaffel »Flug 19« im berüchtigten Bermudadreieck.

fel *Avenger,* Einsatznummer *»Flug 19«,* von *Fort Lauderdale* in Florida zu einem Trainingsflug. Um 15.25 Uhr fing der Flugkontrolleur in Florida einen dramatischen Funkspruch des Kommandanten *Charles Taylor* ein: »Hallo Tower, dies ist ein Notruf. Wir scheinen vom Kurs abzukommen.« Vom Kontrollturm wurde zurückgefunkt: »Drehen Sie nach Westen ab!« Wenig später war von den orientierungslos fliegenden Machinen zu hören: »Wir wissen nicht, in welcher Richtung Westen ist. Alles ist falsch . . . Seltsam . . . Wir können keine Richtung feststellen – sogar das Meer sieht nicht so aus, wie es sollte . . .«

Wenig später riss die Verbindung ab. Das Geschwader mit 14 Mann an Bord blieb für immer verschwunden. Eine 13-köpfige Besatzung auf der Suche nach Überlebenden von »Flug 19« kehrte ebenfalls nie zurück, ohne einen einzigen SOS-Notruf. Eine groß angelegte Suchaktion mit 300 Flugzeugen und 21 Schiffen brachte keine Klärung.

Im Mai 1991 schien das Rätsel endlich gelöst zu sein: Das mit modernster Technik ausgerüstete Bergungsschiff *Deep Scan* suchte das sagenumwobene Seegebiet ab, eigentlich um Wracks gesunkener Galeonen und ihre möglichen Goldladungen zu orten. Stattdessen entdeckte man auf dem Meeresgrund in 230 Meter Tiefe die gut erhaltenen Überreste von fünf Flugzeugen. Die Presseagenturen verbreiteten kurz darauf die Erfolgsmeldung: *»Bermuda-Rätsel gelöst!«* Aber man freute sich zu früh. Denn nur ein Monat nach der übereilten Sensationsmeldung stellte sich heraus: Die

Bild 187: War zeitlebens ein Liebhaber von Kuriositäten: Charles Fort (1874–1932).

georteten Flugzeugwracks haben mit der »verschollenen Staffel« nichts zu tun. Der Irrtum wurde bei der genaueren Untersuchung anhand der Registriernummern eindeutig festgestellt.

Berichte über Fälle, wo Menschen scheinbar ins Nichts verschwanden, scheinen zunächst unglaublich. Doch die Vielzahl der Berichte spricht eher dafür, dass wir hier einem der großen Rätsel unserer Welt gegenüberstehen. Leben all die verschwundenen Menschen vielleicht noch – in einer anderen Welt?

Die Autoren *Louis Pauwels* und *Jacques Bergier* schreiben in ihrem Buch *»Aufbruch ins dritte Jahrtausend«:* »Kein Bild kann zu fantastisch sein, keine Hypothese zu ausgefallen: Sturmböcke, um die Mauern der Festung zu rammen. Es gibt fliegende Maschinen, Forscher im Weltraum. Und wenn sie im Vorüberkommen ein paar Lebewesen von hier unten packen und zu Untersuchungszwecken mitnehmen würden?«

Pauwels und Bergier lassen den Amerikaner *Charles H. Fort,* der aufgrund umfangreicher Fallstudien mehr über kuriose Dinge zu wissen schien als andere, Folgendes sagen: »Ich glaube, man fischt uns. Vielleicht sind wir sehr geschätzte Leckerbissen für die Superfeinschmecker höherer Sphären. Der Gedanke, dass ich immerhin noch zu etwas nütze sein könnte, entzückt mich. Ich glaube, dass eine Menge Schleppnetze durch unsere Atmosphäre gezogen worden sind, wir aber haben sie für Windhosen und Orkane gehalten. Ja, ich glaube, man fischt uns . . .«

Vorzeitmonster und Phantomwesen

Im Bermudadreieck verschwinden nicht nur Menschen, Flugzeuge und Schiffe. Es lauern noch ganz andere Gefahren im »Dreieck ohne Wiederkehr«: Wie eine Horrorgeschichte liest sich etwa jene Meldung, die im Herbst 1962 Schlagzeilen machte. Fünf Taucher der US-Luftwaffe gerieten vor der Küste von Florida mit ihrem Boot in einen dichten Nebel, der einen ekelhaften Gestank ausströmte. Dann erschien vor ihnen ein »ungeheurer Kopf«. Vor Schreck fielen die Taucher ins Meer. Nur einer konnte lebendig geborgen werden. Seine Kameraden, so erzählte er, seien von dem Ungeheuer einer nach dem anderen in die Tiefe gezogen worden.

Unterwassermonster, die sogar große Segelschiffe angreifen, geistern seit Jahrhunderten durch die Erzählungen von Seeleuten. Doch die Wissenschaftler waren immer geneigt, derlei Berichte als Seemansgarn abzutun. Und tatsächlich erwies sich manches Monster, das Küstenbewohner in Angst und Schrecken versetzte, im Nachhinein »nur« als ein besonders gewaltiges Exemplar einer längst bekannten Gattung wie dem Riesenhai. Aber nicht immer ist die Erklärung simpel.

Im Jahr 1984 häuften sich vor den Bermudainseln die Unfälle von Fischern und Schwimmern. Und immer öfter erzählten Menschen, denen noch der kalte Angstschweiß im Gesicht stand, von einem *Riesenkraken,* dessen Zugriff sie nur mit knapper Not entkommen waren. Zwei Jahre später wurde in *St. Augustine,* Florida, ein Kadaver von nie gesehenen Ausmaßen an den Strand gespült. Ohne Zweifel ein Riesenkrake. Aber was für einer.

Der Biologe Dr. *De Witt Webb* vermass ihn und kam aus dem Staunen nicht mehr heraus. Allein der Körper war 5,5 Meter lang und drei Meter breit. Die beiden Fangarme, die noch erhalten waren, hatten eine Länge von sieben Metern und der andere von gar zehn Metern!

»Und«, so berichtete Dr. Webb später, »es waren nur die Stümpfe.«

Der Krake dürfte zu Lebzeiten bei ausgebreiteten Tentakeln eine Spannweite von 30 Metern gehabt haben.

Etwa zur selben Zeit bastelte *John P. Ingham,* Besitzer eines Fischerbootverleihs auf den Bermudas, eine besonders solide Falle aus massivem Stahl. Er hatte die Absicht, damit in einer Tiefe von mehr als 1800 Metern ausnehmend große Exemplare von Shrimps und Krabben zu fangen.

Das funktionierte auch eine Weile ganz gut. Ingham und seine Männer konnten Shrimps von einem halben Kilo Gewicht und 60 cm lange Krabben an Deck ziehen. Doch dann passierte es immer wieder, dass die starke Leine, an der die Falle befestigt war, ruckartig abgebissen wurde.

Ingham ließ noch stärkere Leinen anbringen – eine, die sogar einen Wal festgehalten hätte. Tatsächlich widerstand sie der Kraft aus der Tiefe. Aber obwohl die Bootsmotoren auf vollen Touren liefen, gelang es nicht, das Wesen, das die Falle blockierte, an die Oberfläche zu ziehen.

Bild 188: Ein Riesenkrake greift ein Segelschiff an. Zeichnungen wie diese lehrten die Landratten früherer Epochen das Gruseln.

Durch *Chromascop,* ein verfeinertes Echolot, konnte Ingham auf dem Meeresgrund seinen »Fang« erkennen: Ein pyramidenförmiges Etwas von rund 15 Meter Höhe, dass offenbar stärker war als das Schiff. Um wie viel stärker, merkte Ingham 20 Minuten später, als sich der Trawler plötzlich in Bewegung setzte. Der Polyp – oder was immer es war – schleppte das Boot kreuz und quer übers Wasser, gegen seine unglaubliche Kraft waren die Motoren machtlos. Schließlich ließ das Geschöpf seine Beute frei. Die stählerne Falle wurde eingeholt. Sie war verbogen wie eine Büroklammer.

Schon vor Hunderten von Jahren berichteten Seeleute von grauenhaften Meeresbewohnern, die Schiffe angriffen und sogar Menschen töteten. Heute weiß man, dass in solchen Schauergeschichten mehr als nur ein Körnchen Wahrheit steckt.

Zehn Jahre ist es her, da hatten Fischer vor der Küste von *Kiribati,* einem Inselstaat im Pazifik, ein grauenhaftes Erlebnis. Plötzlich tauchten neben einem Boot, in dem zwei ihrr Kollegen saßen, riesige Fangarme aus dem Meer auf. Die Tentakel umschlangen einen der beiden Forscher, die sich verzweifelt zur Wehr setzten, zerrten ihn über Bord und in die Tiefe. Sekunden später erschienen die mit Saugnäpfen bestückten Arme aufs Neue, schnappten nach dem zweiten Fischer und rissen auch ihn ins Meer. Keiner von beiden wurde jemals wieder gesehen.

Auch von Begegnungen mit Seeschlangen ist in alten Berichten oft die Rede. Eine besonders bösartige, die auf dem Rücken einige Höcker trug, griff im Jahr 1872 in der Nordsee das schottische Fischerboot *Bertie* an. Obwohl ein Matrose mit einem Gewehr

Bild 189: Nessie hat viele Verwandte: Dieses Foto zeigt Skelettreste eines auf Henry Island (Br. Columbia) angespülten Tieres

auf das Monstrum feuerte, brachte es das Boot fast zum Kentern und umkreiste es anschließend noch mehrere Stunden.

Friedlicher verhielt sich ein »riesengroßer Aal, etwa 30 Meter lang, mit einem zwei Meter großen Rachen«, der 1893 einem Dampfer vor Kapstadt in die Quere kam. Er begnügte sich damit, die Besatzung zu erschrecken, ließ das Schiff jedoch unbehelligt.

Zu den berühmtesten Wassermonstern muss zweifellos »Madame« Nessie gezählt werden. Und ganz ehrlich: Was wäre Schottland ohne sein Ungeheuer? Seit »Nessie« am 14. April 1933 zum ersten Mal gesichtet wurde, zieht es Touristen in Scharen an den 36 Kilometer langen Gletschersee Loch Ness. 15 Meter soll es sein, mit einem schneckenähnlichen Kopf und einem schlanken Schwanenhals. In unregelmäßigen Abständen taucht es auf und lässt sich sogar fotografieren. Ein Zirkusdirektor bot dem ein Vermögen, der ihm Nessie lebend bringen würde. Der amerikanische Professor *James Ulrich* ließ sich für 5000 Pfund gegen Bisse versichern, ehe er auf der Suche nach Nessie im See tauchte. Doch das Ungeheuer zeigte sich nicht.

Mindestens ebenso berühmt wie die schottische Seeschlange ist das Zottelwesen vom Himalaja, der *Yeti*. Für die Tibeter und Nepalesen jedenfalls ist der geheimnisvolle Schneemensch genauso real wie die mächtigen Gipfel des Himalaja, in deren Schatten er sein Unwesen treiben soll. Wobei das Wort »Unwesen« eigentlich eine Beleidigung ist, die der Yeti nicht verdient hat. Er scheint ein durchaus friedfertiger Bursche zu sein, und wenn er hie und da mal ein paar Bergsteiger erschreckte, so geschah dies offenbar ohne Absicht.

Tatsache ist: Immer wieder behaupten Einheimische, sie hätten auf dem »Dach der Welt« ein rätselhaftes Geschöpf gesehen, das weder Mensch noch Affe war.

Sherpas erzählen von einem riesenhaften Zweibeiner mit harten, borstigen Haaren, rotbrauner oder schwarzer Färbung, manchmal auch hellbraun, mit plattem, affenähnlichem Gesicht und nach oben zugespitztem Kopf. Schilderungen, die tief im Volkstum des Himalajastaates verwurzelt sind. Uralte Yeti-Malereien, wie sie etwa an den Wänden des Klosters *Tengpoche* zu sehen sind, liefern dafür glaubhafte Belege.

Bild 190: Dicht behaart und affenartig – so beschreiben Augenzeugen den Yeti.

Bild 191: Auch in anderen, fremden Kulturen gibt es Yeti-Beschreibungen.

Ebenso jahrhundertealte tibetische und chinesische Schriftrollen, in denen genaue Abbilder von »Tiermenschen« dokumentiert sind, die mit unseren heutigen Yeti-Beschreibungen weitgehend übereinstimmen.

Nicht nur Sherpas, auch zahlreiche Europäer wollen dem unheimlichen Zottelwesen begegnet sein. Die vermutlich erste Beobachtung stammt aus dem Jahr 1832. Damals berichtete der britische Regierungsbeamte *B. H. Hodgson,* dass einige seiner nepalesischen Träger während einer Expedition Hals über Kopf flohen, als in einiger Entfernung ein behaartes, aufrecht gehendes Geschöpf erschien. 57 Jahre später, 1889, entdeckte Major *L. A. Wadell* Fußspuren eines Menschen von riesenhaftem Wuchs. Und zwar in Einöden, wo niemand einen Menschen vermuten würde – am allerwenigsten *barfuß*. Solche mysteriösen Fußabdrücke fand auch die erste Everest-Erkundungsexpedition im Jahr 1921 auf dem *Llakpa-La* in 6000 Meter Höhe. Und 1925 will *N. A. Tonbazi* einen Yeti auf dem *Zemu*-Gletscher in 4500 Meter Höhe gesichtet haben.

Neue Nahrung erhielten die Gerüchte vom Schneemenschen durch einen bekannten englischen Alpinisten. *Don Whillans* fotografierte gemeinsam mit seinem Seilgefährten *Douglas Haston* im Frühjahr 1970 eine Fußspur, die offensichtlich von einem Yeti stammte. Später bekam Whillans das Monstrum sogar zu Gesicht. In seinem Bericht schrieb er: »Ich schaute ihm etwa zwanzig Minuten lang zu, holte sogar das Fernglas und erkannte ein schwarzes affenartiges Wesen. Plötzlich sprang es davon. Dabei legte die Gestalt noch fast einen Kilometer zurück, ehe sie im Felsschatten verschwand.

Whillans ist nicht nur ein bekannter Alpinist, er gilt auch als kritisch und besonnen. Und dennoch behauptet er, wie andere Bergsteiger auch, ein monströses Geschöpf, halb Tier, halb Mensch, sei ihm begegnet. Ein Mischwesen also, das es eigentlich gar nicht geben dürfte. Woraus sich zwangsläufig die Frage ergibt: Sind die Männer, die den Yeti gesehen haben wollen, nicht vielleicht einer Sinnestäuschung zum Opfer gefallen? Ein Vorwurf dem sich sogar *Reinhold Messner* ausgesetzt sah. Als der Südtiroler 1986 mit seiner Yeti-Story weltweites Aufsehen erregte, machten der Wiener Universitätsprofessor *Horst Seidler* und der Sportmediziner *Ludwig Prokop* kein Hehl aus ihrer Vermutung, Messners Schneemensch sei nichts weiter gewesen als eine Halluzination, ausgelöst durch extremen Sauerstoffmangel.

Die Glaubwürdigkeit von Augenzeugen kann man anzweifeln. Wie aber ist es mit den Fotos der Yeti-Spuren, die mittlerweise in erklecklicher Anzahl vorliegen? Die ersten Aufnahmen entstanden bereits im Jahr 1937. Der Engländer *F. S. Smithe* machte sie in 5000 Meter Höhe. Die erstaunlichsten Bilder stammen jedoch von den beiden Alpinisten *Eric Shipton* und *Michael Ward.* Im Jahr 1951 fotografierten sie Abdrücke, die sie in einer kristallinen Schneeschicht mit festgefrorenem Eisuntergrund fanden. Wind und Wärme hatten sie nicht verändern können.

Die Bergsteiger legten einen Eispickel neben die Spur und ermöglichten so einen klaren Größenvergleich. Der Fußabdruck war 29 cm lang und 17 cm breit. Es ist anzunehmen, dass der dazugehörge Yeti mindestens zwei Meter groß war. Der Zoologe *W. Tschernezky* vom Londoner Queen Mary College hat frisch aufgenommene Fährten analysiert und ein rekonstruiertes Modell mit den Fußabdrücken des Gorillas sowie des fossilen und des Neuzeitmenschen verglichen. Der Wissenschaftler verweist auf die ungewöhnlich breite zweite Zehe und den auffallend kurzen Mittelfußknochen. Zwei typische Besonderheiten, die gar keine Ählichkeit mit Bären oder anderen uns bekannten Tierarten aufzeigt. Tschernetzky schließt daraus, dass es sich bei den Yetis in Wahrheit »um riesenhafte, schwer gebaute zweibeinige Primaten« handelt. Eine Behauptung, die allerdings keine Antwort auf die Frage gibt, ob der Yeti nun ein Mensch oder ein Affe ist. »Primaten« nämlich sind beide.

Aufschlussreicher ist da schon die Theorie der englischen Anthropologin Dr. *Myra Shackley.* Sie glaubt an Hand russischer Berichte hinter das Geheimnis des *Almasti,* eines russischen Gegenstücks zum Yeti, gekommen zu sein. Myra Shackley hält es für denkbar, dass diese Wesen die letzten überlebenden Exemplare des *Neandertalers* sind, die vor rund 30 000 Jahren aus rätselhaften Gründen ausgestorben sein sollen.

So unfassbar die Fakten auch klingen mögen, so sicher sind sie auch: In noch zu erforschenden Gefilden der Erde existieren Wesen, die es laut Meinung der meisten Wissenschaftler nicht geben dürfte, weil sie längst ausgestorben sein müssten. Müssten! Aber sie sind es nicht!

Nicht nur Nessie und Yeti sorgen für Schlagzeilen. Es gibt unzählige Begegnungen mit rätselhaften Kreaturen und Geisterwesen. Um nur einige zu nennen: der Riesensaurier von Westafrika, den die Eingeborenen *Mokelembembe* nennen und in den

Sümpfen des Kongo immer wieder gesichtet wird. Das *Ri,* eine große Spezies, die an den Küsten Neu-Irlands (Papua-Neuguinea) gesehen wurde. Das Tier soll mit der malaiischen Seekuh *Dugong* vergleichbar sein, doch sichtlich von anderer Gestalt sein als diese. Aus China liegen seltsame Beobachtungen einer Riesenechse *Buru* vor, die in unerforschten Wäldern des Grenzbereichs zu Nordindien leben soll.

Je weiter die Forschung schreitet, je weiter Menschen in bislang unbekannte, kaum oder nicht erforschte Gebiete vordringen, desto häufiger tauchen Hinweise auf monsterhafte Tiere auf. Anerkannte Zoologen der *Gesellschaft für Kryptozoologie* sind schon lange ausgestorben geglaubten Tier- und Pflanzenarten auf der Spur, die trotz Evolution heute genauso aussehen wie ihre fossilen Vorfahren vor Millionen von Jahren. Die Forscher können auf erstaunliche Entdeckungen verweisen. Die berühmteste ist wohl jene des *Quastenflossers,* der seit 60 Millionen Jahren als ausgestorben galt, bis 1938 ein totes Exemplar des Urzeitfisches vor der Ostküste Afrikas in einem Fischernetz gefunden wurde. Erst ein halbes Jahundert später gelang es Wissenschaftlern des Tauchboots *GEO,* die ersten lebenden Urzeitfische zu filmen.

Viele mündliche Berichte und Zeitungsmeldungen klingen so unglaublich, dass sie ins Reich der Fantasie und Fabelwelt verbannt werden. Doch schon mehrfach erwiesen sich so genannte »Schauergeschichten« als wahr! Das war vor der Entdeckung der *Komodowaran*-Echse so, bei den *Berggorillas* in den Regenwäldern des ostafrikanischen Ruanda, Chinas *Riesenpanda,* das *Zwergflusspferd* oder die jüngsten zoologischen Überraschungen: eine völlig *neue* Känguru-Art aus Australien, *Rieseninsekten* in Neuseland mit über 25 Zentimeter Körperlänge und das in keinem Lehrbuch aufscheinende vietnamesische *Vu Quang*-Rind. Alles nicht gerade unauffällige Geschöpfe. Man fragt sich, wie es diese Tiere geschafft haben, sich so lange den entdeckungshungrigen Blicken der Wissenschaft zu entziehen. Alles spricht dafür, dass die Zukunft nicht nur erstaunliche technische Errungenschaften bringen wird, sondern ebenso weitere Belege und Beweise dafür, dass wider Erwarten in abgelegenen Regionen der Erde urgeschichtliche Tiere überlebt haben – aus grauer Vorzeit bis in unsere Tage.

Unheimliche Begegnungen mit haarigen Riesen und monsterähnlichen Kreaturen stellen ein weltweites Phänomen dar, das weit in die Vergangenheit der Menscheit zurückreicht. Riesige Affenmenschen wurden in den Wäldern des nordamerikanischen Nordwestens genauso gesichtet wie in dem Bambusdschungel Chinas oder in Australien, wo sie sich manchenorts gefallen lassen müssen, »behaarte Teufelsmenschen« genannt zu werden.

Aber trotz mehrerer groß angelegter Suchexpeditionen ist es offiziell bislang nicht gelungen, eines Zottelmonsters habhaft zu werden. Diese Kreaturen, die schon in der dunklen Welt der Mythen und Dämonen ein munteres Leben führen, scheinen immer dann spurlos zu verschwinden, wenn das harte, grelle Licht *unserer* Wirklichkeit auf sie fällt. Eine Eigenschaft, die sie mit dem Auftauchen und ebenso plötzlichen Verschwinden der UFOs und parapsychologischen Phänomenen teilen.

Faktum ist, dass etliche glaubhafte UFO-Beobachtungen vorliegen, die Zusammen-

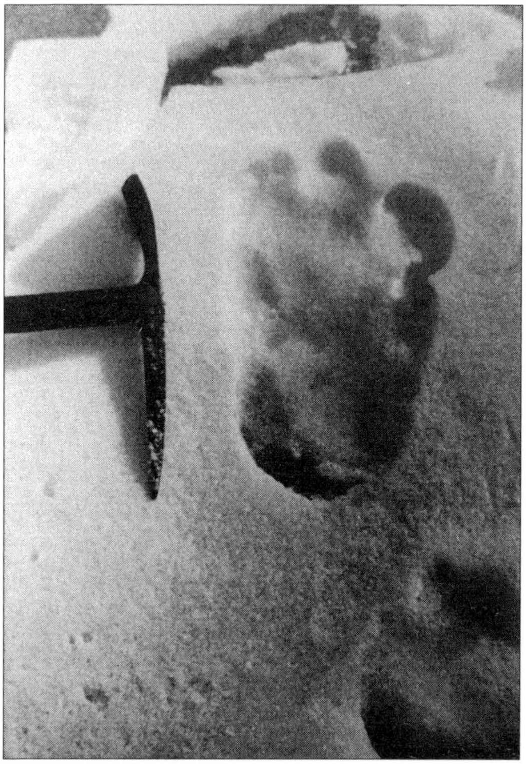

Bild 192: Ziemlich großspurig kommt der Yeti daher, wie dieses Foto beweist. Der Alpinist Eric Shipton machte es im Jahr 1951 und legte zum besseren Größenvergleich seinen Eispikkel neben die Yeti-Fährte.

hänge mit Berichten über den amerikanischen *Bigfoot, Sasquatch* oder Kreaturen wie den *Mottenmensch* erkennen lassen. In manchen indischen Sekten soll der Yeti ein Wesen sein, das von Himmelsbewohnern auf der Erde ausgesetzt wurde, um die Möglichkeit der Akklimatisierung zu prüfen. Haben wir es mit Geschöpfen aus *anderen* Dimensionen zu tun?

Stammen sie aus Parallelwelten oder dem Hyperraum? Sind manche Yeti-Sichtungen nichts anderes als *Projektionen* aus einer unsichtbaren Dimension, die als spirituelle Wesen imstande sind, sich in unserer Welt zu materialisieren? Kommen solche spukhaften Geschöpfe aus der Zukunft?

Die meisten Forscher schreiben die Yeti-Existenz eher einer bisher unbekannten Tierart zu. Der bekannte amerkanische Zoologe und Professor der Harvarduniversität *Stephen Jay Gould* hat in den letzten 30 Jahren sämtliche Daten und Niederschriften über die Yetis gesammelt und ist jetzt sicher: »Wir werden ihn bald ausfindig machen und stellen.«

Ob eine groß angelegte Suchaktion Erfolg haben wird (selbst wenn es Schneemenschen tatsächlich geben sollte), darf zumindest angezweifelt werden. Gerade deshalb, weil die Hochwälder Tibets so großflächig und kaum erforscht sind, ist die Wahrscheinlichkeit, dort einem Affenmenschen zu begegnen, ziemlich gering.

Gould wäre nicht der erste Forschungsreisende, der ohne konkrete Yeti-Beweise wieder aus der Himalajaregion heimkehren müsste. Eine derart groß angelegte Suchmannschaft stellte bereits 1954 die angesehene Zeitung *Daily Mail* zusammen. Zwar konnten vier weit auseinander liegende Fährten fotografiert werden, aber einen Yeti erblickte man nicht. Ähnlich erging es im Jahre 1957 einer von den amerikanischen Millionären *Thomas Slick* und *F. Kirk Johnson* finanzierten Expedition. Sie wurde ein Flop.

Große Erwartungen setzte man auch in die von Mount-Everest-Bezwinger Sir *Edmund Hillary* organisierte Forschungsgruppe. Im Jahr 1960 durchstreifte das mehrköpfige Hillary-Team jene Hochtäler, aus dem die häufigsten Berichte über Begegnungen mit Yetis vorlagen.

Den Yeti bekam die Expedition nicht zu Gesicht. Im Dorf *Khumjung* allerdings wurde den Männern der sagenhafte Yeti-Skalp gezeigt, ein kappenförmiges Stück Haut mit rotbraunen Haaren daran. Sie erhielten sogar die Erlaubnis, den Skalp, der von den Einheimischen wie eine Reliquie verehrt wird, sechs Wochen lang mit wissenschaftlichen Methoden zu untersuchen. Die genaue Analyse unter dem Mikroskop brachte ein trauriges Ergebnis: Der »Yeti-Skalp« erwies sich als Tibetziegenfell. Hillary und sein Team taten daraufhin den Yeti als Legende ab.

Eine »Legende« freilich, die sich hartnäckig zu behaupten weiß und immer wieder neue Nahrung erhält.

Nicht alle Begegnungen zwischen Menschen und »Tiermenschen« verlaufen immer so friedlich wie jene mit dem Yeti. Im Juni 1977 berichtete der damals 33-jährige *Pang Gensheng* aus der chinesischen Provinz *Shansi* zähneklappernd von einem völlig behaarten, etwa 2,10 Meter großen Wesen, das ihm plötzlich beim Holzhacken gegenüberstand.

»Der schreckliche Mann kam näher und näher. Ich hob meine Axt, bereit, um mein Leben zu kämpfen. Dann ergriff ich einen Stein und schleuderte ihn nach dem Wesen. Ich traf es an der Brust. Es rieb sich an der verletzten Stelle mit der linken Hand und schlich davon. Dabei stieß es seltsame Laute aus.«

Auch auf der anderen Seite des Globus versetzt ein geheimnisvoller Affenmensch arglose Wanderer und Jäger in Angst und Schrecken. Es ist der »Bigfoot« (Großfuß), der durch die Wälder der Vereinigten Staaten und Kanadas geistert. Einmal wurde er sogar gefilmt, obwohl Skeptiker noch heute glauben, das Ungeheuer, das, auf dem Film deutlich erkennbar, im Wald verschwand, sei ein verkleideter Schauspieler gewesen.

Aber Skeptiker wird es immer geben. So lange, bis der Yeti endlich den Menschen, die ihn jagen, in die Falle geht. Wann das sein wird, kann allerdings niemand sagen. Das gilt ebenso für ein anderes mysteriöses Geschöpf, das seit den 1970er Jahren vor allem auf der karibischen Insel *Puerto Rico* für Aufregung sorgt. Man nennt es *Chupacabras,* zu deutsch »Ziegenmelker«. Dies deshalb, weil das Tier ein gruseliger Feinschmecker ist. Es soll für den grausamen Tod unzähliger Hunde, Katzen, Ziegen und sogar Rinder und Pferde verantwortlich sein. Meist bleibt von den Opfern nur der

Kadaver übrig, aus denen das Blut gesaugt und verschiedene Organe herausgerissen wurden.

Anhand gut dokumentierter Augenzeugenberichte konnte ein Phantombild des makabren Räubers erstellt werden. Demnach ist Chupacabras etwa 1 bis 1,50 groß, hat große orangerot leuchtende Schlitzaugen, Löcher an der Stelle von richtigen Ohren und ein kleines, dafür umso gefräßigeres Maul. Die Arme sind dünn mit klauenartigen Fingern, muskulösen Beinen mit Krallen auf jedem Fuß. Der pelzige Körper wird als grau beschrieben. Auffällig sind glühende Stacheln, die auf dem Rücken der Bestie beobachtet wurden. Da es kein bekanntes Tier gibt, das diesem Wesen ähnelt, gibt es über seine Identität wilde Spekulationen. Sie reichen von »außerirdisches Wesen« bis zum »Produkt der Gentechnologie«, das aus irgendeinem Labor entkommen ist.

Man kann Schilderungen über unheimliche Begegnungen mit monsterähnlichen Kreaturen als fantastisch bezeichnen – oder darüber nachdenken. Ein Rest von Geheimnis bleibt auf jeden Fall.

Vorwärts in die Steinzeit?

Wohin steuert die Evolution? Der Mensch sieht sich immer noch gerne als »Krone der Schöpfung«, als Endglied einer langen Entwicklungsgeschichte, die immer komplexere und differenziertere Organismen hervorgebracht hat. Einer Entwicklung, die zunächst zu Bakterien, primitiven Ein- und Vielzellern führte, dann in weiterer Folge zu Hohltieren, Schwämmen, fischähnlichen Geschöpfen, Amphibien, Reptilien und schließlich zu den Säugetieren und zum Menschen. Bedeutet dies, dass die biologische Entwicklung zwangsläufig so etwas wie den Menschen des 21. Jahrhunderts hervorbringen musste? Oder verdanken wir unsere Existenz als große, denkende Säugetiere einzig und allein einer Kette von Zufällen?

Hätten sich auch andere Arten zu hoch effizienten Lebewesen entwickeln können, wenn entsprechend günstige Evolutionsbedingungen vorhanden gewesen wären? Was wäre aus den Dinosauriern geworden, wenn sie nicht ausgestorben wären? 1982 ließ sich Dr. *Dale Russel* vom Royal Museum of Canada, Ottawa, auf ein kühnes Gedankenexperiment ein. Er hatte einen kleinen, flinken und sehr raubgierigen Troodontiden aus der oberen Kreidezeit, den *Stenonychosaurus,* untersucht. Dabei spekulierte er, wie sich die Evolution wohl auf die Saurier ausgewirkt hätte. Seine Antwort war der *»Dinosauroide«* – ein dreiklauiger, dreizehiger, schwanzloser und aufrecht gehender Dinosaurier mit einem großen Gehirn.

Den Urzeitriesen war kein größerer Intelligenzsprung vergönnt. Der Mensch hat zwar den Sprung vom affenartigen Vormenschen zum »intelligenten« *Homo sapiens sapiens* geschafft. Dennoch ist auch seine Zukunft ungewiss. Befinden wir uns in einer evolutionären Sackgasse oder werden wir uns weiterentwickeln, vielleicht weiter hinaus ins All wagen, auf der Suche nach neuen Lebensräumen und Ressourcen?

Zurück zu den Sternen? Werden wir dann noch größer und unsere letzten Haare verloren haben? Müssen wir davon ausgehen, dass Umwelteinflüsse die menschliche Spezies radikal verändern werden? Kann sich die Horrorvorstellung mancher Humangenetiker verwirklichen, wonach die zukünftige Entwicklung des *»vernunftbegabten Menschen«* im Genlabor bestimmt werden wird? Niemand weiß, wie der Mensch der Zukunft aussehen wird. Irgendwann aber wird auch die Kultur des modernen Menschen verschwunden sein.

Wer weiß, vielleicht hat sich alles schon einmal so oder ähnlich abgespielt. Wenn man den Mythen Glauben schenkt, könnte man dies annehmen, etwa am Beispiel der *Gilgamesch*-Saga: Der Überlieferung nach war Gilgamesch ein mythischer König und Heros der sumerischen Stadt *Uruk*. Er soll um 2600 v. Chr. gelebt haben. Gemäß der Sage schickten ihm die Götter den Gegenspieler *Enkidu*, der jedoch Gilgameschs Freund und Gefährte wird. Nach gemeinsam bestandenen Abenteuern und Enkidus Tod sucht Gilgamesch das ewige Leben. Dieser Teil des Epos (»Zwölftafel-Epos«) enthält eine Variante der *Sintflutsage*. Gilgamesch holt schließlich vom Meeresgrund das »Kraut der Unsterblichkeit«, das ihm auf der Rückreise von einer Schlange geraubt wird. Gilgamesch bleibt sterblich. Sein Aussehen, das zu zwei Drittel als göttlich, zu einem Drittel als menschlich beschrieben wird, lässt an eine missglückte Genmanipulation im modernen Labor denken: Er zeigt ein zweite Gesicht am Nabel und einige weitere Köpfe, seitlich befinden sind zwei Raubkatzen mit aufgerissenen Mäulern. Science-Fiction-Horrorszenarien? Oder könnten eines fernen Tages solche künstlich geschaffenen Kreaturen und Menschenklone außer Kontrolle geraten? Was wird uns die Gentechnologie schon bald an medizinischen »Wundern« bescheren? Und wer waren die vielen Mischwesen, tierköpfigen Götter, Mutanten und Zentauren, über die in den Mythen der Welt anschaulich berichtet wird? Es klingt fantastisch und doch hat man beim Studieren der alten Texte, sofern man sie als erlebte Wirklichkeit betrachten mag, den Eindruck, als könnte sich die Geschichte wiederholen.

Die lange Evolutionsgeschichte zeigt jedenfalls, dass es keine konstante Entwicklung gegeben hat, sondern ein wechselndes Auf und Ab. Massensterben und das sprunghafte Entstehen neuer Arten lösten sich ab, vermutlich verursacht durch schnelle Veränderungen der Umwelt. Neu ist allerdings, dass nun eine Spezies diese globalen Veränderungen bewusst herbeiführt. Somit hat der Mensch sein Schicksal herausgefordert und die Natur antwortet. Wir werden mit dieser Antwort fertig werden müssen, wenn wir überleben wollen. Und wenn die Menschheit nicht wieder dorthin zurückkehren will, wo ihr Schicksal begonnen hat – im Schlamm der *Urzeit*.

Es könnte sogar sein, dass die selbsternannte »Krone der Schöpfung« ausstirbt und eine andere, vielleicht einfachere Lebensform an seinen Platz tritt.

Die Frage bleibt offen, wie ein solches Ende, falls es irgendwann tatsächlich eintreten sollte, aussehen wird. Durch einen Killer-Asteroiden, der sich auf Crash-Kurs zur Erde verirrt? Durch weitere systematische Zerstörung unserer Umwelt, der fortschreitenden Erderwärmung und ihrer globalen Auswirkung? Durch Zerstörung der lebensschützenden Ozonschicht oder trotz aller Abrüstungsbemühungen durch eine atomare Katastrophe?

Es gibt noch andere Faktoren, die bisher wenig Beachtung fanden, aber dennoch für das Fortbestehen des irdischen Lebens wesentlich sind. Dazu zählt die Wirkung des *Erdmagnetfeldes,* das die Biosphäre vor dem gefährlichen *Sonnenwind* schützt, der aus elektrisch geladenen Teilchen besteht. Vereinfacht dargestellt ähnelt das Erdmagnetfeld einem Stabmagneten mit zwei Polen (Nord- und Südpol), dessen Kraftlinien an den Polen in die Atmosphäre ein bzw. austreten.

Man nimmt an, dass das Magnetfeld durch die Drehung des Erdkerns und des halbflüssigen Eisens in den tieferen Erdschichten erzeugt wird. Dabei scheint die Erdrotation selbst eine wesentliche Rolle zu spielen. Dieses Feld ist in einem Bereich wirksam, der bei rund 100 Kilometern Höhe beginnt und bis zu einer Entfernung von rund 50.000 Kilometern reicht. Es ist ein unsymmetrisches Magnetfeld. Durch den Einfluss des Sonnenwindes ist es auf der sonnenzugewandten Seite, der »Tag-Seite«, regelrecht zusammengedrückt, während das Feld auf der sonnenfernen »Nacht-Seite« weit in den Weltraum hinausreicht. Dieser Bereich, *Magnetosphäre* genannt, schützt die Erde und ihre Bewohner vor dem Einwirken kosmischer Strahlung und den von der Sonne ausgehenden Sonnenwinden.

Was geschieht, wenn dieses Magnetfeld zusammenbricht? Aus Analysen von Gesteinsproben aus den Tiefen des Meeresgrundes weiß man, dass das Magnetfeld im Laufe von etwa 100.000 Jahren immer wieder verschwand und sich wieder aufbaute. Dabei kann es auch zur Umorientierung (Umpolung) kommen. Bislang ist nicht ganz geklärt, warum ein Ab- und Aufbau des Magnetfeldes eintreten kann, warum Umpolungen eintreten und ob sich solche Prozesse spontan oder allmählich im Laufe mehrerer Jahrhunderte vollziehen. In jedem Fall sind die daraus zu erwartenden Veränderungen für das Leben auf der Erde weitreichend. Sie könnten als Ursache für einige Massenaussterben von Pflanzen und Tiere in der Vergangenheit verantwortlich zeichnen. Messungen zu Folge nimmt das Erdmagnetfeld derzeit kontinuierlich ab. Seit 1840 soll es rund 15 Prozent seiner Stärke verloren haben. Einige Forscher rechnen damit, dass innerhalb der nächsten 2.000 Jahre eine Umpolung des Erdmagnetfeldes stattfinden wird.

Wäre unsere Zivilisation dann in die Steinzeit zurückversetzt? Was würde man später von uns finden? Wie würden zukünftige überlebende Generationen alte Funde zu deuten wissen, mit denen sie nichts anfangen können, weil sie deren ursächliche Bedeutung nicht kennen? Würde man ihren wahren Ursprung und ihren tatsächliche Sinn erkennen? Angenommen »Steinzeitmenschen« aus dem Jahr 3124 buddeln eine Klomuschel oder eine CD-Rom aus. Woher sollten sie ihren wahren Verwendungszweck kennen, wenn ihnen das Entdeckte völlig unbekannt ist? Würde man dann das Aufgefundene als »Altar« umschreiben, in dem »religiös-kultische Handlungen« vollzogen wurden? Und eine ausgegrabene CD-Rom? Was wäre die ultimative Erklärung dafür? Man würde vielleicht von den Spezialisten zu hören bekommen: »Amulett« oder »Kultscheibe«. Genau vor diesem Dilemma stehen Archäologen heute, wenn sie die Bruchstücke vom einstigen Wissen alter Kulturen zu entschlüsseln versuchen.

Wie bei einem Puzzlespiel müssen die Teile oft erst mühsam von Altertumsforschen zusammengesetzt werden. Da jedoch meist wichtige Elemente des Mosaiks fehlen, darf es nicht verwundern, wenn das Bild über unsere Frühgeschichte immer noch Lücken aufweist, die zweifelhaft und unerforscht bleiben. Wir sollten auch nicht ausschließen, dass es im Altertum Techniken und Energieformen gab, von denen der Mensch des 21. Jahrhunderts keine Ahnung hat. Die Zeugen der Vergangenheit umgeben uns überall, und doch müssen noch viele Rätsel gelöst und neue Antworten gefunden werden. Die Fülle der Probleme ist sehr groß und sie wird durch neue Funde immerfort vermehrt.

Ihre wahre Bedeutung bleibt oft im Dunkeln. Ganz ähnlich verhält es sich auch bei Begebenheiten und besonderen Fähigkeiten, die an die Vorstellung vom »Übernatürlichen« und »Paranormalen« anknüpfen. Wir wissen natürlich, dass der Glaube an dunkle und magische Wesen weit in die Vorgeschichte zurückreicht. Ursprünglich waren Dämonen gut *und* böse, wurden mit dem Allgemeinbegriff der »Götter« zusammengefasst, galten den Totengeistern wesensverwandt, und traten oft in Tiergestalt oder als Mischwesen in Erscheinung. Erst in späterer Zeit wurden sie ausschließlich zum Sinnbild der Unterwelt und bedrohlicher Mächte. Dem Volksglauben nach sollen Abwehrzauber und Amulette vor ihnen schützen. Im Christentum ist es der *Exorzismus,* der Teufel und Dämonen aus dem Körper eines Besessenen vertreiben soll. Schamanen gelingt dies durch die Kraft ihrer Fähigkeiten, mit der sie gefährliche Geister umstimmen und besänftigen.

Seelenreisende berichten, dass sie unsere reale Welt verlassen und in einer anderen Bewusstseinsebene Zeit und Raum überwinden. Ist es jedem Menschen möglich, solche Erfahrungen zu machen? Überirdische Wesen, göttliche Boten und Hilfsgeister spielen seit Menschengedenken eine wichtige Rolle in der kulturellen und religiösen Glaubensvorstellung. Sind es nur Halluzinationen oder gibt es die Bewohner spiritueller Welten wirklich? Die Gelehrten unserer hoch technisierten westlichen Welt bestreiten das. Wird die Naturwissenschaft einen Zugang zur Erforschung der so genannten übersinnlichen Phänomene finden, die wir heute noch aufgrund mangelnder Erkenntnis als »paranormal« bezeichnen? Es wäre zu wünschen. Folgerichtig fordert dazu die Südtiroler Ethnologin *Christiane Ladurner*: »Ein Umdenken in vielen Bereichen scheint dringendst erforderlich, denn: Wenn der Mensch nicht sein Bewusstsein ändert, wird das Bewusstsein den Menschen ändern!«

Oder anders ausgedrückt: Wir können die Zukunft nicht voraussagen. Aber wir können sie uns schaffen …

In diesem Sinne – auf zu neuen Ufern!

NACHWORT UND DANK

»Wissenschaftliche Forschung läuft immer darauf hinaus,
dass es plötzlich mehrere Probleme gibt,
wo es früher ein einziges gegeben hat.«

Norman Mailer, amerikanischer Schriftsteller (*1923)

UFOs, Außerirdische, unbekannte Dimesionen, Psi-Phänomene, rätselhafte archäologische Funde und andere großen Mysterien unserer Welt. Zweifellos verbirgt sich dahinter ein Geheimnis, das erstaunlich viele Menschen bewegt und beschäftigt. Sachlich gesehen müssen wir heute von dem, was wir bisher wissen, festhalten, dass es zwar verblüffende Indizien, aber noch keine hundertprozentigen Beweise für den wahren Ursprung dieser vielen unerklärlichen Phänomene zu geben scheint. Das gilt ebenso für jene von mir in diesem Buch vorgelegten Beispiele ungelöster Menschheitsrätsel. Auch wenn ich selbst davon übezeugt bin, dass die Erde Besuche aus dem Weltall erhalten hat, ist der endgültige Beweis leider noch nicht erbracht worden. Technisch gesehen können wir aber die Möglichkeit nicht ausschließen, dass Intelligenzen anderer Welten bereits Technologien entwickelt haben, die interstellare Reisen realisierbar machen. Irdische Wissenschaftler arbeiten fieberhaft an der Lösung dieses Problems. Andere Zivilisationen sind vielleicht schon in der Lage, Raumschiffe ins All und auch zur Erde zu schicken. Vielleicht bedienen sich fremde Wesen gar nicht der herkömmlichen Raumfahrttechnologie, sondern haben längst Möglichkeiten gefunden, durch die *Zeit* und andere Dimensionen in unsere Welt zu gelangen. Ist es so, wie manche Forscher vermuten, dass UFOs und Erscheinungen des Paranormalen nichts anderes wären, als Versuche von Bewohnern höherer »anders dimensionierter« Welten und Universen, in unserem Raum-Zeit-Gefüge Fuß zu fassen? Was bedeuten würde, sie wären nicht »real« vorhanden, sondern sozusagen »Projektionen von drüben«, praktisch unangreifbar, wie ein Bild auf einem Computerschirm?

Wissenschaftler sind sich hier durchaus nicht einig. Viele lehnen eine Untersuchung irrationaler Phänomene kategorisch ab, weil unser derzeitiges Wissen es ausschließt, solche Dinge zu akzeptieren. Aber kann ein tatenhungriger Wissenschaftler so etwas wirklich behaupten? Haben sich nicht im 20. Jahrhundert nicht viele Dinge ereignet, die frühere Generationen für unmöglich gehalten hätten? Wenn also behauptet wird, dies oder jenes könne nicht existieren, dann gibt man sich letztlich mit dem zufrieden, was bisher erforscht werden konnte. Ich habe im ersten Kapitel des Buches das Beispiel von *Galileo Galilei* angeführt. Auch zu seiner Zeit nahm man an, dass sich die Sonne um die Erde drehte. Galilei stellte dies richtig. Und heute?

Die wissenschaftlichen Theorien ändern sich unentwegt und werden das auch weiterhin tun. UFOs, Kontakte mit fremdartigen Geschöpfen und andere unfassbare Erscheinungen sind jenseits des gewohnten »normalen« und »erklärbaren« Weltbildes angesiedelt. Wir wissen noch nicht, was UFOs sind, und wir wissen auch nicht, ob untergegangene Kulturen tatsächlich von außerirdischen Intelligenzen beeinflusst worden sind, obwohl die Legenden, rund um den Erball, diese Interpretation erlauben. Doch gerade deshalb, weil wir es eben nicht mit absoluter Sicherheit beweisen können, sollten Wissenschaftler an einer vorurteilsfreien Klärung dieser ungelösten Geheimnisse und rätselhaften Phänomene interessiert sein. Sie sollten sich bemühen, Neues zu entdecken, um ihren und unseren Wissenshorizont zu erweitern. Ich bin kein Wissenschaftler, aber meine Vorstellung von einem guten Wissenschaftler ist es nicht, wenn viel bezeugte und gut dokumentierte Beobachtungen, gründliche Fotoanalysen und Videoaufzeichnungen vorweg als »Betrügerei« oder »Spinnerei« abgetan werden, man archäologische Relikte aus der Geschichte und Vorzeit einfach deshalb ignoriert, nur weil sie sich nicht in das herkömmliche Geschichtsbild einordnen lassen.

Die UFO-Erlebnisse zeigen, wie auch die paranormalen Phänomene, die Errungenschaften in der modernen Computertechnik, die neuen Entdeckungen im sichtbaren Universum, die Teilchenphysik und Gehirnforschung, dass unsere Modelle und Vorstellungen von der Wirklichkeit unzulänglich sind. Ein Wandel in unserem westlichen wissenschaftlichen Grundrahmen scheint mir daher überfällig. So unwirklich und unglaublich übersinnliche Mysterien auch klingen mögen, sie existieren zu Millionen in aller Welt.

Vielleicht hat der englische Naturwissenschaftler Prof. Sir *Fred Hoyle* mit seiner Überlegung recht, wenn er »unseren Planeten nicht als biologisches Zentrum des Universums« sieht, sondern »nur als eine Art Treffpunkt«. Oder man geht noch weiter und sagt, die irdische Evolution selbst sei ein gezieltes Experiment außerirdischer Zivilisationen, die vor Jahrmillionen ihre (und damit heute *unsere*) »Lebenskeime« über den Kosmos verstreuten und Galaxien kolonisierten. Der englische Nobelpreisträger Prof. *Francis H. C. Crick* ist ein Befürworter dieser Idee: »Es könnte sich bald herausstellen, dass das Leben fast unmöglich auf der Erde entstanden sein kann.«

Ob das wirklich der Fall ist, wird man eines Tages besser wissen. Ich bin überzeugt davon, dass es im Grunde genommen bei dieser umstrittenen und faszinierenden Thematik, wie bei vielen anderen Kontroversen auch, um die menschliche *Toleranz* geht, um Objektivität. Auch wenn es uns Menschen naturgemäß schwer fällt, traditionelle und oft überholte Glaubensvorstellungen über Bord zu werfen: Wir können heute einfach nicht mehr, wie vielleicht vor 30 Jahren, generell behaupten, »das ist unmöglich, das kann es nicht geben«. Ich denke, wir alle sollten uns bemühen, objektiv zu bleiben, weiter forschen und abwarten, was sich in naher Zukunft zur Lösung rätselhafter Geschehnisse abzeichnet. Ganz nach dem Motto des Schweizer Tiefenpsychologen *Carl Gustav Jung,* der trotz seiner UFO-Skepsis immer wieder betonte, dass »unser Weltbild nur dann der Wirklichkeit entspricht, wenn auch das Unwahrscheinliche darin seinen Platz hat«.

An dieser Stelle ist es mir ein großes Anliegen, Dank zu sagen: an all jene Persönlichkeiten des öffentlichen Lebens, Experten aus den verschiedensten Bereichen, Kollegen und Freunde, die mich auf vielfältige Weise beim Zustandekommen dieses Buches unterstützt haben, sei es durch Interviewbeiträge, Bildmaterial, wertvolle Anregungen, Informationen und wohl gemeinter Kritik.

Mein besonderer Dank gilt Peter Krassa für die genaue Durchsicht des Rohmanuskripts. Er ist nicht nur mein Freund, Kollege und Koautor zweier Bücher, sondern gewissermaßen mein »literarischer Mentor«, der mich vor vielen Jahren auf die überirdische Fährte gelockt hatte und mich seither bei meiner Arbeit hilfreich und uneigennützig unterstützt.

Mein Dank gilt vielen Menschen. Ihre Namen nenne ich nachfolgend, alphabetisch gereiht, was jedoch nicht besagen muss, dass die genannten Personen mit allen von mir in diesem Buch aufgestellten Ideen und Theorien übereinstimmen müssen. Nochmals ein herzliches Dankeschön an:

Österreichisches A.A.S. Forscherteam, Charles Berlitz († 2003), Ing. Josef Blumrich († 2001), Werner Burger, Luc Bürgin, CENAP, Dr. h. c. Erich von Däniken, Sabine Dell'mour, Erni Dell'mour, Jokey Van Dieten, Dr. Rudolf Distlberger, Klaus Dona und das Team von »Unsolved Mysteries«, Anke und Horst Dunkel, Franz Dürnsteiner, Dipl.-Bibl. Ulrich Dopatka, Dr. Algund Eenboom, Rainer Erler, Walter Ernsting alias Clark Darlton, Viktor Farkas, Dr. Johannes Fiebag († 1999), Claudia und Dipl.-Hdl. Peter Fiebag, Adriano Forgione, Dipl.-Hdl. Walter Förster, Ing. Rudolf Gantenbrink, Dipl.-Ing. Walter Garn, Dr. Peter Gathmann, Prof. Francis Abd el Malek Ghattes, GEP e.V., Helmut Graf, Prof. Dietmar Grieser, Ingrid und StR. Willi Grömling, Dr.-Ing. Karl Grün, Prof. Jaime Gutierrez, Waltraut Haas und Erwin Strahl, Michael Haase, Walter Hain, Dr. Elfriede Haslauer, Hartwig Hausdorf, Michael Hesemann, Rainer Holbe, Lotte Ingrisch, Interplanetarik Austria, Curd Jürgens († 1982), Prof. Heinz Kaminski († 2002), Senatsrat Dr. Willibald Katzinger, Ass.-Prof. Dr. Alexander Keul, Dr. Rudolf Kirchschläger († 2000), Wolfgang Knaller, Uschi und Karl Kovalcik, Dr. Bruno Kreisky († 1990), Mag. Christiane Ladurner, Dr. Helmut und Marion Lammer, Walter-Jörg Langbein, Dipl.-Phys. Illobrand von Ludwiger, Felix R. Maschek († 2001), Ernst Meckelburg, Prof. Dr. Khalil Messiha († 1998), Dipl.-Archäologe Dawoud Khalil Messiha, MUFON-CES, Bernhard Moestl und Marianne Mohatschek, Gerald Mosbleck, Prof. Dr. Luis E. Navia, Prof. DDr.-Ing. Hermann Oberth († 1989), Dr. Gerhard Polnitzky, Ferry Radax, Andreas von Rétyi, Mario Ringmann, Prof. Dr.-Ing. Harry O. Ruppe, Christiane Rücker-Jeftic, Hans-Werner Sachmann, Univ.-Doz. Dr. Helmut Satzinger, Eberhard Schneider, Dipl.-Ing. Adolf Schneider, Oliver Stummer, Armin Schrick, Rolf Schulte, Wolfgang Siebenhaar, Johannes Mario Simmel, Dr. Fawzi Soueha, Maria Struwe, Ekkehard Steinhäuser, Gerhard R. Steinhäuser († 1989), Dr. Martina Steinhardt, Dr. Franz Josef Strauß († 1988), Dipl.-Phys. Dr. Wolfgang

Waitkus, Johann Wansch und Familie, Werner Walter, Andrea Weiss und Familie, Prof. Dr. Erich Winter und Z.E.U.S.

Besondere Anerkennung schulde ich meinem geduldigen Hersteller Johann Pröll, der mir schon bei vielen Tosa-Buchprojekten mit Rat und Tat konstruktiv zur Seite stand. Diesmal betont engagiert, da der vorgesehene Erscheinungstermin des Buches nur mit gemeinsamen überirdischen Kräften einzuhalten war.

Nicht vergessen seien die »guten Geister« im Verlagsgetriebe: Martina Gutmann und Sonja Tüscher.

Und schließlich gebührt ein großes Dankeschön meinen Verlegern Thomas von Sacken und Matthäus Salzer für ihr Vertrauen, ihre Geduld und dafür, dass sie die aktualisierte Herausgabe dieses Buches ermöglicht haben.

Kontaktadressen zu Forschern, Organisationen und Zeitschriften:

Ist vielleicht auch Ihnen, lieber Leser, schon etwas im Leben widerfahren, das Sie zuvor für denkunmöglich hielten? Ein ungewöhnlicher Zwischenfall? Merkwürdige Träume? Seltsame Erinnerungen? Übersinnliche Erscheinungen? Begegnungen mit einem Kugelblitz? Ein UFO-Erlebnis? Wenn Sie selbst Phänomene, wie in diesem Buch beschrieben, erlebt haben, freue ich mich, wenn Sie mir Ihre Erfahrungen schriftlich mitteilen möchten. Schreiben Sie an folgende Verlagsadresse, von wo Ihr Brief dann an mich weitergeleitet wird.

Reinhard Habeck
c/o TOSA Verlag in der Ueberreuter Print & Digimedia GmbH
Alser Straße 24
A-1091 Wien

Alle eingesandten Briefe und Unterlagen werden gewissenhaft geprüft und vertraulich behandelt. Eine Veröffentlichung in geeigneter Form erfolgt nur dann, wenn Sie damit einverstanden sind.
Weitere anerkannte Forscher und Organisationen, die sich mit rätselhaften Phänomenen beschäftigen, erreichen Sie direkt unter folgenden Adressen:

A.A.S. GmbH,
Forschungsgesellschaft für Archäologie, Astronautik und SETI
CH-3803 Beatenberg
E-Mail: admin@aas-fg.org
Internet: http://www.sagenhaftezeiten.com

Österreichisches A.A.S.-Forscherteam
Leiter Karlheinz Mikus
Rotenturmstraße 14
A-1010 Wien
Internet: kh.mikus@aon.at

CENAP – Centrales Erforschungsnetz Außergewöhnlicher Himmelsphänomene
c/o Werner Walter
Eisenacher Weg 16
D-68309 Mannheim
Zeitschrift: **Cenap Report**
E-Mail: cenap@alien.de
Internet: http://cenap.alien.de/

Forschungsgesellschaft Kornkreise (FGK)
c/o Frank Peters
Linteler Strasse 35a
D-27798 Hude-Lintel
E-Mail: Office@FGK.org
Internet: http://www.fgk.org/

GEP e. V. – Gesellschaft zur Erforschung des UFO-Phänomens
Postfach 2361
D-58473 Lüdenscheid
Zeitschrift: **Journal für UFO-Forschung** (JUFOF)
E-Mail: info@ufo-forschung.de
Internet: http://gep.alien.de/

Link zu **Grenzwissenschaften allgemein**:
Internet: http://www.grenzwissen.de/

Institut für Grenzgebiete der Psychologie und Psychohygiene e.V.
Wilhelmstraße 3a
D- 79098 Freiburg im Breisgau
E-Mail: igpp@igpp.de
Internet: http://www.igpp.de/

Invisiblecircle – Unabhängige Gemeinschaft zur Erforschung des Kornkreisphänomens
Jan Schwochow
Schwalbenstraße 65
D-22305 Hamburg
E-Mail: info@invisiblecircle.de oder: info@kornkreis.de
Internet: http://www.invisiblecircle.org/

Kugelblitzforschung in Deutschland
Dr. Axel Wittmann
Universitätssternwarte
Greismarlandstrasse 11
D-37083 Göttingen
Aktuelle Fälle: Tel. (0551) 39 50 45

Kugelblitzforschung in Österreich
Dr. Alexander Keul
Postfach 151
A-6024 Salzburg
Aktuelle Fälle: Tel. (0662) 80 44-51 27

Redaktion **Magazin 2000 plus**
Herausgegeben von Ingrid Schlotterbeck
Sternstraße 3
D- 87616 Marktoberdorf
E-Mail: mail@magazin2000plus.de
Internet: http://www.magazin2000plus.de/

MUFON-CES e. V. – Mutual UFO Network Central European Section
Dipl.-Phys. Illobrand von Ludwiger
Postfach 1121
D-83620 Feldkirchen-Westerham
Zeitschrift: **MUFON-CES-Berichte**
E-Mail: Illobrand.von.Ludwiger@MUFON-CES.org
Internet: http://www.mufon-ces.org/

Redaktion **Mysteria3000 – Magazin für alternative und interdisziplinäre Archäologie**
c/o Markus Pezold
Bussardweg 78
D-87439 Kempten
E-Mail: redaktion@mysteria3000.de
Internet: http://www.mysteria3000.de/

Redaktion **mysteries**
Herausgeber Luc Bürgin
Postfach
CH-4002 Basel
E-Mail: mysteries@bluewin.ch
Internet: www.mysteries-magazin.com

Mystery Park AG
Obere Bönigstraße 100
CH-3800 Interlaken
E-Mail: info@mysterypark.ch
Internet: http://www.mysterypark.ch/

Redaktion **UFO-Nachrichten**
Werner L. Forster
Postfach 1211
D-87630 Obergünzburg-Kempten
E-Mail: UFO.Nachrichten@t-online.de
Internet: http://www.ufo-nachrichten.com/

UFO-Vereine, Mysterythemen und Buchautoren:
Internet: http://www.alien.de/
Webmaster und Besitzer: Martin Schädler
E-Mail: ms@alien.de

Projekt **»Unsolved Mysteries«**
Klaus Dona
Kramergasse 1/4/6
A-1010 Wien
E-Mail: dona.kdbc@netway.at
Internet: http://www.unsolved-mysteries.net/

Wissenschaftliche Gesellschaft zur Förderung der Parapsychologie e.V. (WGFP) – Parapsychologische Beratungsstelle: Leiter Dr. Dr. Walter v. Lucadou
Hildastraße 64
D-79102 Freiburg im Breisgau
Publikationsorgan von WGFP und IGPP: **Zeitschrift für Parapsychologie und Grenzgebiete der Psychologie**
E-Mail: info@parapsychologische-beratungsstelle.de
Internet: http://www.parapsychologische-beratungsstelle.de

Redaktion **Sagenhafte Zeiten**
Herausgegeben von der A.A.S. GmbH
Stallikerstrasse 18
CH-8906 Bonstetten
E-Mail: redaktion@aas-fg.org

SETI Die Suche nach außerirdischen Lebensformen
Internet: http://www.setigermany.de/

Spuk-Erscheinungen:
E-Mail: kontakt@gespensterweb.de
Internet: http://www.gespensterweb.de/

Z.E.U.S. – Zentrale Erfassung ungewöhnlicher Sichtungen in Österreich
Oliver Stummer
Postfach 96
Schulgasse 43
A-1180 Wien

Quellen und weiterführende Literatur

*Kapitel 1: **IST DORT DRAUSSEN IRGENDWER?***

Artikel und Bücher:

Bargatzky, Walter; »Das Universum lebt«, Düsseldorf – Wien 1978
Bärwolf, Adalbert; »Die Marsfabrik«, München 1995
Berlitz, Charles; »Weltuntergang 1999«, Wien – Hamburg 1981
Brutscher, Roland; »Mars, wir kommen«, *Star Observer,* Nr. 4/1997, Purkersdorf bei Wien
Bührke, Thomas; »Das Monstrum in unserer Milchstraße«, *Star Observer,* Nr. 3/1995, Wien
Bürgin, Luc; »Mondblitze«, München 1994
Calder, Nigel; »Schlüssel zum Universum«, Hamburg 1981
Carlotto, Mark J.; »Evidence in Support of the Hypothesis that Certain Objects on Mars are Artificial in Origin«, *Journal of Scientific Exploration,* Vol. 11, Nr. 2/1997, Stanford, USA
Crick, Francis; »Ein irres Unternehmen«, München – Zürich 1990
Däniken, Erich von; persönliche Mitteilungen a. d. Verf., 2. 11. 1996, Mannheim
Davies, Paul; »Schwarze Löcher«, *P. M.,* Nr. 9/1985, Hamburg
Davoust, Emmanuel; »Signale ohne Antwort?«, Basel – Boston – Berlin 1993
Dopatka, Ulrich (Hrsg.); »Sind wir allein?«, Düsseldorf 1996
Drake, Frank/Sobel, Dava; »Signale von anderen Welten«, Essen – München 1994
Fiebag, Johannes; »Sternentore«, München 1996
Ders.; »Fünf Expeditionen zum Beginn von Raum und Zeit«, *P. M.,* Nr. 9/1996, München
Ders.; »Mister Universum – Bitte melden!«, *Hobby,* Nr. 9/1989, Hamburg
Fiebag, Johannes/Sasse, Torsten; »Mars – Planet des Lebens«, Düsseldorf 1996
Furrer, R./Merbold, U./Messerschmidt, E./Ockels, W./Hahn, H.-M./Siefarth, G.; »Unsere Mission im All«, Braunschweig 1985
Gergely, Stefan M.; »Die Nase könnte fehlen«, *Profil,* Nr. 2/11. 1. 1993, Wien
Good, Timothy: »Jenseits von Top Secret«, Frankfurt/M. 1991
Grün, Karl; »1996 PW – ein weiteres seltsames Objekt im Sonnensystem«, *Ancient Skies,* Nr. 6/1996, Beatenberg
Güntheroth, Horst; »Leben – eine Infektion aus dem All?«, *Stern,* Nr. 34/1996, Hamburg
Hain, Walter; »Wir, vom Mars«, Köln 1979
Ders.; »Das Marsgesicht«, München 1995
Ders.; »Sie kommen vom Mars«, *UFO-Kurier,* Nr. 12/1995, Rottenberg
Harjung, Martin; »Crash im All«, *News,* Ausgabe 28 u. 30/1994, Wien
Hawking, Stephen; »Eine kurze Geschichte der Zeit«, Reinbek bei Hamburg 1988
Hermann, Dieter B.; »Krieg der Teilchen«, *Hobby,* Nr. 9/1991, Hamburg
Hicker, Oswald; »Wo sind die anderen?«, *täglich Alles,* 11. 8. 1996, Wien
Hoagland, Richard C.; »Die Mars-Connection«, Essen – München 1994
Hoyle, Fred; »Das intelligente Universum«, Frankfurt/Main 1984
Kippenhahn, Rudolf; »Abenteuer Weltall«, Stuttgart 1991
Krassa, Peter; »Tunguska«, Frankfurt/Main – Berlin 1995
Krauss, Lawrence; »Die Physik von Star Trek«, München 1997
Langbein, Walter-Jörg; »Umkreist ein Raumschiffwrack die Erde?«, *Das neue Zeitalter,* Nr. 47/1983, München
Lerner, Lawrence S./Gosselin, Edward A.; »Galileo Galilei und der Schatten des Giordano Bruno«, *Spektrum der Wissenschaft,* Nr. 1/Januar 1987, Heidelberg
Ludwiger, Illobrand von (Hrsg.); »Das Rätsel von Raum und Zeit«, Gütersloh 1987

Meckelburg, Ernst; »Zeittunnel«, München 1991
Ders.; »Der Griff nach dem Unmöglichen«, *Esotera,* Nr. 10/1979, Freiburg i. Br.
Metz, Karin; »Stephen Hawking: Physik-Genie im Rollstuhl«, *Neue Wochenschau,* Nr. 26/29. 6. 1994, Mattersburg
Navia, Luis E.; »Unsere Wiege steht im Kosmos«, Düsseldorf – Wien 1976
Ders.; »Das Abenteuer Universum«, Düsseldorf – Wien 1977
Neuhold, Christian; »Lebt hier jemand?«, *News,* Nr. 26/1997, Wien
Oberth, Hermann; Brief a. d. Verf., 15. 12. 1983, Feucht
Ochmann, Frank/Fiedler, Teja; »Mit Macht zum Mars«, *Stern,* Nr. 30/17. 7. 1997, Hamburg
Paul, Günter; »Unsere Nachbarn im All«, Düsseldorf – Wien 1976
Puttkamer, Jesco von; »Jahrtausendprojekt Mars«, München 1996
Raup, David M.; »Der schwarze Stern«, Reinbek bei Hamburg 1990
Rétyi, Andreas von; »Wir sind nicht allein!«, München 1994
Ders.; »Auf den Spuren der Mondrätsel«, *UFO-Kurier,* Nr. 25/1996, Rottenburg
Ders.; »Astronautensichtungen«, *UFO-Kurier,* Nr. 30/1997, Rottenburg
Ders.; »Alte und neue Marsphänomene«, *UFO-Kurier,* Nr. 26/1996, Rottenburg
Ripota, Peter; »Ist das Weltall ein Lebewesen?«, *P. M.,* Nr. 9/1989, Hamburg
Rodikow, Valeri; »Kosmische Sehkraft«, *Sputnik,* Nr. 5/1982, Stuttgart
Ruppe, Harry O.; »Die grenzenlose Dimension Raumfahrt«, Band 1 und 2, Düsseldorf 1980
Ders.; persönliche Mitteilungen a. d. Verf., 6. 9. 1996, München
Sagan, Carl; »Unser Kosmos«, München 1982
Scheppach, Joseph; »Die sieben großen Rätsel des Weltalls«, *P. M.,* Nr. 4/1990, Hamburg
Seelig, Carl; »Albert Einstein«, Zürich 1960
Sitchin, Zecharia; »Der zwölfte Planet«, Unterägeri (Zug) 1979
Stampf, Olaf; »Aufbruch zur neuen Welt«, *Der Spiegel,* Nr. 27/1997, Hamburg
Steckling, Glenn und Fred; »Wir entdeckten außerirdische Basen auf dem Mond«, Rottenburg 1996
Stöger, Michael; »Kuriosenkabinett Kosmos«, *Kurier,* 9. 7. 1977, Wien
Stuhlinger, Ernst; »Projekt Viking«, Köln 1977
Tollmann, Alexander und Edith; »Und die Sintflut gab es doch«, München 1993
Velikovsky, Immanuel; »Welten im Zusammenstoß«, Neuauflage, Frankfurt/Main – Berlin 1994
Walter, Ernst; »Rätselhaftes All«, *Neue Wochenschau,* Nr. 40/ 5. 10. 1994, Mattersburg

Artikel ohne Verfasser:

–, »UFO umkreist Erde«, *Esotera,* Nr. 9/1979, Freiburg i. Br.
–, »Miniplanet wurde wiederentdeckt«, *Kurier,* 9. 12. 1986, Wien
–, »Barfuß am Mond?«, *Kurier,* 30. 8. 1990, Wien
–, »Abschied vom Urknall«, *Wochenpresse,* Nr. 38/20. 9. 1990, Wien
–, ». . . und sie bewegt sich doch!«, *Geschichte mit Pfiff,* Nr. 8/1991, Nürnberg
–, »Atombomben gegen Asteroiden?«, *Wirtschaftswoche,* Nr. 13/1992, Wien
–, »Bedrohung aus dem All«, *Kurier,* 28. 11. 1992, Wien
–, »US-Forscher vermuten einen Asteroidengürtel in Erdnähe«, *Standard,* 26. 6. 1993, Wien
–, »Mondlandung-für Millionen nur ein ›Trick‹«, *Neue Kronen Zeitung,* 22. 7. 1994, Wien
–, »US-Forscher entdeckten 600 unbekannte Galaxien«, *Salzburger Nachrichten,* 11. 4. 1995, Salzburg
–, »Die geheimen UFO-Fotos der Astronauten«, *Magazin 2000 plus,* Nr. 109/Ausgabe 2/1996, Neuss
–, »Pforte zum Schattenreich«, *Der Spiegel,* Nr. 3/1996, Hamburg
–, »Sauerstoff auf Jupitermond«, *Kurier,* 20. 12. 1996, Wien
–, »Ende der längsten Reise«, *Kurier,* 19. 3. 1997, Wien
–, »Carl Sagan, 1934–1996«, *UFO-Kurier,* Nr. 28/1997

–, »Leben auf dem Mars bereits im Jahr 1980 gefunden!«, *UFO-Kurier,* Nr. 29/1997, Rottenburg
–, »Wasser oder kein Wasser, das ist hier die Frage!«, *UFO-Kurier,* Nr. 33/1977, Rottenburg

Kapitel 2: ***UFOs UND ANDERE FLIEGENDE OBJEKTE***

Artikel und Bücher:

Bankhofer, Hademar; »UFOs sind Raumschiffe aus Gedankenkraft«, *Para,* Nr. 14, 1985, Klosterneuburg
Bauernebel, Herbert; »Abflug ins All«, *News,* Nr. 14/1997, Wien
Berlitz, Charles; persönliche Mitteilungen a. d. Verf., 21. 9. 1981, Wien
Biron, Georg; »UFOS gibt's die?«, *Kurier,* 11. 9. 1993, Wien
Brookesmith, Peter (Hrsg.); »UFOs – so rund wie Untertassen«, Luzern 1986
Büchner, Barbara; »Boten aus dem All«, *Solidarität,* Nr. 623/1982, Wien
Bundesministerium für Wissenschaft und Forschung; Brief an Karl Grün, Aktenzahl 70.186/13-25/83, Wien
Bundesministerum für Landesverteidigung; Brief an Karl Grün, 25. 7. 1983
Buttlar, Johannes von; »Das UFO-Phänomen«, München 1978
Ders.; »Sie kommen von fremden Sternen«, München 1986
Ders.; persönliche Mitteilungen a. d. Verf., 21. 6. 1991, Warminster
Ders.; »Die Außerirdischen von Roswell«, Bergisch Gladbach 1996
Cave, Janet P./Foreman, Laura; »Die UFOs«, Hamburg 1988
Concar, David; »Ethics Code Spells Disaster for Canadian Psychologists«, *New Scientist,* Nr. 2059, 7. 12. 1996, Stanford, USA
Corti, Severin; »Briten als Versuchskaninchen«, *Kurier,* 1. 12. 1996, Wien
Dürnsteiner, Franz; »Österreicher mit Pfiff«, Innsbruck 1995
Edwards, Rob; »Written out of History«, *New Scientist,* Nr. 2030, 18. 5. 1996, Stanford, USA
Erler, Rainer, »Die Delegation«, Neuauflage, Frankfurt/Main – Berlin 1995
Ders.; persönliche Mitteilungen a d. Verf, 30. 8. 1996, Bairawies
Ernsting, Walter; persönliche Mitteilungen an den Verfasser, 28. 8. 1996, Salzburg
Estling, Ralph; »What ever made them do it?«, *New Scientist,* Nr. 1961, 21. 1. 1995, Stanford, USA
Evans, Hilary; »Beweise: UFOs«, München 1988
Fiebag, Johannes; »Die Anderen«, München 1993
Ders.; »Kontakt«, München 1994
Ders.; persönliche Mitteilungen a. d. Verf.; 7. 10. 1996, Bad Neustadt
Fiebag, Johannes (Hrsg.); »Das UFO-Syndrom«, München 1996
Fuss, H./Thiede R./Paetow S./Böck I./Wolff U.; »Hallo Erdling«, *Focus,* Nr. 45, 6. 11. 1995, München
Gathmann, Peter; persönliche Mitteilungen a. d. Verf., 1982, Wien
Good, Timothy; »Sie sind da«, Frankfurt/M. 1992
Habeck, Reinhard; »UFO – Das Jahrhundertphänomen«, Wien 1997
Haley, Leah; »Meine Entführung durch Außerirdische und das U.S. Militär«, Rottenburg 1996.
Hesemann, Michael; »Geheimsache U.F.O.«, Neuwied 1994
Ders.; »Jenseits von Roswell«, Neuwied 1996
Ders.; persönliche Mitteilungen a. d. Verf.; 30. 8. 1996, Düsseldorf
Heyerdahl, Thor; »Expedition Ra«, Frankfurt/M. – Berlin 1980
Hiess, Peter; »Außerirdische – Wahn oder Wirklichkeit?«, *Wiener,* Dezember 1989, Wien
Hitching, Francis; »Die letzten Rätsel unserer Welt«, Frankfurt/M. 1982
Hopkins, Budd; »Eindringlinge«, Hamburg 1991
Ders., »Von UFOs entführt«, München 1982

Hynek, Allen J.; »UFO-Report/Ein Forschungsbericht«, München 1978
Ders.; »UFO-Begegnungen der ersten, zweiten und dritten Art«, München 1978
Interplanetarik Austria; »UFO-Info 1995«, Wien 1995
Jacobs, David M.; »Geheimes Leben«, Rottenburg 1995
Jones, Scott, C. B.; Brief an Dr. John Gibbons, Assistant to the President for Science and Technology, 17. 2. 1994
Jürgens, Curd; Brief a. d. Verf., 25. 6. 1979, Enzesfeld
Kaminski, Heinz; Brief a. d. Verf., 12. 3. 1979, Bochum
Keul, Alexander; »Der Kugelblitz: Ein Naturphänomen im interdisziplinären Spannungsfeld«, *Grenzgebiete der Wissenschaft,* Nr. 43, Innsbruck 1994
Ders; persönliche Mitteilungen a. d. Verf., 28. 8. 1996, Salzburg
Kinsky, Nicole; »Begegnungen der vierten Art«, *Wienerin,* Winter 94/95, Wien
Kirchschläger, Rudolf; Brief a. d. Verf., 13. 2. 1979, Wien
Klingl, Livia; »Versuchskaninchen Mensch«, *Kurier,* 5. 1. 1994, Wien
Knaller, Wolfgang; persönliche Mitteilungen a. d. Verf., November 1995, Mödling
Koch, Joachim/Kyborg, Hans-Jürgen; »Die Wahrheit ist da draußen«, UFO-Kurier, Nr. 82/1997, Rottenburg
Krassa, Peter; »UFO-Alarm über dem Dachstein vertuscht!«, *Kurier,* 7. 5. 1980, Wien
Ders.; »Hoch vom Dachstein her . . .«, *Samstag,* Nr. 33, 17. 8. 1996, Wien
Ders.; »Außerirdische Gummipuppen«, *Samstag,* Nr. 28, 12. 7. 1997, Wien
Kreisky, Bruno; Brief a. d. Verf., 6. 3. 1979, Wien
Lammer, Helmut/Sidla, Oliver; »UFO-Geheimhaltung«, München, 1995
Ders.; »UFO-Nahbegegnungen«, München 1996
Lammer, Helmut und Marion; »Verdeckte Operationen«, München 1997
Lammer, Helmut; persönliche Mitteilungen a. d. Verf.; 18. 7. 1997, Graz
Lang, P. R.; »Als die Marsmenschen kamen«, *Samstag,* Nr. 50, 10. 12. 1988, Wien
Leon, Ania; »Prominente, die an UFOs glauben . . .«, *Neue Kronen Zeitung,* 23. 3. 1997, Wien
Ludwiger, Illobrand von; »Der Stand der UFO-Forschung«, Frankfurt/M. 1992
Ders.; persönliche Mitteilungen a. d. Verf., 1. 9. 1996, Feldkirchen – Westerham
Mack, John E.; »Entführt von Außerirdischen«, Essen – München 1995
Marks, John; »The Search for the Manchurian Canditate«, Norton, New York, USA, 1991
Meckelburg, Ernst; »Besucher aus der Zukunft«, Bern – München 1980
Ders.; »Hyperwelt«, München 1995
Messner, Katharina; »Sie kommen von fremden Sternen«, *Neue Kronen Zeitung,* 7. 10. 1996, Wien
Michell, John/Rickard, Robert J. M.; »Die Welt steckt voller Wunder«, Düsseldorf – Wien, 1979
Nikowitz, Rainer; »Im Anflug auf Gänserndorf«, *Freizeit Kurier,* Nr. 239, 5. 5. 1994, Wien
Onec, Omnec; »Ich kam von der Venus«, Düsseldorf 1991
Polnitzky, Gerhard; persönliche Mitteilungen a. d. Verf., 30. 10. 1979, Wien
Popowitsch, Marina; »UFO-Glasnost«, München 1991
Radax, Ferry; persönliche Mitteilungen a. d. Verf., 6. 12. 1995, Schloss Hollenburg bei Krems
Randle, Kevin/Schmitt, Donald; »Der UFO-Absturz bei Roswell«, Rottenburg 1996
Rétyi, Andreas von; »Die ultimative Lüge?«, *UFO-Kurier,* Nr. 34/1997, Rottenburg
Ders.; »Roswell – Ein Geheimnis wird 50«, *UFO-Kurier,* Nr. 82/1997, Rottenburg
Schaefer, Michael; »Der Alptraum von den ›Anderen‹«, *Esotera,* Nr. 5/1996, Freiburg
Schneider Inge und Adolf; »In Kontakt mit dem Kosmos«, Thun 1989
Schneider, Adolf; »Besucher aus dem All«, Freiburg i. Br. 1974
Schneider, Adolf/Malthaner, Hubert; »Das Geheimnis der unbekannten Flugobjekte«, Freiburg i. Br. 1978

Spencer, John; »Geheimnisvolle Welt der UFOs«, Wien 1992
Steiger, Brad/Whritenour, Joan; »Flying Saucer Invasion«, New York 1969
Steinhäuser, Gerhard R. (Hrsg. v. Peter Krassa); »Heimkehr zu den Göttern«, Berlin 1997
Strauss, Franz Josef; Brief a. d. Verf., 5. 7. 1979, München
Struwe, Maria; persönliche Mitteilungen a. d. Verf., 3. 11. 1996, Vehlefanz
Stummer, Oliver; »Konzept zur Untersuchung ungewöhnlicher atmosphärischer Leuchtprozesse im Raum Österreich«, Wien 1995, sowie persönliche Mitteilungen a. d. Verf., Juni 1997
UNO-Generalsekretariat im Auftrag von Dr. Kurt Waldheim; Brief a. d. Verf., 5. 4. 1979, New York
Vallée, Jacques; »Dimensionen«, München 1996
Ders.; »Konfrontationen«, München 1996
Ders.; »Enthüllungen«, München 1997
Walter, Werner; »UFOs: Die Wahrheit«, Königswinter 1996
Walters, Ed und Frances; »UFOs – Es gibt sie«, München 1990
Wilson, Katharina; »Tagebuch einer Entführten«, Rottenburg 1996
Wingfield, George; »Santillis Roswell-Film«, *UFO-Kurier,* Nr. 13, Rottenburg 1995
Zimmermann, Robert; »Ist das ein UFO-Pilot?«, *Tele,* Nr. 34/1995, Zürich
Zürrer, Ronald; »Weg nach Innen«, Zürich – Berlin 1995

Artikel ohne Verfasser:

–, Kinoprogramm zu Steven Spielbergs Film »Unheimliche Begegnung der dritten Art«, *Neuer Filmkurier,* Wien 1978
–, »Den UFOs auf der Spur«, Artikelserie, *Samstag,* 1978, Wien
–, »Büschelentladungen«, *Esotera,* Nr. 7/1980, Freiburg i. Br.
–, »UFOs im Vorleben«, *Esotera,* Nr. 8/1980, Freiburg i. Br.
–, Harry, Debbie; Interview in *Neue Kronen Zeitung,* 19. 1. 1982; Wien
–, »Fliegende Untertassen – Luft in Luft«, *Sputnik,* Stuttgart 1982
–, Hagen, Nina; Interview in *Neue Kronen Zeitung,* 19. 11. 1983, Wien
–, »Landebahn für UFOs«, Meldung über Michael Jackson, *Neue Post,* Nr. 23, 1. 6. 1990, Hamburg
–, »Gugelhupf aus der Flugzeughalle«, *Illustrierte Wissenschaft,* Nr. 12/1994, Norderstedt
–, »UFO-Entführungen«, Interview mit John E. Mack, *Magazin 2000 plus,* Nr. 107/1995
–, »Die irren Fälle des Doktor Mack«, *Focus,* Nr. 35, 28. 8. 1995, München
–, »Rote Superblitze«, *Solidarität,* Nr. 781, Wien 1996
–, »Time to come Clean on Radiation Tests«, *New Scientist,* Nr. 2058, 30. 11. 1996, Stanford, USA
–, »Riesige Eiswürfel fliegen auf die Erde«, *Kurier,* 31. 5. 1997, Wien
–, »Aliens waren Testpuppen«, *Die Presse,* 26. 6. 1997, Wien
–, »UFO-Welle über Arizona«, *Magazin 2000 plus,* Nr. 117/1997, Neuss
–, »Hawking warnt vor Außerirdischen«, *Magazin 2000 plus,* Nr. 118/1997, Neuss
–, »Gordon Coopers Zeugnis«, *UFO-Nachrichten,* Nr. 329/1997, Obergünzburg – Kempten

Kapitel 3: ***MASKEN, MYTHEN UND DER »KUHSTALL GOTTES«***

Artikel und Bücher:

Amberger, Hermi; »Malereien vom Berg der Freude«, *Kurier,* 12. 5. 1996, New York – Wien
Bar-Yosef, Ofer/Vandermeersch, Bernhard; »Koexistenz von Neandertaler und modernen Homo sapiens«, *Spektrum der Wissenschaft,* Nr. 6/1993, Heidelberg
Baier, Hans-Herbert; »Kronzeuge Ezechiel«, München 1985
Becker-Donner; Etta; »Brasiliens Indianer«, Katalog, Museum für Völkerkunde, Wien, ohne Jahresangabe

Bellinger, Gerhard J.; »Lexikon der Mythologie«, Augsburg 1996
Beltz, Walter; »Die Mythen der Ägypter«, Düsseldorf 1982
Bittel, Kurt/Naumann, Rudolf/Otto, Heinz; »Yazilikaya«, Leipzig 1941
Blumrich, Josef F.; »Da tat sich der Himmel auf«, Düsseldorf – Wien 1973
Ders.; »Kasskara und Die sieben Welten«, Düsseldorf – Wien 1979
Bodgroi, Tibor (Hrsg.); »Stammeskunst«, Band 1 und 2, Budapest 1982
Bonin, Werner F.; »Lexikon der Parapsychologie«, Frankfurt/M. 1981
Bramley, William; »Die Götter von Eden«, Burggen 1990
Brugsch, Heinrich; »Die Sage von der geflügelten Sonnenscheibe«, Göttingen 1870
Burenhult, Gören (Hrsg.); »Naturvölker heute«, Hamburg 1994
Cave, Janet P./Forman, Laura; »Geheimnisse des Unbekannten; UFOs«, Hamburg 1991
Cavendish, Richard; »Die Welt des Übersinnlichen«, Wien 1995
Champdor, Albert (Hrsg.); »Das Ägyptische Totenbuch«, Bern – München – Wien 1977
Däniken, Erich von; »Erinnerungen an die Zukunft«, Düsseldorf – Wien 1968
Ders.; »Beweise«, Düsseldorf – Wien 1977
Ders.; »Wir sind alle Kinder der Götter«, München 1987
Däniken, Erich von (Hrsg.): »Kosmische Spuren«, München 1989
Ders.: »Neue Kosmische Spuren«, München 1992
Darlton, Clark; »Planet Lerks II«, Rastatt 1957
Demisch, Heinz; »Erhobene Hände«, Stuttgart 1984
Dondelinger, E.; »Der Obelisk«, Graz 1977
Dopatka, Ulrich; »Lexikon der außerirdischen Phänomene«, Neuauflage, Bindlach 1992
Dunkel, Horst; persönliche Mitteilungen a. d. Verf., 6. 7. 1997, Ulm
Every, George; »Das Christentum und seine Legenden«, Klagenfurt 1990
Fiebag, Peter und Johannes; »Die Entdeckung des Gral«, Neuauflage, München 1989
Fiebag, Peter und Johannes (Hrsg.); »Aus den Tiefen des Alls«, Neuauflage, Frankfurt/M. – Berlin 1995
Haid, Hans; »Mythos und Kunst in den Alpen«, Mattersburg 1990
Hancock, Graham; »Die Wächter des Heiligen Siegels«, Bergisch Gladbach 1992
Helck, Wolfgang/Otto, Eberhard; »Kleines Wörterbuch der Ägyptologie«, Wiesbaden 1970
Knappert, Jan; »Lexikon der afrikanischen Mythologie«, München 1995
Kohlenberg, Karl F.; »Enträtselte Vorzeit«, München 1970
Kolpaktchy, Gregoire (Hrsg.) »Ägyptisches Totenbuch«, Weilheim/Obb. 1970
Krassa, Peter; »Als die Gelben Götter kamen«, München 1973
Ders.; ». . . und kamen auf feurigen Drachen«, Neuauflage, München 1990
Ders.; »Gott kam von den Sternen«, Neuauflage, Frankfurt/M. – Berlin 1995
Ders.; persönliche Mitteilungen a. d. Verf., 21. 8. 1997, Wien
Krassa, Peter/Habeck, Reinhard; »Die Palmblattbibliothek und andere geheimnisvolle Schauplätze dieser Welt«, München 1993
Langbein, Walter-Jörg; »Astronautengötter«, Neuauflage, Frankfurt/M. – Berlin 1995
Ders.; »Das Sphinx-Syndrom«, München 1995
Leslie, Desmond/Adamski, George; »Fliegende Untertassen landen«, Zürich 1954
Ludwiger, Illobrand von (Hrsg.); »Unerklärliche Himmelserscheinungen aus älterer und neuerer Zeit«, Bericht von der Sommertagung 1976 in München, Mutual UFO Network-Central European Section, München 1977
Merz, Gerhard; »Das Rätsel des Sirius«, *7 Tage,* Heft 1/1991, Baden-Baden
Naab, Friedrich (Hrsg.); »Die großen Rätsel und Mythen der Menschheit«, Augsburg 1993
Oostra, Roel (Hrsg.); »Die großen Rätsel«, 2 Bände, Köln 1994 und 1996
Pern, Stephen; »Maskentänzer von Westafrika«, Amsterdam 1982

Perowne, Stewart; »Die Götter und Mythen des antiken Rom«, Neuauflage, Klagenfurt 1988
Posener, Georges (Hrsg.); »Knaurs Lexikon der ägyptischen Kultur«, München 1978
Riessler, Paul (Hrsg.); »Altjüdisches Schrifttum außerhalb der Bibel«, Freiburg – Heidelberg 1928
Roberts, Marc; »Das neue Lexikon der Esoterik«, München 1995
Roeder, Günther (Hrsg.); »Hermopolis 1929–1939«, Hildesheim 1959
Ders.; »Die ägyptische Religion in Texten und Bildern«, Zürich – Stuttgart 1960
Ryle, John; »Krieger des Weißen Nils – Die Dinka«, Amsterdam 1982
Sachmann, Hans-Werner; »Die Epoche der Engel«, Baden-Baden 1980
Sassoon, George/Dale, Rodney; »Die Manna-Maschine«, Rastatt 1979
Schneider, Eberhard; »Von Horus zum Sisiutl – ›UFOs‹ in der Vergangenheit«, *Ancient Skies,* Nr. 4/1992, Feldbrunnen
Ders.; persönliche Mitteilungen a. d. Verf., 29. 11. 1995 und 18. 7. 1997, Bargteheide
Ders.; »Those Astounding Stupas«, Madras, Indien 1995
Schrick, Armin; »Time Out für den Gral«, unveröffentlichtes Manuskript, Cham 1997, sowie persönliche Mitteilungen a. d. Verf.
Siefer, Werner; »Verstoßener Ahn«, *Focus,* Nr. 29/1997, München
Snitjer, Gerhard; »Ostfriesentrio lässt Häuptlings-Amulette am Himmel kurven«, *Neue Presse,* 17. 5. 1997, Hannover
Strieber, Whitley; »Die Besucher«, Wien 1988
Swoboda, Otto; »Lebendiges Brauchtum«, Salzburg 1970
Tedlock, Barbara; »Über den Rand des tiefen Canyon«, München 1978
Teichmann, Frank; »Der Gral im Osten«, Stuttgart 1986
Temple, Robert K. G.; »Das Sirius-Rätsel«, Frankfurt/M. 1977
Theisen, Heide (Hrsg.); »Außereuropäisches Schauspiel«, Katalog, Museum für Völkerkunde, Wien 1976
The Metropolitan Museum of Art (Hrsg.); »Before Cortés«, New York 1970
Wagner, Ina; »Zwei ›Goldflieger‹ über Emden«, *Emder Zeitung,* 20. 5. 1997, Emden
Wange, Götz; »Revolution in der Raketentechnik«, *Flug Revue,* Nr. 12/1993, Bonn

Artikel ohne Verfasser:

–, »Gott namens Prinz Philip«, *Neue Kronen Zeitung,* 29. 6. 1980, Wien
–, »Peking-Mensch viel älter«, *Kurier,* 3. 5. 1996
–, »Vorstufe zur Schrift gefunden«, *Kurier,* 13. 12. 1996, Wien
–, »Menschheit ist älter als gedacht«, *Neue Kronen Zeitung,* 21. 11. 1996, Wien
–, »Der Mensch ging immer aufrecht«, *Solidarität,* Nr. 787/1997, Wien
–, »Indianer waren Weltreisende«, *täglich Alles,* Wien, 18. 2. 1997, Wien
–, »Stammvater beerdigt«, *Der Spiegel,* Nr. 29/1997, Hamburg

Kapitel 4: ***IGNORIERTE BEWEISE***

Artikel und Bücher:

Altenmüller, Hartwig; »Die Apotropaia und die Götter Mittelägyptens«, Rottweil/Neckar 1965
Aschenbrenner, Klaus; »Die Antiliden«, München 1993
Bascom, Willlard; »Auch Rom liegt auf dem Meeresgrund«, Wien – Hamburg 1978
Berlitz, Charles; »Die wunderbare Welt der Sprache«, Neuauflage, München 1988
Biedermann, Hans (Hrsg.); »Rätselhafte Vergangenheit«, Gütersloh 1987
Blumrich, Josef F.; persönliche Mitteilungen a. d. Verf., 29. 8. 1994, Colorado, USA
Breasted, J. H.; »Geschichte Ägyptens«, Wien 1936
Brier, Robert; »Zauber und Magie im alten Ägypten«, Bern – München 1981

Brunés, Tons; »Energien der Urzeit«, Zug 1977
Charroux, Robert; »Phantastische Vergangenheit«, Neuauflage, München 1969
Däniken, Erich von; »Meine Welt in Bildern«, Düsseldorf 1973
Ders.; »Die Augen der Sphinx«, München 1989
Däniken, Erich von (Hrsg.); »Fremde aus dem All«, München 1995
Deniz, Kuvetleri/Kommutanligi Hidrografi Nesriyati; »Piri Reis Haritasi«, Istanbul 1966
Ditfurth, Hoimar von; »Als Modell wird sein Beweisstil gefährlich«, *boehringer kreis*, Nr. 3/1977, Mannheim
Ders.; persönliche Mitteilung a. d. Verf., 12. 4. 1980, Staufen
Dümichen, Johannes; »Baugeschichte des Denderatempels und Beschreibung der einzelnen Teile des Bauwerks«, Straßburg 1877
Dunkel, Horst; »Die Schriftzeichen vom Titicaca-See«, *Ancient Skies*, Nr. 6/1996, Beatenberg
Fiebag, Peter; »Der Götterplan«, München 1995
Garn, Ing. Walter; persönliche Mitteilungen a. d. Verf., 31. 8. 1991, Wien
Ghattes, Francis Abd el Malek; Mitteilungen a. d. Verf., Oktober 1980, Kairo
Haase, Michael; »Geheimnisvolle Hieroglyphen?«, *G.R.A.L.*, Nr. 2/1994, Berlin
Haarmann, Harald; »Universalgeschichte der Schrift«, Frankfurt/M. 1990
Hapgood, Charles H.; »Maps of the Ancient Sea Kings«, New York 1979
Emery, Walter B.; »Great Tombs of the First Dynasty«, Kairo 1949
Hassler, Gerd von; »Rätselhaftes Wissen«, Hannover 1977
Hausdorf, Hartwig/Krassa, Peter; »Satelliten der Götter«, München 1995
Hausdorf, Hartwig; »Wenn Götter Gott spielen«, München 1997
Helck, Wolfgang/Otto, Eberhard E.; »Lexikon der Ägyptologie«, Wiesbaden 1979
Holroyd, Stuart/Lambert, David; »Rätselhafte Funde der Geschichte«, London 1979
Iones, Veronica; »Ägyptische Mythologie«, Wiesbaden 1968
Junker, Hermann; »Grammatik der Denderatexte«, Leipzig 1906
Kees, Hermann; »Schlangensteine und ihre Beziehung zu den Reichsheiligtümern«, Leipzig 1922
Kolosimo, Peter; »Sie kamen von einem anderen Stern«, Wiesbaden 1969
Ders.; »Viel Dinge zwischen Himmel und Erde«, Wiesbaden 1970
Ders.; »Woher wir kommen«, Wiesbaden 1972
Ders.; »Unbekanntes Universum«, Neuauflage, Frankfurt/M. – Berlin 1991
König, Wilhelm; »Im verlorenen Paradies«, Baden bei Wien 1940
Krassa, Peter; »Dinge, die es nicht geben dürfte«, Artikelserie in *Samstag*, März 1978, Wien
Krassa, Peter/Habeck, Reinhard; »Das Licht der Pharaonen«, München 1992
Meckelburg, Ernst; »Traumsprung«, München 1993
Kurth, Dieter; »Die Dekoration der Säulen im Pronaos des Tempels von Edfu«, Wiesbaden 1983
Langbein, Walter-Jörg; »Die großen Rätsel der letzten 2500 Jahre«, Augsburg 1992
Ders.; »Bevor die Sinflut kam«, München 1996
Ders.; »Das Wissen der Alten«, »Propheten und Götter«, »Geheime Gesellschaften«, aus der zehnbändigen Taschenbuchreihe *»Geheimnisvolle Welten«*, Rastatt 1997
Lurker, Manfred; »Symbole der alten Ägypter«, Weilheim/Obb. 1964
Messiha, Prof. Dr. Khalil; persönliche Mitteilungen a. d. Verf., Kairo 1980 u. Wien 1982
Pauwels, Louis/Bergier, Jacques; »Aufbruch ins dritte Jahrtausend«, Bern – München 1962
Pasthory, Emmerich; *Antike Welt*, Nr. 1, 1986
Petratu, Cornelia/Roidinger, Bernard; »Die Steine von Ica«, Essen – München – Bartenstein, 1994
Ruppe, Harry O.; persönliche Mitteilungen a. d. Verf., 19. 7. 1994, München
Sachmann, Hans-Werner/Müller, Reinhold; »Merkwürdige Hieroglyphen im Sethos-Tempel von Abydos«, *Ancient Skies*, Nr. 4/1991, Feldbrunnen

Sachmann, Hans-Werner; »AAS-Studienreise nach Ägypten«, *Ancient Skies,* Nr. 4/1990, Feldbrunnen
Satzinger, Univ.-Doz. Dr. Helmut; persönliche Mitteilungen a. d. Verf., Wien 1982
Siebenhaar, Wolfgang; »Das Rätsel der Piri Reis-Karte«, *G.R.A.L,* Sonderband Nr. 2/1993, Berlin
Soueha, Dr. Fawzi; persönliche Mitteilungen a. d. Verf., Oktober 1980, Kairo
Temple, Robert K.G.; »Das Land der fliegenden Drachen«, Bergisch Gladbach 1990
Thorwald, Jürgen; »Macht und Geheimnis früher Ärzte«, München – Zürich 1962
Thumshirn,Werner; »Die ›Urbatterie‹ sollte bloß Dämonen abwehren«, *Frankfurter Allgemeine Zeitung,* 23. 7. 1986, Frankfurt/M.
Tomas, Andrew; »Wir sind nicht die ersten«, Neuauflage, Bergisch Gladbach 1979
UNESCO (Hrsg.); »Unterwasserarchäologie«, Wuppertal 1973
Waitkus, Wolfgang: »Die Texte in den unteren Krypten von Dendera und ihre Aussagen zur Funktion und Bedeutung dieser Räume«, Hamburg 1991
Weber, Felix; »Die alten Ägypter rechneten wie moderne Computer«, *Die ganze Woche,* Nr. 10/1990, Wien
Wiedenfeld, Bert; »Das Geheimnis der Steine von Ica«, Fernsehdokumentation im Auftrag von *Kabel 1,* Unterföhring 1997

Artikel ohne Verfasser:

–, »Der Motor aus der Maya-Schrift«, *Stern,* 20. 7. 1973, Hamburg
–, »Normgerechter Pharaonensessel«, *Kurier,* 4. 10. 1980, Wien

Kapitel 5: ***PYRAMIDEN, PRIESTER – NEUE RÄTSEL***

Artikel und Bücher:

Ackermann (Hrsg,); »Märchen von Zwergen«, Frankfurt/M. 1995
Alouf, Michael M.; »Geschichte Baalbeks«, Prag 1896
Andreas, Peter/Lloyd Davis, Rose; »Das verheimlichte Wissen«, Interlaken 1961
Artkinson, R. J. C; »Stonehenge und benachbarte Denkmäler«, London 1987
Bahn, Paul G.; »Erlebnis Archäologie«, München 1996
Bamick, Katja; »Däniken entlarvt«, *Bild,* 19. 8. 1997, Hamburg
Bauval, Robert/Gilbert, Adrian; »Das Geheimnis des Orion«, München 1994
Bauval, Robert/Hancock, Graham; »Der Schlüssel zur Sphinx«, München 1996
Berlitz, Charles; »Geheimnisse versunkener Welten«, Frankfurt/M. 1973
Bream, Harald; »Das magische Dreieck«, Stuttgart und Wien 1992
Brunton, Paul; »Geheimnisvolles Ägypten«, Zürich 1966
Buttlar, Johannes von; »Gottes Würfel«, München 1992
Bürgin, Luc; »Götterspuren«, München 1993
Bonin, Werner F. (Hrsg.); »Faszination des Unfaßbaren«, Stuttgart 1988
Cayce, Edgar; »Das Atlantis-Geheimnis«, Neuauflage, München 1990
Charroux, Robert; »Das Rätsel der Anden«, Düsseldorf 1978
Ders.; »Die Meister der Welt«, Neuauflage, Düsseldorf 1997
Ders.; »Verschwundene Welten«, Neuauflage, Düsseldorf 1997
Däniken, Erich von; »Die Spuren der Außerirdischen«, München 1990
Ders.; »Die Steinzeit war ganz anders«, München 1991
Ders.; »Auf den Spuren der Allmächtigen«, München 1993
Ders.; »Raumfahrt im Altertum«, München 1993
Ders.; »Der Jüngste Tag hat längst begonnen«, München 1995

Ders.; »Zeichen für die Ewigkeit«, München 1997
Ercivan, Erdogan; »Das Sternentor der Pyramiden«, München – Essen – Ebene Reichenau 1997
Falkenberg, Hans; »Die Erdställe – Zwischenbilanz einer rätselhaften Unterwelt in Oberösterreich«, *Oberösterreichische Heimatblätter,* Heft 3 und 4/1982, Linz
Farkas, Viktor; »Unerklärliche Phänomene«, Frankfurt/M. 1988
Gentes, Lutz; »Die Wirklichkeit der Götter«, München – Essen – Ebene Reichenau 1996
Gerster, Georg; »Der Himmel auf Erden«, *Ikarus,* Nr. 4/1988, Wien
Gottschalk, Gisela; »Die großen Pharaonen«, Bern – München 1979
Goyon, Georges; »Die Cheops-Pyramide«, Augsburg 1990
Hausdorf, Hartwig; »Die weiße Pyramide«, München 1994
Krassa, Peter; »Fand er nun endlich den Beweis?«, *Samstag,* Nr. 34/1997, Wien
Krupp, Edwin C.; »Astronomen, Priester, Pyramiden«, München 1980
Lukan, Karl; »Das Waldviertelbuch«, Wien 1992
Ders.: »Seltsame Kultstätten – Sonderbare Heilige«, Wien 1995
Melchart, Erwin; »Das Rätsel des alten Labyrinths«, *Neue Kronen Zeitung,* 4. 3. 1991, Wien
Riedl, Oskar M.; »Die Maschinen des Herodot«, Selbstverlag, Wien, ohne Jahresangabe
Sachmann, Hans-Werner; »In Schutt und Asche«, Baden-Baden 1989
Sasse, Torsten/Haase, Michael; »Im Schatten der Pyramiden«, Düsseldorf 1997
Sitchin, Zecharia; »Götter, Mythen, Kulturen, Pyramiden«, Neuauflage v. »Stufen zum Kosmos«, München 1990
Treichler, Robert; »Sofortkontakte«, Profil, Nr. 30/1997, Wien
Tompkins, Peter; »Cheops«, Bern und München 1973
Wansch, Johann; persönliche Mitteilungen a. d. Verf., 21. 6. 1997, Bad Zell
Westwood, Jennifer; »Sagen, Mythen, Menschheitsrätsel«, München 1987
Waldhauser, Hermann; »Regenzauber der Pharaonen«, Behamberg 1976
Weinfurter, Karl; »Der brennende Busch«, Lorch – Württemberg 1962
Weisbier, Gilbert; »UFOs im Waldviertel und in der Steiermark auf der Spur«, *Kurier,* 23. 6. 1997, Wien
Yoshimura, Sakuji u. a.; »Non-Districtive Pyramid Investigation«, (aus »Studies in Egyptian Culture«, Nr. 6), Tokio 1987

Artikel ohne Verfasser:

–, »Nazca-Rätsel: Riesige Landkarte?«, *Wiener Zeitung,* 14. 6. 1981, Wien
–, »Erdställe in Althöflein entdeckt«, *Neue Wochenschau,* Nr. 35/1990, Wien
–, »Pyramidenstadt auf dem Meeresgrund entdeckt«, *Magazin 200 plus,* Nr. 5/1997, Neuss

Kapitel 6: ***WUNDER JENSEITS JEDER LOGIK***

Artikel und Bücher:

Andreas, Peter; »Was morgen wahr sein kann«, Düsseldorf und Wien 1981
Barth, Reno; »Ausgeflippt ins nächste Jahrtausend«, Kurier, 3. 4. 1997, Wien
Berlitz, Charles, »Das Bermuda-Dreieck«, Wien – Hamburg 1975
Ders.; »Spurlos«, Wien – Hamburg 1977
Buday, Andrea; »Wir haben schon einmal gelebt«, *Die ganze Woche,* Nr. 31/1997, Wien
Brooks, John; »Die Geister Großbritanniens«, Freiburg i. Br. 1995
Dell'mour, Sabine; »Therapeutisches Reiten«, *Der Vollblut und andere Araber,* Nr. 4/1996, St. Pölten
Dies.; persönliche Mitteilungen a. d. Verf., 3. 7. 1997, Garsten
Däniken, Erich von; »Erscheinungen«, Düsseldorf und Wien, 1974
Farkas, Viktor; »Esoterik«, Frankfurt/M. 1990
Ders.; »Jenseits des Vorstellbaren«, Frankfurt/M. 1996

Fiebag, Johannes und Peter, »Himmelszeichen«, München 1992
Fiebag, Peter und Claudia; persönliche Mitteilungen a. d. Verf.; 29. 12. 1994, Northeim
Gatermann, Horst; »Die Osterinsel«, Köln 1991
Georgian, Linda; »Schutzengel«, München 1996
Grieser, Dietmar; »Alte Häuser – Große Namen«, St. Pölten – Wien 1987
Ders.; »Im Tiergarten der Weltliteratur«, München 1991
Ders.; »Alle Wege führen nach Wien«, Wien 1997
Ders.; persönliche Mitteilungen a. d. Verf., 23. 4. 97, Wien
Gould, R. T./Forstner Georg-Günther von; »Begegnungen mit Seeungeheuern«, Leipzig 1935
Hausdorf, Hartwig; persönliche Mitteilungen a. d. Verf.; 30. 6. 1997, Garching
Heuer, Hanns M.; »Menschen, die ins Nichts verschwanden«, Esotera Nr. 10 u. 11/1977, Freiburg i. Br.
Hierzenberger, Gottfried/Nedomansky, Otto; »Erscheinungen und Botschaften der Gottesmutter Maria«, Augsburg 1993
Holbe, Rainer (Hrsg.); »Unglaubliche Geschichten«, München 1985
Ders.; »Neue unglaubliche Geschichten«, München 1987
Ders.; »Wir von Atlantis«, München 1988
Kasbauer, Lore; »Das Ei der fernen Osterinsel«, *Kurier,* 28. 3. 1997, Wien
Kindler, Georg; »Yeti-Entdecker«, *News,* Nr. 30/1997, Wien
Kirchner, Gottfried; »Terra-X, Rätsel alter Weltkulturen«, Frankfurt/M. 1988
Krassa, Peter/Habeck, Reinhard; »Die Palmblattbibliothek und andere geheimnisvolle Schauplätze dieser Welt«, München 1993
Krassa, Peter; »Phantome des Schreckens«, Neuauflage, Plaidt 1997
Ders.; »Dein Schicksal ist vorherbestimmt«, München 1997
Kräutler, Werner; »Eismanns Heiligtum«, *Kurier* v. 24. 10. 1992, Wien
Langbein, Walter-Jörg; »Parapsychologische Phänomene«, München 1997
Ders.; »persönliche Mitteilungen a. d. Verf., 10. 4. 1997, Lügde-Niese
Ladurner, Christiane; »Begegnung mit dem Fremden«, Diplomarbeit, Universität Wien, Nov. 1998
Lange, Werner P.; »Seeungeheuer«, Hanau 1979
Läpple, Alfred, »Reliquien«, Augsburg 1990
Medien Agentur Berlin; Presseinfomation »Rapa Nui«, Berlin 1994
Meckelburg, Ernst; persönliche Mitteilungen a. d. Verf., 11. 9. 1996, Hanau
Merz, Blanche; »Orte der Kraft«, Eigenverlag, Chardonne 1989
Miltner, Frank; »Die halbe Wahrheit«, *Focus,* Nr. 33/1997, München
Schäfer, Hildegard; »Was bedeutet der Tod für Sie?«, Genf 1983
Schreiber, Melitta; »Unfaßbares, Wunderbares«, *Samstag,* Nr. 45/1995, Wien
Vandenberg, Philipp; »Der Fluch der Pharaonen«, Bern – München 1973
Ziegler, Senta; »Der Tod wird überschätzt«, *News,* Nr. 28/1997, Wien

Artikel ohne Verfasser:

–, »Toter Onkel erscheint in Ölgemälde«, *Esotera,* Nr. 11/1980, Freiburg i. Br.
–, »Typisch britisch! Prinz Charles jagt einen Geist«, *Neue Kronen Zeitung,* 11. 7. 1984, Wien
–, »Die Welt des Unerklärlichen«, *Freizeit Revue Spezial,* Offenburg 1988
–, »12 tote Forscher – der Fluch des Maya-Gottes?«, Bild, 19. 9. 1995, Hamburg
–, »Pharao Tut-ench-Amun das Opfer eines Attentats?«, *Neue Kronen Zeitung,* 29. 6. 1996, Wien
–, »Mysteriöser Fund vor den Bermudas«, *Kurier,* 17. 6. 1997, Wien
–, »Der nächste Schritt zum Retortenmensch«, *Kurier,* 26. 7. 1997, Wien
–, »Rinderwahn gibt Forschern noch so manche Rätsel auf«, *Neue Kronen Zeitung,* 8. 8. 1997
–, »Grabtuch aus Flammen gerettet«, *Neue Zeit,* 13. 4. 1997, Graz

Bildnachweis:

Obwohl der Verlag und der Autor sich bemüht haben, die erforderliche Nachdruckerlaubnis zu benutzten Abbildungen einzuholen, ist es uns nicht in allen Fällen gelungen, die betreffenden Rechteinhaber ausfindig zu machen. Sofern diese uns in Kenntnis setzen, werden wir selbstverständlich bemüht sein, die Inhaber der betreffenden Bildcopyrights in künftigen Buchausgaben namentlich zu nennen. (Die Ziffern beziehen sich auf die Bildnummern.)

Quellen der Farbbilder:
Archiv Autor: 4, 6, 16, 17, 19, 20, 21
Bandeira, Prof. Dr. Carlos Manes: 11
Blumrich, Josef F.: 8
Burger, Werner: 3
Däniken, Erich von: 9, 12
Dunkel, Anke und Horst: 7, 13
Fried, Charles W./Susan Griggs Agency: 10
Kovalcik, Karl: 18
Museum of the American Indian, Heye Foundation, N. Y.: 14
Muzard, Jean-Pierre/Collegiale Notre Dame: 5
NASA: 1, 2
Stummer, Oliver: 15
Quellen der Schwarzweißbilder:
APRO: 27
Archiv Autor: 1, 3, 6, 8, 10, 13, 19, 33, 35, 36, 38, 39, 40, 41, 45, 46, 49, 50, 51, 52, 56, 57, 58, 59, 60, 61, 62, 65, 67, 68, 69, 70, 74, 80, 81, 84, 90, 95, 108, 110, 117, 119, 120, 121, 122, 123, 124, 125, 126, 128, 129, 133, 137, 141, 144, 158, 159, 161, 162, 167, 170, 171, 175, 176, 177, 178, 181, 182, 185, 190
Arnoldi, Lisa di: 77
Aura-Z, Moskau: 48
Azusa, Colorado: 71
Berlitz, Charles: 186
Blumrich, Ing. Josef F.: 54, 96
Constantin-Film: 109, 132
Däniken, Erich von: 53, 82, 94, 107 111, 116, 118, 138, 139, 140, 150, 155, 156, 157, 160
Dellmour, Erni: 135, 136
dpa: 9
Dunkel, Anke und Horst: 63, 75, 76, 83, 85, 86, 87, 88, 101, 152, 153, 154
Egger, Dr. Friedrich: 102, 103, 104
Errington, Sarah: 89
esotera: 187
Fiebag, Dr. Johannes: 130, 149
Friedman, Stanton T.: 42
Gantenbrink, Ing. Rudolf: 172, 173, 174
Haarmann, Harald: 100
Haase, Michael: 127
Hain, Walter: 22, 23
Hausdorf, Hartwig/Krassa, Peter: 105
Hausdorf, Hartwig: 106
Hobby: 66
Illustrated London News: 189
Interfoto: 5
Kovalcik, Karl: 64, 164, 165, 166, 168
Krassa, Peter: 11, 12, 25, 55, 78, 169
Lammer, Marion und Dr. Helmut: 44
Langbein, Walter-Jörg: 130, 183, 184
Mary Evans Picture Library: 47
Moestl, Benhard: 45, 134
MUFON-CES: 30
Müller, Lutz E.: 188
Napier, Dr. John: 191, 192
NASA/Hain, Walter: 20, 21
NASA: 2, 14, 15, 16, 17, 18, 24, 73, 74, 79
NICAP: 26
Niedersächsisches Landesmuseum Hannover: 91
Oberösterreichische Heimatblätter: 142, 143, 146, 147, 148,
Österreichische Nationalbibliothek, Wien: 112, 113, 114, 115
Papyrussammlung, Wien: 99
Provand, H. C.: 179
Rétyi, Andreas von: 34
Roswell Footage Ltd./Hesemann, Michael: 43
Sammlung René Salanon, Paris: 97
Schneider, Eberhard: 72
Schneider, Adolf: 29
Schoch, Robert M.: 162
SOBEPS: 31
Spektrum der Wissenschaft: 4, 37
Stadtarchiv Ulm: 7
Steinhardt, Dr. Martina: 32
Straub-Roessler, H.: 163
Stummer, Oliver: 145
Süddeutscher Bilderdienst: 28
University of Pennsylvania, Heather Angel: 151
Welt des Unerklärlichen: 180

Personenregister

Sachregister